Michael Bösch

Søren Kierkegaard: Schicksal – Angst – Freiheit

Schöningh

Bösch / Søren Kierkegaard: Schicksal – Angst – Freiheit

ABHANDLUNGEN ZUR PHILOSOPHIE, PSYCHOLOGIE,
SOZIOLOGIE DER RELIGION UND ÖKUMENIK
HERAUSGEGEBEN VON HEINRICH PETRI

Heft 47 der Neuen Folge

MICHAEL BÖSCH

Søren Kierkegaard:
Schicksal – Angst – Freiheit

1994

Ferdinand Schöningh

Paderborn · München · Wien · Zürich

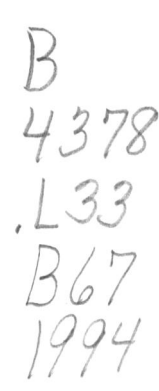

Die Deutsche Bibliothek – CIP-Einheitsaufnahme

Bösch, Michael:
Søren Kierkegaard: Schicksal – Angst – Freiheit / Michael Bösch. –
Paderborn; München; Wien; Zürich: Schöningh, 1994
  (Abhandlungen zur Philosophie, Psychologie, Soziologie der Religion
  und Ökumenik; N.F., H. 47)
  Zugl.: Paderborn, Univ., Diss., 1993
  ISBN 3-506-70197-5
NE: GT

Gedruckt auf umweltfreundlichem, chlorfrei gebleichtem
und alterungsbeständigem Papier ⊚

© 1994 Ferdinand Schöningh, Paderborn
(Verlag Ferdinand Schöningh GmbH, Jühenplatz 1, D-33098 Paderborn)

Alle Rechte vorbehalten. Dieses Werk sowie einzelne Teile desselben sind urheberrechtlich geschützt. Jede Verwertung in anderen als den gesetzlich zugelassenen Fällen ist ohne vorherige schriftliche Zustimmung des Verlages nicht zulässig.

Printed in Germany. Herstellung: Ferdinand Schöningh, Paderborn

ISBN 3-506-70197-5

VORWORT

Diese Untersuchung wurde von der Theologischen Fakultät Paderborn im SS 1993 unter dem Titel "Schicksal und Freiheit in der Philosophie Søren Kierkegaards" als Dissertation angenommen. Für die Drucklegung habe ich sie geringfügig überarbeitet und erweitert.

Besonders zu danken habe ich Prof. Dr. Leo Langemeyer für seine kritische und geduldige Betreuung der Arbeit. Seine ernsthaft-persönliche und sokratisch-fragende Nachdenklichkeit hat mir in vielen Gesprächen zu einem tieferen Verständnis der Philosophie verholfen und nicht zuletzt auch das Interesse am Denken Søren Kierkegaards gefördert.

Desweiteren danke ich Prof. Dr. Norbert Fischer für die Erstellung des Zweitgutachtens. Dankbar bin ich allen, die das Reifen dieser Arbeit mit Geduld und Interesse begleitet und mit mancherlei Hilfestellung zu ihrem Gelingen beigetragen haben.

Michael Bösch

"Wenn eine Spinne von einem festen Punkt aus sich herniederstürzt in ihre notwendigen Folgen, so sieht sie fort und fort vor sich einen leeren Raum, in dem es ihr unmöglich ist, festen Fuß zu fassen, und wenn sie sich noch so sehr spreizte. Ebenso ergeht es mir; nach vorne fort und fort ein leerer Raum, und was mich vorwärts treibt ist eine Folgerichtigkeit, die hinter mir liegt."

(Diapsalmata, EO I, 25).

INHALTSVERZEICHNIS

I.	EINLEITUNG	13
II.	DAS VERHÄLTNIS VON SCHICKSAL UND FREIHEIT IM *BEGRIFF ANGST*	29
II.1.	Psychologie und Freiheit. Zur Einleitung des *Begriff Angst*	29
1.1.	Wissenschaft und Interesse	29
1.2.	Der Ernst des Sündenbewußtseins	33
1.3.	Die Psychologie der Angst	35
II.2.	Die Stellung des Schicksalskapitels im Aufbau des *Begriff Angst*	42
II.3.	Geist, Freiheit, Angst: Die Psychologie der Selbstkonstitution	47
3.1.	Die synthetische Struktur des Geistes	48
3.2.	Unschuld und Angst des "träumenden Geistes"	57
3.2.1.	Der unmittelbare Geist	57
3.2.1.1.	Das seelische Einheitsempfinden	57
3.2.1.2.	Der Hegelsche Begriff der Seele in Karl Rosenkranz' *Psychologie*	59
3.2.1.3.	Unschuld und Unmittelbarkeit	62
3.2.1.4.	Entwicklungspsychologischer und ethischer Unschuldsbegriff	66
3.2.1.5.	Der unerfüllte Sinngehalt der Unschuld	68
3.2.2.	Die Angst vor dem "Nichts" des Geistes	71
3.3.	Die Angst und der Verlust der Freiheit	75
3.3.1.	Die Angst als "gefesselte Freiheit"	75
3.3.2.	Kritik des "liberum arbitrium"	80
3.3.3.	Der Schwindel der Freiheit	87

3.4.	Die Synthese als Widerspruch und Aufgabe: Sünde - Sexualität - Geschichte	95
3.4.1.	Die Kulmination des Sinnlichen	96
3.4.2.	Die Geschichtlichkeit des Menschen	103
3.4.3.	Die Geschichte des sexuellen Geistes	106
II.4.	Das Schicksal als ästhetische Veräußerung des Geistes	111
4.1.	Das Schicksal als das Nichts der Angst im Heidentum	111
4.1.1.	"Heidentum" als geschichtstheologische Chiffre	112
4.1.2.	Die Harmonie des griechischen Lebens	115
4.1.3.	Kierkegaards Anlehnung an Hegels Sicht des Griechentums	116
4.1.4.	Die psychologische Kritik des Heidentums	120
4.1.5.	Schicksalsangst als Selbst- und Naturentfremdung	123
4.2.	Das Schicksal als Einheit von Zufall und Notwendigkeit	126
4.2.1.	Die synthetische Bedeutung von Notwendigkeit und Zufälligkeit	126
4.2.2.	Die Kontingenz des Lebens zwischen Sinn und Unsinn: die Ambivalenz der zufälligen Notwendigkeit	129
4.3.	Exkurs: Modalität und griechischer Schicksalsglaube bei Hegel	132
4.3.1.	Notwendigkeit als Selbstvermittlung und der absolute Zufall	133
4.3.2.	Schicksalsergebung und Freiheitsbewußtsein	135
4.3.3.	Das Schicksal als abstrakt-absolute Macht	138
4.3.4.	Die Versöhnung in christlicher Freiheit	140
4.3.5.	Zusammenfassung: Die Bedeutung der zufälligen Notwendigkeit des Schicksals bei Kierkegaard und Hegel	142
4.4.	Schicksal und Orakel: der tragische Zirkel des Nicht-Verstehens	144
4.4.1.	Die Zweideutigkeit des Orakels	144
4.4.2.	Die Unfreiheit des Aberglaubens	147
4.4.3.	Zwischen Tragik und Versöhnung: kollektive Verschlossenheit und befreiende Innerlichkeit	150

4.5.	Schicksal und Schuld: die Grenze der ästhetischen Veräußerung	152
4.5.1.	Freiheit und Schuldbewußtsein	152
4.5.2.	Geschichtliche Stufen der Schulderfahrung	154
4.5.2.1.	Die tragische Schuld im Heidentum	154
4.5.2.2.	Die Schuldangst des Judentums	158
4.5.2.3.	Das christliche Sündenbewußtsein	161
4.6.	Schicksal und Vorsehung: die Erlösung der Freiheit	163
4.6.1.	Die Sinnhaftigkeit menschlichen Lebens: Weder Zufall noch Notwendigkeit	163
4.6.2.	Ein Blick auf die Entwicklung des Vorsehungsgedankens bei Kierkegaard	168
4.6.3.	Befreiende Allmacht	172
4.6.4.	Vorsehung und Versöhnung	175
4.6.5.	Die Pädagogik der Angst	177
4.7.	Schicksal und Genie: heidnische Schicksalsangst im Christentum	183
4.7.1.	Die paradigmatische Bedeutung des Geniebegriffs	183
4.7.2.	Die unmittelbare Subjektivität des Genies	184
4.7.3.	Die geniale Allmachtsphantasie	187
4.7.4.	Die wahnhafte Isolation des Genies	188
4.7.5.	Der Ehrverlust als Schein des Schuldigseins	192
4.7.6.	Die Schuldangst des religiösen Genies	193
III.	DIE SCHICKSALSTHEMATIK IM GESAMTWERK KIERKEGAARDS	200
III.1.	Die Schriftstellerei "ante acta": Von der Erstlingsschrift bis zur Magisterarbeit	201
1.1.	Der Begriff "Lebensanschauung" in der Andersen-Kritik des jungen Kierkegaard	202
1.2.	Ironischer Nihilismus und die wahre Poesie des Lebens	207
1.2.1.	Berechtigte und unberechtigte Ironie	207
1.2.2.	Die tragische Geschichtlichkeit	210
1.2.3.	Die Lebenspoesie	212

III.2.	Die pseudonymen Werke: Vom tragischen Nihilismus zum paradoxen Gottesverhältnis	216
2.1.	Die Alternative von ästhetischer Indifferenz und ethischer Entschiedenheit: *Entweder/Oder*	218
2.1.1.	Der Ästhetiker A zwischen Lebenslust und -müdigkeit	219
2.1.2.	A's Reflexionen über das Tragische	225
2.1.3.	Die Erfüllung konkreter Freiheit in B's ethischer Wahltheorie	237
2.2.	Die zufällige Versöhnung im psychologischen Experiment der *Wiederholung*	250
2.3.	Die menschliche Größe des Tragischen und der Wahnsinn des Glaubens: *Furcht und Zittern*	260
2.3.1.	Jenseits menschlichen Begreifens: der Glaubensheld Abraham	261
2.3.2.	Die Doppelbewegung des Glaubens	263
2.3.3.	Glaubensritter und tragischer Held	266
2.3.4.	Das paradoxe Leben der Außenseiter	269
2.4.	Die tragisch-komische Religiösität in den *Stadien auf des Lebens Weg*	274
2.4.1.	Die "Leidensgeschichte" des Quidam: schwermütige Liebe und dämonische Reue	276
2.4.2.	Frater Taciturnus' Psychologie des Tragisch-Komischen	278
2.4.2.1.	Äußerliches und innerliches Verständnis des Tragischen: Dichtung und Psychologie	278
2.4.2.2.	Die religiöse Erfüllung im Wagnis des eigenen Lebens	289
2.5.	Aufbruch ins Ungeahnte: Die Problematik des "Christ-Werdens" in den Climacus-Schriften	293
2.5.1.	*Philosophische Brocken*	295
2.5.2.	*Abschließende unwissenschaftliche Nachschrift*	302
2.5.2.1.	Das Denken gegen ein "System des Daseins"	302
2.5.2.2.	Das Werden als Not des Existierens	304
2.5.2.3.	Die Freiheit im Gottesverhältnis	307
2.5.2.4.	Das Leiden der religiösen Leidenschaft	310
2.6.	Zusammenfassung: Schicksal und Tragik in Kierkegaards pseudonymen Werken	320

III.3.	Schicksal und Freiheit in Kierkegaards *Erbaulichen Reden* bis 1845	324
3.1.	Die Mitteilungsform der *Erbaulichen Reden*	324
3.2.	Zwischen Angst und Dankbarkeit: gehorsame Freiheit	329
3.2.1.	Freisein vor Gott als Kern des Erbaulichen	329
3.2.2.	Schicksal und Verwunderung: die jugendliche Gottessuche	334
III.4.	Öffentlichkeit als Schicksal Kierkegaards: Corsaraffäre - Anti-Climacus - Kirchenstreit	340
4.1.	Nivellierung als Schicksal des Zeitalters: *Eine literarische Anzeige*	342
4.2.	Die *Corsar*-Affäre	353
4.3.	Die abhängige Freiheit zwischen Verzweiflung und Gottesglauben: *Die Krankheit zum Tode*	360
4.3.1.	Die therapeutische Aufdeckung der allgemeinen Verzweiflung	360
4.3.2.	Verzweiflung versus Selbstsein vor Gott	363
4.3.3.	Die Formen der Verzweiflung	366
4.3.4.	Die Existenz des religiösen Dichters	373
4.4.	Kierkegaards Schriften über sich selbst	375
4.5.	Die letzte Konsequenz des "Ungleichartigen": Kierkegaards Angriff auf die bestehende Christenheit	384
III.5	Die unvermeidliche Inkonsequenz des Schicksals	395

LITERATURVERZEICHNIS 405

PERSONENREGISTER 418

I. EINLEITUNG

"Schicksallos, wie der schlafende / Säugling ...",
so kennzeichnet Hölderlin in Hyperions Schicksalslied das Leben der
"Himmlischen", von den Menschen aber heißt es:
"Doch uns ist gegeben, / Auf keiner Stätte zu ruhn, /
Es schwinden, es fallen / Die leidenden Menschen /
Blindlings von einer / Stunde zur andern ...".

Ein Schicksal zu haben, dies scheint nach Hölderlins Worten mit der leidvollen Erfahrung verbunden zu sein, sein Leben nicht selbst in der Hand zu haben, sondern umhergetrieben zu werden von blinden Bestimmungen, die uns von der heimischen Stätte ursprünglicher Geborgenheit immer mehr entfernen. Ruhelos ist das Leben jener Wesen, deren Schicksal es ist, im Fallen zu sein, immerzu fort von sich selbst. Diese von Hölderlin poetisch umschriebene Erfahrung prägt auch jene philosophische Bestimmung des Menschen, die dem Autonomieideal eine abgründige Gefährdung der Freiheit entgegenhalten will. Dies ist insbesondere kennzeichnend für eine christliche Anthropologie, die sich rückbindet an die Tradition einer im Ursprung sündigenden und d.h. sich selbst verfehlenden Menschheit. Davon ist auch das Nachdenken über die menschliche Existenz bei Søren Kierkegaard geprägt, besonders deutlich und ausdrücklich in seiner Schrift *Der Begriff Angst*, in welcher er die psychologisch-anthropologischen Voraussetzungen der theologischen Rede vom Sündenfall zu analysieren versucht. Die das Gesamtwerk Kierkegaards kennzeichnende Beziehung zwischen religiöser Weltsicht und philosophischer Reflexion der menschlichen Lebensbedingungen wird hier in besonderer Weise vorgeführt. Zur Frage steht dabei vor allem die Möglichkeit der Freiheit, da nur von ihr aus der Gedanke einer bewußten Selbstverwirklichung und damit auch der Selbstverfehlung denkbar ist. Sie wird zum Angelpunkt der Untersuchung des menschlichen Selbstverständnisses, durch die Kierkegaard der Rede von der gefallenen Menschheit psychologisch auf den Grund zu gehen versucht. Innerhalb dieser Analyse tritt auch die Frage nach dem Verhältnis des Menschen zu seinem Schicksal, genauer die Frage des Verhältnisses von Freiheitsmöglichkeit und Schicksalsbestimmtheit auf. Im *Begriff Angst* analysiert Kierkegaard die Schicksalsgläubigkeit als eine Form der Selbstverfehlung. Da diese Analyse aus den übrigen Äußerungen Kierkegaards zur Schicksalsthematik herausragt und eingebettet ist in den Kontext von "Kierkegaards philosophischstem Buch"[1], bildet sie den Hauptgegenstand meiner Untersuchung zum Verhältnis von Schicksal und Freiheit bei Søren Kierkegaard.

Meine Arbeit verstehe ich als eine religionsphilosophische Untersuchung zur komplexen Thematik des Freiheitsbegriffs bei Kierkegaard[2]. Mit dem Schicksalsverhältnis des Menschen ist sachlich ein wichtiger Aspekt des Freiheitsgeschehens angesprochen, der aber unter dem Begriff "Schicksal" bei

---

[1] Deuser (1985a), VII.
[2] Zur Freiheitsthematik bei Kierkegaard vgl. bes. Dietz (1993).

Kierkegaard nur marginal angesprochen wird. Als Darstellung der Verwendung des Schicksalsbegriffs steht die Arbeit daher unter dem bescheidenen Anspruch einer Detailuntersuchung, die keinen neuen Zugang zum Verständnis des Gesamtwerkes Kierkegaards vermitteln will. Andererseits ist die Schicksalsthematik über den Freiheitsbegriff aufs engste mit dem Zentrum seiner Philosophie verknüpft, so daß dieser Horizont ausführlich herausgearbeitet werden muß. Der Blick auf das Ganze des Denkens Kierkegaards bleibt daher immer präsent, und der rechte Zugang zu dieser Ganzheit, sofern sie überhaupt als solche angesehen werden kann, ist auch entscheidend für die spezielle Analyse. Daher soll einleitend einiges über den Zugang zur Philosophie Kierkegaards gesagt werden.[3]

Die Einheit eines schriftstellerischen Werkes meint nicht dessen Einheitlichkeit. Dies muß festgehalten werden, wenn die umstrittene Frage nach der Einheit des Gesamtwerkes Kierkegaards gestellt wird, denn die Vielfalt der literarischen Darstellungsweisen sowie der philosophischen, theologischen, psychologischen und ästhetischen Gedankengänge scheint den Blick auf eine Einheit dieser Polyphonie zu verwehren. Doch maßgebend für die Interpretation muß bei aller Distanz des kritischen Interpreten die Selbsteinschätzung Kierkegaards sein, der zumindest im späten Rückblick auf sein Werk ausdrücklich dessen Einheit hervorhebt. In den beiden Schriften *Über meine Wirksamkeit als Schriftsteller* (SüS, 3-17) und *Der Gesichtspunkt für meine Wirksamkeit als Schriftsteller* (SüS, 21-95)[4] stellt er das religiöse Grundanliegen seines gesamten Werkes heraus:

"*'Ohne Vollmacht' aufmerksam zu machen* auf das Religiöse, das Christliche, das ist die Kategorie für meine gesamte Wirksamkeit als Schriftsteller, als ein Ganzes betrachtet." (SüS, 10).[5]

Auch eine philosophische Interpretation muß dieses religiöse Anliegen im Blick behalten. Kierkegaards Philosophie ist in ihrem Kerngehalt Religionsphilosophie, oder genauer - mit seinen eigenen Worten: "religiöse Schriftstellerei" (SüS, 50). Das religiöse Anliegen führt ihn zur philosophischen Reflexion, weil die von ihm gemeinte Religiosität nicht ein unmittelbares Empfinden darstellt, sondern selbst durch Reflexion ausgezeichnet ist. Damit will Kierkegaard die reflexionslose Religiosität - die "Einfältigkeit" - nicht prinzipiell abwerten, - im Gegenteil: gerade zu einer Überwindung der Reflektiertheit durch gläubige Entschiedenheit will er hinführen, jedoch liegt für ihn die Schwierigkeit darin, in einem von Reflexion bestimmten Leben jene religiöse Dimension wiederzuentdecken und in Freiheit zu vollziehen. Ihm geht es um "das Religiöse als ganz und gar in die Reflexion hineingesetzt, jedoch derart, daß es ganz und gar aus Reflexion in Einfalt zurückgenommen wird" (SüS,5). Diese Schwierigkeit entdeckt er zunächst als diejenige seines eigenen Lebens, denn er habe von Kindheit an "keine Unmittelbarkeit gehabt",

---

[3] Über die sehr komplexe und umstrittene Methodendiskussion der Kierkegaardforschung vgl. bes. Schultzky (1977), 22-69; desweiteren vgl. Deuser (1985a), 1 ff.; Fahrenbach (1962); Greve (1990), 15 ff.; Theunissen (1971); Thulstrup (1955).

[4] Vgl. zu dem darin formulierten Selbstverständnis Cappelørn (1975).

[5] Vgl. zum "Aufmerksam-machen" als Grundanliegen Kierkegaards Deuser (1985a), 93 ff.

sondern "alsogleich mit Reflexion begonnen" (SüS,79). Sein "Verhältnis zu Gott" sei "ein Reflexionsverhältnis", "wie denn überhaupt Reflexion die Bestimmung meiner Individualität ist" (SüS, 69). Seine Schriften, die die Konflikte reflektierten Lebens durchdenken, sind daher zu allererst von autotherapeutischer Bedeutung: "ich betrachte mich selbst am liebsten als einen *Leser* meiner Bücher, nicht als den *Verfasser*" (SüS, 10). Darüber hinaus sieht er in der Reflektiertheit aber auch das Kennzeichen seiner Zeit und den Grund ihrer Entfremdung von der Wahrheit des Lebens: "das ist doch wohl offenbar, daß die Christenheit irre gegangen ist in Reflexion und Gescheitheit" (SüS, 85). Die Bedeutung seines schriftstellerischen Werkes besteht für ihn - "in der Verantwortlichkeit (...), die ein Mensch hinsichtlich der ihm vergönnten Reflexion vor Gott hat" - darin, mittels der philosophischen Reflexion auf die Schwierigkeiten menschlichen Existierens aufmerksam zu machen, um die Reflektiertheit zu überwinden und "freie Sicht für das Christ Werden" zu schaffen (SüS, 86). Innerhalb dieser Perspektive hat die Philosophie bei Kierkegaard ihre begrenzte, aber bedeutsame Funktion.

Im Mittelpunkt des philosophischen Interesses steht in dieser Hinsicht die Darstellung der anthropologischen Voraussetzungen des christlichen Glaubens, wobei das Christentum von Kierkegaard "nicht als Lehre, sondern als Existenzwiderspruch und Existenzmitteilung" (UN II, 87) verstanden wird. Der Glaube ist eine Weise zu existieren, und die Klärung der Voraussetzungen des Glaubens bezieht sich daher auf die Bedingungen dieses Existenzvollzugs. Dabei stehen für Kierkegaard jedoch nicht nur die Bedingungen religiösen Existierens zur Debatte, sondern grundlegender die Strukturen menschlicher Existenz überhaupt, da der Glaube als Erfüllung freiheitlichen Selbstseins erwiesen werden soll. Bevor die Entscheidung zum christlichen Glauben in den Blick genommen werden könne, müsse gezeigt werden, "wieviel man erst gelebt haben muß, und wie schwierig es dann noch ist, recht auf die Schwierigkeiten der Entscheidung aufmerksam zu werden" (UN II, 87). Es bedürfe also einer "Einleitungsarbeit", die sich den grundlegenden Existenzmöglichkeiten zuwendet und dabei vor allem die Frage eines aus Freiheit entschiedenen Lebens analysiert, da die Entscheidung grundlegende Bedingung des christlichen Existenzvollzugs sei. Um die Möglichkeit der Freiheit kreisen daher die philosophischen Überlegungen Kierkegaards vor allem, und der Bezug zur religiösen Dimension wird dabei immer schon mitgedacht als Verständnishorizont ihrer radikalen Endlichkeit. Der Mensch erfährt sich als schon existierend, bevor er sich in Freiheit entscheiden kann. Dem Freiheitsvollzug voraus liegt eine grundlegende Erfahrung der Abhängigkeit des eigenen Lebens, des "Gesetztseins", wie Kierkegaard es in mehreren Schriften benennt[6], die für ihn zum Ansatzpunkt der religiösen Existenzfrage wird. Innerhalb dieser Abhängigkeitserfahrung erhält auch die Schicksalsthematik ihre Relevanz. Auch sie muß im Hinblick auf die religiösen Implikationen des Freiheitsgeschehens interpretiert werden, von denen Kierkegaards Philosophie nicht abzutrennen ist. "Die philosophische Interpretation kann den religiösen Bezug weder als eine Selbstverständlichkeit

---

[6] Vgl. bes. KzT, 8 f.; dazu s.u. II.3.1.

beanspruchen noch ihn apriori bestreiten wollen, sondern sie hat zu fragen, wie er als Auslegung des Gesetztseins der Existenz aus ihrer Struktur zu verstehen sei."[7]

Die Begriffe "Existenz" bzw. "existieren" sind, sofern sie sich auf das Spezifische des menschlichen Daseins beziehen, zentrale Kategorien in Kierkegaards Philosophie, von denen aus seine philosophiegeschichtliche Bedeutung häufig im Sinne eines "Vaters der Existenzphilosophie" bestimmt wurde. Zwar verwendet er den Existenzbegriff nicht ausschließlich in dieser Bedeutung[8], doch kommt in ihr ein Grundmotiv seines Denkens zum Ausdruck. Er bezeichnet dabei die rational nicht einholbare Faktizität des Lebens und bildet so einen Gegenbegriff zu jedem rationalen Systemdenken. Diese Bedeutung erhält der Begriff "Existenz" vor allem in der *Unwissenschaftlichen Nachschrift*.[9] Im Nachdenken über die Diskrepanz von rational-philosophischer Systematik und konkret-menschlicher Lebenswirklichkeit, die sich konzentriert in der Frage nach der Unableitbarkeit der Freiheitsentscheidung, erhält der Existenzbegriff seine zentrale Bedeutung in Kierkegaards Philosophie. Von hier aus ist auch der unmittelbare philosophiehistorische Ort Kierkegaards zu bestimmen: die Entgegensetzung eines konkreten Existenzdenkens gegen die Systemphilosophie des Deutschen Idealismus, insbesondere derjenigen Hegels. Auch für die Freiheitsthematik, die Kierkegaard mit dem Idealismus verbindet, gilt, daß sie nicht über eine systematische Deduktion, sondern nur in einer "Phänomenologie der Freiheitserfahrung" zugänglich ist.[10] In der Gegnerschaft zum idealistischen Systemanspruch bildet sich das Eigenständige seines Denkens, das somit einen wesentlichen Zug nachidealistischer Philosophie bis in unser Jahrhundert hinein prägt und seine Rezeption als Existenzphilosophie rechtfertigt. So meint H. Deuser:

"Richtig bleibt aber, daß Kierkegaard es gewesen ist, der in unvergleichlicher Sensibilität, Intellektualität und in persönlichem Lebenseinsatz die nachidealistische Analyse der Moderne vorgelegt hat, deren Inbegriff mit dem Stichwort Existenz angezeigt ist. Besser und genauer ist von Existenzdialektik zu sprechen als dem Versuch, konsequent und im Ernst gelebtes Leben nicht in Denkkonstruktionen zu distanzieren, sondern in seiner Nichtübereinstimmung von Denken und Sein, Möglichkeit und Wirklichkeit verstehen zu müssen."[11]

Mit dem Existenzbegriff in seiner emphatischen Anwendung auf das menschliche Sein will Kierkegaard somit zweierlei hervorheben: zum einen die Konkretheit des Existierens, die als individuelle nur dem einzelnen Menschen selbst zugänglich ist[12], und zum anderen die daraus folgende Entgegenstellung von Existenz und rationaler Allgemeinheit, die Abweisung

---

[7] Fahrenbach (1968), 33 f.
[8] Vgl. Fahrenbach (1968), 5 ff.; Wilde (1969), 7 ff.
[9] Vgl. Wilde (1969), 71 ff.
[10] Vgl. dazu Disse (1991).
[11] Deuser (1985a), VII.
[12] Daher die Bedeutung des Begriffs "der Einzelne" für Kierkegaards Philosophie; vgl. SüS, 96 ff.

einer philosophisch-systematischen Bestimmung der Existenzstrukturen.[13] Kierkegaards Existenzdenken ist in erster Linie weder Ontologie noch Anthropologie, sondern Rekonstruktion der Möglichkeiten menschlichen Selbstverständnisses, somit hermeneutische Philosophie[14]. Sie setzt an bei der konkreten Selbstdeutung des einzelnen Menschen (zunächst Kierkegaards eigener), die anderen einzelnen mitgeteilt wird zum Zwecke der Auseinandersetzung mit den eigenen Lebensdeutungen, und versucht in diesem lebendigen Prozeß grundlegende Strukturen des Existenzverstehens aufzuzeigen. Die von Kierkegaard entfalteten Existenzkategorien[15] sind im Gegensatz zu den logischen Kategorien begriffliche Erfassung jenes Bezugs von Verstehen und Existieren, der sie selbst umgreift. "Die formalen Strukturzusammenhänge der Existenzdialektik sind also nicht als eine ontologisch fixierte Seinsverfassung zu verstehen, die dem Selbstverständnis des Menschen vorausliegt, sondern als die im Existenzverständnis selbst aufweisbaren Grundzüge und Grundmöglichkeiten; sie geben eine hermeneutische Struktur an".[16]

Der Existenzbegriff steht bei Kierkegaard in einem Spannungsverhältnis zum Systembegriff als dem Inbegriff einer rational-wissenschaftlichen Erfassung der Gesamtwirklichkeit. Dennoch ist seine Philosophie nicht unsyste-

---

[13] Da sich in der Einleitung zum *Begriff Angst* wichtige Reflexionen zu dieser Thematik finden, werde ich zu Beginn des nächsten Teiles noch ausführlicher darauf zu sprechen kommen.
[14] Vgl. Fahrenbach (1968), 49 ff.; Pieper (1971), 191 u. (1968), 231; Schäfer (1968); Schultzky (1977), 22 ff. Allerdings impliziert das Existenzdenken Kierkegaards ontologische und anthropologische Voraussetzungen, die als solche thematisiert werden können, womit sie aber losgelöst werden vom konkreten Denkzusammenhang, in dem allein sie für Kierkegaard Bedeutung erhalten. Zu P. Lübckes Versuch, einen vom hermeneutischen Interesse unabhängigen "formalontologischen" Interpretationszugang zu Kierkegaard zu gewinnen, vgl. Deuser (1985a), 9 ff. Trotz der dadurch gewonnen Klarheit in der Herausstellung der Existenzstrukturen ist dieser Versuch als Umkehrung der Denkrichtung Kierkegaards zu sehen. Schultzky (1977), der in seiner Untersuchung die Methode und Geltungsweise der Kierkegaardschen Sicht des Menschen herausarbeitet, versteht die Anthropologie Kierkegaards "nicht als dessen Darstellung seiner generellen Theorie über den Menschen, sondern als ein *Feld*, innerhalb dessen Kierkegaards Wahrnehmung des Menschen mitteilbar wird und wohl auch in bestimmtem Sinne theoretische Gestalt annimmt"; statt von Anthropologie spreche man daher besser von einem "'*Zur-Sprache-Bringen*' des Menschen durch (oder sein '*Zur-Sprache-Kommen*' bei) Kierkegaard" (14).
[15] Vgl. Deuser (1985a), 108 ff.; Pieper (1971) u. (1968), 11 ff. 35 ff. 219 ff. 228 f.; Schultzky (1977), 94 ff.
[16] Fahrenbach (1968), 49. Nur unter Berücksichtigung dieser Rückbindung des Existenzdenkens an den ihr vorgegebenen Existenzvollzug kann auch von einer transzendentalen Bedeutung der Existenzkategorien gesprochen werden, insofern in ihnen "die sittlichen Bedingungen des Existierens reflektiert" werden (Pieper (1971), 198); Ricoeur (1979), 587, spricht sogar in Analogie zu Kant von einer "Kritik der Existenz". Die Rede von der transzendentalphilosophischen Bedeutung der Existenztheorie bleibt aber problematisch, insofern sich Kierkegaard gegen eine Systematik im Sinne der Transzendentalphilosophie gewandt hat und immer wieder die Nicht-Einholbarkeit der Faktizität als Voraussetzung allen Verstehens betont. So meint Schäfer (1968), 233: "Die Existenzwissenschaft ist keine transzendentale Theorie. Sie ist selbst insofern geschichtlich, als sie dazu hilft, sich in der konkreten Situation zurechtzufinden und sich mit anderen indirekt über die Schwierigkeiten des Lebens in dieser Situation zu verständigen". Auch Kim (1980), 14 ff., sieht die Bedeutung der Allgemeinheit bei Kierkegaard in Abgrenzung gegen die Transzendentalphilosophie.

matisch in dem Sinne, daß sie sich nur der Deskription verschiedenster Lebensperspektiven hingibt. Vielmehr sucht auch Kierkegaard allgemeine Strukturen aufzuzeigen mittels einer rationalen Durchdenkung der möglichen Existenzverständnisse. Dies bezeichnet er als Dialektik, und der Dialektik im Sinne der methodischen Denkbewegung entspricht eine dialektische Bewegtheit der menschlichen Existenz, die "Existenzdialektik"[17]. Anders als im Hegelschen System ist Dialektik bei Kierkegaard jedoch kein Grundprinzip der Bewegung überhaupt, so daß eine einheitliche Kongruenz von Denkbewegung und Wirklichkeit bestünde. Gegen diese Sichtweise eines einheitlichen Systems hebt er die Differenziertheit der Wirklichkeit auch als Grund verschiedener rationaler Zugangsweisen hervor, die jeweils ihre eigene Konsequenz haben. Gerade in der Berücksichtigung der verschiedenen Möglichkeiten denkerischer Konsequenz liegt ein systematischer Grundzug der Philosophie Kierkegaards.[18] Was er am Systembegriff kritisiert, ist also vor allem die Geschlossenheit der rationalen Weltsicht, wobei "Geschlossenheit" sowohl die Einheitlichkeit der Zugangsweise als auch die Abgeschlossenheit (Vollendung) des Systems - wie sie von Hegel beabsichtigt ist - meint. Kierkegaards "Systematik" ist demgegenüber die Dialektik prinzipieller Unabschließbarkeit der Existenz.[19] Nur in diesem Sinne kann auch eine systematische Interpretation Kierkegaards gegeben werden[20], die allerdings die methodische Gebrochenheit und Differenziertheit als wesentlichen Aspekt mitbedenken muß.

Die systematische Dimension des Existenzdenkens ist insbesondere in Kierkegaards Darstellung der Existenzstadien greifbar. Die gebräuchliche Bezeichnung "Stadienlehre" geht aber schon zu weit, insofern sie eine Einheitlichkeit und innere Geschlossenheit voraussetzt, die bei Kierkegaard nicht gegeben ist. Dennoch bietet die Aufteilung der Existenzmöglichkeiten in ästhetische, ethische und religiöse einen Leitfaden zur Interpretation seiner Philosophie. Ausdrücklich als Stadien der Existenz formuliert sind diese drei Sphären - teilweise unter Einbezug von weiteren Differenzierungen und Übergangsstadien - vor allem an zwei Stellen im Werk Kierkegaards: einmal in den *Stadien auf des Lebens Weg* (StLW, 507) und zum anderen in der *Unwissenschaftlichen Nachschrift* (UN II, 242). Wichtiger als diese schematische Einteilung ist jedoch die lebendige Gegenüberstellung der Existenzsphären als alternativer, sich wechselseitig kritisierender Lebensformen. Aus dieser vielschichtigen Perspektive wird deutlich, daß die Sphären - trotz einer Stufung, die sich aus dem Ideal freiheitlicher, selbstbewußter Religiösität ergibt[21] - nicht als notwendig zu durchlaufende Stadien eines individuellen

---

[17] Vgl. Diem (1950); zur Bedeutung der Dialektik bei Kierkegaard vgl. Janke (1977), 373 ff.; Malantschuk (1968), 101 ff.; Schultzky (1977), 99 ff.; Wilde (1979).
[18] Vgl. Malantschuk (1968), 103 ff. Auch in der Einleitung des *Begriff Angst* wird diese Vielfältigkeit der Wirklichkeitserfassung methodisch reflektiert, worauf ich noch genauer eingehen werde, s.u. II.1.1.
[19] Vgl. Thulstrup (1979).
[20] Vgl. Schulz (1971).
[21] Dietz (1993) deutet die Stadien als "spezifische Formen der Realisierung von Freiheit" (229); Disse (1991) sieht in ihnen "Stufen einer Phänomenologie der Freiheit" (50).

Reifungsprozesses zu verstehen sind, sondern als "Grundmöglichkeiten des Existenzverständnisses"[22], die je für sich eigenständige Bedeutung und Realität haben und gerade so in Konkurrenz miteinander treten können. Systematisch ist die Darstellung der Existenzstadien somit nur unter dem Vorbehalt, "daß der einheitliche Sinn der ausdifferenzierten Zuordnung der dialektischen Aspekte nur selbst wieder dialektisch und nicht als Totalität zur Sprache kommen kann".[23]

Der Leitgedanke in der Gegenüberstellung der verschiedenen Existenzverständnisse und -möglichkeiten ist die Frage der freien Selbstwerdung. Von diesem anthropologischen Ideal aus bekommt die ethische Sphäre eine besondere Bedeutung, insofern sich ihr Existenzverständnis aus der Formulierung dieses Ideals ergibt. Der Kerngehalt ethischen Lebens ist für Kierkegaard das Sich-aufgegeben-sein der Existenz. Die beiden anderen Grundmöglichkeiten, das ästhetische sowie das religiöse Lebensverständnis, werden daher vor allem in ihrem Bezug zum ethischen Stadium erläutert: das ästhetische Stadium als dasjenige, welches in der ethischen Entscheidung zu überwinden ist, das religiöse als Überwindung der Schwierigkeiten, die dem ethischen Lebensverständnis innewohnen und deren Darstellung ein Hauptthema der Schriften Kierkegaards ist. In dieser Zuordnung repräsentiert das Ethische aber nicht mehr uneingeschränkt die Aufgabe der Selbstwerdung, sondern es wird selbst zu einer alternativen Lebensmöglichkeit. Es müssen daher zwei Bedeutungen des Ethischen festgehalten werden[24]: zum einen bezeichnet das Ethische die Aufgabe der Selbstwerdung als solche und ist in diesem Sinne das Lebensprinzip der Existenzdialektik, zum anderen ist es als eine besondere Lebensanschauung nur eine alternative Form des Selbstverständnisses. Im Stufungsverhältnis der Stadien wird es zu einer "Durchgangssphäre" (StLW, 507) zwischen natürlicher Lebensunmittelbarkeit und religiöser Erfüllung. Gerade in "Grenzerfahrungen"[25] wie die Schuld oder der Tragik schicksalhafter Verflechtungen und psychischer Gehemmtheit zeigt sich die Begrenztheit des ethischen Stadiums. Vornehmlich diesen Schwierigkeiten geht das Existenzdenken Kierkegaards nach. Ihre psychologische Erfassung dient der Besinnung auf die Lebensalternative des Christentums.

Vom Ethischen aus gesehen wird das ästhetische Leben an einer wichtigen Stelle einmal so formuliert: "Das Aesthetische in einem Menschen ist das, dadurch er unmittelbar das ist was er ist; das Ethische in einem Menschen ist das, dadurch er das wird was er wird. Wer in und durch und von und für das Aesthetische lebt, er lebt aesthetisch." (EO II, 190). In dieser Perspektive ist das Ethische jene Lebensanschauung, in der die eigene Existenz als Aufgabe verstanden wird, die in freier Verantwortung zu übernehmen ist, während das

---

[22] Fahrenbach (1968), 52.
[23] Schultzky (1977), 107.
[24] Vgl. Fahrenbach (1968), 53 ff.; Zur Ethik bei Kierkegaard sind außer Fahrenbach vor allem Greve (1990) u. Hauschildt (1982) zu nennen. Greve zeichnet dabei in einer zuvor nicht erreichten Präzision die differenzierten Sichtweisen der Pseudonyme Kierkegaards zur ethischen Thematik nach und legt damit eine der wichtigsten Untersuchungen zum Verständnis der pseudonymen Werke überhaupt vor.
[25] Fahrenbach (1968), 54.

Ästhetische die natürliche Vorgegebenheit und -bestimmtheit des Lebens bezeichnet. Ästhetisches Leben ist derart gekennzeichnet durch das Fehlen einer inneren Entschiedenheit und der Orientierung an den natürlich-unmittelbaren Gegebenheiten des Daseins. "Unmittelbarkeit" - als Gegenbegriff zur ethischen Vermitteltheit der Wirklichkeit als einer Aufgabe - ist die Grundbestimmung, mit der ästhetisches Leben bei Kierkegaard begriffen wird. In dieser Lebenseinstellung hat auch der Begriff des Schicksals seinen Ort, denn die "Begriffe" des Unmittelbaren sind: "Glück, Unglück, Schicksal" (KzT, 49). Auf die Darstellung unmittelbaren Lebens in seiner Beziehung zur Freiheitsmöglichkeit[26] wird daher besonderes Gewicht zu legen sein.

Der von der ethischen Kritik aus gewonnene Begriff des Ästhetischen ist jedoch nur eine der Perspektiven, in denen ästhetisches Leben bei Kierkegaard zum Ausdruck kommt. Die Begriffe "ästhetisch" und "unmittelbar" haben ein breites Bedeutungsfeld in seinen Schriften.[27] Adorno unterscheidet drei grundlegende "Äquivokationen des Terminus Ästhetisch bei Kierkegaard"[28]: 1. bezeichne er im allgemeinen Sprachgebrauch den "Bereich der Kunstwerke und der kunsttheoretischen Erörterung"; 2. zentrale Bedeutung erlange er im Sinne einer Lebenshaltung (bzw. -sphäre); 3. stehe er für eine besondere Mitteilungsform, die Kierkegaard als Kennzeichnung des ersten Abschnitts seiner Schriftstellerei angibt (vgl. SüS, 34 ff.). Doch auch innerhalb der zentralen Bedeutung als einer Lebenshaltung umfaßt der Begriff des Ästhetischen sehr unterschiedliche Phänomene: hedonistisches Genußstreben, Naivität, Künstlerexistenz, Naturreligiosität und sogar metaphysisches Philosophieren. Sie alle sind insofern Existenzmöglichkeiten der Unmittelbarkeit, als sie nicht auf einer ethischen Entschiedenheit gründen. Derart kann Unmittelbarkeit über die Bedeutung eines unreflektierten Hingegebenseins an die natürlichen Lebensbestimmungen und -eindrücke hinausgehen und eine Weise der Reflexion in sich enthalten. Denn die Reflektiertheit des Menschen ist noch nicht die Entschiedenheit zur Selbstverwirklichung. Gerade die reflektierte Unmittelbarkeit - als Übergangsphänomen - weckt das Interesse Kierkegaards.

Die Reflexion nimmt eine Zwischenstellung zwischen Unmittelbarkeit und Entschiedenheit ein, damit wird sie zu einem wichtigen Faktor der Existenzdynamik. Kennzeichnend für die Reflexion ist die Zerstörung unmittelbarer Einsichtigkeit und Sicherheit, mit ihr wird das Leben "zweideutig", treten die Widersprüche der Existenz hervor und damit die Möglichkeit, sein Leben bewußt in die Hand zu nehmen. In dieser Funktion wird der Begriff "Reflexion" von Kierkegaard nicht nur als rationales Vermögen verstanden. Auch ein Empfinden der Zweideutigkeit des Lebens ist Ausdruck der Reflexion. In diesem Sinne wird vor allem der Begriff "Angst" thematisiert, auch die Schicksalsangst ist dergestalt schon ein reflektiertes Verhältnis zur unmittelbaren Wirklichkeit. Durch das reflektierte Existieren erschließen sich

---

[26] Vgl. Disse (1991), 53 ff.
[27] Zur Vielschichtigkeit oder sogar Mehrdeutigkeit dieser Begriffe vgl. Adorno (1974), 24 ff.; Greve (1991), 47 ff.; Vetter (1979a), 45 ff.; Weber (1976), 1 ff.
[28] Adorno (1974), 24.

jene Schwierigkeiten und Widersprüche, die eine Lebenshaltung an ihre Grenze führen. Neben die Darstellung alternativer Lebensanschauungen tritt bei Kierkegaard so das dialektische Durchdenken der Übergänge zwischen einzelnen Lebensstadien. Dies bezeichnet er zumeist als Psychologie, die auch im *Begriff Angst* und damit für die Schicksalsthematik von herausragender Bedeutung ist. Der entscheidende existentielle Übergang ist für Kierkegaard das Wirklichwerden der Freiheit, und das auf dieses Geschehen hinweisende, psychologisch zu erschließende Phänomen sieht er in der Angst. Im Durchdenken des dialektischen Verhältnisses von Freiheit und Angst liegt daher ein systematisches Zentrum des Kierkegaardschen Philosophierens. Doch ist darauf zu achten, daß auch diese Systematik nur ein Aspekt jenes vielschichtigen Existenzdenkens ist. Bei der systematischen Darstellung muß immer mitbedacht werden, daß Kierkegaard keine Lehre über die Existenz vorlegen wollte, dies auch für prinzipiell unmöglich hielt. Sein Existenzdenken ist geleitet von dem Anspruch, jeden einzelnen auf seine eigene Existenz aufmerksam zu machen, und diesem Zweck dient auch die pseudonyme Herausgabe zahlreicher seiner Werke. Er begründet dieses Verfahren durch seine Überlegungen zur Möglichkeit existentieller Kommunikation, die als methodische Voraussetzung seiner Schriften bei jeder Interpretation zu berücksichtigen sind[29].

Ein Sprechen über Existenz kann für Kierkegaard nur geschehen als "indirekte Mitteilung", als ein Anstoß zum eigenständigen Nachdenken und Existieren. Wichtige Gedanken zur indirekten Mitteilung finden sich an vielen Stellen der *Unwissenschaftlichen Nachschrift*[30] oder in den *Schriften über sich selbst*. Er hat auch einen Entwurf zu einer Vorlesung über die indirekte Mitteilung gemacht: "*Die Dialektik der ethischen und der ethisch-religiösen Mitteilung*".[31]

Nach Kierkegaard besteht die eigentliche Wirklichkeit für einen Menschen in der eigenen Existenz und in der ethischen Aufgabe, vor Gott ein freies Selbst zu werden. Jeder Mensch trägt in sich ein Grundwissen um diese subjektive Wahrheit, kein anderer Mensch kann sie ihm beibringen. Die Wahrheit des eigenen Existierens ist kein Wissen über einen Gegenstand, sondern sie ist ein Können: "eine Kunst, ein Verwirklichen" (Pap VIII B 81, 20/ Tb II, 124). Nur der jeweils einzelne Mensch kann in sich diese Verwirklichung vollbringen, nur für ihn selbst ist diese Aufgabe eine Wirklichkeit, für jeden anderen Menschen, von außen betrachtet, ist sie nur eine Möglichkeit. D.h. ein Mensch kann zwar über die Wirklichkeit eines anderen Menschen nachdenken und reden, aber er kann nicht selbst als dieser andere existieren.

"In bezug auf jede Wirklichkeit außer mir gilt, daß ich sie nur denkend fassen kann. Sollte ich sie wirklich fassen, so müßte ich mich zu dem anderen, zu dem Handelnden, machen können, die mir fremde Wirklichkeit zu meiner eigenen Wirklichkeit machen können, was eine Unmöglichkeit ist.

---

[29] Vgl. zu Kierkegaards Mitteilungstheorie sowie zur Pseudonymität Anderson (1979); Bejerholm (1962); Deuser (1985a), 70 ff.
[30] UN I, 65 ff. 179 ff.; II, 54 ff.
[31] Pap VIII B 80 ff./ Tb II, 111 ff.

Mache ich nämlich die mir fremde Wirklichkeit zu meiner eigenen, so bedeutet das nicht, daß ich dadurch, daß ich darum weiß, der andere werde, sondern das bedeutet eine neue Wirklichkeit, die mir zugehört als von dem andern verschieden. (...) Dies bezeichnet zugleich, daß es ethisch kein unmittelbares Verhältnis zwischen Subjekt und Subjekt gibt." (UN II, 22 f.).

Da jeder Mensch nur zu sich selbst in einem unmittelbaren ethischen Verhältnis steht, er also nur für sich selbst die Aufgabe verwirklichen kann, er selbst zu werden, kann es im Ethischen keine direkte Mitteilung geben. Die direkte Mitteilung ist Mitteilung eines Wissens, die indirekte Mitteilung ist Mitteilung eines Könnens (vgl. Pap VIII B 85, 1 ff./ Tb II, 113). "Kierkegaards Kommunikationstheorie lebt von der Unterscheidung zwischen einem sachlichen und einem existentiellen Gegenstandsverhältnis."[32]

Die direkte Mitteilung hat überall dort ihren Sinn, wo es um ein objektives Wissen über einen Gegenstand geht, z.B. in den Naturwissenschaften, aber auch im alltäglichen Umgang miteinander, sofern nicht die ethische, existentielle Ebene berührt wird. Wenn es um objektive Wahrheiten geht, ist die Subjektivität bedeutungslos (vgl. UN I, 68), hier ist allein wichtig, *was* mitgeteilt wird. Im ethisch-religiösen Bereich ist jedoch die Subjektivität die Wahrheit (vgl. UN I, 179 ff.), nicht die Richtigkeit und Gewißheit eines objektiven Inhalts ist entscheidend, sondern die *Aneignung* einer Wahrheit, einer ethischen Aufgabe. Das Existieren selbst ist der Vollzug der Wahrheit, das Können, nicht das Wissen, und für die Mitteilung bedeutet dies: nicht das *Was*, sondern das *Wie* der Mitteilung ist entscheidend. Doch Kierkegaard muß feststellen: "Daß die Grundverwirrung der heutigen Zeit darin liegt, nicht bloß vergessen zu haben, daß es etwas gibt, was Mitteilung eines Könnens heißt, sondern in sinnloser Weise die Mitteilung des Könnens und Könnensollens in die Mitteilung eines Wissens verwandelt zu haben. Das Existentielle ist ausgelöscht." (Pap VIII B 85, 31/ Tb II, 115).

Wenn die subjektive Wahrheit, das ethische Können nicht direkt mitgeteilt werden kann, so besteht die Aufgabe der indirekten Mitteilung darin, dem anderen zu helfen, die Wahrheit in sich selbst zu finden. Denn jeder trägt zwar ein Grundwissen um das Ethische in sich, das ihm von Gott als seine eigene Lebensaufgabe mitgeteilt wird, doch hat sich der Mensch dieses Wissen um seine eigene Aufgabe verstellt durch das oberflächliche Leben des Genusses und der Anpassung an die Masse. Deshalb ist es nötig, ihn herauszureißen aus diesen Verstellungen der Wahrheit und ihn auf seine eigene Existenz zurückzustoßen. Darin liegt die Bedeutung der indirekten Mitteilung: sie soll den anderen frei machen (vgl. UN I, 66). Doch dies geht nur, wenn man ihn nicht an sich selbst bindet, wenn man nicht als der allwissende und überlegene Lehrer erscheint, sondern indem die Person des Mitteilers zurücktritt und den anderen zu seiner eigenen Innerlichkeit führt.

"Pseudonymität und indirekte Kommunikation sind die sachlich nötigen Formen der Existenzmitteilung, denn ohne Selbstdistanzierung wäre der Ausstieg aus der unbegriffenen Selbst-Unmittelbarkeit, der noch nicht ergriffenen Selbst-Werdung gar nicht zu bewerkstelligen. Direkte Kommunikation

---

[32] Deuser (1985a), 79.

muß aufgegeben werden, um die vorliegende Situation, d.h. die Umstände des Existierens, dem Selbstverhältnis nachgehend sachangemessen ins Bild setzen zu können; denn die Sache ist hier die Person!"[33]

So ist die indirekte Kommunikation eine "Mäeutik", eine sokratische Hebammenkunst, mit der dem anderen Menschen geholfen wird, die eigene Wahrheit zur Welt zu bringen, sich zu verwirklichen. Das Gebären, das Verwirklichen selbst kann der Mitteiler dem anderen nicht abnehmen, er muß vielmehr ganz als Person zurücktreten, damit der andere auf sich selbst, auf seine Existenz, auf sein Können aufmerksam wird. Darin besteht das *Wie* der indirekten Mitteilung: darauf zu achten, daß der Mitteiler zurücktritt. Kierkegaard nennt deshalb die indirekte Mitteilung auch eine *doppeltreflektierte Mitteilung*.

"Da es ethisch kein unmittelbares Verhältnis gibt, so muß alle Mitteilung durch eine doppelte Reflexion hindurchgehen; die erste ist die, in der sie mitgeteilt wird, die zweite ist die, in der sie zurückgenommen wird."(Pap VIII B 81, 22/ Tb II, 125).

Jedoch ist auch im existentiellen Bereich die Mitteilung eines Wissens, eines Inhalts nicht bedeutungslos. Kierkegaard betont dies ausdrücklich für die religiöse Mitteilung, da hier über das Allgemein-Ethische hinaus, das jeder Mensch in sich trage, eine bestimmte Lebensanschauung vermittelt werden muß. Dies setzt eine direkte Mitteilung darüber, was das Christentum ist, voraus. Doch kann diese direkte Mitteilung immer nur ein Anfang sein, das Entscheidende, die Aneignung der Wahrheit in der ganz individuellen Lebenssituation, kann nicht direkt vermittelt werden, hier gilt wieder die Geburtshilfekunst der indirekten Mitteilung. Deshalb finden sich bei Kierkegaard auch nur wenige Aussagen über das Wesentliche des Christentums, auch hierbei ist es für ihn das Wichtigste, daß keine Lehre vorgetragen wird.

"Der Unterschied zwischen Erziehung in bezug auf das Ethische und das Ethisch-Religiöse ist nur der, daß das Ethische ohne weiteres das Allgemein-Menschliche ist, aber die religiöse (christliche) Erziehung zuerst ein Wissen mitteilen muß. Ethisch weiß der Mensch als solcher vom Ethischen, aber christlich weiß der Mensch nicht als solcher schon vom Religiösen, dazu gehört zunächst eine kleine Wissensmitteilung - aber dann tritt wieder das gleiche Verhältnis ein wie beim Ethischen. Die Unterweisung, die Mitteilung darf nicht sein wie die eines Wissens, sondern muß Erziehung sein, Einübung, Kunst-Unterweisung. Hier liegt mein Verdienst durch die Pseudonyme: daß ich innerhalb des Christentums das Geburtshelferische entdeckt habe." (Pap VIII B 82, 13/ Tb II, 127).

Die pseudonyme Schriftstellerei ist für Kierkegaard notwendig, um die gebildeten, aber ethisch selbstvergessenen Menschen wieder zu einem eigentlichen, vor sich und vor Gott verantworteten Leben zurückzuführen, sie durch indirekte Mitteilung zum Selbst- und Christwerden zu befreien. Bei Kierkegaard vollzieht sich dies in drei Stufen[34]:

---

[33] Deuser (1985a), 150.
[34] Vgl. Deuser (1985a), 149: "Die vorherrschenden Lebensumstände bestätigen andauernd die Symptome von Angst und Verzweiflung bzw. deren Konsequenzen; noch nicht gelunge-

1. Aufmerksam machen,
2. Sachgemäße Analyse der Existenz,
3. Anbieten und Ausmalen von überzeugenden Lebensformen.

Mit Hilfe der Pseudonymität gelingt es Kierkegaard, den Leser mit Lebensmöglichkeiten zu konfrontieren, diese experimentell durchzuspielen und psychologisch zu analysieren. Die Pseudonymität ist hierbei wichtig, damit die Lebensmodelle in einer dichterischen Schwebe gehalten werden, also keinerlei zwingenden Anspruch einer direkten Mitteilung haben. Die erdichteten Verfasser dienen dabei selbst noch einmal als Darstellung einer Lebens- und Denkweise, wie z.B. der Humorist Johannes Climacus, der sich ganz nah an das christliche Verständnis der Existenz heranarbeitet und dabei Gedanken entwickelt, die für Kierkegaards Denken sehr wesentlich sind, aber im letzten vor dem Ernst zurückschreckt und alles Geschriebene widerruft. Gerade mit solchen Brüchen und komisch-ironischen Einschüben versucht Kierkegaard den Leser aufzurütteln und ihn aus überkommenen Lebens- und Denkgewohnheiten zu reißen. Wichtig dafür ist auch, daß die in den pseudonymen Werken dargestellten Lebensweisen oft bewußt übersteigert dargestellt sind. Sie werden dann ergänzt durch die erbaulichen Schriften[35], in denen das Religiöse als leitender Maßstab zum Ausdruck kommt. Um den Glauben von innen heraus mitzuteilen, hat Kierkegaard ein neues Pseudonym geschaffen: "Anti-Climacus". Er ist der Verfasser der Werke *Die Krankheit zum Tode* und *Einübung im Christentum*. Doch hat dieses Pseudonym eine ganz andere Funktion als die vorhergehenden, die beiden Werke enthalten durchaus Kierkegaards eigene Gedanken, weshalb sie auch als "unecht pseudonym" bezeichnet werden[36]. Kierkegaard will damit vor allem den Eindruck abwehren, er selbst sei ein Christ, der mit solch hohem Anspruch wie Anti-Climacus den Glauben verkündigen könne. Das "Anti-" bedeutet, daß die bisherige Entwicklung der pseudonymen Werke, die aus der Fülle der Lebensmöglichkeiten bis hinauf zur Grenze des Christentums bei Climacus führen, nun zurückgegangen wird in die Tiefe des Christentums. Die Werke des Anti-Climacus gehören also viel mehr in die Gruppe der erbaulichen Schriften Kierkegaards als in die Reihe der pseudonymen Werke. Die pseudonymen Werke liefern die menschliche Grundlage, auf der allein sich

---

nes Existieren also, obwohl jeder schon faktisch für sich da ist. Aus dieser Dissonanz versucht Kierkegaards Literatur den Leser herauszurufen. Erster Schritt dazu ist das 'aufmerksam machen', zweiter Schritt die sachgemäße Analyse der Existenz, dritter Schritt das Anbieten und Ausmalen von überzeugenden Lebensformen."

[35] Dazu s.u. III.3.1.

[36] Vgl. Hirsch in: KzT, X; Hirsch bezeichnet auch den *Begriff Angst* als unecht pseudonym (vgl. BA, VII f.), weil der pseudonyme Verfassername "Vigilius Haufniensis" erst spät eingetragen wurde und der Inhalt mit den Ansichten Kierkegaards übereinstimme (vgl. zu dieser Frage auch Rochol (1984), IX f.). Da Kierkegaard selbst jedoch dieses Werk eindeutig als pseudonymes verstanden wissen wollte, werde ich es als solches behandeln. Ein Spezifikum des Pseudonyms Vigilius Haufniensis könnte, außer in dem von Climacus erwähnten dozierenden Stil (vgl. UN I, 264 f.), in der herausragenden Bedeutung der Psychologie gesehen werden (dazu s.u. II.1.3.).

ne Entscheidung für ein christliches Leben vollziehen kann (vgl. UN I, 42).

"Damit ist die Aufgabenstellung der Pseudonymität beschrieben, die Befangenheit der Existenz im Ästhetischen zunächst aufzudecken, um die Selbst-Unmittelbarkeit mit der ethischen Selbst-Wahl zu konfrontieren, während beide bereits von einem Christentum her entworfen sind, das an dritter Stelle ein Selbst-Werden über den Schnitt von Fremdbestimmung und paradoxem Gottesverhältnis hinaus verspricht."[37]

Auch die pseudonymen Werke Kierkegaards dienen also indirekt dem Anliegen seines Gesamtwerkes, dem "Aufmerksam-machen" auf das Christentum, indem sie den Menschen zunächst ein tieferes Verständnis ihrer humanen (noch nicht christlich geprägten) Lebensformen zu vermitteln versuchen. In diesem Sinne bezeichnet er seine pseudonymen Werke auch als "ästhetische Schriftstellerei" (SüS, 34 ff.). Ästhetisch sind sie in einem doppelten Sinne: zum einen, weil sie sich der dichterischen Fiktion bedienen, und zum anderen, weil in ihnen die ästhetisch geprägte Lebenserfahrung zum Ansatzpunkt gewählt wird, von dem aus eine Vertiefung des Selbstverständnisses angestrebt werden soll. Mäeutisch sind auch sie auf die religiöse Existenzfrage hingeordnet. Die Unterscheidung von natürlich-humanem und christlich-ethischem Lebensverständnis durchdringt so das Gesamtwerk Kierkegaards.[38] Auch die Schicksalsthematik ist in diesen Horizont eingebettet, insbesondere im *Begriff Angst*. Das Schicksal wird dort analysiert als Gestalt der Unfreiheit innerhalb heidnischer Religiosität.[39] Beide Aspekte, die Darstellung des Schicksals als eine Form der Angst vor der Freiheit sowie seine Deutung als Ausdruck heidnischen Lebens, müssen daher systematisch im Mittelpunkt meiner Untersuchung stehen.

Die philosophische Hauptfrage im *Begriff Angst*, von der aus auch die Schicksalsabhängigkeit betrachtet wird, ist die nach der Möglichkeit der Freiheit. Ein entscheidender Punkt ist hierbei das Ahnen der Freiheitsmöglichkeit von der Unfreiheit des unmittelbaren Lebensgefühls aus. Dieses Ahnen wird psychologisch als Angst gedeutet und in seinen verschiedenen Ausdrucksformen betrachtet. Unter dem geschichtlichen Aspekt der kulturellen Entwicklung der Menschheit bezeichnet das Heidentum für Kierkegaard die Stufe unmittelbaren Lebens, und die Schicksalserfahrung ist die hier vorherrschende Weise der Angst. Die Klärung des Begriffs "Heidentum" ist daher eine wichtige Voraussetzung zur Darstellung des Schicksalsbegriffs.[40] Die heidnische Lebensanschauung erscheint als eine religiöse Weltdeutung, in der die grundlegende Abhängigkeitserfahrung zur Angst vor dem Schicksal

---

[37] Deuser (1985a), 150.
[38] Vetter (1979b) sieht in der christlichen Unterscheidung von altem und neuem Menschen, von Heide- und Christ-sein, den Ansatzpunkt zur Interpretation des Gesamtwerkes Kierkegaards.
[39] Zur systematischen Stellung des Schicksalsparagraphen im Aufbau des *Begriff Angst* s.u. II.2.
[40] S.u. II.4.1.; In der Kierkegaardforschung wird die Bedeutung des Heidentums meist nur im Hinblick auf die sokratisch-platonische Philosophie thematisiert. Die Darstellung des Heidentums als geschichtliche Stufe der Unmittelbarkeit wird dabei sehr vernachlässigt.

als einer das Leben bestimmenden, unpersönlichen Macht gesteigert wird. Die Schicksalsangst ist derart die Verstellung der Freiheitsmöglichkeit durch die Leidenschaft eines "irrigen" Gottesverhältnisses. Daß in ihm eine leidenschaftliche Energie wirksam ist, macht die Größe dieser Angst aus und unterscheidet die Schicksalsgläubigkeit des Heidentums von jener alltäglichen Einstellung, in der "jeder Mensch (...) ein kleines Verhältnis zum Schicksal" hat (BA^R, 118). Nicht die alltägliche Normalität, sondern die leidenschaftliche Intensität des Lebens - auch und gerade in ihren negativen Ausprägungen - ist der Ansatzpunkt für Kierkegaards Bestimmung des Menschen, an ihm entscheidet sich auch die Weise des Gottes-Verhältnisses, "denn Gott selbst ist ja dieses: *welcherart* man sich mit ihm einläßt" (Pap X^2 A 644/ Tb IV, 156). Dementsprechend gilt für das Verhältnis zum Schicksal: "die Größe eines Menschen hängt einzig und allein von der Energie des Gottes-Verhältnisses in ihm ab, selbst wenn dieses Gottes-Verhältnis einen völlig irrigen Ausdruck als Schicksal findet" (BA^R, 120).

Diese religionsphilosophische Perspektive, die sich aus dem Anliegen des Gesamtwerkes Kierkegaards ergibt, ist der Hintergrund für die Analyse der Schicksalsangst als Gestalt der Unfreiheit innerhalb eines unmittelbar-ästhetischen Lebensverständnisses. Die Deutung des Schicksals als Angst-Projektion des unmittelbaren, noch nicht zur Freiheit gelangten Menschen ist hierbei der philosophische Kerngedanke. Daher muß ausführlich auf die Psychologie unmittelbaren Lebens eingegangen werden.[41] Da die Freiheit eine den Menschen innerlich bestimmende Wirklichkeit ist, wird das Ästhetische als Bestimmung der Äußerlichkeit angesehen, so daß auch der Schicksalsglaube als eine ästhetische Veräußerung des eigentlich Menschlichen interpretiert wird. Für ihn gilt in besonderer Weise jene beschwörende Bestimmung des Ästhetischen in der *Unwissenschaftlichen Nachschrift*:

"Das Ästhetische ist die uneröffnete Innerlichkeit; daher muß sich das, was die Innerlichkeit ist oder sein soll, äußerlich zeigen. Es ist, wie wenn sich in der Tragödie der Held einer verschwundenen Zeit dem Schlafenden als Geist zeigt: der Zuschauer muß den Geist sehen, obgleich das, daß er sich zeigt, die Innerlichkeit des Schlafenden ist." (UN II, 252).

Im Zeitalter bürgerlich-politischen Selbstbewußtseins und Hegelscher Geistigkeit scheint der heidnische Schicksalsbegriff in der Tat wie ein "Überrest aus jener Zeit, da die Notwendigkeit die Freiheit gebar" (EO I, 351). Kierkegaard konfrontiert den aufgeklärten Bürger mit Ängsten, die er lange hinter sich glaubte - und ihnen vielleicht gerade deshalb unbewußt verfiel. Kierkegaard zumindest deutet die abstrakten Herrschaftsverhältnisse der Massenkultur in Analogie zur heidnischen Schicksalsangst.[42] Die selbstbewußte Freiheit ist ihm gerade in seiner Zeit ein unerreichtes Ideal, das Heidentum dagegen überall präsent. Die scheinbar vergangenen Ängste werden so zu Anhaltspunkten seiner psychologischen Kritik der Unfreiheit, aber auch zum Hinweis auf die mögliche Intensität freiheitlichen Lebens. Wie die Angst bei Kierkegaard grundsätzlich nicht als ein bloß negatives Phänomen, son-

---

[41] S.u. II.3.2.
[42] Vgl. LA, 90; dazu s.u. III.4.1.

dern als Ahnung der Freiheitsbestimmung zu sehen ist, so liegt auch der Schicksalsangst eine Erfahrung zugrunde, deren tiefe Bedeutung sich erst von der Freiheit aus erschließt. Über die negative Funktion als Gegenbegriff zur freien Selbstbestimmung hinaus wird in der Leidenschaft des Schicksalsglaubens jene religiöse Dimension der Selbstverwirklichung sichtbar, die eine abstrakte Vorstellung menschlicher Autonomie zu verdrängen sucht. Die Abhängigkeit der Freiheit muß als Aspekt des Selbstverhältnisses akzeptiert werden. Daher bildet der theologische Begriff der Vorsehung das Korrelat zum Freiheitsbegriff, in ihm, nicht in der autonomen Freiheit des Subjekts, sieht Kierkegaard die Antwort auf die Schicksalsangst des Menschen. Damit kehrt sich, wie wir sehen werden, die Wertung der Äußerlichkeit an entscheidender Stelle nochmals um, da nicht die reine Innerlichkeit freier Selbstbestimmung zur wahren Selbsterfüllung führt. Eine Hauptaufgabe der Untersuchung wird sein, diese Bedeutung des Schicksalsverhältnisses für die religiöse Selbstbestimmung herauszustellen, wobei auch die persönliche Haltung Kierkegaards zu seinem eigenen Schicksal thematisiert werden soll. Gefragt werden muß, ob und mit welchen Modifikationen sich die Bestimmung des Verhältnisses von Schicksal, Freiheit und Vorsehung, wie sie im *Begriff Angst* vorgenommen wird, in der Vielschichtigkeit der übrigen Schriften wiederfinden läßt. Die systematische Interpretation anhand des *Begriff Angst* wird daher ergänzt werden durch eine Darstellung der Schicksalsthematik im Gesamtwerk Kierkegaards unter Einschluß seines persönlichen Schicksalsverständnisses.

Die Untersuchung ist so deutlich in zwei Teile unterteilt. Zunächst wird eine systematische Entfaltung des Schicksalsbegriffs vorgenommen, die sich orientiert an dem Schicksalsparagraphen des *Begriff Angst*. Da diese Analyse eingebettet ist in den Kontext der Freiheitsproblematik, bedarf es zuvor einer ausführlichen Darstellung der Freiheitsphilosophie, wie sie im *Begriff Angst* entwickelt wird. Hierbei ist die leitende Perspektive die psychologische Fragestellung, die für den *Begriff Angst* kennzeichnend ist. In einem ersten Kapitel sollen daher diese methodischen Voraussetzungen, insbesondere der Begriff der Psychologie selbst, anhand der Einleitung des *Begriff Angst* geklärt werden. Bei der folgenden Darstellung der anthropologisch-psychologischen Grundgedanken zum Freiheitsbegriff geht es insbesondere um das Verständnis des unmittelbaren Lebens sowie der darin enthaltenen Angst vor der Freiheit, da dies den Hintergrund der Schicksalsanalyse bildet. An diese Grundlegung schließt sich die ausführliche Interpretation des Schicksalsparagraphen an. Die systematische Analyse soll dann in einem folgenden Teil ergänzt werden durch einen Blick auf die Vielfalt der Perspektiven, unter denen die Schicksalsthematik im Gesamtwerk angesprochen wird. Der Akzent liegt dabei auf dem Referat der Vielfältigkeit, doch unter systematischem Gesichtspunkt wird vor allem nach Übereinstimmungen und Differenzen zu den Ergebnissen des *Begriff Angst* zu fragen sein.

Dieser gedoppelte Aufbau soll dem Vorbehalt Rechnung tragen, mit dem sich jede systematische Darstellung der Philosophie Kierkegaards konfrontiert sieht, insofern sie eine theoretische Geschlossenheit vorgibt, die er nicht intendierte. Dies gilt insbesondere für die Darstellung der pseudonymen

Werke. Diese können und müssen, wie oben erläutert, in die Systematik des Kierkegaardschen Denkens einbezogen werden, indem die Existenzanalyse immer wieder auf die Mitteilungsintention hin befragt wird. Eine Detailuntersuchung wie die zum Schicksalsbegriff steht dabei jedoch vor der Schwierigkeit, daß sie nicht, wie etwa bei der Thematisierung des Ethikverständnisses, einen Kerngehalt der pseudonymen Gedankenbezüge darstellen und so diese selbst in die Systematik mit einbeziehen kann, wie es vorbildlich von Greve (1990) geleistet wurde. Ich muß mich daher weitgehend darauf beschränken, die unterschiedlichen Überlegungen zum Schicksalsbegriff darzustellen und soweit möglich aus der pseudonymen Rolle verständlich zu machen, ohne jedoch einen die Pseudonyme übergreifenden Diskurs zu dieser Thematik wiedergeben zu können. Allerdings gibt es einige die Schicksalsthematik berührende Themen, die zentral in das Ganze der pseudonymen Gedankenentwicklung eingebunden sind: dies sind neben dem Freiheitsbegriff vor allem die Fragen der Ausnahmeexistenz sowie des Tragischen. In ihnen werden Schwierigkeiten der ethischen Selbstwerdung thematisiert, die zum Teil auf der Freiheit vorgegebene natürliche und geschichtliche Einflüsse zurückzuführen sind. Als ein grundlegendes Motiv dieser Gedanken stellt sich dabei die Frage der Einbindung des Individuums in übergreifende Lebenszusammenhänge heraus. Ob und wie sich diese Dimension in das freie Selbstwerden integrieren läßt, ist eine Grundfrage bei der Gegenüberstellung von ästhetischem, ethischem und religiösem Lebensverständnis. Der tragischen Lebenseinstellung kommt hierbei eine besondere Zwischenstellung zu, von der aus auch die religiöse Bedeutung des Schicksalsverhältnisses in den Blick genommen wird. Ihr wird daher besondere Aufmerksamkeit zu widmen sein. Insgesamt wird die Darstellung so den Charakter einer umkreisenden Annäherung an Kierkegaards Schicksalsverständnis haben. Näher heran an Kierkegaards eigene Sicht führt uns dann der methodische Perspektivenwechsel in den letzten Kapiteln, wo Kierkegaards Schicksalsverständnis anhand seines öffentlichen Wirkens in den letzten Lebensjahren ermittelt werden soll. Hier kommt ein verstärkt biographisches Interesse zum Zuge, das in den übrigen Abschnitten keine Rolle spielt. Jedoch geht es nicht um einen Beitrag zur Biographie Kierkegaards, sondern um die Bedeutung, die der Schicksalsbegriff in seinem Selbstverständnis spielt. Auch hier wird wieder zu fragen sein nach Übereinstimmungen mit der Schicksalsanalyse des *Begriff Angst*. Dabei wird sich herausstellen, ob sich der Vorsehungsbegriff für Kierkegaards selbst als Korrelat der Freiheit und Überwindung der Schicksalsgläubigkeit erweist.

II. DAS VERHÄLTNIS VON SCHICKSAL UND FREIHEIT IM *BEGRIFF ANGST*

Die systematischste Ausführung Kierkegaards zum Schicksalsbegriff findet sich in seiner Schrift *Der Begriff Angst*, im § 2 des dritten Kapitels: "Die Angst, dialektisch in Richtung auf das Schicksal bestimmt" (BA^R, 105)[43]. *Der Begriff Angst* wurde von Kierkegaard am 17.6.1848 als pseudonymes Werk herausgegeben und trug den vollen Titel: "Der Begriff Angst. Eine schlichte psychologisch-hinweisende Überlegung in Richtung auf das dogmatische Problem der Erbsünde von Vigilius Haufniensis".

Der Untertitel nennt als Leitmotiv das Problem der Erbsünde. Die Schrift des Vigilius Haufniensis steht somit im Horizont einer theologischen Frage, jedoch ohne diese theologisch abhandeln zu wollen. Vielmehr soll eine Psychologie der Angst dazu dienen, eine anthropologische Grundlage für das christlich-dogmatische Selbstverständnis zu entfalten. Im Zentrum dieser Überlegung steht die Frage, in welchem Verhältnis der Mensch zur Möglichkeit seiner eigenen Freiheit steht, womit die Psychologie, theologisch motiviert, an die Grenze des psychologisch Aussagbaren geführt wird. Die Fragestellung des *Begriff Angst* bewegt sich somit in einem gewollten Spannungsverhältnis zwischen Psychologie, Philosophie und Theologie.[44]

II.1. Psychologie und Freiheit. Zur Einleitung des *Begriff Angst*

1.1. Wissenschaft und Interesse

In einer ausführlichen Einleitung[45] zu seiner Untersuchung stellt sich Vigilius Haufniensis die Frage: "In welchem Sinne der Gegenstand der Überlegung eine Aufgabe für das Interesse der Psychologie ist, und in welchem Sinne er, nachdem er Aufgabe und Interesse der Psychologie gewesen ist, gerade auf die Dogmatik hinweist." (BA^R, 5). Ihm geht es bei dieser Einleitung darum, verschiedene Wissenschaften oder, weiter gefaßt, Sichtweisen der Wirklichkeit gegeneinander abzugrenzen und ihren Gültigkeitsbereich zu bestimmen. Gegen den Hegelianismus gerichtet ist hierbei der Leitgedanke, daß die Wirklichkeit nicht in einheitlicher Weise dem vernünftigen Zugriff zugänglich sei und deshalb die Logik nicht als leitende Wissenschaft gelten könne. Gerade ihr entziehe sich die Zufälligkeit der konkreten, bewegten Wirklichkeit (vgl. BA^R, 6). Um die Bewegtheit der lebendigen Wirklichkeit, insbesondere der subjektiven Wirklichkeit des menschlichen

---

[43] Auch in der Häufigkeit der Verwendung des Schicksalsbegriffs ragt der *Begriff Angst* mit Abstand aus den übrigen Werken Kierkegaards heraus, wie McKinnon (1973), 55, festgestellt hat.

[44] Vgl. Deuser (1985a), 23.

[45] Zur Einleitung des *Begriff Angst* vgl. Fonk (1990), 117 ff.; Greve (1990), 225 ff.; Malantschuk (1971), 12 f.; Nordentoft (1972), 118 ff.; Schultzky (1977), 84 ff.; Valls (1980), 128 ff.; Vetter (1979b), 177 ff.

Geistes, angemessen zu erfassen, müsse die Erkenntnis selbst als Teil des lebendigen Vorgangs verstanden werden. Es geht Vigilius um einen umfassenderen Zugang zur Wirklichkeit, als ihn das theoretische, logisch-kategorisierende Denken zu geben vermag. Das Verhältnis zu Bewegtheit und Zufälligkeit ist entscheidend für die Möglichkeiten der verschiedenen Wissenschaften und Sichtweisen. Die Logik als abstrakteste Wissenschaft erhält ihren Geltungsbereich nur durch die Ausschaltung alles Zufälligen und ist damit in einen realitätslosen Bereich rein formaler Idealität verwiesen. Je tiefer sich eine Wissenschaft auf die zufällige Wirklichkeit einläßt, um so mehr wird sie in deren Bewegung einbezogen, und durch ihren Anteil an der Bewegung konstituiert sich die für sie mögliche Erkenntnis. Darin liegt ein Übergang von der rein theoretischen, interesselosen Distanz der Logik zu einem am praktischen Lebensvollzug interessierten Erkennen, das sich in letzter Konsequenz als Mitleben begreift.

Kierkegaard schließt sich mit diesen Ausführungen an Überlegungen seiner Lehrer P.M. Møller[46] und F.C. Sibbern[47] an, die beide eine gegen die Hegelsche Wissenschaftslogik gerichtete organische, an der Vielfalt des Lebendigen interessierte Sicht der Wirklichkeit proklamierten und ansatzweise zu entfalten suchten.[48] Møllers Unterscheidung eines Denkens mit persönlichem Interesse von einem gefühlfreien Denken ist für Kierkegaard zu einer grundlegenden Bestimmung seiner philosophischen Position geworden[49], die auch der Einleitung zum *Begriff Angst* zugrundeliegt. Sibberns Vorstellung eines "kollateralen Denkens", in dem sich Verstand, Wille und Gefühl zu einer vielschichtigen Erfahrung zusammenschließen, fließt in Kierkegaards Bestimmung des subjektiven Denkers, wie sie vor allem sein Pseudonym Johannes Climacus entwirft (vgl. UN II, 54 ff.)[50], ein.

Diesem Anliegen ist auch die Einleitung des Vigilius Haufniensis[51] verpflichtet, wenn sie der Frage nachgeht, in welcher Weise die subjektive Wirklichkeit der Sünde zum Erkenntnisgegenstand werden kann. Kriterium der Angemessenheit ist das Interesse an der eigenen Existenz, das sich nicht

---

[46] Vgl. Deuser (1985a), 6 ff.; Malantschuk (1980a), 101 ff., (1971), 114 ff.; Schäfer (1968), 117 ff. Malantschuk sieht in der sachlichen und methodischen Anknüpfung an Fragestellungen Møllers den Grund für die Widmung des *Begriff Angst* an ihn. Kierkegaard habe mit seiner Psychologie dessen Impulse in einer Weise weitergeführt, die gewiß seine Anerkennung gefunden hätte (vgl. (1971), 109 f.). Demgegenüber stellt Nordentoft (1972), 419, die Frage, "was Poul Møller als Leser oder Kritiker zu Kierkegaards Psychologie gesagt haben würde, die mehr abstrakt und weniger spontan, mehr schematisch und weniger warmherzig ist als seine eigenen, verstreuten Beobachtungen" (übers. v. Vf.).
[47] Vgl. Deuser (1985a), 26; Malantschuk (1980a), 162 ff.
[48] "Diese gemeinsam zu charakterisieren ist möglich mit den Stichworten: nicht aufklärerisch, antirationalistisch, eher lebensphilosophisch und literarisch eingestellt und arbeitend; das psychologische Interesse in der Beschreibung des Menschen ist dem kognitiven, bloß denkerischen vorgeordnet." (Deuser (1985b), 168).
[49] Vgl. Pap IV C 100. Zum Begriff des Interesses bei Kierkegaard vgl. Schmidinger (1983), der jedoch nicht näher auf Møller eingeht.
[50] Zum Begriff des subjektiven Denkers vgl. Greve (1990), 245 f.; Fahrenbach (1968), 49 ff.; Kim (1980), 42 ff.; Schäfer (1968), 72 ff.; Wilde (1969), 106 ff.
[51] Zur Nähe der beiden Pseudonyme, besonders von *Begriff Angst* und *Philosophische Brocken*, vgl. Greve (1990), 26 ff.; Malantschuk (1971), 10 f.; Schäfer (1968), 67.

in Distanziertheit, sondern mit dem Pathos des Existierens selbst dieser Frage stellt. Es geht Vigilius darum, zu zeigen, in welcher Weise eine bestimmte Wissenschaft in den Lebensvollzug eingebunden sein kann. Das theoretische Verhalten wird zurückgeführt auf eine sich darin manifestierende Existenzweise, die sich in einer spezifischen "Stimmung" äußert.

"Daß auch die Wissenschaft, ebensosehr wie Poesie und Kunst, Stimmung sowohl beim Produzierenden wie auch beim Rezipierenden voraussetzt, daß ein Fehler in der Modulation ebenso stört wie ein Fehler in der Gedankenentwicklung, hat man in unserer Zeit völlig vergessen" (BA^R, 11 Anm. 1)[52].

Vigilius entwirft also eine Wissenschaftspsychologie, in der er Logik, Ästhetik, Metaphysik, Psychologie, Ethik und Dogmatik Stimmungen zuordnet, an denen ihr jeweiliges Interesse (bzw. Desinteresse) an der subjektiven Wirklichkeit abgelesen werden kann. Aus der spezifischen Gestimmtheit leitet er dann die Angemessenheit (bzw. Unangemessenheit) an einen Gegenstand ab. So gründe die Metaphysik in der Stimmung "der dialektischen Gleichmäßigkeit und Nichtinteressiertheit" (BA^R, 11), die Psychologie "in beobachtender Ausdauer, in spionierender Neugier" und "entdeckende(r) Angst" (BA^R, 12)[53], und die der Ethik zugehörige Stimmung sei "der Ernst". Diese Stimmungen konstituieren die jeweilige Perspektive oder Brechung, in der ein Phänomen zum Gegenstand wird. In der Anmessung des Phänomens an die Stimmung wird jedoch der Begriff des Gegenstandes "alteriert" (BA^R, 11). Die Alteration entscheidet über die Angemessenheit der Betrachtungsweise. Vigilius setzt als Maß der Angemessenheit einen "richtigen Begriff" des jeweiligen Phänomens voraus, der von sich aus eindeutig einer Stimmung zuzuordnen ist, so daß die aus anderen Stimmungen erwachsenden Perspektiven eine Veränderung des Begriffs durch "eine unwesentliche Reflexionsbrechung" bewirken, "und man erhält statt der Beständigkeit der wahren Stimmung das flüchtige Gaukelspiel der unwahren Stimmungen" (BA^R, 12)[54].

Wenn Kierkegaard hier den wahren Begriff[55] eines Phänomens in Relation zu einer wahren Stimmung setzt und in dieser Entsprechung das Angemes-

---

[52] Zur Bedeutung der "Stimmung" bei Kierkegaard vgl. bes. McCarthy (1978).
[53] Der argumentative Zirkel dieser Stelle, daß die Möglichkeiten der Psychologie selbst wieder psychologisch begriffen werden, erhält durch den Bezug auf die Angst einen existentiellen Ernst, der letztlich die Fragwürdigkeit der psychologischen Haltung für Kierkegaard selbst beleuchtet. Die Bedeutung der Angst innerhalb der psychologischen Beobachtung bringt auch der Ästhetiker in *Entweder/Oder* einmal gut zum Ausdruck: "unsre Leidenschaft ist ja nicht Neugierde, die sich an dem Äußerlichen und Oberflächlichen sättigt, sondern eine sympathetische Angst, welche Nieren und versteckte Gedanken erforscht" (EO I, 189). Zum biographischen Hintergrund dieses Psychologieverständnisses vgl. Malantschuk (1968), 30 ff., (1980a), 32 ff.; Nordentoft (1972), 19 ff. Nordentoft, der die Pseudonymität des *Begriff Angst* sehr ernst nimmt, meint jedoch, man dürfe Kierkegaard nicht mit der psychologischen Haltung des Vigilius identifizieren (vgl. 30 f.).
[54] Die Vielfältigkeit der Perspektiven ist hier also im Gegensatz zur einen, wahren Zugangsweise als ästhetischer Schein verstanden. Vetter (1979a), 53 f., spricht daher zurecht von einer skeptischen Polyperspektivität des Ästhetischen.
[55] Zur Verwendung des Wortes "Begriff" bei Vigilius vgl. Schäfer (1968), 252 Anm. 106; zum Zusammenhang von begrifflicher Konsequenz und der Verschiedenheit existentieller Sichtweisen vgl. Malantschuk (1968), 163; zum Verhältnis von psychologischer Beobachtung und Begriffsanalyse vgl. Hopland, 133 f.; Schultzky (1977), 89 ff.

senheitskriterium sieht, so stellt sich die Frage, welche "Wissenschaft" im Stande ist, den wahren Begriff eines Phänomens vorzulegen. Steht die hiermit angezeigte Objektivität nicht im Widerspruch zu der Forderung des subjektiven Denkens, daß die Selbsterschließung der eigenen Existenz im Existenzvollzug der einzig legitime Zugang zur subjektiven Wirklichkeit sei? Dieser Voraussetzung versucht Kierkegaard mit seiner Theorie der "indirekten Mitteilung" und deren praktischer Anwendung in der pseudonymen Schriftstellerei gerecht zu werden.[56] Doch mit dem *Begriff Angst* tritt unverkennbar das Anliegen hervor, die von den *konkreten* Pseudonymen vorgestellten Existenzweisen nun in einer demgegenüber *abstrakten* Aufstellung von Existenzstrukturen zu fundieren.[57] Eine solche "Existenz-Wissenschaft" wird von Kierkegaard den Wissenschaften Ontologie und Mathematik gegenübergestellt (vgl. Pap IV C 100) und dem interessierten Erkennen (vgl. Pap IV C 99)[58] zugeordnet. Sie muß daher als Teil des von Climacus geforderten subjektiven Denkens interpretiert werden. Es entspricht der grundsätzlichen Aussage in der *Unwissenschaftlichen Nachschrift*, daß es kein System des Daseins geben könne (vgl. UN I, 101), wenn Vigilius betont, daß sich die existentielle Wirklichkeit einer exakten begrifflichen Festlegung entziehe "(...) nicht weil ich ein Freund des modernen fließenden und zusammenlaufenden Denkens wäre, das die Definition abgeschafft hat, sondern weil es in Verhältnis zu Existenz-Begriffen stets einen sicheren Takt verrät, wenn ma sich der Definitionen enthält" (BA[R], 161).

Die Allgemeinheit der begrifflichen Fixierung entfernt sich als solche v(der lebendigen Wirklichkeit der eigenen Existenzerfahrung, was Climacus formuliert, daß das Denken immer nur die Möglichkeit, niemals aber d Wirklichkeit als solche ausdrücken könne (vgl. UN II, 22 f.). Die einzige d subjektiven Wirklichkeit angemessene Einstellung ist das *Interesse* an d eigenen Lebensführung, das sich in bewußten Entscheidungen konzentrie: "Erst mit diesem Begriff kommt eigentlich die Wirklichkeit zum Vorschein (BA[R], 19 Anm. 2). Eine Erkenntnis der Existenz kann sich nur begründen der *Stimmung des Ernstes*, der an der eigenen Existenz interessiert ist. Au gabe des subjektiven Denkers ist es, "sich selbst in Existenz zu verstehe1 (UN II, 55), und der "Ernst ist die aneignende Verdichtung jenes Interess

---

[56] Seine Mitteilungstheorie entwickelt er vor allem in der *Unwissenschaftlichen Nachsch.* (vgl. UN I, 65 ff. 179 ff.; UN II, 54 ff.) sowie in einem eigenen Vorlesungsentwurf (P VIII B 80 ff./ Tb II, 111 ff.); hierzu sowie zur Bedeutung der Pseudonymität s.o. I.

[57] Greve (1990), 26 ff., spricht im Anschluß an Malantschuk von Vigilius Haufniensis ur Johannes Climacus als abstrakten Pseudonymen, die auf den früheren konkreten Pseudon men aufbauend nicht mehr wie diese verschiedene Existenzauffassungen konkret gegeneina darstellen, sondern allgemeine Existenzstrukturen zu ermitteln versuchen. "Es geht (...) u 'Existenzstrukturen' statt 'Existenzverständnisse'" (27). Greve versucht, auch dieses neue A liegen in den Gang der pseudonymen, mäeutischen Schriftstellerei einzuordnen. Der Wech zur abstrakten Analyse sei aus dem erreichten Stand der pseudonymen Ethikdiskussion sel' ableitbar: "der Wandel vom Konkreten zum Abstrakten (ist) bedingt durch das Ungenü; ethischer Lebenseinstellung, wie die bisherigen Pseudonyme es aufzuzeigen suchten: W(die ethische Haltung versagt, wird eine grundlegende Besinnung auf Existenz zur Forderun (28).

[58] Vgl. Malantschuk (1968), 151 ff.; Schäfer (1968), 222 f.; Wilde (1969), 46 ff.

der Subjektivität"[59]. Dieses Interesse ist nach Vigilius nur zu verwirklichen im Ernst der Ethik, die entgegen der bloß theoretischen Erfassung der Wirklichkeit den praktischen Bezug zur eigenen Existenz als solchen thematisiert und fordert. Die Bedeutung der abstrakten Existenz-Wissenschaft erhält ihre existentielle Legitimation durch die Hinordnung ihrer Analysen auf die subjektive Aneignung im ethischen Verhalten, ihre Wahrheit steht nicht vor aller Wirklichkeit fest, sondern muß sich in der Lebensführung bewähren. Die Existenz-Wissenschaft ist als solche noch eine unangemessene Haltung, die im Interesse an der Wirklichkeit über sich selbst als Theorie hinausdrängt zur Erfassung der Wirklichkeit im existentiellen Ernst.

Die Existenz-Wissenschaft ist damit eingeordnet in den Prozeß des Sich-Verstehens des einzelnen Menschen, die von ihr vorgelegten Analysen sind, obwohl sie als Maßstab fungieren sollen, nicht dem hermeneutischen Zirkel von Stimmung, Betrachtungsweise und Wirklichkeit entzogen, da dieser zirkuläre Charakter der sich-verstehenden Existenz den subjektiven Prozeß als solchen konstituiert. G. Schultzky bestimmt die Bedeutung der "Existenz-Wissenschaft" folgendermaßen:

"Nach dem 'Begriff Angst' wäre sie eine Theorie der Lebensorientierung als Deutung von Existenzweisen), die zwar als Deutsystem (im Blick auf die hierzu entwickelte Terminologie) angesehen werden kann, aber doch als subjekt- und verbindlichkeitsdefinites, insofern sie auf die *Evidenz der Erfahrung (Deutung) seiner selbst* (bei aller Abstraktion von sich selbst) angewiesen bleibt."[60]

1.2. Der Ernst des Sündenbewußtseins

Entscheidend für die Erschließung der Wirklichkeit ist nach Vigilius also ein in der eigenen Lebenspraxis gründendes Verstehenwollen, das mit dem Begriff "Interesse" bestimmt wird. In diesem Bereich der interessierten Erkenntnis sind nun Ethik, Psychologie und Dogmatik angesiedelt, die sich in ihrem Wirklichkeitsbezug wiederum durch verschiedene Voraussetzungen und Stimmungen unterscheiden. Entscheidend für die Bedeutung ihrer Sichtweisen bleibt dabei ihr Handlungsbezug. Die Psychologie ist aufgrund ihrer beobachtenden Stimmung vom ethischen Ernst der Verantwortung gegenüber der eigenen Existenz entfernt. Ihr Interesse an der subjektiven Wirklichkeit ist eine noch vom Ästhetischen geprägte Interessiertheit: "Neugier" (BA[R], 2). Sie ist, ähnlich wie die Metaphysik, eine reflektiert-ästhetische Haltung[61], nur daß sie von der Metaphysik unterschieden ist durch ihr Interesse an der Wirklichkeit. Während der Metaphysiker sich aus der eigenen Wirklichkeit herausreflektiert, will der Psychologe sich in die subjektive Wirklichkeit hineindenken, doch bleibt er vor dem Ernst stehen, indem seine Reflektiertheit das Handeln verhindert. Das Wirklichwerden der Subjektivität

---

Ringleben (1976), 109; zum Begriff "Ernst" vgl. Ringleben (1983), 76 ff. und bes. Teunissen (1958).
Schultzky (1977), 98.
Zur Zuordnung von Metaphysik und ästhetischer Existenz vgl. Greve (1990), 326 f. Anm. 32; Vetter (1979a), 59 ff.

ist der psychologischen Theorie unerkennbar, weshalb sie auch nicht geeignet ist, das Sündigwerden des Menschen zu erklären. Erst mit der ethischen Sichtweise wird jene Vermittlung von Theorie und Praxis geleistet, die mit dem Interesse an der eigenen Existenz intendiert ist. Sinn ethischer Theorie ist nicht Beschreibung, sondern Handlungsaufforderung, und in dem Wechselspiel von Appellation und Applikation entfaltet sich die ethische Lebensanschauung und damit der Wirklichkeitsbezug der Ethik. Daher scheint in ihr auch der Zugang zur Wirklichkeit der Sünde zu liegen, insofern in dieser ein Scheitern am ethischen Anspruch wirklich wird. Doch gerade darin sieht Vigilius eine spezifische Grenze der Ethik, insofern sie die von ihr geforderte Idealität als eine in jedem Menschen schon angelegte, eigentliche Wirklichkeit ansieht und deshalb das prinzipielle Scheitern des Menschen an diesem Anspruch nur als Widerspruch zu ihrem eigenen Selbstverständnis fassen kann.

"Dem Begriff der Sünde entspricht der Ernst. Diejenige Wissenschaft, in der die Sünde am ehesten ihren Platz finden sollte, wäre wohl die Ethik. Indessen hat das doch seine große Schwierigkeit. Die Ethik ist noch eine ideale Wissenschaft, nicht nur in dem Sinne, in dem jede Wissenschaft das ist. Sie will die Idealität in die Wirklichkeit hineinbringen; dagegen besteht ihre Bewegung nicht darin, die Wirklichkeit in die Idealität emporzuheben. Die Ethik zeigt die Idealität als Aufgabe und setzt voraus, daß der Mensch im Besitz der Bedingungen sei. Hierdurch entwickelt die Ethik einen Widerspruch, indem sie gerade die Schwierigkeit und die Unmöglichkeit deutlich macht." (BA^R, 13).

Diesem ethischen Idealismus stellt Vigilius die christliche Lebensanschauung als einzig realistische gegenüber. Die sich in der Sünde offenbarende Unfähigkeit des Menschen zur Verwirklichung idealer Ansprüche wird hier als das Grundfaktum menschlicher Existenz angesehen. Das, woran die Ethik ihre Grenze findet, wird von der christlichen Dogmatik als Glaubenstatsache vorausgesetzt, und die ethische Dimension ist diesem Glauben eine nicht mehr in der menschlichen Selbstentfaltung erreichbare Transzendenz. Die menschliche Aufgabe bleibt auch für diese Sicht die Idealität einer ewigen Bestimmung, doch beginnt die christliche, "zweite Ethik" mit der Einsicht in die ethische Unfähigkeit, mit dem Sündenbewußtsein (vgl. BA^R, 18 f.). Gehört die "erste Ethik" aufgrund ihres Vertrauens in die Möglichkeiten gelingender Selbstverwirklichung in den Bereich einer mit der Metaphysik beginnenden, immanenten "ersten Philosophie"[62], so beginnt mit der Dogmatik eine Wissenschaft der Transzendenz, die als "zweite Philosophie" sich nicht in einer metaphysischen Idealität, sondern im Glauben an ein Faktum begründen will. Ihr Ausgehen von der Wirklichkeit ist also gegenüber den metaphysischen Deduktionen der ersten Philosophie ein Glaubensakt, in dem die Wirklichkeit allererst als diejenige konstituiert wird, die sie als Basis

---

[62] "Festzuhalten bleibt in bezug auf Vigilius' 'erste Ethik', daß sie griechisch-eudämonistische und neuzeitlich-rigoristische Moralphilosophie gleichermaßen umfaßt. Beide unterscheiden sich in der Schärfe ihrer Idealität, ruhen jedoch gemeinsam in der Realisierbarkeitsvoraussetzung" (Greve (1990), 323 Anm. 7).

eines Selbstverständnisses sein kann. Die Zirkelhaftigkeit[63] dieser Realistik wird von Vigilius ganz bewußt als einziger Zugang zur Wirklichkeit betont gegen die idealistische Chimäre einer voraussetzungslosen Philosophie. Nur in einem wissenschaftlich nicht mehr zu legitimierenden Glaubensakt stellt sich der Bezug des wissenschaftlichen Fragens zur faktischen Bestimmtheit des eigenen Existierens her, der im Interesse des subjektiven Denkers liegt. "Glaube" meint hier, im Sinne der *Philosophischen Brocken*, die Vermittlung von historischer Faktizität und existentieller Bedeutung, und diese Geschichtlichkeit des Sich-Verstehens wird in der Dogmatik als Glaubenswissenschaft festgehalten: sie erklärt, indem sie voraussetzt. Dies gilt nun auch für die Sünde. Das in ihr sich zeigende, für die "erste Ethik" unverständliche Scheitern des Menschen wird von der Dogmatik "erklärt", indem es den Glauben an die grundsätzliche, sich in der Geschichte weitervermittelnde Sündigkeit des Menschen im Dogma der Erbsünde voraussetzt.

"Sie bestreitet nicht das Vorhandensein der Sünde, im Gegenteil, sie setzt es voraus und erklärt es, indem sie die Erbsünde voraussetzt." (BA[R], 17).

Die dogmatische "Erklärung" der Sünde ist daher eigentlich gar keine wissenschaftliche Erklärung, sondern sie drückt nichts anderes aus, als daß die Sünde als Glaubenstatsache gegeben und nur als solche zu verstehen ist und das einzige ihr gemäße Verhalten daher ein Betrachten der eigenen Existenz unter der Voraussetzung der Sünde, also Sündenbewußtsein ist. So weist die Dogmatik über sich selbst hinaus auf den Ernst der zweiten Ethik, die nicht Wissenschaft, sondern Anweisung zum Leben ist. Über die Sünde kann und soll gar nicht wissenschaftlich geredet werden, sie ist "ein Gegenstand der Predigt, wo der Einzelne als der Einzelne zum Einzelnen spricht" (BA[R], 12). Der theoretische Anteil der Dogmatik besteht dabei darin, unter Voraussetzung der unerklärbaren Faktizität der Sünde die "ideelle Möglichkeit der Sünde" (BA[R], 21) darzulegen, d. h. die mit der Erbsünde geglaubte Beeinträchtigung der ethischen Fähigkeiten des Menschen als umfassende Lebensanschauung zu entfalten. Dies setzt sowohl das Faktum der Sünde voraus, wie es wieder zur Anerkennung dieses Faktums in der eigenen Existenz durch die zweite Ethik anhält.[64]

"Der Begriff der Sünde gehört also eigentlich in keine Wissenschaft; nur die zweite Ethik kann ihr Offenbarwerden, nicht ihre Entstehung, abhandeln. Will irgendeine andere Wissenschaft die Sünde abhandeln, so führt das zur Verwirrung des Begriffes. So auch - um unserem Vorhaben näherzurücken -, wenn die Psychologie es tun wollte." (BA[R], 19).

1.3. Die Psychologie der Angst

Welchen Sinn hat nun aber die psychologische Untersuchung, die Vigilius vorlegen will? Es ist nicht die Sünde, die ihren Gegenstand ausmachen soll, gerade dies wollte er ja mit seiner Einleitung als unmöglich herausstellen.

---

[63] Vgl Fonk (1990), 119.
[64] Zur Bedeutung von Dogmatik und zweiter Ethik vgl. Malantschuk (1968), 83 f; Pieper (1968), 231; Schäfer (1968), 251 Anm. 112; Vetter (1979a), 15 ff.

Und doch steht die ganze Fragestellung unter dem Gesichtspunkt, zu dem Problem der Sünde zumindest hinführen und so indirekt einen Beitrag zu dessen Klärung bieten zu können.[65] Vom Standpunkt der Dogmatik aus muß dieser Versuch von vornherein als überflüssige Reflexion erscheinen, die als solche vom Ernst des Sündenbewußtseins ablenkt und daher selbst Sünde ist. Genau dies meint Vigilius, wenn er von "psychologischer Konkupiszenz" (BA^R, 18) spricht, und dennoch widmet er sich dieser Aufgabe.[66] Um deren Sinn zu erfassen, müssen wir zunächst fragen, was hier unter "Psychologie" zu verstehen ist.[67]

Bislang haben wir nur etwas über die der Psychologie zugrunde liegende Stimmung erfahren, worin allerdings auch schon ein Hinweis auf ihre beobachtende Vorgehensweise enthalten war. An mehreren Stellen finden sich vereinzelte Bemerkungen über Gegenstand und Methode der Psychologie, doch eine genauere Bestimmung ihres Begriffs wird von Vigilius nicht gegeben. Seine immer wiederkehrende Grundaussage besteht darin, daß die Psychologie einen "Zustand" zum Gegenstand habe (vgl. BA^R, 12. 123. 134) und daß ihre Erklärungen zweideutig sein müßten (vgl. BA^R, 41. 80 f.). Damit beschreibt er ihre Aufgabe von der theologischen Fragestellung her, an das hinter der Sünde liegende Geschehen der Freiheit heranzuführen. Dem Vollzug der Freiheit muß ein faßbarer Zustand vorausgehen, der die Freiheit (bzw. die Sünde) möglich macht, ohne sie eindeutig zu bedingen. Die Psychologie soll *den Übergang* des Menschen von der natürlichen Bedingtheit zur Freiheit *als Zustand* beschreiben, und dessen Ort ist, anthropologisch gefaßt, der Bereich des Seelischen, der sowohl von der Leiblichkeit als auch der Geistigkeit des Menschen unterschieden ist. Im vierten Kapitel spricht Vigilius ausdrücklich von den "drei Sphären" des Somatischen, Psychischen und Pneumatischen, die eine Vielzahl von Betrachtungsweisen menschlicher Phänomene ermöglichen (BA^R, 133; vgl. UN II, 51). So richte sich die Medizin auf das Somatische, die Ethik auf das Pneumatische, doch als dritten Zugang nennt Vigilius zunächst nicht die Psychologie, sondern die ästhetische Betrachtung, was wiederum die stimmungsmäßige Verwurzelung der Psychologie in der Ästhetik unterstreicht[68]. Die Frage nach der Bedeutung der

---

[65] Zur Bedeutung der Formel "psychologisch-hinweisende Überlegung in Richtung auf das dogmatische Problem der Erbsünde", die Vigilius im Untertitel verwendet, vgl. Schäfer (1968), 253 f. Anm. 111.
[66] "Kierkegaard ist der Überzeugung, daß dies Vorgehen eigentlich Sünde sei" (Schulz (1979), 350).
[67] Zur Bedeutung der Psychologie bei Kierkegaard ist besonders auf Nordentoft (1972) zu verweisen, bes. 19-41. 115 ff. 416 ff.; desweiteren vgl. Deuser (1985a), 4 f.; Hopland, 27 ff. (gegen Malantschuk und Nordentoft); Malantschuk (1968), 30 ff.; (1971), 23 ff.; (1980), 32 ff.; Schäfer (1968), 64 ff.; Schultzky (1977), 89 ff.
[68] Der Kontext, in dem Vigilius hier auf die drei Sphären verweist, ist das Phänomen des Dämonischen, das sich in allen Sphären äußere und daher auf verschiedene Weise betrachtet werden könne. Die ästhetische Betrachtung bestehe darin, es auf äußerliche Umstände (Schicksal) zurückzuführen und es mit der Stimmung des Mitleids zu betrachten. Die Bedeutung der hier nicht genannten psychologischen Betrachtung könnte im Wechsel der Stimmung liegen, entweder durch eine Intensivierung des Mitleids als Identifikation, auf die Vigilius hinweist und die letztlich zur ethischen Betrachtung führt, oder aber in einer der Ironie

Psychologie wird dann auch hier wieder mit dem Hinweis auf einen dem Freiheitsvollzug (pneumatischer Bereich) vorausliegenden Zustand als Möglichkeit der Freiheit beantwortet.

Dieser Bestimmung des seelischen Bereiches als einer Übergangssphäre von der Natur (Leib) zur Freiheit (Geist) entspricht die Bedeutung der Psychologie als "Lehre vom subjektiven Geist", wie sie der Hegelianer Rosenkranz entfaltet hat, dessen Werk Vigilius seinen Lesern zur Lektüre empfiehlt (vgl. BA^R, 162)[69]. Rosenkranz geht es darum, die Ausführungen der Hegelschen *Enzyklopädie* kommentierend auszubauen, ohne über Hegel hinauszugehen. Im System der *Enzyklopädie* kommt der Lehre vom subjektiven Geist die Aufgabe zu, die Entwicklung des Geistes im Menschen von seiner natürlichen Bedingtheit (Seele) bis hin zur Freiheit des Selbstbewußtseins zu entfalten. Im Erreichen der Freiheit geschieht der Übergang zur Sphäre des objektiven Geistes, der sittlichen Beziehungen und Institutionen, deren Entwicklung die Voraussetzung für die Selbsterfassung des absoluten Geistes in der menschlichen Kultur ist. Hierauf nimmt Vigilius einmal kurz und ungenau Bezug, indem er das Problem der Sünde der Lehre vom absoluten Geist zuordnet, in die die Psychologie umschlagen müsse, wenn sie sich ihr zuwenden wolle. Dies bedeute aber nichts anderes, als daß sie "zur Dogmatik tendiert" (BA^R, 21).

Das trichotomische Menschenbild, das bei Kierkegaard eine besondere Ausformung in der Bestimmung der synthetischen Struktur des Geistes findet[70], ist somit Voraussetzung der Kierkegaardschen Psychologie, deren Aufgabe in einer der Hegelschen Lehre vom subjektiven Geist vergleichbaren Beschreibung der Geistwerdung des Menschen aus seiner natürlichen Bedingtheit heraus liegt. In diesem Sinne wird der Gegenstand der Psychologie von Vigilius ontologisch formuliert als ein bewegter Zustand: "Dasjenige, womit es die Psychologie zu tun haben soll, muß etwas Ruhendes sein, das in bewegter Ruhe bleibt (...)" (BA^R, 19; vgl. 123. 134). Der bewegte psychische Zustand hat eine Zwischenstellung zwischen den notwendig ablaufenden physischen Entwicklungsprozessen und dem immer aktualen Werden der Freiheit, er ist weder frei noch notwendig, und genau dieser Zweideutigkeit des Psychischen gilt das Interesse der Psychologie. Sie zeigt sich in besonderer Weise am Phänomen der Angst[71], dem Gegenstand der Psychologie des Vigilius.

Vigilius geht es um eine Annäherung an jenes Freiheitsgeschehen, das hinter dem Unfreiwerden der Sünde steht. Dieses ist nicht aus natürlich-

---

vergleichbaren Distanzierung, die die spezifische psychologische Neugier, das experimentierende Beobachten, begründet. Daß die Psychologie bei Kierkegaard eine der Ironie vergleichbare Zwischenstellung einnimmt, wird noch zu zeigen sein. Am deutlichsten wird dies von Frater Taciturnus in den *Stadien auf des Lebens Weg* formuliert: "die letzte Grenzscheide zwischen dem Aesthetischen und dem Religiösen liegt im Psychologischen" (StLW, 475).

[69] Zur Psychologie Rosenkranz' vgl. Drüe, 33 ff.; Löwith (1979). Zur inhaltlichen Anlehnung Kierkegaards an Rosenkranz s.u. II.3.2.1.
[70] S.u. II.3.1.
[71] Der Begriff "Angst" wird näher erläutert in II.3.2.2. u. II.3.3.1.

kausalen Bedingungen ableitbar und hat daher keine ihr vorausliegende Möglichkeit im Sinne einer Anlage, aus der heraus sie sich entfalten könnte. Doch das psychologische Interesse geht gerade dahin, die Möglichkeit der Freiheit, und damit der Sünde, in den Blick zu nehmen. Die Zweideutigkeit der psychischen Zustände, die sich in ihrer Nicht-Festgelegtheit von den rein physischen Möglichkeiten unterscheiden, macht sie offen für das Geschehen der Freiheit, das sie selbst nicht sind. Die zweideutige Offenheit der psychischen Befindlichkeit des Menschen in der Angst ist *die Möglichkeit der Freiheit als psychischer Zustand*; darin liegt die psychologische Alteration der Begriffe Sünde und Freiheit:

"Der Begriff wird ein anderer; denn die Sünde ist kein Zustand. Ihre Idee ist, daß ihr Begriff ständig aufgehoben wird. Als Zustand (*de potentia* [der Möglichkeit nach]) ist sie nicht, während sie *de actu* [der Wirklichkeit nach] oder *in actu* [im Vollzug] ist und wieder ist." (BA[R], 12).

"Dasjenige, womit die Psychologie es zu tun haben soll, muß etwas Ruhendes sein, das in bewegter Ruhe bleibt, nicht etwas Unruhiges, das ständig entweder sich selbst produziert oder reprimiert wird. Jedoch das Bleibende, dasjenige, woraus die Sünde entsteht, - nicht mit Notwendigkeit; denn ein Werden mit Notwendigkeit ist ein Zustand, wie z.B. die ganze Geschichte der Pflanze ein Zustand ist; sondern mit Freiheit - dieses Bleibende, die disponierende Voraussetzung, die reale Möglichkeit der Sünde, das bildet einen Gegenstand für das Interesse der Psychologie. Dasjenige, was die Psychologie beschäftigen kann und womit sie sich beschäftigen kann, ist die Frage, wie die Sünde entstehen kann, nicht daß sie entsteht. Sie kann es in ihrem Interesse so weit bringen, daß es ist, als wäre die Sünde da; aber das nächste, daß sie da ist, unterscheidet sich hiervon qualitativ." (BA[R], 19).

Dieser qualitative Unterschied zwischen Möglichkeit und Wirklichkeit der Sünde, vor dem sich die "Ohnmacht der Psychologie" zeigt, gründet darin, daß die Sünde aus einem unableitbaren Akt der Freiheit hervorgeht, der zwischen der disponierenden Möglichkeit des psychischen Zustandes und der Wirklichkeit als "qualitativer Sprung" steht. Mit der Kategorie des qualitativen Sprunges[72] unterscheidet Kierkegaard das Werden aus Freiheit vom organischen Wachstum. Indem die Psychologie die Möglichkeit der Freiheit als Zustand fassen will, verbleibt sie im Bereich quantitativer Bestimmungen und Übergänge. Das Unableitbare als solches ist nicht faßbar, die Psychologie kann sich diesem Unfaßlichen nur annähern, indem sie die spezifische Offenheit der psychischen Zustände in dialektischer Steigerung derart herausstellt, daß die Dynamik dieses Prozesses als Ausdruck der Freiheit selbst erscheinen könnte.[73] Die Psychologie versucht daher, sich der Freiheit quanti-

---

[72] Näheres hierzu s.u. II.3.3; vgl. Deuser (1985a), 3 f.; Kühnhold (1975); Malantschuk (1968), 128 ff.; (1971), 80 ff.; (1980a), 38ff.; Nordentoft (1972), 229 ff.; Pieper (1968), 40 ff.; Pojman (1972), 253 ff.; Schäfer (1968), 114 f. 307 f. Anm. 218; Scholtz, 226 ff.; Valls (1980), 139 f.

[73] Der zweideutigen Offenheit psychischer Zustände entspricht auch die von Vigilius angegebene Methode des Experimentes (vgl. BA[R], 57) als Einheit von Beobachtung (vgl. BA[R], 12. 20. 56 ff.) und poetischer Regelbildung (vgl. BA[R], 56 ff.). Weder eine bloße Faktensammlung, die, "statt sich an der schäumenden Mannigfaltigkeit des Lebens förmlich zu

tativ anzunähern.[74] In diesem Sinne wird im *Begriff Angst* das versucht zu entwickeln, "was man unter psychologischem Gesichtspunkt die psychologischen Stellungen der Freiheit im Verhältnis zur Sünde oder psychologische, approximierende Zustände nennen könnte" (BA^R, 129).

Hierin liegt die Gefahr, aufgrund der grundsätzlichen Unangemessenheit der Psychologie an den Gegenstand Freiheit, daß der Anschein einer notwendigen Folge, einer Ableitbarkeit der Freiheit aus deren psychischen Dispositionen, also Reduktion der Freiheit auf Unfreiheit, entsteht. Gefordert ist daher eine Selbstdisziplin der Psychologie im Wissen um die Begrenztheit ihrer Erklärungsmöglichkeiten, um ihre "Ohnmacht" angesichts der Freiheit.

Die Selbstbeschränkung der Psychologie besteht für Vigilius darin, daß sie darum weiß, die *Wirklichkeit* der Sünde nicht erklären zu können, und diese der zweiten Ethik überläßt. Diese fragt nicht nach der Möglichkeit der Sünde, sondern setzt das Sündigsein als Faktum voraus. Der sündige Zustand der Menschen wird im Dogma der Erbsünde als Glaubenstatsache angenommen und damit die "ideelle Möglichkeit" der Sünde "erklärt". Erst wenn dieses Wechselverhältnis von Glaubensvoraussetzung und Wirklichkeit des Glaubenden von der Psychologie akzeptiert wird, kann sie sich der Frage nach der realen Möglichkeit der Sünde widmen, d.h. der Frage, wie die psychische Befindlichkeit der Menschen sein muß, wenn, wie vorauszusetzen, sie ihre Freiheit als Unfreiheit setzen. Der Blick auf die selbst nicht freie psychische Möglichkeit der Freiheit ist gerade von der Voraussetzung des Unfreiwerdens der Menschen aus gerechtfertigt, die Unangemessenheit der psychologischen Fragestellung ist der angemessene Ausdruck für die Suche nach einem Selbstverständnis, das sich mit dem Faktum des Verlustes der Freiheit konfrontiert sieht.[75] Der Freiheitsbegriff selbst wird dadurch aus dem Bereich metaphysischer Unbedingtheit hineingezogen in die Bedingungen konkreten Existierens, was freilich nur möglich ist in der Aufrechterhaltung der Spannung von ethischer Idealität, die diesen Verlust als Schuld sieht, und psychologischer Reduktion des Freiheitsgeschehens auf die Dynamik nicht festgelegter psychischer Prozesse. Die Zweideutigkeit der Psychologie selbst wie auch die ihrer Gegenstände ist die Eröffnung einer Sicht des Menschen als eines kritischen Wesens, dessen Selbstwerdung unter

---

berauschen, so enthaltsam und aszetisch wie ein Selbstquäler geworden ist" (BA^R, 21), noch die rein spekulative Deduktion psychischer Gesetze (die als ein Begriffsrausch anzusehen ist, vgl. BA^R, 83) vermögen der Lebendigkeit des Psychischen gerecht zu werden. Es geht um eine nachempfindende Beobachtung, die aus dem Fundus der Selbsterkenntnis schöpfend in der Lage ist, die beobachteten Stimmungen poetisch typisierend nachzukonstruieren. Das Vage dieser Nachempfindung muß bejaht werden, um nicht der Lebendigkeit verlustig zu gehen. Doch in der dialektischen Durchführung der Typisierung liegt die Konsequenz psychologischer Regelbildung.

[74] Zum Konzept der Wissenschaft als Approximation vgl. Kodalle (1988), 58 ff.; Pieper (1968), 130 ff. Zum Gebrauch der Termini *quantitativ* und *qualitativ* verweist Pieper (1968), 43 Anm. 12, auf eine mögliche Beeinflussung durch Fichte.

[75] Vgl. Deuser (1985a), 5: "(...) die von Kierkegaard strikt begrenzte Funktion der Psychologie eröffnet gerade einen neuen und eigenen Zugang zu erkenntnistheoretischen und existenzwissenschaftlichen Fragestellungen".

der Gefahr des drohenden und vollzogenen Selbstverlustes darzustellen ist.[76] Ist jeder psychische Zustand als zweideutiger offen für diese kritische Zustandsbestimmung, so ist doch in der Angst in besonderer Weise die Krisis als solche vorgestellt, insofern das ganze Selbstverhältnis unter den Bedingungen möglichen Scheiterns als Angst vor der eigenen Wirklichkeit zu sehen ist. Mit der psychologischen Thematisierung der Angst versucht Vigilius, eine Phänomenologie der Unfreiheit als Voraussetzung der Freiwerdung des Menschen zu entfalten.

"Um der Wirklichkeit, worum es dem Denken geht, in unzensierter Selbsterfahrung gerecht werden zu können, muß das faktische Mißlingen derselben Wirklichkeit vorgeordnet werden. Diese Funktion hat der schon mehrfach zitierte Passus, die Sünde habe wissenschaftlich gesehen eigentlich gar keinen Ort (BA 13). Trotzdem kommt es auf ihre Faktizität entscheidend an, weil sie die gesuchte unzensierte Wirklichkeit repräsentiert. Diese Repräsentation wiederum zu übernehmen, das ist die Funktion des 'qualitativen Sprunges', der in seiner Entzogenheit doch intensive Wirkung zeigt: (...) - alle Phänomene von Angst und Verzweiflung sind nur einzugestehen und analysierbar auf dem Hintergrund einer problematischen Synthesis, d.h. Anthropologie, die in sich bereits den Konflikt potentiell enthält: daß die Wirklichkeit der Selbsterfahrung sich verstellt sein kann."[77]

Die in sich problematische Freiheit ist das eigentliche Thema des *Begriff Angst*.[78] Die Freiheit erscheint von dem psychologischen Blick auf die Angst aus nicht bloß als Aufgabe, die jeder Mensch zur Selbstverwirklichung zu ergreifen hat, sondern auch als überaus gefährdet, als keineswegs selbstverständlich, sondern von der dauernden Gefahr der Selbstverfehlung begleitet. Es führt kein anderer Weg zur Freiheit als durch das Wagnis der Ungesichertheit hindurch, dies ist es, was die Angst vor der Freiheit begründet und den Weg zur Freiheit aus Angst heraus immer wieder in Unfreiheit führt. So wie diese Unfreiheit von Vigilius Haufniensis als "Sünde" verstanden wird, so erscheint der "Glaube" am Ende der Untersuchung als das einzige, das wirklich Freiheit geben kann. Um die befreiende Macht des Glaubens zu erkennen, bedarf es eines realistischen Blicks auf die menschlichen (Un-)Möglichkeiten, den die Psychologie zu vermitteln sucht.[79]

Mit seiner psychologischen Untersuchung will Kierkegaard Freiheit nicht als abstraktes Prinzip abhandeln, sondern das Augenmerk auf die Schwierigkeiten der konkreten Freiheit richten. Er begnügt sich nicht damit, einen Begriff von Freiheit im Sinne einer aus dem kausalen Naturzusammenhang

---

[76] Vgl. Koch (1988), 182; Nordentoft (1972), 116 f.; Kim (1980), 41, spricht von Kierkegaards anthropologischem Grundkonzept als einer "therapeutischen Theorie".
[77] Deuser (1985a), 129.
[78] Vgl. Malantschuk (1971), 125. 132 f.
[79] An einer Stelle des Entwurfs tritt Vigilius entschieden für die Psychologie im Interesse des Menschlichen ein, auch und gerade gegenüber "christlich"-rigoristischen Überforderungen: "Was wir brauchen, ist Psychologie und vor allem tüchtige Kenntnis des menschlichen Lebens und Sympathie für dessen Interessen. Somit liegt hier eine Aufgabe, vor deren Lösung nicht die Rede sein kann von einem Abschluß christlicher Lebensanschauung." (Pap V B 53, 29/ BA, 253).

herausgelösten Ursache zu postulieren. Zwar gehört dieses postulative Freiheitsdenken mit zu seinen Denkvoraussetzungen, wenn er immer wieder die Selbstsetzung der Freiheit durch einen qualitativen Sprung vom naturhaften Werden unterscheidet und damit unableitbar behauptet. Doch geht es ihm über die abstrakte Festhaltung dieses Gegensatzes hinaus paradoxerweise gerade darum, die Einbezogenheit der menschlichen Freiheit in den gesamten Lebenszusammenhang zu erfassen. Er fragt nach den existentiellen Bedingungen der Möglichkeit des Wirklichwerdens der Freiheit[80], selbst wenn diese Frage in unaufhebbarer Spannung zur vorausgesetzten Unbedingtheit steht. Diese Ambivalenz ist gerade kennzeichnend für Kierkegaards Versuch, das konkrete Menschsein zu denken. Denn die Konkretion versteht er nicht im Hegelschen Sinne als einen notwendigen Prozeß des zu sich selbst kommenden absoluten Geistes, sondern als Aufgabe des endlichen Geistes, der in seiner Endlichkeit unaufhebbar geprägt ist vom Gegensatz seiner leib-seelischen Natur. In diesem jedem Selbstwerden vorgegebenen Antagonismus[81] sieht Kierkegaard den tiefsten Grund der Unsicherheit der konkreten Freiheit und damit der Angst und des ständigen Selbstverlustes der Freiheit in Fehlformen ihrer Selbstsetzung.

"Die Angst ist die Möglichkeit der Freiheit" (BA[R], 171); doch als selbst noch nicht freie, sondern in sich zwiespältige Bewegung zwischen Notwendigkeit und Freiheit tendiert die Angst ebenso wie zur Freiheit zur Unfreiheit, zur Selbstaufgabe in der Bindung an die scheinbar unausweichliche Faktizität. Die Angst ist der psychologische Ausdruck für die Gefährdetheit der Aufgabe, sich selbst in Freiheit zu bestimmen. Zu zeigen, wie der angstbestimmte Versuch, frei zu werden, immer wieder in die Unfreiheit hineinführt und erst im Durchgang durch diese die wahre Freiheit erlangt werden kann, ist die eigentliche Thematik des *Begriff Angst*. Der Schicksalsglaube ist so gesehen eine Form des noch unfreien, angstbestimmten Selbstverhältnisses.

---

[80] "(...) in einer hermeneutischen Beschreibung der den Menschen als mögliche Freiheit kennzeichnenden Phänomene" (Schäfer (1968), 114). Disse (1991) will mit seiner Untersuchung zur Freiheits*erfahrung* bei Kierkegaard der Konkretheit der Freiheit nachgehen, die er einem bloß postulativen Freiheitsdenken gegenüberstellt (vgl. 13 ff.).
[81] Näheres dazu s.u.: II.3.1. und II.3.4.

II.2. Die Stellung des Schicksalskapitels im Aufbau[82] des *Begriff Angst*

Die Psychologie erschließt im Zustand der Angst die Möglichkeit der Selbstverfehlung des Menschen. Die hinter dieser Möglichkeit liegenden Existenzstrukturen zu bestimmen und deren Entfaltung in der Geschichte phänomenologisch durchzuführen, ist Aufgabe des *Begriff Angst*.[83] Ziel einer solchen *Phänomenologie der Unfreiheit* ist es aber, die Menschen zu lehren, "sich in der richtigen Weise zu ängstigen" (BA^R, 171)[84], d.h. sich nicht vom Strudel der Angst immer tiefer in die Unfreiheit ziehen zu lassen, sondern durch ein bewußtes Durchleben der Angst sie als Loslösung von falschen Bindungen zu erfahren und in dieser Befreiung die Angst selbst zu überwinden. Die Angst steht in diesem Sinne für die Möglichkeit einer tieferen Selbstbestimmung, doch um diese in der Angst erfahren zu können, muß die abgründige Gefahr der Angst überwunden sein durch ein Vertrauen in die eigene Zukunft, das nur der Glaube eröffnet. Die ganze Untersuchung des Vigilius zielt daher auf das letzte, fünfte Kapitel: "Die Angst als das, was durch den Glauben Erlösung bringt" (BA^R, 171). Die Erlösung ist die christliche Befreiung zur Freiheit, die in der Sünde verloren ging. Der Glaube ist so der dogmatische Gegenbegriff zur Erbsünde, von der die Untersuchung ausgeht und deren psychologische Phänomenologie sich als Geschichte der Angst zeigen soll. Mit dem letzten Kapitel betritt die psychologische Untersuchung wieder ausdrücklich dogmatischen Boden, weshalb Vigilius seine Schrift mit den Worten schließt: "Hier endet diese Überlegung dort, wo sie begann. Sobald die Psychologie mit der Angst fertig ist, ist die letztere der Dogmatik zu übergeben." (BA^R, 179).

Vom dogmatischen Horizont aus erscheint der Gang der Untersuchung also als eine Kreisbewegung, indem der Versuch, sich dem dogmatischen Problem der Erbsünde mit Hilfe des psychologischen Phänomens der Angst anzunähern, wieder auf einen dogmatischen Begriff, den Glauben, stößt. Damit drückt sich die zirkuläre Begründung der Sünde als eines Glaubens-

---

[82] Zum Aufbau des *Begriff Angst* vgl. Schäfer (1968), 66 f. 254 f. Anm. 113 u. 114

[83] Nach Greve (1990), 233, ersetzt diese Phänomenologie die Stadienlehre der früheren Pseudonyme, die ihren Sinn nur in Einheit mit der indirekten Mitteilung der Konflikte zwischen konkret vorgeführten Lebensanschauungen entfaltet. Vigilius gehe es um ein "Strukturschema von Existenz", dessen Erklärungsfunktion für die Möglichkeit von Angst und Sünde in der Durchführung der Phänomenologie verifiziert werden soll, "indem das Universum menschlicher Bewußtseinsformen gegliedert und erläutert wird nach der spezifischen Beziehung von Angst und Sünde". Vgl. Schulz (1979), 349. In ähnlicher Weise gliedert Schäfer (1968), 66, den *Begriff Angst* in Logik (formale Bestimmung von Geschichtlichkeit der Freiheit) und Existenzdialektik (konkreter Aufweis einer Geschichte der Unfreiheit). Zur phänomenologischen Darstellung bei Kierkegaard vgl. auch Disse (1991), 48 ff.; Guarda (1980), 44; Janke (1977), 412 ff.; Kim (1980), 40 f.; Disse (1991), 50, deutet auch die Stadientheorie als Phänomenologie der Freiheit; vgl. Dietz (1993), 229.

[84] Den Weg zu diesem Ziel kann man als "negativistische Methode" bezeichnen, wie Theunissen (1991) sie für die *Krankheit zum Tode* aufgezeigt hat. Theunissen will mit seiner These behaupten, "daß Kierkegaard an den 'negativen' Phänomenen, an denen er sich ausrichtet, auch ansetzt, um aus ihnen gelingendes Menschsein zu erschliessen" (17 f.).

faktums auch im Aufbau des *Begriff Angst* aus. Doch innerhalb dieses dogmatischen Zirkels entfaltet sich die Psychologie der Angst als Beschreibung einer sich immer tiefer in Unfreiheit verlierenden Bewegung, sie folgt dem Schema einer existenzdialektischen Steigerung der psychischen Phänomene, wobei die jeweilige Vertiefung der psychischen Entwicklung abhängt vom Maße des Selbstbewußtseins des jeweiligen Stadiums. Grundlage der dialektischen Bewegung ist also zum einen die Dialektik der Freiheit, deren Sich-Setzen im qualitativen Sprung, dem psychologisch der Zustand der Angst als Möglichkeit vorausgeht und mit seiner Zweideutigkeit zugleich die Selbstverfehlung ermöglicht, und zum anderen das Maß des Sich-in-Unfreiheit-Verstehens, das als Prozeß von der naiven Unwissenheit aus zum Selbstbewußtsein des Geistes ansteigt. Das Bewußtsein der eigenen Unfreiheit ist unerläßliche Bedingung der Befreiung zu sich selbst, und doch liegt in ihr die größte Steigerung der Angst[85] als ein Kulminationspunkt der dargestellten Bewegung. Das höchste Maß an Bewußtheit bedeutet innerhalb der Dialektik der Angst ebensowohl die größte Gefahr eines Zusammenbruchs angesichts der eigenen Unfähigkeit, wie auch die Möglichkeit der Erlösung aus der Angst durch ein glaubendes Vertrauen an die Möglichkeiten trotz der eigenen Unfähigkeit. Die Geschichte der Angst wie der Unfreiheit ist daher die Geschichte des menschlichen Geistes, und Vigilius stellt die psychologischen Prozesse anhand geschichtlicher Entwicklungsstufen dar. Individuelle und historische Freiheitsgeschichte werden in einen Blick zusammengenommen zur Veranschaulichung der zuvor aufgezeigten Struktur der Möglichkeit der Freiheit (Unfreiheit). Um nun die Stellung des Schicksalskapitels in dieser Bewegung aufzeigen zu können, werfen wir einen genaueren Blick auf den Aufbau des *Begriff Angst*.

Vigilius Haufniensis teilt seine Untersuchung in fünf Kapitel. Im ersten Kapitel versucht er den Begriff der Erbsünde näher zu bestimmen, um ihn dann mit Hilfe des Begriffs "Angst" für die Psychologie faßbar zu machen: "Die Angst als Voraussetzung der Erbsünde und als das, was die Erbsünde retrograd in Richtung auf ihren Ursprung erklärt" (BA^R, 23). Nachdem er sich in den ersten vier Unterparagraphen in Auseinandersetzung mit Tradition und spekulativer Theologie seiner Zeit um eine Klärung der dogmatischen Begriffe "Erbsünde", "erste Sünde", "Unschuld" und "Sündenfall" bemüht hat[86], stellen die beiden letzten Paragraphen den Bezug zur Psychologie der Angst her.

Das für den weiteren Gang der Untersuchung entscheidende Anliegen des ersten Kapitels ist der Aufweis der Einheit von Freiheit und Geschichte im Begriff der Erbsünde. Hierzu bedient sich Vigilius wieder der schon in der Einleitung verwendeten Unterscheidung von qualitativer und quantitativer Dialektik. Als Freiheitstat kommt die Sünde mit einem qualitativen Sprung in Welt, sie setzt sich selbst voraus als Erbsünde. Was vor der Sünde liegt, ist

---

[85] Daß sich die beiden Aussagen: "je weniger Geist, desto weniger Angst" (BA^R, 42) und "je mehr Angst, desto mehr Sinnlichkeit" (BA^R, 77) nur scheinbar widersprechen, wird noch in II.3.4. zu zeigen sein.
[86] Vgl. dazu Fonk (1990), 132 ff.

die Unschuld, aus ihr ist die Sünde nicht ableitbar, die Aufhebung der Unschuld ist nicht, wie die Hegelianer meinen, ein notwendiges Geschehen, sondern schuldige Selbstverfehlung[87]. Um sich dem qualitativen Übergang verstehend annähern zu können, bedarf es der psychologischen Zweideutigkeit einer Zwischenbestimmung, der Angst. Psychologisch gesehen ist die Angst "Voraussetzung der Erbsünde", die als qualitativer Sprung voraussetzungslos ist. Diese Bestimmung der Erbsünde gilt nicht nur für die erste Sünde Adams. Bei jedem Menschen kommt die Sünde prinzipiell genauso neu und voraussetzungslos in die Welt. Die Erbsünde ist also nicht in dem Sinne etwas den späteren Menschen Vorgegebenes, daß aus ihr die nachfolgenden Sünden ableitbar wären, und dennoch wirkt die Sünde über die Freiheitstat des einzelnen hinaus in der Geschichte weiter. Es gibt trotz des jeweils neuen Qualitätssprungs eine Geschichte der Erbsünde als "etwas Wachsendes" (BA^R, 54). Dies ist die quantitative Dimension der Erbsünde. Die einmal in die Welt gebrachte Sünde verfestigt sich in der Geschichte als ein ständig zur Sünde geneigt machender Einfluß, der durch das Anwachsen und gegenseitige sich Beeinflussen der Sünden immer stärker wird. Da die Angst als Voraussetzung der Erbsünde bestimmt wurde, bedeutet dies auch ein Wachsen der Angst.

Der Zusammenhang der qualitativen und der quantitativen Dimension der Erbsünde liegt in der geschichtlichen Struktur menschlicher Existenz begründet. Der einzelne verwirklicht sich nur im Kontext der Beeinflussung durch die Geschichte der anderen Menschen. Dies meint Vigilius mit dem Gedanken der Partizipation des Individuums am ganzen Geschlecht der Menschheit und umgekehrt (vgl. BA^R, 26 f.). Dieses Verhältnis von Freiheit und geschichtlicher Faktizität ist die anthropologische Grundvoraussetzung der ganzen Untersuchung, sie bildet auch den Kern der synthetischen Struktur des Geistes, auf die ich im nächsten Kapitel zu sprechen komme. Der Begriff "Erbsünde" deutet dieses Wechselverhältnis als eine Geschichte wachsender Unfreiheit, deren psychologischer Ausdruck die Angst vor der Freiheit ist.[88]

Diesen quantitativen Zuwachs der Erbsünde und die darin liegende Vertiefung der Angst darzustellen, ist Aufgabe der folgenden Kapitel. Das zweite Kapitel liefert dazu nochmals die Voraussetzungen, indem die Strukturen geschichtlicher Beeinflussung des Individuums dargelegt werden: "Die Angst, als Erbsünde progressiv verstanden" (BA^R, 54). Hierbei unterscheidet Vigilius zwischen objektiver und subjektiver Angst, wobei mit subjektiver Angst die eigentliche Geschichte der Angst in der Menschheit gemeint ist und mit objektiver Angst die "Wirkung der Sünde im nicht-menschlichen Dasein" (BA^R, 60).

Der kurze Abschnitt über die objektive Angst bezieht sich auf die dogmatische Lehre der Beeinflussung der gesamten Schöpfung durch die Sünde des Menschen, doch in Abgrenzung gegen naturtheologische Spekulationen bei

---

[87] Genaueres hierzu s.u. II.3.2.1.
[88] Vgl. Deuser (1985a), 89 ff.; Malantschuk (1971), 16 ff.; Pieper (1968), 150 f.; Schäfer (1968), 64 ff. 254 Anm. 112. Unzutreffend ist daher die Meinung Fonks (1990), die Erbsündenlehre des *Begriff Angst* sei Ausdruck des "verengte(n) Individualismus" Kierkegaards (177; vgl. 149).

Schelling bestimmt Vigilius die objektive Angst ganz von der subjektiven Angst her, deren "Reflex" (BA^R, 59) sie ist. Die Angst des Menschen verändert auch sein Naturverhältnis, und die Steigerung der Angst in der Geschichte ist nicht nur direkt durch die Sündigkeit der Menschen, sondern auch durch die Bedrohlichkeit einer äußerlichen Natur bestimmt. Beides ist Ausdruck des Verlustes ursprünglicher Geborgenheit. In diesem Sinne wird die objektive Angst, der Vigilius keine weitere Aufmerksamkeit widmet, hilfreich sein zur Analyse der Schicksalsangst.[89]

Die Geschichte der subjektiven Angst differenziert Vigilius nun in einen biologischen und einen sozialen Aspekt, der Mensch ist nicht nur durch das sozio-kulturelle Umfeld beeinflußt, sondern ist auch als Gattungswesen Teil der Gemeinschaft. Der biologische Anspruch der Gattung an den einzelnen ist ein psychologisch wirksamer Faktor in der Angst vor der eigenen Freiheit.[90]

Die Geschichte der Menschheit ist für Vigilius faktisch gebunden an die Unfreiheit der Angst, mit der die ursprüngliche Geborgenheit der Unschuld zerbrochen ist. Für jeden einzelnen vollzieht sich nun die Geschichte seiner eigenen Selbstwerdung als Aufgabe der Aneignung der geschichtlichen Faktizität in der genannten doppelten Bedeutung. Dieser Anspruch wird als Angst erfahren, und die Freiheit wird in dem Maße zu verwirklichen sein, wie das Bewußtsein der Unfreiheit in den geschichtlichen Zwängen sich herausbildet. Erst in der Gegensetzung der unbedingten Bedeutung des Individuums und seiner Freiheit wird der Unfreiheitsaspekt der biologischen, sozialen und kulturellen Bindungen erkannt werden können. Dies ist für Vigilius erst mit dem Christentum möglich geworden. Für das Christentum ist die Betonung der Freiheit verbunden mit dem Eingeständnis einer ursprünglichen Sünde, die die gesamte Geschichte als bindende Macht qualifiziert. In den vorchristlichen Phasen der Geschichte wird diese Bindung in unterschiedlichen Formen der Angst erfahren, ohne daß sie auf die ursprüngliche Gefährdetheit der Freiheit zurückgeführt werden. Die Bindung der Angst innerhalb des Christentums besteht demgegenüber darin, trotz des Bewußtseins der eigenen Unfreiheit von dieser nicht loskommen zu können aus Angst vor der Freiheit. Erst aufgrund eines glaubenden Vertrauens ist es möglich, gegen diese Angst sein eigenes Leben zu wagen.

Diese Stufen der Entwicklung der Angst werden in den Kapiteln drei bis fünf vorgestellt. Kapitel drei und vier entfalten die Phänomenologie der Unfreiheit, unterschieden nach dem Grad des Bewußtseins der Unfreiheit, das sich christlich als Sündenbewußtsein äußert, das fünfte Kapitel schließlich setzt die Angst in Beziehung zum Glauben, wodurch sie als Mittel der Befreiung erscheint.

Während das vierte Kapitel mit der "Angst vor dem Bösen" und der "Angst vor dem Guten" die Gestalten der Angst vor Augen führt, die durch das christliche Sündenbewußtsein entstehen können, wenn dieses sich nicht in einem Vertrauen auf den erlösenden Gott gründet, stellt das dritte Kapitel die

---

[89] S.u. II.4.1.5.
[90] S.u. II.3.4.; Malantschuk (1971), 40 ff., spricht von einer Beeinflussung durch Vererbung und Milieu; vgl. Nordentoft (1972), 85 ff.

vor- bzw. unchristlichen Formen der Angst dar: "als Folge derjenigen Sünde, die im Ausbleiben des Sündenbewußtseins besteht" (BA^R, 87). Hier werden in drei Paragraphen die Angst der Geistlosigkeit, des Heidentums und des Judentums behandelt. In ihnen geht es um Stufen der geistigen Entwicklung des Menschen, die nicht vom christlichen Freiheitsbewußtsein geprägt sind. Dabei stehen die historischen Phasen, die "fast schon unvorsichtig analog zu Hegels weltgeschichtlichen Modellreihen"[91] formuliert sind, auch für individuelle Entwicklungsschritte in der christlichen Kultur.[92] Damit dienen sie der kulturkritischen Intention Kierkegaards, heidnische Lebensformen innerhalb der Christenheit bloßzustellen.[93] Dies wird am deutlichsten im Abschnitt zur Geistlosigkeit, mit der Vigilius in erster Linie die Spießbürgerlichkeit seiner Zeit im Auge hat. Doch auch in den folgenden Abschnitten wendet er die anhand griechischer und jüdischer Lebenshaltung ermittelten Strukturen auf die christliche Kultur an, indem er die Lebenshaltung eines Genies als Muster ursprünglichen Menschseins nimmt.[94]

Um die Unfreiheit in den beiden Epochen des Heidentums und des Judentums aufzuweisen, führt er deren Lebenshaltung auf eine sich darin äußernde Angst zurück. Das Bewußtsein in beiden Epochen ist geprägt von unterschiedlichen Gegenständen der Angst, in denen sich ihre Weltsicht spezifisch konzentriert: "Schicksal" und "Schuld". Die individuelle Angst ist dadurch eingebunden in einen sozialen Angstkomplex, durch den das Wachstum der Angst vorangetrieben wird. Die kulturelle Eigenart wird von Vigilius völlig reduziert auf das psychologisch bedeutsame Angstverhältnis zur Welt und zu sich selbst. In den Modifikationen der Angst wird für ihn der Grad des Bewußtseins der eigenen Freiheit bzw. Unfreiheit greifbar. Die Angst ist in diesem Sinne "dialektisch in Richtung auf" (BA^R, 105, 112)[95] Schicksal oder Schuld verstanden. Beide Formen bezeichnen ein Selbstverständnis, das noch vor der Kategorie Sünde steht, was besonders für die Schuld hervorzuheben ist und noch eigens zu erläutern sein wird.[96]

Wir haben nun den Rahmen vor Augen, innerhalb dessen Kierkegaard im *Begriff Angst* das Verhältnis von Schicksal und Freiheit bestimmt. Der Schicksalsbegriff ist in einer an den geschichtsphilosophischen Epochen Heidentum, Judentum, Christentum orientierten Darstellung der Geschichte

---

[91] Deuser (1985a), 91; vgl. Hennigfeld (1987), 278; McCarthy (1978), 38 f.
[92] Vgl. Malantschuk (1971), 49 f.
[93] Zum "Heidentum" als einer geschichtstheologischen Chiffre bei Kierkegaard s.u. II.4.1.1.
[94] Dazu s.u. II.4.7. Die Überlagerung dieser Intentionen und der damit verbundenen Argumentationsebenen führt zu einer Komplexität, die dem Gedankengang eher schadet. Kierkegaard hatte selbst Schwierigkeiten bei der Einordnung dieser Kapitel (vgl. Pap V B 54, 1. 55, 15. 55, 26. 56, 1). Die oft assoziativ anmutende Gedankenfolge im *Begriff Angst* mit ihren verwirrenden Verästelungen ist keineswegs immer bewußte Konstruktion, sondern Anzeichen der hastigen Abfassung dieses Werkes, in dem Kierkegaard oft zu viel auf einmal sagen will (so McCarthy (1978), 36).
[95] "'Dialektisch in Richtung auf ...' ist eine an sich mehrdeutige Sache, bei der es von einem anderen Faktor (in verschiedener Weise) abhängt, was aus ihr wirklich wird." (Schäfer (1968), 253 Anm. 111).
[96] S.u. II.4.4.

der fortschreitenden Angst dem Heidentum = Griechentum[97] zugeordnet. Das Schicksal bezeichnet in der Phänomenologie der Unfreiheit den Gegenstand der Angst im Griechentum, das von Vigilius als ästhetisch-sinnliche Lebensanschauung dargestellt wird. Die Schicksalsangst soll als psychologischer Hintergrund des ästhetischen Lebens aufgewiesen werden, um die darin liegende Unfreiheit als Verdrängung der eigentlichen Gefährdung der Freiheit durch sich selbst zu deuten.[98]

II.3. Geist, Freiheit, Angst: Die Psychologie der Selbstkonstitution

Bevor wir uns dem Schicksalsbegriff zuwenden, sollen die anthropologischen Grundbestimmungen dargestellt werden, mit denen im *Begriff Angst* die Möglichkeit der Freiheit gedacht wird. Das Menschwerden ist vom Begriff der Freiheit her gesehen ein vom organischen Wachstum unterschiedenes Geschehen der Selbstvermittlung, das Kierkegaard als "Geist"[99] bezeichnet. Der Geist verwirklicht sich selbst, indem er sich als Freiheit von seinen natürlichen Bedingungen absetzt und sich dann frei mit ihnen vermittelt zur konkreten Persönlichkeit. Die strukturale Bestimmung dieses Selbstverhältnisses, das Kierkegaard also in idealistischer Terminologie formuliert[100], ist die Basis, von der aus die psychologische Frage nach der möglichen Realisierung der Selbstbestimmung ausgeht. Die geistige Bestimmung aller Menschen zur Freiheit ist das "anthropologische Axiom"[101], das der Psychologie Kierkegaards zugrundeliegt. Die Psychologie der Angst versucht,

---

[97] Zu dieser Gleichsetzung s.u. II.4.1.
[98] Nordentoft (1972), 356 f., spricht von einer psychologischen Reduktion des Schicksalsbegriffs. Ob daraus zu schließen ist, daß der Schicksalsbegriff im *Begriff Angst* ein anderer sei als in anderen Werken Kierkegaards, wird in dieser Arbeit zu prüfen sein.
[99] Zum Geistbegriff bei Kierkegaard vgl. Dietz (1993), 101 ff.; Holl (1972), 138 ff.; Vetter (1979a), 155 f.
[100] Kierkegaard geht es jedoch nicht um einen Mitvollzug des idealistischen Gedankenganges, sein Selbstbegriff wurzelt vielmehr in Phänomenanalysen des Selbstverhältnisses (besonders des gestörten), zu deren Beschreibung er dann auf diese Terminologie zurückgreift. Theunissen meint in seiner Untersuchung zur negativistischen Methode (1991), mit der in der *Krankheit zum Tode* das geistige Selbstsein bestimmt werde, daß dort der idealistisch formulierte Begriff des Selbst nicht Voraussetzung einer Deduktion der defizitären Formen des Menschseins (Verzweiflung) sei, sondern erst im Nachhinein als Bedingung der Möglichkeit von Verzweiflung erwiesen werde (24 f.). Kierkegaard setze bei den negativen Formen an, um von deren Analyse aus zur Bestimmung des positiven Selbst zu gelangen (17 f.). Allerdings betont Theunissen trotz des Vorrangs der Negativität die Wechselseitigkeit beider Aspekte (27 f.): der Begriff des Selbst bestimme auch die Analyse der Verzweiflung. Dabei sei die Hegelsche Bestimmung der Selbstvermittlung hilfreich zur Begründung der negativistischen Methode, weil sie das Moment der Negativität in sich enthalte. Theunissen meint, daß Kierkegaard "mit den Mitteln, die ihm die spekulative Negationstheorie geliefert hat, seinen Zweck erreicht, das heißt: seine negativistische Methode auf einen tragfähigen Boden zu stellen vermag" (33).
[101] Nordentoft (1972), 27.

die Gefährdetheit dieser Möglichkeit der Freiheit zu erhellen und so den zur Freiheit bestimmten Menschen als "Wesen der Krise"[102] zu begreifen.

3.1. Die synthetische Struktur des Geistes

Der Mensch ist kein fertiges Wesen[103]; jeder Mensch ist sich selbst als Aufgabe gegeben, die in Freiheit und Selbstbewußtsein übernommen werden muß. Die Nicht-Festgelegtheit der Aufgabe entspricht der Möglichkeit der Freiheit und enthält damit zugleich die Möglichkeit der Selbstverfehlung. Diese psychologische Zweideutigkeit unterscheidet das Werden der Freiheit von natürlichen Wachstumsprozessen. Das Geistsein meint die Wirklichkeit der freien Selbstbestimmung des Menschen. Der Unterschied zwischen Natur und Freiheit, den Kierkegaard in kantischer Tradition als Gegensatz von Bedingtheit und Unbedingtheit denkt, ist auch grundlegend für die geistige Struktur des Menschen, jedoch so, daß die Vermittlung dieses Gegensatzes gerade die Aufgabe des Geistes ist. Jeder Mensch ist vor seiner freien Selbstentfaltung schon durch natürliche und soziale Einflüsse in seiner Eigenart bestimmt. Diese Vorgegebenheit einer unmittelbaren Individualität ist Ausgangspunkt jeder Selbstwerdung, sie bildet die Natürlichkeit, von der sich die Freiheit allererst absetzen muß, um sie zur bewußten Persönlichkeit zu bilden. Die Freiheit ist daher nicht aus den natürlichen Bedingungen ableitbar, sie ist unbedingter Selbstvollzug. Jedoch kann sie nur im Bezug auf die unmittelbaren Bedingungen wirklich werden, so aus der Abstraktheit ihrer Unbedingtheit heraustreten und zur gestaltenden Kraft der Persönlichkeit werden. Die Freiheit bindet die natürlich-sozialen Bedingungen der individuellen Eigenart zu einer neuen Ganzheit zusammen. Die natürlichen Bedingungen und Anlagen des Menschen können das Geschehen der Freiheit nicht begründen, sie können nur von der Freiheit selbst als Bedingtheit ihrer Selbstkonstitution übernommen werden. Damit steht Kierkegaard im Horizont der idealistischen Überwindung des kantischen Dualismus[104] durch den Gedanken einer synthetisierenden Selbstsetzung der Freiheit. Als die Weise dieser Selbstaneignung konstituiert sich das geistige Sein des Menschen. Geist ist also keine essentielle Dimension des Menschen, sondern sein freier Selbstvollzug. Die Freiheit setzt sich selbst, indem sie ins Verhältnis tritt zu den natürlichen Bedingungen des Menschseins und damit den Geist als Selbstverhältnis konstituiert.

Diese Verhältnisstruktur der freien Selbstbestimmung ist nur möglich, wenn die Selbstidentität des Menschen als herzustellendes Ziel, nicht aber als

---

[102] Koch (1988), 182; Nach Nordentoft (1972), 116 f., zeigt sich die von Kierkegaard dargestellte Struktur des Geistes entweder als "anthropologisches Modell" oder als "Konfliktmodell", je nachdem, ob man es ethisch (unter dem Ideal der Freiheit, der möglichen Selbstbestimmung) oder psychologisch (unter dem Gesichtspunkt der realen Gefährdung) sieht.

[103] "Mit dem Leben fertig werden, ehe das Leben mit einem fertig wird, das heißt ja, gerade nicht mit der Aufgabe fertig werden." (UN I, 155).

[104] Zu Nähe und Distanz des Kierkegaardschen Freiheitsdenkens zu Kant und dem Deutschen Idealismus vgl. Deuser (1985a), 136 ff.; Fahrenbach (1979); Hauschildt (1982), 71 f. 240 ff.

vorauszusetzender Anfang begriffen wird.[105] Das Selbstverhältnis der Freiheit setzt eine Differenz voraus, zu der sie sich vermittelnd verhält. Dadurch, daß mit der Möglichkeit der Freiheit das eigene Werden den Bedingtheiten der eigenen Natur gegenübertritt, erweist sich diese Natur selbst als unidentische.[106] Die Nicht-Festgelegtheit des Menschen zeigt sich hier als Spannung polarer Gegensätze, und die Aufgabe der freien Selbstwerdung besteht in der Identitätsbildung durch Zusammenhalten dieser Gegensatzverhältnisse. Dies ist die synthetische Struktur des Geistes.[107]

Der Mensch ist durch eine Vielzahl polarer Gegensätze bestimmt, wodurch sich seine Herausgehobenheit aus der natürlichen Einheit zeigt. Die Gegensatzverhältnisse sind schon als solche Ausdruck des geistigen Seins. Das Aufbrechen der Einheit geschieht als Reflexion, als bewußte Unterscheidung der den Menschen konstituierenden Aspekte. Doch erst im Versuch, die Gegensätze zu einer Einheit zu synthetisieren, wird der Geist als Geist, d.h. als Selbstverhältnis gesetzt. "In dem Augenblick, in dem der Geist sich selbst setzt, setzt er die Synthese" (BA^R, 49 f.).

Diese Struktur der Selbstwerdung wird im *Begriff Angst* anhand zweier Gegensatzpaare verdeutlicht: Leib-Seele und Zeit-Ewigkeit, doch aus anderen Werken, besonders der *Krankheit zum Tode* und den Climacus-Schriften, läßt sich die Reihe der Polaritäten noch vermehren: Realität-Idealität, Endlichkeit-Unendlichkeit, Notwendigkeit-Möglichkeit (Freiheit). Die synthetische Struktur des Geistes wird von Kierkegaard in allen Werken, die der abstrakten Bestimmung der Existenzstrukturen dienen, entfaltet, und auch in den frühen Pseudonymen läßt sie sich als Voraussetzung belegen.[108] Die prägnanteste Formulierung findet sich zu Beginn der *Krankheit zum Tode*[109]:

"Der Mensch ist Geist. Was aber ist Geist? Geist ist das Selbst. Was aber ist das Selbst? Das Selbst ist ein Verhältnis, das sich zu sich selbst verhält, oder ist das an dem Verhältnis, daß das Verhältnis sich zu sich selbst verhält; das Selbst ist nicht das Verhältnis, sondern daß das Verhältnis sich zu sich selbst verhält. Der Mensch ist eine Synthesis von Unendlichkeit und Endlichkeit, von dem Zeitlichen und dem Ewigen, von Freiheit und Notwendigkeit, kurz eine Synthesis. Eine Synthesis ist ein Verhältnis zwischen Zweien. Auf die Art betrachtet ist der Mensch noch kein Selbst. In dem Verhältnis

---

[105] Vgl. Hopland (1981), 100 f.; Theunissen (1991).
[106] Vgl. zu diesem "Selbstwiderspruch" der Unbedingtheit der endlich-bedingten Existenz des Menschen Schäfer (1968), 90 ff.
[107] Zum Synthesis-Begriff vgl. Blaß (1968), 50 ff.; Dietz (1993), 107 ff.; Eisenstein, 210 ff.; Fahrenbach (1968), 8 ff.; Figal (1984); Greve (1990), 233 ff.; Heimbüchel (1983), 99 ff.; Hennigfeld (1987); Holl (1972), 114 ff.; Hopland (1981), 97 ff.; Janke (1977), 377 ff.; Kim (1980), 33 ff.; Lübcke (1984); Schmidinger (1983), 245 ff.; Schulz (1979); Sløk (1954), 32 ff.; Taylor (1975), 86 ff.; Theunissen (1979) u. (1991), 38 ff.; Vetter (1979a), 118 ff. 154 ff.
[108] Vgl. Greve (1990), 234 f.
[109] Theunissen (1991), 21, meint zu dieser Stelle: "hier kommt seine Sicht menschlicher Existenz und damit im Grunde sein ganzes Denken zu einem abschließenden und vollendeten Ausdruck. Was er hier sagt, darf als verbindlich gelten auch für seine übrigen Schriften". Dies muß aber auch auf die Fortsetzung dieser Stelle bezogen werden, die ich weiter unten in diesem Kapitel anführe.

zwischen Zweien ist das Verhältnis das Dritte als negative Einheit (...) Verhält dagegen das Verhältnis sich zu sich selbst, so ist dies Verhältnis das positive Dritte, und dies ist das Selbst." (KzT, 8).

Die Selbstbezüglichkeit des Geistes konstituiert das Verhältnis der Gegensätze als Freiheit und Selbstbewußtsein. Dem bloßen Leben in der polaren Spannung, der negativen Einheit, tritt das Gestalten des eigenen Lebens als Versuch, eine positive Einheit zu bilden, gegenüber. Selbstwerdung in Freiheit geschieht als Identitätssuche in einer widersprüchlichen Lebenswelt. Eine Einheitserfahrung, die vor diesem Prozeß liegt, wird von Kierkegaard als unfreier Schein angesehen. Die Angst ist der psychologische Hinweis auf die Nicht-Identität der menschlichen Natur, die Zweideutigkeit der Angst hat ihren Grund in der Ambivalenz der synthetischen Struktur des Geistes.[110]

"Der Mensch ist eine Synthese des Seelischen und des Leiblichen. Eine Synthese ist aber undenkbar, wenn die beiden Bestandteile sich nicht in etwas Drittem vereinen. Dieses Dritte ist der Geist." (BA^R, 44).

So lautet die erste Strukturbestimmung im *Begriff Angst.*[111] Mit ihr will Vigilius das Werden des Geistes als Selbstaneignung der natürlichen Bestimmtheit des Menschen darstellen. Leib und Seele sind natürliche, nichtgeistige Vorgegebenheiten, mit denen jedes menschliche Leben beginnt. Als noch nicht vom Geist bestimmtes Verhältnis bezeichnen sie den kindlich-unschuldigen Beginn des Menschseins, in dem der Mensch durch die Unwissenheit um seine eigene Freiheit ein unmittelbares, nicht durch Reflexion auf die eigenen Möglichkeiten durchbrochenes Leben führt. Doch Vigilius versucht zu zeigen, daß hinter der scheinbaren Sicherheit dieses Lebens das Fehlen der geistigen Selbstbestimmung als unbestimmte Verunsicherung wirkt, die sich in der Angst äußert. Mit der Angst zerbricht die Einheitserfahrung, die leibseelische Konstitution zeigt sich als Gegensatzverhältnis, das der freien Gestaltung, der geistigen Synthese bedarf. Die Möglichkeit der Selbstwerdung ist hier verbunden mit dem Aufkommen der Angst angesichts der eigenen Natur, das Erwachen des Geistes ist das Verlassen unschuldiger Einheit.[112]

Das Schuldigwerden ist das Mißlingen des Versuchs der geistigen Synthese, es begleitet als Erfahrung ständigen Scheiterns den menschlichen Rei-

---

[110] Theunissen (1991), 50, weist auch für die Formulierung der Synthesismomente auf Kierkegaards negativistische Methode hin, insofern sie zur Ausdeutung der Widerspruchserfahrung der Verzweiflung dienen sollen (so in der *Krankheit zum Tode*; dies gilt aber auch für die psychologische Bestimmung der Synthesis im *Begriff Angst*). Theunissen hält Kierkegaards Synthesistheorie nur von dieser Erfahrung aus für einsichtig:
"Der ganze in sich undurchsichtige Komplex von Behauptungen, die den Menschen für ein Verhältnis ausgeben, das Verhältnis als Synthese vorstellig machen und deren Momente im Rückgriff auf mehr oder weniger konventionelle Dualismen benennen, gewinnt Einsichtigkeit erst im Lichte der Aussage, das Selbstwerden erfülle die Funktion des Zusammenhaltens. Woher aber nimmt diese Aussage ihr Recht? Sie rechtfertigt sich allein aus dem Vorblick auf Verzweiflung."
[111] Zur Synthese von Leib und Seele vgl. Disse (1991), 87 ff.; Holl (1972), 121 ff.; Nordentoft (1972), 86 ff.; Schulz (1979); Sløk (1954), 77 ff.
[112] Dies wird im nächsten Kapitel genauer erläutert werden, s.u. II.3.2.

fungsprozeß und verstärkt immer mehr den Widerspruch in der eigenen Existenz. Die Gegensätze der leib-seelischen Synthese werden zu Widersprüchen, die aufgrund der damit verbundenen Steigerung der Angst die Selbstwerdung zu einem unabschließbaren Prozeß werden lassen.[113]

Um die Entwicklung des menschlichen Geistes als Geschichte fassen zu können, entwirft Vigilius in einer zweiten Strukturbestimmung die Zeitlichkeit des Menschen als eine Synthese aus Zeit und Ewigkeit.[114]

"Der Mensch war also eine Synthese von Leib und Seele, er ist jedoch zugleich eine *Synthese des Zeitlichen und des Ewigen*." (BA^R, 92).

In ihrer abstrakten Gegenüberstellung bezeichnen weder Zeit noch Ewigkeit die Zeiterfahrung des Menschen, in der er sein Leben in den drei Dimensionen der Vergangenheit, Gegenwart und Zukunft erstreckt sieht. Der Ablauf dieser Zeit ist ein mit dem Inhalt der eigenen Existenz gefülltes Geschehen. Dagegen bezeichnet der abstrakte Zeitbegriff nichts als das Ablaufen als solches, die unendliche, vorübergehende Sukzession, die keinen Inhalt hat (vgl. BA^R, 92 f.). Als bloßes Vorübergehen kann es in ihr nicht die Gegenwärtigkeit eines Inhalts geben, dazu bedarf es der Aufhebung des Prozesses. Dies bezeichnet der abstrakte Begriff der Ewigkeit. Sie ist "die aufgehobene Sukzession" (BA^R, 93), und als solche ist sie mit einem unendlichen Inhalt gefüllt, da in ihr alle Vorstellung zugleich ist und es kein Entstehen und Vergehen gibt. Doch die unendliche Fülle des Ewigen entspricht auch nicht der menschlichen Lebenserfahrung, die den Wechsel der Zustände als Möglichkeit ihrer freien Selbstgestaltung erkennt. Die menschliche Selbstentwicklung ist verbunden mit einem gehaltvollen Ablauf der Zeit. Dazu bedarf es der Synthese von Zeit und Ewigkeit. Diese geschieht im "Augenblick" als der gegenseitigen Durchdringung von Zeit und Ewigkeit.

"Der Augenblick ist jenes Zweideutige, worin die Zeit und die Ewigkeit einander berühren; hiermit ist der Begriff *Zeitlichkeit* gesetzt, in der die Zeit die Ewigkeit ständig hemmt und die Ewigkeit die Zeit ständig durchdringt. Erst jetzt erhält die vorhin erwähnte Einteilung ihre Bedeutung: die gegenwärtige Zeit, die vergangene Zeit, die zukünftige Zeit." (BA^R, 96).

Es kommt darauf an, diesen Augenblick nun nicht wieder abstrakt zu verstehen als einen bloßen Zeitpunkt, an dem der Ablauf in einem Moment festgehalten wird und sich so die Zeit strukturieren läßt in eine vor diesem Moment liegende Vergangenheit und eine ihm nachfolgende Zukunft. In dieser Sicht wird der Augenblick zu einem im Fluß der Zeit verschwindenden Nichts. Ebenso abstrakt ist für Vigilius das ästhetische Genießen des Augenblicks als eine scheinbare Negation des Zeitablaufs.[115] In beiden Fällen ist die Bedeutung der Ewigkeit für den Augenblick reduziert worden auf eine

---

[113] S.u. II.3.4.
[114] Vgl. hierzu Deuser (1985a), 124 ff.; Dietz (1993), 309 ff.; Disse (1991), 201 ff.; Holl (1972), 134 ff.; Lübcke (1980); Nordentoft (1972), 185 ff.; Pieper (1968), 35-81. 161 ff. 212 ff.; Ringleben (1983), 180 ff.; Schäfer (1968), 185 ff.; Schmidinger (1983), 263 ff.; Sløk (1954), 52 ff.; Taylor (1975), 81 ff. pass.; Valls (1980), 155 ff.; Weisshaupt (1973), 124 ff.
[115] Zur ästhetischen Zeiterfahrung vgl. Taylor (1975), 152 ff.

Negation der Zeit, entweder als bloß aufhaltendes Moment oder als Festhalten eines Eindrucks durch die Zurückstellung der eigenen Entwicklung (vgl. BA^R, 94). Der Augenblick erhält seine volle Bedeutung nur als Selbstvollzug des Geistes, als die Ermöglichung der zeitlichen Erstreckung der Freiheitsentscheidung. Die Ewigkeit ist hierbei die Dimension unendlicher Möglichkeiten, die durch die Freiheit in der zeitlichen Mannigfaltigkeit angeeignet werden können. Die Fülle des Ewigen ist in der Zeitlichkeit der Freiheit die Möglichkeitswelt des Geistes. Der synthetische Vollzug des Geistes ist verbunden mit der Eröffnung der Möglichkeiten als Herauslösung aus dem natürlichen Zustand unfreier Entwicklung.

"Die Synthese des Seelischen und des Leiblichen soll vom Geist gesetzt werden; der Geist aber ist das Ewige und ist darum erst, wenn der Geist die erste Synthese zugleich als die zweite Synthese, die des Zeitlichen und des Ewigen, setzt." (BA^R, 98).

Der Geist selbst ist das Ewige, seine ideale Bestimmung ist der Lebensinhalt, der dem zeitlichen Werden des Menschen die gehaltvolle Identität verleiht. Als sein eigenes, unbedingt erstrebenswertes Ziel ist der Geist aus der zeitlichen Begrenztheit herausgehoben und begründet gerade in dieser ewigen Gültigkeit die zielgerichtete Zeitlichkeit der Selbstwerdung. Da das Ewige in diesem Sinne die Erfüllungsgestalt gelungenen, freien Menschseins bezeichnet, ist die Synthese von Zeit und Ewigkeit von anderer Bedeutung als diejenige von Leib und Seele, zu der sich der Geist als das Dritte verhält. In der Zeitlichkeit ist der Geist nicht das synthetisierende Dritte, sondern das Ziel der Bewegung, deren Erstrecktheit die Zeitlichkeit zum Ausdruck bringt. Daher kann der Geist auch erst die erste Synthese setzen, wenn er in der Spannung von Zeit und Ewigkeit auf dem Wege zu sich selbst ist, sich bewußt der Aufgabe der Selbstverwirklichung stellt. Erst dann wird die natürliche Spannung von Leib und Seele in die Dynamik der Freiheit einbezogen. Ist mit dieser Bewegung die Zeitlichkeit als Geschichte der Selbstwerdung gesetzt, dann erscheint der Mensch ausgespannt in Vergangenheit, Gegenwart und Zukunft. Das Spannungsverhältnis von Vergangenheit und Zukunft entspricht nun der Polarität der ersten Synthese, zu der sich der Geist als das Dritte (die Freiheit, das Ewige) verhält. In dieser Spannung wird die Ewigkeit ebenso wie die Freiheit als Möglichkeit wahrgenommen, als Zukünftigkeit. Daher ist das Selbstwerden auch in seiner zeitlichen Dynamik von der Angst begleitet, die sich ja immer auf die Offenheit der eigenen Möglichkeiten richtet.

"Wie also (...) der Geist, indem er in der Synthese gesetzt werden sollte, oder richtiger, indem er die Synthese setzen sollte, sich als die Möglichkeit des Geistes (der Freiheit) in der Individualität als Angst ausdrückte, so ist wiederum das Zukünftige, als Angst, die Möglichkeit des Ewigen (der Freiheit) in der Individualität." (BA^R, 98 f.).[116]

---

[116] Kierkegaards Ausführungen zum Verhältnis von erster und zweiter Synthese gehören zu den unklarsten Stellen seines Werkes, weshalb die Interpretationen auch sehr voneinander abweichen. Eine der Hauptfragen ist hierbei, ob die polaren Aspekte der Synthese in einem Überordnungs- oder einem Gleichgewichtsverhältnis stehen. Da bei der Synthese von Zeit und Ewigkeit durch die Identifizierung des Geistes mit dem Ewigen eindeutig eine Wertung

Die Angst läßt erfahrbar werden, daß dem Menschen etwas Entscheidendes bevorsteht. Im Augenblick der Angst geschieht daher die Öffnung des unreflektierten Zeitablaufs für eine zukünftige Bedeutung des Lebens, die es nun, im Augenblick, zu realisieren gilt. Dem Augenblick kommt daher die Zweideutigkeit des Möglichkeitsverhältnisses zu, das

vorgenommen wird, hängt mit der Beantwortung der Frage auch die Deutung des Verhältnisses von erster und zweiter Synthese zusammen. Wird nämlich ein Gleichgewichtsverhältnis angenommen, so kann die zweite Synthese nicht von gleicher Bedeutung sein wie die erste. Einen solch prinzipiellen Unterschied nimmt z.B. Taylor (1975), 117 ff., an, der alle Synthesispaare als Bezeichnungen der zeitlichen Dimension des Menschseins deutet und ihnen daher die Synthese von Zeit und Ewigkeit als das Verhältnis des Geistes (des Ewigen, der Freiheit) zu dieser ersten Spannungseinheit gegenüberstellt. Andere Deutungen behaupten prinzipiell für alle Synthesispaare eine Übergewichtung eines Aspektes, so daß sich in ihnen allen die Dynamik der Freiheitsbewegung anzeige, die Taylor an der Synthese von Zeit und Ewigkeit festmacht (vgl. Hopland (1981), 98). In dieser Deutung stehen die Aspekte Seele, Möglichkeit, Unendlichkeit, Idealität dem Begriff des Geistes und der Freiheit näher. Zwar könne die Selbstwerdung nur als Synthese beider Aspekte vollzogen werden, jedoch habe die auf das Geistige verweisende Seite dabei eine führende Funktion. Bei dieser Deutung kann aber oft nicht angemessen erläutert werden, inwiefern der Geist als das synthetisierende Dritte erscheint, während er in der Zeitlichkeitssynthese mit dem Aspekt des Ewigen identifiziert wird. So deutet etwa Schulz (1979), 353, die synthetisierende Funktion des Geistes bei der Synthese von Leib und Seele derart, daß der Geist sich an die Stelle der Seele setze, wogegen sich zurecht Hennigfeld (1987), 270 ff. gewandt hat, denn damit ist der Gedanke des synthetisierenden Dritten aufgegeben. Die m.E. schlüssigste Deutung bietet Eisenstein (1986), 220 ff. Er spricht von derivierten Modi der vollen Wirklichkeit des Geistes, die jeweils einen Aspekt der Synthese ausmachen. Innerhalb der Bewegung des Geistes zu sich selbst erscheint dessen Möglichkeit als ein Aspekt jener Spannung, in der sich der Geist als unmittelbare, lebendig-natürliche Wirklichkeit vorfindet. Eisenstein unterscheidet somit zwischen einer ersten Synthesis, einer "einfachen Einheit" der Gegensatzpaare, sowie dem Selbstverhältnis des Geistes zu dieser synthetischen Wirklichkeit, auf das jeweils das eine Glied des Gegensatzverhältnisses verweist, ohne daß sich die ewige Bedeutung des Geistigen in ihm ganz verwirklichen könnte. So wie Kierkegaard es ausdrücklich für die Begriff Freiheit und Ewigkeit gemacht hat, indem er ihnen die Begriffe Möglichkeit und Zukünftigkeit als Modi innerhalb der noch offenen Selbstwerdung zuordnete, ordnet Eisenstein auch die übrigen Synthesisbestimmungen einer Bezeichnung der geistigen Wirklichkeit zu und bringt so eine Ordnung in Kierkegaards oft uneinheitliche Bestimmungen (dazu s. bes. sein Schema auf S. 224). Den Gedanken der Derivation der geistigen Bestimmungen in der polaren Spannung der einfachen Synthesiseinheiten leitet Eisenstein aus dem Bezug des Geistigen zur göttlichen Vollkommenheit her, in der allein es seine volle Bedeutung erhält. Der Mensch ist auf diese Bedeutung ausgerichtet, weshalb sein Selbstsein nur in eins mit dem Gottesverhältnis als seinem Ermöglichungsgrund gedacht werden kann. Jedoch kann er als Mensch an der Freiheit Gottes nur teilhaben, sie aber nicht als solche vollziehen. Daher bleibt seine geistige Ausrichtung immer verwiesen an die Begrenztheit seiner endlich-widersprüchlichen Verfassung, in der das Geistige nur als offene Möglichkeit erscheinen kann.
"Der Mensch ist Geist, insofern er sich zu sich selbst verhalten kann; doch zugleich ist er niemals reiner Geist, da er dies nur als ein zusammengesetztes Verhältnis vermag, in dem die Leiblichkeit, Faktizität, Notwendigkeit und Endlichkeit - kurz: die Realität des Vorgegebenen - als konstitutives Teilprinzip mit enthalten ist. Da Geist, Ewigkeit, Freiheit, Unendlichkeit und Selbstbewußtsein als solche (d.h. in reiner Form) im Menschen nicht existieren, müssen sie entweder rein gedankliche Idealisierungen sein, die den Menschen im Vollzug seiner Existenz auf sich allein zurückwerfen, oder sie müssen - wie Kierkegaard dies zumindest von der Möglichkeit als dem derivierten Modus der Feiheit ausdrücklich sagt - ihre letzte Wirklichkeit in Gott haben." (Eisenstein (1986), 227).

sowohl eine Offenheit bewußt macht und gleichzeitig zu konkreter Entscheidung drängt. Die Zweideutigkeit des Augenblicks ist grundlegend für die Konstitution der existentiellen Zeit als der Dimension der Freiheitsentscheidung, in der sich der Geist in seiner ewigen Bedeutung verwirklicht. Die Zweideutigkeit ist aber auch der Hinweis darauf, daß die Selbstverwirklichung noch nicht zur eigenen Identität gelangt ist, das Ewige erscheint als das Mögliche, Zukünftige. So sehr diese Möglichkeit Grund der Freiheitsgeschichte ist, so sehr äußert sich die in ihr liegende Unentschiedenheit psychisch als Angst. In diesem Aufweis der Angst vor der Zukunft als der Dimension offener Möglichkeiten hat die Zeitlichkeitsanalyse des Vigilius ihren psychologischen Sinn.

Die Ambivalenz der Zeiterfahrung verdeutlicht das Riskante der Freiheitsgeschichte als ein Wagnis des Neuen. In der Angst vor diesem Neuen liegt die Flucht vor der Freiheit begründet, die die Selbstwerdung als einen immer wieder fehlgehenden Prozeß erscheinen läßt. Die synthetische Struktur des Geistes zeigt sich auch in ihrer zeitlichen Entfaltung psychologisch als "Konfliktmodell". Die Geschichte entfaltet sich unter diesen psychologischen Bedingungen der Selbstverfehlung.[117]

Die kritische Offenheit der eigenen Existenz in der Zeit zeigt sich um so stärker, je mehr das Ewige, in dem der Geist seine Identität finden soll, als ein Anderes, Transzendentes angesehen wird, als die göttliche Ewigkeit. Nur in der Relation zu dieser Transzendenz ist für Vigilius Selbstwerdung möglich, doch erst im Christentum wird das Ganz-Andere dieser Transzendenz deutlich, gerade weil sie sich paradoxerweise *in* der Geschichte offenbart. Wie in den gleichzeitig mit dem *Begriff Angst* herausgegebenen *Philosophischen Brocken* des Johannes Climacus unterscheidet auch Vigilius christliches und griechisches Lebensverständnis nach dem Kriterium der paradoxen Anwesenheit des Ewigen in der Zeit. Climacus unterscheidet in seiner *Unwissenschaftlichen Nachschrift* diese beiden Haltungen als Religiösität A (die griechisch-immanente) und Religiösität B (die christlich-paradoxe). Anknüpfend an die platonische Anamnesislehre sieht Climacus das griechisch verstande Ewige als jedem Menschen innerlich verfügbare Wahrheit an. Das Christentum stellt demgegenüber die Unwahrheit des sündigen Menschen heraus, weshalb die Wahrheit ihm nicht mehr durch innerliche Vergegenwärtigung erreichbar ist. Das Wahre muß sich ihm in der Zeit von außen her vermitteln, dies ist die paradoxe Lehre des in der Zeit Mensch gewordenen Gottes.[118] In diesem Sinne spricht auch Vigilius von den unterschiedlichen religiösen Auffassungen des Ewigen im Griechentum, Judentum und Christentum (vgl. BA^R, 97 f.). Das Griechentum ist für ihn am Vergangenen orientiert, es gibt in ihm nicht die kritische Bedeutung des Augenblicks, in dem sich der Mensch durch seine Entscheidungen der ewigen Bedeutung der zeitlichen Existenz bewußt wird. Im Judentum ist nach Vigilius dieses Bewußtsein vorhanden, jedoch nur als Grenzbewußtsein, als Hoffnung auf eine zukünftige Lebenswendung und Vollendung, nicht aber als präsentes

---

[117] S.u. II.3.4.
[118] Zu den Climacus-Schriften s.u. III.2.5.

Befreiungsbewußtsein. Das Judentum ist damit auf das Ewige als das Zukünftige ausgerichtet, während im Christentum das Ewige in der Zeit als der entscheidende Augenblick gegeben sei. Hier wird der Augenblick selbst zum Ewigen als die "Fülle der Zeit". In dieser Sicht des Ewigen bildet sich erst die volle zeitliche Kontinuität des Lebens aus: im Angebot der schon geschehenen Versöhnung als der eigenen Lebensmöglichkeit wird die sündige Vergangenheit vom Ereignis der Versöhnung umgriffen und der Mensch neu auf die Zukunft seiner Freiheit hin geöffnet. Diese Identitätsfindung geschieht jedoch nicht in "einfacher Kontinuität", sondern durch den paradoxen Einbruch des Ewigen in die Zeit, der der Gebrochenheit der menschlichen Unwahrheit entspricht. Die Zeit der Entscheidung ist deshalb der riskante Raum der Offenheit für das Geschenk der transzendenten Befreiung.

Mit dieser Ausrichtung der Selbstverwirklichung auf die Beziehung zum transzendenten Absoluten als Bedingung der eigenen Freiheit verläßt Kierkegaard das idealistische Denkschema der Selbstsetzung, das der synthetischen Struktur des Geistes zugrundeliegt.[119] Der Selbstvollzug der menschlichen Existenz verwirklicht sich als Gottesverhältnis, weil darin die faktische Bestimmtheit als Anspruch an die eigene Freiheit verstanden werden kann. Weil sich der Mensch immer schon in einer bestimmten natürlich-sozialen Prägung und Situation vorfindet, gehört die Abhängigkeitserfahrung zur konkreten Realisation seiner Freiheit wesentlich hinzu. Die Widersprüchlichkeit von faktischer Bedingtheit und dem Unbedingtheitsanspruch der Freiheit ist der Hauptaspekt der synthetischen Struktur, die Faktizität muß mit der Möglichkeit der Freiheit synthetisiert werden, damit der konkrete Mensch ein freies Selbst werden kann.[120] Da die Faktizität als uneinholbar dem absoluten Selbstvollzug der Freiheit entgegensteht, kann der Mensch in der Abhängigkeitserfahrung nur dann zur Freiheit gelangen, wenn er hinter der Macht des Faktischen eine freie, göttliche Schöpfungsmacht sieht, zu der er in ein freies Verhältnis treten kann. Deutlich formuliert Anti-Climacus diese Dimension der Selbstwerdung. Im Anschluß an die oben zitierte Stelle zur synthetischen

---

[119] Vgl. Holl (1972), 61 ff., 143 ff.; Hopland (1981), 103 ff. Holl unterscheidet zwei konkurrierende Denkmodelle in Kierkegaards Philosophie: ein idealistisch-monistisches, mit dem er die Selbstsetzung der Freiheit formuliere, und ein dualistisches, welches das Abhängigkeitsverhältnis des Menschen zum transzendenten Gott zum Ausdruck bringe. Durch das letztlich vorrangige dualistische Modell weiche Kierkegaard vor der konsequenten idealistischen Bestimmung absoluter Selbstsetzung zurück. Hopland betont, daß dieser Dualismus von Gott und Mensch aus idealistischer Sicht als die schlechte Unendlichkeit des Reflexionsverhältnisses bestimmt werden könnte (vgl. Ricoeur (1979), 590), von Kierkegaard selbst her gedacht erscheine das Schöpfungsverhältnis jedoch als der Grund, von dem aus er die Selbstidentität des Menschen denkt. Hopland (112) kritisiert daher zurecht die Ansicht Holls, daß Kierkegaard durch seinen Dualismus das Freiheitsdenken aufgebe und das Selbst substanzlos werden lasse (indem es seine Identität nach außen projiziere), womit ein Widerspruch zwischen Kierkegaards theologischem Denken und seinem Freiheitsbegriff behauptet würde. Demgegenüber müsse die Einheit seiner Philosophie betont werden, die von Anfang an das Selbstverhältnis der menschlichen Freiheit von der geschöpflichen Abhängigkeit her deute und damit im Ansatz schon das idealistische Denkmodell modifiziere. Das Gottesverhältnis ist für Kierkegaard nicht der Untergang, sondern die Erfüllung menschlicher Freiheit (vgl. Disse (1991), 15; Schäfer (1968), 95 ff.).

[120] Zu diesem Aspekt der synthetischen Struktur s.u. II.4.2.1.

Struktur vervollständigt er den Begriff des Selbstverhältnisses durch das Verhältnis der gesetzten Freiheit zur setzenden Macht[121]:

"Ein solches Verhältnis, das sich zu sich selbst verhält, ein Selbst, muß entweder sich selbst gesetzt haben, oder durch ein Andres gesetzt sein. Ist das Verhältnis, das sich zu sich selbst verhält, durch ein Andres gesetzt, so ist das Verhältnis freilich das Dritte, aber dies Verhältnis, dies Dritte, ist dann doch wiederum ein Verhältnis, verhält sich zu demjenigen, welches das ganze Verhältnis gesetzt hat. Ein solches abgeleitetes, gesetztes Verhältnis ist des Menschen Selbst, ein Verhältnis, das sich zu sich selbst verhält, und, indem es sich zu sich selbst verhält, zu einem Andern sich verhält." (KzT, 9).

Das Selbstverhältnis der Synthese ist somit in einem das Selbst transzendierenden Verhältnis zu einem "Anderen" begründet, das aber als Verhältnis mit zur Struktur des Selbst gehört. Die Verhältnishaftigkeit, die das Selbst als Freiheitsgeschehen auszeichnet, hat daher eine dreifache Bedeutung. Zum ersten ist damit das Verhältnis der synthetischen Strukturmomente zueinander gemeint. Diese sind jedoch nicht als Verhältnis denkbar, wenn sie nicht immer schon als Momente des *Selbst*verhältnisses gesehen würden. Dieses Verhältnis des Verhältnisses ist die zweite Bestimmung der Verhältnishaftigkeit. Zu ihr tritt nun als letzte, alles fundierende Bestimmung die Beziehung zur setzenden Macht hinzu. Von der Transzendenz der göttlichen Macht her erfährt der Mensch sein eigenes Transzendieren, den Überstieg der Freiheit über die faktischen Bedingungen, so daß er diese als seine ihm gegebene Wirklichkeit annehmen und gestalten kann.[122]

---

[121] Vgl. Dietz (1993), 117 ff.; Disse (1991), 120 ff.; Fahrenbach (1968), 30 ff.; Holl (1972), 143 ff.; Janke (1977), 394 ff.; Kraus (1984), 38; Lübcke (1984); Theunissen (1979), 504 f. u. (1991), 35 ff.

[122] Den Zusammenhang von Transzendenz und Faktizität als Aspekte des menschlichen Selbstvollzugs stellen insbesondere Fahrenbach (1968), 32 f., und Figal (1984) heraus. Im Transzendieren entdeckt das Selbst auch das seiner transzendierenden Freiheit vorgegebene Gegründetsein, weil es das transzendierte Sein nicht selbst zu begründen vermag. Nach Fahrenbach verweist die "'Faktizität' der Freiheit als ursprünglicher Möglichkeit" auf die setzende Macht. Dies begründe aber keine äußerliche Abhängigkeit, da die setzende Macht als transzendente zugleich Grund der eigenen Freiheit sei: "d.h. es wird keine Abhängigkeit *der* Freiheit als Ursprung gesetzt, sondern eine Abhängigkeit *in* ihr" (32). Weil das Selbst mit seinem Können (dem Möglichkeitsverhältnis) identisch ist, kann es sich nicht als dessen Grund voraussetzen. Diese Erfahrung des Grundes erschließt nach Figal erst die Dimension der Faktizität der eigenen Existenz. "Gerade weil das Selbst nicht Grund seiner selbst ist, ist es sich ein Faktum" (13). Figal deutet in diesem Sinne das Verhältnis zur setzenden Macht jedoch nur als Selbsttranszendenz des Menschen auf seinen Grund hin, ohne die setzende Macht als transzendente Wirklichkeit, als vom Selbst unterschiedene göttliche Macht zu deuten. Hiergegen wendet sich zurecht Disse (1991), 122 f., der im Gesetztsein ausdrücklich das Gottesverhältnis des Menschen angesprochen sieht (vgl. Eisenstein (1986), 225 ff.; Fabro (1973), 153 f.; Theunissen (1991), 36 f.). Lübcke (1984), 59 f., hebt eine zweifache Bedeutung des Gedankens der setzenden Macht hervor, eine theologische und eine anthropologische: einerseits komme hierin Kierkegaards schöpfungstheologische Voraussetzung zum Ausdruck, daß der Mensch von einer göttlichen Macht geschaffen sei, andererseits werde Gott nicht von seiner Göttlichkeit, sondern allein anthropologisch von der Bedeutung seiner Schöpfungs*funktion* für die Selbstwerdung des Menschen her gedacht.

Der Mensch ist sich selbst als eine Aufgabe gegeben. Indem er die Faktizität des eigenen Seins im Glauben an die Schöpfungsmacht als Gabe Gottes an ihn versteht, wird auch die Selbstwerdung zu einem Empfangen der eigenen Identität im Gottesverhältnis. Das Vertrauen auf ein über die Möglichkeiten der eigenen Freiheit hinausgehendes Gewolltsein des eigenen Lebens vermag den Menschen mit der Unfähigkeit zur Freiheit angesichts der Widersprüche des Lebens zu versöhnen. Selbstwerdung im Gottesverhältnis bedeutet Wiedergewinnung der Freiheit durch Anerkennung ihrer Begrenztheit. Es ist die Befreiung von der ängstigenden Überforderung, sich selbst völlig in den Griff zu bekommen.

Die Angst vor der Freiheit ist für Vigilius der psychologische Hinweis darauf, daß die synthetische Struktur des Geistes nicht ein Modell absoluter Selbstsetzung sein kann, sondern Ausdruck eines ständigen Abstands der Freiheit von sich selbst. In dieser Offenheit ist das Werden der Freiheit keine kontinuierliche Entwicklung, sondern Diskontinuität immer neuer Anläufe, Wagnisse, Entscheidungen, Verfehlungen, in denen sich die Geschichte des Geistes vollzieht. Das Gottesverhältnis begründet für den sich selbst entfremdeten Geist den Glauben an eine jenseits der eigenen Angst liegende Kontinuität und Freiheit des Lebens. Die kritische Spannung des Menschseins wäre darin nicht mehr bloß Grund unablässiger Selbstverfehlung, sondern Öffnung des Lebens auf eine immer größere, unvorstellbare Freiheit hin. Es ist kennzeichnend für die existentielle Fragestellung Kierkegaards, daß die Möglichkeit dieser Dimension gelingenden Lebens *als Möglichkeit* selbst in den Bedingungen der synthetischen Polarität, in der Spannung von Zeit und Ewigkeit begriffen wird und so psychologisch in die Zweideutigkeit der Angst einbezogen bleibt.[123] Die Psychologisierung des Gottesverhältnisses wehrt noch im letzten die Gefahr einer Konstruktion der Freiheit, eines vermeintlichen Realisierens aus der Einsicht in die Bedingungen der Selbstkonstitution ab. Das Riskante der Freiheit bleibt unhintergehbar.[124]

3.2. Unschuld und Angst des "träumenden Geistes"

3.2.1. Der unmittelbare Geist

3.2.1.1. Das seelische Einheitsempfinden

Die Entwicklung des menschlichen Geistes bedeutet die Heraushebung der Freiheit aus der Eingebundenheit in das natürliche Leben. In der Synthese von Leib und Seele vollzieht sich der Übergang vom natürlichen zum geistigen Leben. Ihr voraus geht die Bewußtwerdung der polaren Spannung, mit der die natürliche Einheit zerbrochen und so der Freiraum der Selbstentfaltung offengelegt wird. Die Einheit mit der Natur, von der diese Entwicklung ihren Ausgang nimmt, ist für Vigilius nur die Unbewußtheit des Gegensatzes von Natur und Freiheit und damit der Polarität des Menschseins, doch ist der

---

[123] Vgl. Deuser (1985a), 130 ff.; McCarthy (1978), 39.
[124] Figal (1984) deutet die wahre Freiheit als "Verzicht des Selbst darauf, im Austrag seiner Bestimmungen zu Ruhe und Gleichgewicht zu kommen" (21).

Gegensatz in ihr latent wirksam als eine "Unruhe", die auf eine Unerfülltheit hinweist (vgl. BA^R, 41 f.). In dieser Unruhe, die Vigilius psychologisch als Angst erklärt, zeigt sich die Offenheit der natürlichen Einheit für die Entfaltung des Geistes, sie ist nicht einfach Gegensatz des Geistes, sondern dessen Voraussetzung als natürlicher Gehalt der synthetischen Selbstbestimmung, sie ist "unmittelbarer Geist". Vigilius nennt diesen Anfangszustand des Menschen auch "Unschuld" und umschreibt das darin schon angelegte, latente Geistverhältnis metaphorisch als "träumender Geist". Die Hingeordnetheit der Einheit auf den Geist ist deren unbewußte Ambivalenz, die sich psychisch als Angst äußert. In dem Aufbrechen der unmittelbaren Einheit durch die mit ihr gegebene Angst sieht Vigilius den Beginn des Menschwerdens, sie ist daher Ansatzpunkt seiner Psychologie der Selbstkonstitution des Geistes.

"Daß die Angst in Erscheinung tritt, ist dasjenige, worum sich alles dreht. Der Mensch ist eine Synthese des Seelischen und des Leiblichen. Eine Synthese ist aber undenkbar, wenn die beiden Bestandteile sich nicht in etwas Drittem vereinen. Dieses Dritte ist der Geist. In der Unschuld ist der Mensch nicht nur Tier, wie er denn überhaupt, wenn er in irgendeinem Augenblick seines Lebens nur Tier wäre, niemals Mensch würde. Der Geist ist also vorhanden, aber als unmittelbarer, als träumender Geist." (BA^R, 44).

Die Metaphorik des Traumes erläutert Vigilius, indem er den Traum abhebt sowohl vom Wachen als auch vom Schlafen. Das Schlafen ist "der Ausdruck für die Abwesenheit des Geistes" (BA^R, 69), in der sich höchstens ein sinnlich-emotionales (seelisches) Bewußtsein, nicht aber das bewußte Sich-zu-sich-Verhalten entwickeln kann. Dies ist der Zustand des Tieres, den Vigilius vom Anfangszustand des Menschen abhebt.[125] Im "träumenden Geist" ist der Geist zwar noch nicht erwacht, d.h. die Möglichkeit der freien Selbstbestimmung ist noch nicht als solche ins Bewußtsein getreten, und doch liegt diese Möglichkeit schon in ihm und äußert sich im Bewußtsein als Empfindung eines Ungenügens. Die Metapher des Traumes bezeichnet ein undeutliches Wissen, ein Ahnen des Menschen, daß er nicht in der Natur aufgeht. Diese Ahnung ist als solche schon Ausdruck der Geistigkeit, wenn auch nur als Reflex der fehlenden geistigen Selbstbestimmung.[126] Da ein deutliches

---

[125] Es stimmt mit dieser Unterscheidung nicht überein, wenn Malantschuk (1971), 75, den Anfangszustand eines *schlafenden* Geistes vom Aufbrechen der Einheit in der Angst trennt. Vigilius betont demgegenüber die Gleichzeitigkeit von Angst und unschuldiger Einheit (vgl. BA^R, 41), wodurch sich der träumende Geist gerade vom Schlafen (= Abwesenheit des Geistes) unterscheidet.

[126] Nordentoft (1972), 133, unterscheidet das Bestimmtsein vom (oder als) Geist ("at være bestemt af (eller som) ånd"), wie es für den unmittelbaren Geist gilt, vom geistigen Selbstbewußtsein ("at være sig bevidst som ånd"). Demgemäß kann man analog zur Unterscheidung von negativer und positiver Synthese in der *Krankheit zum Tode* die Selbstwerdung des Geistes unterscheiden in ein Werden des Geistes (das Zusammenhalten der Gegensätze) und ein Werden des Geistes als Geist (als immer tiefere Selbsterfassung des Geistes in den Entscheidungen der Freiheit, durch die sich die Synthese als Selbstverhältnis bildet) (vgl. Holl (1972), 138 f.). Der unmittelbare Geist des *Begriff Angst* wäre dann die sich ihrer selbst noch nicht bewußte Gestalt der Synthese der Gegensätze, die aber ihre Geistigkeit erweist im Empfinden einer Spannung, die das bewußte Werden des Geistes hervorbringt.

Bewußtsein der Geistigkeit noch nicht vorhanden ist, nennt Vigilius den Unschuldszustand auch Unwissenheit.

"Die Unschuld ist Unwissenheit. In der Unschuld ist der Mensch nicht als Geist bestimmt, sondern seelisch bestimmt, in unmittelbarer Einheit mit seiner Natürlichkeit." (BA^R, 41).

Die Unwissenheit der Unschuld ist das Fehlen des Selbstbewußtsein des Geistes. Dies ist keine rein intellektuelle Unwissenheit, sondern die fehlende Erfahrung des Vollzugs der Freiheit, eine existentielle Unwissenheit.[127] Der Mensch weiß in der Unschuld nicht um die Möglichkeiten, die ihm über seine natürliche Bedingtheit hinaus durch die geistige Entfaltung gegeben sind. Er ist noch nicht in die Selbstdistanzierung der möglichen Freiheit getreten, sondern verbleibt im *Gefühl* einer Verbundenheit mit der Natur. Ort dieses Gefühls als Vor-Bewußtsein des Geistes ist die Seele, in ihr hat der Geist seine Unmittelbarkeit. Die Einheit von Leib und Seele ist in der Unschuld noch nicht als Synthese bewußter Gegensätze gesetzt, sondern die Seele ist Selbstempfindung des als Leib, d.h. in Einheit mit der Natur bestimmten Menschen. Die Differenz des Geistes zur Natur ist in diesem Stadium noch nicht bewußt, doch ist diese Unbewußtheit von der geistigen Bestimmung her zu verstehende Vor-Gestalt des Selbstbewußtseins. Der Geist weiß um sich selbst als Seele, d.h. er ist nicht abwesend (schlafend), sondern unentwickelt (träumend).

3.2.1.2. Der Hegelsche Begriff der Seele in Karl Rosenkranz' *Psychologie*

Mit dem Begriff des unmittelbaren Geistes greift Kierkegaard auf die Hegelsche Terminologie der Selbstvermittlung des Geistes zurück. Unmittelbarkeit ist hierbei der Gegenbegriff zu Reflexion und Vermittlung, durch die sich der Geist als Geist aus dem Gegensatz zur Natur heraus entwickelt. Der Geist ist *als Vermittlung*, er ist als solcher niemals unmittelbar, "an sich", sondern das "Für-sich-Sein" seiner Natur. Die Unmittelbarkeit ist das im Vermittlungsgeschehen Vorausgesetzte und es erlangt seine Bedeutung nur als diese aufzuhebende Voraussetzung. Die Geistigkeit des unmittelbaren Geistes ist gerade keine Bestimmung der Unmittelbarkeit als solcher, sondern deren Einbeziehung in die Selbstvermittlung des Geistes. In der Unmittelbarkeit liegt die Einheit, die der Geist allererst herstellen soll, an sich, unentwickelt, substantiell vor, also ungeistig. Der Geist hat in ihr die Wahrheit seiner Selbstidentität in der Unwahrheit der Bewegungslosigkeit, der Indifferenz. Er gelangt zur Geistigkeit, zum Für-sich-Sein seiner Wahrheit nur, wenn er sich als Gegensatz zu dieser Substantialität entfaltet und durch die Reflexion die Bewegung der Gegensätze in Gang bringt. Das An-Sich, die Unmittelbarkeit des Geistes bezeichnet Hegel in der *Enzyklopädie* als "Seele", sie ist der "*Schlaf* des Geistes"[128].

---

[127] Vgl. Rochol (1984), 212 f.
[128] Hegel X, 43; zum Begriff der Seele bei Hegel vgl. Drüe (1976), 243 ff.; Fetscher (1970), 33-94. Es ist also falsch, wenn Fonk (1990), 164, meint, daß Kierkegaard "über Hegel

Kierkegaard übernimmt diese Bestimmung der Seele aus der 1837 erschienenen *Psychologie* Karl Rosenkranz', die er im *Begriff Angst* seinen Lesern zur Lektüre empfiehlt (vgl. BA[R], 162). Rosenkranz will Hegels Lehre über den subjektiven Geist aus der *Enzyklopädie* entfalten, ohne über Hegel hinauszugehen. Vigilius' Begriff des unmittelbaren Geistes als seelische Bestimmung der unmittelbaren Einheit mit der Natürlichkeit (vgl. BA[R], 41) geht auf Formulierungen Rosenkranz' zurück, von denen einige an späterer Stelle im *Begriff Angst* zitiert werden. Auch die Metapher des träumenden Geistes findet sich bei Rosenkranz, ohne daß Vigilius in diesem Zusammenhang auf ihn verweist. Bei Rosenkranz heißt es:

"Der Mensch geht also in seiner Existenz von der *Natur* aus, und in der *unmittelbaren Einheit* mit ihr nennen wir den Geist *Seele*. Weil aber der Geist an sich von der Natur unterschieden ist, so muß er diesen Unterschied auch für sich setzen. Das Denken ist schon in der Empfindung der Seele enthalten, allein es hat sich noch nicht von der Natürlichkeit losgerissen. Das Leben der Seele ist daher das Streben, über sich hinauszugehen. Als Seele *träumt* der Geist."[129]

Die Seele ist das An-Sich des Geistes, insofern sie das ideelle Für-Sich, der Begriff des Körpers ist. Seele und Körper stehen sich nicht als selbständige Einheiten gegenüber, sondern sie vermitteln sich gegenseitig zu der lebendigen Einheit des empfindenden Leibes. Der Körper ist als solcher ohne innere Identität, als räumliche Bestimmtheit sind in ihm die einzelnen Elemente voneinander getrennt gehalten. Erst die Seele verbindet sie zu einer lebendigen, inneren Einheit. Hegel knüpft ausdrücklich an Aristoteles' Begriff der Entelechie als dem formalen Prinzip der Lebewesen an, jedoch formuliert er die organische Gestaltungskraft der Seele dialektisch als Negation der körperlichen Äußerlichkeit. Die Seele ist damit zugleich Affirmation der leib-seelischen Einheit als Ausdruck spontaner Aneignung der Natürlichkeit. Hierin ist die Seele unmittelbarer Ausdruck der Spontaneität des Geistes, jedoch noch in der Unbewußtheit ihrer selbst. In der seelischen Empfindung ist der Mensch daher schon über die bloße Rezeptivität der Sinnlichkeit hinaus, ohne jedoch die Freiheit des Geistes gegenüber der Natur, die sich im Denken manifestiert, erreicht zu haben. Empfindung ist die an die Natur gebundene Vorgestalt geistiger Spontaneität:

"Empfindung ist das unmittelbare Dasein des Geistes in seiner unmittelbaren Identität mit der Natur, worin er sich eben so sehr *durch sie* als *durch sich* bestimmt findet."[130]

Seelisches Leben ist unmittelbare Einheit mit der Natur, weil die Empfindungen sich nicht frei entwickeln, sondern in Abhängigkeit von den äußerlichen Eindrücken. Deshalb sieht sich der Mensch hier selbst als äußerlich, als Natur an. Die an die äußeren Eindrücke gebundene und deshalb ihrer selbst nicht bewußte Tätigkeit der Seele zeigt sich deutlich im Traumleben.

---

hinaus" nach dem vorbewußten Zustand des Menschen frage. Gerade hierbei kann er auf Hegels Gedanken zurückgreifen.
[129] Rosenkranz, 5, vgl. 113.
[130] Rosenkranz, 81.

Die Metapher des träumenden Geistes gründet bei Rosenkranz in dieser Bestimmung des Traumes als einer für das seelische Leben kennzeichnenden Tätigkeit.

"Unmittelbar, ohne alle Absichtlichkeit, macht sich der Geist für sich im Traumleben geltend, denn in demselben findet der Geist sich nicht mehr blos durch die Natürlichkeit bestimmt, sondern ist schon selbstthätig und wird doch von der Übermacht der Natur gebunden gehalten, so daß er nicht bei sich, vielmehr in sich außer sich ist."[131]

Die Entwicklung des Geistes beginnt mit der Bemächtigung des Körpers durch die Tätigkeit der Seele, die als bloßes An-sich des Geistes aber noch in der unbewußten Einheit mit der Natur verbleibt. Für Hegel ist die Natur jedoch nicht nur die Voraussetzung für die Entwicklung des menschlichen Geistes, sondern sie ist ihrerseits schon durch den absoluten Geist gesetzt. Sie ist die Entäußerung der absoluten Idee, die durch dieses Anderswerden in den Prozeß ihrer konkreten Realisierung eintritt. Der Geist wird sich selbst bewußt, indem er die Natur als Moment seiner eigenen Entwicklung begreift. Hierzu muß er sich zunächst als endlicher Geist von der Natur unterschieden haben. Diese Entwicklung des menschlichen Geistes von seiner unmittelbaren Natürlichkeit, der Seele, bis hin zum Selbstbewußtsein stellt die *Philosophie des subjektiven Geistes*[132] dar. Im System der Hegelschen Philosophie setzt sie also die Entäußerung der absoluten Idee in die Natur voraus und begreift daher die Entwicklung des subjektiven Geistes als Rückkehr des absoluten Geistes aus seiner Entäußerung. Mit dem Begriff der Seele ist die beginnende geistige Durchdringung der Natur angezeigt, wobei im seelischen Bewußtsein der Unterschied von Geist und Natur jedoch nicht als eigene, bewußte Tätigkeit, sondern als *Erleiden*, also in sinnlicher Äußerlichkeit begriffen wird.[133]

Mit dem Bewußtsein dieses Gegensatzes beginnt die eigentliche Geistwerdung als Aufgabe der freien Vermittlung der Gegensätze, um zum Für-sich-Sein der in der seelischen Einheit an-sich vorgestellten Identität zu gelangen. Die Identität des Geistes kann nur Ergebnis dieses Vermittlungsprozesses sein, nicht dessen Anfang. Die Vorstellung einer unmittelbaren Identität des Anfangs ist für Hegel daher nur unwahre Projektion der geistigen Vollkommenheit in die Vergangenheit, religionsphilosophisch betrachtet als Annahme eines Unschuldszustandes[134], während die wahre Entwicklung des Geistes mit dem Setzen der Widersprüche beginnt. Die Unmittelbarkeit

---

[131] Rosenkranz, 11, vgl. 115 u. 117 ff. Zu Hegels Deutung von Schlaf- und Wachzustand s. Hegel X, 89 ff.

[132] In Hegels Berliner *Enzyklopädie* die §§ 387-482; Hegel X, 38-302. Vgl. als Kommentar hierzu Fetscher (1970). Rosenkranz bezeichnet, abweichend von Hegels Sprachgebrauch, die gesamte Philosophie des subjektiven Geistes als "Psychologie".

[133] "In dieser Gestalt *erleidet* der Geist nur sein Fürsichwerden. Man kann daher sagen, das Erwachen werde dadurch bewirkt, daß der Blitz der Subjektivität die Form der Unmittelbarkeit des Geistes durchschlage. (...) Daß die Seele, indem sie erwacht, sich und die Welt - diese Zweiheit, diesen Gegensatz - bloß *findet*, darin besteht eben hier die Natürlichkeit des Geistes." (Hegel X, 90).

[134] Zur Hegelschen Interpretation von Unschuldszustand und Sündenfall s. bes. Hegel III, 562 ff. XII, 389 ff. XVI, 259 ff. XVII, 74 ff. u. 251 ff.; vgl. Ringleben (1977).

wird so bei Hegel zu einer nur vom Ende des Prozesses her zu verstehenden Selbstvoraussetzung des Geistes. Unmittelbarkeit ist die rein logische Voraussetzung des Vermittlungsgeschehens, das allein die Wirklichkeit des Geistes bezeichnet. Die Unmittelbarkeit als solche ist unwirklich, sie ist der Schein einer Wirklichkeit, die der Geist sich selbst als aufzuhebende voraussetzt. Die eigentliche Wirklichkeit ist nur die Vermittlung, die der Geist ist, und deren Anfang ist nicht die Identität, sondern die Dialektik der Widersprüche[135].

"Das Aufheben eines *Vorausgesetzten* ist der verschwindende Schein; erst in dem das Unmittelbare aufhebenden Tun wird dies Unmittelbare selbst oder ist jenes Scheinen; das Anfangen von sich selbst ist erst das Setzen dieses Selbst, von dem das Anfangen ist."[136]

Der bloß natürliche Mensch lebt nach Hegel nur in einer scheinhaften Geistigkeit, weil die geistige Selbstbestimmung als die eigentlich geistige Wirklichkeit noch nicht vollzogen wird. "Wie er von Natur ist, ist er, wie er nicht sein soll; sondern was er ist, soll er durch den Geist sein".[137] Nur vom späteren Selbstbewußtsein aus kann dieser natürliche Zustand als Voraussetzung begriffen werden, die es zu überwinden galt.

3.2.1.3. Unschuld und Unmittelbarkeit

Die Scheinhaftigkeit der Unmittelbarkeit des Geistes gilt bei Hegel nun auch für die Annahme einer ursprünglichen Unschuld. Die Vorstellung eines unmittelbaren, unschuldigen Geistes, der in seelischer Einheit mit der Natur lebt, wird eingeordnet in die Logik der Vermittlung, derzufolge die vermeintliche Identität der Unschuld nur Unbewußtheit der Gegensätzlichkeit, Unwissenheit über gut und böse, und damit Verstellung der wahren Geistwerdung ist. Das Aufheben der Unschuld wird daher ebensowohl *zu fordernde* Bedingung der Geistwerdung, wie im Selbstbewußtsein des Geistes *immer schon geschehene* Selbstkonstitution des Geistes. Der Verlust der Unschuld ist gerade der Ausdruck der Wahrheit, daß der Geist nur als selbstvermittelte, nicht als vorgegebene, indifferente Identität leben kann.[138]

Gegen diese Einordnung der Unschuld in die Logik der Vermittlung wendet sich Kierkegaard jedoch ausdrücklich. Die Unschuld darf nicht, wie Vigilius im § 3 des ersten Kapitels ausführt, mit dem logischen Begriff der Unmittelbarkeit identifiziert werden:

"Der Begriff Unmittelbarkeit gehört in die Logik, der Begriff Unschuld dagegen in die Ethik; und jeder Begriff muß aus derjenigen Wissenschaft heraus besprochen werden, zu der er gehört" (BA[R], 34).

Das Unethische der Identifizierung von Unschuld und Unmittelbarkeit besteht in der Scheinhaftigkeit der Unmittelbarkeit, die ihr als bloß abstraktes

---

[135] Vgl. die grundsätzliche Formulierung des Problems des Anfangs in Hegels *Wissenschaft der Logik*, Hegel V, 65 ff. Kierkegaards Kritik dieser Anfangsbestimmung findet sich vor allem in der *Unwissenschaftlichen Nachschrift* (UN I, 104 ff.); vgl. dazu Kühnhold (1975), 19 ff.
[136] Hegel VI, 220.
[137] Hegel XVI, 265.
[138] Vgl. zu dieser Dialektik der Aufhebung der Unschuld bei Hegel Ringleben (1976), 38 ff.

Moment der eigenen Aufhebung anhaftet, während die Unschuld ethisch verstanden eine Wirklichkeit ist, die nur durch positive Setzung einer anderen Wirklichkeit, der Schuld, aufgehoben werden kann. Insofern die Unmittelbarkeit nur logisches Moment der Vermittlung ist, ist die Vermittlung kein ontologischer Sprung, denn die Wirklichkeit ist für Hegel das Geschehen der Vermittlung. Die Wirklichkeit "ist nicht bloß ein unmittelbares Seiendes, sondern, als das wesentliche Sein, Aufhebung ihrer eigenen Unmittelbarkeit und dadurch sich mit sich selbst vermittelnd"[139]. Die Negation der Unmittelbarkeit ist konstitutives Moment des Vermittlungsprozesses und nur durch die Negation erlangt auch die Unmittelbarkeit die Bedeutung eines Prozeßmomentes, somit Anteil an der Wirklichkeit. Für Vigilius ist die logische Vermittlung daher eine "immanente Bewegung", die *die Wirklichkeit als sich durch Negation bewegende* ist, nicht aber die Negation einer Wirklichkeit (Bewegung) durch eine ihr entgegengesetzte, was Vigilius als "transzendente Bewegung" bezeichnet. Die Unschuld ist für ihn nicht abstraktes, immer schon aufgehobenes Moment, sondern wirklicher Zustand, und die Aufhebung des Zustandes geschieht durch das Schuldigwerden als positive Setzung einer neuen Wirklichkeit.

"Die Unschuld ist daher nicht wie das Unmittelbare etwas, das aufgehoben werden muß, dessen Bestimmung es ist, aufgehoben zu werden, etwas, das eigentlich nicht da ist, sondern selbst, indem es aufgehoben ist, erst dadurch und erst dann als dasjenige ins Dasein tritt, das schon war, bevor es aufgehoben wurde, und das nun aufgehoben ist. Die Unmittelbarkeit wird nicht durch die Mittelbarkeit aufgehoben; sondern indem die Mittelbarkeit hervortritt, hat sie in demselben Augenblick die Unmittelbarkeit aufgehoben. Die Aufhebung der Unmittelbarkeit ist deshalb eine immanente Bewegung in der Unmittelbarkeit; oder sie ist eine immanente Bewegung in der Mittelbarkeit in entgegengesetzter Richtung, durch die die Mittelbarkeit die Unmittelbarkeit voraussetzt. Die Unschuld ist etwas, das durch eine Transzendenz aufgehoben wird, eben weil die Unschuld *etwas* ist (während der richtigste Ausdruck für die Unmittelbarkeit derjenige ist, den Hegel vom reinen Sein gebraucht: nämlich Nichts)" (BA^R, 36).

Angesichts dieser deutlichen Abweisung der Hegelschen Vermittlungslogik erscheint es widersprüchlich, wenn Vigilius im § 5 des ersten Kapitels, mit dem die psychologische Erklärung der Möglichkeit der Sünde einsetzt, zur Kennzeichnung der Unschuld auf die Bestimmung des unmittelbaren Geistes zurückgreift. Die Unmittelbarkeit des Geistes ist für ihn jedoch nicht mit dem abstrakten Begriff der Unmittelbarkeit gleichzusetzen, der "ohne nähere Bestimmung" (BA^R, 7) nichts als die immer schon aufgehobene Voraussetzung der Vermittlung bezeichnet. Die Unmittelbarkeit des Geistes ist demgegenüber ein wirklicher Zustand, der "näher bestimmt" ist als das von den natürlichen, leiblichen Eindrücken geprägte seelische Empfinden. Das unter der Bestimmung "Seele" als negative Synthese konstituierte Leib-Seele-Verhältnis (vgl. KzT, 8) ist die natürliche Vorgegebenheit, die vom Geist zu einer positiven Synthese, zur bewußten Identität der Persönlichkeit gestaltet

---

[139] Hegel VIII, 288.

werden muß.[140] Daher hat das seelische Leben seine geistige Bestimmung noch nicht erreicht und ist als deren Voraussetzung die über sich selbst hinausweisende Möglichkeit des Geistes *als realer Zustand*, unmittelbarer Geist. Die dem Geist bewußten Gegensätze seiner Natur sind in der Unmittelbarkeit noch unbewußt, auch um die ethische Bestimmung weiß der Mensch in ihr noch nicht, sein Zustand ist Unschuld im Sinne der Indifferenz von gut und böse. Unschuld und Unmittelbarkeit können hier also zusammen gedacht werden, insofern sie den realen Zustand des noch in natürlicher Indifferenz befangenen Geistes bezeichnen.

Die Unwissenheit über die Gegensätze des geistigen Lebens kennzeichnet das seelische Empfinden aber auch als immer schon zwiespältige Unwissenheit um sich selbst. Die unmittelbare Indifferenz ist Differenz des Geistes zu sich selbst und daher von der geistigen Bestimmung des Menschen her gesehen aufzuhebender Schein einer Einheit mit der Natur. Der Mensch kann nur dadurch zu geistigem Selbstsein gelangen, daß er sich der Widersprüche seiner Existenz bewußt wird, deshalb steht der Geist in Widerspruch zur unmittelbaren Einheitserfahrung. Dieser Widerspruch wird erfahren in der Angst, die als eine innere Unruhe das seelisch-natürliche Empfinden über sich selbst hinaus treibt. Der Geist verwirklicht sich durch die synthetische Vermittlung der bewußt gewordenen Gegensätze. Die Vorstellung der Geistwerdung bleibt so doch an dem Hegelschen Vermittlungsschema orientiert.[141] Gegenüber der abstrakten Logik kommt dem Zustand des unmittelbaren Geistes zwar Realität zu, dennoch ist er als aufzuhebender Schein einer Identität mit sich selbst gedacht, und nur als solcher ist dieser Zustand nicht

---

[140] Auch Sløk (1954), 89, hebt diese Bedeutung des unmittelbaren Geistes vom logischen Begriff der Unmittelbarkeit ab: "Das Unmittelbare ist all das, was der Mensch - im Augenblick des Bewusstwerdens - vorfindet als das, was er selbst ist. Für die Unmittelbarkeit in diesem Sinne gilt natürlich nicht, dass das Unmittelbare aufzuheben sei und dass es eigentlich überhaupt nur sei, wenn es aufgehoben ist. Hier ist das Unmittelbare nicht das, was vor dem Bewusstwerden des Menschen seiner selbst liegt, sondern der Inhalt, durch den der Mensch sich in seinem Bewusstwerden bestimmt findet. So verstanden ist also das Unmittelbare in Kierkegaards Anwendung des Wortes mit dem Ästhetischen identisch." Diese Aussage ist jedoch insofern ungenau, als auch Kierkegaard den Begriff des Geistes als Selbstvermittlung denkt und daher das unmittelbare Stadium aufgehoben werden muß, um zur Freiheit zu gelangen. Der Unterschied zum logischen Begriff der Unmittelbarkeit liegt genauer nur darin, daß dieser als immer schon aufgehoben erscheint und für sich selbst keine Wirklichkeit hat. Sløk entgeht die Notwendigkeit der Aufhebung des unmittelbaren Zustandes, weil er ihn allein als "Inhalt" der Selbstaneignung, nicht aber darüber hinaus als eine bestimmte, defiziente Weise des Sich-zu-sich-Verhaltens deutet, nämlich die der emotionalen Außenbestimmtheit des seelischen Empfindens. Daß die Unmittelbarkeit des Geistes auch nach Kierkegaard eine aufzuhebende Unvollkommenheit bezeichnet, wird erst dann problematisch, wenn diese mit der Unschuld identifiziert wird. Hier durchdringen sich zwei Bedeutungen von Unschuld, wie wir im folgenden Kapitel sehen werden.

[141] Mit der Unmittelbarkeit wird also die Potentialität des Geistes im Hegelschen Sinne der Selbstvoraussetzung gedacht, sie ist also keineswegs nur "ein hegelianisches Wort für einen im Grunde aristotelischen Begriff" (Rochol (1984), 218). Die Abweisung des organischen Entwicklungsbegriffs für das Werden der Freiheit ist grundlegend für die Kierkegaardsche Anthropologie, und dies führt ihn zu der Anlehnung an die Hegelsche Vermittlungsterminologie.

wesenhafte Natur des Menschen, sondern vorgeistiger Anfang der geistigen Selbstvermittlung, der vom Standpunkt des Selbstbewußtseins aus nur als schon aufgehobener angesehen werden kann.

Die Ablehnung der Hegelschen Vermittlungslogik wird also von Vigilius nicht eindeutig durchgehalten. Das Selbstwerden des Geistes wird als Dialektik von Unmittelbarkeit und Vermittlung beschrieben, ohne deren abstrakte Logik anerkennen zu wollen. Die abstrakte Unmittelbarkeit ist als das völlig *Unbestimmte* das immer schon aufgehobene Moment der Vermittlung als Voraussetzung der Wirklichkeitskonstitution, während die Unmittelbarkeit des Geistes als eine *bestimmte* schon wirklich ist, nämlich als die seelische Bestimmtheit. Von der Selbstkonstitution des Geistes her gesehen ist die seelische Bestimmtheit als deren Voraussetzung zwar noch unvermittelt, doch wird das Voraussetzen nicht als Nachvollzug eines immer schon Gesetzt-, und d.h. Vermittelt-Sein verstanden wie bei Hegel, der den subjektiven Geist als Rückkehr des absoluten Geistes zu sich selbst denkt. Die Natur ist bei Hegel nur für den endlichen Geist die unmittelbare Voraussetzung seiner Selbstkonstitution, während sie für den absoluten Geist das von ihm gesetzte Moment seiner eigenen Entwicklung ist.[142] Die abstrakte Logik der notwendigen Aufhebung der Unmittelbarkeit erlangt bei Hegel nur deshalb Bedeutung auch für die endliche Geistwerdung, weil der endliche Geist selbst nur Moment der Selbstentfaltung des absoluten Geistes ist.

Genau diese spekulative Einbindung des menschlichen Geistes in den Prozeß des absoluten Geistes wird von Kierkegaard abgelehnt. Die Geistwerdung ist bei ihm ganz aus der Perspektive des Hegelschen "subjektiven Geistes" gesehen als Konstitution des einzelnen Selbstbewußtseins aus seiner natürlichen, unmittelbaren Bestimmtheit heraus.[143] Die Natur bleibt dem menschlichen Geist dabei immer ein ihm Vorgegebenes, auch in der geistigen Selbstaneignung der eigenen Natürlichkeit bleibt das Moment der uneinholbaren Faktizität erhalten.[144] Die Synthese des Geistes ist keine absolute Selbstsetzung, sie ist von Gott gesetzte Freiheit (vgl. KzT, 8 f.). Durch diesen Dualismus von endlichem und absolutem Geist ist auch die Kontinuität von Freiheit und Natur zerbrochen, das Werden der Freiheit steht in Differenz zur natürlichen Notwendigkeit.

Bei Hegel ist die Natur als Moment der Selbstentwicklung des Geistes in die Logik der Freiheit integriert, ihre organische Entwicklung ist als unbewußte Selbstentfaltung Vorgestalt der freien Selbstbestimmung.[145] Die Dialektik der Freiheit erlangt im Hegelschen System ontologische Allgemeinheit, dialektische und organische Entwicklung werden zusammengedacht, Freiheit ist das Ergebnis einer notwendigen Entwicklung. Kierkegaard dagegen stellt Freiheit und Natur wieder antinomisch einander gegenüber. Der Geist konstituiert sich als freier im Gegensatz zur Natur, und dieser Akt ist als qualitativer Sprung Grundlegung der dialektischen Bewegung der Widersprüche, die

---

[142] Vgl. Hegel X, 17 ff.
[143] Vgl. Hopland (1981), 102 ff.
[144] Vgl. Hopland (1981), 56 f.
[145] Vgl. Angehrn (1977), 25 ff.

erst mit dem Leben des Geistes hervortreten. Dialektik bezeichnet so bei Kierkegaard allein die sprunghafte Bewegung des Geistes und nicht mehr das Grundgesetz aller Entwicklung. Der Hervorgang des Geistes aus der Natur ist daher immer Entgegensetzung, und von diesem Ursprung her haftet ihm die Widersprüchlichkeit als Grundbestimmtheit an, da dieser Sprung nicht mehr in einer umfassenderen Notwendigkeit der Freiheit integriert werden kann.

3.2.1.4. Entwicklungspsychologischer und ethischer Unschuldsbegriff

Dem als Freiheit verstandenen Selbstverhältnis des Geistes steht die Beschreibung einer *Entwicklung* des Geistes aus einem noch ungeistigen, natürlichen Anfangszustand entgegen. Diese Entwicklung ist jedoch Gegenstand der Psychologie. Sie kann nicht das eigentliche Werden der Freiheit erklären, sondern nur einen Zustand, der dieses Werden als Möglichkeit in sich trägt. Die Beschreibung des "unmittelbaren Geistes" steht daher schon im Dienst der psychologischen Approximation an die Freiheit, was sich auch in der Anlehnung an Rosenkranz' *Psychologie* äußert. Mit der Bestimmung "unmittelbar" sollte dieser Zustand zwar in die Selbstbewegung des Geistes eingeordnet werden, doch aufgrund der Ablehnung der Hegelschen Logik bleibt dies ein widersprüchliches, von Vigilius nicht konsequent durchführbares Unterfangen. So ist die innere Widersprüchlichkeit der Unmittelbarkeit des Geistes, die auch bei Hegel das eigentliche Movens der Selbsttranszendenz der Seele ist, bei Vigilius zugleich Anzeige eines Hiatus zwischen Freiheitspostulat und psychologischer Entwicklungslehre. Im Festhalten dieser methodischen Spannung gegen eine spekulative Auflösung beider Perspektiven in einer absoluten Prozeßphilosophie des Geistes liegt die eigentliche Konsequenz der Argumentation des *Begriff Angst*.

Doch bleibt gerade deshalb die Zusammenstellung von Unmittelbarkeit und Unschuld problematisch, trotz der Abweisung des abstrakten Begriffs der Unmittelbarkeit. Denn auch in der konkreten Bedeutung des seelischen, noch nicht zu sich selbst gekommenen Geistes steht die psychologische Zustandsbeschreibung der ethischen Qualifikation der Unschuld entgegen. Bei Vigilius überlagern sich somit zwei Bedeutungen von "Unschuld": (Noch)-nicht-schuldig-sein und (Noch)-nicht-reif-sein. Entwicklungspsychologisch bezeichnet die Unschuld "das Kindliche" (BA^R, 43; vgl. 72)[146], den Zustand geistiger Unreife, dessen Überwindung zur vollen Entfaltung der menschlichen Geistigkeit notwendig ist. In der Hegelschen Interpretation des Sündenfalls wird dieser Reifungsprozeß als notwendiges Schuldigwerden angesehen, Individuation ist notwendiger Fall des endlichen Geistes aus der unmittelbaren Einheit mit dem Absoluten. Die wahre Identität als eine durch den Gegensatz vermittelte wird erst durch diesen Fall möglich als Versöhnung. Im Blick auf dieses Ziel ist die Notwendigkeit der Sünde gerecht-

---

[146] Zu dieser entwicklungspsychologischen Bedeutung der Unschuld vgl. Nordentoft (1972), 43 ff. 73 ff. 114 f.; Malantschuk (1971), 28 u. (1980a), 57 f.

fertigt, die aber als für sich gesetztes Moment der Entwicklung Schuld ist.[147] Vigilius lehnt sich in seiner psychologischen Argumentation an diese Vorstellung an, wehrt jedoch vom ethischen Standpunkt aus die Notwendigkeit des Schuldigwerdens ab.

"Unethisch ist es nun zu sagen, die Unschuld müsse aufgehoben werden; denn selbst wenn sie in dem Augenblick aufgehoben wäre, in dem sie ausgesprochen wird, so verbietet die Ethik zu vergessen, daß sie nur durch Schuld aufgehoben werden kann." (BA^R, 35).

Die Schuld kann für ihn nur aus der Freiheit des Menschen abgeleitet werden, und diese ist selbst nicht mehr ableitbar. Die Allgemeinheit der Schuld, die Vigilius vom Erbsündendogma her voraussetzt und psychologisch als für den Reifungsprozeß notwendige interpretiert, kann mit der Freiheit als Voraussetzung der Schuld nicht vermittelt werden. Indem Vigilius die spekulative Zusammenstellung von Freiheit und Notwendigkeit der Schuld bei Hegel ablehnt, stehen sich das Faktum einer allgemeinen Schuld und das Postulat der Freiheit wie bei Kant unvermittelbar gegenüber.[148] Die Anthropologisierung der Sünde als für die Menschwerdung konstitutives Moment geschieht nicht spekulativ, sondern psychologisch, und derart berührt sie das Freiheitspostulat nicht.

Der Hinweis auf die Freiheit des Verlustes der Unschuld dient jedoch nicht dazu, über die Möglichkeiten unschuldiger Freiheit nachzudenken, sondern will in ein der Schuld angemessenes Selbstverhältnis führen. Für den schuldigen Menschen ist die aus einer "ästhetischen Neugier" (vgl. BA^R, 36) entstehende Frage nach einer Welt ohne Sünde unernst, weil sie vom Ernst des eigenen Schuldigseins ablenkt. Das Faktum einer allgemeinen Schuld, die die psychologische Frage nach einer in der Freiheit enthaltenen Möglichkeit des Selbstverlustes begründet, ist vermittelt mit dem Hinweis auf das eigene Schuldigsein des einzelnen. Die Faktizität der Schuld wird nicht aus einer Notwendigkeit der Freiheit abgeleitet, sondern dem einzelnen zur Selbstbesinnung vorgelegt, und nur in diesem Kontext hat auch die Verallgemeinerung der psychologischen Einsicht ihren mit der Freiheit vermittelbaren Sinn. Die Möglichkeit unschuldigen Lebens liegt immer schon jenseits der Lebensmöglichkeiten des schuldigen Menschen, doch ist damit über den Sinngehalt der Unschuld noch nicht entschieden.[149]

---

[147] Vgl. Drewermann (1978), 60 ff.; Ringleben (1976); Schulte (1988), 247 ff.

[148] Vgl. zu diesem Dilemma der praktischen Philosophie Kants Schulte (1988), 83 ff.

[149] Diesen Vorbehalt gegen eine Notwendigkeit des Schuldigwerdens übersehen alle Interpretationen, die auch bei Kierkegaard den Sündenfall nur als Tat der Menschwerdung gedeutet finden (vgl. Guarda (1980), 40 ff.; Nordentoft (1972), 114 f.; McCarthy (1978), 39 f.; Schulte (1988), 298 f.; Schulz (1979), 351 f.). Demgegenüber betont Drewermann (1978), 157 f., durchaus im Sinne Kierkegaards die Grenzen einer *psychologischen* Einsicht in die Notwendigkeit des Sündenfalls, die sich aus dem *theologischen* Sinn der Unschuld ergeben: "Man kommt nicht daran vorbei: solange das 'Paradies' eine zu überwindende Negativität ist, solange ist die Sünde ein Fortschritt, solange wird die Geisteshaltung der Menschen, wie sie in der j Urgeschichte geschildert werden, psychologisch bestätigt, - was rein empirisch unvermeidbar ist, - und philosophisch gerechtfertigt, - was theologisch unter allen Umständen vermieden werden muß. (...) Entweder ist das Paradies der Ausdruck einer *existentiellen*

"Die Unschuld ist keine Vollkommenheit, die man zurückwünschen sollte; denn sobald man sie wünscht, ist sie verloren, und dann bedeutet es neue Schuld, die Zeit mit Wünschen zu verlieren. Die Unschuld ist keine Unvollkommenheit, bei der man nicht stehenbleiben kann; denn sich selbst ist sie immer genug, und wer sie verloren hat, und zwar so, wie allein sie verlorengehen kann, das heißt durch Schuld, und nicht, wie er sie vielleicht verloren haben möchte, der wird wohl nicht auf den Gedanken kommen, seine Vollkommenheit auf Kosten der Unschuld anzupreisen." (BA^R, 37).

Die Unvollkommenheit der Unschuld ergibt sich aus dem Blick des durch sein Schuldigwerden zur Aufgabe der freien Selbstbestimmung erwachten Menschen. In seinem Wissen von Gut und Böse, von Freiheit und Selbstverfehlung erscheint ihm die träumende Unschuld als zu überwindende Unwissenheit, und "wer träumt, muß geweckt werden" (CR 1848, 114). Doch im Schuldigwerden hat sich der Traum des Menschen gerade nicht erfüllt, die Schuld ist *als Unfreiheit* nicht vollkommener als die Unschuld, "die eine Bestimmung zur Freiheit hin ist" (BA^R, 134). Der Mensch hat durch sein Schuldigwerden die Unschuld auf den Stand kindlicher Unreife fixiert, jedes Bestimmen der Unschuld vom Standpunkt der Schuld aus begreift diese letztlich nur von außen, ohne die Möglichkeiten unschuldigen Lebens überhaupt noch erfassen zu können: "Daß man die Unwissenheit, wenn man sie von außen betrachtet, zum Wissen hin bestimmt sieht, ist etwas, das die Unwissenheit gar nichts angeht." (BA^R, 37).[150]

3.2.1.5. Der unerfüllte Sinngehalt der Unschuld

Der theologische Gehalt der Unschuld kann mit dem psychologischen Blick auf die träumende Unschuld nicht erfaßt werden, doch die hypothetische Frage nach einer unschuldigen Freiheit wird von Vigilius um des Ernstes der eigenen Schulderfahrung willen immer wieder abgewiesen. Dennoch liegt in dieser Frage die Suche nach dem Sinn menschlicher Selbst-

---

Kindlichkeit im Verhältnis des Menschen zu Gott (Mt 18,3), oder es ist der Ausdruck einer geistigen Unmündigkeit, prähistorischen Tierhaftigkeit oder psychologischen Infantilität, die als solche natürlich überwunden werden müssen, um zum vollen Menschsein zu gelangen. Man treibt dann aber nicht Theologie, sondern verunendlicht lediglich die Psychologie zu einer gnostisierenden Philosophie." Kritisch zur Identifizierung von Menschwerdung und Sündenfall äußert sich auch Valls (1980), 145 ff.
[150] Die Unschuld nur von der Schuld her zu verstehen, ist also für Vigilius eine äußerliche Bestimmung, sie erfaßt nicht die Vollkommenheit des realen Unschuldszustandes, den er für jeden Menschen annimmt (vgl. BA^R, 35). Daher ist es falsch, daß für Vigilius die Unschuld nur "ein defizienter Modus von Schuld" sei (Vetter (1979a), 117). Für Pieper (1968) ist die Vollkommenheit der Unschuld nur eine Setzung aus der Sicht der Schuld, die Unschuld als realen Zustand anzunehmen sei "lediglich eine Hilfskonstruktion des Denkens, die ja akthaft im Vollzug der Existenz sich darstellende und aus wirklicher Freiheit in eins gesetzte Simultaneität nur in einem logische Momente auseinandergelegten Nacheinander begreifen kann." (154) Damit unterstellt Pieper Vigilius genau jenes Hegelsche Denken der Unmittelbarkeit, das von ihm abgewiesen wurde. Für Vigilius ist die Unschuld ein wirklicher Zustand, der eine, wenn auch nicht verwirklichte, Vollkommenheit in sich trägt, die durch die Schuld verloren wurde (vgl. Fonk (1990), 160; Theunissen (1964/65), 151).

bestimmung, von dem aus allererst die Schuld als Selbstverfehlung zu begreifen ist. Die "Essenz der nicht verwirklichten Unschuld"[151] ist als Gegenbild zur schuldigen Existenz die anthropologische Idealität, vor deren Hintergrund die Krise der Freiheit sowie deren mögliche Überwindung im Glauben von Kierkegaard gedacht werden. Der Glaube als "neue Unmittelbarkeit"[152] setzt diesen Sinngehalt der Unschuld voraus, weshalb Kierkegaard, wenn er "erbaulich" spricht, an dieser positiven Bestimmung des Menschseins anknüpft. So findet sich in einer erbaulichen Rede von 1843/44 eine Beschreibung des paradiesischen Zustandes, die von Vigilius eindeutig als unernster Ästhetizismus abgetan worden wäre.[153] Da er sich auf eine Vermittlung der schuldigen Faktizität mit einem unmittelbaren Lebensgefühl nicht einläßt, wird in seiner Psychologie der Unfreiheit die Möglichkeit erlösten Lebens eigentümlich blaß und unwirklich gehalten; hierin liegt, ebenso wie im Verhältnis zur Unschuld, eine sachliche und methodische Grenze der Psychologie.

Dennoch ist auch im *Begriff Angst* die anthropologische Zielvorstellung gelungenen Lebens von Bedeutung, und in der Bestimmung dieses Ziels orientiert sich Vigilius nicht mehr an der Dialektik des qualitativen Sprungs, sondern an dem Gedanken einer kontinuierlichen Entwicklung im Hegelschen Sinne der bewahrenden Aufhebung der Unmittelbarkeit. Der Kontext, in dem Vigilius auf diese Bedeutung der Unmittelbarkeit zu sprechen kommt, ist seine Bestimmung des Begriffs der Innerlichkeit als des wahrhaften Selbstseins. So greift er bei der Bestimmung des Ernstes als der wahren Haltung der Innerlichkeit auf die Rosenkranzsche Formulierung des Gemütes zurück, die er gerade wegen der darin enthaltenen Einheit mit der Naturunmittelbarkeit des Gefühls als "Vorstellung von einer konkreten Persönlichkeit" (BA^R, 163) hervorhebt. Seinen Begriff des Ernstes stellt er nun in Beziehung zu dieser Vorstellung:

"Ernst und Gemüt entsprechen nun einander in dem Sinne, daß der Ernst ein höherer und der tiefste Ausdruck dessen ist, was Gemüt ist. Das Gemüt ist eine Bestimmung der Unmittelbarkeit, wogegen der Ernst die erworbene Ursprünglichkeit des Gemütes, dessen bewahrte Ursprünglichkeit in der Verantwortlichkeit der Freiheit, dessen aufrechterhaltene Ursprünglichkeit im Genuß der Seligkeit ist." (BA^R, 163).

Die Verwirklichung der Freiheit kann nur in einer Aneignung der eigenen Natürlichkeit, einer Integration der leiblich-seelischen Kräfte in die Ganzheit des geistigen Lebens geschehen. Dies ist der Sinngehalt der synthetischen Struktur des Geistes. Die Diskontinuität der menschlichen Entwicklung ergibt sich erst aus dem Scheitern des Integrationsversuchs, das den Abgrund zwischen Natur und Freiheit öffnet und eine unbelastete Selbstentfaltung unmöglich macht. Der ideale Sinn des Geistes liegt jedoch in der Kontinuität einer Selbstentfaltung im Guten:

---

[151] Rochol (1984), LXIX.
[152] Pap X^6 B 78/ Tb V, 387; vgl. Pap VIII A 649/ Tb II, 230; StLW, 513 f.
[153] Vgl. ER 1843/44, 22 f. Beachtenswert ist auch ein Abschnitt über die Heilsamkeit der Jugenderinnerung: ER 1843/44, 144 ff., bes. 159 ff.; dazu s.u. III.3.2.2.

"Die Geschichte des individuellen Lebens verläuft in einer Bewegung von Zustand zu Zustand. Jeder Zustand wird durch einen Sprung gesetzt. (...) So verhält es sich, nachdem die Sünde gesetzt ist; denn nur im Guten ist Einheit von Zustand und Übergang." (BA^R, 123).

"Einheit von Zustand und Übergang" meint organische Entfaltung der Freiheit. In der Beschreibung des idealtypischen Modells der Selbstwerdung kommt also wieder ein organisches Denken zum Zuge.[154] Die harmonische Integration der natürlichen Anlagen in die Reife der Freiheit ist die Wiederholung der Unmittelbarkeit, das Erwerben und Bewahren ihrer Lebensfülle in der Selbstbewußtheit des Geistes. Der Sinn des Menschseins erfüllt sich nicht in der Entgegensetzung gegen die Natur, darin gründet vielmehr eine ängstliche, leidenschaftslose Abstraktheit vermeintlicher Lebensreife. Hierin erfüllt sich der Traum der Unschuld, der ein Ahnen der Freiheit ist, gerade nicht. Deshalb kann Kierkegaard in einer der *Christlichen Reden* von 1848 sogar die Metapher des Träumens in die organische Beschreibung der Selbstentfaltung aufnehmen, die ihm erbaulicher Hinweis auf die Möglichkeiten des im Glauben erneuerten Menschen ist.[155]

"Sollte man das Eigentümliche am Leben der Kindheit und der Jugend mit einem Wort bezeichnen, so müßte man wohl sagen: es ist ein Leben der Träume. Und gerade so sagen wir denn auch. (...) Indes, mit welchem Rechte sprechen wir denn von einem Leben der Träume, womit wir ja das Kind und den Jüngling als Schläfer bezeichnen, als Schlafwandler? In einem anderen Sinne ist das Kind doch wach wie nie ein Älterer es ist; die Sinne sind jedem Eindruck geöffnet, das Kind ist lauter Leben und Bewegung, reine Aufmerksamkeit, solange der Tag währt; und auch der Jüngling ist wach wie selten ein Älterer es ist, sein Sinn ist ohne Ruhe früh und spät, leidenschaftsbewegt, so daß er oft kaum den Schlaf findet. Gleichwohl ist das Leben der Kindheit und der Jugend ein Leben der Träume, denn das Innerste, das, was im tiefsten Sinne der Mensch ist, liegt in Schlummer. (...) Im Kinde und im Jüngling ist es der Geist, der da schlummert und wach ist das Niedere; es ist jedoch des Geistes Bestimmung, wach zu sein, darum nennt man solch ein Leben ein Leben der Träume. Indes, wer träumt, muß geweckt werden (...) Wofern also niemand sich findet, welcher den Jüngling weckt, setzt sich dies Leben ins Mannesalter fort. Er meint dann freilich, er träume nicht mehr, in gewissem Sinne tut er es auch nicht; er verhöhnt und verachtet vielleicht die Träume der Jugend, eben dies aber zeigt, daß er sein Leben verfehlt hat. In gewissem Sinne ist er erwacht, in ewigem oder in tiefstem Sinne ist er jedoch nicht erwacht. So ist denn sein Leben etwas weit geringeres als das des Jünglings, eben *sein* Leben ist verächtlich; denn er ist ein unfruchtbarer Baum geworden, oder wie ein Baum, der eingegangen ist, wohingegen das Leben der Jugend wahrlich nicht verachtet werden darf. Der Kindheit und der Jugend Traumleben ist die Zeit der Blüte. Verglichen mit einem Baume, der Frucht tragen soll, ist jedoch auch die Blütezeit ein Nichtreifsein." (CR 1848, 113 f.).

---

[154] Vgl. Nordentoft (1972), 136 ff.
[155] Vgl. zu dieser Stelle Nordentoft (1980), 85 f.; Taylor (1975), 70 ff. 132 ff.

3.2.2. Die Angst vor dem "Nichts" des Geistes

Die seelische Bestimmtheit des träumenden Geistes ist eine Wachheit der Sinne, ein offenes Hingegebensein an die natürlichen Empfindungen, ein noch ungebrochenes Ausleben der eigenen Natürlichkeit mit wacher Empfänglichkeit für alle einströmenden Eindrücke. Doch die Wachheit der Sinne ist nicht das Wachsein des Geistes. Das Erwachen des Geistes ist das Bewußtwerden der Unerfülltheit des Menschlichen in der Natureinheit. Bevor diese Spannung von der Freiheit als Aufgabe übernommen werden kann, muß die unmittelbare Geborgenheit zerbrochen sein. Das Gefühl einer Verunsicherung und Ruhelosigkeit ist der psychische Zustand, der von Vigilius als Möglichkeit der Freiheit dargestellt wird. Dieser Zustand ist die Angst, in ihr drückt sich das Suchen des Geistes nach sich selbst aus.

"Das ist das tiefe Geheimnis der Unschuld, daß sie zu gleicher Zeit Angst ist. Träumend projektiert der Geist seine eigene Wirklichkeit, diese Wirklichkeit aber ist Nichts, dieses Nichts aber sieht die Unschuld ständig außerhalb ihrer." (BA[R], 42).

Die Spannung innerhalb des träumenden Geistes, daß er zugleich "Friede" und "Unruhe", natürliches Einheitsempfinden und die Einheit störende Angst ist, läßt den Widerspruch hervortreten, daß der Geist sich hier nur seelisch empfindet. Er empfängt die Vorstellungen seiner Lebensmöglichkeiten aus den äußeren Eindrücken und Prägungen der Um- und Mitwelt, nicht aber im bewußten Blick auf die eigenen Entscheidungen. Im Gefühl der Angst wird auch diese Differenz des Geistes zu sich selbst seelisch empfunden. Die Angst ist daher unmittelbare Selbstempfindung des Geistes in der Seele als emotionales Aufbrechen der seelischen Einheitserfahrung, sie ist die Grenzerfahrung der Unmittelbarkeit. So zeigt sich die Angst in ihrer Zweideutigkeit als über die Seele selbst hinausweisender seelischer Zustand, als Möglichkeit des Geistes. Die Möglichkeit des Geistes ist darin aber noch das völlig Unbestimmte, das nur Andere, das "Nichts", und die Angst ist seelischer Ausdruck dieser Unbestimmtheit. Sie ist also nicht ein konkretes, festzumachendes Gefühl, das sich auf einen bestimmten Anlaß beziehen läßt, sondern *die psychische Situation der Unbestimmtheit*, die sich in verschiedensten Gefühlen und Reaktionen äußern kann.[156] Die Zweideutigkeit der Angst ist psychisches Korrelat des "Nichts" der geistigen Wirklichkeit.

Um das hier Gemeinte zu verstehen, müssen wir uns vor Augen halten, daß Vigilius die Angst von der Furcht unterscheidet (vgl. BA[R], 42). Furcht ist das Gefühl einer konkreten Bedrohung und löst eindeutige Flucht- und Vermeidungsreaktionen aus. Die Angst ist nicht durch eine konkrete Wirk-

---

[156] Nach Nordentoft (1972), 75, werden mit dem Phänomen der Angst des träumenden Geistes nicht konkrete Gefühle und Erlebnisse beschrieben, sondern ein "formales Substrat", aus dem die konkreten Gefühle hervorgehen können. Entscheidend sei die formale Relationsbestimmung des Aufbrechens der synthetischen Polarität in der ursprünglichen Einheitserfahrung: "Det er ikke en konkret psykologisk beskrivelse af følelser og oplevelser, der er tale om, men om det formale substrat hvorpå konkrete følelser kan opstå (...) Afgørende er alene den formale relationsbestemmelse: enheden er i færd med at blive en tohed. Det er en mulighedsbetingelse for oplevelse og handling der beskrives, ikke en bestemt følelsestilstand".

lichkeit, nicht durch ein *Etwas* veranlaßt, sondern durch *Nichts*, durch die Unbestimmtheit und Ungesichertheit der eigenen Existenz. Dieser Zustand ist nun dadurch gekennzeichnet, daß der Mensch die Unbestimmtheit und Ungesichertheit nicht einfach vermeiden will, sondern sie auch sucht, sich von ihr angezogen fühlt. Es ist ein unmittelbares Gespür für die Geheimnishaftigkeit des Lebens, wie Vigilius es in der "süßen Beängstigung", der spielerischen Abenteuerlust der Kinder findet:

"Wenn man Kinder beobachtet, so wird man diese Angst als Suchen nach dem Abenteuerlichen, dem Ungeheuren, dem Rätselhaften in bestimmter Weise angedeutet finden. (...) Diese Angst ist dem Kind so wesentlich eigen, daß es sie nicht entbehren möchte; wenn sie es auch ängstigt, so fesselt sie es doch mit ihrer süßen Beängstigung." (BA^R, 42 f.).

Die von Vigilius gemeinte Angst ist ganz wesentlich gekennzeichnet durch die Ambivalenz von Anziehung und Abstoßung, in die hinein sie den Menschen stellt. "Angst ist *sympathetische Antipathie* und *antipathetische Sympathie*" (BA^R, 42). In dieser Zweideutigkeit liegt ihre strukturelle Bedeutung als psychischer Ausdruck für die Möglichkeit der Selbstgestaltung des Menschen. Vor allem ist die sympathetisch-antipathetische Angst ein *Pathos*, das dem Menschen geschieht, das nicht aus seiner Entscheidung stammt, sondern dieser vorausliegt als emotionaler Aufbruch aus der instinktiven Sicherheit der Gefühle.[157] Die Ambivalenz des menschlichen Gefühlslebens wird so zum Indiz der Freiheitsbestimmung und in den Prozeß der Selbstwerdung eingeordnet. Die psychologische Dialektik der Angst geht damit über die zeitgenössische Erörterung der "gemischten Empfindungen", die Kierkegaard u.a. durch seinen Lehrer Sibbern sowie die *Psychologie* Rosenkranz' kannte[158], hinaus, indem sie der Zweideutigkeit eine Funktion in der Dynamik der Freiheit zuweist. Die Zweideutigkeit ist die psychologische Kategorie des Übergangs von der natürlichen Eindeutigkeit hin zur freien Eindeutigkeit der Selbstbestimmung. Der Freiheit voraus liegt die Öffnung des Möglichkeitsraumes, dessen Unbestimmtheit psychologisch als verlockende Gefährdung, als Angst erfahren wird. Was Vigilius mit der Formel von der antipathetischen Sympathie und sympathetischen Antipathie zu fassen versucht, ist diese Offenheit des Freiheitsraumes *als psychischer Zustand*[159]: die Angst ist "die Wirklichkeit der Freiheit als Möglichkeit für die Möglichkeit" (BA^R, 42).

In der Angst steht der Mensch sich selbst als unbekannte, riskante Möglichkeit gegenüber, sie ist wesentlich Selbstangst des Menschen, der sich noch nicht in der Hand hat und doch schon der natürlichen Selbstverständlichkeit seines Lebens entrissen ist. Das Möglichkeitsverhältnis des Geistes zu

---

[157] Malantschuk (1980a), 252, interpretiert die antipathetische und sympathetische Angst als gefühlsmäßige "Wahl", die allein durch die Phantasievorstellung der Möglichkeiten, nicht aber durch das moralische Bewußtsein bestimmt wird.

[158] Vgl. zu diesem historischen Hintergrund der psychologischen Zweideutigkeit Nordentoft (1972), 80 f. Rosenkranz nennt als Beispiel einer gemischten Empfindung auch die von Vigilius angeführte "süße Angst" (vgl. ebd.). Zur grundsätzlichen Bedeutung des Gegensatzes von Eindeutigkeit und Zweideutigkeit in der Anthropologie Kierkegaards vgl. Nordentoft (1972), 191 ff.

[159] Vgl. Malantschuk (1971), 73; Ostenfeld (1933), 42 ff.; Schäfer (1968), 65.

sich selbst ist das beginnende Bewußtwerden der Differenz des Geistes zur Natur in der unmittelbaren *Empfindung* der Nicht-Festgelegtheit auf das Bekannte. Das verlockende Unbekannte ist der Geist selbst, der aber in dieser Selbstempfindung nur *als unbekannter* erscheint.

"Im Wachen ist der Unterschied zwischen mir selbst und meinem Anderen gesetzt, im Schlafen ist er suspendiert, im Träumen ist er ein angedeutetes Nichts. Die Wirklichkeit des Geistes zeigt sich ständig als eine Gestalt, von der seine Möglichkeit gelockt wird, die aber verschwunden ist, sowie er nach ihr greift, und ein Nichts ist, das nur ängstigen kann. Mehr kann sie nicht, solange sie sich lediglich zeigt." (BA^R, 42).

Im Konstitutionsgeschehen des Geistes kommt der Angst somit eine hermeneutische Funktion zu, die die Möglichkeit des Geistes als die Unbestimmtheit, das Nichts der eigenen Existenz erfahrbar macht. Auch das "Nichts"[160] des Geistes ist daher hermeneutisch zu interpretieren als erste Weise der Selbsterfassung des Geistes in der Zweideutigkeit der Angst. Das Träumen des Geistes ist das Ahnen einer Wirklichkeit, die bislang nur in ihrem Fehlen spürbar wird, insofern der Mensch in der Angst den Halt unmittelbarer Geborgenheit verloren hat, ohne sie in einer neuen Wirklichkeit wiedergefunden zu haben. Der Konstitution des Selbstbewußtseins geht somit die durch die Negation der natürlichen Selbstverständlichkeit des Lebens angetriebene Suche nach der Bedeutung jener ängstigenden Bedeutungslosigkeit voraus. Immer wieder neu wird in der Angst versucht, jenes "Nichts" des Geistes mit Sinn zu erfüllen, auch das "Schicksal" ist, wie wir sehen werden, eine solche Gestalt der Ahnungen, in denen der Geist sich selbst zu erfassen versucht.[161]

"Das Nichts der Angst ist hier also ein Complexus von Ahnungen, die sich in sich selbst reflektieren, dem Individuum immer näher kommen, obwohl sie, wesentlich gesehen, in der Angst dennoch wieder nichts bedeuten; aber wohlgemerkt nicht ein Nichts, mit dem das Individuum nichts zu tun hat, sondern ein Nichts, das mit der Unwissenheit der Unschuld eine lebendige Kommunikation unterhält." (BA^R, 65).

Die *hermeneutische* Bedeutung des Nichts der Angst als einer Weise des Sich-Zeigens des Geistes muß auch die Klärung des *ontologischen* Sinns dieses Nichts bestimmen. Es geht nicht um ein absolutes Nicht-Sein, sondern um das Möglichsein des Geistes als ein Noch-Nicht-Sein, das aber selbst nur geistig erfaßt werden kann, somit immer schon eine Weise des Sich-Verstehens ist. Es ist das geistige Unverständnis seiner selbst, das sich in der Loslösung von der Natur als Zweideutigkeit der Angst äußert. Diese Unbestimmtheit ist als Nicht-Festgelegtheit die Möglichkeit der Freiheit, doch wird sie in der Angst nicht als solche erfaßt. Die Unableitbarkeit der Freiheit ist zugleich ihre Nicht-Faßbarkeit für das natürliche Selbstverständnis. Das Nichts des Geistes meint daher das Sich-Zeigen der Möglichkeit des Geistes in der

---

[160] Zur Bedeutung des Nichts der Angst vgl. Koch (1988), 177 ff.; Malantschuk (1971), 72 u. (1980a), 252 ff.; McCarthy (1978), 49; Nordentoft (1972), 58; Rochol (1984), XXXI ff. 216 f.
[161] S.u. II.4.1.5.

Ungeistigkeit sinnlichen Empfindens, daher sieht die "Unschuld" dieses Nichts auch "ständig außerhalb ihrer" (BA^R, 42), nicht als eigene geistige Möglichkeit, sondern als Ungesichertheit der bislang bergenden Welt. W. Schulz deutet daher den Angstbegriff Kierkegaards als Einheit von Welt- und Selbstangst: "Innerhalb der Philosophie ist *Kierkegaard* als der Denker anzusehen, der Weltangst und Angst vor mir selbst in einer bedeutsamen Verbindung zusammenschließt."[162]

Aufgrund der Außengerichtetheit des unmittelbaren Geistes wird das Ängstigende, das in der Unbestimmtheit und inneren Widersprüchlichkeit des menschlichen Lebens liegt, gerade nicht als zu ihm gehörig angenommen, sondern nach außen projeziert auf eine fremde, ja "feindliche" Macht. Das in der Angst aufgedeckte Nichts des Geistes wird zugleich wieder durch die Angst verdeckt, die darin nicht die Möglichkeit der eigenen Existenz zu erkennen vermag. So ist die Angst in ihrer Zweideutigkeit das verdeckende Aufdecken des Widerspruchs des unmittelbaren Geistes, indem sie als Grenze der unmittelbaren Einheit mit der Natur den Geist als das Andere der Natur ahnt, aber diesen Gegensatz aus der Einheit ihres seelischen "Selbst" heraushält. In der *Krankheit zum Tode* nennt Kierkegaard die seelisch konstituierte Einheit eine *negative* Synthese[163], die noch kein bewußtes Selbstverhältnis bedeutet. Im *Begriff Angst* entspricht dieser negativen Synthese der Begriff des unmittelbaren Geistes. In ihm kommt zum Ausdruck, daß der Mensch immer nur als ein synthetisches Verhältnis von Gegensätzen zu existieren vermag, das jedoch in der Unmittelbarkeit noch nicht bewußt vollzogen wird und daher nur auf der Verdrängung der Widersprüchlichkeit beruht. Vigilius drückt dies so aus, daß der unmittelbare Geist zwar die Möglichkeit der synthetischen Einheit ist, diese aber in dem Gefühl einer vermeintlich unmittelbaren Einheit als Störung empfunden wird.

"Der Geist ist also vorhanden, aber als unmittelbarer, als träumender Geist. Insofern er nun vorhanden ist, ist er in gewissem Sinne eine feindliche Macht; denn er stört ständig das Verhältnis zwischen Seele und Leib, das zwar Bestand hat, aber dennoch insofern nicht Bestand hat, als es ihn erst durch den Geist erhält. Andererseits ist er eine freundliche Macht, die das Verhältnis ja gerade konstituieren will. Welches Verhältnis hat der Mensch denn zu dieser zweideutigen Macht, wie verhält sich der Geist zu sich selbst und zu seiner Bedingung? Er verhält sich als Angst. Seiner selbst ledig werden kann der Geist nicht; sich selbst ergreifen kann er auch nicht, solange er sich selbst außerhalb seiner selbst hat; ins Vegetative absinken kann der Mensch ebenfalls nicht, denn er ist ja als Geist bestimmt; die Angst fliehen kann er nicht, denn er liebt sie; eigentlich lieben kann er sie nicht, denn er flieht sie. Nun ist die Unschuld auf ihrer Spitze. Sie ist Unwissenheit, aber keine tierische Brutalität, sondern eine Unwissenheit, die geistbestimmt ist, die aber gerade Angst ist, weil ihre Unwissenheit eine Unwissenheit von Nichts ist. Hier gibt es kein Wissen von Gut und Böse usw.; sondern die ganze Wirklichkeit des Wissens projektiert sich in der Angst als das ungeheure Nichts der Unwissenheit." (BA^R, 44).

---

[162] Schulz (1979), 348.
[163] Vgl. KzT, 8; dazu s.o. II.3.1.

3.3. Die Angst und der Verlust der Freiheit

3.3.1. Die Angst als "gefesselte Freiheit"

Vigilius will mit seiner Psychologie der Selbstkonstitution die Möglichkeit der Freiheit und zugleich die Bedingungen ihrer Selbstverfehlung klären. Die Möglichkeit des Unfreiwerdens ist im Begriff der Freiheit eingeschlossen, insofern sie sich nur durch sich selbst zu konstituieren vermag und daher im Scheitern dieses Aktes ihre Wirklichkeit verfehlt. Genauer gründet die Möglichkeit in der Differenz der abstrakten Freiheit als dem Vermögen der Selbstkonstitution von der konkreten Freiheit als der vollzogenen Selbstbestimmung. Jedoch sind in dieser Differenz noch nicht die Bedingungen begriffen, die den Menschen dazu führen, im versuchten Akt der Freiheit sich gegen das freie Selbstsein zu entscheiden. Von der Unableitbarkeit der Freiheit aus gesehen können diese Bedingungen auch nicht erschlossen werden, da damit die Freiheit auf etwas sie Bedingendes zurückgeführt würde. Andererseits muß eine der Freiheit entgegenstehende Tendenz wirksam sein, sonst bliebe die von Vigilius konstatierte faktische Allgemeinheit der Selbstverfehlung völlig unverständlich. In diesem Zwischenbereich von Bedingtheit und Unbedingtheit der Freiheitsmöglichkeit ist die psychologische Fragestellung angesiedelt. Die Psychologie bestimmt die Möglichkeit der Freiheit als immer schon gefährdete, weil sie den riskanten Prozeß der Lösung von der natürlichen Selbstverständlichkeit des Lebens in Gang setzt. Ohne diese Verunsicherung wird der Mensch niemals zur Freiheit gelangen, so daß die Angst ein wesentliches Moment der Selbstwerdung ist. Die Angst ist psychologisches Indiz der Freiheitsmöglichkeit, das zugleich schon jene Fluchttendenz in sich enthält, die den Selbstverlust der Freiheit mitbedingt. Als psychologische Kategorie zur Bestimmung der Bedingungen des unbedingten Freiheitsvollzugs ist sie daher in einem Zwischenbereich zwischen Notwendigkeit[164] und Freiheit angesiedelt:

"Die Angst ist keine Bestimmung der Notwendigkeit, aber auch nicht der Freiheit; sie ist eine verstrickte Freiheit, wobei die Freiheit in sich selbst nicht frei ist, sondern verstrickt, nicht in die Notwendigkeit, sondern in sich selbst." (BA^R, 50).

Die paradoxe Darstellung der Angst als eine "gefesselte Freiheit" (so die Übersetzung Hirschs: BA, 48) ist die zentrale Aussage der Psychologie der möglichen Freiheit, wobei die Paradoxalität auch ein Indiz für die prinzipielle Unangemessenheit der psychologischen Sichtweise für die Wirklichkeit der Freiheit ist. Vigilius versucht, die psychologische Bedingtheit der Freiheitsmöglichkeit selbst noch einmal von der philosophischen Voraussetzung der Unbedingtheit der Freiheit aus zu formulieren, wenn er sie als Selbstverstrickung der Freiheit deutet. Die Psychologie der Angst kommt daher zur "letzten Approximation" an den Sprung der Freiheit: "das Sich-vor-sich-

---

[164] Da der Notwendigkeitsbegriff in direktem Zusammenhang mit der Schicksalsanalyse steht, werde ich ihn in jenem Kontext noch genauer darstellen, s.u. II.4.2.

selbst-Zeigen der Freiheit in der Angst der Möglichkeit, oder im Nichts der Möglichkeit, oder im Nichts der Angst" (BA^R, 82).[165]

---

[165] Dietz (1993) deutet die Bestimmung der "verstrickten Freiheit" weniger von Vigilius' psychologischer Perspektive aus, sondern aus theologischen Hintergründen. Im Gedanken der Selbstverstrickung der Freiheit konzentriere sich Vigilius' Anliegen einer Neuformulierung des Sündenbegriffs "in struktureller Analogie zur augustinisch-lutherischen Konzeption einer *libertas incurvata in seipsum*" (23 f.). Die Selbstbezogenheit versteht Dietz nicht bloß als wesentliches Moment der geschaffenen Freiheit, sondern zugleich als Ausdruck einer Entfremdung von ihrem absoluten Grund, was sich als Angst vor der eigenen Nichtigkeit äußere: "Menschliche Freiheit existiert im Kontext einer unaufhebbaren Selbstbezüglichkeit: positiv als *Interesse* an sich selbst (Selbstverwirklichung), negativ als *Angst* vor dem Nichts (Zunichtewerden)." (419). Die Struktur der Selbstbezogenheit könne nicht ohne ihre negative Äußerungsform vorgestellt werden: "Angst bestimmt den Horizont der endlich-unendlichen Freiheit in ihrer Selbstbezogenheit" (261). Daher sei die selbstbezügliche Freiheit immer schon "auf dem Sprung (...), sich selbst zu verlieren" (63). Um die Analogie zum augustinisch-lutherischen Gedanken der *incurvatio* herauszustellen, interpretiert Dietz die "Struktur der kreatürlichen, an sich selbst orientierten Freiheit (...) als Folge des Fixiertseins auf das Selbst und seines Versuches, Freiheit eigenmächtig zu realisieren" (73). Dies sei mit der Verstrickung der Freiheit in sich selbst gemeint: "(...) eine Freiheit, die in ihrer Selbstbezüglichkeit *auf sich fixiert* ist" (292 Anm. 84). Damit wird das positive Strukturmoment der Selbstbezüglichkeit theologisch interpretiert als Isolation des Menschen von Gott, die in der Angst greifbar werde. Die Angst sei damit zwar noch nicht als Sünde verstanden, jedoch als "Signatur einer von Gott entfremdeten Welt" (286). So wird für Dietz Vigilius' Anliegen, eine vor- bzw. unschuldige Angst als psychologische Bedingung der Sünde zu denken, problematisch, da die der Angst zugrundeliegende Entfremdung theologisch konsistent nur als sündige Verfassung zu formulieren sei. "Müßte zwar die bloße Endlichkeit der Freiheit noch nicht als Sünde aufgefaßt werden, so legt es hingegen jener Begriff von Angst als *incurvatio libertatis in se* schon nahe. (...) Der Begriff Angst gewinnt zwar so an Prägnanz im Kontext christlicher Tradition, verliert aber eben durch diese Prägnanz seine potentielle Vor-/Unschuldigkeit (...) Denn - und das scheint mir das entscheidende Argument zu sein - jene Verstrickung in sich setzt die Selbstbezogenheit der Freiheit *aufgrund ihrer Loslösung von der Geborgenheit in Gott und im Vertrauen zu ihm* schon voraus." (288). Zwar bestehe Vigilius entgegen der augustinischen Erklärung der Angst als Folge der Sünde auf der Möglichkeit unschuldiger Angst (287), er könne diese Ansicht jedoch nicht eindeutig aufrechterhalten, wenn er die Angst als Selbstverstrickung der Freiheit formuliert: "In seiner Konzeption der *Angst* bleibt offen, inwiefern die in ihr stattfindende Selbstfixierung der Freiheit (hildet i sig self) wirklich noch als prälapsarisches Phänomen zu verstehen ist." (422).

Mit dieser Deutung beachtet Dietz m.E. zu wenig, daß die Selbstbezüglichkeit auch in ihrer Form als Angst notwendiges Strukturmoment endlicher Freiheit ist, wenn auf deren psychische Bedingungen reflektiert wird. Die hier gemeinte Angst ist die Ahnung der Freiheit im Aufbrechen der Möglichkeiten, das aus der natürlichen Selbstverständlichkeit herausreißt und somit verunsichert. Die Verunsicherung angesichts der offenen Möglichkeiten gehört zum Vollzug endlicher Freiheit wesentlich hinzu und kann nicht grundsätzlich als sündhafte Isolation auf sich selbst verstanden werden. Erst von der Erfahrung der Abgründigkeit der Freiheit aus ist die Möglichkeit gläubigen Vertrauens gegeben, wenn dieses nicht im Sinne naiver Unmittelbarkeit verstanden werden soll. Vigilius' Angstbegriff ist vor allem als psychologischer Ausdruck für das Möglichkeitsverhältnis endlicher Freiheit zu deuten. Daß Vigilius dieses in seiner anthropologischen Bedeutung aufzeigen will, steht hinter seiner Annahme einer unschuldigen Angst bei jedem Menschen. Die Frage nach dem prälapsarischen Charakter dieser Angst geht fehl, wenn sie übersieht, daß Vigilius innerhalb des Kontextes der "quantitativen" Geschichte der Erbsünde für jeden Menschen einen unbedingten, "qualitativ" nicht von der Erbsünde geprägten Anfang des Freiheitsvollzuges annimmt. In diesem Punkt stellt er sich der lutherischen Tradition entgegen. Ihm geht es wesentlich um die

So wie die Freiheit nur durch sich selbst wirklich werden kann, so kann sie auch nur selbst ihre eigene Möglichkeit in der Unsicherheit der Angst erkennen, sie kann sich nur "vor-sich-selbst" zeigen. Daher ist die Angst in ihrer hermeneutischen Funktion schon eine Gestalt der Freiheit, "die Wirklichkeit der Freiheit als Möglichkeit für die Möglichkeit" (BA^R, 42). Andererseits ist hierin die Freiheit noch nicht als solche gesetzt, in der Zweideutigkeit der Angst erschließt sich allererst der Raum der Möglichkeiten, der als solcher die Möglichkeit der Freiheit ist. Möglichkeit und Wirklichkeit der Freiheit sind demgemäß zu unterscheiden als Unbestimmtheit und bestimmende Entscheidung. Erst als Selbstbestimmung wird die Freiheit wirklich, die Unbestimmtheit der Angst ist der zweideutige Übergang von der Naturbestimmtheit zur Freiheitsbestimmung. Dieser Übergang ist aber selbst nur als Sprung der Freiheit wirklich, da er sonst ein naturhaftes Werden der Freiheit bedeuten würde. Die Möglichkeit der Freiheit als psychischer Zustand ist deren inadäquate Selbsterfassung in der Angst. Was sich in ihr als Freiheit zeigt, ist eine Möglichkeit des Menschen, die gerade vom Standpunkt der unfreien Angst aus als Un-Möglichkeit erscheint.

"Was als das Nichts der Angst an der Unschuld vorüberging, das ist nun in ihn selbst hineingekommen und ist hier wieder ein Nichts, die ängstigende Möglichkeit zu *können*. Was er eigentlich kann, davon hat er keine Vorstellung; (...) Nur die Möglichkeit zu können ist da, als eine höhere Form der Unwissenheit, als ein höherer Ausdruck von Angst, weil es in einem höheren Sinne ist und nicht ist, weil er es in einem höheren Sinne liebt und flieht." (BA^R, 45).

Die hier vorgestellte Entwicklung verbleibt immer noch im Bereich unschuldiger (vormoralischer) Unwissenheit, doch der *Zustand* der Angst ist in sich schon ein Bewußtwerdungs*prozeß*. Die Steigerung der Unwissenheit ist eine Verschärfung der anfänglichen Entfremdungserfahrung und als solche Annäherung an die Möglichkeit der Selbstbestimmung. Doch da diese noch nicht als Möglichkeit gesehen wird, weil sie nur im Vollzug der freien Entscheidung erfahrbar ist, bleibt das gesteigerte Bewußtsein wesentlich Unbewußtheit seiner selbst gerade in einer tieferen Erfassung der Ablösung von der Natur, wie sie mit der Möglichkeit des Könnens gegeben ist. Für die träumende Unschuld war das Nichts des Geistes das anziehende und abschreckende Geheimnis eines unbekannten Neuen, das der Mensch aufgrund seiner seelischen Bestimmtheit jedoch nur außerhalb seiner selbst suchte. Die Entfremdungserfahrung bestand im Bewußtsein dieser Sehnsucht selbst, die über das Bekannte, Sicherheit Gebende hinausging, sich jedoch noch nicht auf sich selbst besann. Vigilius beschreibt nun einen Prozeß der Verinnerlichung dieses Unbekannten, in dem die Natur-Fremdheit des Menschen erfahren wird durch die Ahnung eines Sich-Verhaltens zur Welt, das sich nicht aus den Zwängen der Natur, sondern aus den inneren Wünschen und Phanta-

---

psychologische Aufhellung der Gefährdetheit dieser Freiheitsmöglichkeit, hierzu dient ihm der Gedanke der "verstrickten Freiheit" als Ausdruck für die Angst der Freiheit vor sich selbst. Dies ist keineswegs ein interpretatorischer Umweg (so Dietz, 328), sondern der Kerngehalt von Vigilius' Angstpsychologie.

sien ergibt. Mit den so vorgestellten Möglichkeiten eröffnet sich eine neue Welt als Gegenstand des eigenen Könnens. Unerkannt bleibt immer noch, daß dieses Können nicht nur ein der Welt gegenübertretendes Handeln, sondern darin auch Selbstgestaltung ist. So wird der Mensch neu in den Bann seiner eigenen Phantasien gezogen, hierin verstrickt sich die Möglichkeit der Freiheit, da das Wünschen keinen Halt in sich selber hat und so das Können selbst zur anziehend-abstoßenden Ungewißheit wird.[166] "Angst ist für Kierkegaard im Grunde weder Enge noch Zwang, auch nicht verstellte Möglichkeit, sondern Vorspiegelung, ein Reflexionsprodukt, ein irrealer Zerrspiegel."[167]

Vigilius erläutert diese Entwicklung mit dem Hinweis auf Verbot und Strafandrohung im biblischen Schöpfungsbericht (vgl. BA^R, 44 ff.).[168] Diese

---

[166] Malantschuk (1971), 30 f., sieht in der gefesselten Freiheit noch nicht die Möglichkeit der Freiheit, sondern nur die Möglichkeit für Möglichkeiten als kindliches Vorstadium, in dem durch die Vorstellung von Möglichkeiten die unmittelbare Natureinheit als Unterordnung der Freiheit unter die Notwendigkeit zwar zerbrochen ist, der Mensch aber noch ganz unter der Herrschaft der Phantasie steht. Das zur Freiheit gehörende moralische Bewußtsein ist noch nicht erwacht. Die Möglichkeit der Freiheit sieht Malantschuk daher erst im ethischen Bewußtsein gegeben, während er die Wirklichkeit der Freiheit nur in der Begegnung mit der absoluten Freiheit Gottes und dem dazu gehörenden Schuldbewußtsein annimmt. Die Freiheitsentwicklung ist dieser Interpretation zufolge eine stetig sich steigernde Beherrschung der natürlichen Notwendigkeit durch die Freiheit, wobei die gefesselte Freiheit allererst den Zustand der Angst als Bruch mit der Einordnung in den natürlichen Zusammenhang bezeichnet.
"V. Haufniensis nennt dies auch eine 'gefesselte Freiheit', die in sich selbst gefesselt ist, was eben bedeutet, daß der Mensch sich Möglichkeiten schafft, die, selbst wenn sie Ausdruck für ein ewiges Streben im Menschen sind, nicht Möglichkeiten der Freiheit genannt werden können, da sie noch zu stark von der schöpferischen Phantasie des Menschen dominiert werden. (...) Der Fortschritt in Richtung auf die Wirklichkeit der Freiheit als Möglichkeit besteht eben darin, daß das phantastische Element zurücktritt und die kritische, nüchterne Lebenseinstellung (Indstilling til Tilværelsen) die Oberhand gewinnt." (31; Übers. v. Vf.).
Diese Deutung orientiert sich zu sehr an dem Vollbegriff der Freiheit, der bei Kierkegaard in der Tat mit der ethischen Selbstbestimmung identisch ist, und übersieht dabei, daß Kierkegaard auch die Vorstufen der Selbstverwirklichung als Freiheitsäußerungen denkt. Insbesondere die Phantasie als die Fähigkeit zur Transzendierung der Faktizität ist ein Vermögen der Freiheit. Malantschuk unterschlägt den eigentlichen Kernpunkt der psychologischen Argumentation: die Angst prinzipiell als Möglichkeit der Freiheit zu deuten. Hierbei reflektiert Vigilius ausdrücklich darauf, daß dieser psychologische Begriff der Freiheitsmöglichkeit in einem Spannungsverhältnis zum ethischen Vollzug der Freiheit steht. Gegen eine zu enge Deutung des Freiheitsbegriffs Kierkegaards von der Sittlichkeit aus wendet sich auch Disse (1991), 69 Anm. 49, der die gesamte Stadienlehre als Phänomenologie der Freiheitserfahrung deutet (vgl. 50 f.) und sogar bei einer "unmittelbaren Freiheitserfahrung" ansetzt. Er beruft sich dabei u.a. auch auf andere Äußerungen Malantschuks, in denen dieser die Freiheit nicht nur als *geistige* von der Sittlichkeit her bestimmt, sondern auch in der Loslösung von der Naturnotwendigkeit eine *relative, seelische* (!) Freiheit sieht (vgl. Malantschuk (1978), 34).
[167] Deuser (1985a), 158.
[168] Nordentoft (1972), 73 ff., sieht in der Steigerung der Unwissenheit eine innerpsychische Entwicklung in drei Phasen, wobei die völlige Unbestimmtheit der Angst die erste Stufe sei, deren Ahnungen durch Verbot und Strafandrohung als den beiden folgenden Stufen gesteigert werde (vgl. Hennigfeld (1987), 271). Entscheidend sei jedoch nicht der Inhalt des Verbotes, sondern der psychologische Grundgedanke bleibe ein formaler: die Unbestimmtheit des Geistes, die durch die konkreten Ahnungen nur gesteigert werde. Demgegenüber betont Hopland (1981), 239 ff., die Bedeutung einer inhaltlichen Bestimmung durch das moralische

Worte setzen einen Reflexionsprozeß in Gang, der im Sinne der genannten Verinnerlichung die Möglichkeit eigenen, bedeutsamen Handelns erahnt. Doch der Sinn der Worte bleibt dem Menschen noch verschlossen, da er noch kein Wissen von Gut und Böse hat, das sich erst im Handeln ergibt. Vigilius entmythologisiert die Vorstellung einer äußerlichen Androhung, indem er die Entwicklung als inneren Reflexionsprozeß deutet. In diesem Sinne könnte auch das Bewußtsein von Gut und Böse losgelöst werden von der Vorstellung einer Verbotsübertretung und konsequent auf die Möglichkeit gelingenden Menschseins, wirklicher Freiheit, bezogen werden.

So ergibt sich die Deutung der in der Angst gefesselten Freiheit, die in den neu entdeckten Möglichkeiten des Menschseins ihren eigenen Sinn noch nicht finden kann. Die Verstrickung der Freiheit besteht darin, daß der Mensch die Möglichkeit seines Freiwerdens gerade nicht als Befreiung, sondern als Verunsicherung seines Lebens erfährt und daher Angst vor seiner eigenen Freiheit hat[169], vor der Möglichkeit, er selbst zu sein, ohne äußerlich-natürlichen Rückhalt (wie es scheint!). Dies ist die unfreie Möglichkeit der Freiheit in der Angst des Menschen vor sich selbst.

Mit der paradoxalen Psychologie der Freiheit in der Angst will Vigilius die Freiheit von der Abstraktheit eines bloß zu postulierenden Begriffs herunterholen in die Konkretheit menschlicher Existenz. Gerade weil der Freiheitsvollzug in sich unbegreifbar bleibt, ist der Rekurs auf die psychologisch zu erhellende Situation menschlicher Entscheidungsmöglichkeit, in der die Freiheit wirklich werden soll, das existentielle Korrelat des Freiheitspostulats. Was es zu verstehen gilt, ist die Konkretheit der Freiheit, und die Konkretheit des Menschen ist vor aller Freiheit bedingt durch das, was gerade nicht frei ist und sich im Aufbrechen der Freiheit gegen dieses sträubt: die leibseelische Natur des Menschen. Den Widerspruch dieser Bestimmung als Aufgabe zu übernehmen, ist das Beängstigende, vor dem die Freiheit sich in Angst fesselt. So wird die in der Angst sich manifestierende Unfreiheit der Freiheit zum Ansatzpunkt einer auf die Möglichkeiten des einzelnen, endlichen Menschen bezogenen Freiheitsphilosophie. Die konkrete Geschichte der Freiheit erschließt sich in einer Phänomenologie der Unfreiheit.

Bewußtsein der Umwelt für den Prozeß der Selbstwerdung, wobei er insbesondere die Tabuisierung der Sexualität hervorhebt. Die Angst des unmittelbaren Geistes bestehe in der Spannung zwischen der natürlich-einheitlichen Leibempfindung und der Sexualmoral. In der hiermit in Gang gekommenen Reflexion bilde sich das Selbstbewußtsein. Von dieser Interpretation her, die den Schwerpunkt auf das Bewußtwerden eines bestimmten moralischen Anspruchs legt, wendet sich Hopland gegen die von Nordentoft dargestellten Entwicklungsstufen (vgl. 242 f.), da es nur um den einen kritischen Punkt der moralischen Bewußtwerdung gehe.

[169] "Die Tragik ästhetischen Daseins besteht gerade darin, daß es den Verlust des Prinzips Sinnlichkeit nicht als Befreiung zu verstehen wagt." (Disse (1991), 101).

3.3.2. Kritik des "liberum arbitrium"

Die Selbstverwirklichung ist der konkrete Gehalt der Freiheit, sie ist wirklich im Sich-zu-sich-Verhalten, das die synthetische Identität des Geistes begründet. Als dieses Selbstverhältnis ist die Freiheit konstitutiv bezogen auf das ihr vorgegebene, unmittelbar-natürliche Sein des Menschen, das sie zur konkreten Persönlichkeit gestalten soll. Die Unbedingtheit der Freiheit ist eingebunden in die Bedingungen konkreten Menschseins und darf nicht als voraussetzungsloser Anfang gedacht werden. In dieser Bedingtheit erfährt sich die Freiheit als immer schon vorgeprägt, sogar bis hin zur Hemmung in der Fesselung durch die Angst, und das konkrete Freiwerden kann nur unter Einschluß der unfreien Prägung erlangt werden. Daher schließt Kierkegaards Psychologie der konkreten Freiheitserfahrung eine Kritik des Begriffs der indifferenten Wahlfreiheit ein. Nach Disse führt der Gedanke der Willensfreiheit zur falschen Vorstellung "von Freiheit als einem *Vermögen*. Freiheit ist jedoch vor allem ein Lebens*vollzug*. (...) Erst als lebendiger Vollzug wird Freiheit wesentlich als Freiheits*erfahrung* verstanden."[170]

Vigilius setzt sich ausdrücklich von dem "abstrakten" Begriff der Freiheit im Sinne des "liberum arbitrium" ab, den er ein "Gedanken-Unding" (BA^R, 50) nennt.[171] Zwar steht die Freiheit in Kierkegaards Schriften in einem wesentlichen Bezug zu den eigenen Möglichkeiten und verwirklicht sich durch einen ethischen Wahlakt.[172] Wogegen er sich jedoch wendet, ist die Vorstellung einer Indifferenz der wählenden Freiheit, die die Vorprägung und unbewußte Vorentschiedenheit des Willens leugnet. In Aufzeichnungen während seiner Lektüre der Leibnizschen *Theodizee* nennt er den Gedanken des "äquilibrium" die "Chimäre" eines vollkommen gleichgültigen Willens[173], in dessen Ablehnung er sich mit Leibniz einig weiß. Die Betonung liegt eindeutig auf der Kritik der Gleichgültigkeit, der Indifferenz des freien Willens, nicht auf der Möglichkeit einer freien, unbedingten Wahl.[174] Der Gedanke

---

[170] Disse (1991), 12.
[171] Vgl. Deuser (1980), 255 ff., (1985a) 135 ff.; Dietz (1993), 256 f.; Disse (1991), 197 ff.; Fabro (1973), 168 ff.; Hügli (1973), 171 ff.; Kodalle (1988), 90 f.; Lübcke (1984), 54 ff.; Malantschuk (1971), 90 ff.
[172] Die Theorie der Wahl wird vor allem von dem Ethiker in *Entweder/Oder II* entfaltet; dazu s.u. III.2.1.3.
[173] "En fuldkommen ligegyldig Villie (æquilibrium) er en Uting, en Chimaire" (Pap IV C 39); vgl. Pap IV C 36: "en aldeles ligegyldig Frihed er nonsens".
[174] Lübcke (1984), 58, unterscheidet zwei Bedeutungen des Begriffs "liberum arbitrium": 1. meine er die Indeterminiertheit des freien Willens, die Unableitbarkeit der Freiheitsentscheidung, und 2. die Unbestimmtheit des konkreten Wahlaktes. Kierkegaard wende sich nur gegen die zweite Bedeutung, er lehne also nicht grundsätzlich die Wahlfreiheit ab, sondern nur die abstrakte Vorstellung einer unmotivierten Wahl. Diese Differenzierung übersieht Pojman (1972), der mit seiner Untersuchung zu zeigen versucht, daß es in Kierkegaards Werk zwei verschiedene Freiheitsbegriffe gebe: zum einen die Wahlfreiheit und zum anderen die erlöste Freiheit, die Befreiung des Menschen zu sich selbst durch die göttliche Gnade. In letzterer sehe Kierkegaard die eigentliche Freiheit. Da der Gedanke der Befreiung die Vorstellung der Unfähigkeit zur Selbstverwirklichung einschließe, trete die Bedeutung der Wahlfreiheit immer mehr zurück, je deutlicher Kierkegaard, besonders in den späten religiösen Reden, die erlöste Freiheit hervorhebe. Pojman vermischt jedoch den Begriff der ethi-

einer an sich indifferenten Wahlfreiheit setzt die Freiheit heraus aus dem aktuellen Vollzug der Wahl in den Bereich theoretischen Verhaltens. Freier Wille wäre damit gerade nicht ein Wollen, sondern der existentielle Leerraum einer Unentschiedenheit, die sich als solche von der konkreten Wirklichkeit des eigenen Lebens entfernt. Die eigentliche Bedeutung der Freiheit liegt in der Entschiedenheit, mit der eine Möglichkeit gewählt wird. In einer Aufzeichnung aus dem Jahre 1850[175] nennt Kierkegaard die Wahlfreiheit eine bloße "Form-Bestimmung der Freiheit", die als solche gerade nicht die konkrete Freiheit sei. Diese verwirkliche sich, indem sie durch den Wahlakt sich binde und damit ihre formelle Wahlfreiheit aufgebe:
"Die Freiheit *besteht* eigentlich nur dadurch, daß sie im selben Augenblick, in derselben Sekunde, wo sie da ist (Wahlfreiheit), unendlich eilt, sich selbst unbedingt zu binden durch die Wahl der Hingebung, deren Wahrheit die ist, daß von einer Wahl nicht die Rede sein kann." (Tb IV, 102).

Kierkegaard will mit diesem Gedanken die Wahlfreiheit nicht leugnen, er nennt sie im Gegenteil das "Ungeheure, welches einem Menschen eingeräumt ward" (Tb IV, 103), doch könne sie sich nur erfüllen, wenn sie sich nicht in der abstrakten Unbestimmtheit zu erhalten sucht, sondern den ihr gemäßen, absoluten Inhalt wählt. Dies geschieht durch die Hingebung der Freiheit an Gott. Hierin erkennt der Mensch an, daß der Grund seiner Freiheit nicht in ihm selbst liegen kann, sondern ihm von der absoluten Freiheit Gottes angeboten wird. Versucht sich der freie Wille von dieser Abhängigkeit "mit selbstischer Begierde" zu lösen, dann liegt in dieser Verleugnung der eigenen Kontingenz gerade der Verlust der Freiheit. Dies führt Kierkegaard zu der Formulierung, daß sich die Wahlfreiheit in einer Wahl verwirkliche, "deren Wahrheit die ist, daß von einer Wahl nicht die Rede sein kann" (Tb IV, 102). Die Wahlmöglichkeiten sind nicht beliebig, sondern von unterschiedlicher Relevanz für das eigene Leben, und im strengen Sinne gibt es nach Kierkegaard nur *eine* entscheidende Wahlmöglichkeit: die Freiheit selbst in ihrer vollen Bedeutung zu gewinnen, indem man ihren göttlichen Ursprung bejaht und sich damit dem göttlichen Willen hingibt. Die Bedeutung der Freiheit liegt somit darin, die Hingabe als Selbstverwirklichung zu ermöglichen.

"So gibt es denn also etwas, in bezug worauf es keine Wahl geben darf, und in dessen Begriff keine Wahl liegt, und wo dennoch eine Wahl ist. Also ist eben die Tatsache, daß da keine Wahl ist, der Ausdruck dafür, mit welch ungeheurer Leidenschaft oder Anspannung man *wählt*. ... In dem Maße ist der Inhalt der Freiheit das Entscheidende für die Freiheit, daß die Wahrheit der Wahlfreiheit gerade die ist: es darf keine *Wahl* sein, wenn es auch eine Wahl ist." (Tb IV, 101 f.).

---

schen Selbstwahl mit dem des liberum arbitrium, wobei er auch nicht auf die Kritik der abstrakten Wahlfreiheit durch die Pseudonyme eingeht. Seiner Annahme zweier divergierender Freiheitskonzepte im Werk Kierkegaards kann daher nicht zugestimmt werden. Die Freiheit der ethischen Selbstwahl - nicht jedoch die indifferente Wahlfreiheit - verwirklicht sich auch bei den Pseudonymen nur im Gottesverhältnis, das seinerseits den freien Selbstvollzug einschließt. Das Gottesverhältnis ist bei Kierkegaard immer, auch in den späten Werken, ein Freiheitsverhältnis, wodurch es aber gerade nicht der Beliebigkeit preisgegeben wird.
[175] Pap X^2 A 428/ Tb IV 101 ff.; vgl. Pap X^4 A 175. 177.

In der lutherischen Tradition des "servum arbitrium" spricht Kierkegaard dem Menschen in der entscheidenden Lebensfrage, der Selbstbestimmung vor Gott, die Wahlmöglichkeit ab - nicht jedoch, um damit die Willensfreiheit zu verleugnen, sondern sie zu ihrer Erfüllung zu führen. In der Entscheidung für Gott hat der Mensch jene Abhängigkeit bejaht, von der sein Leben grundsätzlich, auch ohne diese Affirmation, bestimmt ist. Sich von dieser Grundtatsache lösen zu wollen, wäre ein Verlust der eigenen Identität. Die Bejahung der Geschöpflichkeit setzt daher die Freiheit als konkreten Lebensvollzug frei. Die lutherische Leugnung einer Willensfreiheit gegenüber Gott ist bei Kierkegaard somit zugleich existenzdialektischer Ausdruck für die Notwendigkeit der Freiheit als der Identität des Selbstvollzugs.[176]

Die Freiheit ist die Unausweichlichkeit des Sich-Verhaltens zur eigenen Wirklichkeit, wodurch sich der Mensch zur Aufgabe wird. Dieser Anspruch der eigenen Lebenswirklichkeit stellt den Menschen in den Horizont möglichen Sinns, die Freiheit hebt das Gegebene in die Dimension des Gelingens oder Nicht-Gelingens des eigenen Lebens, die sich als ethische Bestimmung zu Gut und Böse darstellt. Gegenüber dem Gelingen des eigenen Lebens kann die Freiheit schon deshalb nicht indifferent sein, weil darin ihr eigenes Wirklichwerden zur Entscheidung steht, denn: "Das Gute ist die Freiheit" (BA^R, 121).[177]

"Den Unterschied zwischen Gut und Böse gibt es zwar für die Freiheit, aber nicht *in abstracto*. Dieses Mißverständnis rührt daher, daß man aus der Freiheit etwas anderes, einen Gegenstand des Gedankens, macht. Aber die Freiheit ist nie *in abstracto*. Wenn man der Freiheit, für die Wahl zwischen Gut und Böse, einen Augenblick überlassen will, ohne daß sie selbst in einem von beiden ist, so ist die Freiheit eben in diesem Augenblick nicht Freiheit, sondern eine sinnlose Reflexion" (BA^R, 121 f. Anm. 1).

Die ethische Bedeutung der Wirklichkeit gründet in der Entschiedenheit des Menschen zu sich selbst. Die Freiheit liegt dieser Entschiedenheit nicht voraus, sondern verwirklicht sich in ihr. Der Zustand des Menschen vor der freien Entscheidung ist keine gleichgültige Unbestimmtheit, sondern ein immer schon Bestimmtsein von den unmittelbaren Einflüssen und Neigungen. Unter ihrem Druck "wählt" der Mensch in einem ästhetischen Sinne zwischen den vielfältigen Möglichkeiten aus. Das Aufbrechen der Freiheitsentscheidung ist daher psychologisch gesehen immer schon durch diese Vorentschiedenheit geprägt. Vom Standpunkt der bewußten, freien Entscheidung aus gesehen ist das ästhetische Wählen jedoch ein Zustand der Unfreiheit, ein Bestimmtwerden von unmittelbaren Wünschen und Stimmungen. Wenn die

---

[176] Insbesondere Deuser (1980), 255 ff., deutet Kierkegaards Kritik der Wahlfreiheit als existenzdialektische Interpretation des lutherischen "servum arbitrium", wobei er gegenüber der lutherischen Tradition stärker die Dialektik der Freiheit in den Mittelpunkt rücke, die Hingabe der Freiheit als höchsten Freiheitsvollzug darstelle. "In diesem existenzdialektischen Zirkel hat Luther die Willensfreiheit noch nicht ausgelegt. Für Kierkegaard beschreibt sie zugleich das Problem von Theorie und Praxis, die christliche Konkretion auf die Unausweichlichkeit des eigenen Selbst, dem die Freiheit, auch die des Willens, unterliegen und sich unterziehen muß" (257).

[177] Vgl. dazu Pojman (1972), 204 ff.

Freiheit das Gute ist, weil der Mensch nur als freier sich in seiner ewigen Bedeutung verwirklichen kann, ist die ästhetische Indifferenz von Gut und Böse ein unethischer Zustand. Der Mensch ist in seiner scheinbaren Indifferenz immer schon von der Verweigerung der Freiheit bestimmt, was Kierkegaard psychologisch als Zustand der Angst und Verzweiflung analysiert. Aus dieser unmittelbaren Unfreiheit heraus führt nur die Entscheidung zur Freiheit, indem man "das Wollen wählt" (EO II, 180), wie es der Gerichtsrat in *Entweder/Oder* ausdrückt.

Die Ablehnung des abstrakten Begriffs des liberum arbitrium macht deutlich, weshalb Vigilius das konkrete Werden der Freiheit durch die Angst als einer gefesselten Freiheit vermittelt sieht. Die Konkretheit der Freiheit erschließt sich in ihrer vollen existentiellen Bedeutung erst dann, wenn die eigene Wirklichkeit als Immer-schon-Entschiedensein, als faktischer Selbstverlust der Freiheit, gedeutet wird. Der Mensch steht niemals mehr rein vor seiner Freiheit als Möglichkeit, sondern vor der Schuld, das eigene Leben bislang nicht in den Griff bekommen zu haben. Die Freiheit ist immer konkret als die Wirklichkeit, die in der Freiheit gewählt wird. In der Übernahme der eigenen Wirklichkeit als Lebensaufgabe erschließt sich die Bedeutung der Freiheit als sinnstiftende Selbstidentifizierung, die sich in ihrem endlichen Vollzug aber immer wieder verwiesen sieht auf die Sinnverfehlungen ihrer eigenen Geschichte.[178] Nur im Ernstnehmen der eigenen Entfremdung kann der Mensch beginnen, sein Leben frei zu gestalten. Die Erfahrung der das Leben behindernden Unfreiheit offenbart, daß es zur Freiheit, zum Mut zu sich selbst, keine wirkliche Alternative gibt. Jeder Versuch, sich aus dem unsicheren Leben herauszuhalten, wird sich als Flucht erweisen müssen. Jeder Mensch wird sich auf dem Weg zu sich selbst bewußt werden, daß er auf der Flucht ist, und es wird darum gehen, dieser Flucht auf den Grund zu kommen, die in ihr treibende Angst zu entdecken.

Die Konkretheit der Selbstbestimmung ist mit diesen Gedanken aber nicht nur von der Abstraktheit der Wahlfreiheit abgesetzt, sondern auch von der Absolutheit idealistischer Selbstvermittlung, insofern die im Freiheitsvollzug immer schon als vorgegeben erfahrene Wirklichkeit die Kontingenz endlicher Freiheit erweist. Die konkrete Freiheit ist das Wirklichwerden der menschlichen Synthese, das immer schon mit den psychologisch bestimmbaren Verstellungen des eigenen Seins konfrontiert ist. Die Freiheit wird zwar von Vigilius als in ihrem Werden unableitbare Selbstsetzung verstanden und diese Unbedingtheit des qualitativen Sprungs und damit der ethischen Idealität postulativ den psychologischen Bedingungen gegenübergestellt, doch geht es ihm gerade nicht um das Aufrechterhalten des Kantischen Hiatus von Freiheit und Natur, sondern um die Erhellung der Freiheitsmöglichkeit in den konkreten Bedingungen des Menschseins. In seinem Bemühen um ein konkretes

---

[178] "Freiheit, inhaltlich akzentuiert, meint, daß der Mensch sich - so oder so -- immer schon für *eine Gesamtperspektive seines Lebens entschieden* hat. Gerade wenn diese Entscheidung nicht im vollen Bewußtsein der Tragweite getroffen worden ist, *lebt* der Mensch schon in einer Entscheidung, in der er seine scheinbar 'absolute' Freiheit verspielt hat." (Kodalle (1988), 90 f.; vgl. Pieper (1968), 41).

Verständnis der Freiheit steht Kierkegaard durchaus in der Tradition des Idealismus, dem es um ein Begreifen der Selbstkonstitution der Freiheit als konkreter Wirklichkeit ging, wobei die Differenz letztlich im idealistischen Anspruch auch noch des philosophischen Begreifens der Konkretheit gründet. Kierkegaard setzt der rationalen Erfassung des Freiheitsgeschehens die paradoxale Übervernünftigkeit der menschlichen Existenz entgegen, die durch seine Psychologie gerade nicht aufgehoben wird, weil diese das Freiheitsgeschehen letztlich nicht zu erfassen vermag. Daß für ihn die Freiheit zum philosophischen Zentrum seiner psychologisch-anthropologischen Überlegungen wird, verbindet ihn jedoch mit der idealistischen Philosophie.

Schon Fichte wollte in seiner Überwindung der Kantischen Spannung von praktischer und theoretischer Philosophie die Freiheit im Sinne der Selbstsetzung auch als Grund des Selbstbewußtseins aufweisen und dessen Genese bestimmen. Von diesem Freiheitsbegriff als der ursprünglichen Tathandlung des Ichs leitet sich auch Kierkegaards Begriff des freien Selbst als einer synthetischen Selbstsetzung ab, doch die Konkretheit der Freiheit ist für ihn nicht aus der Reflexivität des Selbstbewußtseins konstruierbar.[179] In ihr wird das Selbst zu einer nie erreichbaren Idealität, die als solche selbst nur ein abstraktes Verständnis der Freiheit ist, wie schon Hegel kritisierte.[180] Hegel ging es, was Kierkegaard nie recht zu sehen verstand, um die Überwindung dieser Abstraktheit, indem er das Freiwerden als geschichtlichen Prozeß der dialektischen Überwindung aller Formen von Unfreiheit darzustellen suchte. Für Hegel vollzieht sich jedoch in der Entwicklung der menschlichen Freiheit das Zu-sich-selbst-Kommen der absoluten Freiheit, die als Grund aller Wirklichkeit gedacht wird. In diesem notwendigen Prozeß absoluter Selbstvermittlung geht nach Kierkegaard das Bemühen um endliche Konkretheit unter. "Freiheit kann nicht vorweg schon prozeßhaft vorvermittelt sein, wenn sie existentiell gesehen noch eine Bedeutung haben soll."[181] Das Ernstnehmen der endlichen Faktizität als Gehalt der konkreten Freiheit sieht Kierkegaard allerdings bei Leibniz gegeben, auf den er sich in seiner Ablehnung des *liberum arbitrium* ausdrücklich beruft (vgl. BA^R, 122).[182]

Auch Schelling wendet sich in seiner *Freiheitsschrift*[183] gegen die Indifferenz der Wahlfreiheit. Kierkegaard hat von ihm wichtige Anregungen für

---

[179] Zur Bedeutung der Philosophie Fichtes für Kierkegaard vgl. v. Kloeden (1979).
[180] Vgl. Hegel X, 213.
[181] Deuser (1985a), 140.
[182] Zur Bedeutung Leibniz' für Kierkegaard s. besonders Schäfer (1968), 125 ff. 280 ff.; vgl. Deuser (1985a), 140 ff. Nach Schäfer deutet Kierkegaard Leibniz' Gedanken zur freien Handlung von der Struktur des Selbstwerdens her folgendermaßen:
"1) Man ist entweder vorentschieden zur Unfreiheit oder schon auf Freiheit als das Gute aus, das heißt, man ist immer schon entweder frei oder unfrei, indem man sich weiter unfrei oder frei macht. 2) Man wird frei nur, indem man der bisherigen Unfreiheit entspringt, das heißt, sich aus ihr wieder zurückholt. 3) Man ist nur frei, indem es einem um dies Frei-Sein geht als das, worin man sich innerlich handelnd halten will, indem man sich in dieser Bemühung verwandelt." (282 Anm. 176).
[183] *Philosophische Untersuchungen über das Wesen der menschlichen Freiheit und die damit zusammenhängenden Gegenstände* (1809); (Schelling I/7, 331-416).

seinen *Begriff Angst* empfangen.[184] Entgegen dem bloß allgemeinen, formellen Freiheitsbegriff besteht für Schelling der "reale und lebendige Begriff" der Freiheit darin, "daß sie ein Vermögen des Guten und des Bösen sey"[185]. Da nach Schelling alle Wirklichkeit in Gott gründet, stellt sich als Hauptfrage seiner Freiheitsphilosophie diejenige nach dem Grund des Bösen. Er beantwortet sie in einer spekulativen Schöpfungstheologie, dergemäß die menschliche Freiheit in einem besonderen Zwiespalt von Eigenständigkeit und kreatürlicher Abhängigkeit steht, der Bedingung der Selbstoffenbarung Gottes ist. Grundlage von Schellings Schöpfungstheorie ist die Unterscheidung des göttlichen Wesens in die Existenz und den Grund der Existenz Gottes. Der Grund ist nur der naturhafte Drang zur absoluten Wirklichkeit, der unbewußt hinter allem Werden steht, während die Existenz die vernünftige Selbsterfassung der absoluten Freiheit ist. In Gott sind diese beiden Prinzipien identisch, jedoch besteht die Schöpfung gerade in deren Auseinanderfallen. Der Grund entläßt aus sich den unbewußten Eigenwillen, der jegliche kreatürliche Selbständigkeit trägt. Weil sich die unvernünftige Kreatur ihres Eigenwillens jedoch nicht bewußt wird, ist ihre Unterschiedenheit von Gott gerade Realisation des göttlichen Universalwillens. Der Mensch dagegen vermag durch seine Vernünftigkeit den Universalwillen zu erfassen und ihm bewußt zu entsprechen, andererseits ist er als Kreatur ein von der göttlichen Existenz unterschiedener Eigenwillen. Er vermag sich kraft seiner freien Vernünftigkeit bewußt gegen den Universalwillen zu stellen und somit gegen sein eigenes Gegründetsein. "Wäre nun im Geist des Menschen die Identität beider Principien ebenso unauflöslich als in Gott, so wäre kein Unterschied, d.h. Gott als Geist würde nicht offenbar. Diejenige Einheit, die in Gott unzertrennlich ist, muß also im Menschen zertrennlich seyn, - und dieses ist die Möglichkeit des Guten und des Bösen."[186] Die Geistigkeit des Menschen, durch die er über die bloß natürliche Kreatürlichkeit hinausgehoben ist in die Bewußtheit des Universalwillens, ist durch den Eigenwillen eine *selbstische*, von Gott unterschiedene.[187] Die menschliche Freiheit ist eine *derivierte*

---

[184] Vgl. Figal (1980); Grøn (1980); Hennigfeld (1987), 275 ff.; McCarthy (1985); Pieper (1968), 147; Struve (1955). Am stärksten betont Struve die Berührungspunkte der beiden Schriften: Sie hätten denselben "Fragenumkreis" (das Problem der Freiheit im Kontext der Herkunft des Bösen und der Sünde), eine gemeinsame Wendung gegen den idealistischen Wirklichkeitsbegriff sowie Ähnlichkeiten "in entscheidenden Formulierungen". Doch geht Struve wohl zu weit, wenn er den *Begriff Angst* als "Gegenschrift" (256) zu Schellings Abhandlung interpretiert. Nach Figal nimmt Kierkegaard "Schellings systematische Theorie der Freiheit auf und radikalisiert sie" (114).
[185] Schelling I/7, 352.
[186] Schelling I/7, 364.
[187] "Das aus dem Grunde der Natur emporgehobene Princip, wodurch der Mensch von Gott geschieden ist, ist die Selbstheit in ihm, die aber durch ihre Einheit mit dem idealen Princip *Geist* wird. Die Selbstheit als solche ist Geist, oder der Mensch ist Geist als ein selbstisches, besonderes (von Gott geschiedenes) Wesen, welche Verbindung eben die Persönlichkeit ausmacht. Dadurch aber, daß die Selbstheit Geist ist, ist sie zugleich aus dem Creatürlichen ins Uebercreatürliche gehoben, sie ist Wille, der sich selbst in der völligen Freiheit erblickt, nicht mehr Werkzeug des in der Natur schaffenden Universalwillens, sondern über und außer aller Natur ist." (Schelling I/7, 364).

Absolutheit[188], die nur durch Integration in die göttliche Absolutheit ihre Eigenständigkeit als gelingende Freiheit erhalten kann, doch der innere Drang zur Herausbildung der eigenen Freiheit führt den Menschen notwendig und doch aus eigener Tat in das Böse als dem vom Universalwillen sich ablösenden Partikularwillen. Die Freiheit steht daher niemals in der Beliebigkeit ihrer eigenen Möglichkeit, sondern immer schon in einer Entschiedenheit zu sich selbst, die sich gegen den Grund ihrer eigenen Lebensfähigkeit richtet. Allerdings ermöglicht die Freiheit eine Verbindung mit dem Universalwillen auf einer höheren Stufe als bei der unbewußten Natur, nämlich durch die Liebe, in der sich die Offenbarung Gottes erfüllt. Um seiner Offenbarung willen muß Gott die Möglichkeit der sich gegen ihn behaupten wollenden Kreatur, somit das Böse als Realisation menschlicher Freiheit zulassen. "Der Grund ist nur ein Willen zur Offenbarung, aber eben, damit diese sey, muß er die Eigenheit und den Gegensatz hervorrufen. Der Wille der Liebe und der des Grundes werden also gerade dadurch eins, daß sie geschieden sind, und von Anbeginn jeder für sich wirkt. Daher der Wille des Grundes gleich in der ersten Schöpfung den Eigenwillen der Creatur mit erregt, damit, wenn nun der Geist als der Wille der Liebe aufgeht, dieser ein Widerstrebendes finde, darin er sich verwirklichen könne."[189] Die Wirklichkeit des Bösen besteht nach Schelling somit darin, daß der Mensch seine eigene Kreatürlichkeit zu verdrängen sucht und somit letztlich gegen die in ihm angelegte überkreatürliche Tendenz wirkt. Gerade indem er *gegen* den Universalwillen frei sein will, bindet er seine selbstische Geistigkeit an die dunklen Triebkräfte des kreatürlichen Eigenwillens. Somit existiert der Mensch niemals in einer indifferenten Freiheit, sondern in einer irrationalen Selbstverstellung der Freiheit. An diesem Punkt berührt sich Kierkegaards Psychologie der Angst am engsten mit Schellings Freiheitsphilosophie, auch wenn sie dessen schöpfungsspekulative Herleitung der irrationalen Triebhaftigkeit des Selbstischen nicht nachvollziehen will.

Die Angst vergegenwärtigt die Möglichkeit der Freiheit in der Stimmung der Unentschiedenheit und hält sich gerade so vom Ernst der Entscheidung entfernt. Die nur als Möglichkeit in den Möglichkeiten sich zeigende Freiheit ist noch abstrakt, doch ihre Unbestimmtheit ist nicht wirkliche Indifferenz, sondern das zwischen sich widersprechenden Strebungen zerrissene In-der-Luft-Hängen der Angst. Die Vielfalt der in der Phantasie erscheinenden Möglichkeiten, die Überbestimmtheit dieses Spiels der Reflexivität konstituiert erst das Nichts der Unbestimmtheit, das nur für sich, herausgenommen aus dem Andrang der Möglichkeiten, als vermeintliche Willensfreiheit erscheinen kann. In der Faszination der bloßen Möglichkeit *zu können* verstrickt sich die Freiheit in das Spiel dieser Möglichkeiten und erliegt im Bewahrenwollen ihrer abstrakten Indifferenz den konkreten Anziehungskräften der Wirklichkeit. Indem Vigilius mit der Psychologie der Angst der abstrakten Auflösung der Möglichkeit der Freiheit in die Indifferenz des Willens entgegenwirken will, erschließt sich ihm das Möglichkeitsverhältnis

---

[188] Schelling I/7, 347.
[189] Schelling I/7, 319 f.

der Freiheit als immer schon im Spiel der inneren Antriebe zerrissenes Fliehen einer Entscheidung. Freiheit ist, solange sie sich *als mögliche* zeigt, immer auch Flucht vor sich selbst.[190]

3.3.3. Der Schwindel der Freiheit

Die Psychologie ist an ihre Grenze gekommen in dem Versuch, die Freiheit in der Konkretheit menschlicher Existenz zu denken. Als "letzte Approximation" an das unerklärbare Unbedingte, das die Freiheit als solche ist, zeigte sich die Angst vor der Möglichkeit des Könnens, die Fesselung der Freiheit im Blick auf ihre eigene Möglichkeit. Der Mensch ist nicht frei zur Freiheit, so lautet die Einsicht der Psychologie, und doch führt kein Weg an ihr vorbei, nachdem der Mensch einmal aus dem natürlichen Fluß des Lebens herausgerissen wurde. Jeder neue Schritt muß ein Versuch sein, auf eigenen Füßen zu stehen, doch in der Spannung von Lebensdrang und Lebensunfähigkeit wird der aufrechte Gang zu einem fortwährenden Fallen.[191] Diesen Absturz der Freiheit aus der Angst in die Erfahrung ihrer eigenen Unfähigkeit beschreibt Vigilius mit der "dramatisch suggestiven Metapher"[192] des Schwindels:

"Angst läßt sich mit Schwindel vergleichen. Kommt jemand dahin, daß sein Auge in eine gähnende Tiefe hinuntersieht, so wird ihm schwindelig. Aber was ist der Grund, es ist ebensosehr sein Auge wie der Abgrund; denn gesetzt, er hätte nicht hinuntergestarrt. So ist die Angst der Schwindel der Freiheit, der aufkommt, wenn der Geist die Synthese setzen will, und die Freiheit nun in ihre eigene Möglichkeit hinunterblickt, und dann die Endlichkeit ergreift, um sich daran festzuhalten. In diesem Schwindel sinkt die Freiheit nieder. Weiter kann die Psychologie nicht kommen und will es nicht. Im selben Augenblick ist alles verändert, und indem die Freiheit sich wieder erhebt, sieht sie, daß sie schuldig ist. Zwischen diesen beiden Augenblicken liegt der Sprung, den keine Wissenschaft erklärt hat oder erklären kann. Wer in der Angst schuldig wird, der wird in einem so zweideutigen Sinne schuldig wie möglich. Angst ist weibliche Machtlosigkeit, in der die Freiheit ohnmächtig wird; psychologisch gedacht, geht der Sündenfall immer in Ohnmacht vor sich; aber die Angst ist zugleich das Selbstischste, und keine konkrete Äußerung der Freiheit ist so selbstisch wie die Möglichkeit zu jeder Konkretion. Das ist wieder das Überwältigende, von dem das zweideutige, sympathetische und antipathetische Verhältnis des Individuums bestimmt wird. In der Angst ist die selbstische Unendlichkeit der Möglichkeit, die nicht lockt wie eine Wahl, sondern mit ihrer süßen Beängstigung bestrickend ängstigt." (BA[R], 64).

Die Ohnmacht der in Angst gefangenen Freiheit gründet in dem, worin auch die Macht der wahren Freiheit liegt: in der Abgründigkeit ihres Nicht-

---

[190] Zum "Fluchtmotiv" vgl. Nordentoft (1972), 199 ff.
[191] Vgl. zu diesem Bild PhB, 35. In *Furcht und Zittern* bezeichnet Johannes de Silentio es als ein Wunder, "den Sprung ins Leben zum Gange zu wandeln" (FuZ, 41).
[192] Nordentoft (1972), 190.

Bedingtseins, in der jede faktische Wirklichkeit aufgehoben ist in die Offenheit der Möglichkeiten. In diesem Aufbrechen der Faktizität durch den Freiraum der Möglichkeiten liegt die Möglichkeit der Freiheit selber, und es ist deren erster Ausdruck: "Die Freiheit ist gerade das, was ausweitet" (BA^R, 135). In dieser Unabhängigkeit ist die Freiheit ganz auf sich selbst gestellt, und hierin gründet ihre Macht zur Selbstbestimmung und Selbstverwirklichung. Die Selbstbezüglichkeit der Freiheit ist aber auch die ängstigende Bodenlosigkeit, der Abgrund, vor dem die Freiheit im Schwindel der Angst zusammensinkt, "noch in diesem Taumel das Zerrbild der Kreisbewegung des Selbst".[193]

Der Schwindel der Angst[194] ist Ausdruck der Unfähigkeit, sich im Angesicht der völligen Offenheit der Möglichkeiten für die darin liegende Möglichkeit der Freiheit zu entscheiden. Der Anfang der wahren Freiheit kann nur im Wählen der Freiheit selbst liegen, im bewußten und entschiedenen Sich-Einlassen auf die Offenheit der Möglichkeiten, und erst aus dieser inneren Weite erwächst die Macht, eine der Möglichkeiten zu verwirklichen, ohne die Freiheit, die Offenheit damit zu verlieren. Die Spannung von Ausweitung und Begrenzung bestimmt das konkrete Geschehen der Freiheit, da die Freiheit erst dann wirklich wird, wenn sie aus der Offenheit der Möglichkeiten, die aus dem Zwang des Faktischen herausführt, in der Entscheidung neue, eigene Wirklichkeit setzt, und diese Setzung ist in sich wieder Begrenzung der Offenheit. In dieser Doppelbewegung der Freiheit als Gestaltung der eigenen, begrenzten Wirklichkeit gilt es das Maß des eigenen Lebens zu finden und zu bewahren. Die wahre Freiheit kann nur im Aufrechterhalten der Spannung bestehen, so daß sich in der Konkretheit der eigenen Entscheidungen die Möglichkeitswelt nicht verschließt, sondern neu auftut.

Doch in der Angst wird die Spannung nicht zu ertragen sein, die Offenheit der Möglichkeiten ist "das Überwältigende", vor dem die Freiheit ohnmächtig wird. In der Angst ist der Mensch unfähig, sich zur Konkretion im Horizont der bleibenden Offenheit zu entscheiden, er flieht vor der eigenen Freiheit zurück in die Begrenztheit der Wirklichkeit, in die vertraute und doch schon verlorene Geborgenheit des Bekannten. Er "wählt" nicht eine der Möglichkeiten, sondern ergreift irgendeine als Fluchtpunkt seiner Entscheidungsunfähigkeit. In der Angst ist der Mensch zerrissen zwischen den Verlockungen der unbegrenzten Möglichkeiten, von denen er keine wählen kann, weil er im Grunde alles will und die Wahl ihm wie das Ende der Möglichkeiten erscheint, und der Sehnsucht nach Geborgenheit, nach dem festen Halt der engen Wirklichkeit; es ist die "Angst vor dem Aufklaffen des Gegensatzes, *welthaft gebunden und weltlos ungebunden zugleich zu sein*"[195]. In dem unwirklichen Taumel der Möglichkeiten, dem Rausch der möglichen Freiheit, kann der Mensch nicht leben und sinkt gerade deshalb um so tiefer zurück in die Enge der Wirklichkeit, nur um Halt zu finden.

---

[193] Theunissen (1979), 506.
[194] Vgl. hierzu Blaß (1968), 184 ff.; Dietz (1993), 297 f.; Drewermann (1978), 438 ff.; Giesz (1961); Koch (1988), 177 ff.; Malantschuk (1971), 38 ff.; Nordentoft (1972), 190 ff.; Pojman (1972), 179 ff.
[195] Schulz (1979), 354.

"*Jedes* Bestehende verlockt das Ich, sich in den endlichen Verhältnissen und Zielsetzungen einzuhausen. Als endlich-unendliches Wesen findet es sich schon immer auch in einem affirmativen Verhältnis zur Welt vor. Die Existenzspannung ist mithin *in sich* gegenläufig."[196]

Endlichkeit und Unendlichkeit sind zwei polare Aspekte der synthetischen Struktur des Menschseins. In ihnen kommt die Dialektik von Begrenztheit und Offenheit der Existenz zum Ausdruck. Im Gegensatz zur begrenzten Faktizität der Endlichkeit erschließt sich in der Dimension der Unendlichkeit die Möglichkeitswelt und damit die Möglichkeit der Freiheit. Die Unendlichkeit bezeichnet nicht ein völlig unbegrenztes Wirklichsein, das es für den Menschen nicht geben kann, sondern das Vermögen der Überschreitung der faktischen Begrenztheit. In der *Krankheit zum Tode* nennt Kierkegaard die *Phantasie* das Vermögen der Unendlichkeit, sie ist "die unendlichmachende Reflexion", mit der das Selbst sein "Spiegelbild" (KzT, 27), d.h. sich selbst als Möglichkeit, das ideale Selbst, erfaßt.[197] Nicht nur die unendliche Offenheit der Möglichkeitswelt ist dem Menschen durch seine Phantasie erschlossen, sondern er vermag in dieser Fähigkeit seine eigene Offenheit und damit die Möglichkeit der Selbstverwirklichung zu entdecken. Nicht die Unendlichkeit der Möglichkeiten, sondern das Vermögen der Transzendierung macht die eigentliche Bedeutung der synthetischen Unendlichkeit aus, wenn auch beide Aspekte zusammengedacht werden müssen. Nicht im Offenstehen beliebiger Möglichkeiten, sondern in der Selbsterfassung der Freiheit als dem Grund der Selbsttranszendenz verwirklicht sich der Mensch in seiner unendlichen Bedeutung. Die Unendlichkeit ist also das Vermögen der Ausweitung der Wirklichkeit in die unabschließbare Welt der Möglichkeiten, und nur als dieses Vermögen der Möglichkeiten, nicht als Wirklichkeit, ist sie ein Strukturmoment der Synthese, das als solches gebunden bleibt an die ihr gegenläufige Endlichkeit.[198] Die Unendlichkeit als Wirklichkeit ist nur Gott als die verwirklichte Fülle der Möglichkeiten. Für den Menschen bleibt diese Fülle immer nur Möglichkeit, sie erschließt sich vor allem als der negative Vollzug des Transzendierens, nicht als die Realität einer unendlichen Idealität. Das

---

[196] Kodalle (1988), 187.
[197] Fahrenbach (1968), 17, bestimmt die transzendierende Tätigkeit der Phantasie als "Eröffnung der Sinnhorizonte und Vergegenwärtigung der Sinnbeziehungen des Begegnenden". "Die Phantasie eines Menschen ist in der Weise ihres Sinnerschließens Reflexion seines möglichen Selbstseins." In diesem Sinne kann die Unendlichkeit des Selbst auch als "Maßstab des Endlichen" (Hügli (1973), 149) oder als dessen "Richtung" (Holl (1972), 137) bezeichnet werden.
[198] Theunissen (1991), 44, unterscheidet zwei Bedeutungen der Unendlichkeit in der *Krankheit zum Tode*: zum einen sei sie Prädikat von Möglichkeiten, womit sie aber unterbestimmt sei im Sinne bloßer Endlosigkeit, zum anderen sei sie Attribut von Reflexion und Phantasie, vermittels derer der Mensch über seine unmittelbare Bestimmung hinaus sei, worin sich die Unendlichkeit in ihrer wahren, absoluten Bedeutung zeige. Diese Idealität ist aber gerade nur eine Möglichkeit des Selbst, so daß der Mensch immer in Abstand zur eigenen Unendlichkeit gedacht werden müsse und so auch von Anti-Climacus beschrieben werde. Ähnlich meint Eisenstein (1986), 221 f.: "Eigentlich müßte also zwischen einem ursprünglichen und einem derivierten Modus der Unendlichkeit unterschieden werden, was Kierkegaard allerdings nicht - oder zumindest nicht ausdrücklich - tut."

ideale Selbst als positive Bestimmung der Unendlichkeit ist daher selbst nur eine Funktion der Synthesis, somit von der Endlichkeit geprägt, es ist "eine an sich endliche Größe in verunendlichender Funktion".[199] Das Transzendieren der Faktizität kann für den Menschen nicht deren Aufhebung bedeuten, sondern die Befähigung zur freien Gestaltung des Faktischen. Diese Spannung von Faktizität und Freiheit ist konstitutiv für die endliche Freiheit, die gerade deshalb so sehr in Gefahr steht, unfrei zu werden. Die Synthese von Endlichkeit und Unendlichkeit bildet die *Konkretheit* des Menschen, wie Kierkegaard in der *Krankheit zum Tode* ausführt:

"Aber man selbst werden heißt konkret werden. Aber konkret werden heißt weder endlich werden noch unendlich werden, denn was da konkret werden soll ist ja eine Synthesis. Die Entwicklung muß mithin darin bestehen, daß man unendlich von sich selber loskommt in Verunendlichung des

---

[199] Eisenstein (1986), 222. Die vorrangig negative Funktion der Unendlichkeit als Synthesisbestimmung wird unterbewertet, wenn die Unendlichkeit, wie bei Anz (1956), 31 ff. 57 ff., als Bezeichnung der Selbstmächtigkeit gedeutet wird. Dagegen wendet Hopland (1981), 113 ff., ein, die absolute Freiheit, die Anz mit der Unendlichkeit identifiziere, entspreche vielmehr der Verzweiflung der Unendlichkeit bei Anti-Climacus. Die Unendlichkeit habe in ontologischer Hinsicht nur eine negative, spaltende Funktion, keine synthetisierende (114). Identitätsstiftend sei die Freiheit nur als konkreter Wille zur eigenen Endlichkeit. Mit dieser Deutung übersieht Hopland jedoch die positive Funktion der Unendlichkeit für die ideale Ausrichtung der Selbstwerdung, weil er sie nur als Vermögen der Selbstreflexion deutet. Auch Anz hebt den Unterschied Kierkegaards zum Idealismus hervor, wenn er die Freiheit als Überlegenheit über die Lebensumstände deutet (58), die aber als solche nicht in der Macht des Menschen stehen. Dessen Freiheit und damit auch seine Unendlichkeit könne sich nur in der Gebundenheit an Gott verwirklichen. Anz unterschlägt also keineswegs die von Hopland betonte schöpfungstheologische Modifikation des Idealismus durch Kierkegaard. Auch Malantschuk (1980a), 23 ff., stellt die Bedeutung der Unendlichkeit letztlich von der Gottesbeziehung aus dar, wobei er eine Stufenfolge von der rein negativen Funktion der Unendlichkeit bis hin zur positiven Identifikation mit dem Ewigen als der absoluten Freiheit annimmt. Die negative Funktion der Unendlichkeit besteht für ihn darin, die bloß endliche Freiheit der mannigfaltigen Wahlmöglichkeiten aufzubrechen, um die Möglichkeit der ewigen Bestimmung des Menschen zu eröffnen. Als Stufen dieser negativen Funktion nennt er Ironie, Resignation und Reue (24), in ihnen werden die endlichen Ziele des Menschen negiert. Der Vollbegriff der unendlichen Freiheit ist bei ihm ganz vom Begriff des Ewigen her gedacht, zu dem man durch die Negation der Endlichkeit als einer Totalität gelange. Allerdings hebt Malantschuk hervor, daß die unendliche, absolute Freiheit nur Gott sei, daß sich die menschliche Unendlichkeit somit in der Begegnung mit der Freiheit Gottes verwirkliche. Deshalb sei die positive Bedeutung der Unendlichkeit im Menschen nur eine Möglichkeit, der er sich immer mehr annähere, indem er ihre negative Funktion vollziehe. Da sich der Mensch somit immer im Abstand zu seiner ewigen Bestimmung erfahre, ist der höchste negative Ausdruck der Unendlichkeit für ihn die Schuld bzw. die Reue. Holl (1972), 136 ff., betont im Unterschied zu Malantschuk den Unterschied von Unendlichkeit und Ewigkeit, weil die Unendlichkeit nur eine negative Funktion habe, womit sie der Endlichkeit eine "Richtung" gebe. Jedoch nähere sich die Bedeutung der Unendlichkeit in der christlichen Existenz, im Sein vor Gott, dem positiven Begriff des Ewigen an. "Wir haben also zu unterscheiden zwischen der Unendlichkeit der Richtung im Selbst und dem Ausdruck dieser Richtung im Augenblick der Endlichkeit - und dem Unendlichen als dem Ewigen, zu dem das endliche Selbst sich als zu einem Transzendenten unendlich leidenschaftlich verhält mit der Frage nach der ewigen Seligkeit." (138).

Selbsts, und daß man unendlich zu sich selber zurückkehrt in der Verendlichung." (KzT, 26).[200]

Jeder Versuch einer Vereinseitigung des Menschen in Endlichkeit oder Unendlichkeit führt in die Unfreiheit eines Mißverhältnisses des Selbst, das Anti-Climacus als Verzweiflung bezeichnet. In der Behauptung der Allgemeinheit dieser Unfreiheit der Selbstverfehlung sind sich Vigilius und Anti-Climacus einig, ersterer untersucht die psychologische Bedingung der Möglichkeit dieses Unfreiwerdens, die Angst, letzterer die Struktur der Unfreiheit selber als Verzweiflung.[201] Die Verzweiflung der Endlichkeit ist die Verengung auf die Begrenztheiten und Zwänge der Faktizität, das phantasielose Leben der Borniertheit und Spießbürgerlichkeit (vgl. KzT, 29 ff.). Demgegenüber wird die befreiende Macht der Phantasie zu einer Form der Selbstverfehlung, wenn das träumerisch-romantische Schwelgen in der Möglichkeitswelt den Bezug zu den Grenzen und Anforderungen der eigenen Realität verliert und der Mensch damit letztlich lebensunfähig wird (vgl. KzT, 26 ff.).

Im "Schwindel der Angst" sieht Vigilius in ähnlicher Weise wie Anti-Climacus eine negative Auswirkung der für die Freiheit konstitutiven Unendlichkeit.[202] Indem in der Ausweitung der faktischen Wirklichkeit der Mensch eine Unabhängigkeit von den natürlichen Bedingungen erfährt, erscheint ihm die Freiheit als selbstmächtige Erhebung über alle Begrenztheit. In der Angst vor der Synthese, dem leidenschaftlichen Einsatz der Freiheit in den Grenzen des eigenen Lebens, weitet sich der Blick auf die Freiheit aus zu der Vorstellung, *alles* zu können. Die Offenheit der Freiheit erscheint als "die Möglichkeit zu jeder Konkretion", als "die selbstische Unendlichkeit der Möglichkeit" (BA^R, 64). Die Vorstellung unbegrenzter Möglichkeiten ist "selbstisch", weil in ihr der Mensch nur auf sein eigenes Können, auf sich selbst verwiesen ist, auf die Möglichkeit, ein Selbst zu werden. Jedoch bezeichnet das "Selbstische" im Gegensatz zum Begriff des "Selbst" nur den negativen Vollzug der Vereinzelung des Willens als Bedingung der Selbstwerdung, "denn das Selbstische ist gerade das Einzelne" (BA^R, 83). Als selbstischer existiert der Einzelne in Abgrenzung zur Allgemeinheit (so wie auch Schelling den selbstischen Geist als sich vom Universalwillen trennenden Partikularwillen deutete[203]): "Die Pointe beim Einzelnen ist gerade sein negatives Verhalten

---

[200] "Denn unter dem Konkretwerden versteht er im Vertrauen auf Hegels Etymologie des Wortes *concrescere* das Zusammenwachsen von Elementen, die in getrenntem Zustand abstrakt sind." (Theunissen (1991), 49; vgl. Disse (1991), 48 f.; Heimbüchel (1983), 190 f.).

[201] Dazu s.u. III.4.3.

[202] Wie nah sich *Der Begriff Angst* und *Die Krankheit zum Tode* in der Bestimmung der Freiheit berühren, zeigt ein längerer Abschnitt des Entwurfs zur *Krankheit zum Tode*, in der die Verzweiflung mit dem Schwindel verglichen wird (vgl. Pap VIII B 168, 6/ KzT, 168 ff.); auch der Gedanke der durch sich selbst unfreien Freiheit wird an einer Stelle des Entwurfs aufgegriffen (vgl. Pap VIII B 170, 6/ KzT, 167). Zur Verhältnisbestimmung von Verzweiflung und Angst vgl. Anz (1980), 55; Blaß (1968), 189 ff.; Hennigfeld (1987), 281 f.; McCarthy (1978), 82 ff.; Nordentoft (1972), 242 ff.

[203] Vigilius kritisiert an dieser Stelle allerdings die naturphilosophisch-"wissenschaftliche" Ausweitung des Begriffs des Selbstischen, ohne Schelling beim Namen zu nennen. In

zum Allgemeinen, das Abstoßen des Allgemeinen" (BA^R, 84 Anm. 1). Verbleibt der Einzelne in dieser negativen Haltung des Selbstischen ist er von einer Bindungslosigkeit geprägt, die gerade das Fehlen eines freien, konkreten Selbst anzeigt. Denn ein Selbst zu sein bedeutet für Vigilius "gerade den Widerspruch, daß das Allgemeine als das Einzelne gesetzt ist" (BA^R, 83). Die unendliche Möglichkeit, *alles* zu können ist also "selbstisch", insofern sie Ausdruck der Selbstbezüglichkeit der Freiheit ist, aber auch der Übersteigerung dieser Befähigung in die Maß- und Bindungslosigkeit menschlicher Omnipotenzphantasien. Die selbstische Vorstellung der Freiheit ist die Auflösung der Fähigkeit zur Selbstbestimmung in die abstrakte Freiheit völliger Unbestimmtheit. Die Möglichkeit zu jeder Konkretion ist gerade am allerwenigsten konkret, sondern die Abstraktheit des *liberum arbitrium*. So ist die Tendenz zur absoluten Selbstermächtigung der Abgrund, in dem sich die Freiheit selbst verliert.[204]

"Die Möglichkeit erscheint so dem Selbst größer und größer, mehr und mehr wird möglich, weil nichts wirklich wird. Zuletzt ist es als ob alles möglich wäre, aber eben dies geschieht, wenn der Abgrund das Selbst verschlungen hat." (KzT, 33).

Mit seiner Psychologie der Angst führt Kierkegaard die Endlichkeit der Freiheit im Scheitern an ihrem eigenen Absolutheitsanspruch vor. Nachidealistisch verbinden sich Macht und Ohnmacht der Freiheit zur Erfahrung des Ungeheuerlichen, daß der Mensch auf sich selbst gestellt ist, als Endlicher in unendlicher Differenz zum Absoluten. Die Metaphorik des ängstigenden Abgrundes war schon vor Kierkegaard mit dem Erwachen der Freiheit verbunden worden. Die Abgründigkeit endlicher Freiheit gehörte zu den Grenzbestimmungen idealistischer Freiheitsphilosophie, die sich insbesondere beim Versuch, den Ursprung des Bösen zu klären, ergaben - also im gleichen Kontext wie im *Begriff Angst*. Schon Kant kennzeichnete in seiner Schrift *Mutmaßlicher Anfang der Menschengeschichte* (A 7) die Situation des aus der Natur sich zur Freiheit entwickelnden Menschen als durch Angst bestimmt:

"Er entdeckte in sich ein Vermögen, sich selbst eine Lebensreise auszuwählen, und nicht gleich anderen Tieren an eine einzige gebunden zu sein. Auf das augenblickliche Wohlgefallen, das ihm dieser bemerkte Vorzug erwecken mochte, mußte doch sofort Angst und Bangigkeit folgen: wie er, der noch kein Ding nach seinen verborgenen Eigenschaften und entfernten Wirkungen kannte, mit seinem neu entdeckten Vermögen zu Werke gehen sollte. Er stand gleichsam am Rande eines Abgrundes; denn aus einzelnen Gegenständen seiner Begierde, die ihm bisher der Instinkt angewiesen hatte, war ihm eine Unendlichkeit derselben eröffnet, in deren Wahl er sich noch gar nicht zu finden wußte; und aus diesem einmal gekosteten Stand der Frei-

---

Absetzung gegen das Selbstische als "das Zentrifugale der Natur" bezieht er es allein auf den einzelnen Menschen. Zum Einfluß Schellings auf Kierkegaards Bestimmung der Dialektik von Einzelnem und Allgemeinem vgl. Kim (1980), 15 f.

[204] Vgl. Dietz (1993), 73. 86. 323; Koch (1988), 181; Pieper (1968), 158; Pleines (1992), 62; Pojman (1972), 185.

heit war es ihm gleichwohl jetzt unmöglich in den der Dienstbarkeit (unter der Herrschaft des Instinkts) wieder zurück zu kehren."[205]

Auch in Schellings Freiheitsschrift wird der Mensch angesichts seiner Freiheit von Schwindel ergriffen. Der Mensch ist als Geist eine "Selbstheit"[206], die sich in der Absonderung vom göttlichen Universalwillen verwirklicht. Die selbstische Persönlichkeit des Menschen ist Partikularwille, der sich immer wieder in der Absetzung gegen den Universalwillen als einzelner zu verwirklichen sucht. Doch damit tut sich ein Widerspruch in der Bestimmung seiner geistigen Freiheit auf, insofern die in ihr angelegte überkreatürliche Universalität dem selbstischen Prinzip entgegensteht. Anders als bei Vigilius erregt bei Schelling nicht die Unendlichkeit der Freiheitsmöglichkeit, sondern der Sog des Endlichen den Schwindel. Gegen das Freiwerden regt sich ein blinder Naturdrang, der den Menschen schwindeln und schuldig werden läßt.

"Darum reagiert er nothwendig gegen die Freiheit als das Uebercreatürliche und erweckt in ihr die Lust zum Creatürlichen, wie den, welchen auf einem hohen und jähen Gipfel Schwindel erfaßt, gleichsam eine geheime Stimme zu rufen scheint, daß er herabstürze (...) Schon an sich scheint die Verbindung des allgemeinen Willens mit einem besondern Willen im Menschen ein Widerspruch, dessen Vereinigung schwer, wenn nicht unmöglich ist. Die Angst des Lebens selbst treibt den Menschen aus dem Centrum, in das er erschaffen worden; denn dieses als das lauterste Wesen alles Willens ist für jeden besondern Willen ein verzehrendes Feuer; um in ihm leben zu können, muß der Mensch aller Eigenheit absterben, weshalb es ein fast nothwendiger Versuch ist, aus diesem in die Perepherie herauszutreten, um da eine Ruhe seiner Selbstheit zu suchen."[207]

Die exzentrische Lebenssucht des Menschen[208] ist die beinahe notwendige Folge der Haltlosigkeit seiner Freiheit, die sich nur auf sich selbst gründen will. Das Ergreifen der Endlichkeit, der Perepherie des Kreatürlichen, ist ein Schuldigwerden, weil darin die Freiheit sich einem blinden Trieb unterordnet und so ihre eigene Bestimmung verfehlt. Für Schelling ist dieses Schuldigwerden als Sichaufgeben des Willens an den dunklen Drang des Lebens notwendiger Durchgang der Freiheit vom bindungslosen Partikularwillen hin zur Versöhnung mit dem Universalwillen in der Liebe. Daß er diese Versöhnung noch immer als eine in Freiheit erreichbare, vernünftig aufzeigbare Möglichkeit ansieht, stellt auch seine Spätphilosophie noch in den Rahmen idealistischen Denkens und unterscheidet sie von der Existenzdialektik Kierkegaards.[209] Doch in der Beschreibung des unter psychischem Druck erfolgenden Selbstverlustes der Freiheit, die die für sie konstitutive Dialektik von Bindung und Selbstsetzung nicht zu realisieren vermag, stehen sich Kierkegaard und der späte Schelling nahe. Für beide ist die Autonomie des Menschen eine Illusion, und weil der Mensch in diesem illusionären Selbst-

---

[205] Kant 9, 88 f.
[206] Schelling I/7, 364.
[207] Schelling I/7, 381.
[208] Vgl. EO II, 245.
[209] Vgl. Schäfer (1968), 114 f. 265 f.

verhältnis die wahre Bindung seiner Freiheit, die Unterordnung des Partikularwillens unter den Universalwillen, nicht anzunehmen vermag, fällt er in die Abhängigkeit der Endlichkeit, in das unfreie, ängstliche Sichklammern an das Gegebene, die Renaturalisierung der Freiheit.[210]

Wichtig ist es, zu betonen: die Schuld liegt nicht einfach im Ergreifen der Endlichkeit[211], denn auch die wahre Entscheidung der Freiheit verwirklicht sich im Endlichen, im Annehmen und Gestalten des eigenen, vorgegebenen Lebens. Doch die Abhängigkeit der konkreten Freiheit von der Faktizität ist nur dann keine Gestalt der Unfreiheit, wenn sie Vollzug einer Selbstbindung ist, das *unendliche* Sichverwirklichen in der Verendlichung (vgl. KzT, 26), "da (...) die wahre Freiheit darin besteht, sich das Gegebene frei anzueignen und also darin durch die Freiheit vollkommen abhängig zu sein" (Pap III A 11/ Tb I, 231). Das schuldhafte Verhaftetsein im Endlichen ergibt sich aus der Flucht vor der freien Entscheidung, in die hinein die Angst vor der Ungesichertheit treibt. Doch insofern sich in der Angst die Ungesichertheit des Lebens erschließt und so die endlichen Sicherungen fragwürdig werden, sieht Vigilius in ihr die Möglichkeit der Freiheit; die Angst kann den Menschen dazu erziehen, sein eigenes Leben mit neuen Augen zu sehen. "Wer dabei nicht im Elend der Endlichkeit versinken will, der muß notwendig im tiefsten Sinne und entschlossen auf die Unendlichkeit zugehen." (BA[R], 177).

Diese Pädagogik der Angst, die Vigilius im letzten Kapitel seines Buches aufzeigt[212], setzt den Glauben als Vertrauen in eine die eigenen Möglichkeiten eröffnende Macht voraus, an die sich die Freiheit binden und so die Haltlosigkeit ihrer Selbstbezüglichkeit überwinden kann. Was am Ende des *Begriff Angst* als psychologisch nicht mehr faßbare und deshalb die Aufgabenstellung des Werkes übersteigende Möglichkeit des Menschlichen angedeutet wird, ist die Verwirklichung der menschlichen Freiheit im Verhältnis zur göttlichen Freiheit.[213] Diese Abhängigkeit ist nicht, wie das blinde Ergreifen der Endlichkeit, ein Selbstverlust, sondern Freiheitsvollzug im personalen Verhalten. Nur in dieser unendlichen Bindung kann die faktische Gebundenheit zum Gehalt der Freiheit werden, in diesem Vertrauen ist es möglich, in Freiheit *endlich* zu sein. Die *abstrakte*, selbstische Unendlichkeit der Angst wandelt sich im Glauben zur *konkreten* Unendlichkeit Gottes als dem realen

---

[210] Figal (1980), 123, stellt bei Schelling und Kierkegaard eine gemeinsame Unterscheidung fest zwischen einer bindungslosen Freiheit, die ein verzweifeltes Selbstseinwollen darstellt, und einer Freiheit, die die eigene Endlichkeit und damit die kreatürliche Abhängigkeit als Basis der unendlichen Bedeutung des Selbst anerkennt. Erstere nennt er "Freiheit der Selbsterhaltung", letztere "Freiheit der Beständigkeit".

[211] Malantschuk (1971), 32 f., sieht das Schuldigwerden im Ergreifen einer *verbotenen* Möglichkeit, die Sympathie gewinne Überhand über die durch das Verbot erzeugte Antipathie. Dies ist ein zu äußerliches Verständnis der Schuld, das auch die Angst zu einseitig auf die Konkretheit vorgestellter Möglichkeiten und nicht auf die "selbstische Unendlichkeit" der Möglichkeiten bezieht. Nach Nordentoft (1972), 74, ist mit dem Sündenfall "wahrscheinlich nicht" eine bestimmte unmoralische Handlung gemeint, aber Vigilius sei hier unklar.

[212] Dies wird noch genauer zu entfalten sein, s.u. II.4.6.5.

[213] Vgl. Dietz (1993), 58 ff. 343 ff.; Disse (1991), 156 ff.; Koch (1988), 190 ff.; Kodalle (1988), 96 ff.; Malantschuk (1971), 130; Nordentoft (1972), 133 ff.; Pojman (1972), 210 f.; Schäfer (1968), 95 ff.

Grund der eigenen Möglichkeiten. Deutlicher als Vigilius, der in psychologischer Selbstbescheidung den dogmatischen Horizont eines befreienden Glaubens nur andeutet, erklärt Anti-Climacus die Selbstwerdung als freies Verhältnis zur "setzenden Macht". In einem Entwurf zur *Krankheit zum Tode* heißt es:

"Das wahre Verhältnis der Freiheit ist dieses: frei ganz in des Guten, der Freiheit Macht sein, oder in des Macht, in dessen Macht man nur sein kann, indem man frei ist, und in dessen Macht zu sein, das Freiwerden bedeutet." (Pap VIII B 170, 6/ KzT, 167).

3.4. Die Synthese als Widerspruch und Aufgabe: Sünde - Sexualität - Geschichte

Von der Freiheit des Glaubens ist der Mensch, wie ihn Vigilius Haufniensis darstellt, sehr weit entfernt, und der einzige Weg zu ihr hin führt durch eine illusionsfreie Einsicht in die Widersprüche und Unvollkommenheiten der eigenen Existenz. Ein unschuldiges Träumen gibt es nicht mehr, wenn im Menschen einmal die Angst Überhand gewonnen hat über das Vertrauen. Wie nun wieder Vertrauen zu lernen wäre, ist die über Freiheit und Unfreiheit entscheidende Frage, und für Vigilius verbindet sich diese mit der Notwendigkeit, in der rechten Weise die Angst zu erlernen (vgl. BA^R, 171 ff.).

Die Psychologie der Unschuld sollte zeigen, wie in der seelisch-unmittelbaren Natureinheit die Unerfülltheit des Menschseins als eine Angst erfahren wird, die den Prozeß der Selbstbestimmung in Gang setzt und doch auch von vornherein mit ihrer Ambivalenz belastet. Darin liegt die Möglichkeit der Selbstverfehlung, die Vigilius als Möglichkeit der Sünde thematisiert. Mit dem Sprung der in der Angst ohnmächtigen Freiheit ist die Sünde, die Unfreiheit, zur Wirklichkeit des Menschen geworden. Auf diesen Ernst seiner Situation hinzuweisen, ist das Grundanliegen des *Begriff Angst*, um das Schuldbewußtsein als einziges diesem Ernst gemäße Selbstverständnis zu befördern. Als psychischer Ausdruck der Selbstdifferenz des Menschen setzt sich die Angst in der sündigen Existenz fort. Im Krisenbewußtsein der Angst liegt aber auch die Möglichkeit zur Auseinandersetzung mit der konfliktreichen Lebenssituation. "Der Mensch ist zur Angst nicht nur verdammt, sondern auch verpflichtet, denn nur in der Angst erfährt er und bestätigt er seine widersinnige Seinsstruktur. Die Wunde der Negativität ist daher offenzuhalten."[214]

Vigilius bestimmt die durch das Schuldigwerden entstandene Situation als eine Verschärfung der Gegensätze, die das Menschsein ausmachen. Mit dem Erwachen der Freiheit treten die Strukturmomente der Synthese allererst als Gegensätze hervor, das unmittelbare Einheitsbewußtsein zerfällt unter dem Druck der Angst und weicht einer realistischeren Sicht der eigenen Ambivalenzen, auch wenn dies immer noch ein Realismus der Angst und damit auch der Übersteigerung der Widersprüche zum Abgrund innerer Zerrissenheit ist.

---

[214] Schulz (1979), 364.

Das Schuldigwerden, als Versagen der Freiheit an der Aufgabe der Selbstbestimmung, läßt die Zerrissenheit zur Grundsituation des aus den Träumen erwachten Menschen werden. Die Gegensätzlichkeit der Synthese wird als Widerstand gegen die Geistwerdung selbst erfahren.[215] Die Leiblichkeit, die in der seelisch-unmittelbaren Synthese als Eingebundenheit in die Natur erfahren wurde, stellt sich nun als Träger einer der freien Selbstbestimmung entgegengesetzten Eigendynamik heraus, die in besonderer Weise in der Sexualität zum Ausdruck kommt.[216]

"Erst im Sexuellen ist die Synthese als Widerspruch gesetzt, aber zugleich, wie jeder Widerspruch, als Aufgabe, deren Geschichte im selben Augenblick beginnt. Diese ist die Wirklichkeit, der die Möglichkeit der Freiheit vorausgeht." (BA^R, 50).

Die Freiheit verwirklicht sich in und als Geschichte, weil es kein unmittelbares Gelingen der Synthese geben kann. Die integrative Dynamik des Geistes kann sich nur entfalten im Bewußtwerden der faktischen Desintegration, in die der Mensch durch die Erfahrung der sexuellen Dynamik getrieben wird. Die Geschichte ist der Prozeß der Selbstkonstitution der Freiheit unter den Bedingungen ihrer unausweichlichen Selbstentfremdung, die Bewegung der Widersprüche, "die sich im geschichtlichen Handeln vollziehende Geistwerdung des Sinnlichen".[217]

Daraus ergibt sich auch, daß die Widerspruchsgestalt der Synthese selbst Resultat einer geschichtlichen Entwicklung ist. Die strukturale Analyse der Sexualität wird diachronisch ergänzt, indem Vigilius eine kurze Geistesgeschichte des Sexualbewußtseins entwirft (vgl. BA^R, 73 ff. 85 f.). Aus dieser ergibt sich, daß erst mit dem Christentum als der Religion des Geistes der Widerspruch von Geist und Sexualität in der Radikalität angenommen wird, wie ihn Vigilius darlegt. Indem er die eigene Position als geschichtlich bedingte vorführt, wird die Frage der Stellungnahme zu dieser geschichtlichen Tradition zum Angelpunkt der Selbstbewußtwerdung der Freiheit.

3.4.1. Die Kulmination des Sinnlichen

K. Rosenkranz bestimmte das dialektische Naturverhältnis des Geistes auf folgende Weise: "Der Mensch geht in seiner Existenz von der *Natur* aus, und in der *unmittelbaren Einheit* mit ihr nennen wir den einzelnen Geist *Seele*. Weil aber der Geist an sich von der Natur unterschieden ist, so muß er diesen

---

[215] Zur Synthese als Widerspruch vgl. Disse (1991), 91 ff.; Pieper (1968), 98; Schulz (1971), 309 ff. u. (1979); Vetter (1979a), 118 ff.
[216] Zur Sexualität vgl. Drewermann (1978), 441 ff.; Holl (1972), 122 ff.; Hopland (1981), 144 ff. 255 ff.; Malantschuk (1971), 40 ff.; Nordentoft (1972), 87 ff.; Schulz (1979), 356 ff.; Sløk (1954), 77 f.; Valls (1980), 149 ff.; Vetter (1979a), 120 f. 172 ff.
[217] Pieper (1968), 98; vgl. Valls (1980), 154 f. Dietz (1993), 358, sieht die Bedeutung des *Begriff Angst* "darin, daß er die reale Struktur der Freiheit im Kontext einer Selbsterfahrung von Selbstbezogenheit und Endlich-Unendlichkeit thematisiert, und zwar so, daß die geschichtliche und die sexuelle Dimension der sich fortsetzenden Freiheitserfahrung auf den Freiheitsbegriff selbst zurückbezogen werden".

Unterschied auch für sich setzen"[218], und für die Psychologie ergäbe sich daraus die Aufgabe, zu zeigen, "wie der Mensch die Einheit seines Geistes mit seiner Natürlichkeit auf eine selbst noch unmittelbare Weise aufhebt, um die letztere zum schlechthin durchdringlichen, genügsamen Organ des ersteren zu machen"[219]. Auch für Kierkegaard stellt sich die Selbstwerdung des Menschen als geistige Durchdringung, als integrative Organisation der leiblichen Natur dar, die zuvor vom Geist als das Andere seiner selbst bewußt gemacht werden muß. Doch in der Bewußtwerdung der Gegensätzlichkeit wird für Kierkegaard die Integration zur problematischen Zielvorstellung, da sich die Aufhebung der Natürlichkeit für ihn keineswegs auf eine "selbst noch unmittelbare Weise" vollzieht. Der organischen Kontinuität der hegelianischen Psychologie setzt er die sprunghafte Diskontinuität der versuchten Selbstbegründung gegenüber, die in ihrem Scheitern an den Widersprüchen der menschlichen Natur diese immer mehr verschärft. Nichts liegt Kierkegaard ferner als die Aussage, daß dem Geist der "Sieg" über die Leiblichkeit "schon vor dem Kampfe garantiert"[220] sei, vielmehr findet er sich gemäß dem *Begriff Angst* immer schon als Verlierer vor. Die geistige Durchdringung der Leiblichkeit bleibt an die Erkenntnis der extremen Gegensätzlichkeit gebunden, in der sich die Natur nicht zum "genügsamen Organ" des Geistes instrumentalisieren läßt.

Das "Extrem des Sinnlichen" ist für Vigilius "das Sexuelle" (BA^R, 50). Diese Bedeutung der Leiblichkeit erschließt sich erst mit der Bewußtwerdung der geistigen Bestimmung des Menschen, denn mit der Sexualität ist hier nicht einfach die naturgegebene Geschlechtlichkeit gemeint, sondern deren Bezug zur Aufgabe der geistigen Selbstbestimmung. Der leibgebundene Geist erfährt sich in seiner sexuellen Differenzierung auf eine seiner Freiheit gegenüberstehende, natürliche Integration hingeordnet, die gleichwohl nicht instinktmäßig, sondern als Anspruch an seine Freiheit gegeben ist.

"Beim Tier kann die sexuelle Verschiedenheit instinktmäßig entwickelt sein; aber in dieser Weise kann sie einem Menschen nicht eigen sein, eben weil er eine Synthese ist. In dem Augenblick, in dem der Geist sich selbst setzt, setzt er die Synthese; um aber die Synthese zu setzen, muß er sie erst unterscheidend durchdringen; und das Extrem des Sinnlichen ist eben das Sexuelle. Dieses Extrem kann der Mensch erst in dem Augenblick erreichen, in dem der Geist wirklich wird. Vor dieser Zeit ist er nicht Tier, aber auch nicht eigentlich Mensch; erst in dem Augenblick, in dem er Mensch wird, wird er es auch dadurch, daß er zugleich Tier ist." (BA^R, 49 f.).

Zugleich Mensch und Tier werden, dies will sagen: Die Freiheit ist nicht Ablösung von der Natur, sondern deren Aneignung, doch in der Sexualität liegt eine dieser freien Aneignung entgegenstehende Tendenz, die sie zum Extrem des Sinnlichen werden läßt, vor dessen überwältigendem Anspruch in der Weite einer tierisch-menschlichen Existenz sich wieder die Angst vor der Freiheit äußert, als Angst vor der Sexualität.

---

[218] Rosenkranz, 5.
[219] Rosenkranz, 11.
[220] Rosenkranz, 198.

Worin besteht nun die der Sexualität eigene, extreme Tendenz? Das Sexuelle ist der Trieb hin zum Anderen, zum Geschlechtspartner, mit dem natürlichen Ziel der Fortpflanzung (vgl. BA^R, 73). Der sexuelle Trieb ist für Vigilius im Unterschied zum Instinkt nicht ein unbeeinflußbarer Automatismus, sondern eine vom Leib vermittelte Zielsetzung der Lebensgestaltung. Die Sexualität ist ein leiblicher Motivationskomplex der Freiheit. Doch die Zielrichtung, die Teleologie der Sexualität ist eine der Teleologie des Geistes entgegengesetzte. Das Ziel der geistigen Entwicklung liegt in der freien Selbstverwirklichung des Individuums, der sexuelle Trieb richtet sich jedoch auf die leibliche Vereinigung mit dem Anderen, in ihm ist die geschlechtliche Differenz "im Verhältnis zu ihrem Anderen" (BA^R, 73) gesetzt. Mehr noch als die Erlebnisintensität des Sexuellen begründet dessen Hinordnung auf das Interesse der Gattung, die Fortpflanzung, die dem Geist entgegenstehende Teleologie. Im Trieb zur sexuellen Vereinigung mit dem Anderen droht der Mensch sich dem Interesse der Gattung zu unterwerfen, bevor er dieses in Freiheit zu übernehmen vermochte. In seiner Sexualität fühlt er eine natürliche Bezogenheit und Angewiesenheit auf das andere Geschlecht, die eine grundlegende Unvollkommenheit, Ergänzungsbedürftigkeit seiner nur individuell verstandenen Selbstverwirklichung offenbart. Gerade weil der Geist noch nicht seine integrative Dynamik entfalten konnte, wird die natürliche Integrationstendenz der Sexualität als tendenzielle Auflösung der Individualität erfahren. Der Konflikt zwischen Geist und Sexualität, wie ihn Vigilius beschreibt, entspringt nicht einer Leibfeindlichkeit[221], sondern ist der extremste Ausdruck für den Konflikt zwischen Individuum und Gattung[222]. Innerhalb dieses Konfliktes wird die Geschlechtsdifferenz der Menschen als Dynamik der Andersheit, als Tendenz zur Auflösung geistiger Identität in einer überindividuellen natürlichen Gemeinschaft empfunden. "Das Sexuelle ist der Ausdruck jenes ungeheuren Widerspruchs, daß der unsterbliche Geist als *genus* [Geschlecht] bestimmt ist." (BA^R, 73).

Vigilius stellt sich ausdrücklich leibfeindlichen Interpretationen der Sünde entgegen, indem er betont, daß das Sexuelle als solches, als rein leibliche Geschlechtsdynamik, nicht das Sündhafte sei (vgl. BA^R, 72). Erst im Scheitern an der vom Geist als Widerspruch empfundenen geistigen Bestimmung der Sexualität wird das Triebhafte als eine der Freiheit entgegenstehende, sündige Eigendynamik verstanden. Doch diese Sündigkeit ergibt sich aus der Selbstverfehlung des Geistes, der gerade die Aufgabe der Integration der Sexualität nicht zu übernehmen vermochte. Daß die Sexualität eine geistige Bedeutung hat, zeigt sich für Kierkegaard schon in der kindlichen Scham, die er als Angst der unschuldigen Unwissenheit deutet (vgl. BA^R, 72 f.). Die Scham ist innerhalb einer rein somatischen, instinktiven Sexualität nicht zu erklären, sie weist auf eine ethische Wertung des Sexuellen hin, die aber noch unverstanden bleibt. Der triebhafte Anspruch an die freie Lebensgestaltung äußert sich in der Scham noch nicht.

---

[221] Gegen den Vorwurf der Leibfeindlichkeit Kierkegaards wendet sich besonders Nordentoft (1972), 99. 158 Anm. 4. 459. 468; vgl. Deuser (1985a), 23 ff.
[222] Vgl. Malantschuk (1971), 35 ff. 70 f.

"In der Scham ist Angst, weil der Geist auf der äußersten Spitze der Differenz der Synthese so bestimmt ist, daß der Geist nicht nur als Leib, sondern als Leib mit der geschlechtlichen Differenz bestimmt ist. Die Scham ist jedoch zwar ein Wissen von der geschlechtlichen Differenz, aber nicht als ein Verhältnis zu einer geschlechtlichen Differenz; das heißt, der Trieb ist nicht als solcher vorhanden. Die eigentliche Bedeutung der Scham besteht darin, daß sich der Geist zu der äußersten Spitze der Synthese nicht bekennen kann. Deshalb ist die Angst der Scham so ungeheuer zweideutig. Es findet sich keine Spur von sinnlicher Lust; und dennoch wird Beschämung empfunden, worüber? über Nichts." (BA^R, 72).

An dieser Stelle wird besonders deutlich, daß die geistige Durchdringung des Sinnlichen nicht bloß ein Bewußtwerden der leiblichen Besonderheit ist, sondern deren willensmäßige Dynamisierung. Doch mit der unschuldigen Angst der Scham ist schon ein Zwiespalt im Erleben der Sexualität angelegt, der das Erwachen des sexuellen Triebes als Krise erfahren läßt. "Wie nun in der Scham die Angst gesetzt ist, so ist sie in jeglichem erotischen Genuß vorhanden" (BA^R, 75). Gerade weil der Mensch noch vor dem freien Erleben seiner Sexualität diese als unter den Anspruch sittlicher Gestaltung gestellt erfährt, ist seine geistige Reifung bestimmt durch den Gegensatz von Natur und Freiheit, Sinnlichkeit und Sittlichkeit. In dieser angstbedingten Zweideutigkeit seiner Selbstwahrnehmung als triebbestimmter Geist wird das Leben der Sexualität zum Sich-dem-Trieb-Überlassen und darin als schuldig erfahren, als Ergreifen der Endlichkeit im Schwindel der Freiheit.[223] Daher erscheint die Sexualität im *Begriff Angst* nicht unter dem Blickwinkel gelungenen Menschseins, sondern als Teil einer "Anthropologie der Sünde"[224]. E. Drewermann meint hierzu:

"Wenn wir also die Aussage Kierkegaards an dieser Stelle frei übersetzen wollen, können wir sie so wiedergeben: infolge der angstbedingten Verkürzung der Existenz, die bei sich selbst im Endlichen einen Halt sucht, wird eine Integration der Sexualität, d. h. der Fähigkeit zu Liebe und Hingabe, auch bis in die physische Existenz hinein verunmöglicht; so entsteht ein vollendeter Teufelskreis: gerade weil die Synthese von Leib und Seele im Endlichen gesetzt wird, ist es unmöglich, dieses Endliche bis in seine letzten Konsequenzen (der Leiblichkeit) hinein zu akzeptieren; anders ausgedrückt: gerade die angstbedingte Überbewertung des Sexuellen macht das Sexuelle zu einer Gefahrenquelle, vor der ein Integrationsversuch mißlingen muß; der verselbständigte, abgewehrte Teil der Existenz liegt aber weiter auf der Lauer und erzeugt Angst; all das liefert die uns aus der Neurosenlehre bekannten Mechanismen von Verdrängung, Angst, Fixierung etc.; es ist aber entscheidend, daß Kierkegaard (ganz wie Sartre 100 Jahre nach ihm) seine 'Psychoanalyse' existentiell fundiert und aus dem Mißverhältnis der Freiheit zu sich selbst, nicht aus einer autochtonen Triebangst im Sinne Freuds ablei-

---

[223] Die Bedeutung des moralischen Bewußtseins für die Selbstwerdung und die Selbstverfehlung (besonders in der Sexualität) betonen, mit unterschiedlicher Akzentuierung, Nordentoft (1972), 92 ff., und Hopland (1981), 255 ff.
[224] Drewermann (1978), 442.

tet; nicht von vornherein, sondern durch den Untergang der Freiheit an ihrer eigenen Haltlosigkeit wird die Sexualität zur Quelle der Angst, der Neurose (psa) und der Selbstverfehlung (existenzphilosophisch), in denen sich, vor Gott betrachtet, die *Sünde* darstellt und empirisch auswirkt."[225]

In dem Gedanken des Extrems der Sinnlichkeit taucht wieder das Motiv des Geistes als einer fremden Macht auf. Indem der Geist sich im Verhältnis zur triebhaften Struktur seiner Leiblichkeit als fremd erfährt, ist die Einheit der Unmittelbarkeit zerbrochen und der Mensch in den Sog der entfremdenden Selbstveräußerung geraten: entweder wird im natürlichen Leben der Sinnlichkeit der Geist als ein fremdes "Außen" vergessen, oder der Geist verdrängt bei dem Versuch, sich selbst als autonom zu verwirklichen, die Leiblichkeit als das ihm Unverständliche, Gefährliche. In beiden Fällen ist die Aufgabe der Selbstwerdung durch geistige Durchdringung der Sinnlichkeit verfehlt und die Angst gesteigert worden. In der Dialektik der Angst verstärken sich die Extreme von Sinnlichkeit und Geistigkeit immer mehr.[226] Vigilius spricht von *Kulminationspunkten der Sinnlichkeit*, die als solche der geistigen Durchdringung unzugänglich erscheinen: "Aber weshalb diese Angst? Weil der Geist an der Kulmination des Erotischen nicht teilnehmen kann. (...) Der Geist ist zwar anwesend; denn er ist es, der die Synthese konstituiert, aber er kann sich im Erotischen nicht ausdrücken, er fühlt sich fremd." (BA^R, 76).

Mit der Rede von der Kulmination des Sinnlichen ist die Auffassung der Synthese als Widerspruch derart radikalisiert, daß die Aufgabe der Selbstsetzung im Sinne der geistigen Durchdringung der Leiblichkeit als im letzten unmöglich erscheint;[227] immer bleibt ein nicht in Freiheit zu gestaltender, nicht in voller Bewußtheit zu erlebender Rest an Natürlichkeit. Dies ist um so schwerwiegender, als die von Vigilius genannten Kulminationspunkte nicht nur erlebnismäßige Höhepunkte leiblich-seelischer Intensität darstellen, sondern auch die Brennpunkte der natürlichen Entwicklung des Individuums in der gattungsmäßigen Teleologie sind: *Empfängnis, Geburt (Gebären)* und *Sterben*. An ihnen ist der Mensch mit der ganzen Intensität seiner Leiblichkeit hineingenommen in die überindividuelle Entwicklungsgeschichte, das "Generations-Verhältnis" (BA^R, 76), und es kann keine geistige Individualisierung geben ohne ein Verhältnis zu der Faktizität dieser generativen Vor- und Übergeschichte.[228] Doch gerade in der Teilnahme an diesem natürlichen Entwicklungsprozeß kulminiert der Leib zu einer dem Geist fremd bleibenden

---

[225] Drewermann (1978), 443; Unterschied und Nähe der Kierkegaardschen Gedanken zur Psychoanalyse Freuds beleuchtet auch Nordentoft (1972), 446 ff. 475. 487 ff.
[226] Deshalb gelten auch die beiden sich scheinbar widersprechenden Aussagen: "je weniger Geist, desto weniger Angst" (BA^R, 42) und: "je mehr Angst, desto mehr Sinnlichkeit" (BA^R, 77), denn es kann hinzugefügt werden: je mehr Geist, desto extremer die Sinnlichkeit. Leidenschaftslosigkeit ist für Kierkegaard allemal eine Gestalt der Geistlosigkeit.
[227] Vgl. Schulz (1971), 309 u. (1979), 349. 361 f. 363 f.
[228] Vgl LA, 51: Für die "Geburt eines Menschen (gilt), daß die Lebensverhältnisse, daß die Umgebung samt der psychologischen Disposition einen großen Einfluß darauf haben, was da geboren wird".

Macht, so daß die Geschichte des einzelnen, der Vollzug der Freiheit, im Dunkel der Natur verschlossen bleibt.

Die äußerste Zuspitzung des Gegensatzes wird im *Sterben*, als der Trennung von Geist und Leib, erfahren. Der unsterbliche Geist[229] erfährt das Sterben als ein ihm völlig unzugängliches und bedrohliches Geschehen, er kann darin nichts anderes sehen als den Entzug seiner Natürlichkeit und damit der Möglichkeit konkreter Selbstentfaltung. Die darin erfahrene Ohnmacht des Geistes steigert sich angesichts des Todes ins Entsetzliche, je mehr der Mensch sich seiner möglichen geistigen Freiheit bewußt geworden ist, und mit tiefer psychologischer Einsicht verweist Vigilius auf die Entsprechung von Todes-Angst und Geburts-Angst[230]:

"Je höher der Mensch veranschlagt wird, desto entsetzlicher der Tod. Das Tier stirbt eigentlich nicht; aber wenn der Geist als Geist gesetzt ist, dann zeigt sich der Tod als das Entsetzliche. Die Angst des Todes entspricht daher der Angst des Gebärens (...) Im Todes-Augenblick befindet sich der Mensch auf der äußersten Spitze der Synthese; der Geist kann sozusagen nicht anwesend sein; denn er kann nicht sterben, und doch muß er warten, denn der Leib muß ja sterben." (BA[R], 100).

Nicht nur im Sterben spitzt sich der Gegensatz von Leib und Geist zu, sondern auch in den Momenten höchster *Lebens*intensität, die mit der *Entstehung des Lebens* verbunden sind. Die Sinnlichkeit "kulminiert" im Rausch der sexuellen Vereinigung ebenso wie in dem gewaltigen, die ganze Leiblichkeit beanspruchenden Geschehen der Geburt. Diese Erfahrung intensivster, zwingender und schmerzhafter Leiblichkeit ist nur der Frau eigen, weshalb sie für Vigilius sinnlicher bestimmt ist als der Mann und deshalb auch mehr Angst empfindet (vgl. BA[R], 67 ff. 76 f.). Doch dies sei keine Unvollkommenheit, die Angst ist vielmehr ein Hinweis auf die geistige Bestimmung des Menschen. Nur als Geist empfindet die Frau auch ihre tiefere Sinnlichkeit in tieferer Angst, weshalb es in den Naturvölkern "eine Analogie zur leichten Geburt des Tieres" (BA[R], 77) gibt. Nur weil die Frau in der geistigen Bestimmung dem Manne gleich ist, ist die Überwältigung angesichts des Gegensatzes von Leib und Geist bei ihr größer, da ihre Leiblichkeit tiefer in den natürlichen Generationsprozeß einbezogen ist als die des Mannes.

"Im Augenblick der Empfängnis ist der Geist am weitesten fort und darum die Angst am größten. In dieser Angst entsteht das neue Individuum. Im Augenblick der Geburt kulminiert die Angst zum zweiten Mal in der Frau, und in diesem Augenblick kommt das neue Individuum zur Welt. (...) Wenn

---

[229] Zum Unsterblichkeitsgedanken bei Kierkegaard vgl. Malantschuk (1980a), 107 ff. 114 ff.
[230] Drewermann (1978), 446, und Nordentoft (1972), 162, verweisen hierbei auf Ranks Lehre vom "Trauma der Geburt", es ist jedoch zu beachten, daß Vigilius von der Angst des *Gebärens*, der Angst der Frau, nicht des Neugeborenen, spricht. Doch da es im Kontext um das Verhältnis des Individuums zu seiner generativen Geschichte geht, ist die Bedeutung des Geborenwerdens sicher mitzubedenken. Nordentoft sieht hierin sogar eine psychologische Fortsetzung der alten generativen Erbsündenvorstellung. Zu einer grundsätzlichen Ähnlichkeit zwischen Kierkegaard und Rank vgl. Nordentoft (1972), 270 ff. Zum Todesgedanken vgl. Dietz (1993), 362 ff.; Kodalle (1988), 58 ff.; Pleines (1992), 21 f. Anm. 25; Theunissen (1958), 140 ff.

die Frau gebiert, befindet sie sich wieder an dem äußersten Punkt des einen Extrems der Synthese, deshalb zittert der Geist; denn er hat in diesem Augenblick keine Aufgabe, er ist sozusagen suspendiert." (BA^R, 76 f.).[231]

---

[231] In diesen Überlegungen zur größeren Angst der Frau zeigt sich, daß Vigilius die Gegensätzlichkeit von Mann und Frau als derart tief ansieht, daß die leibliche Unterschiedenheit nicht ohne Auswirkung bleibt auf die geistige Selbstwerdung, trotz seiner Beteuerung einer grundsätzlichen geistigen Gleichheit. So sehr die Betonung der unterschiedlichen Intensität der Leiberfahrung und -bestimmtheit angesichts eines so spezifisch weiblichen Vorgangs wie des Gebärens berechtigt ist, so wird dies doch problematisch, wenn daraus direkte ethische, also die geistige Bestimmung betreffende Schlüsse gezogen werden. Vigilius geht hierbei soweit, daß er von der *Fortpflanzung* als dem *ethischen Ideal* der Frau spricht (vgl. BA^R, 68), wohlgemerkt: ein ethisches, nicht ein natürlich-gattungsmäßiges. Wenn aber die Fortpflanzung an anderer Stelle als das Ziel der Gattungsnatur dargestellt wird, das in der Sexualität als ein sich der freien Selbstwerdung entgegenstellendes erfahren wird, so bestünde das ethische Ideal der Frau für Vigilius - konsequent gedacht - darin, ihre geistige Bestimmung aufzugeben zugunsten der Anforderungen der Gattung, die Unterordnung der Freiheit unter die Natur. Wäre es für eine Frau ethisch gerechtfertigt, irgendein anderes Ziel über die Fortpflanzung zu stellen, so könnte diese nicht mehr als *das* ethische Ideal der Frau bezeichnet werden. Es besteht also ein offensichtlicher Widerspruch zwischen der grundsätzlichen Betonung der geistigen Gleichheit der Geschlechter und den Konsequenzen, die Vigilius aus der Geschlechtsdifferenz für die ethische Selbstbestimmung zieht. Angesichts dieses Widerspruchs ist es m.E. unzureichend, die entsprechenden Abschnitte des *Begriff Angst* nur zu paraphrasieren, wie Malantschuk (1971), 41, es tut, ohne auf die Problematik hinzuweisen. Malantschuk spricht in diesem Zusammenhang sogar von einer selbstverständlichen Tatsache ("Kendsgjerning"). Noch grundsätzlicher läßt sich der Widerspruch anthropologisch so formulieren, daß die Frau zwar strukturell ebenso wie der Mann eine Synthese bildet, jedoch eine von ihm wesentlich verschiedene. Der Unterschied liegt nicht nur innerhalb des Strukturmomentes Leib, sondern dessen Andersartigkeit prägt die geistige Ganzheit der Synthese als einer von der männlichen Geistigkeit unterschiedene. Die Frau ist in tieferem Sinne als der Mann eine abgeleitete, *derivierte Synthese*. Nun steht der Begriff der "Derivation" im *Begriff Angst* grundsätzlich für die Eingebundenheit des Menschen in die mit der Sünde beginnende Geschichte der Fortpflanzung. In diesem Sinne ist jeder Mensch, außer Adam, "fortgepflanzt", schon Eva bezeichnet mythologisch diese Derivation, und von ihr aus kann der Begriff der derivierten Synthese dann in besonderer Weise auf alle Frauen ausgeweitet werden (vgl. BA^R, 67). Alle Menschen stehen in der Geschlechterfolge, doch die Frau ist aufgrund ihrer leiblichen Eigenart auf die Fortpflanzung besonders hingeordnet: "es ist sozusagen die Ahnung einer Disposition da, die, wenn auch ohne es zu sein, dennoch wie ein Fingerzeig auf die durch die Fortpflanzung gesetzte Sündhaftigkeit erscheinen kann, die das Derivierte ist, das den Einzelnen prädisponiert, ohne ihn jedoch schuldig zu machen" (BA^R, 48). Wenn diese Überlegungen von Vigilius angeführt werden zur Erläuterung der Versuchung Adams durch Eva, dann läßt sich die Entmythologisierung weiterführen zu der Annahme, daß die im *Begriff Angst* dargestellte Angst vor der Sexualität Ausdruck einer Angst vor der Frau ist, was sich von Kierkegaards Lebensgeschichte her durchaus nahelegt. Auch in anderen Werken läßt sich diese widersprüchliche Einstellung belegen. In der *Krankheit zum Tode* bestimmt Kierkegaard die derivierte Synthese der Frau unmißverständlich als niedrigere Form, womit der Widerspruch in seiner Anthropologie offenkundig wird: "Dergestalt aber ist eben auch die Mannheit wesentlich unter die Bestimmung Geist gehörig, wohingegen Weiblichkeit eine niedere Synthese ist" (KzT, 67; vgl. 48 f.; kritisch zu Anti-Climacus' Begriff einer "Verzweiflung der Weiblichkeit" vgl. Kraus (1984), 48 f.). Auch Climacus wertet die weibliche Innerlichkeit gegenüber der des Mannes ab, weil sie nach außen gerichtet sei, also der eigentlichen Bestimmung der Innerlichkeit widerspreche (vgl. UN I, 287).

3.4.2. Die Geschichtlichkeit des Menschen

Das individuelle Selbstwerden vollzieht sich in einem unaufhebbaren Zusammenhang mit anderen Menschen, der schon durch die natürliche Generation des Individuums gegeben ist und sich in einer geistigen, sozio-kulturellen Beeinflussung fortsetzt. Vigilius thematisiert die intersubjektive Dimension als Einheit von Allgemeinheit und Einzelnem, von Gattung und Individuum. Die Hervorbringung des Menschlichen ist das beide verbindende Ziel, doch im Auseinanderfallen von natürlicher Reproduktion (teleologischer Identität der Gattung) und individueller Freiheitsgestaltung (teleologischer Identität des Einzelnen), das mit der schuldhaften Selbstverfehlung dieses Zieles gesetzt wurde, beginnt der Prozeß der geschichtlichen Vermittlung von Individuum und Gattung. Die Einheit des Menschlichen als das im Geist Verbindende ist nicht selbstverständliche Voraussetzung, sondern von jedem Menschen im faktischen, von Widersprüchen bestimmten Zusammenhang der Menschen zu übernehmende Aufgabe, von der er die Suche nach sich selbst nicht abtrennen kann. Die Bewegung der Selbstbestimmung des einzelnen geschieht in der geschichtlichen Bewegung des menschlichen Geistes und führt diese fort.

Die Einheit von Individuum und Gattung "ist die Vollkommenheit des Menschen als Zustand gesehen. Zugleich ist es ein Widerspruch; ein Widerspruch aber ist stets Ausdruck einer Aufgabe; eine Aufgabe aber ist Bewegung; eine Bewegung aber, hin zu demselben als Aufgabe, die als dasselbe gegeben war, ist eine historische Bewegung. Also hat das Individuum Geschichte." (BA^R, 27).[232]

Die Geschichte entspringt aus der Gegensatzstruktur des Menschen, sie ist die Widerspruchsgestalt der synthetischen Einheit von Zeit und Ewigkeit[233], in der sich die Selbstdifferenz des einzelnen zu seiner Freiheit als Bewegung, als Werden des Geistes vollzieht. Es ist "das Geheimnis des Geistes, daß er stets Geschichte hat" (BA^R, 69). Die Geschichte des Geistes ist für Vigilius im eigentlichen Sinne die zeitliche Vollzugsform individueller Selbstwerdung, das im Horizont der Möglichkeiten (Zukunft) zur Faktizität des eigenen Lebens (Vergangenheit) Sich-Verhalten (Gegenwart). Diese Bewegung der Selbstbestimmung gründet im qualitativen Sprung der Freiheit, so daß sich die Geschichte mit jedem Augenblick der Entscheidung neu konstituiert. "Erst im Augenblick beginnt die Geschichte." (BA^R, 96).

Von dieser "qualitativen" Geschichte der individuellen Selbstbestimmung ist die "quantitative" Geschichte der Menschheit zu unterscheiden[234], die die Bewegung des jeweils erreichten Zustandes der geistigen Entwicklung bezeichnet, die mit der qualitativen Geschichte des einzelnen fortschreitet und dieser doch als faktischer Zustand vorgegeben ist. Die mit jedem Sprung gesetzte neue Qualität der Lebensgestaltung ist damit als Zustand konstituiert

---

[232] Vgl. Deuser (1985a), 89 ff.; Fahrenbach (1968), 41 ff.; Hopland (1981), 248 ff.; Malantschuk (1971), 70 f.; Pieper (1968), 146 ff.; Rochol (1984), LXIV; Valls (1980), 131 ff.

[233] Vgl. BA^R, 96; s.o. II.3.1.

[234] Vgl. Pieper (1968), 156 ff.; Valls (1980), 134 ff.

und so der weiteren Entwicklung als Faktizität vorgegeben. In dieser Objektivierung der Freiheitsentscheidung des einzelnen, die sich ja immer als Wirklichkeitskonstitution vollzieht, liegt die Möglichkeit der Beeinflussung der anderen und durch andere Menschen, deren Freiheit als solche, als Sprung, nicht zugänglich ist. Die quantitative Geschichte ist die Geschichte der objektiven Auswirkungen der Freiheitsentscheidungen der gesamten Menschheit, die jedem Menschen in seiner individuellen Entwicklung als Faktum vorgegeben ist und durch dessen Freiheit als Geschichte jeweils neu bewegt wird.

"Im Bereich der historischen Freiheit ist der Übergang ein Zustand. Indessen darf man, um das richtig zu verstehen, nicht vergessen, daß das Neue durch den Sprung eintritt." (BA^R, 91).

Indem der einzelne sich seiner eigenen Lebensgeschichte bewußt wird und sie gestaltet, erschließt sich ihm seine Eingebundenheit in die überindividuelle Menschheitsgeschichte, die ihm als konkreter Zustand geistig-kultureller Bestimmtheit vorgegeben ist. Vigilius geht es nicht darum, der subjektiven Geschichte des einzelnen die existentielle Bedeutungslosigkeit einer äußeren Weltgeschichte gegenüberzustellen, welche "in einer mißverstandenen historischen Aneignung des Historischen" (BA^R, 78)[235] gründe, er will vielmehr die Bedeutsamkeit der geschichtlichen Entwicklung für die Selbstfindung herausstellen.

"Inwiefern also macht der Einzelne Geschichte, indem er mit sich selbst (mit seiner möglichen Freiheit) etwas anfängt, und inwiefern gehört die von anderen bestimmte Geschichte als inneres Moment zur Freiheit des Einzelnen? Dieser Frage gilt die von Vigilius Haufniensis angestellte Überlegung."[236]

Doch die Geschichte der Menschheit ist für Vigilius keine Freiheitsgeschichte, die in kontinuierlicher Entwicklung sich dem Ideal des Menschlichen nähert, sondern ein stetiges Wachstum der Angst, die sich aus dem Versagen der Freiheit ergibt, sie "besteht in der Entdeckung und Konkurrenz bestimmter Versuche, aus der Zeit etwas zu machen, und daher in der Herrschaft der jeweils entsprechenden Ängste"[237]. Indem der einzelne eingebunden ist in die geschichtliche Gestalt versuchter und verfehlter Freiheit, wird er noch vor seinen eigenen Freiheitsexperimenten mit den Zwängen des soziokulturellen Bewußtseins konfrontiert. Die historische Faktizität eines moralischen Bewußtseins, das sich im Hinblick auf die Schwierigkeiten des Menschseins entwickelt hat, ist der Bezugsrahmen der individuellen ethischen Entwicklung. Hier berührt sich die Angst vor den eigenen Widersprüchen mit der geschichtlich gewachsenen Angst vor dem Schuldigwerden, die als moralischer Anspruch an den einzelnen herantritt (vgl. BA^R, 78 ff.).[238]

---

[235] Der dadurch entstehende Gegensatz von Historie und Geschichtlichkeit wird von Kierkegaard in den *Philosophischen Brocken* thematisiert; vgl. Schäfer (1968), 179 ff.
[236] Schäfer (1968), 65.
[237] Schäfer (1968), 67.
[238] Vgl. Hopland (1981), 240 ff.

Wenn Vigilius die Geschichte als Folge und Fortsetzung der Sünde darstellt, so will er den strukturellen Zusammenhang von Selbstdifferenz und zeitlicher Prozeßhaftigkeit des Geistes auch für das Verhältnis von Individuum und Gattung aufzeigen; daraus ergibt sich seine These: "ohne Sexualität keine Geschichte" (BA^R, 50). Den einzelnen betrifft die Geschichte anderer genau dort, wo er in sich die Angst vor den Widersprüchen seines Lebens empfindet. Das Streben des Geistes zur Freiheit wird in der Zweideutigkeit der Angst vor dem Neuen gehalten, die sich aus dem Blick auf eine von Versagen erfüllte Vergangenheit ergibt. Die Zeitlichkeit des sich selbst suchenden, immer in Abstand zu seiner Freiheit befindlichen Menschen ist die in Angst gesetzte Synthese von Zeit und Ewigkeit, "die Angst war der Augenblick im individuellen Leben" (BA^R, 87).

Weil die Geschichtlichkeit des Menschen derart die zeitliche Uneinholbarkeit der Ewigkeit, die Unabschließbarkeit menschlicher Selbst- und Sinnsuche bezeichnet, entzieht sich der Gehalt der Freiheit auch jeglicher Konstruktion durch geschichtliche Vernunft. Die Geschichte ist nicht der Ort einer vernünftigen Kontinuität, sondern das Kontinuum menschlicher Diskontinuität, in dem sich Freiheit nur als unaufweisbarer Sprung und immer unter dem Vorbehalt noch offener, daher ängstigender Zukunft vollzieht. Die von Vigilius vorgestellte Geschichtlichkeit des Geistes unterscheidet sich dadurch radikal von der idealistischen Geschichtsphilosophie.[239] Die Kontinuität der Geschichte und damit der mögliche Sinngehalt freien Lebens[240] ist nicht die immanente Totalität der Geschichtsbewegung, sondern deren sich in der Freiheit erschließende Transzendenz als Offenheit für das Ewige, das sich geschichtlich als dem einzelnen immer bevorstehende Zukunft zeigt. Ob dieser Möglichkeitsgehalt der Ewigkeit eine wirkliche Bedeutung hat und nicht nur Projektion der verunendlichenden Phantasie des Menschen ist, läßt sich nicht mehr objektiv erweisen. Hier stellt sich für Kierkegaard die Frage nach dem Glauben an die sich in der Geschichte selbst als "Fülle der Zeit" offenbarende Ewigkeit, deren "Wiederholung", d.h. deren präsente Erwartung als eigener Möglichkeit, die Versöhnung mit der eigenen Lebenszeit und damit die Sinngebung der Freiheit begründet.[241] Im Paradox des Gottmenschen ist die Synthese von Zeit und Ewigkeit gelungen und die Geschichte im Sinn der Freiheit vollendet, doch *als Paradox* der geschichtlichen Faktizität des Ewigen bleibt dieses ein nicht durch spekulative Totalitätskategorien aufzuhebender Anspruch an die sich geschichtlich realisierende Freiheit des einzelnen. So bindet das christlich verstandene Ewige die Geschichte zur Kontinuität der erlösten Freiheit zusammen, indem es immer wieder den geschichtlichen Selbstabstand des Menschen von dieser Befreiung bewußt macht und so die schon geschehene Vollendung als zu wählende

---

[239] Vgl. Anz (1956), 38 ff.; Figal (1980); Fonk (1990), 105 ff.; Grøn (1980); Guarda (1980), 62; Janke (1977), 435 ff.; Kodalle (1982); Pieper (1968), 176 f.; Reimer (1979), 320 ff.; Theunissen (1964/65).
[240] "Das Gute bedeutet hier die Kontinuität; denn die erste Äußerung der Befreiung ist die Kontinuität" (BA^R, 143). "Die Freiheit ruht in der Kontinuität" (BA^R, 146).
[241] Vgl. Guarda (1980), 99; Schäfer (1968), 151 ff.

Möglichkeit vor Augen führt.[242] In dieser Zeitigung des Ewigen sieht Vigilius den entscheidenden Unterschied der Epochen des Heidentums, Judentums und Christentums, in denen der Mensch auf jeweils andere Weise geschichtlich ist (vgl. BA^R, 97 f.).[243]

"Daß der Aufruf zur Versöhnung ergeht, macht somit in der Geschichte des Verhaltens der Menschen zu sich selbst *Epoche*: die Bemühung um die zur Existenz als Existenz gehörige Schwierigkeit des Frei-Werdens hat eine irreversible, sprunghafte *Geschichte*. (...) Die Konfrontation des Einzelnen mit seiner möglichen Freiheit hat eine Geschichte, ja, sie ist das, was in der Gesamtgeschichte zustande kommt, *wird*. In dieser Geschichte bezeichnet die Erinnerung eine nun überholte Antwort auf eine unzureichende Fassung dieses Existenzproblems 'Freiheit'. Die 'Wiederholung' bezeichnet die zureichende Fassung desselben Problems und damit die Tatsache, daß die Freiheit als die Möglichkeit jedes Einzelnen geschichtlich jetzt *da* ist. Die Versöhnung aber drückt die Behauptung aus, daß diese Möglichkeit als eine dem Einzelnen unmögliche im Christsein wirklich sei. Und diese *Behauptung* (die *Verkündigung*) ist es, die dem Freiheitsproblem die Gestalt der Frage nach der Wiederholung gab - nicht eine heilsgeschichtlich vorgestellte 'Heilstat Gottes'."[244]

3.4.3. Die Geschichte des sexuellen Geistes

Die grundlegende Geschichtlichkeit der menschlichen Selbstwerdung bestimmt auch das Verhältnis zur Sexualität. Vigilius stellt verschiedene geistesgeschichtliche Formen des Sexualbewußtseins vor, in denen sich die dialektische Abhängigkeit von geistigem Selbstverständnis und Sexualerleben zeigt (vgl. auch EO I, 64 ff.).[245] Hierbei entsprechen sich in der Systematik des *Begriff Angst* wieder Individual- und Menschheitsgeschichte, so daß es ein zur kindlichen Scham analoges unmittelbar erotisches Zeitalter gibt.[246]

---

[242] "Das kennzeichnet die *Dialektik* des Augenblicks bzw. der Existenzkategorie der Zeitlichkeit, daß ihre Nähe zugleich ein Ausgesetztsein (im Selbstverhältnis) bedeutet, wesentlich ausgesetzt auf Zukunft, auf die Möglichkeit. (...) Aus dieser Dialektik resultiert in der Zweideutigkeit die Angst; in der bewältigen (nicht ausgeschlossenen oder verdrängten!) Möglichkeit aber zeigt sich der Glaube als die lebendige und heilende Alternative, die der integrierenden Antizipation (BA 163) fähig ist. (...) Das theologische Argument ist nötig, weil der Möglichkeitssinn - um der Wirklichkeit und Zeitlichkeit unverfälscht Ausdruck geben zu können - nur in seiner religiösen Deutung Lebendigkeit gewinnen kann, insofern die Religion die Geschichte des Ewigen in der Zeit zu erzählen versteht." (Deuser (1985a), 132).
[243] Vgl. Sløk (1990), 135 ff.
[244] Schäfer (1968), 313 Anm. 224.
[245] Vgl. Malantschuk (1971), 41 ff.; Nordentoft (1972), 87 ff.; Sløk (1954), 84 ff.
[246] Die Vergleichbarkeit beider besteht darin, daß in ihnen noch nicht der Geist als Geist und damit die Sexualität als Trieb gesetzt ist. Jedoch enthält die erotische Unmittelbarkeit gegenüber der eigentlichen Naivität der Unwissenheit, die "allein dem kindlichen Alter vorbehalten" ist (Pap V B 53, 29/ BA, 252), den Aspekt der Lust. Diese wird jedoch nicht in der willensmäßigen Dynamisierung erfahren, sondern im ruhenden Genuß der Schönheit, für das Erotische ist (vgl. BA^R, 73). Malantschuk (1971), 42, unterscheidet in diesem Sinne kindliche und griechisch-erotische Sexualität als rein leibliche (schamhafte) und seelisch

Diese erste Phase wird durch das heidnische Griechentum repräsentiert. Hier ist der Widerspruch zwischen Geist und Sinnlichkeit noch nicht bewußt geworden, da der Geist noch nicht als solcher, in seiner individuellen Freiheitsgestalt, gesetzt ist. Im Sinne der unmittelbaren seelischen Synthese des träumenden Geistes herrscht noch das harmonische Ideal der *Schönheit* als der "Einheit des Seelischen und des Leiblichen" (BA^R, 73). Zugleich liegt in dieser erotischen Unmittelbarkeit eine "unerklärte tiefe Trauer" (BA^R, 68), die als eine Gestalt der Angst auf das Fehlen des Geistes hinweist. Tritt der Geist hervor, so führt dies zu einer ganz anderen Sicht des Erotischen, zur Feststellung des Widerspruchs von Geist und Sinnlichkeit, der sich in seiner ersten Gestalt darin äußert, daß das Erotische "zugleich das Schöne und das Komische" (BA^R, 73) ist. Die geistige Durchdringung der "fremden" Sinnlichkeit ist hierbei die Durchsetzung des Geistes als ironische Distanzierung von der Sexualität. Das Erotische wird als das Komische "ironisch neutralisiert" (BA^R, 75). Repräsentant dieser Haltung, die Vigilius die höchste im Heidentum mögliche nennt, ist der "Ironiker" Sokrates.

Erst mit dem Christentum tritt der Gegensatz zwischen Geist und Sinnlichkeit in jener Schärfe hervor, die das Sexuelle zu einer der Freiheit entgegenstehenden Triebdynamik werden läßt. Dieser Gegensatz ergibt sich aus der tieferen Bestimmung des Geistes, die ihre Erfüllung im freien Gottesverhältnis des einzelnen sieht, für das die geschlechtliche Differenz bedeutungslos ist. Diese religiöse Indifferenz der Geschlechtlichkeit unterscheidet sich von der ironischen Neutralisierung, weil sie den Menschen nicht nur durch die komische Verfremdung von seiner erotischen Natürlichkeit entfernt, sondern an deren Stelle eine neue, geistige Erfüllung setzt, in der das Erotische "suspendiert" ist.[247]

"Im Christentum hat das Religiöse das Erotische suspendiert, nicht nur, auf Grund eines ethischen Mißverständnisses, als das Sündhafte, sondern als das Indifferente, weil im Geist zwischen Mann und Frau kein Unterschied besteht. Hier ist das Erotische nicht ironisch neutralisiert, sondern suspendiert, weil es die Tendenz des Christentums ist, den Geist weiterzuführen." (BA^R, 74 f.).

Doch indem dieses Ideal geistiger Erfüllung vorgestellt wird, verschärft sich für den Menschen die Aufgabe, sich als Geist zu seiner Sexualität zu verhalten, und das Scheitern an dieser Aufgabe wird erst im Christentum als Ausdruck einer grundlegenden Sündigkeit des Menschen verstanden. So kann das ethische Mißverständnis entstehen, daß die Sexualität von Natur aus sündhaft sei, wogegen sich Vigilius immer wieder wendet. Aus dem Widerspruch zwischen sündhafter Sexualität und geistig-religiöser Bestimmung ergeben sich dann die "christlichen" Fehlformen der sexuellen Selbstbestimmung: ethischer Rigorismus und asketisch-kontemplative Geistigkeit (vgl. BA^R, 75), als deren unethische Gegengestalt man die ebenfalls durch das

---

bestimmte (erotische) voneinander. Bei Vigilius liegt der Akzent jedoch auf der Ähnlichkeit beider als Naivität (vgl. BA^R, 68 f.); dazu s.u. II.4.1.
[247] Die Ironie des Sokrates ist hier also wie im *Begriff der Ironie* als negative Bewegung zu deuten, die keine neue Wirklichkeit vermittelt (dazu s.u. III.1.2.1.).

Christentum geprägte Sinnlichkeit eines Don Juan nennen kann.[248] Vigilius will die Menschen von dieser Angst vor der ethisch disqualifizierten Sexualität befreien, indem er deren Integration in das Ethos der Liebe proklamiert. Sein Ideal eines ganzheitlichen Menschseins führt so zur Auseinandersetzung mit den religiösen Neurosen des Christentums.

"Hier wie überall muß ich mir jedes Mißverständnis bei den Konsequenzen verbitten, als ob es nun z.B. die wahre Aufgabe wäre, vom Sexuellen zu abstrahieren, d.h.: es im äußerlichen Sinne zu ertöten. Wenn das Sexuelle einmal als das Äußerste der Synthese gesetzt ist, so nützt alle Abstraktion nichts. Die Aufgabe ist natürlich, zu erreichen, daß es in die Bestimmung des Geistes eingeht. (Hier liegen alle sittlichen Probleme des Erotischen.) Die Verwirklichung ist der Sieg der Liebe im Menschen, einer Liebe, in der der Geist so gesiegt hat, daß das Sexuelle vergessen ist und der Mensch sich des Sexuellen nur im Vergessen erinnert. Wenn das geschehen ist, so ist die Sinnlichkeit im Geist verklärt und die Angst verjagt." (BA^R, 85 f.).[249]

Doch diese Formulierung eines Ideals der Liebe läßt in ihrer Knappheit die Frage offen, was hier mit Liebe bezeichnet wird und inwiefern das Vergessen der Sexualität deren Integration und nicht deren Verdrängung befördert. Will Vigilius hiermit ein Ideal ehelicher Liebe in Distanzierung zur christlichen Suspension des Erotischen vorstellen[250], oder meint er die christliche Nächstenliebe, die der erotischen Liebe übergeordnet wird[251]? Letzteres würde mit der Position übereinstimmen, die Kierkegaard in seinem 1847 veröffentlichten Werk *Der Liebe Tun* einnimmt, wo er die selbstlose Nächstenliebe der Selbstliebe gegenüberstellt, die sich in Freundschaft und erotischer Verliebtheit äußere. Der Hang zu einem "selbstischen" Aufgehen in einer durch natürliche Antriebe bestimmten Gemeinschaft ist der geistigen Selbstwerdung entgegengesetzt, womit der im *Begriff Angst* dargestellte Gegensatz von gattungsmäßiger und geistiger Teleologie aufgriffen wird. In dieser selbstischen Tendenz, nicht in der Natürlichkeit als solcher, liegt die aufzuhebende Sündigkeit der erotischen Liebe.

"Je fester die beiden Ichs sich zusammenschließen, um ein einziges Ich zu werden, desto mehr schließt dieses vereinte Selbst sich selbstisch von allen anderen aus. Auf dem Gipfel der Minne[252] und Freundschaft werden die beiden wirklich ein einziges Selbst, ein einziges Ich. Das ist nur erklärlich,

---

[248] Vgl. Malantschuk (1971), 43; Nordentoft (1972), 95.

[249] Vgl. StLW, 104; UN I, 170 ff.

[250] Nach Nordentoft (1972) will Vigilius der "christlichen" Tendenz zur Diskriminierung der Sexualität entgegenwirken, um die Angst vor der Sexualität zu reduzieren (92). Es handele sich bei seiner Darstellung um die Analyse eines Verdrängungs- und Sublimierungsprozesses (93). Weil das Christentum das ethische Mißverständnis gefördert habe, daß die Sexualität als solche Sünde sei, handele es sich um eine radikale Kritik der christlichen oder moralistischen Haltung (98). Vigilius verteidige die Ehe, weil in ihr das Erotische Ausdruck der Liebe werden könne und so die sexuelle Angst sich zum erotischen Stimulans wandle, das Freude zu schenken vermag (98).

[251] So Malantschuk (1971), 43 f.

[252] Mit Minne übersetzt Gerdes das dänische "Elskov", das die leidenschaftliche Geschlechtsliebe meint und von Kierkegaard dem umfassenderen Begriff "Kjærlighed" gegenübergestellt wird.

weil in der Vorliebe eine Naturbestimmtheit (Trieb - Neigung) enthalten ist und Selbstliebe, welche selbstisch zweie zu einem neuen selbstischen Selbst vereinen kann. Die Liebe des Geistes hingegen nimmt von meinem Selbst alle Naturbestimmung und alle Selbstliebe fort, deshalb kann die Liebe zum Nächsten mich nicht zu einer Einheit mit dem Nächsten machen in einem vereinten Selbst. Liebe zum Nächsten ist Liebe zwischen zwei ewig jedes für sich als Geist bestimmten Wesen; Liebe zum Nächsten ist Geistesliebe, aber Geist und Geist können niemals in selbstischem Sinne zu einem einzigen Selbst werden." (LT, 64).

In der geistigen Liebe sieht Kierkegaard also eine befreiende Ausweitung über die Grenzen des eigenen Gefühls. Erst wenn dieses Freiheitsbewußtsein einer geistigen Gemeinschaft aller Menschen gegeben ist, kann die natürliche Liebe zur schuldhaften Selbstverfehlung werden, indem sie sich der Offenheit der Nächstenliebe entgegenstellt. Damit will Kierkegaard aber nicht, wie in der späteren Polemik des Kirchenstreits[253], die Unvereinbarkeit von Ehe und Christentum verkünden, sondern die geistige Durchdringung der erotischen Liebe durch die übergeordnete Nächstenliebe. Indem die Menschen in der Offenheit geistiger Liebe frei sind *vom* Zwang der Neigungen, können sie darin auch frei werden *für* ihre Neigungen. So kann Kierkegaard das Lieben als "Gipfelpunkt in der rein humanen Existenz eines Menschen" bezeichnen (LA, 52).

"Nimm den Unterschied der Vorliebe fort, damit du den Nächsten lieben kannst. Du sollst deshalb nicht aufhören, den Geliebten zu lieben, o keineswegs. Dann wäre ja auch das Wort 'Nächster' der größte Betrug, der je erfunden ist, falls du, um den Nächsten zu lieben, zuallererst aufgeben solltest, den zu lieben, für den du Vorliebe hast. (...) Also ist es bloß die Vorliebe, die weggenommen werden sollte - und doch wohl nicht wieder angebracht werden sollte im Verhältnis zum Nächsten, so daß du mit geschraubter Vorliebe den Nächsten liebtest im Gegensatz zu dem Geliebten. (...) Nein, liebe den Geliebten treu und innig, aber laß die Liebe zum Nächsten in eurer Vereinigung Bund mit Gott das Heiligmachende sein" (LT, 70 f.).

In dieser Relativierung des Erotischen auf das Maß seines irdisch-zeitlichen Glückspotentials liegt m.E. auch der Sinn der Formel vom vergessenden Erinnern der Sexualität im *Begriff Angst*. Ohne die spätere Gegenüberstellung von Nächstenliebe und Selbstliebe in diesen Text hineintragen zu müssen, kann hier doch die geistige Liebe als eine religiöse Erfüllung des Menschen gedeutet werden, von der aus die angstbesetzte Überbewertung des Sexuellen überwunden und gerade dadurch die Möglichkeit erotischer Liebe neu eröffnet werden kann. "Vergessen" und "Erinnern" bezeichnen die Einheit von Relativierung und Bejahung der Sinnlichkeit.[254] Dies muß für

---

[253] Vgl. Au, 182. 236 f.
[254] Es widerspricht dem integrativen Ideal des Geistes, diese Formulierung in einem unmittelbar lebensgeschichtlichen Sinne zu deuten, wie Malantschuk (1971), 44, es tut, indem er von der Erinnerung an etwas Vergangenes, das einmal Bedeutung im Leben des einzelnen gehabt hat, spricht. Nur von dieser Deutung aus kann Malantschuk behaupten, daß Kierkegaard im Kirchenstreit keine wesentlich andere Position eingenommen habe. Kritisch dazu äußert sich auch Hopland (1981), 264.

Vigilius das Bewußtsein der angstbesetzten Eigendynamik einschließen, doch zu vergessen ist auch die verhängnisvolle Identifikation von Sexualität und Sünde, von Angst und Schuld, wodurch der Sieg der Liebe auch zu einem Ausdruck der Versöhnung wird.

Vigilius verkündet sein integratives Ideal der Liebe gegen eine leibfeindliche Tendenz des Christentums, wobei er sich sowohl von der rigoristischen Verdammung des Sinnlichen wie der spießbürgerlich naiven Verdrängung der Sündigkeit abzusetzen versucht. Dabei distanziert er sich bewußt von einer vorschnellen Einordnung seiner Anschauung in die christliche Tradition, denn man mag "sie christlich nennen (...), oder wie man will" (BA^R, 86). In einem längeren Abschnitt des Entwurfs kommt diese Auseinandersetzung mit dem vorherrschenden christlichen Bewußtsein besonders stark zum Ausdruck (Pap V B 53, 29/ BA, 252 ff.). Gegen die Doppelmoral des bürgerlichen Christentums, das zwischen rigoristischer Predigt und dichterischer Anpreisung des Erotischen schwankend im Grunde genommen beide nicht Ernst nimmt, sondern in seichter Oberflächlichkeit vor sich hin lebt, betont Vigilius die Notwendigkeit, bevor die Frage einer christlichen Existenz überhaupt ernsthaft gestellt werden kann, menschlich leben zu lernen, wie die Griechen es vermochten, und dazu könne die Psychologie beitragen:

"(...) ich halte mich überzeugt, daß es uns vor allem nötig ist, ein bißchen mehr griechisch im guten Sinne zu werden, d.h. menschlich (...) Was wir brauchen, ist Psychologie und vor allen Dingen tüchtige Kenntnis des menschlichen Lebens und Sympathie für dessen Interessen." (BA, 252 f.).

Der einzelne Mensch gelangt zu immer größerer Reife, je mehr er sich der Weite der menschlichen Möglichkeiten bewußt wird, die in der Geschichte der Menschheit hervorgetreten sind. Nur indem er sein Leben in Auseinandersetzung mit dieser menschheitlichen Überlieferung zu gestalten versucht[255], kann er in wahrhaft geschichtlichem Sinne ein Christ werden. Diese Lebensgestaltung, die seinen spießbürgerlichen Zeitgenossen so fremd geworden ist, beschreibt Kierkegaard als ein künstlerisches Schaffen, also im Rückgriff auf die romantische Idee des Lebens als der wahren Poesie, mit der er sich schon in seiner Magisterarbeit auseinandergesetzt hatte.[256] Die Menschen müßten

---

[255] Dieser Aufgabe sollen die Pseudonyme Kierkegaards dienen, deren Bedeutung nach seinen eigenen Worten darin liegt, "aus einem Abstand, der die Ferne der Doppelreflexion ist, solo die Urschrift der individuellen, humanen Existenzverhältnisse, das Alte, Bekannte und von den Vätern Überlieferte, noch einmal, womöglich auf eine innerlichere Weise, durchlesen zu wollen." (UN II, 344).

[256] Vgl. BI, 286 ff.; dazu s.u. III.1.2.3. In Auseinandersetzung mit Schlegels "Lucinde" (vgl. dazu v. Hofe (1972), 157 ff.) stellt Kierkegaard an einer Stelle sogar der romantischen Auffassung des Erotischen den Ernst der christlichen Anschauung der Ehe, "welche alles unter die Sünde tut" (BI, 294), als wahre Poesie des Lebens gegenüber:
"Das Christentum hat durch den Geist Zwietracht gesetzt zwischen dem Fleisch und dem Geist, und entweder muß der Geist das Fleisch verneinen oder das Fleisch den Geist verneinen. Letzteres ist das von der Romantik Gewollte, und sie ist vom Griechentum dadurch unterschieden, daß sie im fleischlichen Genießen zugleich die Verneinung des Geistes genießt. Hierdurch wähnt sie nun, *poetisch zu leben*, ich hoffe jedoch, es wird sich zeigen, daß sie des Poetischen gerade verlustig geht, denn erst im Durchgang durch die Resignation wird die

sich wieder darum bemühen, "ihr eigenes Leben in ein schön durchgearbeitetes künstlerisches Ganzes zu verwandeln. Ich sollte meinen, dies wäre des Lebens Bedeutung, und die Bedeutung des Lebens des einzelnen würde immer größer, je mehr er mit seinem Leben umfassen könnte, und die konkrete Aufgabe würde immer größer im (geschichtlichen) Fortschreiten der Zeiten." (BA, 253).

II.4. Das Schicksal als ästhetische Veräußerung des Geistes

4.1. Das Schicksal als das Nichts der Angst im Heidentum

"Das Heidentum ist überhaupt Sinnlichkeit, aber eine Sinnlichkeit, die ein Verhältnis zum Geist hat, ohne daß jedoch der Geist im tiefsten Sinne als Geist gesetzt wird. Diese Möglichkeit aber ist eben Angst." (BA^R, 105).

Mit dieser Bestimmung des Heidentums leitet Vigilius seine Darstellung der Schicksalsangst ein. Es geht um die Existenzweise eines naturbestimmten, sinnlichen Lebensgefühls, das aber aus der unschuldig-unwissenden Natureinheit herausgefallen ist und im Verhältnis zum Geist, zur Möglichkeit bewußter Lebensgestaltung steht. Die Unruhe geistiger Bewegtheit prägt schon das Lebensgefühl, doch bleibt der heidnische Mensch noch hedonistisch auf das Ziel sinnlicher Genußerfüllung ausgerichtet und erkennt nicht die Freiheit als eigentlichen Gehalt der Geistigkeit. Die innere Unruhe wird daher nur als Entfremdung von der Natürlichkeit empfunden. Die Erfahrung der Übermächtigkeit der äußeren Wirklichkeit ist die Kehrseite jenes Befremdens, welches den unmittelbaren Menschen angesichts der Ahnung der eigenen Freiheit befällt. Zwar steht die heidnische Sinnlichkeit somit in Entsprechung zur Angst der Unschuld, doch Vigilius geht es darum, das fehlende Selbstbewußtsein dieses Zustandes nicht mehr als Unschuld, sondern als unbewußte Schuld zu verstehen.[257] Die Realität der Naturentfremdung wird durch die

---

wahre innere Unendlichkeit, und erst diese innere Unendlichkeit ist in Wahrheit unendlich und in Wahrheit poetisch." (BI, 295).

[257] Auf die strukturelle Entsprechung von Heidentum und träumender Unschuld wird in der Kierkegaardliteratur öfters hingewiesen, ohne jedoch zu berücksichtigen, daß Vigilius das Heidentum nicht mehr als unschuldig bezeichnet. Ungenau ist daher die Aussage Disses (1991), 95: "Der Stufe der Unschuld entspricht weltgeschichtlich gesehen das Griechentum" (so auch Nordentoft (1972), 87). Dagegen versteht Guarda (1980), 51, das Heidentum als Zwischenstufe zwischen dem unmittelbaren Stadium, das er als "mythisches" bezeichnet, und dem Christentum (vgl. auch Holler (1981), 121). Bei dieser Feststellung liegt die Ungenauigkeit in der anderen Richtung, insofern das Heidentum noch der Unmittelbarkeit zuzuordnen ist; bei der Berücksichtigung einer Entwicklung *innerhalb* der Unmittelbarkeit in Richtung auf die geistige Bestimmung ist Guardas Einordnung jedoch zuzustimmen, besonders falls mit dem Heidentum das Griechentum gemeint ist. Dies wird im folgenden zu prüfen sein.

geistige Vorstellung einer das Leben bestimmenden fremden Macht - des Schicksals - zu einer tieferen, religiösen Entfremdung von den Bedingungen freier Geistigkeit gesteigert. Je mehr sich innerhalb der Entwicklung des Geistes ein immer weiteres Bewußtsein menschlicher Möglichkeiten entfaltet, um so mehr muß nach Vigilius das Ausbleiben einer tieferen Einsicht in die menschliche Freiheit als ein Ausweichen vor der geistigen Bestimmung angesehen werden. Die Geschichte der Menschheit steht für ihn - dogmatisch - immer schon unter der Voraussetzung der Verfehlung ihrer eigentlichen Bestimmung durch die Erbsünde, auch wenn dies nicht als Schuld bewußt ist. In den geschichtlichen Teilen des *Begriff Angst* stellt das Heidentum die Stufe unbewußter Sündhaftigkeit dar.[258] Die Unbewußtheit des Heidentums ist nicht mehr Unschuld, sondern die "Sünde, die im Ausbleiben des Sündenbewußtseins besteht" (BA^R, 87).

"Dieser Zustand ist indessen nicht der Zustand der Unschuld, sondern, vom Standpunkt des Geistes aus gesehen, gerade derjenige der Sündhaftigkeit. (...) Mit quantitierenden Bestimmungen zieht das Heidentum sozusagen die Zeit hin und kommt nie zur Sünde im tiefsten Sinne; das aber ist gerade die Sünde." (BA^R, 102).

4.1.1. "Heidentum" als geschichtstheologische Chiffre

Vom christlichen Standpunkt des Geistes aus will Vigilius im dritten Kapitel Formen der sich selbst unbewußten Unfreiheit darstellen, und er orientiert sich hierbei an den vorchristlichen Epochen des Heidentums und Judentums.[259] Nur von der ausdrücklichen Gegenposition des christlichen Gottesglaubens, der bei Vigilius im Hintergrund steht, können diese vorchristlichen Weltdeutungen als Ausdruck einer Angst vor der Freiheit interpretiert werden. Die religiöse Weltsicht wird psychologisch aus dem seelischen Empfinden hergeleitet, das sie als eine bestimmte Entwicklungsstufe des Geistes verständlich machen soll, der nur im persönlichen Gottesverhältnis zur wahren Freiheit finden könne. Und umgekehrt prägt die Weltdeutung das seelische Empfinden.[260] In dieser Wechselwirkung von religiöser Vorstellung und psychisch-sozialer Befindlichkeit der Kulturen besteht der Prozeß der sich in der Reflexion steigernden Angst, den Vigilius im geschichtlichen Teil des *Begriff Angst* beschreiben will.

Es geht ihm dabei also nicht vorrangig um die historische Gestalt der Epochen, sondern um die Essenz ihrer Lebensanschauung, die losgelöst von

---

[258] Zum Aufbau des *Begriff Angst* s.o. II.2.
[259] Weber (1976), 36 ff., ordnet diesen Ansatz in das Denken der Goethezeit und Romantik ein, für die der Gegensatz von Antike und Moderne in vielfacher Weise bedeutsam war. Er unterscheidet hierbei jedoch nicht genügend zwischen klassischem und romantischem Griechenbild, dazu s.u. II.4.1.3.
[260] Vgl. Disse (1991), 152: "Das Verhältnis zur Seinsmacht reduziert sich niemals auf eine Gefühlsbestimmung. Jeder Befindlichkeit liegt ein Verstehen dessen zugrunde, worauf die Befindlichkeit sich bezieht. Derjenige, dessen In-der-Welt-sein durch Angst geprägt ist, hat eine andere Gottesvorstellung, eine andere Auffassung von der Seinsmacht, als derjenige, der Vertrauen hat, egal ob er sich dessen bewußt ist oder nicht."

der historischen Verwirklichung auch innerhalb der christlichen Kultur als Gegensatz zum christlichen Bewußtsein verstanden werden kann. In den drei Paragraphen des Kapitels, die sich 1. der *Geistlosigkeit*, 2. der *Schicksalsangst* und 3. der *Schuldangst* widmen, bezieht sich der größte Teil der Darstellung auf die innerhalb der christlichen Kultur sich zeigenden Formen der entsprechenden Angst. In den Paragraphen zur Schicksals- bzw. Schuldangst wird zunächst auf die religionsgeschichtliche Epoche Bezug genommen, um dann mit Hilfe des *Geniebegriffs* als eines Paradigmas ursprünglichen Menschseins deren Wiederholung in der christlichen Kultur zu analysieren.[261] Der erste Paragraph ist ausschließlich der Geistlosigkeit als einer innerhalb des Christentums erscheinenden spießbürgerlichen Selbstentfremdung gewidmet und setzt nur scheinbar bei der geschichtlichen Bestimmung des Heidentums an, dessen "Geistesabwesenheit" Vigilius deutlich von der "Geistlosigkeit" unterschieden wissen will (vgl. BA^R, 104).

Wegen dieser kulturkritischen Intention der Phänomenologie der Unfreiheit bleibt die Bestimmung des Begriffs "Heidentum" sehr vage, da die Herausstellung der Sinnlichkeit als einer der christlichen Geistigkeit entgegenstehenden Lebensweise diesem Anliegen anscheinend genügt und es für Vigilius keiner weiteren Differenzierung bedarf, er bezieht sich an einer Stelle ausdrücklich auf "das gesamte Heidentum" (BA^R, 102). Während die Schuldangst eindeutig der jüdischen Religion zugeordnet wird, ist es daher fraglich, ob auch die Schicksalsangst einer bestimmten Kultur, nämlich der griechischen, zugeordnet werden kann, oder ob Vigilius hier bewußt von einer genaueren Bestimmung abgesehen hat. Für die letztere Annahme spricht der auffällige Tatbestand, daß im gesamten Schicksalsparagraphen nur von Heidentum, niemals von Griechentum die Rede ist, während Vigilius sich ansonsten häufig auf die griechische Kultur bezieht. Im dritten Paragraphen stellt er jedoch der jüdischen Schuldangst ausdrücklich "die leichtsinnigeren Ausdrücke des Griechentums, Schicksal, Glück und Unglück," (BA^R, 113) gegenüber und konfrontiert drei Sätze weiter das jüdische Opfer mit dem "heidnischen" Orakel. In dieser doppelten Rückbeziehung des dritten Paragraphen auf die Thematik des zweiten wird also die heidnische Schicksalsangst genauer als griechische bestimmt, wobei es den Anschein hat, als handele es sich um eine flüchtige Abweichung vom Sprachgebrauch des zweiten Paragraphen, was aber nur um so mehr verrät, daß Kierkegaard bei der Darstellung der Schicksalsangst die griechische Religion meinte, ohne sich ausdrücklich nur auf sie beziehen zu wollen.

Daß die Schicksalsthematik nicht auf das Griechentum beschränkt werden soll, zeigt auch die kurze Erwähnung der Unterscheidung von orientalischem und griechischem Fatum, die jedoch nicht weiter aufgegriffen wird. Vigilius selbst spricht nur vom "heidnischen Fatum" (BA^R, 105). Abgesehen vom Judentum, das ja vom Heidentum unterschieden wird, spielen die "orientalischen" Religionen[262] im *Begriff Angst* keine Rolle. Das Griechentum ist die

---

[261] Dazu s.u. II.4.7.
[262] Hegel zählt das Judentum ausdrücklich zu den orientalischen Religionen (vgl. Hegel X, 31) und ordnet es in der Darstellung der Religionsphilosophie vor dem Griechentum ein, mit

einzige Gestalt heidnischer Kultur, auf die sich Vigilius ausdrücklich bezieht, und die für den Aufbau des *Begriff Angst* bedeutsame Typologie "Heidentum-Judentum-Christentum" findet sich zu Beginn des dritten Kapitels auch in der Form "Griechentum-Judentum-Christentum" (vgl. BA^R, 98). Das Griechentum dient Vigilius somit als *der* Repräsentant heidnischer Kultur und wird nur um der grundlegenderen Bedeutung der allgemeinen Gegenüberstellung von Heidentum und Christentum im Schicksalsparagraphen nicht ausdrücklich genannt.

Obwohl sich Vigilius, wie noch zu zeigen sein wird, in einzelnen Motiven sowohl seiner Sicht des Griechentums als auch seiner Schicksalsanalyse an Hegels Darstellung des Griechentums anschließt, übernimmt er nicht dessen komplexes religionsphilosophisches Modell[263], sondern folgt der einfacheren Gegenüberstellung von Heidentum, Judentum und Christentum, wie sie sich im Hegelianismus häufiger, gelegentlich auch bei Hegel selbst, findet.[264] Kierkegaards erste Auseinandersetzung mit der Differenz des Christentums zu anderen Religionen geht auf die Lektüre von Schriften der Hegelianer Rosenkranz und Daub zurück[265], wobei er vorwiegend an den Unterschieden des Gottesbegriffs interessiert ist (vgl. Pap II A 92). Auch in seiner Mitschrift der Vorlesung Martensens über "Spekulative Dogmatik" von 1838/39 findet sich diese epochale Einteilung (Pap XIII, 14 f.: II C 26)[266]: "Heidentum, Judentum und Christentum sind die Grundformen, in welchen sich die Idee der Religion oder der Offenbarung geschichtlich verwirklicht hat".

Im *Begriff Angst* wird der Begriff "Heidentum" somit in vier Bedeutungen angewandt. 1. In religionsgeschichtlicher Perspektive findet er sich a) in der weiten, undifferenzierten Bedeutung des "gesamten Heidentums", als dessen Charakteristik die sinnliche Lebensanschauung gilt. Im engeren Sinne wird der geschichtliche Begriff des Heidentums dann b) auf das Griechentum angewandt, dies ist die einzige historische Konkretion heidnischer Kultur, auf die im *Begriff Angst* in einem bedeutsamen Sinne Bezug genommen wird. Diesen geschichtlichen Bedeutungen steht 2. die zeitkritische Anwendung des Begriffs zur Seite, in der die eigentliche Intention Kierkegaards liegt. Die Kritik heidnischer Lebensanschauung innerhalb der Christenheit gilt a) der Geistlosigkeit des Spießbürgertums und b) der Ursprünglichkeit eines Genies,

---

dem zusammen es aber als "Religion der geistigen Individualität" von den übrigen orientalischen "Naturreligionen" unterschieden ist. Zu den außerchristlichen Religionen bei Hegel vgl. Leuze (1975).

[263] Von der "absoluten Religion" des Christentums unterscheidet Hegel in seinen *Vorlesungen über die Philosophie der Religion* (Hegel XVI u. XVII) alle anderen Religionen als "bestimmte Religionen", diese wiederum sind in zwei Hauptgruppen unterteilt, in "Naturreligion" und "Religion der geistigen Individualität". Zu den geschichtlichen Realisationen der zweiten Form zählt Hegel die jüdische, griechische und römische Religion; dazu s.u. II.4.1.3. Zur Bedeutung der sich in diesen Epochen verwirklichenden Freiheit vgl. Angehrn, 332 ff.

[264] Vgl. Greve (1990), 303 f.

[265] Vgl. Malantschuk (1968), 91 ff.; Zur Beschäftigung Kierkegaards mit Daub vgl. auch Hirsch (1930 ff.), 539 ff.

[266] Zitiert nach Greve (1990), 304.

in der sich die heidnische Schicksalsangst wiederholt. Hierbei ist zu beachten, daß das Genie aufgrund seiner Ursprünglichkeit in gewissem Sinne noch *vor* der christlich-geistigen Bestimmung liegt und damit der heidnischen Epoche näher steht als die sich vom christlichen Geist entfernende Geistlosigkeit. Diese vier Bedeutungen kennzeichnen den Begriff "Heidentum" als eine *geschichtstheologische Chiffre*.

4.1.2. Die Harmonie des griechischen Lebens

Die Kunst eines natürlich-menschlichen, leidenschaftlichen Lebens ist es, die die griechische Kultur für Kierkegaard zu einer anspruchsvollen Lebensanschauung macht, die auch dem christlichen Geist entgegengehalten werden kann.[267] In gewissem Sinne steht *Der Begriff Angst* schon durch das die sokratische Unwissenheit lobende Motto[268] sowie die Widmung an P.M. Møller als "dem glücklichen Liebhaber des Griechentums" (BA, 3) von vornherein unter dem Zeichen eines griechischen Vorbehalts gegenüber der christlichen Kultur. Das Glücksmotiv ist in dieser Widmung nicht zufällig mit dem Hinweis auf die Griechenverehrung verbunden, denn das Glück im Sinne des ästhetisch geglückten und erfüllten Lebens bezeichnet für Kierkegaard den Kerngehalt der Gräzität. Das Griechentum repräsentiert eine harmonische Lebensanschauung[269], die in ihrer Kunst das Bild einer in sich ruhenden, vollendeten Sinnlichkeit als Erfüllung menschlichen Lebens vorstellte, weshalb es auch als der vollkommenste Ausdruck heidnischer Sinnlichkeit angesehen werden kann (vgl. EO I, 65 f.). Doch die seelische Harmonie ist vom christlichen Verständnis aus gesehen nur die Unbewußtheit der tiefen Widersprüche, in die das menschliche Leben durch das Wagnis der Freiheit geführt wird[270], so "daß die Griechen den Begriff des Geistes im tiefsten Sinne nicht erfaßten, und deshalb auch die Sinnlichkeit und die Zeitlichkeit im tiefsten Sinne nicht erfaßten" (BA[R], 95).

Die ästhetische Unmittelbarkeit reicht für Kierkegaard innerhalb des Griechentums bis zum Wendeereignis Sokrates, dem "Entdecker der Ethik" (KzT, 88).

---

[267] Vgl. BA[R], 86, und aus dem Entwurf Pap V B 53, 29/ BA, 252 ff.
[268] "Die Zeit der Distinktion ist vorüber, das System hat sie überwunden. Wer sie in unseren Tagen liebt, ist ein Sonderling, dessen Seele an längst Entschwundenem hängt. Mag das so sein, so bleibt doch *Sokrates*, was er war, der einfältige Weise, kraft seiner wunderlichen Distinktion, die er selber aussprach und vollendete, die erst der sonderliche *Hamann* zwei Jahrtausende später bewundernd wiederholte: 'Denn Sokrates war dadurch groß, daß er zwischen dem, was er verstand, und dem, was er nicht verstand, unterschied.'" (BA[R], 2)
Auch am Ende des *Begriff Angst* wird auf den "Autodidakten" Sokrates hingewiesen, der somit als korrektives Leitmotiv die Abhandlung umrahmt. Zu Motto und Widmung vgl. v. Kloeden (1985), 113 f.; Malantschuk (1980a), 101 ff.
[269] Besonders beim frühen Kierkegaard finden sich zahlreiche Hinweise auf diese Harmonie, vgl. Pap I C 126/ Tb I, 90; Pap I A 102/ Tb I, 133 f.; Pap I A, 134/ Tb I, 140; Pap I A 200/ Tb I, 150; BI, 218 f.
[270] Vetter (1979b), 180 f., sieht in dem anthropologischen Unterschied zwischen Heide-Sein und Christ-Sein, der Differenz zwischen altem und neuem Menschen, einen Kernpunkt der Kierkegaardschen Philosophie. Hinter der im Motto erwähnten "Distinktion", welche das System aufgehoben habe, vermutet Vetter die Unterscheidung von Christlichem und Nicht-Christlichem (177).

Mit ihm tritt eine vertiefte Form der Humanität als Gipfelpunkt heidnischer Kultur in Erscheinung, die den zweiten, bedeutenderen Bezugspunkt der Gegensetzung Heidentum-Christentum im Werk Kierkegaards, besonders in den Climacus-Schriften, bildet. Mit der ethischen Reflexion geht die griechische Kultur über den Rahmen der heidnischen Sinnlichkeit hinaus, auf die sich die Darstellung der Schicksalsangst bezieht. Doch bleibt die griechische Ethik für Vigilius noch von der ästhetischen Lebensanschauung geprägt, weil sie eudämonistisch an dem Ideal eines glücklich gelingenden Lebens orientiert ist, nicht aber an dem Ideal der unbedingten Selbstbestimmung. Deshalb ist sie für ihn "nicht im eigentlichsten Sinne Ethik". Er erwähnt an dieser Stelle die *Nikomachische Ethik* des Aristoteles, welche noch ein ästhetisches Moment enthalte, insofern in ihr das irdische Glück neben die Tugend gestellt werde (vgl. BA^R, 13).

"Die ganze Haltung der griechischen Natur (Harmonie - das Schöne) bewirkte, daß, wenn auch der Einzelmensch sich losriß und der Kampf begann, dieser doch noch das Gepräge dessen trug, daß er aus jener harmonischen Lebensanschauung hervorgegangen war, und deshalb hörte er bald auf, ohne einen großen Kreis beschrieben zu haben (Sokrates)." (Pap II A 102/ TB I, 133 f.).

Vigilius sieht "das Geheimnis des gesamten Griechentums" in der "Schönheit" als einer Synthese, "bei der der Geist ausgeschlossen ist" (BA^R, 68). Die Schönheit ist "die Einheit des Seelischen und des Leiblichen" (BA^R, 73), die seelisch bestimmte Synthese des unmittelbaren Geistes, dessen Naturverbundenheit somit auch der Boden der griechischen Kultur ist. Daher ist das griechische Lebensgefühl aber nicht nur erfüllt von der Freude und Ruhe sinnlichen Genusses, sondern in ihr liegt auch, wie in der träumenden Unschuld, die Fremdheit des Geistes als ängstigende Unruhe.[271] "Festlichkeit", "Angst", "Sorglosigkeit", "Trauer", "Naivität" (BA^R, 68) und eine "wehmütige erotische Heiterkeit" (BA^R, 86) sind die Attribute, mit denen Vigilius die Grazität kennzeichnet. In diesen Motiven drückt sich eine Abhängigkeit vom Griechenbild Hegels aus, das in seiner Verknüpfung von geistig geprägter Sinnlichkeit ("Schönheit") und göttlicher Wehmut eine Synthese von klassischer und romantischer Sicht des Griechentums darstellt.[272]

4.1.3. Kierkegaards Anlehnung an Hegels Sicht des Griechentums

Für Hegel ist die gesamte Geschichte und insbesondere die Religionsgeschichte die Selbstentfaltung des absoluten Geistes. In der menschlichen Subjektivität beginnt das Für-Sich-Werden des in sein Anderssein, die Natur, entäußerten an-sich-seienden Absoluten. Die Absetzung von und geistige Aneignung der Natürlichkeit ist die Bestimmung des *subjektiven* Geistes. In der Sphäre der sittlichen Gestaltung des öffentlichen Lebens, des *objektiven* Geistes, wird die Grenze der individuellen Subjektivität überwunden, so daß sich innerhalb der damit ermöglichten geistig-kulturellen Entwicklung der Menschheit das Selbstbewußtsein des *absoluten* Geistes entfalten kann. Zu

---

[271] S.o. II.3.2.2.
[272] Zum Griechenbild Hegels vgl. Leuze (1975), 181-221.

dieser Sphäre des absoluten Geistes zählt Hegel Kunst, Religion und Philosophie. In der absoluten Religion, dem Christentum, weiß sich der Geist als der absolute, doch er hat sich in der religiösen Vorstellung noch nicht als der in der Geschichte sich selbst verwirklichende begriffen, weshalb erst in der Philosophie der Geist in absoluter Form, als sich selbst begreifender Begriff, an-und-für-sich ist. Die Religion stellt diese Wahrheit, deren Inhalt die absolute Freiheit des sich wissenden Geistes ist, noch in der Form der Vorstellung dar. Die Religionsgeschichte ist die Bewußtwerdung des absoluten Geistes im Medium religiöser Vorstellung. Sie beginnt mit der Naturreligion, in der der absolute Geist noch nicht als Subjektivität begriffen wird. Gegenüber diesen unmittelbaren Religionen sieht Hegel in den Religionen der Juden, Griechen und Römer schon die Wirksamkeit des Freiheitsbewußtseins, der Subjektivität. Die Religionen der "geistigen Individualität" bilden den Übergang von der Naturreligion zur absoluten Religion, in ihnen vollzieht sich die Überwindung der Natur durch die Freiheit. Doch in diesem Übergangsstadium sind die sich gegenüberstehenden Momente der Subjektivität und Substantialität noch nicht zur Einheit des absoluten Selbstbewußtseins vermittelt. Das Absolute soll als Geist die Einheit von Substantialität und Subjektivität sein, wobei die Subjektivität den Prozeß des Sich-Begreifens meint. Solange dieser Prozeß noch nicht zur völligen Selbsterfassung des Geistes geführt hat, stehen die substantiellen und subjektiven Momente des Geistes einander gegenüber. Notwendigkeit und Zweckmäßigkeit, Einheit und Mannigfaltigkeit, Allgemeines und Besonderes sind noch in der Bewegung ihrer gegenseitigen Negation und Vermittlung begriffen, woraus sich auch die drei verschiedenen Realisationsformen ergeben: "Religion der Erhabenheit" (jüdische), "Religion der Schönheit" (griechische) und "Religion der Zweckmäßigkeit" (römische). In ihnen ist jeweils ein Aspekt des Absoluten besonders hervorgehoben.

In der griechischen "Religion der Schönheit" ist die Überwindung der Natürlichkeit durch die Freiheit noch mit der Natürlichkeit behaftet, das Allgemeine wird herabgesetzt durch den natürlichen Ausdruck, das Besondere erhoben durch das sich in ihm ausdrückende Allgemeine. Die Schönheit ist die Vergeistigung der Natur als sinnlicher Ausdruck des Geistes, das "sinnliche *Scheinen* der Idee"[273], das seinen klassischen Gipfelpunkt in der griechischen Plastik erreicht. Das Absolute wird vorgestellt in den schönen Individualitäten der verschiedenen Götter. Dem entspricht in der Sphäre des objektiven Geistes, daß sich die Freiheit noch in der Form unmittelbarer, substantieller Sittlichkeit verwirklicht, in der von Familie und Polis unmittelbar geprägten Sitte[274], deren wesentliche Aspekte wiederum als göttliche Mächte vorgestellt werden. Es fehlt hier noch "die *formelle Subjektivität*, das Selbstbewußtsein als solches, die in sich unendliche Individualität"[275]. Erst wenn sich im einzelnen das Bewußtsein der Freiheit und Verantwortung als Moralität entwickelt, kann sich das Recht aus der unmittelbaren Bestimmtheit

---

[273] Hegel XIII, 151.
[274] Vgl. Hegel XVII, 97 ff.
[275] Hegel XVII, 218.

herauslösen und zur freien Sittlichkeit der Gemeinschaft freier Menschen entwickeln. Die griechische substantielle Freiheit ist noch nicht zur unendlichen Bedeutung des Individuums gelangt, es fehlt ihr noch die Moralität, deren Entwicklung mit Sokrates beginnt.

Da sowohl in der Entwicklung des religiösen Bewußtseins als auch in der sittlichen Realisation der Freiheit das Absolute von der Natürlichkeit bestimmt bleibt, findet es seinen Ausdruck noch im Besonderen, Zufälligen, in den sinnlich vorgestellten göttlichen Individuen und sittlichen Mächten. Das Absolute begreift sich selbst noch nicht als Freiheit, daher steht es dem konkreten Leben als abstrakte Macht, als leblose Einheit, als *Schicksal*[276], gegenüber. Das Bewußtsein einer über dem Reich der Schönheit und Sittlichkeit schwebenden blinden Notwendigkeit, der auch die Götter unterworfen sind, prägt das Lebensgefühl der griechischen Kultur als einer ästhetischen Menschlichkeit. Angesichts der Unbegreiflichkeit des Schicksals lebt sie sich aus in der sinnlichen Fülle des schönen Geistes. Da der Ernst des Schicksals der Vermittlung mit der Freiheit des Menschen entzogen ist, wird diese zu einem Spiel mit den mannigfaltigen, in sich beliebig-zufälligen Möglichkeiten des Lebens: "Freiheit und Geistigkeit ist über das ganz alltägliche und unmittelbare Leben ausgebreitet, und der Kultus ist überhaupt eine fortgehende Poesie des Lebens."[277] Die *klassische* Vorstellung einer Vergeistigung des Sinnlichen wird so verbunden mit dem *romantischen*, durch das christliche Freiheitsbewußtsein geprägten Blick auf das Griechentum als einer unter dem Zwang des Schicksals stehenden Religion der göttlichen Trauer und Tragik.[278] Der Blick in den Abgrund schicksalhafter Unergründlichkeit ist der Boden, über dem sich die Heiterkeit der Griechen als durch die Bejahung des Schicksals freigelassene Lebensfreude erhebt. Es liegt eine unerklärliche Wehmut dem Leben zugrunde, weil es von einer Macht bestimmt wird, die in ihrer Unergründlichkeit durch keine menschliche Anstrengung berührt werden kann. Hinter der Tragik des Scheiterns derer, die sich dem Schicksal entgegenzustellen versuchen, scheint die Gelassenheit der Schicksalsergebung als Grund des harmonischen Lebens der Griechen auf. Die griechische "Religion der Menschlichkeit"[279] ist so durch Heiterkeit, Toleranz und Maß ausgezeichnet.

"Wenn das erste Paradies das Paradies der *Menschennatur* war, so ist dies das zweite, das höhere, das Paradies des *Menschengeistes*, der in seiner schöneren Natürlichkeit, Freiheit, Tiefe und Heiterkeit wie die Braut aus ihrer Kammer hervortritt. Die erste wilde Pracht seines Aufgangs im Morgenland ist durch die Herrlichkeit der Form umschrieben und zur Schönheit gemildert; er hat seine Tiefe nicht mehr in der Verworrenheit, Trübseligkeit oder Aufgeblasenheit, sondern sie liegt in unbefangener Klarheit offen; seine Heiterkeit ist nicht ein kindisches Spielen, sondern über die Wehmut hergebreitet, welche die Härte des Schicksals kennt, aber durch sie nicht aus der Frei-

---

[276] Vgl. Hegel XVII, 48; zu dieser Bedeutung des Schicksals bei Hegel s.u. II.4.3.
[277] Hegel XVII, 137.
[278] Vgl. Leuze (1975), 217.
[279] Hegel XVII, 126.

heit über sie und aus dem Maße getrieben wird. Ich glaube nicht zu viel zu behaupten, wenn ich sage, daß, wer die Werke der Alten nicht gekannt hat, gelebt hat, ohne die Schönheit zu kennen."[280]

Kierkegaards Griechenbild ist deutlich von der Hegelschen Darstellung geprägt, sowohl das Motiv der wehmütigen Heiterkeit der schönen Individualität, als auch die Abhängigkeit von der Macht des Schicksals werden von ihm aufgegriffen. Doch der entscheidende Unterschied besteht darin, daß im *Begriff Angst* die griechische Kultur nicht als substantielle Freiheit, sondern als schuldhafter Zustand unwissender Unfreiheit gedeutet wird. Dies zeigt sich schon in der Bestimmung der Schönheit, die entgegen der Hegelschen Vorstellung der geistig bestimmten Sinnlichkeit als Verstellung freier Geistigkeit in der seelisch-leiblichen Synthese angesehen wird. Im Schicksalsparagraphen wird durch die psychologische Rückführung des Schicksalsglaubens auf die Angst die Unfreiheit des Griechentums analysiert, ohne diese nochmals mit der Harmonie der Schönheit zu vermitteln. Nur noch über den Begriff der "heidnischen Sinnlichkeit" ist die Schicksalsanalyse mit der ästhetischen Lebensanschauung der Griechen verbunden, wie sie an anderen Stellen des *Begriff Angst* dargestellt wird. Die für Hegels Konzeption charakteristische Verbindung von Schönheit und Sittlichkeit als Ausdruck substantieller Freiheit geht in dieser am christlichen Geistbegriff als ewig gültigem Maß orientierten Perspektive verloren.

In den frühen Schriften Kierkegaards, besonders in der Magisterarbeit, aber auch in *Entweder/Oder*, wird noch der Hegelsche Gedanke der substantiellen Sittlichkeit aufgegriffen[281], die Griechen gelten als "das Volk der Freiheit" (BI, 219), in dem die heidnische Sinnlichkeit ihren vollkommensten, harmonischen Ausdruck findet, "befreit (...) zu Leben und Freude in der schönen Individualität" (EO I, 66). Doch mit der Konzentration auf den Gegensatz Christentum - Heidentum tritt der Aspekt der substantiellen Freiheit ebenso zurück wie die Differenzierung der heidnischen Kulturen in orientalische und griechische. Das Heidentum gilt allgemein als Verkörperung der ästhetischen Existenzsphäre (vgl. UN II, 140). Nur die sokratische Ironie und die mit ihr beginnende heidnische Ethik haben, besonders in den Climacus-Schriften, eine herausragende Bedeutung in der geschichtstheologischen Perspektive Kierkegaards. Das ästhetische Heidentum wird demgegenüber immer mehr verallgemeinert zur religiös-existentiellen Unwissenheit eines unmittelbaren Gottesverhältnisses.[282] Die Vorstellung der Harmonie heidnisch-sinnlichen Lebens verliert in dieser Perspektive weitgehend seine Gültigkeit. Galt die Sorglosigkeit noch für Vigilius als Ausdruck heidnischer Naivität, so kehrt sich in den späten erbaulichen und polemischen Schriften, die den Begriff des Heidentums zur Kritik der Geistlosigkeit innerhalb der Christenheit verwenden, die Wertung der Sorglosigkeit um. Nun gilt das Leben der Heiden als von Sorgen niedergedrückt, während der Christ im

---

[280] Hegel IV, 318.
[281] Vgl. BI, 218 ff.; EO I, 153 ff.; Pap I C, 126/ Tb I, 90.
[282] Vgl. UN II, 140; ER 1847, 202; KzT, 79.

Vertrauen auf Gott wie die Lilien auf dem Feld und die Vögel des Himmels von diesen Sorgen befreit lebt.[283]

4.1.4. Die psychologische Kritik des Heidentums

In der sich immer mehr verschärfenden und einseitig konzentrierenden Gegenüberstellung heidnischer und christlicher Lebensanschauung verlieren die historischen Differenzierungen an Bedeutung zugunsten einer Typisierung von Lebensformen, die zur Auseinandersetzung mit dem eigenen Leben führen sollen. Es geht Kierkegaard im letzten darum, zum Christentum hinzuführen, indem er seine geistlosen Zeitgenossen zunächst wieder lehrt, menschlich, d.h. leidenschaftlich zu leben. In dieser Perspektive ist die Vorstellung heidnischer Sinnlichkeit in Verbindung mit deren psychologischer Kritik von Bedeutung. Climacus formuliert dies in Abgrenzung zu den geschichtsphilosophischen Konstruktionen des Hegelschen Systems so:

"Die Einleitungsarbeit, der ich mich unterziehe, besteht also darin, es durch Zurückstoßen schwer zu machen, Christ zu werden, und sie versteht das Christentum nicht als Lehre, sondern als Existenzwiderspruch und Existenzmitteilung, sie leitet daher nicht welthistorisch ein, sondern psychologisch, indem sie darauf aufmerksam macht, wieviel man erst gelebt haben muß, und wie schwierig es dann noch ist, recht auf die Schwierigkeit der Entscheidung aufmerksam zu werden." (UN II, 87).

Auch die Analyse der heidnischen Schicksalsangst ist Teil dieser psychologischen Einleitungsarbeit ins Christentum. Die psychologische Thematisierung der geschichtlichen Epochen der Menschheitsentwicklung zeigt deren typologische Bedeutung für die individuelle Entwicklung auf, gemäß dem auch bei Hegel[284] gültigen Grundsatz der Entsprechung von Individual- und Menschheitsgeschichte, wobei das besondere Interesse des Vigilius der Angst als der psychologischen Möglichkeit der Freiheit gilt. Die Geschichte der Menschheit dient unter diesem Blickwinkel der Erhellung der Selbstverfehlung, die sich als Wachstum der Angst vor der Freiheit potenziert. Selbstwerdung ist Durchgang durch die Gefährdung der Freiheit, die in verschiedenen geschichtlichen Gestalten der Angst erfahrbar wird. Das Heidentum/Griechentum wird hierbei zum Repräsentanten der innerhalb sinnlicher Unmittelbarkeit als der ersten, kindlichen Stufe der Menschheitsentwicklung auftretenden Angst, deren Gegenstand das Schicksal ist.[285]

---

[283] Vgl. ER 1847, 163-222; CR 1848, 3-96; vgl. Vetter (1979b), 184 ff.
[284] Vgl. Hegel XVI, 258.
[285] Johansen (1976) hebt hervor, daß "das Griechische" als historischer Schlüsselbegriff vom Gesamtzusammenhang der Kierkegaardschen Dialektik aus zu interpretieren ist. Seine historischen Grundbegriffe basieren auf psychologischen und existentiellen Bestimmungen; dies gilt auch für die "Substantialität" des Griechentums, welche in Beziehung gesetzt wird zu den Begriffen Schuld (einschließlich Erbschuld) und Schicksal. "Like Kierkegaard's other historical key-concepts, such as 'the romantic' and 'the modern', 'the Greek' is a concept that is drawn into the spell of the whole Kierkegaardian dialectic. (...) Historical concepts impinge on psychological and existential ones and the same topic reappears in quite different contexts. Kierkegaard is overall in search of the ideal, the typical, but the abstract manifests itself in the

Die Zusammenstellung individueller und kulturgeschichtlicher Entwicklung findet sich bei Kierkegaard schon in einer frühen Aufzeichnung aus dem Jahre 1837: "Etwas über des Lebens vier Stadien, auch mit Rücksicht auf die Mythologie" (Pap I C 126/ Tb I, 89 f.)[286]. Gegen den Hegelschen Dreischritt von Unmittelbarkeit, Reflexion und Vermittlung will er vier Stadien des Lebens aufzeigen, indem er die Unmittelbarkeit in zwei Stufen unterteilt: in ein kindliches Einheitsgefühl, in dem sich allmählich der Zwiespalt von Welt und Ich herausbildet, und eine mit der Umwelt in Harmonie lebende vorpubertäre Kindheit. Diesen Lebensstadien ordnet er die orientalische und griechische Mythologie zu, die in diesem Entwurf also noch deutlich unterschieden werden. In den orientalischen Religionen herrscht ein sinnliches Einheitsgefühl vor, das schließlich aufgrund des fehlenden Selbstbewußtseins zur Erfahrung einer niederdrückenden Fülle der Natur führt, während das Griechentum hier ganz als harmonische Lebensanschauung im Sinne der Hegelschen substantiellen Sittlichkeit verstanden wird.

Im ersten Stadium ist das Ich "nicht gegeben, aber die Möglichkeit dazu, und insofern ist es ein Zwiespalt (...), dergestalt, daß in der Kindheit die atomistische Mannigfaltigkeit, im Ich das Eine im Mannigfaltigen gegeben ist. Diesem Stadium entsprechen, soweit ich sehen kann, in der Mythologie - die orientalischen Mythologien. Das ist die göttliche Fülle, die herabströmt wie der goldene Regen in Danaes Schoß (...) Aber je mehr sich das Leben durch eine unendliche Annäherung dem Selbstbewußtsein nähert, desto mehr zeigt sich der Zwiespalt. (...) Da aber das Leben noch kein Selbstbewußtsein bekommen hat, seinen Schwerpunkt noch nicht in sich selbst bekommen hat, so übt das Mannigfaltige einen Druck aus (...), ebenso steht es mit dem Himmel der Orientalen, wogegen die leichten Zeichnungen und schönen Formen der Griechen Harmonie und Ruhe zustande bringen. (...) Das ist die Zufriedenheit des Knaben in Familie und Schule, dies ist das zweite Stadium: die griechische Mythologie." (Pap I C 126/ Tb I, 89 f.).

Orientalische und griechische Kultur repräsentieren die Kindheitsperiode der Menschheit, wobei hierin schon eine Entwicklung angedeutet ist von der unmittelbaren Einheit über das Aufbrechen des Zwiespalts von Ich und Welt hin zu einer neuen Einheit in der substantiellen Sittlichkeit der Griechen. Doch liegt diese Entwicklung noch innerhalb der Unmittelbarkeit, ohne daß

---

concrete and the typical in the individual." (106). "Kierkegaard's view of 'the Greek' as substantiality never changed, and, as a natural consequence of his view of history as significant only in the perspective of 'ideas', Greek substantiality is constantly related to guilt (including hereditary guilt) and fate. (...) A historical phenomenon like 'the Greek' is determined specifically by 'substantiality', but as this term denotes an 'ideal' attitude to life, the historical frame of reference points to a psychological one. Psychology, again, may be studied from a purely phenomenological point of view - most clearly in the *Papers*, but it may also call for an existential frame of reference, the doctrine of the 'stages' naturally being the existential doctrine *par excellence*. (...) The concept of dread remains a psychological concept even when regarded from a religious point of view, whereas the concept of decision is an existential one." (134 f.).

[286] Zu dieser Stelle vgl. Hirsch (1930 ff.), 495 ff.; Hopland, 152 f.; Malantschuk (1968), 139 ff.; Nordentoft (1972), 60; zur welthistorischen Anwendung der Stadienlehre vgl. Taylor (1975), 64 ff.

sich das Ich in seiner Freiheit entscheidend bewußt geworden wäre. So haben diese Übergänge etwas fließendes, organisches an sich, weshalb sie dem späteren, an der freien Entscheidung orientierten Stadiendenken Kierkegaards nicht genügen konnten.[287] In der Gegenüberstellung zur ethisch-religiösen Sphäre werden orientalisches und griechisches Stadium wieder zusammengezogen zur Naivität heidnischer Sinnlichkeit. Die erdrückende Sinnlichkeit des orientalischen Lebensgefühls wird nun psychologisch aufgegriffen als Angst, die sich mit der Außenbestimmtheit der Unmittelbarkeit einstellt, und mit der besonders aus der griechischen Tragödie bekannten Macht des Schicksals verbunden. Das Übermächtige der Sinnlichkeit bringt die Vorstellung des Schicksals hervor als Versuch einer geistig-religiösen Deutung der sinnlichen Überwältigung des Menschen. Die Darstellung der Selbstentfremdung sinnlich-ästhetischen Lebens gewinnt so die Überhand über das vereinzelt noch anklingende klassische Motiv griechischer Harmonie und Heiterkeit. Die von Hegel zusammengebundenen Motive klassischer und romantischer Sicht des Griechentums sind im *Begriff Angst* nur noch lose miteinander verknüpft; vor allem die romantische, sich auf die Schicksalsabhängigkeit beziehende Kritik wird psychologisierend aufgegriffen, so daß sich Kierkegaard mit der Analyse der Schicksalsangst von der ihm noch vertrauten Vorstellung eines harmonischen Griechentums fortbewegt.

Es war Friedrich Nietzsche, der sich 1871 mit seinem Frühwerk *Die Geburt der Tragödie aus dem Geist der Musik* entschieden gegen die Auffassung einer optimistischen Lebensanschauung der Griechen wandte. "Griechentum und Pessimismus", so lautete der Untertitel der zweiten Auflage, und er suchte einen "Pessimismus der Stärke" als Grundtrieb der griechischen Kultur aufzuzeigen: "Eine intellektuelle Vorneigung für das Harte, Schauerliche, Böse, Problematische des Daseins aus Wohlsein, aus überströmender Gesundheit, aus *Fülle* des Daseins? Gibt es vielleicht ein Leiden an der Überfülle selbst? Eine versucherische Tapferkeit des schärfsten Blicks, die nach dem Furchtbaren *verlangt*, als nach dem Feinde, dem würdigen Feinde, an dem sie ihre Kraft erproben kann? an dem sie lernen will, was 'das Fürchten' ist?"[288]

Nicht den heroischen Versuch, das Fürchten zu lernen, entdeckt Kierkegaard in der griechischen Lebensanschauung, wohl aber eine abgründige Angst unter dem Druck der Überfülle der Natur, und mit dieser Einsicht verläßt er im *Begriff Angst* die Oberfläche der griechischen Harmonie und deckt psychologisch die Triebkräfte dieser Kindlichkeit auf. Was er entdeckt, ist auch kein "Pessimismus der Stärke", sondern er will zeigen, wie die griechische Heiterkeit vor dem Hintergrund einer in Angst gefesselten Freiheit

---

[287] Eine Darstellung verschiedener Stadien der Unmittelbarkeit findet sich noch im ersten Teil von *Entweder/Oder*, in der Abhandlung des Ästhetikers über Mozarts *Don Giovanni* (EO I, 47-145); vgl. Liessmann (1991), 29 ff.; Nordentoft (1972), 46 ff.; Nordentoft stellt diese von A aufgewiesenen Stadien in Beziehung zu entsprechenden Stellen des *Begriff Angst*, die eine Entwicklung innerhalb des Unschuldszustands beschreiben (vgl. BA^R, 41 ff.). Doch mit der Kategorie des Sprunges trennt Vigilius diese seelische Entwicklung von der freien Entwicklung des Geistes ab.

[288] Nietzsche, *Versuch einer Selbstkritik*, 2. Aufl. der *Geburt der Tragödie* (Nietzsche I, 9 f.).

als *Optimismus der Schwäche*, des noch schwachen Selbstbewußtseins, anzusehen ist. Das mangelnde Bewußtsein der in der Freiheit gründenden unbedingten Verantwortung für die eigenen Entscheidungen und die durch sie mögliche Schuld[289] sind die Schwachstelle der ästhetischen Stärke des Heidentums. Das Griechenbild Kierkegaards ist somit gekennzeichnet durch die Ambivalenz von heiter-schöner Harmonie und Schicksalsangst und verweist auf eine grundlegende Ambivalenz der Kierkegaardschen Darstellung des Ästhetischen, das zugleich zu überwindende Naivität und Hoffnungsträger neuer Unmittelbarkeit ist. Diese Ambivalenz muß verstanden werden als ein Teil jener Auseinandersetzung Kierkegaards mit dem Romantiker in ihm selbst, auf die besonders in der frühen Kierkegaardforschung vielfach hingewiesen wurde.[290] Die Schicksalsthematik ist ein Angelpunkt in diesem Ringen um die Tragik einer sich im Glück versuchenden und daran scheiternden Lebensanschauung - scheiternd aus Angst.

4.1.5. Schicksalsangst als Selbst- und Naturentfremdung

Die Geschichtstheologie im *Begriff Angst* kann nicht losgelöst werden von der dogmatischen Voraussetzung, in der Geschichte die Wirksamkeit der Erbsünde, die gegenseitige Angstbeeinflussung der Menschen zu sehen. Dogmatisch motiviert ist auch der Begriff der "objektiven Angst", mit dem Vigilius die Auswirkung der Sünde des Menschen auf die gesamte Schöpfung zu bestimmen versucht. Er geht nur kurz darauf ein, da er hierin keinen Gegenstand der Psychologie sieht, und doch versucht er gegen naturtheologisch-spekulative Deutungen die Metapher der sehnsüchtigen Schöpfung[291] an die Angsterfahrung des Menschen zu binden, als deren "Reflex" (BA^R, 59). Mit der gescheiterten Annahme der eigenen Natur, der Leiblichkeit, verschärft der dadurch hervorgebrachte Widerspruch in der Selbstwahrnehmung der sinnlichen Geistigkeit auch das Naturverhältnis des Menschen. In der wachsenden Entfremdung von der eigenen Natur wird auch die äußerliche Natur zu einem fremden Raum, der durch das angstbesetzte Handeln des Menschen sich immer mehr als Träger einer eigenen, bedrohlichen Dynamik der Unvollkommenheit herausstellt. Dieses "Zittern der Mitinteressiertheit" (BA^R, 61) ist somit als "objektive" Dimension der menschlichen Angst zu deuten, als durch die subjektive Selbstentfremdung konstituierter Raum der Fremde "jenseits von Eden". Daß sich die sinnliche Fülle heidnischer Natürlichkeit zur ängstigenden Überfülle wandeln kann, gründet in dieser Wechselwirkung von subjektiver Angst und Naturwahrnehmung. Als dem Menschen

---

[289] Daß Freiheit und Verantwortung im Griechentum nicht in einem metaphysischen Bedingungszusammenhang standen, zeigt Holl (1980), 23-125; zum Schicksalsglauben ("Mythisch-tragische Weltordnung") vgl. ebd., 29-73; zum Verhältnis von Schicksal und Schuld s.u. II.4.5.

[290] Vgl. Guardini (1971), 66; Marcuse (1923); zur Romantikkritik Kierkegaards s.u. III.1.

[291] Vgl. Röm 8, 19.

gegenüberstehende Macht wird das ängstigende Außen zum Schicksal, in dem sich das Fehlen der selbstbewußten Freiheit reflektiert.[292]

"Aber was bedeutet nun näher das Nichts der Angst im Heidentum? Es ist das Schicksal. Das Schicksal ist ein Verhältnis zum Geist und etwas anderem, das nicht Geist ist und zu dem er dennoch in einem geistigen Verhältnis stehen soll." (BA[R], 105).

Strukturell gesehen gehört die Schicksalsangst zur Angst des unmittelbaren Geistes, jedoch nicht mehr im Sinne der träumenden Unschuld. Die Möglichkeit des Geistes bleibt noch in der Zweideutigkeit der Angst, die die Unbestimmtheit, das Nichts der Freiheit ebenso sucht wie flieht. Der Schicksalsglaube hält sich als Versuch der geistigen Annäherung, des Verstehenwollens der ängstigend-unbegreiflichen Lebensgründe in der Unentschiedenheit der Unmittelbarkeit. Innerhalb der Unmittelbarkeit nimmt Vigilius eine Entwicklung an, ein wachsendes Bewußtsein menschlicher Möglichkeiten und kultureller Bildung[293], das nur deshalb noch der ästhetisch-unmittelbaren Lebenshaltung zugeordnet wird, weil die eigentliche ethische Selbstidentifikation, die Annahme der eigenen, freien Verantwortlichkeit, noch nicht versucht worden ist. Die ästhetische Unmittelbarkeit kann sich so von der kindlichen Unwissenheit bis zu einem hohen Maß an Reflexivität entwickeln[294],

---

[292] Disse (1991), 136 f., bestimmt die Schicksalsangst, die im "schutzlosen Ausgeliefertsein an die Naturgewalten" erfahren wird, als Ausdruck eines allgemeinen Gottesverhältnisses, das sich auf die "Macht der Endlichkeit" richte. Das allgemeine Gottesverhältnis ist nach Disse ein Verhältnis zur "Seinsmacht", die in zwei Weisen erfahren werde: als *Macht der Idealität* und als *Macht der Endlichkeit*. "Das Gottesverhältnis erweist sich somit einerseits als das Verhältnis zu einer setzenden Macht anderseits als das Verhältnis zu einem Sollensanspruch" (135). Diese zwei Seiten entsprechen der synthetischen Struktur der Freiheitsentscheidung, wobei Disse Bezug nimmt auf die Dialektik von Schicksal und Freiheit, wie sie der Gerichtsrat Wilhelm in den *Stadien auf des Lebens Weg* als Aspekt des wahren Entschlusses beschreibt (vgl. StLW, 120). Je ausdrücklicher der idealisierende Bezug das Freiheitsbewußtsein stärkt, um so mehr werde auch die entgegenstehende Macht der Endlichkeit erfahren. Doch Disse betont, daß auch für ein weniger bewußtes Selbstverhältnis durch die Bedrohlichkeit der Naturgewalt die Macht der Endlichkeit erfahren werde. Hier wäre der heidnische Schicksalsglaube einzuordnen, auf den Disse an dieser Stelle nicht eingeht.
Die Dimension der "objektiven Angst" ist für Vigilius also keineswegs "belanglos", wie Guarda (1980), 51, meint. Er mißdeutet auch Kierkegaards Sicht des Griechentums, wenn er es als "abstrakte( ) Freiheit des Selbstseins" deutet, der der "wahre Widerstand" der "Natur als Sinnlichkeit" fehle (57). Dies ist das genaue Gegenteil der im *Begriff Angst* entwickelten Sicht. Daher kann Guarda die Schicksalsangst auch nur im Hinblick auf das Tragische deuten, welches bei Vigilius nur eine marginale Rolle spielt (s.u. II.4.5.). Auch reduziert Kierkegaard die Sinnlichkeit keineswegs nur auf die Geschlechtlichkeit (50), doch ist Guarda zuzustimmen, daß für Kierkegaard die Frage der Vermittlung von Geist und Natur vor allem eine *personale* Aufgabe (der Selbstidentität) ist.

[293] In der *Krankheit zum Tode* weist Kierkegaard ausdrücklich darauf hin, daß die fehlende Entwicklung des Geistes im Heidentum nicht ästhetisch verstanden werden dürfe: "Es wäre ja auch eine ungeheuerliche Dummheit zu leugnen, daß sowohl heidnische Völker scharenweise (en masse), als auch einzelne Heiden erstaunliche Taten vollbracht haben, welche die Dichter begeistert haben und begeistern werden, zu leugnen, daß das Heidentum Exempel bietet, die man aesthetisch gar nicht genug bewundern kann." (KzT, 43).

[294] Zur Weite der Begriffe Unmittelbarkeit und ästhetisches Leben bei Kierkegaard vgl. Deuser (1985a), 58 ff.; Greve (1990), 37 ff.; McCarthy (1978), 45; Vetter (1979a), 45 ff.

und doch bleibt die Möglichkeit der Freiheit darin verstellt durch die sinnlich-phantastische Fremdbestimmtheit. Die Veräußerlichung des Geistes bleibt das Kennzeichen dieser ästhetischen Bildung der Menschheit, wobei das "Verhältnis zum Geist" für Vigilius durchaus geschichtlich fortschreitet, jedoch als wachsende Gestalt der Selbstverstellung des Geistes. Je näher die Menschheit in ihrem Selbstverständnis sich dem Anspruch der Freiheit nähert, um so stärker wird durch den Druck der Angst gerade die in ihr liegende Möglichkeit mißverstanden. In diesem Sinne wird die Angst immer "reflektierter":

"Das läßt sich auf den Ausdruck bringen, daß das Nichts, das der Gegenstand der Angst ist, sozusagen immer mehr zu Etwas wird. Wir sagen nicht, daß es wirklich zu Etwas wird oder wirklich Etwas bedeutet (...) Das Nichts der Angst ist hier also ein Complexus von Ahnungen, die sich in sich selbst reflektieren, dem Individuum immer näher kommen, obwohl sie, wesentlich gesehen, in der Angst dennoch wieder nichts bedeuten; aber wohlgemerkt nicht ein Nichts, mit dem das Individuum nichts zu tun hat, sondern ein Nichts, das mit der Unwissenheit der Unschuld eine lebendige Kommunikation unterhält." (BA^R, 64).

Durch diese "lebendige Kommunikation" wird die Angst "dialektisch bestimmt in Richtung auf" (BA^R, 105) ein Etwas, einen Vorstellungskomplex, in dem sich das Selbstbewußtsein einer Kultur und damit die geschichtlich bedingte Identifikation des Individuums konzentriert. Dieses Etwas ist innerhalb des Heidentums das Schicksal. Was hierbei in der hohen geistigen Kultur der Griechen immer noch äußerlich mißverstanden wird, ist das Sich-Bestimmen der Freiheit, mit Hegel gesprochen "die unendliche Subjektivität". Wenn das Sich-Bestimmen sich äußerlich bestimmt, so wird dies erfahren als Bestimmtwerden, als Schicksal. In der Weltsicht des Schicksalsglaubens konzentriert sich die Angst darauf, den Verlust der Natureinheit durch Projektion einer hinter allem stehenden Macht zu überwinden, zu der man in ein Verhältnis zu treten versucht. Doch solange diese Macht nicht als persönliche verstanden wird, wie im christlichen Vorsehungsglauben, bleibt das geistig-personale Verhältnis zur Weltmacht ein weiterer Schritt der Selbstentfremdung des Menschen. Im Versuch, durch den Einklang mit der Schicksalsmacht wieder eine harmonische Einheit des Lebens zu erlangen, wird der Mensch nicht frei, sondern gefangen genommen von der vermeintlichen Notwendigkeit seiner Bestimmung. "Schicksal" meint somit mehr als das bloße Widerfahrnis[295], das, sei es bedrohlich, sei es beglückend, dem

---

[295] Vgl. Nordentoft (1972), 356 f.: Die Schicksalsgebundenheit der Griechen gründet nicht in einer objektiven Macht des Schicksals, sondern allein in der Angst, die das Schicksal als zweideutige Antizipation hervorbringt. Insofern ist das Schicksal "Nichts". Wenn Nordentoft diesen Schicksalsbegriff jedoch von jeglichem Zusammenhang mit einer bindenden Faktizität lösen und allein auf die rituelle Zukunftserschließung im Orakel (dazu s.u. II.4.4.) beziehen will, so verkennt er die mit dem Aspekt der Notwendigkeit im Schicksalsbegriff gemeinte Gebundenheit des sinnlichen Menschen an die äußerliche und geschichtliche Gegebenheit. Nach Dietz (1993), 317, zeigt sich im Orakel "jene Angst vor dem Schicksal in einem *tragischen* Verhältnis zur Notwendigkeit". Gerade im Zusammenhang mit der tragischen

Menschen geschieht, sondern dieses Widerfahrnis *als Bestimmung*, als an die (noch leere) Stelle der Selbstbestimmung gerückte Macht. Schicksal ist das *Sich-Veräußern des Sich-Selbst-Bestimmens*, darin gefesselte Freiheit. Insofern ist das dem Geist notwendigste, die eigene Freiheit, in die Zufälligkeit der Ereignisse veräußert, so daß alles Zufällige dem Menschen wie notwendig verfügt erscheint und er nicht die Freiheit des Sich-zum-Äußeren-Verhaltens als Selbstverhältnis, als Selbstbestimmung sieht. Das Schicksal ist "eine Einheit von Notwendigkeit und Zufälligkeit" (BA^R, 105).[296]

4.2. Das Schicksal als Einheit von Zufall und Notwendigkeit

"Das Schicksal kann einander genau Entgegengesetztes bedeuten, da es eine Einheit von Notwendigkeit und Zufälligkeit ist." (BA^R, 105).

Mit der metaphysischen Bestimmung des Schicksals als Einheit von Notwendigkeit und Zufälligkeit will Vigilius zum einen die Zweideutigkeit der Schicksalsmacht kennzeichnen und sie zum anderen als ungeistig und unfrei darstellen. Im Schicksalsglauben bekommt die psychologische Zweideutigkeit eine das gesamte Welt- und Selbstverständnis prägende Bedeutung, weil der aus der unmittelbaren Einheit herausgefallene Mensch die Angst vor der Unbestimmtheit des eigenen Lebens durch die Projektion einer hinter aller Wirklichkeit liegenden, einheitlichen Macht zu überwinden versucht. Da er diese aber nicht als geistige Macht erfährt, wird die Möglichkeit der Freiheit verstellt durch die Vorstellung einer unpersönlichen Weltordnung, deren unausweichlicher und dennoch willkürlich-ergründlicher Macht der Mensch eingefügt ist. Die ontologischen Begriffe der Notwendigkeit und Zufälligkeit müssen somit wieder, wie schon das "Nichts" des Geistes[297], hermeneutisch interpretiert werden als Sich-Mißverstehen der Möglichkeit der Freiheit in der Angst. Sie bezeichnen das Ungreifbare der äußerlich bestimmenden Ordnung, in deren Unergründlichkeit der Mensch sich selbst zu finden sucht.

"Im Schicksal hat also die Angst des Heiden ihren Gegenstand, ihr Nichts. In ein Verhältnis zum Schicksal kann er nicht kommen; denn in dem einen Augenblick ist es das Notwendige und im nächsten das Zufällige. Und dennoch steht er zu ihm in einem Verhältnis; und dieses Verhältnis ist die Angst." (BA^R, 106).

4.2.1. Die synthetische Bedeutung von Notwendigkeit und Zufälligkeit

Um die Zweideutigkeit des Schicksals als Einheit von Notwendigkeit und Zufälligkeit recht zu verstehen, müssen wir der Bedeutung dieser Kategorien innerhalb der Kierkegaardschen Existenztheorie nachgehen. Sie haben ihren Ort vor allem in der Beschreibung der synthetischen Struktur der mensch-

---

Schuld (dazu s.u. II.4.5.) wird auch der Aspekt eines geschichtlichen Schuldzusammenhangs thematisiert, was Nordentoft bestreitet.
[296] Vgl. Valls (1980), 163.
[297] S.o. II.3.2.2.

lichen Existenz. Als Aspekte der Selbsterschließung sind Notwendigkeit und Zufälligkeit Ausdruck der polaren Spannung des Menschseins, und nur in der synthetischen Bezogenheit aufeinander haben sie jene das Nichts der Angst kennzeichnende Bedeutung des Schicksals. Das Schicksal bezeichnet gerade keine der Freiheit real gegenüberstehende Macht, sondern ist Ergebnis der Selbstverstellung der Freiheit in der Angst. Deshalb wendet sich Vigilius gegen eine Identifizierung des Schicksals mit der Notwendigkeit (vgl. BA^R, 105), denn nur in Einheit mit der Beliebigkeit des Zufalls zeigt sich das Schicksal in jener zweideutigen Offenheit, die der Angst als *Möglichkeit der Freiheit* zugehört. "Die Angst ist keine Bestimmung der Notwendigkeit, aber auch nicht der Freiheit" (BA^R, 50).

Es finden sich bei Kierkegaard zwei verschiedene Darstellungen der Modalitätskategorien.[298] In der *Krankheit zum Tode* bestimmt Anti-Climacus die Wirklichkeit als Einheit von Möglichkeit und Notwendigkeit (vgl. KzT, 33); Climacus jedoch unterscheidet in den *Philosophischen Brocken* die Notwendigkeit als *Wesens*bestimmung von den *Seins*bestimmungen Möglichkeit und Wirklichkeit (vgl. PhB, 71). Während Climacus eine *absolute*, logische Notwendigkeit der unveränderlichen, ewigen Identität eines Wesens mit sich selbst meint, die in keinem Bezug zum Werden steht, ist bei Anti-Climacus nur von einer *relativen* Notwendigkeit der Faktizität die Rede, die in Relation steht zur Freiheit des Selbst, das in seinem synthetisierenden Selbstvollzug[299] sich zur vorgegebenen Lebenssituation verhält. Die relative Notwendigkeit ist nicht in ihrem Sein notwendig, in der Ablehnung eines notwendigen Werdens sind sich Climacus und Anti-Climacus einig, in diesem Sinne kann die Notwendigkeit niemals zur Seinskategorie werden. Die relative Notwendigkeit meint den Aspekt der unabänderlichen Vorgegebenheit innerhalb der menschlichen Wirklichkeit, die aber durch die sich in der zeitlichen Dimension der Zukunft erschließende Möglichkeit zur Freiheit hin geöffnet wird. Während Climacus die allgemein-ontologische Bestimmung des Werdens als eines Übergangs von der Möglichkeit zur Wirklichkeit in den Blick nimmt, wobei die Möglichkeit nur als Noch-Nicht-Sein verstanden wird, thematisiert Anti-Climacus das subjektive Wirklichwerden, die zeitliche Selbstwerdung der Freiheit, wobei die Möglichkeit nun den zeitlich sich erschließenden Raum des freien Verhaltens zur eigenen Faktizität, zur relativen Notwendigkeit, bezeichnet. Die Wirklichkeit der Freiheit konstituiert sich so als Synthese von Möglichkeit und Notwendigkeit.[300] "Für das Werden (und

---

[298] Lübcke (1983) versucht die Vereinbarkeit dieser Bestimmungen und damit eine einheitliche "modale Ontologie Kierkegaards" (125) aufzuzeigen. Im folgenden schließe ich mich seiner Darstellung an. Vgl. Deuser (1985a), 114 ff.
[299] Dazu s.o. II.3.1.
[300] Theunissen (1991), 46 f., stellt im Anschluß an Sløk (1954), 61 f., die relative Notwendigkeit bei Anti-Climacus als Ausdruck des Gesetztseins des Selbst dar. Gerade weil das Verhältnis zur Vorgegebenheit des eigenen Lebens derart Teil des Gottesverhältnisses ist, kann die Faktizität als bloß relative Notwendigkeit, als durchaus änderbare Unabänderlichkeit verstanden werden, weil der setzende Gott zugleich der Gott der unbegrenzten Möglichkeiten ist. "Das Bemerkenswerte an der von Sløk vorgeschlagenen Interpretation liegt in der These, die theologisch begründete Notwendigkeit schließe gerade auch das Moment der Veränderbarkeit ein. (...) Danach empfängt die Faktizität ihren Notwendigkeitssinn aus ihrer Annah-

das Selbst soll ja frei es selbst werden) sind Möglichkeit und Notwendigkeit gleich wesentlich." (KzT, 32).

Die Notwendigkeit steht somit für Kierkegaard nicht in einem absoluten Gegensatz zur Freiheit. Die Vorstellung einer absoluten Wesensnotwendigkeit kann überhaupt nicht in den Bereich des Werdens, in dem sich die Freiheit vollzieht, einbezogen werden, und die relative Notwendigkeit ist ein Strukturmoment der freien Selbstentfaltung. Wenn Anti-Climacus an einer Stelle formuliert: "Der Mensch ist eine Synthese (...) von Freiheit und Notwendigkeit" (KzT, 8), so ist damit zwar die synthetische Einbindung der Faktizität in die Selbstwerdung bezeichnet, doch der hier angegebene Begriff der Freiheit ist nicht mit der Freiheit des Selbstvollzugs gleichzusetzen, denn dieser kann niemals ein Strukturmoment der Synthese sein. Die Freiheit als synthetischer Gegensatz zur relativen Notwendigkeit ist noch eine Reflexionsbestimmung, ein Begriff, der nur in der dialektischen Gegenüberstellung zu einem anderen Begriff zu verstehen ist. Sie bezeichnet in diesem Sinne den offenen Möglichkeitsraum, weshalb Anti-Climacus an späterer Stelle auch genauer von der Synthese von Notwendigkeit und Möglichkeit spricht. Die Freiheit des Selbst ist gerade das diesen Gegensatz als ihre eigene Wirklichkeit auseinander-zusammenhaltende Sich-zu-sich-Verhalten.[301] "Das Selbst ist Freiheit. Freiheit aber ist das Dialektische in den Bestimmungen Möglichkeit und Notwendigkeit." (KzT, 25).

Auch Vigilius sieht in der Freiheit die Unbedingtheit des Selbstverhältnisses, in das die relative Notwendigkeit der eigenen Bedingtheit zu integrieren ist. Immer besteht die Möglichkeit, sich zu den faktischen Bedingungen zu verhalten und sich innerhalb der vorgegebenen Grenzen zu entscheiden. Die faktische Grenzziehung ist keine prinzipielle Negation der Freiheit, da diese ja nicht als abstrakte Wahlfreiheit, sondern als Selbstkonstitution des einzelnen in seiner persönlichen Konkretheit zu verstehen ist. Versucht man dagegen, die Notwendigkeit dem Freiheitsbegriff entgegenzustellen, so bedeutet dies für Vigilius nur eine endliche Reflexion der sich gegen alle Widerstände durchsetzen wollenden, "im endlichen Sinne selbstische(n) Freiheit"[302]:

"Wenn man die Freiheit so versteht, hat sie ihren Gegensatz in der Notwendigkeit, woran sich zeigt, daß man die Freiheit in einer Reflexions-Bestimmung aufgefaßt hat. Nein, der Gegensatz der Freiheit ist Schuld, und es ist das Höchste an der Freiheit, daß sie stets nur mit sich selbst zu tun hat

---

me, die sie aber darum nicht bloß als unveränderlich hinnimmt, weil sie eine Annahme aus der Hand Gottes ist. Daß der Begriff tatsächlich so motiviert ist, wird noch wahrscheinlicher, wenn man seine dialektische Fassung, welche die Notwendigkeit zur Nicht-Notwendigkeit erklärt, als eine christliche Antwort auf den griechischen Begriff der *ananke* versteht, der den Zwang des Naturgegebenen und die dadurch verursachte Mühsal für ein Verhängnis ausgibt, das nicht einmal die Götter durchbrechen können." Indem die Synthese von Notwendigkeit und Möglichkeit somit der Grundbestimmung des Selbst als gesetztem Selbstverhältnis entspricht, ist sie nach Theunissen "die ursprünglichste Synthese überhaupt" (45).

[301] Vgl. Theunissen (1991), 62 f. u. (1979), 504.
[302] Zum Begriff des "Selbstischen" s.o. II.3.3.3.

(...) Wenn man hierauf nicht achtet, hat man die Freiheit geistreich mit etwas ganz anderem verwechselt, mit *Kraft.*" (BA[R], 118 f.).

Wogegen sich Vigilius hier wendet, ist das organische Mißverständnis der Freiheit und damit der Selbstwerdung des Geistes. Das Wirklichwerden der Freiheit ist nicht zu verstehen als Wachstum einer natürlichen Anlage, als Entfaltung einer Kraft, die sich gegen äußere, hemmende Widerstände durchsetzen muß, sondern als sprunghaftes Ergreifen einer unbedingten Bedeutung des eigenen Lebens, wie auch immer dieses (vor-)bestimmt sein mag. Als dieses freie Sich-Ergreifen steht einem das Leben immer noch bevor, es ist niemals zu reduzieren auf die in der Vergangenheit bestimmte, faktische Gestalt. In der Angst wird diese Offenheit der eigenen Wirklichkeit erfahren, der Mensch hat die Sicherheit einer natürlich-notwendigen Lebensentwicklung verloren und steht vor seiner eigenen Zukunft als ängstigend unbestimmter Möglichkeit. Solange der Mensch noch nicht im Wagnis der Freiheit sein Leben selbst in die Hand genommen hat, drängt sich ihm diese Unbestimmtheit in bedrohlicher Weise auf. In der Angst wird die Einheit von Notwendigkeit und Möglichkeit (Freiheit) verzerrt wahrgenommen als Ungewißheit einer Schicksalsbestimmung, als Einheit von Notwendigkeit und Zufälligkeit. Es ist dies der Versuch des in Angst vor der Freiheit lebenden Menschen, eine Kontinuität und Identität seines Lebens zu finden, indem er auch die ungewisse Zukunft der Macht der faktischen Bestimmtheit anzuvertrauen sucht, wobei diese sich jedoch als zufällige erweist. Die Zufälligkeit ist hierbei nicht Ausdruck der Offenheit des Faktischen für die Freiheitsgestaltung, sondern der Beliebigkeit der scheinbar notwendigen Ordnung. Sowohl Notwendigkeit als auch Zufälligkeit sind ambivalente Begriffe, deren Bedeutung in der Dialektik der Selbstwerdung wechselt, je nachdem ob sie Teil eines freien oder eines unfreien Selbstverhältnisses sind.

4.2.2. Die Kontingenz des Lebens zwischen Sinn und Unsinn: die Ambivalenz der zufälligen Notwendigkeit

Die von Vigilius als Teilaspekt des Schicksals herausgestellte Notwendigkeit entspricht der relativen Notwendigkeit der Synthesisstruktur aus der *Krankheit zum Tode*, jedoch mit dem verengten Blick der "Verzweiflung der Notwendigkeit" (KzT, 34), die die befreienden Möglichkeiten aus den Augen verliert. Anti-Climacus nennt als eine Form dieser Verzweiflung den "Fatalismus", dessen "Gott" die Notwendigkeit sei (vgl. KzT, 37 f.).[303] Vigilius will diesen Glauben psychologisch auf die Angst vor der Freiheit zurückführen, wobei es ihm auf die Zweideutigkeit des Schicksals ankommt. Die "fremde Macht" der Notwendigkeit ist gerade nicht jene Halt gebende Gewißheit, an der das Leben sich orientieren kann. Vielmehr trägt sie die Unsicherheit, aus der heraus der Mensch in ihr die Wahrheit suchte, als Reflex der Angst in sich. In der Konfrontation mit der ungewissen Lebensrealität erweist sich die vermeintliche Notwendigkeit des Schicksals als an der Zufälligkeit seiner faktischen Bestimmtheiten unaufweisbar. Das Bestimmt-

---

[303] Dazu s.u. III.4.3.

sein verliert in dieser Perspektive den kontinuierlichen Sinn, der mit dem Glauben an eine Notwendigkeit doch gerade gesucht wurde. Das Schicksal ist sinnlos, weil es selbst nicht frei, keine geistige Macht ist. Dies will Vigilius mit seiner Formel von der Einheit der Notwendigkeit und Zufälligkeit sagen.

"Das findet seinen sinnreichen Ausdruck darin, daß das Schicksal blind ist; denn wer blind geht, bewegt sich ebensosehr notwendig wie zufällig fort. Eine Notwendigkeit, die sich ihrer selbst nicht bewußt ist, ist *eo ipso* [eben damit] im Verhältnis zum nächsten Augenblick eine Zufälligkeit." (BA^R, 106).

Die bewußtlose Notwendigkeit ist der Freiheit äußerlich (selbst wenn es sich um "innere" Bedingtheiten der menschlichen Natur handelt), insofern sie nicht den Freiheitsvollzug als solchen bestimmt, sondern nur durch das Selbstverhältnis als faktische Bedingung in die konkrete Freiheit integriert werden kann. Das natürliche Werden ist nicht als solches schon ein entäußertes Werden der Freiheit (auch wenn Climacus letztlich alles Werden auf Freiheit, auf göttlich-kreativen Ursprung, zurückführt[304]), weshalb ihm der Aspekt der Zufälligkeit als Zeichen kontingenter Beliebigkeit anhaftet. So weist Kierkegaard im Entwurf zum *Begriff Angst* ausdrücklich darauf hin, daß er nicht eine "innere Notwendigkeit" im Sinne Spinozas meine, in der die logische Notwendigkeit einen metaphysischen Ausdruck als absolute Substanz bekomme, der neben der Ausdehnung auch das Attribut des Geistes und damit der Freiheit zukomme. Hierbei gehe die Bedeutung, die das Zufällige für den Freiheitsvollzug habe, verloren. In der absolut notwendigen Freiheit ist das endliche Bedingte, "das Zufällige", immer schon aufgehoben.[305] Kierkegaard sieht darin wie Hegel eine Aufhebung der endlichen Freiheit, doch gegen Hegels weltgeschichtliche Konstruktion der endlichen Freiheit aus einer notwendigen Geschichte absoluter Freiheit betont er die unaufhebbare Kontingenz der geschaffenen Freiheit (hierin dem späten Schelling nahe), die sich gerade nicht in der Einsicht in eine Notwendigkeit des Werdens, sondern im Ergreifen der in der Zufälligkeit des Faktischen liegenden Möglichkeit verwirklicht.

So wie die relative Notwendigkeit die Vorgegebenheit des Faktischen meint, so bezeichnet die Zufälligkeit dessen Kontingenz, die es für das Mögliche, die Veränderung offenhält. Im Aspekt der Zufälligkeit liegt daher die Möglichkeit für die Möglichkeit, die Offenheit der Faktizität auf die Zukunft hin, in der sich die Freiheit als Synthese von Möglichkeit und Notwendigkeit vollziehen kann. Die Zufälligkeit der Wirklichkeit wird von Kierkegaard in diesem Sinne oft auf die Möglichkeit der Freiheit bezogen[306], die Kontingenz

---

[304] Vgl. PhB, 71 f; dazu s.u. III.2.5.1.
[305] Vgl. Pap V B 55, 17/ BA, 260. Zu der an dieser Stelle angedeuteten Ähnlichkeit zwischen Spinozas Substanzbegriff und der christlichen "Vorsehung" s.u. II.4.6.
[306] In einer knappen Aufzeichnung (Pap IV C 71; übersetzt bei Schäfer (1968), 217) heißt es: "Was ist das Zufällige? Seine Zugehörigkeit zum Begriff des Wirklichen. Die beiden Forderungen des Aristoteles an eine freie Handlung, sie müsse Spontaneität und Wissen haben. Die Scholastiker forderten noch ein Drittes: Zufälligkeit. Dies nahm Leibniz auf." In dieser Hinsicht betont auch Vigilius gegen die logische Erfassung der "Wirklichkeit" bei Hegel die Zugehörigkeit des Zufalls zur Wirklichkeit (vgl. BA^R, 6); daß auch in Hegels Logik, entgegen

ist der bleibende Grund des endlichen Freiheitsvollzugs als eines nicht selbst gesetzten.

Innerhalb eines freien Selbstverhältnisses wird somit die Einheit von Notwendigkeit und Zufälligkeit als sinnhafte Wirklichkeit erfahren. Sie erschließt sich als die in der Freiheit gründende Geschichte. In ihr ist die Freiheit eingeordnet in ein umgreifendes Sinngeschehen, als das die eigene Geschichte je neu auf den einzelnen Menschen zukommt. Die Geschichte ist derart die zufällig-notwendige Wirklichkeit endlicher Unbedingtheit (der Freiheit).[307]

Indem der Mensch im Glauben an eine unergründliche Sinnhaftigkeit der Wirklichkeit die Kontinuität seiner eigenen Lebensgeschichte wagt, bildet sich die freie Persönlichkeit als Einheit von Kontingenz und Sinn. Das Unverfügbare gehört zur Erfahrung wirklicher Freiheit, und nur wenn dieses als selbst in einer absolut bewußten Freiheit gründend angenommen wird, ist die Freiheit in ihrer eigenen Bedingtheit frei. Der Vorsehungsglaube ist in diesem Sinne die Ermöglichung einer geschichtlich zu sich selbst findenden Freiheit[308], doch in der Angst wandelt sich der Blick auf das Unverfügbare zur Abhängigkeit von der blinden Notwendigkeit des Schicksals. Nur in und als Freiheit kann die Einheit von Notwendigkeit und Zufälligkeit als solche bewußt sein, während im Schicksalsglauben gerade nicht diese Einheit, sondern nur die gegenseitige Aufhebung und Bedeutungslosigkeit dieser Aspekte als Ausdruck der Bewußtlosigkeit des Schicksals gesehen wird. Die Zufälligkeit ist hierin nicht die Möglichkeiten in sich tragende und damit Freiheit ermöglichende Kontingenz, sondern die Zwecklosigkeit willkürlicher Bestimmungen, an die sich der Ästhetiker, der sinnlich bestimmte Mensch, ausgeliefert sieht.[309]

---

der Meinung Kierkegaards, die Zufälligkeit von großer Bedeutung ist, wird im nächsten Kapitel ausgeführt werden, s.u. II.4.3.

[307] Diese für den Freiheitsbegriff des Vigilius grundlegende Bestimmung formuliert Kierkegaard schon 1840 in einer gegen die Hegelsche Perspektive absoluten Begreifens gerichteten Aufzeichnung (Pap III A 1/ Tb I, 228 f.), in welcher das Geschichtliche als "Einheit des Metaphysischen und des Zufälligen" gedeutet wird: "die Einheit davon ist vom Göttlichen her gesehen *die Vorsehung*, vom Menschlichen her *das Geschichtliche*"; zu dieser Stelle s.u. II.4.6.1.

[308] S.u. II.4.6.

[309] Diese Erfahrung findet ihren drastischen Ausdruck in einer Klage des Ästhetikers aus dem *Tagebuch des Verführers*: "Verdammter Zufall! Niemals habe ich dir geflucht, weil du dich gezeigt hast, ich fluche dir, weil du dich durchaus nicht zeigst. Oder sollte es etwa eine neue Erfindung von dir sein, unbegreifliches Wesen, unfruchtbare Mutter aller Dinge, der einzige Überrest aus jener Zeit, da die Notwendigkeit die Freiheit gebar, da die Freiheit sich wieder in den Mutterleib hineinnarren ließ? Verdammter Zufall! Du mein einziger Mitwisser, das einzige Wesen, das ich für wert achte, mein Verbündeter zu sein und mein Freund, der du stets dir selber gleich bist in Ungleichheit, stets unbegreiflich, stets ein Rätsel!" (EO I, 351).

4.3. Exkurs: Modalität und griechischer Schicksalsglaube bei Hegel

Mit der Formel der Einheit von Notwendigkeit und Zufälligkeit hebt Kierkegaard seine Schicksalsbestimmung in einen ontologischen Horizont, der bei Hegel ausdrücklicher Hintergrund seiner Darstellung der griechischen Religion und ihres Schicksalsglaubens ist. In Hegels Bemühen, die historischen Gestalten der Religionen aus ihrem "metaphysischen Begriff" zu verstehen[310], ordnet er der griechischen Religion den Begriff der "Notwendigkeit" zu.[311] Die Notwendigkeit bezeichnet bei Hegel die Unbedingtheit des Wirklichseins, welche erst in der Subjektivität, als der Selbstvermittlung des Geistes, ihre wahre Bedeutung erreicht. Die Notwendigkeit wird so als das An-sich-sein der Freiheit verstanden, die in der Entwicklung des menschlichen Geistes sich selbst bewußt wird. In der griechischen Kultur ist die Notwendigkeit aber noch nicht absolut zu sich gekommen als unendliche Subjektivität und hat daher in der Vielheit zufälliger Bestimmungen ihre Erscheinung.[312] Kierkegaard formuliert mit seiner psychologischen Anwendung der Modalkategorien einen Schicksalsbegriff, der in vielem der Hegelschen Darstellung des griechischen Schicksalsglauben im Horizont seiner Logik des Wirklichkeitsbegriffes entspricht, obwohl Kierkegaard seine Bestimmungen der Modalität sowohl in den *Philosophischen Brocken* als auch in der *Krankheit zum Tode* ausdrücklich gegen den Hegelschen Begriff der Notwendigkeit als einer Einheit von Möglichkeit und Wirklichkeit einführt.[313] Es spricht vieles dafür, daß Kierkegaard in den einzelnen Motiven seiner Schicksalsanalyse ebenso wie in seiner Sicht des Griechentums von Hegels Darstellung abhängig ist, ohne daß er deren innere Logik nachvollziehen will. Er sieht in der Hegelschen Logik nur die Aufhebung der Freiheit in den Prozeß der Notwendigkeit, wodurch auch die Bedeutung des Zufalls für ihn verloren geht. Wenn Kierkegaard die Auffassung des Fatums als Notwendigkeit zurückweist, so hat er dabei wahrscheinlich Hegels Bestimmungen im Auge.[314]

Es scheint zunächst, als treffe die Kritik Kierkegaards tatsächlich die Hegelsche Auffassung, denn die Formel von der Einheit von Notwendigkeit und Zufälligkeit wird bei Hegel nicht auf den Schicksalsbegriff angewandt, statt dessen nennt er das Fatum "die kalte Notwendigkeit"[315], "deren Trauer darin ihren Grund hat, daß sie das Geistlose ist"[316], und er verweist auf die

---

[310] Vgl. Hegel XVI, 192 ff.; XVII, 16 ff.
[311] Vgl. Hegel XVII, 24 ff.; 97 ff.
[312] Vgl. Hegel XVII, 48.
[313] Vgl. PhB, 70 f.; KzT, 33. Daß diese Kritik den Hegelschen Begriff der Notwendigkeit nur in unzureichender Weise trifft, zeigt sich an Hegels eigener Bewertung dieser Formel in der Logik der *Enzyklopädie*, sie sei "zwar richtig", aber "nur so ausgedrückt (...) oberflächlich und deswegen unverständlich" (Hegel VIII, 288).
[314] E. Hirsch verweist zu der entsprechenden Stelle, die auch auf die Unterscheidung des griechischen vom orientalischen Fatum Bezug nimmt, auf Hegel (BA, 260 Anm. 157).
[315] Hegel XVII, 48.
[316] Hegel, XII, 302.

"Alten", die "bekanntlich die Notwendigkeit als *Schicksal*" auffaßten.[317] Jedoch ist diese Notwendigkeit auch für Hegel eine bewußtlose, "blinde, unverstandene, begrifflose Macht"[318], weil sie nicht freie, zwecksetzende Tätigkeit ist, und die Blindheit dieser nach Hegels Meinung noch nicht zu sich selbst gekommenen Notwendigkeit erläutert auch er als Übergang der Notwendigkeit in den ihr entgegengesetzten Schein der Zufälligkeit.

4.3.1. Notwendigkeit als Selbstvermittlung und der absolute Zufall

Der konkrete Prozeß der Wirklichkeit ist für Hegel die Selbstentfaltung der absoluten Idee, die in der sich-wissenden Freiheit als einer selbstbewußten Selbstvermittlung ihre absolute Verwirklichung erreicht. Als Selbstvermittlung ist die absolute Freiheit insofern unbedingt, als sie alle Bedingungen ihres Seins selbst als solche setzt. Von diesem Begriff der unbedingten Selbstvermittlung aus ist auch der Begriff der Notwendigkeit gedacht als Setzen der Bedingungen des Wirklichseins. Jedoch vollzieht sich die Selbstvermittlung der Notwendigkeit im Gegensatz zur Freiheit noch unbewußt. Die "*Freiheit* als die *Wahrheit der Notwendigkeit*"[319] ist *der Begriff* als Denken der Notwendigkeit, als Sich-Durchsichtigwerden des Prozesses der Wirklichkeit. "Blind ist die Notwendigkeit nur, insofern dieselbe nicht begriffen wird."[320]

Die Modalitätskategorien "Zufälligkeit", "Möglichkeit" und "Notwendigkeit" haben bei Hegel ihren Ort in dem der "Wirklichkeit" gewidmeten letzten Teil der "Wesenslogik", womit diese übergeht zur "Begriffslogik".[321] Während in der Wesenslogik die Kategorien als "Reflexionsbestimmungen" dialektisch als Gegensätze aufeinander bezogen sind, stellt die Begriffslogik die einzelnen Bestimmungen als Momente des einheitlichen Prozesses dar. Mit dem Begriff der Wirklichkeit erreicht die Wesenslogik das An-sich-sein dieser Einheit des Begriffs, im Wirklichwerden sind die einzelnen Kategorien zur substantiellen Einheit der Notwendigkeit verbunden. Sie bestimmen den "Prozeß der Wirklichkeit", in dem das Wesen zur Existenz als seiner äußerlichen Manifestation gelangt, worin das unmittelbare Sein wieder mit seiner Negation, dem Wesen, zur Einheit vermittelt wird. Die Wirklichkeit ist so im Gegensatz zum unmittelbaren Sein immer eine vermittelte, und zwar eine sich-selbst-vermittelnde[322], und in der Selbstvermittlung liegt ihre Notwendigkeit. Die Notwendigkeit ist in diesem Sinne das sich die eigenen Bedingungen der Existenz selbst Setzende und so sich Verwirklichende, wobei dies noch als ein unbewußter Prozeß gedacht ist, während das bewußte Sich-Setzen *die Freiheit* als die absolute, sich wissende Notwendigkeit ist. Die Notwendigkeit der Wirklichkeit, als An-Sich der Freiheit, zeigt sich gerade nicht in einem

---

[317] Hegel VIII, 290.
[318] Hegel XVII, 109.
[319] Hegel VI, 246; vgl. VIII, 303.
[320] Hegel VIII, 290.
[321] Vgl. Angehrn, 56 ff.
[322] Vgl. Hegel VIII, 287 f.

Erzwungenwerden der Wirklichkeit aus äußeren Bedingungen, sondern in der eigenen Bestimmung von äußeren Umständen zu Bedingungen des Selbstwerdens. Der Entwicklungsprozeß ist die eigenständige Umgestaltung des zufällig vorliegenden Materials zu Teilen einer neu entstehenden Ganzheit. Das bloß Vorliegende verliert dadurch seine Zusammenhanglosigkeit und wird als Bedingungsmoment in die neue Wirklichkeit integriert. Doch solange dieses Setzen von Bedingungen noch nicht als freie Zwecksetzung vollzogen wird, bleibt die sich unbewußte Notwendigkeit an die Äußerlichkeit des Vorhandenseins zufälliger Bedingungen gebunden. Das zufällige, unmittelbare Sein ist als solches notwendig zum Selbstvollzug der Notwendigkeit. Als Zufälliges ist das Unmittelbare der logische Gegensatz der Notwendigkeit, die ja gerade die Vermittlung ist, jedoch ist das Zufällige *im* Prozeß der Wirklichkeit zugleich die Möglichkeit einer neuen Wirklichkeit und als solche ist es deren *Bedingung*. Das Zufällige ist nur Bedingung der Wirklichkeit als Moment des Prozesses, somit als Setzung der Notwendigkeit. Die Notwendigkeit konstituiert einen *Bedingungszusammenhang*, in den das einzelne Zufällige aufgenommen und dadurch *als Bedingung gesetzt* wird.[323] Zu den Bedingungsmomenten einer Wirklichkeit gehören somit das *Wesen* einer Sache als deren *innere* Möglichkeit, die *äußeren, zufälligen* Bedingungen sowie die aus dem Wesen kommende Tätigkeit der Vermittlung.[324]

"Das Sichbewegen der Form ist *Tätigkeit*, Betätigung der Sache, als des *realen* Grundes, der sich zur Wirklichkeit aufhebt, und Betätigung der zufälligen Wirklichkeit, der Bedingungen, nämlich deren Reflexion-in-sich und ihr Sichaufheben zu einer anderen Wirklichkeit, zu der Wirklichkeit der *Sache*. Wenn *alle Bedingungen* vorhanden sind, *muß* die Sache wirklich werden, und die Sache ist selbst eine der Bedingungen, denn sie ist zunächst als Inneres selbst nur ein Vorausgesetztes. Die *entwickelte* Wirklichkeit, als der in eins fallende Wechsel des Inneren und Äußeren, der Wechsel ihrer entgegengesetzten Bewegungen, die zu *einer* Bewegung vereint sind, ist die *Notwendigkeit*."[325]

---

[323] Vgl. Wandschneider (1984), 978; nach Wandschneider bedeutet Notwendigkeit bei Hegel "somit wesentlich Relationalität; Relationalität setzt Relata voraus, denen als solche wiederum Selbständigkeit (nämlich in bezug auf die von ihnen konstituierte Relation) zukommt. Selbständigkeit aber bedeutet Vereinzelung, Zufälligkeit, mit anderen Worten: *N. impliziert Zufälligkeit*" (979).

[324] Vgl. Hegel VIII, 292 f.

[325] Hegel VIII, 288. Die Bedeutung des Zufalls in Hegels Philosophie hat D. Henrich in seinem Aufsatz "Hegels Theorie über den Zufall", in: Henrich (1975), 157 ff., aufgezeigt. Für ihn ist Hegels Logik "die einzige philosophische Theorie (...), *die den Begriff des absoluten Zufalls kennt*" (159), weil der Zufall *als solcher* absolut notwendig ist zum Vollzug der Notwendigkeit. Das Zufällige wird so zwar von Hegel auf eine Notwendigkeit zurückgeführt, doch da diese gerade dessen Zufälligkeit und nicht das zufällig Vorhandene als notwendig erweisen soll, entzieht Hegel das Zufällige einer restlosen, deterministischen Erklärung (vgl. Hegel VIII, 286 f.).

"Der Regressus der Bedingtheiten führt nicht zu realer Notwendigkeit. Also muß dieser Begriff einer wirklich begründenden Notwendigkeit so gedacht werden, daß in ihm das Setzen der eigenen Bedingungen impliziert ist. (...) Die Notwendigkeit setzt sich wohl selbst die

4.3.2. Schicksalsergebung und Freiheitsbewußtsein

In den *Vorlesungen über die Philosophie der Religion* unterscheidet Hegel die Notwendigkeit der Selbstsetzung als eine *innere*, die allem *Lebendigen* zukommt, von der *äußeren, relativen, zufälligen* Notwendigkeit, in der notwendiges Resultat und zufällige Bedingungen auseinanderfallen, die Bedingungen bleiben hierbei äußerlich und gehen nicht in die Einheit des Sich-Verwirklichenden ein. Deshalb bleibt auch die Notwendigkeit (die Vermittlung) zufällig, nämlich relativ in Bezug auf die zufälligen Umstände. Die innere Notwendigkeit des Lebendigen ist aber auch noch nicht die *absolute* Notwendigkeit, welche die Freiheit ist. An sich, noch nicht sich selbst bewußt, ist die absolute Notwendigkeit nur formelle Freiheit, doch die *reale* Notwendigkeit ist die Freiheit als solche oder der Begriff als solcher oder *der Zweck*.[326] Indem die Freiheit sich Zwecke setzt, wird das notwendige Setzen der Bedingungen zum selbstbewußten Akt.

Im Zusatz zum § 147 der *Enzyklopädie* wird in diesem Sinne die "blinde Notwendigkeit" von der freien Zwecksetzung unterschieden.[327] In der weiteren Ausführung dieses Zusatzes wird dann Bezug genommen auf den griechischen Schicksalsglauben, so daß der dort dargestellte Schicksalsbegriff im engsten Zusammenhang steht mit den oben ausgeführten grundsätzlichen Bestimmungen der Hegelschen Logik. Wir finden hier eine Entsprechung zu der Bestimmung der blinden, zufälligen Notwendigkeit bei Vigilius, die so weit geht, daß auch in Hegels Enzyklopädie der blinden Notwendigkeit des Schicksals die *Vorsehung* gegenübergestellt wird, auch wenn Hegel nicht bei dieser religiösen Vorstellung stehen bleibt, sondern sie nochmals aufzuheben sucht in den philosophischen Begriff als der freien Einsicht in die Notwendigkeit.

"Von der Notwendigkeit pflegt gesagt zu werden, daß sie *blind* sei, und zwar insofern mit Recht, als in ihrem Prozeß der *Zweck* noch nicht als solcher *für sich* vorhanden ist. (...) Betrachten wir dagegen die zweckmäßige Tätigkeit, so haben wir hier am Zweck einen Inhalt, der schon vorher gewußt wird, und diese Tätigkeit ist deshalb nicht blind, sondern sehend. Wenn wir sagen, daß die Welt durch die Vorsehung regiert wird, so liegt darin, daß der Zweck überhaupt das Wirkende ist, als das vorher an und für sich Bestimmte, so daß das Herauskommende dem, was vorher gewußt und gewollt wurde, entsprechend ist. Man hat übrigens die Auffassung der Welt als durch die Notwendigkeit bestimmt und den Glauben an eine göttliche Vorsehung keineswegs als einander gegenseitig ausschließend zu betrachten. Was der

---

Bedingungen, *aber sie setzt sie als zufällige*. Als notwendig erweist sich eine Wirklichkeit gerade darin, daß sie aus jeder beliebigen Bedingtheit hervorgeht; und so sind die Bedingungen, die solche Notwendigkeit sich selbst setzt, ebenfalls je beliebige, willkürliche. (...) Nur wenn es ein absolut Zufälliges gibt, ist Notwendigkeit denkbar. Das bestimmte Bedingende ist in Beziehung auf das Notwendige eben deshalb absolut zufällig, weil der Zufall selbst für es notwendig ist." (163 f.).
Ringleben (1976), 129 ff., versucht von diesen Bestimmungen aus, das Problem der Notwendigkeit der Sünde bei Hegel zu klären.

[326] Vgl. Hegel XVII, 24 ff.
[327] Vgl. Hegel VIII, 289.

göttlichen Vorsehung dem Gedanken nach zugrunde liegt, wird sich uns demnächst als der *Begriff* ergeben. Dieser ist die Wahrheit der Notwendigkeit und enthält dieselbe als aufgehoben in sich, so wie umgekehrt die Notwendigkeit *an sich* der Begriff ist. Blind ist die Notwendigkeit nur, insofern dieselbe nicht begriffen wird".[328]

Der daran anschließende Vergleich zwischen dem griechischen Schicksalsglauben und der christlichen Vorstellung "des absoluten Trostes"[329] wird eingeleitet mit dem Satz: "Der Standpunkt der Notwendigkeit ist überhaupt in Beziehung auf unsere Gesinnung und unser Verhalten von großer Wichtigkeit"[330], und wird beschlossen mit der Feststellung: "Es ist also die Ansicht von der Notwendigkeit, wodurch die Zufriedenheit und die Unzufriedenheit der Menschen und somit ihr Schicksal selbst bestimmt wird".[331]

Die wahre Selbstbestimmung als Einstimmung der Freiheit in die Notwendigkeit schließt das rechte Verhältnis zur Zufälligkeit als Moment der Notwendigkeit und der eigenen Natürlichkeit ein. Gerade in dem Verhältnis Freiheit-Zufälligkeit zeigt sich die konkrete Entwicklungshöhe der Freiheit und die ihr angemessene "Zufriedenheit". In diesem Sinne bildet auch der Schicksalsglaube "der Alten" für Hegel "keineswegs die Anschauung der Unfreiheit, sondern vielmehr die der Freiheit"[332], jedoch als eine nur der endlichen Subjektivität gemäße, die im Gegensatz zur unendlichen Subjektivität noch nicht zur Moralität als dem inneren Ethos autonomer Selbstverwirklichung gekommen ist und noch wesentlich von der Natürlichkeit bestimmt bleibt. Der Gegensatz der Freiheit des Geistes zur eigenen Natürlichkeit ist noch nicht hervorgetreten, weshalb das gelassene Sich-Einfinden in die Bestimmtheit des Schicksals die der endlichen Subjektivität angemessene Zufriedenheit ist. Mit der ethischen Entgegensetzung des unendlichen Geistes gegen die eigene Natürlichkeit verändert sich das Verhältnis der Freiheit zur Zufälligkeit und damit die sittliche Aufgabe der Selbstbestimmung grundlegend.

Es ist nun bedeutsam, daß Hegel die Entgegensetzung von Freiheit und Zufälligkeit, die vernunftmäßige Beherrschung der Natürlichkeit, nicht als die höchste Form der Freiheit ansieht, sondern als eine bloß abstrakte Freiheit, die in der versuchten Negation der Zufälligkeit diese erst zu einer unendlichen Bedeutung steigert (als von der Freiheit unbedingt zu beherrschender Widerstand), in dieser Entgegensetzung scheitert und so Unzufriedenheit erzeugt. Das Scheitern der Moralität werde dann durch den Gedanken eines jenseitigen Trostes zu kompensieren versucht, der jedoch nicht verwechselt werden dürfe mit dem *absoluten Trost* des wahren Christentums. Von der Harmonie der endlichen Subjektivität in ihrer Einheit von Natürlichkeit und substantieller Freiheit aus gesehen erscheine die abstrakte Unendlichkeit der Vernunftreligiösität und -ethik sogar als haltlose, unbefriedigende Lebensform, weil sie sich nur durch die Negation der Natürlichkeit zu verwirklichen versuche. Diese Negation ist zwar für Hegel eine notwendige

---

[328] Hegel VIII, 289 f.
[329] Hegel VIII, 291.
[330] Hegel VIII, 290.
[331] Hegel VIII, 292.
[332] Hegel VIII, 290.

Stufe zur Erreichung der konkreten Freiheit, deren Sittlichkeit er jedoch als Vollendung der substantiellen Sittlichkeit des Griechentums ansieht. Die negative Stufe der Moralität ist bedeutsam zur Eröffnung des unendlichen Bewußtseins der Subjektivität, aber in der Gestaltung des endlich-konkreten Leben steht sie hinter der griechischen Lebensanschauung zurück.

"Versteht man unter der Subjektivität bloß die endliche unmittelbare Subjektivität mit dem zufälligen und willkürlichen Inhalt ihrer partikulären Neigungen und Interessen (...), so wird man nicht umhin können, die ruhige Ergebung der Alten in das Schicksal zu bewundern und diese Gesinnung als eine höhere und würdigere anzuerkennen als jene moderne, welche eigensinnig ihre subjektiven Zwecke verfolgt und, wenn sie dann doch auf deren Erreichung zu verzichten sich genötigt sieht, sich dabei nur mit der Aussicht tröstet, dafür in anderer Gestalt Ersatz zu erhalten."[333]

Die Kritik an der abstrakten Freiheit bezieht sich nicht bloß auf die willkürlichen Zwecksetzungen individuell-praktischer Lebensbeherrschung, sondern auch auf die Versuche einer autonomen Begründung der Moralität aus der sich unabhängig und gegen alle natürlichen Zwänge selbst bestimmenden Freiheit. Gegen Kant und Fichte richtet sich Hegels Ansatz, die Sittlichkeit der *konkreten* Freiheit als ein *Freilassen der Zufälligkeit* zu bestimmen.[334] Nicht in der Entgegensetzung gegen die Zufälligkeit, sondern in der Anerkennung ihrer Bedeutung als einer zufälligen wird die Freiheit wahrhaft frei von ihr. Denn *als zufällige* anerkannt ist sie eine für die Sittlichkeit *unwesentliche* Vorgegebenheit, die aber deshalb nicht bekämpft werden braucht, sondern zugelassen werden kann als der konkrete Raum der freien Selbstentfaltung.[335]

---

[333] Hegel VIII, 291.

[334] Vgl. Henrich (1975), 172 ff.; Henrich sieht in dieser sittlichen Bestimmung die eigentliche Bedeutung der Hegelschen Theorie des absoluten Zufalls, die sie auch unabhängig von ihrer metaphysischen Begründung und naturphilosophischen Durchführung behielte, wodurch sie auch auf Kierkegaards antispekulativen Versuch einer Vermittlung von Freiheit und Faktizität in der Synthesis der Selbstwerdung beziehbar wird.

[335] Diese Forderung einer gegenüber der Zufälligkeit gelassenen Freiheit erinnert zwar an die stoische Adiaphorie, doch Hegel sieht in dieser noch eine abstrakte Freiheit der vereinzelten Innerlichkeit, zu deren Überwindung in konkreter Sittlichkeit er auf den Politeia-Gedanken zurückgreift, wie Henrich (1971) gezeigt hat: "(...) das stoische Ideal der abstrakten Freiheit weist er auf Platons Ethik hin, die das Maß des Geltenden in der Politeia sah" (179). "Hegel ist der Ansicht, daß, obwohl die stoische Negierung der Äußerlichkeit ein wesentlicher Zug des Sittlichen ist, dann, wenn es bei dieser reinen einzelnen Innerlichkeit bleibt, ebenso nur ein Sichversteifen, also Eitelkeit vorliegt, wie bei dem, der auf Äußerliches eitel ist, wenn auch eine abstraktere, die sich vor zufälliger Verletzung sicher wissen kann. (...) Das Sittliche fordert in doppeltem Sinne den Akt der Entäußerung. Einmal muß das reine Selbst aus der zerstreuten Lebendigkeit der Welt aufstehen, ihm muß das nur Zufällige gleichgültig sein. Dann aber muß dies reine Selbst ebenfalls die Fähigkeit der Entäußerung haben, eine Notwendigkeit des Allgemeinen vollziehen, die nicht mehr bloß am abstrakten Ich festhält. Für Hegel sind deshalb die Tugenden der Entgegensetzung nur in der Einheit mit denen einer Entäußerung zu vollenden." (178 f.).

4.3.3. Das Schicksal als abstrakt-absolute Macht

Die unendliche Freiheit des christlichen und die endliche Freiheit des griechischen Geistes stehen beide durch ihre gelassene Anerkennung der Zufälligkeit im Gegensatz zur abstrakten Freiheit der Entgegensetzung von Sittlichkeit und Sinnlichkeit. Allerdings enthält der absolute Geist die abstrakte Freiheitsdimension der Unbedingtheit als aufgehobene in sich, weshalb sein Verhältnis zur Zufälligkeit ein wirkliches Freilassen derselben ist, seine unbedingte Freiheit kann sich im freien Spiel der Zufälle konkret entfalten, während der griechische Geist seine Freiheit des harmonischen Lebens erlangt, indem er sich ganz der Zufälligkeit hingibt und darin von ihr bestimmt bleibt. Ihm fehlt die Freiheit der Entscheidung, in der die unendliche Bedeutung der Subjektivität aufgeht, weshalb die noch unentwickelte Macht des Unbedingten sich in der Vorstellung einer fremden, äußerlich notwendigen Macht, dem Schicksal, verbirgt. So erlangt auch die Vereinigung von Endlichkeit und Unendlichkeit in der griechischen Religion nicht die Bedeutung der Versöhnung des göttlichen und menschlichen Geistes wie im Christentum, sondern bleibt eine ästhetische, von der Natürlichkeit bestimmte Vorstellung, wobei wiederum das auch noch über den Göttern stehende Schicksal die Leerstelle der "reinen Subjektivität" einnimmt.

"Erst der in sich gewisse, innere Geist kann es ertragen, die Seite der Erscheinung frei zu entlassen und hat diese Sicherheit, einem Diesen die göttliche Natur anzuvertrauen. Er braucht nicht mehr die Natürlichkeit in das Geistige einzubilden, um das Göttliche festzuhalten und die Einheit äußerlich anschaubar zu haben, sondern indem der freie Gedanke das Äußerliche denkt, kann er es lassen, wie es ist; denn er denkt diese Vereinigung des Endlichen und Unendlichen und weiß sie nicht als zufällige Vereinigung, sondern als das Absolute, die ewige Idee selbst. Weil die Subjektivität vom griechischen Geist noch nicht in ihrer Tiefe erfaßt ist, so ist die wahrhafte Versöhnung in ihm noch nicht vorhanden und der menschliche Geist noch nicht absolut berechtigt. Dieser Mangel hat sich schon darin gezeigt, daß über den Göttern als reine Subjektivität das Fatum steht; er zeigt sich auch darin, daß die Menschen ihre Entschlüsse noch nicht aus sich selbst, sondern von ihren Orakeln hernehmen. Menschliche wie göttliche Subjektivität nimmt noch nicht, als unendliche, die absolute Entscheidung aus sich selbst."[336]

Das Zufällige, Endliche ist in der griechischen Kultur nicht mehr das bloß unmittelbar Gegebene und Bestimmende, sondern es ist zum Zeichen, zum Ausdruck des Geistes geworden, weshalb Hegel im Griechentum eine Religion der Freiheit sieht, jedoch eine noch unmittelbar an die endlichen Erscheinungen geknüpfte. Sie ist der sinnliche Ausdruck des Geistes in der ästhetischen Vielfalt natürlicher Formen. Die Einheit von Endlichkeit und Unendlichkeit ist hier nicht der Geist in seiner ethisch konkreten Freiheit, sondern in seinem ästhetisch souveränen Gestalten, der sich in seiner Natur, seinem Leib als ideal zu sehen versucht. Diese "zum Geistigen gesteigerte Natur" ist "die Schönheit"[337] der göttlich-menschlichen Individualität. Inso-

---
[336] Hegel XII, 305 f.; vgl. XVII, 109 ff. 143.
[337] Hegel X, 31; vgl. XVII, 120 ff.

fern in dieser ästhetischen Selbstgestaltung des Geistes dessen Identität, die Notwendigkeit des eigenen Freiheitsbewußtseins, verborgen bleibt, steht die Notwendigkeit als unpersönliche, dem Geist nicht zugehörige Einheit über dem wechselnden Spiel seiner Lebendigkeit. Das Ideal der Schönheit als der natürlichen Erscheinung des Geistes und der Schicksalsglaube als der unpersönliche Ernst einer geistlosen Notwendigkeit gehören in der Hegelschen Darstellung des Griechentums zusammen, sie sind die zwei noch nicht vermittelten Seiten der Selbsterfahrung endlicher Freiheit im Spannungsfeld der zufällig-blinden Notwendigkeit. Dies wird besonders deutlich, wenn Hegel die Schönheit vom Zweckbegriff her bestimmt, der für ihn ja die Wahrheit der Notwendigkeit als der bewußten, freien Vermittlung von Bedingungen und Resultat des Wirklichwerdens bezeichnet. Nur in einer Teleologie des absoluten Geistes kann die Notwendigkeit als Vor-Gestalt der Freiheit begriffen werden. Doch solange die menschliche Zwecksetzung noch nicht mit dieser absoluten Zwecksetzung sich vermittelt weiß, verbleibt sie in der Endlichkeit ihrer zufälligen Zwecke, denen die Totalität immer noch als unbegriffene Notwendigkeit gegenübersteht. Die Schönheit als zwangfreie Selbstgestaltung, als Selbstzweck, hebt den Menschen zwar heraus aus dem unmittelbaren Druck äußerlicher Notwendigkeit, so daß Hegel hierin schon den unmittelbaren Ausdruck der Freiheit findet (gegenüber den Abhängigkeiten der Naturreligion), doch vermag dieser ästhetische Selbstzweck die Geistigkeit als solche, die Freiheit in ihrem ethisch unbedingten Gehalt gerade nicht zu umgreifen, so daß in ihr nicht der Ernst der eigenen Lebensgestaltung gefunden werden kann.

"Schönheit ist Zweck an sich selbst, der sich befreundet mit dem unmittelbaren Dasein, sich so geltend macht. Über dem Schönen und den besonderen Zwecken schwebt das Allgemeine als subjektlose Macht, weisheitslos, unbestimmt in sich; dies ist denn das Fatum, die kalte Notwendigkeit. Die Notwendigkeit ist zwar diejenige Entwicklung des Wesens, welches seinen Schein zur Form selbständiger Realitäten auseinanderschlagen läßt, und die Momente des Scheines zeigen sich als *unterschiedene* Gestalten. Aber *an sich* sind diese Momente *identisch*; es ist daher kein Ernst mit ihnen, und Ernst ist es nur mit dem Schicksal, mit der inneren Identität der Unterschiede."[338]

In den vielen besonderen Zwecken stellt sich die noch nicht aus einem Allgemeinen begriffene substantielle Sittlichkeit dar. Der Grieche findet seine Identität nur in der Einbindung in die Sitte der Familie und des Stadtstaates, doch die Harmonie und "Heiterkeit der Toleranz"[339] seiner Lebensanschauung ergibt sich daraus, daß er innerhalb der vielen besonderen Zwecke keinen unbedingten ethischen Anspruch an sich gerichtet sieht und daher einen Freiraum seiner eigenen Besonderheit gegenüber den sittlichen Mächten verspürt. Die Notwendigkeit des eigenen Schicksals vereinzelt den Mensch auf seine in keiner der sittlichen Ansprüche ganz zu erklärende Existenz, was ihm aber noch nicht als die Notwendigkeit seiner ethischen Freiheit erscheint, sondern

---

[338] Hegel XVII, 48.
[339] Hegel XVII 47.

als ästhetische Befreiung zu den eigenen Zufälligkeiten. "Die Befreiung ist die Identität des subjektiven Willens mit dem, was *ist*."[340]

"Diese Religion hat überhaupt den Charakter der *absoluten Heiterkeit*; das Selbstbewußtsein ist *frei* im Verhältnis zu seinen Wesenheiten, weil sie die *seinigen* sind, und zugleich ist es an sie *gefesselt*, da über ihnen selbst die absolute Notwendigkeit schwebt und sie in diese ebenso zurückgehen, wie sich in dieselbe das Bewußtsein mit seinen besonderen Zwecken und Bedürfnissen versenkt."[341]

Die Heiterkeit der Griechen trägt so die Trauer in sich, die mit der Unabänderlichkeit und Härte des Schicksals gegeben ist, doch in der Einstimmung in dieses als das Eigenste findet der Grieche eine Ruhe, die seinen Schicksalsglauben von der "Verdrießlichkeit" der modernen, willkürlich zwecksetzenden Welt unterscheidet.[342]

"Betrachten wir nunmehr die Gesinnung der Alten in Beziehung auf das Schicksal näher, so gewährt uns dieselbe gleichwohl keineswegs die Anschauung der Unfreiheit, sondern vielmehr die der Freiheit. Dies liegt darin begründet, daß die Unfreiheit im Festhalten am Gegensatz begründet ist, dergestalt, daß wir das, was *ist* und was geschieht, als im Widerspruch stehend betrachten mit dem, was sein und geschehen *soll*. In der Gesinnung der Alten hat dagegen dies gelegen: *weil* solches ist, so ist es, und *wie* es ist, so soll es sein. Hier ist also kein Gegensatz vorhanden und damit keine Unfreiheit, kein Schmerz und kein Leiden. Dies Verhalten zum Schicksal ist nun zwar, wie vorher bemerkt wurde, allerdings trostlos, allein solche Gesinnung bedarf auch des Trostes nicht, und zwar um deswillen, weil hier die Subjektivität noch nicht zu ihrer unendlichen Bedeutung gelangt ist."[343]

4.3.4. Die Versöhnung in christlicher Freiheit

Nur im Durchgang durch das moderne Bewußtsein willkürlich-abstrakter Freiheit und der in ihr gründenden Zerrissenheit von Ideal und Wirklichkeit kann die wahre, mit sich versöhnte Freiheit erreicht werden. In der "Entscheidung aus sich selbst"[344] gründet der Unterschied zwischen endlicher und unendlicher Subjektivität und damit zwischen dem Schicksalsglauben und der Selbstverantwortung des Menschen. Die faktische Bedingtheit wird hierbei

---

[340] Hegel XVII, 132.

[341] Hegel XVII 130; Tiefer wird diese Befreiung durch die Notwendigkeit erfahren, wenn in ihr eine tragische Kollision der sittlichen Mächte gründet und so ein Prozeß der sittlichen Bewußtwerdung und Versöhnung in Gang kommt, wie ihn Hegel in den Tragödien dargestellt findet. In ihnen ist das Schicksal nicht mehr blind, sondern auf die Allgemeinheit sittlicher Gerechtigkeit bezogen, weshalb er hier auch von einer über das ästhetische Ideal der Schönheit hinausgehenden Versöhnung spricht. Vgl. Hegel XVII, 132 ff.; Zur Darstellung der Tragödie bei Hegel s.u. III.2.1.2.

[342] Vgl. Hegel XVII, 131 f.

[343] Hegel VIII, 290 f.; vgl. XVII, 110 ff.; "...die Verehrung der Notwendigkeit ist diese bestimmungs- und ganz *gegensatzlose* Richtung des Selbstbewußtseins. Was wir heutzutage Schicksal nennen, ist das gerade Gegenteil von dieser Richtung des Selbstbewußtseins" (XVII, 111 f.).

[344] Hegel XII, 306.

nicht durch die Vorstellung einer absoluten Freiheit geleugnet, sondern als Vollzugsraum der freien Selbstgestaltung ergriffen, wobei der Mensch gerade nicht in der Zufälligkeit seiner äußeren Bedingungen aufgeht. Das die Selbstwerdung Hindernde ist vor dem Anspruch der Freiheit niemals ein bloß Äußeres, sondern Schuld, die sich gerade auch in der versuchten Negation der äußeren Bedingungen zeigt. Die Erfahrung der schuldhaften Selbstverfehlung löst den Menschen von der Äußerlichkeit ab und führt ihn zur Möglichkeit einer mit der eigenen Notwendigkeit versöhnten Freiheit, die aber im Unterschied zur griechischen Harmonie in der Entscheidung für die eigenen begrenzten Möglichkeiten ihren Sinn findet.

"Indem der Mensch dagegen anerkennt, daß, was ihm widerfährt, nur eine Evolution seiner selbst ist und daß er nur seine eigene Schuld trägt, so verhält er sich als ein Freier und hat in allem, was ihm begegnet, den Glauben, daß ihm kein Unrecht geschieht. Der Mensch, der in Unfrieden mit sich und seinem Geschick lebt, begeht gerade um der falschen Meinung willen, daß ihm von anderen Unrecht geschehe, viel Verkehrtes und Schiefes. Nun ist zwar in dem, was uns geschieht, allerdings auch viel Zufälliges. Dies Zufällige ist indes in der Natürlichkeit des Menschen begründet. Indem der Mensch aber sonst das Bewußtsein seiner Freiheit hat, so wird durch das Mißliebige, das ihm begegnet, die Harmonie seiner Seele, der Friede seines Gemüts nicht zerstört. Es ist also die Ansicht von der Notwendigkeit, wodurch die Zufriedenheit und die Unzufriedenheit der Menschen und somit ihr Schicksal selbst bestimmt wird."[345]

Damit der Mensch in dieser Weise die endliche Bedingtheit seiner Freiheit, einschließlich der schuldhaften Verfehlungen, als in der Notwendigkeit zur *Konkretion* der Freiheit begründete anerkennen und sich darin frei erfahren kann, verhilft die christliche Anschauung des "absoluten Trostes" zur Bejahung des eigenen, zufälligen Lebens. Nicht in einer Vertröstung der unerreichbaren unbedingten Freiheit auf eine jenseitige Erfüllung liegt der Gehalt des christlichen Trostes, sondern in der Vorstellung, daß die absolute Subjektivität, die sich frei wissende Notwendigkeit selbst in der Bedingtheit der endlichen Gestalt sich verwirklichen will. Die christliche Vorstellung der Menschwerdung Gottes überwindet den griechischen Gegensatz von Besonderheit und Allgemeinheit, Zufälligkeit und Notwendigkeit. Damit ist die blinde Notwendigkeit des Schicksals überwunden, die den Menschen nur in das unverstandene Spiel der zufälligen Mächte freiließ. Indem der Christ sich selbst in den Prozeß der göttlichen Wirklichkeit eingebunden weiß, kann er das Bedingte als Raum der eigenen Freiheit begreifen.

"Das Christentum enthält bekanntlich die Lehre, Gott wolle, daß allen Menschen geholfen werde, und damit ist ausgesprochen, daß die Subjektivität einen unendlichen Wert hat. Näher liegt dann das Trostreiche der christlichen Religion darin, daß, indem hier Gott selbst als die absolute Subjektivität gewußt wird, die Subjektivität aber das Moment der Besonderheit in sich ent-

---

[345] Hegel VIII, 292.

hält, damit auch *unsere* Besonderheit nicht bloß als ein abstrakt zu Negierendes, sondern zugleich als ein zu Konservierendes anerkannt ist."[346]

4.3.5. Zusammenfassung: Die Bedeutung der zufälligen Notwendigkeit des Schicksals bei Kierkegaard und Hegel

Kierkegaard wie Hegel stellen den griechischen Schicksalsglauben dem christlichen Begriff der Freiheit als Selbstbestimmung aus absoluter Entscheidung gegenüber und erläutern diesen Gegensatz aus dem unterschiedlichen Verhältnis zur Notwendigkeit. Beide sehen im Schicksal eine "blinde Notwendigkeit", eine geistlose, fremde Macht. Diese Vorstellung ergibt sich aus der ästhetischen Geistigkeit der Griechen, die noch nicht zur unendlichen Subjektivität entwickelt ist. Die fremde Macht des Schicksals nimmt hierbei die Leerstelle der noch unenthüllten reinen Subjektivität des Geistes ein, für Vigilius ist sie eine Gestalt des "Nichts" des Geistes als Gegenstand der Angst. Die Bewußtlosigkeit der Notwendigkeit formuliert Vigilius als Einheit von Notwendigkeit und Zufälligkeit. Der Schicksalsglaube ist die zweideutige Selbstwahrnehmung der eigenen Bedingtheit als unverständlich-unbestimmte Vorbestimmung, wobei deren Offenheit gerade nicht als Entscheidungsraum der Freiheit be- und ergriffen wird, worauf auch die Orakelbefragung hinweist.[347]

Auch für Hegel ist die Notwendigkeit des Schicksals eine blinde, bewußtlose, die der Freiheit als selbstbewußter Zwecksetzung entgegensteht. Erst in dieser Freiheit findet die Notwendigkeit der Wirklichkeit ihre Wahrheit. Die Bewußtlosigkeit der Notwendigkeit erläutert Hegel als deren Vollzug in der zufälligen Abfolge der Bedingungen, ohne daß deren Einheit in der Notwendigkeit als Selbstgestaltung begriffen würde. Notwendigkeit ist für Hegel gerade nicht das äußerlich Zwingende, sondern das Sich-Bestimmende, doch indem dieses noch nicht bewußt als Freiheit vollzogen wird, bleibt die Notwendigkeit den zufälligen Bedingungen gegenüber eine abstrakte Macht. In dieser von der Freiheit der Selbstvermittlung her gedachten Bestimmung der Modalitäten Notwendigkeit und Zufälligkeit findet der griechische Schicksalsglaube seinen Platz als Gestalt eines notwendig an die eigenen Zufälligkeiten verwiesenen Lebensgefühls, das den Sinn der Notwendigkeit nicht begreift und im ästhetischen Spiel mit den natürlichen Gegebenheiten seine Identität zu finden sucht. Doch in dieser Annahme der eigenen Zufälligkeit und der darin gefundenen Zufriedenheit und Heiterkeit ästhetisch-zweckfreien Lebens sieht Hegel schon eine Form der Freiheit, eine sich in der Natürlichkeit ausdrückende Geistigkeit, deren Ideal die Schönheit ist. Schönheitsideal und Schicksalsglauben gehören in der Hegelschen Darstellung des Griechentums zusammen. Im sich der Notwendigkeit des Schicksals Überlassen sieht Hegel eine gelassene Annahme der eigenen Bedingtheit, die für ihn auch Kennzeichen der konkreten Freiheit ist, die sich nicht als abstrakte Negation der Zufälligkeit verwirklichen kann. Doch weil die griechische Lebenshal-

---

[346] Hegel VIII, 291; vgl. XVII, 141.
[347] S.u. II.4.4.

tung noch nicht aus der Kraft der freien Entscheidung lebt, erlangt die innere Gelassenheit nur einen ästhetisch-unmittelbaren Ausdruck. Die Entscheidungslosigkeit zeigt sich für Hegel wie für Kierkegaard in der Orakelbefragung, und beide setzen dieser Äußerlichkeit der Selbstbestimmung das Bewußtsein der Schuld entgegen, in der der Mensch wahrhaft auf sich als Subjekt seines Lebens verwiesen ist. Im christlichen "absoluten Trost" sieht Hegel die Möglichkeit einer freien Annahme der eigenen Endlichkeit als Bedingung der Verwirklichung unendlicher Subjektivität gegeben. Die Sicht der Notwendigkeit als einer in absoluter Freiheit gründenden Freigabe der Zufälligkeit als Raum endlicher Freiheitsverwirklichung findet auch Hegel in der christlichen Vorstellung der Vorsehung gegeben, wobei für ihn die wahre Freiheit durch spekulative Einsicht in diese Notwendigkeit erreicht werden kann. In ihr begreift sich der Mensch als Moment der Selbstverwirklichung des absoluten Geistes, und in diesem Selbstverständnis verliert die Notwendigkeit der Freiheit ihre Blindheit.

Diese spekulative Verbindung von Freiheit und Notwendigkeit im Absoluten lehnt Kierkegaard ab, woraus sich auch seine Kritik der modalen Bestimmung der Wirklichkeit in Hegels Logik ergibt. Die Freiheit sieht sich in ihrer Verwirklichung zwar immer auf die Integration ihrer faktischen Bestimmtheit verwiesen, und in der Anerkennung der Zufälligkeit liegt für Kierkegaard wie für Hegel die Überwindung einer nur abstrakten Unbedingtheit der Freiheit, doch erfüllt sich darin nicht ein notwendiger Entwicklungsprozeß der Freiheit, in welchem diese als Selbstbewußtheit der totalen Selbstentfaltung alles Wirklichen begriffen wird. Das Zufällige bleibt bei Kierkegaard in einem radikaleren Sinne zufällig als bei Hegel, weil es für ihn keine Einsicht in eine das Zufällige begründende Notwendigkeit gibt. Der einzelne steht in seiner Selbstverwirklichung immer wieder vor der unableitbaren Aufgabe, sich auf seine noch nicht verstandenen, undurchsichtigen, weil zufälligen Möglichkeiten einzulassen und erst in diesem Wagnis der Entscheidung eine - nie totale - Klarheit über sich zu gewinnen. Zwar erlangt der Mensch im Vorsehungsglauben einen Mut zum Ungeahnten, weil er darin auf eine Sinnhaftigkeit des ihm Unverfügbaren vertraut, wodurch er sich von der Schicksalsangst befreien kann, doch dieser Glaube bedeutet gerade nicht, wie bei Hegel, die Einsicht in den absoluten Sinn, sondern dessen Annahme *als unverfügbarer*. Es gibt keine einsichtige Vermittlung der Freiheit mit einer notwendigen Entwicklung der gesamten Wirklichkeit und Menschheitsgeschichte, der Geist steht immer vor der ängstigenden Möglichkeit und Verantwortung, seine unableitbare Freiheitsentscheidung zu vollziehen.[348]

Aus dieser auf den je eigenen Augenblick bezogenen Zeitlichkeit der Freiheit ergibt sich auch eine prinzipiell andere Bewertung des griechischen Schicksalsglaubens als bei Hegel. Es gibt keinen weltgeschichtlichen Entwicklungsprozeß der Freiheit, in der diese *notwendige* Vorformen ihrer absoluten Verwirklichung hervorbringt, als welche Hegel auch die substantielle Freiheit der Griechen einschließlich des Zusammenhangs von ästhetisch-gelassener Schönheit und Annahme des blind-notwendigen Schicksals

---

[348] Vgl. Pap IV C 93. 96/ Tb I, 353 f.

begreift. Zwar ist für Vigilius die Einheit von Notwendigkeit und Zufälligkeit, als die das Schicksal erfahren wird, die Möglichkeit der Freiheit, doch gerade in ihrer Selbstverstellung durch die Angst, die in der Unbestimmtheit der faktischen Bestimmtheit nicht die Möglichkeit der Freiheit zu sehen und zu wagen vermag. Wenn Hegel die "Freiheit" der "endlichen Subjektivität" damit begründet, daß in ihr der Widerspruch zwischen der Faktizität und einer geforderten Idealität fehle und so der Mensch frei sei für "eine fortgehende Poesie des Lebens"[349], die in der Schönheit das Ideale als immer schon präsent findet, so stellt Vigilius diese Lebenshaltung selbst als Widerspruch zur ethischen Freiheit dar und erklärt die ästhetische Harmonie als Unfreiheit und deren Unbewußtheit als "Sünde, die im Ausbleiben des Sündenbewußtseins besteht" (BA^R, 87). Die Schönheit, das Ideal heidnischer Sinnlichkeit, ist nun nicht mehr die vergeistigte Natur, sondern Ausschluß des Geistes. So treten die bei Hegel zusammengehörigen Momente "Schönheit" und "Schicksal" auseinander, und die Ambivalenz des Kierkegaardschen Verhältnisses zum Griechentum erschließt sich als Divergenz einer ästhetischen und einer ethisch-religiösen Betrachtung. Die Aneignung der geschichtlichen Entwicklung des Geistes bleibt so bewußt ungeschichtlich, insofern sich der qualitative Sprung der Freiheit der Festlegung durch die quantitative Geschichte (des Wachstums der Erbsünde, der Angst) entzieht. Nur als Verdeutlichung einer bestimmten Gestalt der sich selbst steigernden Angst vor der Freiheit interessiert der Schicksalsglaube im *Begriff Angst*, zu diesem Zweck psychologisiert er die Motive, die seine Darstellung in die Nähe der Hegelschen rücken: Schönheit (Sinnlichkeit), Notwendigkeit und Zufälligkeit, Orakel.

4.4. Schicksal und Orakel: der tragische Zirkel des Nicht-Verstehens

Schon die Etymologie des Wortes "fatum" verweist auf den religionsgeschichtlichen Zusammenhang von Schicksalsglaube und Orakel.[350] Das Schicksal ist mehr als die bloße Unabänderlichkeit der Faktizität, es scheint in ihm ein geheimnishaft verdunkelter Sinn zu liegen, den es zu enthüllen gilt, um in dieser Enthüllung allererst sich in sein Schicksal zu *finden*. Der Glaube an das Schicksal vollzieht sich als fragende Annäherung an die Verborgenheit der Schicksalsmacht und ist darin eine frühe, mythologische Form von Weltdeutung, die Mensch und Weltgeschehen in eins zu sehen versucht. Erst mit dem Spruch des Orakels wird der Anspruch des Schicksals ausdrücklich und somit Geschehen zu Geschick.

4.4.1. Die Zweideutigkeit des Orakels

Für Vigilius ist das Orakel eine ebenso zweideutige Angstgeburt wie das Schicksal, da es der Versuch des Menschen ist, sich ins zufällig-notwendige

---
[349] Hegel XVII, 137.
[350] Vgl. Ruhnau (1972).

Geschehen einzufinden, ohne die Möglichkeit der Freiheit als tiefsten Grund der Unbestimmtheit zu entdecken. Die Veräußerung der Selbstbestimmung verfestigt sich somit in der Suche nach einem lösenden Orakelspruch.

Auch Hegel hatte das Orakel als Ausdruck mangelnder Entscheidungsfreiheit im Griechentum dargestellt, und sowohl das Motiv der Äußerlichkeit als auch das der Zweideutigkeit klingt bei ihm an.[351] Daß Kierkegaard diese Gedanken kannte, zeigen seine Ausführungen im *Begriff der Ironie* (vgl. BI, 167 ff.). Für Hegel gibt es in der endlichen Subjektivität der Griechen nur besondere Entschlüsse in den endlichen Zwecksetzungen, ohne daß diese von dem unendlichen Wert der freien Selbstbestimmung aus betrachtet werden. Die Freiheit der Entscheidung wird nicht als ethischer Zweck reflektiert, die Sitte ist nicht im ethischen Bewußtsein fundiert, sondern diesem vorgegeben als substantieller Gehalt. Da in individuellen Entscheidungen die Sitte oft keine zureichende Wegweisung geben kann, bleibt ein Leerraum der Lebensgestaltung, der den einzelnen um so mehr nach einer äußeren Orientierung suchen läßt, als er in sich selbst kein Maß besitzt. Das Wollen bleibt von Zufälligkeiten bestimmt, "von Anderem, Unbekanntem abhängig". Da der Mensch in sich selbst keine Bestimmung, keine "Objektivität" seines Willens in wirklich entscheidenden Lebensfragen findet, versucht er der Haltlosigkeit seines Wollens zu entgehen, indem er die Richtung seiner Entscheidung "*von außen*, von einem Höheren" erwartet. "Es ist die *innere* Willkür, die, um nicht Willkür zu sein, sich *objektiv*, d.h. unveräußerlich zu einem Anderen seiner selbst macht und die *äußerliche Willkür* höher nimmt als sich selbst."[352] "Bei den Orakeln gaben zwei Momente die Entscheidung, das *Äußerliche* und die *Erklärung*. Nach jener Seite verhielt sich das Bewußtsein empfangend, nach der andern Seite aber ist es als deutend selbsttätig, denn das Äußerliche an sich ist *unbestimmt* (...) Aber auch als konkreter Ausspruch des Gottes sind die Orakel *doppelsinnig*."[353]

Bei Vigilius steht die Zweideutigkeit des Orakels im Vordergrund, die es psychologisch als eine Gestalt der Angst erweist. Die Befragung des Orakels ist der tragische Versuch, sich aus der Schicksalsangst zu lösen durch ein ebenso angstbestimmtes Verstehenwollen des Schicksals und seines Anspruchs. Die Suche nach einem Sinn des Schicksals ist schon eine Andeutung des Freiheitsstrebens, denn im Verstehenwollen wird das Schicksal nicht mehr nur als Vorgegebenheit hingenommen, sondern als Anspruch an den einzelnen befragt, wenn auch nicht hinterfragt. Es ist der Versuch, zur blinden Macht des Schicksals in ein geistiges Verhältnis zu kommen, und darin drückt sich die beginnende Entwicklung des menschlichen Geistes aus. Andererseits geschieht in der Orakelbefragung keine wirkliche, lebendige Kommunikation, weil sich der Mensch von vornherein einer ihn völlig bestimmenden Äußerlichkeit unterordnet. Seine eigene Fähigkeit zur Lebensdeutung bleibt in dieser Abhängigkeit verdeckt; deshalb steht er nach der Orakelbefragung genauso ratlos da wie zuvor, denn die Eindeutigkeit kann nur aus

---

[351] Vgl. Hegel XVII, 142 ff.; XVIII, 493; XII, 305 f.
[352] Hegel XVII, 143.
[353] Hegel XVII, 145.

ihm selbst, aus seiner Entscheidung kommen. Jeder äußere Anspruch an den Menschen ist vor der Entscheidung nichts als eine *Möglichkeit* und daher immer zweideutig, weil sich seine eindeutige Verwirklichung nur im Zusammenspiel mit der Freiheit ergeben kann. Diese Offenheit der Schicksalsbestimmung drückt sich in der Mehrdeutigkeit der Orakelsprüche aus. Sie können "genau Entgegengesetztes bedeuten", je nachdem wie sich der einzelne Mensch zu diesem Spruch verhält. So verfestigt sich in der Orakelbefragung die Fesselung an die Unerklärlichkeit des Schicksals in einem tragischen Zirkel des Nicht-Verstehens der eigenen Lebenszusammenhänge.

"Wer das Schicksal erklären soll, muß ebenso zweideutig wie das Schicksal sein. Das war mit dem *Orakel* der Fall. Aber das Orakel konnte wieder einander genau Entgegengesetztes bedeuten. Das Verhältnis des Heiden zum Orakel ist also wiederum Angst. Hier liegt die tiefe und unerklärliche Tragik im Heidentum." (BA^R, 106).

Der Schicksalsglaube entfaltet im Kult des Orakels seine kulturprägende, das Individuum in ein soziales Welt- und Selbstverständnis einbeziehende Bedeutung. Im Spruch des Orakels versprachlicht sich das Schicksal und tritt damit als ein geistiges Phänomen an den Menschen heran, das ihn auf ganz andere Art herausfordert als die bloß wahrnehmbaren Lebenszusammenhänge. Indem ihm im Orakel eine aus einem scheinbar Höheren, Allgemeineren herkommende Deutung seines Lebens entgegentritt, die in ihrer sprachlichen Allgemeinheit doch zugleich das Unbestimmbare der eigenen Möglichkeiten nicht löst, sondern neu vor (aller) Augen führt, wächst die Angst vor dem so festgestellten Unfeststellbaren. Erst in Einheit mit dem Orakel zeigt sich das Schicksal als "ein Verhältnis zwischen dem Geist und etwas anderem, das nicht Geist ist und zu dem er dennoch in einem geistigen Verhältnis stehen soll" (BA^R, 105).

Doch die "Geistigkeit" des Schicksals, als einer ansprechbaren fremden Macht, ist nur die Veräußerung des noch nicht zu sich selbst gelangten Geistes, der sein "Nichts", die Unbestimmtheit seines Lebens, durch äußerliche Ergründung eines notwendigen Sinnzusammenhangs zu füllen sucht. Er projiziert sein Sinnbedürfnis auf eine äußere sinngebende Instanz. Das Zwingende des Schicksals gründet allein in der Angst vor den eigenen Möglichkeiten, die sich in feste Ordnungen zu flüchten sucht. Im Orakelspruch scheint diese Ordnung greifbar, doch im nächsten Augenblick erweist sie sich als genauso zweideutig wie das zufällig-notwendige Schicksal. Weil der Mensch kein freies Verhältnis zu sich selbst entwickelt hat, sucht er sich in diesen aus seiner eigenen Angst entstandenen Bezügen zu der fremden Macht einzurichten und wird dabei immer wieder auf das Ungreifbare, Haltlose dieses Verhältnisses gestoßen. Die Angst baut ein scheinbar geistiges Verhältnis zu einer geistlosen Macht auf und ist so ein Verhältnis der Verhältnislosigkeit: "In ein Verhältnis zum Schicksal kann er [der Heide; d. Vf.] nicht kommen; (...) Und dennoch steht er zu ihm in einem Verhältnis; und dieses Verhältnis ist die Angst." (BA^R, 106). In seiner Angst befragt er das Orakel und erhält nur zweideutige Antworten, die ihm neue Nahrung seiner Angst sind. Hier gilt wie überall: "während die Angst fürchtet, unterhält sie eine hintergründige Kommunikation mit ihrem Gegenstand" (BA^R, 113; vgl. BA^R, 65).

Die Angst kommt nicht los von jenem schwindelnden Blick in die abgründige Unbestimmtheit des Schicksals, die sich selbst erzeugt und vertieft im Befragen des Orakels. Im Spruch des Orakels erreicht der Mensch gerade nicht die ersehnte Klarheit über sich und seine Situation, die Sprache gibt ihm neue Rätsel, nicht die Lösung seiner Fragen. Das "geistige Verhältnis" zum Schicksal, in das der Mensch durch die Orakelbefragung eintritt, ist nur die Versprachlichung seiner Suche nach sich selbst, die in ihrer Außengerichtetheit niemals die Eindeutigkeit erlangen kann, die es nur durch die Entscheidungen der Freiheit gibt. Gerade weil der Orakelspruch dem Mensch keine klare Lösung bietet, bleibt er auf der Suche nach der Wahrheit, nach sich selbst als dem eigentlichen Rätsellöser. Der Orakelspruch entspricht so der psychologischen Zweideutigkeit der Angst, die die Möglichkeit der Freiheit offenhält. Nur weil das Orakel in seiner Zweideutigkeit die Wahrheit noch verbirgt, kann sie der freie Mensch in sich selbst entdecken. Die Sprache des Orakels muß zweideutig bleiben, damit in dieser Verbergung die Wahrheit offen bleibt für die Freiheit, in der allein sie sich erschließt.

4.4.2. Die Unfreiheit des Aberglaubens

"Der Inhalt der Freiheit, intellektuell gesehen, ist Wahrheit; und die Wahrheit macht den Menschen frei. Eben darum aber ist die Wahrheit in dem Sinne das Werk der Freiheit, als sie ständig die Wahrheit hervorbringt." (BA^R, 152). Hiermit will Vigilius ausdrücken, "daß nämlich die Wahrheit nur für den Einzelnen existiert, indem er selbst sie im Handeln hervorbringt" (ebd.). Diese "subjektive Wahrheit", wie Climacus in der *Unwissenschaftlichen Nachschrift* sie nennt (vgl. UN I, 179 ff.), ist die Gewißheit der Innerlichkeit, den eigenen Lebensgehalt gefunden zu haben. Der Wahrheit innerlich gewiß ist sich der Mensch, weil er sich in Freiheit zu Antworten auf seine Lebensfragen entschieden hat, die rational nicht eindeutig lösbar sind. Diese Gewißheit ist also keine objektive Sicherheit, das Rechte gefunden zu haben, sondern das Wagnis, sich auf eine Lebensantwort einzulassen.[354]

Diese Bestimmung des Verhältnisses von Freiheit und Wahrheit, die Vigilius im vierten Kapitel des *Begriff Angst* gibt, um die Unfreiheit des Verlustes der Innerlichkeit, des persönlichen Lebensernstes, darzustellen, kann auch zur Beleuchtung der Unfreiheit des Orakelkultes dienen, denn als dessen psychologischer Kern erweist sich die Verstellung der eigenen Lebenswahrheit durch die versuchte "Kommunikation" mit der vermeintlich geistigen, aber wesentlich doch unnahbaren "fremden Macht". Zu beachten ist jedoch, daß im vierten Kapitel von einer Angst innerhalb der schon vom christlichen Selbstverständnis geprägten Geistigkeit die Rede ist, als Flucht vor deren Ernst in die Unwahrheit "dämonischer" Selbstverstellung, die sich allerdings auch in ganz alltäglichen, geistlosen Phänomenen wie "Neugier" oder

---

[54] Zum subjektiven Wahrheitsbegriff und dem Wagnischarakter leidenschaftlichen Lebens in den Climacus-Schriften s.u. III.2.5.

"Betriebsamkeit" äußern kann (vgl. BA^R, 152). Gemeinsam ist diesen Formen eines "pneumatische(n) Verlust(es) der Freiheit" (BA^R, 151) das Ausweichen vor einer innerlichen Auseinandersetzung mit dem jedem "im Verhältnis zur Intellektualität möglichen Gehalt" (BA^R, 151 f.) des Guten. Die Äußerlichkeit des Heidentums, die im Orakel ihre Wahrheit sucht, ist demgegenüber in der Systematik des *Begriff Angst* eine noch vor dem Bewußtsein der Innerlichkeit auftretende Lebensform. Der einzelne wird zwar durch die Angst vor dem zweideutigen Schicksal von der Möglichkeit einer Selbstvergewisserung abgehalten, doch steht sie ihm zugleich immer noch bevor, er hat nicht das Bewußtsein eines Verlustes der Innerlichkeit. Vor der Entdeckung der unendlichen Bedeutung der Freiheit eines jeden einzelnen leben die heidnischen Menschen in einer kollektiven Gebundenheit an die Sinnlichkeit, die sich im Orakelkult manifestiert. Doch in der Struktur einer im Äußerlichen verfehlten Wahrheit der Innerlichkeit liegt eine Entsprechung zum "pneumatische(n) Verlust der Freiheit", so daß diese Ausführungen zur Interpretation des Orakelglaubens mit herangezogen werden können.[355]

Als zwei Formen des Verlustes der Innerlichkeit nennt Vigilius im vierten Kapitel "Unglaube" und "Aberglaube":
"Unglaube und Aberglaube sind beide Angst vor dem Glauben; der Unglaube beginnt jedoch in der Aktivität der Unfreiheit, der Aberglaube beginnt in der Passivität der Unfreiheit" (BA^R, 158). "Der Aberglaube ist ungläubig gegen sich selbst, der Unglaube abergläubisch gegenüber sich selbst" (BA^R, 159).

Während der Mensch im Unglauben sein Ich abergläubisch überhöht und die eigene Macht dem Absoluten, dem Guten, entgegenstellt, ist der Aberglaube ein Phänomen der Ichschwäche.[356] Die Passivität des Aberglaubens, der sich aus fehlendem Selbstvertrauen an Äußerlichkeiten heftet, findet sich auch im Orakelkult. Indem der willensschwache Mensch - wobei die Willensschwäche des Heidentums als keine bloß individuelle, sondern als kulturelle Beschränkung des Freiheitsbewußtseins zu sehen ist - sich einen äußerlichen Halt sucht, zwängt er sein Leben in die - im Heidentum kulturell vorgegebenen - Willkürmuster seines Lebens und steht wie gelähmt vor dem so entstandenen Anspruch unabänderlicher Vorgegebenheiten.

"Durch den Aberglauben wird der Objektivität[357] eine Macht eingeräumt, die der des Medusenhauptes gleicht und die die Subjektivität zu versteinern

---

[355] Diese Bezugnahme kann durchaus mit Vigilius' Vorgehen selbst gerechtfertigt werden, denn er versucht mit Hilfe des Geniebegriffs den Schicksalsglauben auch innerhalb der Christenheit darzustellen und kommt dabei zu Phänomenen, die der dämonischen Verschlossenheit in der "Angst vor dem Guten" entsprechen, dazu s.u. II.4.7.

[356] Dem entsprechen bei Anti-Climacus die zwei Formen der Verzweiflung "des Trotzes" und "der Schwachheit": "verzweifelt man selbst sein wollen" (vgl. KzT, 67 ff.) und "verzweifelt nicht man selbst sein wollen" (vgl. KzT, 47 ff.).

[357] Im Kontext dieser Stelle ist mit der Objektivität zwar nicht die heidnische Äußerlichkeit gemeint, sondern die wissenschaftliche Objektivierung, die eine abergläubische Macht über den modernen Menschen bekommen hat. Doch in der Struktur der Angstbindung des Menschen an äußerliche Gewißheiten entspricht sie dem heidnischen Orakelkult. Auch Pojman (1972), 190, vergleicht den Orakelglauben mit dem Verhalten des modernen Menschen gegenüber Wissenschaft und Staat:

vermag; und die Unfreiheit will nicht, daß der Zauber gelöst wird." (BA[R], 154).

Der Aberglaube bleibt gebunden an jene Mächte, an die er seinen Willen abgegeben hat, und die Angst vor der Ablösung von dieser objektiven Willkür[358] ist größer als vor der Willkür selbst (der zufälligen Notwendigkeit). Diese Struktur angstbesetzter Bindung entspricht genau jener Bindung des Schicksalsgläubigen an das Orakel, die Vigilius als die eigentliche Tragik der Schicksalsangst darstellt:

"Das Verhältnis des Heiden zum Orakel ist also wiederum Angst. Hier liegt die tiefe und unerklärliche Tragik im Heidentum. Sie liegt jedoch nicht darin, daß die Aussage des Orakels zweideutig ist, sondern darin, daß der Heide es nicht zu unterlassen wagt, bei ihm Rat zu holen. Er steht zu ihm in einem Verhältnis; er wagt nicht, die Befragung zu unterlassen; selbst in dem Augenblick, in dem er um Rat bittet, befindet er sich zu ihm in einem zweideutigen Verhältnis (sympathetisch und antipathetisch)." (BA[R], 106).

Indem er sich zur Erhellung seines Schicksals an die im Orakel sprechende Macht wendet, wird diese Macht zu seinem eigentlichen Schicksal. Der Orakelspruch ist die bindende Mitte seines Lebens, und je unergründlicher er ist, desto tiefer fesselt er den unfreien Willen an sich. Die Tragik dieser fatalen Gebundenheit ist aber gerade wegen der dialektischen Vertiefung der Angst Ausdruck geistiger Größe und Leidenschaft des heidnischen Schicksalsglaubens, "denn die Größe des Menschen hängt einzig und allein von der Energie des Gottes-Verhältnisses in ihm ab, selbst wenn dieses Gottes-Verhältnis einen völlig irrigen Ausdruck als Schicksal findet" (BA[R], 120). Die Unerklärlichkeit des Schicksals wird nicht einfach in passiver Ohnmacht hingenommen, sondern der Mensch bemüht sich um die Klärung des Lebensgeheimnisses. Hieran findet die Entsprechung zur Passivität des Aberglaubens eine Grenze, insofern der Heide noch vor der Möglichkeit seiner Freiheit steht. Der Versuch einer Entsprechung des Orakelspruchs in der Lebenskonsequenz eines "tragischen Helden", wie ihn Kierkegaard in anderen Schriften als Bild heidnischer Größe vorstellt, führt sogar nahe an die Überwindung der eigenen Unfreiheit heran. Das Scheitern des Versuchs ergibt sich nur aus der Angstbesetzung, die den Blick auf die Möglichkeiten der eigenen Freiheit verschleiert und so die Unerklärlichkeit vertieft. Doch die Tiefe des Scheiterns verweist auch auf die Tiefe des Versuchs, sich in ein Verhältnis zum Schicksal zu setzen, die weit über die oberflächliche Schicksalsgläubigkeit der Geistlosigkeit hinausragt, für die gilt: "jeder Mensch hat ein kleines Verhältnis zum Schicksal; aber dabei bleibt es, bei dem Geschwätz, das nicht bemerkt (...), daß nämlich die Sprache dazu da ist, die Gedanken zu verbergen - nämlich daß man keine hat" (BA[R], 118).

"Kierkegaard hints that post-Christian man treats the State and science in the same way the heathen treat the oracle. In reality neither the State nor the findings of science can affect one's inner relation to spirit, to God, unless one is by his own consent dislodged from his inner self. They are like the oracles 'nothing', but they hold many in bondage."
[358] Vgl. Hegel XVII, 143.

4.4.3. Zwischen Tragik und Versöhnung: kollektive Verschlossenheit und befreiende Innerlichkeit

Die Gedankenlosigkeit verspürt keine Angst vor ihrem kleinen bißchen Schicksal, das für sie keinerlei Zweideutigkeit enthält, es sei denn eine solche Neugier weckender Gerüchte. Das "Fehlen" der Angst ist hier keineswegs ein Ausdruck ihrer Überwindung, sondern ihrer Bewußtlosigkeit in der seichten Schalheit spießbürgerlicher Leidenschaftslosigkeit, der das am eigenen, unverstandenen Schicksal Leiden des ursprünglichen Menschen (des Heiden wie des Genies) gegenübersteht. Der Heide richtet die ganze Leidenschaft seiner Angst auf das Schicksal, das Geheimnis des Orakels ist ihm das Leben selbst, das ihn fordert und gefangen hält. Tragik und Tiefsinn der griechischen Lebensanschauung entsprechen einander, das Tragische dient bei Kierkegaard an vielen Stellen als Gegenbild zum Leben aus dem Glauben[359], so in *Furcht und Zittern*, wo der "Glaubensritter" Abraham dem "tragischen Helden" gegenübergestellt wird. Obwohl hierbei die Orakelthematik nicht aufgegriffen wird, klingt mit der Verschlossenheit Abrahams in seinem für andere unverstehbaren Auftrag das Motiv des Verstehens des eigenen Schicksals an. Im Gegensatz zum tragischen Helden erscheint Abraham als in seiner Bestimmung völlig vereinzelt, er erleidet ein "Martyrium des Unverstandenseins" (FuZ, 89), weil ihn der göttliche Auftrag aus allen allgemeingültigen, ethischen Ordnungen reißt. Der tragische Held lebt dagegen, auch im Nicht-Verstehen seines Schicksals, in einer Geborgenheit im Allgemeinen (vgl. FuZ, 86), weil sich die tragischen Kollisionen seines Schicksals und deren Lösung, damit auch sein Selbstverständnis vor der Zweideutigkeit des Schicksals, innerhalb eines allgemein sittlichen Verständnisses des Tragischen ereignen[360], wofür auch der Orakelkult ein Ausdruck ist. Ein persönlicher, unmitteilbarer Anspruch des Absoluten an den einzelnen, wie im Gottesverhältnis Abrahams, ist hier nicht denkbar. Das Orakel ist Manifestation der alle Menschen blind einfordernden Schicksalsmacht. Daher wird der tragisch an diesem Anspruch Scheiternde auch von der Gemeinschaft als vom Schicksal Geschlagener verstanden.

Zwischen der religiösen Innerlichkeit des Abraham und der bloß äußerlichen Tragik liegen Zwischenstufen der Verinnerlichung, die Kierkegaard als Grenze des ästhetischen Lebens darstellt. Hierzu zählt das Bewußtsein einer tragischen Schuld (vgl. BA^R, 106)[361], aber auch die ironische Infragestellung

---

[359] Obwohl der *Begriff Angst* die umfangreichste und systematischste Darstellung des Schicksalsbegriffs im Werk Kierkegaards enthält, geht Vigilius auf Begriff und Phänomen des Tragischen nicht näher ein. In anderen Werken Kierkegaards finden sich dazu aber wichtige und ausführliche Reflexionen, die im III. Teil der Arbeit dargestellt werden sollen.

[360] Die Voraussetzung der Bestimmung des Tragischen in *Furcht und Zittern* ist die im *Begriff Angst* nicht mehr aufgegriffene Vorstellung der substantiellen Sittlichkeit. An die Stelle der so in der Allgemeinheit geborgenen Tragik tritt im *Begriff Angst* die Allgemeinheit der Angst vor der unverstandenen Zweideutigkeit des Schicksals, das Tragische ist hier nicht, soweit der Begriff überhaupt näher bestimmt werden kann, Ausdruck einer (äußerlichen, substantiellen) Pflichtenkollision, sondern der inneren Gebundenheit an die unverstandene Angst vor dem eigenen Leben. Zum Tragischen in *Furcht und Zittern* s.u. III.2.3.

[361] Dazu s.u. II.4.5.

des ästhetischen Lebens durch eine sich selbst noch unbestimmt bleibende Subjektivität, wie Kierkegaard sie in Sokrates repräsentiert findet. In *Furcht und Zittern* wird Sokrates als "ein intellektueller tragischer Held" (FuZ, 134) bezeichnet, der in einem Verhältnis zum Geist steht. In diesem Sinne greift Kierkegaard im *Begriff der Ironie* Hegels Sokratesdarstellung auf, in der dessen "Daimonion" als Subjektivierung, Verinnerlichung des heidnischen Orakels begriffen wird (vgl. BI, 167 ff.). Diese Bestimmung einer verinnerlichten Schicksalsdeutung kehrt im *Begriff Angst* wieder unter dem Begriff des unmittelbaren Genies.[362] Doch die Verinnerlichung führt solange nicht zur Freiheit, sondern zur Verschlossenheit des einzelnen in seinem unverständlichen Schicksal, bis nicht die Schuld der Selbstverfehlung in den Blick kommt.

Eine solche Befreiung aus Orakelglauben und narzißtischer Verschlossenheit führt Kierkegaard in der Einlage "Nebukadnezer" zu den *Stadien auf des Lebens Weg* vor. Nebukadnezer, der nach dem 4. Kapitel des Buches Daniel sieben Jahre lang als ein Vieh leben mußte, kommt in dieser Zeit der Verschlossenheit zur Einsicht seiner Schuld und der Größe Gottes: "12. Meine Gedanken entsetzten mich, meine Gedanken in meinem Innern, denn mein Mund war gebunden, und niemand vermochte andres zu vernehmen als eine Stimme, so wie das Tier sie hat. 13. Und ich dachte: wer ist dieser Gewaltige, der Herr, Herr, dessen Weisheit ist wie der Nacht Finsternis und wie des Meeres Tiefe, unergründlich, 14. ja, wie ein Traum, über den allein er gebietet, und dessen Deutung er nicht gegeben hat in eines Menschen Macht, wenn der Traum plötzlich über einem ist und einen hält in seinen starken Armen." (StLW, 383) Doch in der Erfahrung der Unerdenklichkeit göttlicher Macht, die so sehr der Schicksalsmacht ähnelt, relativiert sich dem König von Babylon alle menschliche Größe, und er verwirft den abergläubischen Wahn einer Schicksalsergründung: "34. Darum will ich nicht berühmt sein zu Babel, sondern jedes siebente Jahr soll ein Fest sein im Lande, 35. ein hohes Fest unter dem Volk, und es soll heißen der Verkehrung Fest. 36. Und ein Sternkundiger soll durch die Straßen geführt werden, verkleidet sein als ein Tier, und seine Berechnungen soll er mit sich führen, zerrissen wie ein Bündel Heu." (StLW, 385).

Doch der Orakelglaube, wie ihn Vigilius schildert, hält sich gerade in jener kulturellen Verschlossenheit der Selbstwerdung, in der der Sinn, den es zu ergründen gilt, von vornherein verborgen bleibt. Zwar erweist sich die heidnische Schicksalsangst gegenüber der geistlosen Oberflächlichkeit als die Ahnung einer Geheimnishaftigkeit des Lebens, die den Einsatz der ganzen Leidenschaft eines Menschen fordert, doch in seiner Bindung an das Orakel tritt er nicht in den Bereich lebendiger, befreiender Kommunikation, die ihm die Möglichkeiten seines Lebens erschließt. Die "hintergründige" Kommunikation der Angst mit ihrem Gegenstand will nicht zu jener Offenheit gelangen, die die Möglichkeit der Freiheit ist. Die Gebundenheit an den Zauber ist der zweideutige Halt, an den sich die Schicksalsangst zu klammern sucht, um nur nicht die Unbestimmtheit des eigenen Lebens bejahen zu müssen. In der

---

[362] S.u. II.4.7.

scheinbaren Sicherheit der schicksalhaften "Notwendigkeit" hält sich der Mensch verschlossen in seiner Angst vor der Unsicherheit der Freiheit:
"(...) darin liegt das Tiefsinnige am Dasein, daß die Unfreiheit gerade sich selbst zum Gefangenen macht. Die Freiheit ist etwas ständig Kommunizierendes (selbst wenn man die religiöse Bedeutung des Wortes in Betracht zieht, so schadet es nichts), die Unfreiheit wird immer verschlossener und will die Kommunikation nicht." (BA^R, 135 f.).
Das Verhältnis des Schicksalsgläubigen zum Orakel ist also - wieder unter Berücksichtigung der oben genannten Unterschiede - vergleichbar mit der dämonischen Verschlossenheit, der Vigilius die Freiheit der Kommunikation, das Befreiende der Sprache gegenüberstellt: "die Sprache, das Wort ist eben das Erlösende" (BA^R, 136). Die Sprache des Orakels ist als nicht eindeutig verstehbare die Fesselung in ein wortreiches Schweigen, nur bleibt der griechische Mensch hierbei noch in einer Öffentlichkeit des Nicht-Verstehens, er kommt nicht zur Verschlossenheit der Innerlichkeit, weil sein Verhältnis zum Geist noch in der ästhetischen Veräußerung besteht. Der Orakel- und Schicksalsglaube führt den Menschen so gleichsam in eine extrovertierte Verschlossenheit. Doch Befreiung aus dieser Angst kann ihm hier gerade dadurch möglich werden, daß es ihm die Sprache noch nicht verschlagen hat, sondern er noch vor deren eigentlicher Offenheit steht, für die das Orakel nur ein angstverzerrter Ausdruck ist. Sinn im Raum der Freiheit kann dadurch entstehen, daß der Mensch in dem Anspruch an ihn auf sich selber stößt und in seiner Angst die Sehnsucht verspürt nach jenem Befreienden der Sprache der Wahrheit:"Die Offenbarung ist hier das Gute; denn die Offenbarung ist der erste Ausdruck der Befreiung. Darum sagt eine alte Weisheit, wenn man das Wort auszusprechen wage, so vergehe die Zauberkraft der Hexerei; und deshalb auch erwacht der Schlafwandler, wenn man seinen Namen nennt." (BA^R, 139).

4.5. Schicksal und Schuld: die Grenze der ästhetischen Veräußerung

4.5.1. Freiheit und Schuldbewußtsein

Wird der einzelne bei seinem Namen gerufen, so ist dies ein Ruf zur Geschichte der eigenen Freiheit, und da diese sich unter dem psychologischen Druck der Angst in Unfreiheit, in das Selbst verstellende Abhängigkeiten gesetzt hat, offenbart sich die eigene Geschichte als Selbstverfehlung. Das Erwachen zur Freiheit vollzieht sich als Entdeckung des Schuldigseins: "und deshalb kehrt die Freiheit, sobald die Schuld gesetzt ist, als Reue wieder." (BA^R, 119).
Die Schuld ist in der Freiheit gründende Unfreiheit, der Selbstwiderspruch der Freiheit als des Guten. An der Schuld erfährt die Freiheit ihren eigentlichen Gegensatz. Sie scheitert letztlich nicht an äußeren Widerständen, sondern an sich selbst, an ihrem unbedingten Anspruch, sich selbst zu begründen. Das erwachende Freiheitsbewußtsein kann es nicht zulassen, von notwendigen Umständen entscheidend abhängig zu sein, so daß die eigene

Unfähigkeit als Selbstverfehlung der Freiheit verstanden wird. Im Schuldbewußtsein erfährt die Freiheit, "daß sie stets nur mit sich selbst zu tun hat" (BA^R, 118). "Nur durch sich selbst kann die Freiheit erfahren, ob sie Freiheit ist oder ob die Schuld gesetzt ist." (BA^R, 119). Die Selbstbezüglichkeit der Freiheit zeigt sich gerade in der freien Aneignung der Unfreiheit als eigene Schuld, in der Reue identifiziert sich das Selbst als schuldiges. So vollzieht sich für Vigilius die ethische Selbstwerdung als Einheit von Freiheits- und Schuldbewußtsein. Mit dem ethischen Selbstbewußtsein wandelt sich die Sicht der Lebenszusammenhänge grundlegend, insofern sie nun als Geschichte der eigenen (Un-)Freiheit und nicht mehr bloß als Komplex äußerlicher Bestimmungen verstanden werden. Der Schicksalsglaube ist daher dem ethischen Selbst unangemessen, und Vigilius formuliert diesen Gegensatz in höchst zugespitzter Weise:

"Wer ethisch nicht so weit entwickelt ist, daß er Trost und Linderung fühlen würde, wenn jemand, selbst wenn er am allermeisten litte, doch den Mut hätte, ihm zu sagen: Es ist nicht Schicksal, es ist Schuld - Trost und Linderung fühlen würde, wenn es ihm aufrichtig und ernsthaft gesagt würde, der ist nicht im großen Sinne ethisch entwickelt; denn die ethische Individualität fürchtet nichts so sehr wie Schicksal und ästhetisches Gedudel, das ihm im Gewande des Mitleides das Kleinod, d.h.: die Freiheit, ablisten möchte." (BA^R, 132 Anm. 1).

Schicksal und Schuld sind beides Bestimmungen der Unfreiheit, während sich die Schuld jedoch als innerer Gegensatz zur Freiheit, als deren Selbstverfehlung versteht, bezeichnet das Schicksal die Projektion der Gefährdung der Freiheit auf eine äußerliche, fremde Macht. Dadurch wird die Freiheit in einen Gegensatz zur vermeintlichen Notwendigkeit gestellt und so als "Reflexionsbestimmung", als "Kraft", mißverstanden (vgl. BA^R, 118 f.).[363] Die ethische Bedeutung der Freiheit als unbedingter Selbstbestimmung bleibt im Schicksalsglauben noch verdeckt, während die Unfreiheit der Schuld die Selbstbezüglichkeit der Freiheit - negativ - zum Ausdruck bringt. Schicksal und Schuld stehen so für den Gegensatz zwischen ästhetischem und ethischem Selbstverhältnis. Der Begriff Schuld bezeichnet die Grenze der ästhetischen Lebensanschauung[364], die im Schicksal und nicht in der Freiheit ihren Brennpunkt hat. Schuld in ihrer tiefsten Bedeutung kann es für Vigilius im Heidentum nicht geben, mit der Schulderfahrung wird dessen Lebensanschauung über ihre eigenen Grenzen hinausgetrieben, indem sie in sich widersprüchlich wird.

---

[363] Dazu s.o. II.4.2.
[364] Diese Gegenüberstellung wird von Kierkegaard erstmals in *Entweder/Oder* ausführlich behandelt, auch wenn die Ausführungen des Gerichtsrats zu den Phänomenen Schuld und Reue innerhalb der pseudonymen Gedankenentwicklung noch einen vorläufigen, bürgerlich-harmonisierenden Standpunkt bezeichnen. Die Verschärfung der Schuldproblematik zu einer das gesamte Leben des Menschen von vornherein belastenden Geschichte wird gerade von Vigilius mit der psychologischen Hinführung zum Erbsündendogma beabsichtigt. Zum Schuldbegriff bei Kierkegaard, ausgehend von *Entweder/Oder*, vgl. Greve (1990), 88 ff.; Nordentoft (1972), 352 ff.

"Der Begriff Schuld und Sünde tritt im Heidentum nicht im tiefsten Sinne zutage. Insoweit er zutage treten sollte, würde das Heidentum an dem Widerspruch zugrunde gehen, daß jemand durch das Schicksal schuldig würde. Das ist nämlich der höchste Widerspruch; und aus diesem Widerspruch bricht das Christentum hervor." (BA^R, 106 f.).

Der Widerspruch ist die eigentliche Bewegungskraft im Leben des Menschen, für den Geist ist jeder Widerspruch "als Aufgabe (gesetzt), deren Geschichte im selben Augenblick beginnt" (BA^R, 50).[365] Die innere Widersprüchlichkeit einer Lebenshaltung ermöglicht die Weiterentwicklung des Menschen zu einem höheren Stadium seines Freiheitsbewußtseins, wobei es in der Wirklichkeit vielfältige Möglichkeiten solch dialektischer Übergänge gibt. Am deutlichsten wird die existentielle Dynamik jedoch, wenn eine Lebensanschauung bis zur letzten Konsequenz ihrer widersprüchlichen Möglichkeiten ausgelebt (bzw. ausgedacht) wird. Diesem Zweck einer Veranschaulichung der existentiellen Übergänge dienen die Typisierungen und dialektischen Konstruktionen der Kierkegaardschen Psychologie.[366] Für Vigilius ist die innere Widersprüchlichkeit psychologisch in der Zweideutigkeit der Angst greifbar, in deren Steigerung die kritische Konsequenz einer Lebenshaltung liegt. Auch die geschichtstheologischen Konstruktionen der Epochen Heidentum, Judentum und Christentum dienen dem psychologischen Aufweis einer angstbestimmten Entwicklung des menschlichen Geistes, und die Schulderfahrung ist hierbei das dialektische Moment.

4.5.2. Geschichtliche Stufen der Schulderfahrung

Um die Bedeutung des Gegensatzes von Schicksal und Schuld in der von Vigilius gemeinten Tiefe erfassen zu können, müssen drei Stufen der Schulderfahrung unterschieden werden: 1. der Widerspruch einer schicksalhaften, tragischen Schuld, 2. die Schuld als Gegenstand einer ethischen Angst im Judentum und 3. die Schuld als Sünde im Christentum und die Erbsünde als Wahrheit der tragischen Schulderfahrung.

4.5.2.1. Die tragische Schuld im Heidentum

Der heidnische Mensch ist nach Vigilius noch nicht erwachsen geworden. Das naive Leben in der sinnlich-seelischen Bestimmtheit läßt das äußerlich sich Ereignende derart bedeutsam erscheinen, daß hinter dieser Fülle des Lebens die unbedingte Bedeutung der Freiheit des einzelnen verborgen bleibt und nur in der Unsicherheit der Angst als Nichts des Geistes erfahren wird. Im Aufbrechen der harmonischen Unmittelbarkeit steigert sich die Außenbestimmtheit des Menschen in jene Krise hinein, in der Freiheit als mögliche sichtbar wird. In der Schicksalsangst wandelt sich die äußerliche Geborgenheit durch das Suchen nach einem Halt vor der eigenen Unbestimmtheit zur

---

[365] S.o. II.3.4.
[366] Nach Nordentoft (1972), 35 f., unterscheidet der Aufweis solch dialektischer Übergänge die Psychologie Kierkegaards von seiner Stadienlehre.

Abhängigkeitserfahrung, von einer fremden Macht bestimmt zu werden. Im Bewußtsein der Notwendigkeit, im Leben eine Bestimmung zu haben, zeigt sich für den sinnlich lebenden Menschen nicht die Möglichkeit seiner Freiheit, sondern ein ihm unverständlicher Anspruch der Integration in eine nicht unmittelbar wahrnehmbare Lebensganzheit, die er aber doch im Äußerlichen festzumachen sucht. Aber die faktische Lebenserfahrung ist uneindeutig, von widersprüchlichen Lebenszusammenhängen, insbesondere auch den sozialen Ansprüchen einer substantiellen Sittlichkeit, bestimmt. Solange der Mensch ihnen gegenüber nicht die innere Identität der freien Entscheidung findet, wird er immer tiefer in die Widersprüchlichkeit des Geschehens hineingezogen. Er findet sich ungewollt als aktiver Teil dieser übermächtigen Bewegung vor, so daß er durch seine Verflechtung in das unverstandene Ganze mitschuldig wird an den konkreten Ereignissen. Die Schulderfahrung ist in diesem Lebenshorizont die Einsicht in nur durch das eigene Mitwirken so zustande gekommene Konflikte, ohne daß dieses Mitwirken auf eine freie Entscheidung bezogen werden würde. Durch das Schicksal ergibt sich dieses Tun, diese Schuld. Doch die Grenzerfahrung der Schuld ist die Krisis des Schicksalsglaubens, sie stellt den einzelnen in einer vorher nicht ahnbaren Weise auf sich selbst, konfrontiert ihn mit dem eigenen Tun und fordert seine Entscheidung, seine Verantwortung bzw. Reue heraus, und hält diese Möglichkeit gleichzeitig verborgen in der Veräußerlichung auch noch des Schuldigwerdens. Hier liegt die Grenze: entweder *entscheidet* sich der Mensch für *seine* Schuld und ist damit dem Schicksalsglauben entwachsen, er ist in ethischem Sinne ein einzelner geworden, oder aber die Angst vor dem Schicksal behält die Übermacht und bindet ihn an die unmögliche Aufgabe, die Schuld aus dem Schicksal zu erklären. Dieses Verbleiben im Schicksalsglauben kann entweder oberflächlich zu den "leichtsinnigen" Bestimmungen der Schuld führen, dazu, das ganze Geschehen den unglücklichen Umständen anzulasten; oder in der Tiefe einer angstbesetzten Leidenschaft: zum Erstarren in den Widersprüchen einer tragischen Schuld, indem die Schuld gesehen und doch nicht erklärt werden kann, weil das eigene Handeln nicht so gewollt war und die Zusammenhänge dunkel bleiben. Weil die Schuld nur aus der Freiheit des einzelnen erklärt werden kann, reißt die ernstgenommene Schulderfahrung den vorethisch lebenden Menschen aus den vertrauten Bezügen seiner Lebenszusammenhänge. Dies kann innerhalb des Heidentums nur als Widerspruch erfahren werden.[367]

---

[367] Dietz (1993), 317 Anm. 143, fragt, ob Vigilius mit Blick auf die tragische Schulderfahrung zurecht von einem Widerspruch zwischen Schicksal und Schuld sprechen könne, da dies nicht dem griechischen Verständnis entspreche: "Die spezifisch grch. Idee einer *tragischen Schuld* wird hier von VIGILIUS nicht erfaßt: Der Mensch kann gerade durch das Schicksal schuldig werden. Aber das 'tragische' Gar-nicht-anders-Können hebt seine Schuld nicht auf. Im Tragischen verbindet sich das Ästhetische mit dem Ethischen auf besondere Weise, so daß dadurch der Schuldbegriff anders gefaßt, aber nicht aufgehoben wird. M.a.W.: Es gibt für grch. Denken keinen Widerspruch zwischen Schicksal und Schuld, sondern nur den Widerspruch des Tragischen selbst." Dieser berechtigte Einwand übersieht jedoch, daß Vigilius von einem ethischen Schuldverständnis aus argumentiert, das nur vom Begriff freier Verantwortung her zu explizieren ist. Nur in der Konfrontation mit diesem Schuldbegriff "im tiefsten Sinne" (BA[R], 106 f.), der innerhalb einer ästhetisch geprägten Ethik unverstanden bleibt,

"Der Begriff Sünde und Schuld setzt eben den Einzelnen als den Einzelnen. Von irgendeinem Verhältnis zur ganzen Welt, zu allem Vergangenen, ist nicht die Rede. Es ist nur davon die Rede, daß er schuldig ist; und dennoch soll er es durch das Schicksal werden, also durch alles das, wovon nicht die Rede ist; und er soll dadurch etwas werden, was den Begriff Schicksal gerade aufhebt; und das soll er durch das Schicksal werden." (BA^R, 107).

Wiederum geht Vigilius nicht näher auf den Begriff des Tragischen ein, er führt noch nicht einmal den Begriff der tragischen Schuld an, obwohl er dieses Phänomen thematisiert und dabei wahrscheinlich an das Verhältnis von Schicksal und Schuld, wie es in den griechischen Tragödien dargestellt wird, denkt. In *Entweder/Oder*, wo sich die ausführlichste Behandlung der Thematik des Tragischen bei Kierkegaard findet, wird der Begriff der tragischen Schuld von der "subjektiven" Schuld abgesetzt und als "Erbschuld" bezeichnet.[368] Damit ist genau jenes Schuldverständnis benannt, das Vigilius als Vorprägung der christlichen Erbsündenvorstellung ansieht: das eigene Schuldigwerden wird zurückgeführt auf den Einfluß menschlich-natürlicher Gemeinschaft, in der sich schuldhaftes Handeln verfestigt und so fortwirkt. Die den Menschen in die Schuld treibende "schicksalsschwangere Notwendigkeit" (EO I, 168) ist die geschichtliche Prägung durch die enge Einbindung in Erfahrung und Geschick von Familie und Stadtstaat. In *Entweder/Oder* wird dieser Hintergrund im Anschluß an Hegels Tragödientheorie[369] als substantielle Sittlichkeit verstanden, und das Tragische ergibt sich aus den ethischen Kollisionen innerhalb dieser Sittlichkeit. Die *Antigone* des Sophokles gibt das Paradigma solch tragischer Kollisionen, weshalb sie für Hegel von "allem Herrlichen der alten und modernen Welt (...) das vortrefflichste, befriedigendste Kunstwerk"[370] ist, und auch in der Abhandlung des Ästhetikers A steht sie im Mittelpunkt. A verlegt den eigentlichen Grund der tragischen Schuld - entgegen der Deutung Hegels - über die Pflichtkollisionen hinaus in die tragische Vorgeschichte, weshalb er zu dem Gedanken der "Erbschuld" kommt. Diese Sicht verstärkt sich bei Vigilius, insofern er den Gedanken der substantiellen Sittlichkeit des Griechentums gar nicht mehr aufnimmt, und so findet sich in seiner Andeutung des tragischen Schuldverständnisses auch kein Hinweis auf die im unmittelbaren Ethos auftretenden Pflichtkollisionen. Sein Interesse geht dahin, das Vorethische der griechischen Lebensanschauung herauszustellen, in der das Phänomen der Schuld nur als unver-

---

ergibt sich der Widerspruch, an dem der Schicksalsglaube zerbricht. Die Möglichkeit dieser Konfrontation ergibt sich im *Begriff Angst* aber nur durch die methodische Verbindung von menschheitlicher und individueller Freiheitsgeschichte, insofern Vigilius für jeden Menschen in jeder kulturellen Entwicklungsstufe das Bewußtwerden der eigenen Freiheit und damit der ethischen Verantwortung offen halten will. Hierin liegt das eigentlich Problematische seiner Argumentation, durch die der tragischen Schulderfahrung von vornherein ihre (ethische) Berechtigung abgesprochen wird.

[368] Vgl. EO I, 161. Die Abhandlung des Ästhetikers A über den "Widerschein des antiken Tragischen in dem modernen Tragischen" (EO I, 147-176) ist deutlich geprägt von Hegels Tragödientheorie. Dazu s.u. III.2.1.2.
[369] S. bes. Hegel XV, 520 ff. u. 538 ff.
[370] Hegel XV, 550.

standene Grenzerfahrung auftritt, wobei in seiner kurzen Andeutung unklar bleibt, woran das Schuldhafte einer Handlung für das griechische Selbstbewußtsein festzumachen wäre. Benannt wird von ihm nur der Widerspruch, der mit der Zurückführung der Schuld auf die Macht des Schicksals entsteht, und unausgesprochenes Paradigma ist hierbei, wie sich auch aus dem Kontext des Orakelkultes nahelegt, *König Ödipus*[371]. Dessen Schuld ist die unausweichliche Konsequenz des Orakelspruches, dem sich auch der Rätsellöser Ödipus nicht entziehen kann. Er war sich nicht bewußt, daß er seinen Vater tötete und seine Mutter ehelichte, wie das Orakel geweissagt hatte. Und die Unwissenheit lag auch nicht in seiner Schuld, sondern folgte aus der Angst seiner Eltern, die zur Vermeidung des geweissagten Unheils den Sohn in die Fremde gaben. So steht Ödipus vor den schlimmen Folgen eines Geschehens, in dem er selbst die Hauptrolle spielte, ohne es zu wissen. Seine Übernahme der Schuld ist nicht die Befreiung aus den Zwängen der Schicksalsangst, sondern ohnmächtiges Eingeständnis der abgründigen Unerklärlichkeit alles Menschlichen. Die Blindheit des Schicksals stürzt zuletzt den schuldig Gewordenen ins Dunkel seiner Schuld, statt in das Licht der Freiheit. Der blinde Ödipus ist so die höchste Aufgipfelung tragischer Gebundenheit in der Schicksalsangst, und der lichterfüllte Himmel Griechenlands wandelt sich unter der Macht des Schicksals in das darin zuletzt noch als einzig wahr erscheinende, den Wahn[372]:

"Menschengeschlechter,/ Ihr wandelt im Licht/ Und seid doch/ Ein Nichts!/ Wer, ja wer/ Unter euch Menschen/ Trägt des Glücks/ Mehr davon als den Wahn,/ als den Sturz aus dem Wahn?"

Der Absturz in den Abgrund der Schicksalsangst ist das ohnmächtige Schuldigwerden der Freiheit. Durch die angstbesetzte Bindung an das Orakel kann der Mensch den fatalen Konsequenzen seines Handelns nicht entfliehen. In all seinen "Entscheidungen" scheint das "Verhältnis zur ganzen Welt, zu allem Vergangenen" (BA[R], 107) übermächtig geworden zu sein, hierin gibt es kein Anders-sein-Können. Die Freiheit wäre die unbedingte Loslösung von diesen Zwangsvorstellungen, indem die geschichtliche Prägung nicht als unabänderliche Notwendigkeit, sondern als eigene Möglichkeit angenommen würde. Doch dieser Versuch einer Selbstbegründung in der eigenen Zufälligkeit kann innerhalb der Angst nur als katastrophal, als Wahn eines hybriden Scheiterns empfunden werden. Denn nur im Vertrauen auf eine persönliche, den einzelnen meinende Macht als Grund aller Wirklichkeit kann die Verflochtenheit der Freiheitsentscheidungen in die undurchsichtige Geschichte ohne Angst erfahren werden. Erst der Vorsehungsglaube befähigt nach Vigilius, wie wir sehen werden, zur Tiefe des Sündenbewußtseins als einer realistischen Selbsteinschätzung. Der Schicksalsglaube dagegen entfremdet den Menschen durch den Schein einer notwendigen Bestimmung seiner Schuld-

---

[371] Vgl. Holler (1981), 123 ff.
[372] Diese Ausführungen sollen selbstverständlich keine angemessene Interpretation der sophokleischen Tragödie sein, sondern die Anwendung der Bestimmungen des *Begriff Angst* auf das Schicksal des Ödipus. Die folgenden Verse sind entnommen aus: Sophokles, König Ödipus (übers. v. E. Buschor), Stuttgart 1954, 56.

und Freiheitserfahrung. So hält das Schicksal den Menschen in seiner Angst gefangen, bis der Zusammenstoß mit der Wirklichkeit, als die eigentliche Katastrophe, die Erfahrung der Schuld unabweisbar und so die Freiheit als Reue *möglich* macht. Das Schicksal bewirkt jenen Schwindel der Angst, den Vigilius schon als Grund des "unschuldigen" Schuldigwerdens bestimmt hatte[373]:

"In der Möglichkeit der Angst sinkt die Freiheit nieder, vom Schicksal überwältigt; nun steht ihre Wirklichkeit auf, jedoch mit der Erklärung, daß sie schuldig wurde. Die Angst auf ihrer äußersten Spitze, wo es ist, als wäre das Individuum schuldig geworden, ist noch nicht die Schuld. Die Sünde tritt also weder als Notwendigkeit, noch als Zufall ein; und deshalb entspricht dem Begriff der Sünde: die Vorsehung." (BA^R, 107).

4.5.2.2. Die Schuldangst des Judentums

So kann aus dem Widerspruch von Schicksal und Schuld das Christentum hervorbrechen, wie noch zu zeigen sein wird. Jedoch steht diesem Glauben immer noch die Macht der Angst entgegen, die sich nun nicht mehr auf das Schicksal, sondern auf die Schuld richtet. Diese Entwicklungsstufe des Geistes identifiziert Vigilius auf der geschichtlichen Ebene mit dem Judentum, im § 3 des dritten Kapitels: "Die Angst, dialektisch in Richtung auf die Schuld verstanden" (BA^R, 112 ff.).

Zunächst gilt, daß diese Stufe als eine des ethischen Selbstverhältnisses anzusehen ist und daher über die ästhetische Äußerlichkeit des Heidentums hinausgeht:

"Das Judentum ist gerade hiermit weiter als das Griechentum; und auch daraus läßt sich das sympathetische Moment in seinem Angstverhältnis zur Schuld ersehen, daß es dieses Verhältnis um keinen Preis aufgeben würde, um die leichtsinnigeren Ausdrücke des Griechentums, Schicksal, Glück und Unglück, dafür einzutauschen." (BA^R, 113).

So wie Vigilius mit der Darstellung der Schicksalsangst zu einem psychologisch tieferen Verständnis der heidnischen Sinnlichkeit kommen will, so dient ihm die Angst vor der Schuld zur Vertiefung der Auffassung, daß das Judentum "der Standpunkt des Gesetzes" sei (BA^R, 112).[374] Als Angstverhältnis ist auch diese Stufe noch als ein unfreies Selbstverhältnis anzusehen, in dem der Geist noch nicht im tiefsten Sinne gesetzt ist. Obwohl mit der Schuld die ethische Wirklichkeit des Menschen in den Blick genommen und damit die ästhetische Sinnlichkeit des Heidentums verlassen wird, hat der Mensch noch nicht das Sich-Entscheiden als unbedingte Selbstbestimmung vollzogen. So erkennt er auch nicht die Schuld des faktischen Sich-Verstelltseins der Freiheit, der Jude kann nicht in ein wirkliches Verhältnis zur Schuld als seiner Wirklichkeit treten, sie ist ihm nur als Möglichkeit bewußt. Die

---

[373] Vgl. BA^R, 64; s.o. II.3.3.3.
[374] Allein unter diesem Gesichtspunkt wird im *Begriff Angst* das Judentum thematisiert und nicht als Gestalt des Glaubens an eine personhafte göttliche Macht, wie Malantschuk (1971), 63 f., meint. Der jüdische Gottesglaube wird von Vigilius mit keinem Wort erwähnt.

Möglichkeit der Schuld stellt sich für ihn nicht als Selbstverfehlung seiner Freiheit dar, sondern als ein Verstoß gegen das Gesetz. Das Gesetz stellt in seinen Verboten immer die Möglichkeit des Schuldigwerdens vor Augen, und in der Angst vor der Gesetzesverfehlung konzentriert sich nach Vigilius die jüdische Kultur. Hierbei wird die Schuld vor allem als bedrohliche Möglichkeit erfahren, die in einem gerechten Leben überwunden werden muß. Selbst wenn jemand im Gesetzesbruch schuldig wird, so ist dies nicht eine Erschütterung seiner Gesetzlichkeit, er fühlt sich nicht im Innersten unfrei geworden durch seine Schuld. Sein ganzes Denken richtet sich wieder auf die Möglichkeit des rechten Lebens, nicht auf das Bereuen der wirklichen Schuld, sondern auf das Vermeiden neuer Übertretungen. Der ethische Ernst der Schuld wird so immer noch auf eine veräußerlichte Weise verstanden in der Angst vor der Gesetzesverfehlung[375], so daß sich hierin die Möglichkeit der Schuld doch wieder als Noch-Nicht des Geistes zeigt.

"In diesem Bereich erweist sich der Satz: sich ängstigen - Nichts, als am meisten paradox; denn Schuld ist doch wohl Etwas. Und dennoch ist es richtig, daß sie, solange sie Gegenstand der Angst ist, Nichts ist. Die Zweideutigkeit liegt im Verhältnis; denn sobald die Schuld gesetzt ist, ist die Angst vorüber, und die Reue ist da." (BA[R], 112).

Im Verhältnis der Angst ist die Schuld noch keine Wirklichkeit, sondern eine bedrohliche Vorstellung, die aber zugleich verlockt.[376] Mit dem Gesetz ist diese Möglichkeit immer vor Augen gestellt, und in der Angst wird der Mensch auf sie fixiert wie durch den bannenden Blick der Schlange (vgl.

---

[375] Diese Haltung wird auch vom Gerichtsrat in *Entweder/Oder* als äußerliches Pflichtverständnis kritisiert, wobei er ausdrücklich auch die jüdische Gesetzesvorstellung erwähnt (vgl. EO II, 270 ff.):
"Der Fehler ist, daß der einzelne Mensch in ein äußerliches Verhältnis zur Pflicht gesetzt wird. Das Ethische wird als Pflicht bestimmt und die Pflicht wiederum als eine Vielfältigkeit einzelner Sätze, der Mensch jedoch und die Pflicht stehen außerhalb voneinander." (EO II, 271). "Das Ethische ist das Allgemeine und insofern das Abstrakte. In seiner vollendeten Abstraktheit ist das Ethische das Verbietende. Auf die Art zeigt das Ethische sich als Gesetz. Sobald das Ethische befehlend ist, hat es allbereits etwas vom Aesthetischen an sich. Die Juden sind das Volk des Gesetzes gewesen (...)" (EO II, 272). "Erst wenn das Individuum selber das Allgemeine ist, erst dann läßt das Ethische sich verwirklichen: Es ist das Geheimnis, das im Gewissen liegt (...) Wer ethisch lebt, hat also sich selbst als seine Aufgabe. Sein Selbst ist als unmittelbares zufällig bestimmt, und die Aufgabe ist, das Zufällige und das Allgemeine ineinander zu arbeiten." (EO II, 272 f.).
Vgl. dazu Greve (1990), 101 ff. Pojman (1972) übersieht in seiner Deutung der jüdischen Schuldangst (191 ff.), daß deren Kern das Möglichkeitsverhältnis zur Schuld als Gesetzesverfehlung ist. Außerdem vermischt er den Schuldbegriff mit dem Sündenbegriff, so daß die jüdische Schuldangst nicht mehr von der christlichen Angst vor dem Bösen (vgl. BA[R], 123 ff.) unterschieden werden kann. Die Angst des Judentums als Bewußtsein der Selbstverfehlung zu deuten (vgl. 193), übersieht, daß Vigilius sie als eine Form des ausbleibenden Sündenbewußtseins behandelt.

[376] Dies entspricht in der Entwicklung der Unschuld (Adams) der Stufe, in der das Verbot die ängstigende Möglichkeit *zu können* weckt (vgl. BA[R], 45); dazu s.o. II.3.3.3.; vgl. Nordentoft (1972), 76.

BA^R, 113).[377] Die Versteinerung in der Ambivalenz der Angst ist jener schon erwähnte Gipfelpunkt der Angst, wo der Mensch noch nicht schuldig ist, aber durch die Fixierung auf die Möglichkeit der Schuld in deren Abgrund gezogen wird. Gerade indem die Schuldangst die Schuld, die ihr immer vor Augen steht, unbedingt vermeiden will, kommt sie nicht los von der psychischen Fesselung an diese Möglichkeit. Dies wird um so deutlicher, je mehr die Freiheit selbst, über die Äußerlichkeit der jüdischen Gesetzesethik hinaus, zum ethischen Inhalt wird, denn nun erscheint die Schuld als eine die eigene Identität bedrohende Möglichkeit, aber in der Angst immer noch, wie im Judentum, nur als Möglichkeit. So heißt es über die Schuldangst des religiösen Genies[378], das für Vigilius die Form der jüdischen Angst innerhalb des Christentums repräsentiert:

"Das Verhältnis der Freiheit zur Schuld ist Angst, weil die Freiheit und die Schuld noch Möglichkeit sind. Indem aber die Freiheit so mit all ihrer Leidenschaft verlangend auf sich selber starrt und die Schuld fernhalten will, so daß kein Stäubchen von ihr an der Freiheit zu finden ist, kann sie es nicht lassen, auf die Schuld zu starren, und dieses Starren ist das zweideutige Starren der Angst, so wie selbst die Entsagung innerhalb der Möglichkeit ein Begehren ist." (BA^R, 119).

Innerhalb der Angst verkehren sich die ethischen Wertsetzungen, denn diese haben nur Sinn für ein freies Selbst. Die angstbestimmten Versuche der Schuldvermeidung werden zur bedrohlichen Antizipation der Schuld. Hierin liegt die psychologische Bedeutung der geschichtlichen Epoche des Judentums im *Begriff Angst*. Sie bezeichnet das Erstarren in den äußerlichen Zwängen einer Gesetzesethik, die als Angst vor dem Schuldigwerden verinnerlicht wird und so die freie Selbstwerdung, den Mut zu sich selbst behindert. Erst von einem solchen Mut zur Freiheit aus könnte das faktische Schuldigsein ernsthaft bereut werden: als der mißlungene Versuch der Selbstwerdung, der aber als gescheiterter hinter sich zu lassen ist im neu vollzogenen Wagnis des eigenen Lebens. Daß dieser vertrauenden Reue auch wieder eine "christliche" Angst vor der Wirklichkeit der eigenen Sünde gegenübersteht, wird noch darzustellen sein.[379]

Vigilius bestimmt nun das jüdische Verhältnis zur Schuld ganz entsprechend zur Schicksalsangst als Erfahrung einer unerklärlichen, sich über das gesamte Dasein legenden Macht (vgl. BA^R, 113). Gerade weil vor dem Gesetz nur ein vollkommenes Rechtverhalten ein gelungenes Menschsein zu verbürgen scheint, offenbart sich in der Angst vor dem Rechtsbruch eine Ohnmacht gegenüber der Schuld, die derart eine unverstandene Macht erlangt, unverstanden, weil sie eigentlich nicht sein dürfte. Und das Judentum unternimmt einen ebenso "tragischen" Versuch, zu dieser Unerklärlichkeit

---

[377] Diese Metapher findet sich auch schon in einer der ersten Aufzeichnungen zum Zusammenhang von ängstigender Ahnung, Versuchung und Schuld aus dem Jahre 1837 (Pap II A 18 f./ Tb I, 114 f.), die als eine Keimzelle des späteren *Begriff Angst* anzusehen ist.
[378] Dazu s.u. II.4.7.6.
[379] S.u. II.4.6.5. u. II.4.7.6.

seiner Abhängigkeit in ein Verhältnis zu kommen, wie ihn das Heidentum durch das Orakel vollzog, nämlich durch das *Opfer.*

"Dem Orakel im Heidentum entspricht das Opfer im Judentum. Aber das Opfer kann deshalb ebenfalls niemand verstehen. Darin liegt die tiefe Tragik des Judentums, analog dem Verhältnis zum Orakel im Heidentum. Der Jude nimmt seine Zuflucht zum Opfer, aber es hilft ihm nicht; denn das, was eigentlich helfen soll, wäre, daß das Verhältnis der Angst zur Schuld aufgehoben und ein wirkliches Verhältnis gesetzt würde. Da das nicht geschieht, ist das Opfer zweideutig, was in seiner Wiederholung zum Ausdruck kommt (...)" (BA^R, 113 f.).[380]

Das Opfer soll den Menschen im vorhinein bewahren vor dem, was das Leben an Konflikten mit sich bringt, die angesichts eines unfreien Unschuldsideals wie der Tod selbst zu fürchten sind. Das rituelle Töten soll das eigene Leben freihalten vom Sterben der Unschuld, doch wird darin der Mensch ferngehalten vom Wagnis des eigenen Lebens. Das Reinheitsideal der jüdischen Gesetzesethik unterstreicht die hier angedeutete psychologische Beziehung von Lebensangst und Schuldvermeidung.

4.5.2.3. Das christliche Sündenbewußtsein

Dem jüdischen Schuldkomplex stellt Vigilius den christlichen Versöhnungsglauben gegenüber, der im Opfertod Jesu seinen Grund hat (vgl. BA^R, 114). Das wahre Opfer darf den Menschen nicht vor dem Leben bewahren wollen, sondern muß ihm zur Annahme seiner selbst auch im Schuldigsein verhelfen. Dazu bedarf es eines Bewußtseins der eigenen Selbstverfehlung, das sich nicht mehr nur einer fremden Macht ohnmächtig gegenüber sieht (Schicksal oder Schuld), sondern die Lebenszusammenhänge dem göttlichen Willen anvertraut weiß, der jeden einzelnen zu sich selbst führen will. Mit dem Glauben an diese unendliche Bedeutung des eigenen Lebens wird zugleich die damit gegebene Verantwortung bewußt, die auch ein neues Verständnis der Schuld einschließt. Diese ist nicht mehr eine gegen einen anonymen Gesetzeszusammenhang gerichtete Verfehlung, sondern Selbst-Verfehlung des in Gott begründeten Lebenssinnes. Erst in dieser Dimension der freien Verantwortung vor Gott entsteht das Sündenbewußtsein. Der christliche Weg zur Freiheit zeigt sich daher als Einheit von Sündenbewußtsein und Versöhnungsglaube ebenso wie als Einheit von Freiheitswagnis und Vorsehungsglaube. Beides bestimmt die christliche Sicht der menschlichen Wirklichkeit gegenüber der heidnischen und jüdischen Sichtverblendung durch die Angst.

---

[380] Es ist völlig abwegig, wenn Holler (1981), 124 f., meint, hier sei vom Opfer Abrahams die Rede und man könne daher Vigilius' Rede von einer Tragik des Judentums der Darstellung in *Furcht und Zittern* entgegenhalten, in der Abraham als "Glaubensritter" vom "tragischen Helden" unterschieden wird. Dem widerspricht zum einen, daß im *Begriff Angst* das Judentum gar nicht unter dem Aspekt des Gottesglaubens thematisiert wird, sondern als sich in einer heteronomen Gesetzlichkeit zeigende Gestalt der Angst vor der Freiheit. Zum anderen macht die Rede von einer Wiederholung des Opfers, mit der Vigilius das zweideutige Abhängigkeitsverhältnis anzeigen will, auf Abrahams Opfer bezogen gar keinen Sinn.

"Was deshalb im Vorhergehenden galt, daß erst mit der Sünde die Vorsehung da ist, das gilt hier wieder; erst mit der Sünde ist die Versöhnung gesetzt, und ihr Opfer wird nicht wiederholt." (BA^R, 114).

Dem Christen ist die Schuld nicht fremd, sondern er erkennt sie als seine faktische Wirklichkeit. Sie kommt ihm nicht nur als Möglichkeit einer Gesetzesverfehlung entgegen, sondern sie ist die Realität seiner Unfreiheit, seiner Nicht-Identität, und als solche liegt sie jeder freien Selbstentfaltung voraus. Die Faktizität des Schuldigseins wird auch als Einfluß einer über die individuelle Entscheidung hinausgehenden Bestimmtheit durch die Schuld anderer Menschen, durch die schuldhafte Geschichte erfahren und als in der eigenen Sünde angeeignete Erbsünde gedeutet. Damit greift das christliche Schuldbewußtsein über die jüdische Gesetzesethik zurück auf die griechische Erfahrung einer tragischen Schuld. Der Widerspruch zwischen Schicksal und Schuld wird im Christentum aufgehoben, indem im Dogma der Erbsünde die Einheit von Vorbestimmung und Freiheit des Schuldigwerdens gedacht wird, so wie schon in *Entweder/Oder* griechische Erbschuld und christliche Erbsünde aufeinander bezogen wurden (vgl. EO I, 161).[381]

Die Vorbestimmung zum Schuldigwerden geschieht für Vigilius durch das Anwachsen der Angst in der schuldbeladenen Geschichte, doch jedes Individuum ist innerhalb dieser Geschichte solange unschuldig, wie es die Schuld nicht aus eigener Freiheit vollzieht, wobei dieser Akt nur als immer schon geschehener bewußt wird. Die erbsündliche Verfaßtheit des Menschen bedeutet, daß die Freiheit des einzelnen nicht abstrakt als indifferenter Wille zu denken ist, sondern als von psychischen Bedingungen affizierter, pathetischer Wille. So richtet sich die Erbsündenlehre gegen einen "Pelagianismus (...), der jedes Individuum, unbekümmert um das Geschlecht, seine kleine Geschichte auf seinem Privattheater spielen läßt" (BA^R, 34).[382] So geschieht die Sünde nicht zufällig, aus subjektiver Willkür, sondern die in der Angst wirksame Geschichte der Schuld disponiert den Menschen zur Sünde; andererseits ist dieser Einfluß nicht notwendige Determination, kein schicksalhafter Zwang, was ein Mißverständnis der Erbsünde wäre, das diese unabhängig von der Freiheit auf den einzelnen äußerlich überträgt. Der wahre Sinn der Erbsünde als Vermittlung von Freiheit und Geschichte ergibt sich aus dem richtig verstandenen Widerspruch von Schicksal und Schuld:

"Dieser Widerspruch, auf mißverstandene Weise aufgefaßt, ergibt den mißverstandenen Begriff von der Erbsünde; richtig verstanden, ergibt er den wahren Begriff, nämlich in dem Sinne, daß jedes Individuum es selbst und das Geschlecht ist, und daß das spätere Individuum vom ersten nicht wesentlich verschieden ist. (...) Die Sünde tritt also weder als Notwendigkeit noch

---

[381] Vgl. Malantschuk (1971), 61; Nordentoft (1972), 352 f.

[382] "Das Christentum hat sich nie die Auffassung zu eigen gemacht, jedes einzelne Individuum habe das Privileg, in einem äußerlichen Sinne von vorn anfangen zu können. Jedes Individuum nimmt in einem historischen Nexus seinen Anfang; und die Konsequenzen der Natur gelten noch wie eh und je. Nur darin liegt der Unterschied, daß das Christentum lehrt, sich über jenes Mehr hinauszuheben, und daß es über den, der es nicht tut, das Urteil fällt, er wolle es nicht." (BA^R, 77).

als Zufall ein; und deshalb entspricht dem Begriff der Sünde: die Vorsehung." (BA^R, 107).

4.6. Schicksal und Vorsehung: die Erlösung der Freiheit

In den vorhergehenden Kapiteln sind wir schon des öfteren auf den Begriff der Vorsehung[383] gestoßen, er ist für Vigilius die christliche Entsprechung zum heidnischen Schicksalsglauben, das Schicksal "ist nur die Antizipation der Vorsehung" (BA^R, 108). "Entsprechung" besagt hier jedoch nicht einen bloßen Begriffswechsel innerhalb eines neuen theologischen Horizontes, mit ihr ist eine grundlegende Verwandlung des Phänomens "Schicksal" gemeint, es geht um ein existentiell verändertes Verhältnis des Menschen zur Möglichkeit und Wirklichkeit seiner Freiheit. Der Vorsehungsglaube ist die Erlösung der Freiheit aus der Schicksalsangst, so wie der Versöhnungsglaube den Menschen aus den Fesseln der Schuldangst befreit. Dabei wird nicht nur die Angst überwunden, sondern auch die geistige Realität freigelegt, die sich in der Angst vor dem Schicksal als "Nichts" verbarg. Die Vorsehung offenbart sich als die Wahrheit des Schicksals.

"Das Schicksal ist also das Nichts der Angst. Es ist Nichts; denn sobald der Geist gesetzt ist, ist die Angst behoben; aber ebenso das Schicksal, da die Vorsehung damit eben auch gesetzt ist." (BA^R, 106).

Die folgende Darstellung des Vorsehungsbegriffs muß daher vor allem zwei Aspekte erläutern:

a) Worin besteht die Entsprechung von Schicksal und Vorsehung?

b) Inwiefern gehört der Vorsehungsglaube zur Wirklichkeit der Freiheit?

Beides ist zu erläutern aus dem Grundgegensatz von Angst und Glaube.

4.6.1. Die Sinnhaftigkeit menschlichen Lebens: Weder Zufall noch Notwendigkeit

Das Schicksal als eine den Menschen bestimmende Macht gibt es nur für die Angst, d.h. für ein entfremdetes Selbstverhältnis, in dem die Möglichkeit der eigenen Selbstwerdung als bedrohlich empfunden und unbewußt gemieden wird. Die Schicksalsangst ist Selbstverstellung der befreienden Wirklichkeit des Geistes durch Projektion der Unsicherheit der Freiheit auf eine äußerliche Macht. Das Ungeheure des Menschseins wird hierin erfahren als Ungeheuerlichkeit der Welt, in deren übermächtiges Geschehen der ohnmächtige Mensch ohne Ausweg eingebunden ist. Die Macht der Freiheit bleibt der Ohnmacht der Angst verborgen. Die Überwindung der Angst ist daher nur möglich als Entscheidung zur Freiheit, als Wagnis der Selbstbestimmung trotz des übermächtig erscheinenden Zwangs der eigenen Begrenztheit. Erst indem der Geist gesetzt wird, so meint Vigilius, also indem die

---

[383] *Der Begriff Angst* zählt zu den Werken Kierkegaards, in denen der Begriff der Vorsehung (Forsyn) am häufigsten verwandt wird, wenn man ihn vom Begriff der Lenkung (Styrelse) unterscheidet, der im Spätwerk Kierkegaards eine herausragende Stellung einnimmt. Vgl. McKinnon (1973), 55.

Möglichkeit der Freiheit gegen die Macht des Faktischen bejaht wird, vermag der Mensch zu erkennen, daß das übermächtige Gefühl der Fremdbestimmtheit nur eine Projektion der Angst, ein "Nichts" war. Das Nichts der Angst erweist sich erst für die Freiheit als nichtig, die Übersteigerung des Faktischen im Gefühl der Fremdbestimmtheit wird in der Erfahrung der Selbstbestimmung zurückgenommen in die Realistik eines freien Weltverhältnisses. Dies schließt die Anerkennung der faktischen Begrenztheiten und Vorgegebenheiten ein. Selbstwerdung ist nicht die Verwirklichung einer abstraktabsoluten Freiheit, sondern die Annahme der eigenen Bedingtheiten im Selbstvollzug der endlich-konkreten Freiheit. Damit das Faktische derart Teil der Selbstbestimmung sein kann, muß es sowohl als Begrenzung der Freiheit, als auch als auf Freiheit hin offene Vorgabe realer Möglichkeiten gedacht werden. Das Faktische schließt für die Freiheit somit die beiden Aspekte der (relativen) Notwendigkeit und der Möglichkeit ein. Im Schicksalsglauben wird die Offenheit der Möglichkeiten jedoch nur als sinnlose Zufälligkeit gesehen und deswegen Halt in einer notwendigen Ordnung gesucht, wodurch das Zwingend-Unfreie des Faktischen eine überragende Bedeutung bekommt. Der Vorsehungsglaube dagegen vermag beide Aspekte des Faktischen zusammenzuhalten und so die Möglichkeit endlicher Freiheit zu begründen. Darin liegt die Antwort auf die Frage nach der Bedeutung der Vorsehung für die Freiheit. Das Setzen des Geistes ist für Vigilius zugleich das Setzen der Vorsehung, da erst mit ihr das Verhältnis von Faktizität und Freiheit *als Freiheitsverhältnis* denkbar wird. Das Wirklichkeitsverhältnis der endlichen Freiheit erschließt sich für den Vorsehungsglauben als Verhältnis zu einer absoluten Freiheit, die die Gesamtwirklichkeit und damit auch den endlichen Selbstvollzug der Freiheit begründet.

Die Aufhebung der Schicksalsangst durch den Vorsehungsglauben besteht also darin, daß die Bedeutung der endlichen Bedingtheit des Menschseins anerkannt wird, ohne in ihr einen die Möglichkeit der Freiheit niederhaltenden, äußerlich-fremden Zwang zu sehen. An die Stelle der Fremdbestimmtheit durch das Schicksal tritt das über die endliche Wirklichkeit vermittelte personale Verhältnis von endlicher und absoluter Freiheit.

Die Metapher des "blinden" Schicksals als Ausdruck der Unpersönlichkeit dieser fremden Macht interpretierte Vigilius als Einheit von Notwendigkeit und Zufälligkeit.[384] Die verwandelte Wirklichkeitssicht des Vorsehungsglaubens erweist sich auch in der Aufhebung dieser äußerlichen Einheit. Die Vorsehung ist ebenso wie die Freiheit weder als Notwendigkeit noch als Zufall zu denken. Vigilius betont dieses Weder/Noch in Abgrenzung gegen Versuche, den christlichen Vorsehungsbegriff von einer dem Schicksal entsprechenden Notwendigkeit her zu deuten:

"Einen Rest von dieser Notwendigkeit hat man innerhalb der christlichen Anschauung bestehengelassen, wo er sodann das Schicksal bedeutete, d.h. das Zufällige, und was die Vorsehung betrifft: das Inkommensurable." (BA^R, 105 f.).

---

[384] S.o. II.4.2.

Die Klärung des Vorsehungsbegriffs ist für Vigilius eng verbunden mit dem Sinngehalt der gesamten Wirklichkeit, weshalb er sich gegen eine Schicksalstheologie wendet, die eine mit der göttlichen Vorsehung inkommensurable Zufälligkeit des Lebens annimmt. Er gibt jedoch nicht genauer an, was für eine theologische Anschauung er dabei im Auge hat, was die Deutung dieser Stelle erschwert. Offensichtlich ist sein Anliegen aber von der Frage geleitet, ob es Lebensbedingungen gebe, die zwar unausweichlich sind, sich aber dennoch jeglicher Sinngebung entziehen. Eine solch grundsätzliche Inkommensurabilität hält Vigilius für unvereinbar mit der Vorstellung einer den Menschen zu sich selbst befreienden Vorsehung. Auch wenn der Sinn der eigenen Wirklichkeit sich der endlichen Selbstbestimmung nie völlig erschließen kann, so ist die von Gott gewollte Sinnhaftigkeit Bedingung der Möglichkeit, die eigene Wirklichkeit bejahen zu können.[385] Die sich im Gottesverhältnis verwirklichende Freiheit muß nach Vigilius fähig sein, alle Lebensumstände in die Dimension dieser Religiosität integrieren zu können.

"Aber zu erklären, wie meine religiöse Existenz zu meiner äußerlichen Existenz in ein Verhältnis kommt und sich in ihr ausdrückt, das ist die Aufgabe. (...) Daß es sich verwirklichen läßt, bestreite ich nicht; denn wer sich etwas auf das Religiöse versteht, weiß sehr gut, daß es geschmeidiger als Gold und absolut kommensurabel ist." (BA^R, 115 f.).

Um sich von der blinden Schicksalsabhängigkeit lösen zu können, bedarf es der Sinngebung des eigenen, endlichen Lebens, die aus einer Entscheidung zur eigenen Kontingenz erwächst. Das Zufällige erweist sich dabei als Träger nicht-festgelegter Möglichkeiten, durch die sich die werdende Freiheit der göttlichen, die Zufälligkeiten gewährenden Vorsehung verdankt weiß. In dieser Kommensurabilität vollzieht sich das Werden des Geistes als nicht mehr bloß äußerlich-blinde Einheit von Notwendigkeit und Zufall. Die Vorsehung entspricht somit dem Schicksal, insofern auch sie eine Ordnung des Zufälligen bedeutet, doch ist diese im Gegensatz zum Schicksal auf die Freiheit bezogen, weil sie ihr den Lebensraum der Möglichkeiten offenhält. Im freien Selbstwerden erfährt der Mensch eine Sinnhaftigkeit des Zufälligen, die seiner Freiheit unverfügbar vorgegeben ist und sich im Verhältnis zur absoluten Freiheit Gottes als offener Lebenshorizont erschließt.

Bei dieser Sinnhaftigkeit des Kontingenten geht es gerade nicht um die Aufhebung des Zufälligen in eine höhere Notwendigkeit des Geistes. Dem blinden Fatalismus würde so nur ein rationalistischer Determinismus, nicht aber die Wirklichkeit endlicher Freiheit gegenübergestellt. Diese Gefahr sieht Kierkegaard in Spinozas Philosophie der einen, absoluten Substanz, deren geistige Notwendigkeit innerer Grund aller Wirklichkeit ist. Auch wenn diese

---

[385] Disse (1991), 152 ff., sieht die Bedeutung des Vorsehungsglaubens darin, daß durch ihn die Hoffnung auf eine Verwirklichung des Guten begründet wird, ohne welche umfassende Freiheit nicht möglich sei: "Wo keine Aussicht besteht, daß trotz ständiger Existenzbedrohung letztlich alles zum Guten gelenkt wird, kann es keine umfassende Freiheitserfahrung geben" (153); Schäfer (1968), 97 ff., erläutert das von Gott gewährte Gute als das eigene Frei-sein-Können. Der Gottesglaube sei Ausdruck einer freudigen Dankbarkeit gegenüber der Macht, die den Menschen zu sich selbst befreit.

"innere Notwendigkeit", wie Vigilius sagt, als eine geistige dem Vorsehungsbegriff näher stehe als die äußerliche Notwendigkeit des Schicksals, so negiere sie doch die Bedeutung der Zufälligkeit und damit der endlichen Freiheit. Alle endlichen Modifikationen der einen göttlichen Substanz Spinozas sind nur als Negationen der positiven Unendlichkeit der substantiellen Einheit denkbar, so daß die Realität aller Endlichkeit *sub specie aeterni* immer schon als aufgehoben erscheint. Der Geistigkeit des absoluten Seins fehlt, wie schon Hegel kritisierte, das Moment der wesentlichen Selbstentfaltung und damit der freien Subjektivität.[386] Die Notwendigkeit des absoluten Geistes wird auch nach Kierkegaard dem Vollzug endlicher Freiheit nicht gerecht, und Spinozas Versuch, den christlichen Vorsehungsbegriff von dieser Notwendigkeit her zu denken, sei als metaphysische Abstraktion von der Wirklichkeit des Zufälligen abzulehnen. Im Entwurf zum *Begriff Angst* findet sich eine Bemerkung zum Substanzbegriff Spinozas. Kierkegaard nennt ihn dort einen metaphysischen Ausdruck der Vorsehung, dem er die Aufhebung der Zufälligkeit vorwirft:

"Überhaupt ist Spinozas Substanz ein bloßer metaphysischer Ausdruck für die christliche Vorsehung, welche ihrerseits dem Schicksal derart entspricht, daß sie die Einheit des Notwendigen und des Zufälligen ist, derart zwar, daß das Zufällige für sie ist, aber auch derart, daß für sie nichts Zufall ist." (Pap V B 55, 17/ BA, 260 Anm. 159).

Aus diesem knappen Hinweis im Entwurf zum *Begriff Angst* geht die Ablehnung der Metaphysik Spinozas nicht deutlich hervor, so daß die Gefahr einer Mißdeutung besteht in dem Sinne, als greife Kierkegaard hier den Gedanken einer die Welt innerlich bestimmenden Notwendigkeit des Geistes auf. Doch für Spinoza hat das Zufällige und damit auch die endliche Freiheit keine eigenständige Realität, weshalb sich Kierkegaard an anderen Stellen entschieden gegen dessen Metaphysik wendet. Besonders in den zugleich mit dem Begriff Angst herausgegebenen *Philosophischen Brocken* kritisiert Kierkegaard die Ontologie der idealen Notwendigkeit als eine die Faktizität nicht erreichende Spekulation.[387] Er wendet sich dort gegen die ontologischen Voraussetzungen der Gotteslehre Spinozas. Im Mittelpunkt steht dabei die Frage nach dem Verhältnis von Existenz und essentieller Notwendigkeit. Den ontologischen Gottesbeweis erweist Climacus als eine Tautologie, die keinen Schluß auf die faktische Existenz erlaube. An dieser gehe das Denken Spinozas grundsätzlich vorbei:

"Die höchste Idealität hat das Notwendige, darum ist es. Aber dies Sein ist sein Wesen, vermöge dessen es in den Bestimmungen des faktischen Seins nicht dialektisch werden kann, eben weil es ist; (...) Spinozas Satz ist also ganz richtig, und die Tautologie ist in der Ordnung, aber es ist ebenso gewiß, daß er die Schwierigkeit ganz und gar umgeht; denn die Schwierigkeit ist das

---

[386] "Gegen die Spinozistische allgemeine Substanz empört sich die Vorstellung der Freiheit des Subjekts" (Hegel XX, 193; vgl. 185); "es ist starre Bewegungslosigkeit, deren einzige Tätigkeit ist, alles in den Abgrund der Substanz zu werfen, in dem alles nur dahinschwindet, alles Leben in sich selbst verkommt; Spinoza ist selbst an der Schwindsucht gestorben" (167).
[387] Vgl. PhB, 39 f.; vgl. Malantschuk (1971), 128 f. u. (1980a), 29 ff.; Schäfer (1968), 160 ff.

faktische Sein zu fassen zu bekommen, und die Idealität Gottes hineinzubekommen in das faktische Sein." (PhB, 40).

K. Schäfer hat aufgezeigt, daß die Spinozakenntnis Kierkegaards durch die Spinozakritik Jacobis und Hegels vermittelt ist. Dies gilt auch direkt für den zitierten Abschnitt aus dem Entwurf zum *Begriff Angst*. Unter Berücksichtigung dieses Hintergrundes kommt Schäfer zu folgender Beurteilung der Stelle:

"V B 55/17 greift, Martensens 'Grundrids til Moralphilosophiens System' (S. 22) nutzend, Hegels geschichtsphilosophisches Schema auf: Spinoza will den von christlicher Erfahrung geprägten Begriff der Vorsehung entgegen der Sinnrichtung dieses Begriffs in seine antichristliche Substanzmetaphysik integrieren. Die von ihm vorgestellte Einheit von Notwendigkeit und Zufälligkeit verfälscht aber sowohl den vorchristlichen Schicksals- wie den christlichen Vorsehungsglauben: Das konkrete Geschehen verschwindet in eine Notwendigkeit ohne Warum und Wozu. Der Heide erfährt sein Leben als Einheit des Unberechenbaren und Unvermeidlichen, der Christ als Einheit der zugefügten Sündigkeit und der vorgegebenen Versöhnung. Spinoza hingegen lehrt den Weg der Gleichgültigkeit gegenüber diesen Widersprüchen, die das Dasein ausmachen. Genau diese Gleich-Gültigkeit der wahren Gedanken gegenüber dem schwierigen Leben des Denkers ist an Spinoza so bewundernswert (vgl. 7-9, 144 und 154). Aber Spinoza vernichtet das Gottesverhältnis, das ja gerade darin besteht, die bloßen Fakten und Taten auf Gott zu beziehen, in seiner Spiritualität der Indifferenz: Die bloßen 'circumstantiae' werden gleichgültig (vgl. Op. 2, 36), sobald die allgemeinen und notwendigen Beziehungen zwischen den Wesenheiten erfaßt werden: im Schwindel des Denkens wird die Rettung der Endlichkeit unnötig-unmöglich: Spinoza verführt zu einer unmenschlichen Existenz (IV A 190, IV C 11; 7-9, 158 f.)."[388]

Der Vorsehungsglaube ist für Kierkegaard derart Ausdruck eines Ernstes der Endlichkeit, in dem sich die menschliche Freiheit nicht über sich selbst und ihre Grenzen erhebt, sondern im Vertrauen auf einen ihr letztlich unverfügbaren Sinn mit Leidenschaft dem eigenen, zufälligen Leben zuwendet. Das Zufällige ist als solches berechtigt, darin liegt die wahre Bedeutung der Einheit von Notwendigkeit und Zufall, doch ist die Einheit für den Menschen nicht erfaßbar, er kann nur an sie glauben. So ist auch die Realität des Zufälligen von Gott her gesehen "kein Zufall", sondern Wille zur Freiheit, doch für den Menschen erschließt sich die Begründung des Zufälligen nur als unaufhebbarer Anspruch, niemals als völlig vollzogene Identifizierung. Die absolute Kommensurabilität des Religiösen schließt daher die Inkommensurabilität der widersprüchlichen Lebenswelt als menschliche Grunderfahrung nicht aus, sondern setzt sie voraus[389], wenn die Kommensurabilität nicht als

---

[388] Schäfer (1968), 284 Anm. 179.

[389] So meint auch Nordentoft (1972), 413: "daß der Gedanke der Kommensurabilität sein dialektisches Gegenstück im Gedanken der Inkommensurabilitätsbewegung hat, die die Bedingung dafür ist, daß die Kommensurabilität nicht identisch wird mit Geistlosigkeit" (übers. v. Vf.).

J. Sløk (1947) hat den Begriff der Inkommensurabilität zur Grundlage einer an Kierkegaard orientierten Theologie der Vorsehung gemacht. In den Kierkegaard gewidmeten Kapiteln

rational-konstruierbare, sondern als religiöses Wagnis Bedeutung haben soll.[390] Die Vorsehung ist nicht die Sicht des Menschen, ihm erschließt sich der geglaubte Sinn nur im Mitvollzug seines geschichtlichen Werdens, wie Kierkegaard schon in einer Aufzeichnung aus dem Jahre 1840 gegen die metaphysische "Vogelschau" formuliert:
"Das Geschichtliche ist nämlich die Einheit des Metaphysischen und des Zufälligen. Es ist das Metaphysische, soweit dies das ewige Band des Daseins ist, ohne welches das Erscheinungshafte in lose Stücke zerfiele; es ist das Zufällige, soweit bei jeder Begebenheit eine Möglichkeit ist, daß sie auf unendlich viele andere Arten geschehen könnte; die Einheit davon ist vom Göttlichen her gesehen *die Vorsehung*, vom Menschlichen her *das Geschichtliche*. Der Sinn des Geschichtlichen ist nun nicht, daß es vernichtet werden soll, sondern daß der einzelne darunter frei sein soll, aber auch froh darin. Diese Einheit des Metaphysischen und des Zufälligen liegt bereits im Selbstbewußtsein, das der Ursprungsort der Persönlichkeit ist. Ich werde mir zugleich meiner ewigen Gültigkeit bewußt in meiner sozusagen göttlichen Notwendigkeit und meiner zufälligen Endlichkeit (daß ich dies bestimmte Wesen bin, geboren in diesem Land, zu dieser Zeit, unter allen mannigfaltigen Einflüssen dieser wechselnden Umgebungen). Und diese letzte Seite soll nicht übersehen und nicht verschmäht werden, sondern das wahre Leben des Einzelmenschen ist dessen Verklärung, die nicht darin besteht, daß das leere, inhaltlose Ich sich gleichsam aus dieser Endlichkeit wegschleicht, um sich zu verflüchtigen und auf seiner himmlischen Auswanderung zu verdunsten, sondern darin, daß das Göttliche die Endlichkeit bewohnt und sich in sie hineinfindet." (Pap III A 1/ Tb I, 228 f.).

4.6.2. Ein Blick auf die Entwicklung des Vorsehungsgedankens bei Kierkegaard

Kierkegaards Bestimmung des Vorsehungsglaubens wird getragen von dem Interesse an der Wahrung der menschlichen Freiheit. Dies belegen schon seine frühesten theologischen Aufzeichnungen aus dem Jahre 1834, in denen er sich u.a. mit dem Gedanken der Prädestination auseinandersetzt.[391] Angeregt wurde er hierzu durch die "Glaubenslehre" Schleiermachers, die er 1834 unter Anleitung von H.L. Martensen, dem späteren Bischof von Seeland, las.[392] Die Prädestinationslehre ist für den jungen Theologiestudenten Kierkegaard eine Lehre, "welche den Menschen in Widerspruch mit sich selbst bringt" (Pap I A 22/ Tb I, 36). Sie ist der gescheiterte Versuch, die mensch-

---

seiner Arbeit (92-135) geht er jedoch nicht auf dessen Vorsehungsbegriff ein und fragt auch nicht nach der Bedeutung der absoluten Kommensurabilität des Religiösen.
[390] "Alles individuelle Leben ist für den Begriff inkommensurabel; (...) Worin geht dieses Inkommensurabilität auf? - in Handlung - Die Leidenschaft ist es, worin alle Menschen übereinkommen. Daher ist das Religiöse insgesamt Leidenschaft, Glaube, Hoffnung und Liebe". (Pap IV C 96/ Tb I, 354).
[391] Vgl. Tb I, 33-36; vgl. dazu Pojman (1972), 13 ff.
[392] Vgl. Hirsch (1930 ff.), 467 ff.; zum Schleiermacherverständnis Kierkegaards vgl. Anz (1986) u. Schröer (1984).

liche Freiheit mit dem Gedanken der göttlichen Vorsehung zusammenzubringen.

"Solange nicht von irgendeiner Freiheit die Rede ist, die sich in der Welt geltend macht, solange ist es auch unmöglich, daß die Frage nach einer Prädestination aufkommen konnte; erst in dem Augenblick also, da die Vorstellung der menschlichen Freiheit sich entwickelte und nun durch Reflexion mit der Vorstellung von Gottes Weltlenkung in Verbindung gesetzt wurde, erst da konnte sie aufkommen und mußte aufkommen als ein Versuch, die Aufgabe zu lösen. Aber dabei bleibt doch merkwürdig, daß das, was die Aufgabe lösen sollte, sich für uns jetzt als Aufgabe stellt, nämlich wie diese zwei Vorstellungen zu vereinigen seien." (Pap I A 7/ Tb I, 34).

Das Bewußtsein einer Konkurrenz zwischen menschlicher Autonomie und göttlicher Allmacht bestimmte die aufklärerische Religionsphilosophie und -kritik.[393] Kierkegaard bemüht sich, über diesen Gegensatz hinauszukommen, wobei er sich nicht nur gegen die Prädestinationslehre, sondern auch gegen ein übersteigertes Ichbewußtsein ("Ichsucht") wendet, wie er es in "Fichtes Identitätslehre" repräsentiert sieht (vgl. Pap I A 22/ Tb I, 36). Auch der Autonomiegedanke ist für ihn eine Lehre, die den Menschen in Widerspruch mit sich selbst bringt. Die endliche Freiheit darf ihre Abhängigkeit nicht verleugnen, sie findet ihren Sinn nur in Entsprechung zum göttlichen Willen. Diese theologische Qualifikation der Freiheit ergibt sich aus der Realität des Bösen, die für Kierkegaard, wie für Schleiermacher, Ansatzpunkt seiner Auseinandersetzung mit der Prädestinationslehre ist. Die strenge Prädestinationslehre steht in der Gefahr, den Ursprung des Bösen in Gott zu sehen (vgl. Pap I A 2/ Tb I, 33). Daher muß ihr gegenüber die menschliche Freiheit betont werden, ohne diese jedoch durch die autonome Loslösung von Gottes Heilsplan über die sündige Realität zu erheben. Gottes Vorsehung und menschliche Freiheit müssen als aufeinander bezogen gedacht werden, etwa indem die Prädestination im Sinne eines göttlichen Vorherwissens (unter Einschluß der Freiheitsentscheidung des Menschen) verstanden wird (vgl. Pap I A 20/ Tb I, 35), wobei Kierkegaard sich sogleich die Gefahr eines damit verbundenen Pelagianismus vor Augen hält (vgl. Pap I A 43/ Tb I, 35). Seine Ausführungen sind vor allem Suche nach einem Ausweg aus einer als anstößig empfundenen theologischen Lehre und nicht so sehr Formulierung einer eigenständigen Position.

Einer eigenständigen Lösung des Problems nähert sich Kierkegaard 1836 im Anschluß an Schleiermachers Lehre von der "relativen Prädestination" (vgl. Pap I A 295/ Tb I, 36). Dieser hatte den Unterschied zwischen Erwählten und Verworfenen ebenso wie denjenigen zwischen Gut und Böse als eine nur für das zeitliche Bewußtsein sich vollziehende Entfaltung des einen göttlichen Heilswillens angesehen. Einer ewigen Bedeutung dieser Unterscheidung stellt er sich mit der Lehre von der Allerlösung entgegen. Was Kierkegaard aus dieser Argumentation aufgreift, ist die Ablösung des individuellen Heils- oder Unheilsgeschehens von der allgemeinen göttlichen Vorherbestimmung. Die individuelle Erwählung bzw. Verwerfung ist nicht als solche

---

[393] Vgl. Weimer (1988), 24 ff.

Gegenstand des göttlichen Heilsplanes, sondern wird erst wirklich durch das Verhältnis des einzelnen zu Gott. Er verdeutlicht dies an dem Zusammenhang von Berufung und Erwählung (bzw. Verdammung). Nur indem Gott den einzelnen ruft, indem also ein persönliches Verhältnis begründet wird, wird die allgemeine göttliche Absicht mit den Menschen zum individuellen Auftrag, der über Erwählung bzw. Verwerfung entscheidet. Die Gnadenwahl ist hier also verstanden als Gnadenangebot, dessen Realisation über die Freiheit des einzelnen vermittelt ist. Die ewige Vorsehung Gottes bezieht sich nicht auf den einzelnen, sondern "ist vom ganzen Christentum zu verstehen, sein ganzes Erscheinen ist von Ewigkeit beschlossen; der einzelne hingegen wird zufolge einer Lehre berufen, deren ganzes Verhältnis zur Zeit, von Ewigkeit bestimmt ist; jedoch dergestalt, daß damit nicht *seine* Berufung von Ewigkeit ausgesagt ist" (Pap I C 40/ Tb I, 36).[394]

An diesen frühen Versuchen Kierkegaards wird deutlich, daß für ihn Theologie nicht losgelöst von menschlicher Selbsterfahrung betrieben werden kann, sondern darin ihren Ansatzpunkt haben muß.[395] Die Erfahrung von Selbstbestimmung und Selbstverfehlung darf nicht durch ein der Freiheit entgegenstehendes Prädestinationsmodell zum bloßen Schein herabgesetzt werden. Die Frage nach Gottes Allmacht und Weltlenkung hat ihren Ort nicht in einem metaphysischen Denken *sub specie aeterni*, sondern darf in existentiellem Ernst nur gedacht werden von der menschlichen Freiheitserfahrung aus, als absoluter Ermöglichungsgrund jenes Selbstverhältnisses, das sich als Gottesverhältnis weiß. Die Einheit von Gottes- und Selbstverhältnis ist bleibender Bezugspunkt Kierkegaardscher Theologie[396], und nur von ihm aus ist angemessen darzustellen, was mit göttlicher Vorsehung als Korrelat menschlicher Freiheit gemeint ist. Dies gilt auch für spätere Aufzeichnungen Kierkegaards zur Vorsehung aus dem Jahre 1846, in denen er ausdrücklich den Bezug des göttlichen Willens auf den einzelnen Menschen betont, dies jedoch als ein Paradox des Glaubens ansieht. Nur von der Voraussetzung eines paradoxen Glaubensbegriffs aus kann Kierkegaard die individuelle Heilsdimension wieder in den ewigen Willen Gottes mithineinnehmen, was er in jungen Jahren als widersprüchlich empfand.

"Eine *Vorsehung* ist überhaupt nicht leichter zu verstehen (zu begreifen) als die *Erlösung*: Beide lassen sich nur glauben. Der Gedanke einer Vorsehung ist der, daß Gott sich um den Einzelnen kümmert und um die geringste Einzelheit bei ihm, und dies läßt sich höchstens auf phantastische Weise (in der Abstraktion) durchführen als ein rein der Immanenz zugehöriges

---

[394] E. Hirsch (1930 ff.) nennt diesen Gedanken "typisch pietistisch" (496).
[395] Pojman (1972), 35, betont, daß Kierkegaards frühe Überlegungen zur Freiheit von einem konkreten, persönlichen Interesse durchdrungen seien: der Frage nach seinem tragischen Schicksal in einer verfluchten Familie ("his tragic fatum as part of an accursed family").
[396] Bei Anti-Climacus lautet die "Formel für den Glauben": "indem es sich zu sich selbst verhält und indem es es selbst sein will, gründet sich das Selbst durchsichtig in der Macht, welche es gesetzt hat." (KzT, 47). Dies nennt er auch "das theologische Selbst", "das Selbst Gott gegenüber" (KzT, 77 f.). "Je mehr Gottesvorstellung, desto mehr Selbst; je mehr Selbst, desto mehr Gottesvorstellung." (KzT, 79).

Zusammenstimmen des Unendlichen und des Endlichen - nicht aber im [wirklichen] Werden." (Pap VII A 103/ Tb II, 101).[397]

Die Abweisung einer metaphysischen Theologie der Vorsehung, die hier wieder als Spinozakritik zu lesen ist, zeigt, daß das existentielle Gottesverhältnis des einzelnen der Ort ist, von dem aus sich überhaupt jene ganz individuelle Vorsehung erfassen läßt. Vor dem Hintergrund seines inzwischen in den pseudonymen Werken erfolgten Durchdenkens der menschlichen Existenzmöglichkeiten und -schwierigkeiten kann dieser existentielle Bezug der Vorsehung von Kierkegaard radikaler bestimmt werden als in seinen frühen 'Theologika':
"Vorsehung und Erlösung sind Kategorien der Verzweiflung, d. h. ich müßte verzweifeln, wofern ich sie nicht glauben dürfte, ja sollte. Sie sind nicht das, worüber man verzweifelt, sondern das, was die Verzweiflung fernhält." (Pap VII A 103/ Tb II, 101).

Aber schon in den frühen 'Theologika' Kierkegaards ist jene Leidenschaft der Freiheit spürbar, die den späteren "subjektiven Denker" dazu bringt, das Gottesverhältnis vor allem im Horizont möglicher Selbstverwirklichung zu denken.[398] Das unendliche Interesse an der eigenen Existenz, wie es besonders in den Climacus-Schriften formuliert wird, stellt auch die Gottesfrage unter die Bedingungen existentieller Entschiedenheit. Allein in der Entscheidung zur eigenen Freiheit als dem Grundvollzug ethischen Existierens hat die christliche Wahrheit ihren Ort, in ihr erscheint das Gottesverhältnis zugleich als Grund wie als Aufgabe des Existierens. In einer späten Tagebucheintragung Kierkegaards heißt es:
"Das Mittel nämlich, das einzige, durch das Gott mit 'dem Menschen' in Verbindung tritt, das Einzige, worüber er mit dem Menschen sprechen will, ist: das Ethische. Aber um ethisch vom Ethischen zu sprechen (...), dazu gehört, daß man alles andere unbedingt zum unendlich Gleichgültigen herabsetzt." (Pap X^5 A 73/ Tb V, 145).

Diese Stelle ist gegen naturwissenschaftliche Einwände gegen das Christentum gerichtet. Wenn Kierkegaard ihnen das Ethische als einzigen Ort des Gottesverhältnisses entgegensetzt, so entspricht das der Konzentration des Vorsehungsgedankens auf das Verhältnis zur menschlichen Freiheit. Die Frage nach dem Verhältnis von Vorsehung und Naturkausalität ist innerhalb dieses Horizontes bei Kierkegaard ganz in den Hintergrund getreten. Sie kann ethisch nur von Interesse sein als Teilaspekt der menschlichen Selbstkonstitution, als Frage nach der Synthesis von Möglichkeit und Notwendigkeit. Wenn Kierkegaard auf die Naturgesetzlichkeit als solche zu sprechen kommt, so führt er deren Notwendigkeit auf den göttlichen Schöpfungswillen zurück[399], und das natürlich-gebundene Leben interpretiert er im erbaulichen

---

[397] Diese Bedeutung der persönlichen Vorsehung tritt insbesondere im Selbstverständnis des späten Kierkegaard zutage, wenn er vom seiner "Erziehung" durch die "Weltlenkung" spricht (vgl. SüS, 66 ff.); dazu s.u. III.4.4.; vgl. Buss (1970), 47 ff.

[398] Vgl. Eisenstein (1986), 224 ff.

[399] Am deutlichsten im "Zwischenspiel" der *Philosophischen Brocken*: "Alles Werden geschieht durch Freiheit, nicht aus Notwendigkeit; nichts Werdendes wird aus einem Grunde; alles aber aus einer Ursache. Jegliche Ursache entspringt letztlich einer freiwirkenden

Kontext oft in Analogie zum Freiheitsverhältnis als "Gehorsam", der ihm als erbaulicher Hinweis auf die Erfüllung der menschlichen Freiheit im Gottesverhältnis dient.[400] Das Interesse an der Freiheit bleibt auch hier der umgreifende Horizont.

4.6.3. Befreiende Allmacht

Eine an der Verwirklichung der menschlichen Freiheit orientierte Theologie muß sich gegen einen Allmachtsbegriff wenden, der dem ethischen Gottes- und Selbstverhältnis entgegensteht. Dieses Anliegen wurde deutlich in Kierkegaards früher Auseinandersetzung mit der Prädestinationslehre. K.-M. Kodalle hat zu zeigen versucht, daß die Kritik der Omnipotenzvorstellung ein Grundanliegen Kierkegaardscher Theologie ist.[401] Die schöpferische Macht Gottes kann nicht losgelöst vom Erlösungsgeschehen betrachtet werden, sondern die Ermöglichung des menschlichen Gottesverhältnisses ist Ziel der Schöpfung. Daher ist auch von diesem Verhältnis aus die göttliche Allmacht zu bestimmen. Die Erschaffung einer ihr gegenüberstehenden

---

Ursache. (...) Selbst eine naturgesetzliche Folge erklärt nie die Notwendigkeit eines Werdens, sobald letztgiltig auf Werden reflektiert wird." (PhB, 71 f.); dazu s.u. III.2.5.1.
[400] Vgl. CR 1848, 85 ff.
Beachtenswert ist in diesem Zusammenhang eine Stelle aus dem "Tagebuch der Reise nach Gilleleie" (Pap I A 63 ff./ Tb I, 1-29), die Kierkegaard 1835 unternahm. Im Naturerlebnis, das den Zwängen des alltäglichen Lebens entgegensteht, zeigt sich dem Menschen seine Freiheit gegenüber der Natur ebenso wie ein grundlegendes Abhängigkeitsgefühl gegenüber der göttlichen Macht. Das Überwältigende der Natur ist Anspruch an seine Freiheit, sich der göttlichen Macht, die hinter der Natur steht, hinzugeben.
"Aber mitten in der Natur, wo der Mensch, frei von des Lebens oft erstickender Luft, freier atmet, da öffnet die Seele sich willig jeglichem edlen Eindruck. Hier tritt der Mensch heraus als Herr der Natur; aber er fühlt auch, daß sich in ihr etwas Höheres kundgibt, etwas, wovor er sich beugen muß; er fühlt eine Notwendigkeit, sich der Macht hinzugeben, die das Ganze lenkt. (...) Hier fühlt er sich groß und klein zugleich, und das, ohne der Fichteschen Bemerkung von einem Sandkorn zu bedürfen, welches die Welt bestimmt (in seiner 'Bestimmung des Menschen') - eines Satzes, der dem Wahnsinn sehr nahe liegt." (Pap I A 68/ Tb I, 14).
E. Hirsch sieht in dieser Stelle eine Weiterentwicklung im Bemühen des jungen Kierkegaard, das Verhältnis von Vorsehung und Freiheit zu durchdenken, die durch seine Lektüre von Fichtes *Bestimmung des Menschen* angeregt wurde, in der dieser das Freiheitsbewußtsein mit dem Gedanken der Vorsehung zu verbinden sucht. Die idealistische Konstruktion dieser Einheit vollzieht Kierkegaard jedoch nicht mit, sondern er versucht sie in einem unmittelbaren Naturerleben zu begründen. Nach Hirsch übersetzt Kierkegaard Fichte "in die Religiösität der Romantik":
"Er sucht einen Punkt des Selbstverständnisses im Gottesverhältnis, der ihm jenseits der christlichen Offenbarung und Versöhnung gegeben ist, und findet ihn im Naturerlebnis. Da erfährt er unmittelbare Gegenwart Gottes in Einsamkeit. Freiheitsbewußtsein und Vorsehungsglaube sind hier zur Einheit zusammengeschmolzen. Damit hat er das, was Fichte in der 'Bestimmung des Menschen' als letztes und höchstes Ziel des Gedankengangs im dritten Buche erreicht. Aber er hat's auf viel einfachere Weise - in der Unmittelbarkeit ästhetischen Erlebens. So braucht er auch nicht wie Fichte die Naturnotwendigkeit als einen Feind der Freiheit zu zerstören (...), und er braucht sich nicht mit Fichte gegen den seine Menschheit aufhebenden Zufall des regierenden Atoms zu empören." (Hirsch (1930 ff.), 472).
[401] Kodalle (1988), 89 ff. ("Kritik der Omnipotenzvorstellung") u. 96 ff. ("Allmacht der Liebe als absolute Zweckfreiheit").

Freiheit ist die größte Manifestation göttlicher Allmacht, die gerade darin ihre grundlegende Unabhängigkeit vom Geschaffenen bezeugt. Diese absolute Freiheit Gottes ist Ermöglichungsgrund der menschlichen Freiheit. Darin liegt, wie Kierkegaard in einer Aufzeichnung aus dem Jahre 1846 feststellt[402], der tiefste Sinn der Schöpfung aus dem Nichts, und er erläutert die schöpferische Macht Gottes als eine Kenosis[403], eine Selbstbeschränkung aus Liebe.

"Das Höchste, das überhaupt für ein Wesen getan werden kann, höher als alles, wozu einer es machen könnte, ist dies: es frei zu machen. Eben dazu, dies tun zu können, gehört Allmacht. (...) Allein die Allmacht kann sich zurücknehmen, indem sie sich hingibt, und dies Verhältnis ist ja eben die Unabhängigkeit des Empfangenden. Gottes Allmacht ist darum seine Güte. Alle endliche Macht macht abhängig, Allmacht allein vermag unabhängig zu machen, aus dem Nichts hervorzubringen, was dadurch inneres Bestehen empfängt, daß die Allmacht sich ständig zurücknimmt." (Pap VII A 181/ LA, 124).

K.-M. Kodalle meint dazu:

"Freiheit ist der terminus a quo und der terminus ad quem der Omnipotenz. Aus dieser Struktur des Sinnes von Allmacht ergeben sich von selbst die weiteren Differenzierungen: Insofern Gott das Gutsein schlechthin und damit 'Hingabe' ist, muß diese prozessuale Struktur, soll sie nicht pervers noch in der Liebe die heteronome Vergewaltigung ein- und damit die für Liebe doch wesensspezifische Gegenseitigkeit ausschließen, sich als *Selbstzurücknahme Gottes* manifestieren, und zwar *prinzipiell*, als *ein und derselbe Prozeß* freiheitlich-kommunikativer Struktur (nicht also als jeweilig kontingenter Akt göttlicher Entscheidung). (...) Das endlich-frei-eigenständige Wesen tritt nur in dem Maße als eigen-ständig aus der differenzlosen Kontinuität der All-Macht hervor, wie diese sich selbst zurücknimmt! Das Nichts der Creatio ex nihilo ist der durch diesen Rück-Zug freigesetzte Raum des Daseins endlicher Freiheit im umfassenden Sein Gottes."[404]

---

[402] Pap VII A 181/ LA, 124 f.; vgl. zu dieser Stelle Dietz (1993), 66 ff.; Kodalle (1988), 98 f.; Malantschuk (1978), 213 f.; Nordentoft (1972), 133 ff.; vgl. auch UN I, 254.

[403] Kenotische Formulierungen finden sich bei Kierkegaard ansonsten nur in seiner Christologie, jedoch nur im Sinne einer Verhüllung der Göttlichkeit Jesu unter der Knechtsgestalt, nicht aber der grundsätzlichen Entäußerung der Gottheit des Logos in der Menschwerdung, wie sie die deutschen Kenotiker des 19. Jahrhunderts in unterschiedlicher Radikalität dachten. Die Paradoxchristologie Kierkegaards wird in der Regel als ein der kenotischen Theologie entgegenstehendes Modell betrachtet, weil sie im Gegensatz zu den Kenotikern auf eine spekulative Erklärung der Inkarnation verzichtet. Vgl. M. Breidert: Die kenotische Christologie des 19. Jahrhunderts, Gütersloh 1977, 309.

[404] Kodalle (1988), 98 f.; Gegen Kodalle meint Dietz (1993), "daß die Selbstbegrenzung nicht als ontologische Definition, sondern als *freier Akt*, d.h. als *Setzung* Gottes" verstanden werden müsse (74). Die Gegenüberstellung von ontologischer und aktualer Deutung wird aber problematisch, wenn letztere sich auf "Erschaffung *und Erhaltung* der Kreatur durch Gott" bezieht, also auf ein dauerndes Verhältnis. Wenn zudem Gottes Allmacht von den Begriffen Freiheit und Liebe aus gedeutet wird, so ist die freie Selbstbeschränkung niemals bloß aktuales Geschehen, sondern Selbstvollzug des göttlichen Seins. In diesem Sinne sieht Kodalle m.E. zurecht im Schöpfungsverhältnis eine *prinzipiell freiheitlich-kommunikative Struktur.*

Das Freisein in Gott schließt ein grundlegendes Abhängigkeitsgefühl nicht aus, die Kontingenz der endlichen Freiheit ist vielmehr die existentielle Dimension, in der die größere Freiheit Gottes als Befreiung zur eigenen Freiheit erfahren werden kann.[405] Die Bindung an die Faktizität verliert im Horizont des Gottesverhältnisses die ängstigende Zwanghaftigkeit sinnloser Notwendigkeit. Der Glaube an einen Sinn der Wirklichkeit jenseits menschlicher Machbarkeit und rationaler Durchsichtigkeit ist der Kern des Vorsehungsglaubens. In diesem Vertrauen auf Sinnhaftigkeit wandelt sich die Abhängigkeit von blinden Zwängen in einen Mut zur eigenen Geschichte, ohne daß die Konstruktion von Sinn zu einem neuen Zwang autonomer Selbstdurchsetzung werden muß. Das Ganze der Geschichte, sowohl der Menschheit wie des Individuums, liegt nicht in der Macht des Menschen, und gerade deshalb kann er Subjekt seiner Freiheitsgeschichte sein, ohne unter dem Druck der eigenen Unfreiheitsgeschichte und ihrer sinnlosen Folgen zu zerbrechen. Genauer: die Annahme der Unfreiheit als Grundgegebenheit endlicher Selbstverwirklichung ist nur möglich, wenn die radikale Überholung des eigenen Unsinns nicht von der unfreien Freiheit selbst geleistet werden muß, sondern empfangen werden darf als die in Gottes Vorsehung und Versöhnung begründete unendliche Möglichkeit des Selbst. Kodalle sieht in diesen Gedanken sogar die Befreiung zu geschichtlichem Handeln begründet:

"Die Vorstellung eines *verfügenden*, anscheinend freiheitsindifferenten Gottes bekommt ein gewisses Gewicht durch Kierkegaards *geschichtsphilosophische Konzeption*. Gott ist das Subjektum der Geschichte als *ganzer*. Nur unter dieser Voraussetzung ist das Vertrauen zu rechtfertigen, hinter dem

---

[405] Gegen Kodalle meine ich, daß die Abhängigkeitserfahrung für Kierkegaard ein inneres Moment der endlichen Freiheit ist. Kierkegaards Orientierung an dem Prozeß des Freiwerdens ist jedoch, wie Kodalle richtig bemerkt, der Grund, warum er Schleiermachers Ansatz bei dem schlechthinnigen Abhängigkeitsgefühl als Prinzip der Religion ablehnt. "Kierkegaard wirft Schleiermacher vor, die dynamische Bewegung der Freiheit als 'Streben', der Kampf des *Werdens*, sei bei ihm stillgestellt. Religiosität sei 'für ihn stets ein Zustand', spinozistisch stelle er alles als *Seins*weise dar (vgl. T IV 98 f.). Deshalb fehlten bei ihm 'die entscheidenden Bestimmungen des Christlichen', d.h. die In-Blick-Nahme des komplexen, sich erst durch die decisio der Freiheit konturierenden Lebensprozesses." (Kodalle (1988), 91).
Auch Dietz (1993), 58-89; Disse (1991), 22 ff., Fabro (1973), 162 ff., und Schäfer (1968), 97 ff., betonen die Zusammengehörigkeit von Abhängigkeits- und Freiheitserfahrung bei Kierkegaard. Vom Beispiel der Liebe ausgehend schreibt Disse: "Die tiefste Erfahrung von Freiheit macht der Mensch somit nicht in absoluter Unabhängigkeit vom Anderen oder von der Natur, sondern durch eine Erfahrung von Glück, die eine Abhängigkeit mitsetzt" (26). Zu Schleiermachers religiösem Gefühl schlechthinniger Abhängigkeit meint er (130 f.), daß dies sich auch bei Kierkegaard finde, nämlich als Grundlage des allgemeinen, "negativen" Gottesverhältnisses, zu dem Disse insbesondere die Schicksalserfahrung zählt. Die Kritik Kierkegaards an Schleiermacher richte sich nicht auf das Abhängigkeitsgefühl als Grundlage dieser allgemeinen Religiosität, sondern darauf, daß von ihr aus nicht das positive, aus der Leidenschaft der Freiheit lebende Gottesverhältnis bestimmt werden könne (vgl. 141 Anm. 81).
Pojman (1972), 245, sieht im Gedanken der Teilhabe des Menschen an der Freiheit Gottes jenes höchste Gut, auf das sich die gesamte Verfasserschaft Kierkegaards zubewege: "Man participates in the freedom of God. This is the *Summum Bonum* towards which Kierkegaard's entire authorship strives."

Anschein eines chaotischen Durcheinanders der Geschichte, zwischen Barbarei und Rigorismus sozusagen, walte ein vom endlichen Subjekt nicht zu durchdringender *Sinn*; trotz des *Fragmentarischen* unserer Existenz und ihrer um Kohärenz *bemühten* Praxis, trotz der Antagonismen in Geschichte und Gesellschaft, füge sich letztendlich (also: eschatologisch) doch das Gegeneinander zu einem sinn-vollen Ganzen (bzw. *habe* sich dazu in der Ewigkeitsperspektive Gottes immer schon gefügt). In der Rekonstruktion der *Legitimation* dieses Vertrauens in Geschichte als sinnvolles Ganzes, das uns als *Handelnde* gerade von der Sorge um die problematischen Folgewirkungen unseres Handelns, wenn es nur vom Ich verantwortet wird, befreit, hat die traditionelle Vorstellung vom Schöpfergott als 'Herr der Geschichte' auch bei Kierkegaard ihren bedeutsamen Stellenwert. Im Medium einer göttlichen Geschichte, über der Gott es ist, der das Geschehen *fügt*, kann das endliche Ich sogar noch darauf vertrauen, das im Effekt Verkehrte einer Tat werde im verborgenen Kontext von der Lenkung zu guter Wirkung *umgebogen* werden. (...) Gerade das Gegenteil von Resignation und Handlungsverzicht will Kierkegaard dem Einzelnen anempfehlen, wenn er nachdrücklich immer wieder rät, sich um 'den welthistorischen Ausfall einer Sache', der in endlicher Perspektive seines Zufallscharakters ja doch nicht zu entkleiden ist, nicht zu kümmern. Ein solcher 'Umgang mit dem Welthistorischen macht nämlich ungeeignet zum Handeln'. Die Subjektivität verlöre sich in dem opaken Geflecht, stellte sie sich blind gegen die Tatsache, 'daß das Äußere nicht in ihrer Macht steht und daher nichts zu bedeuten hat, weder pro noch contra' (I 125). Dieses 'und daher' erschließt, daß für Kierkegaard hier 'Bedeutung' in Korrelation zur *Macht* der Verursachung steht."[406]

4.6.4. Vorsehung und Versöhnung

Die Versöhnung mit der eigenen Geschichte ist die Frucht der Erfahrung, daß mein Leben eingebunden ist in die Vorsehung, die größere Freiheit Gottes. Versöhnung ist existentielle Applikation des Vorsehungsglauben im Bewußtsein der eigenen Unfreiheit, und deshalb wird der freiheitsbegründende Sinn des Vorsehungsgedankens für Vigilius erst erfahrbar auf dem Hintergrund des Sündenbewußtseins. "Erst in der Sünde wird die Vorsehung gesetzt." (BA^R, 108; vgl. 114). 1846 schreibt Kierkegaard im Tagebuch: "Die Erlösung ist die *fortgesetzte Vorsehung*, daß Gott sich um den Einzelnen kümmern will und die geringste Einzelheit bei ihm, ungeachtet er alles verspielt hat." (Pap VII A 130/ Tb II, 101).

Die Psychologie der Selbstkonstitution im *Begriff Angst* entfaltet den Zusammenhang von Schuldigwerden und Selbstbestimmung, wie er sich aus der grundlegenden Angst vor der eigenen Freiheit mit psychologischer Notwendigkeit ergibt. Selbstwerdung kann sich demgemäß nur vollziehen im Durchgang durch das Schuldigwerden. Doch das Verhältnis zur eigenen Unfreiheit ist wiederum ein angstbestimmtes, was sich u. a. als Ausbleiben des Sündenbewußtseins im Schicksalsglauben äußert. Die Befreiung zu sich selbst

---

[406] Kodalle (1988), 92; vgl. Valls (1980), 250 ff.

kann nur in der Überwindung der Angst vor der eigenen Unfreiheit geschehen. Dies ist für Vigilius allein möglich durch den Glauben, der den sündigen Menschen zuallererst in ein freies Verhältnis zur eigenen Sündigkeit bringt. Damit das Sündenbewußtsein den Menschen nicht in den neuen und tieferen Strudel der Schuldangst führt, darf die Möglichkeit der Selbstbestimmung nicht losgelöst werden von der Erfahrung der eigenen Ohnmacht angesichts der faktischen Unfreiheitsgeschichte. Nicht die Selbstdurchsetzung autonomer Freiheit befreit aus der Ohnmacht der Angst, sondern die Annahme auch noch der Unverfügbarkeit des eigenen Schuldigwerdens. Diese wird im Schicksalsglauben als tragischer Konflikt zwischen Schicksal und Schuld erfahren. Diese Grenzerfahrung tragischer Lebensanschauung ist zugleich Ansatzpunkt christlicher Versöhnung mit der eigenen, schuldigen Geschichte. Im Glauben an eine Vorsehung ist die Unverfügbarkeit der ohnmächtigen Freiheit als Grund einer versöhnten Gelassenheit gegenüber der eigenen Unvollkommenheit aufbewahrt. Der Widerspruch von Schicksal und Schuld ist im christlichen Verständnis nicht ausschließlich in den Begriff der Schuld aufzuheben, sondern wird in der Erbsündenlehre zu einem wahren Verständnis geführt, indem in ihr die Sünde als Freiheitstat des einzelnen unter den Bedingungen einer schuldigen und psychisch prägenden Geschichte verstanden wird. Dies ist im *Begriff Angst* der Kontext, in dem die Vorsehung als Aufhebung des Schicksals erscheint.

"Die Sünde tritt also weder als Notwendigkeit noch als Zufall ein; und deshalb entspricht dem Begriff der Sünde: die Vorsehung." (BA^R, 107).

Die innere Zerrissenheit des Menschen wird nur dadurch zur Erlösung geführt, daß sie zuerst zu tieferer Bewußtheit gelangt. Das Sündenbewußtsein stellt die Geschichte der eigenen Unfreiheit als Ergebnis der sich unter den Bedingungen ihrer endlichen Selbstkonstitution selbst verfehlenden Freiheit dar. Weder Notwendigkeit noch Zufall, dieses Weder/Noch der Sünde ist die konstitutive Offenheit der Freiheit, deren Möglichkeit sich als Angst zeigt. Um nicht im Schwindel der Angst vor dieser Offenheit die Freiheit zu verlieren und dadurch das Weder/Noch zum unverstandenen Sowohl/Als auch des Schicksals zu verwandeln, das die innere Ohnmacht als äußerliche Übermacht vorstellt, muß die ängstigende Ungesichertheit der Freiheit als solche bejaht werden können. Dies ist, als Anspruch absoluter Selbstbegründung verstanden, jedoch gerade der Gipfel der Angst als das "Selbstischste". Und die Möglichkeit einer solchen Freiheitserfahrung in der Bejahung der eigenen Angst wird um so unmöglicher erscheinen, je mehr sich der Mensch im Bewußtsein des schon eingetretenen Versagens befindet. Doch gerade darin liegt für Vigilius die die Psychologie der Angst sprengende Möglichkeit des Glaubens, insofern die unendliche Offenheit der Freiheit im Weder/Noch der Vorsehung zurückgebunden werden kann an die positive Unendlichkeit Gottes. Dessen auch noch das Scheitern umfangende Schaffung der Freiheit ist jener Abgrund, in den sich der Mensch fallen lassen kann, ohne sich zu verlieren. Die Ohnmacht des Vertrauens ermächtigt erst zum Selbstvertrauen.

4.6.5. Die Pädagogik der Angst

Im letzten Kapitel des *Begriff Angst*, "Die Angst als das, was durch den Glauben Erlösung bringt" (BA^R, 171), versucht Vigilius, jenes Freiwerden des Menschen durch den Glauben zu beschreiben. Hierbei knüpft er an die beiden im dritten Kapitel vorgestellten Formen der Unfreiheit an: Schicksalsangst und Schuldangst.[407]
"Mit Hilfe des Glaubens erzieht die Angst die Individualität dazu, in der Vorsehung zu ruhen. So auch im Verhältnis zur Schuld; die das zweite ist, was die Angst entdeckt." (BA^R, 178).

Das *Ruhen* im Glauben, das hier als Zielvorstellung erfüllten, freien Lebens vorgestellt wird, meint keine Bewegungslosigkeit, sondern ein sich frei, und d.h. nicht mehr unter dem Zwang der Angst, entfaltendes Leben. Es ist das Gegenbild zu einer sich nur in qualitativen Sprüngen vollziehenden bzw. verlierenden Freiheit. Erst im Erreichen ihrer Wirklichkeit gelangt die Freiheit zu einer organischen Entwicklung des Geistes als "Einheit von Zustand und Übergang" (BA^R, 123), während die Möglichkeit der Freiheit als Angst die Unmöglichkeit eines kontinuierlichen Übergangs bedeutete. Die Diskontinuität der Angst wird in der Sünde verfestigt und somit zur Grundstruktur unerlösten Lebens. "Die Freiheit ruht in der Kontinuität" (BA^R, 146).[408]
Die Vorstellung einer im Glauben ruhenden Kontinuität gelungenen Lebens ist jedoch nur eine Grenzvorstellung innerhalb des *Begriff Angst*, und es ist zu beachten, daß die Erreichung der Freiheit im Glauben für Vigilius immer bezogen bleibt auf die Angst als Grundgegebenheit endlichen Geistes. Dies beinhaltet zweierlei. Zum einen, daß die Überwindung der Angst nur zu verstehen ist als sich jeden Augenblick immer neu vollziehende Durchsetzung der Freiheit aus dem Mut des Glaubens, dem "Mut, der Angst ohne Angst eine Absage zu erteilen, was nur der Glaube vermag; ohne daß er allerdings deshalb die Angst zunichte machte; vielmehr indem er sich ständig selber ewig jung dem Todesaugenblick der Angst entwindet. Das vermag nur der Glaube, denn nur im Glauben ist die Synthese ewig und in jedem Augenblick möglich" (BA^R, 128). Es ist unverkennbar, daß sich dieser Gedanke einer sich jeden Augenblick vollziehenden Überwindung der Angst nur schwer mit der Vorstellung einer ruhenden Kontinuität gelungenen Lebens vereinbaren läßt. Diese bleibt das allein von der Dogmatik, nicht der Psychologie, zu formulierende anthropologische Idealbild, das unter den psychologischen Bedingungen kritischen Menschseins allenfalls, wenn überhaupt, als augenblickshafte Heilserfahrung zu denken wäre. Und doch ist das Festhalten an dieser Idealität für Vigilius unaufgebbar, wenn Freiheit möglich sein soll. Die Möglichkeit der Freiheit aber ist die Angst, und so bleibt ihr Wirklichwerden konstitutiv bezogen auf die Krisis des Geistes.

Dies drückt sich nun zweitens darin aus, daß Vigilius im Schlußkapitel nicht vom Glauben als dem Gegenbild der Angst spricht, sondern von der

---

[407] Disse (1991), 147 ff., deutet diese als Formen des "negativen Gottesverhältnisses", das notwendig zu durchgehen sei, um zum positiven, persönlichen Gottesverhältnis zu kommen.
[408] S.o. II.3.2.1.

Angst als dem, "was durch den Glauben Erlösung bringt" (BA^R, 171). Nicht von einer Überwindung der Angst ist hier die Rede, sondern von einer Verwandlung der Angst, die sie als Möglichkeit der Freiheit in den Dienst nimmt zur Erlangung dieser Freiheit, indem man "gelernt hat, sich in der rechten Weise zu ängstigen".[409]

"Die Angst ist die Möglichkeit der Freiheit; nur diese Angst ist etwas, was durch den Glauben absolut bildet, indem sie alle Endlichkeiten verzehrt, alle Täuschungen an ihnen entdeckt. (...) Wer durch die Angst gebildet wird, der wird durch die Möglichkeit gebildet; und erst wer durch die Möglichkeit gebildet wird, wird nach seiner Unendlichkeit gebildet. Die Möglichkeit ist deshalb die schwerste von allen Kategorien." (BA^R, 171 f.).

Nicht jene Angst, in der sich die ohnmächtige Freiheit an äußerliche Mächte bindet, um der Ungesichertheit der Freiheit zu entfliehen, kann den Menschen "nach seiner Unendlichkeit" bilden, sondern allein die Angst vor der Offenheit der Freiheit, in der diese noch nicht verloren ist, sondern erstmals sich zeigt. In der Angst erschließt sich die für Freiheit konstitutive Möglichkeitswelt und dies nicht im Sinn einiger bestimmter Möglichkeiten, sondern in der absoluten Unbestimmtheit unendlicher Möglichkeiten. Der bei Kierkegaard sehr vielschichtige Begriff der Unendlichkeit schließt immer die Fähigkeit zur Transzendenz der endlichen, relativ-notwendigen Umstände ein. Als Hauptvermögen dieser Unendlichkeitsbewegung sieht Kierkegaard die Phantasie an (vgl. KzT, 26 ff.). Über die jeweilige Bedeutung, die das Unendliche für den Menschen erlangt, entscheidet der Ernst, mit dem er sich den Möglichkeiten stellt: ob er ihnen bloß phantastisch nachträumt oder sie als Handlungsmöglichkeiten vor Augen sieht. Im ethischen Ernst meint die Unendlichkeit letztlich auch die Idealität des Guten.[410] In der Pädagogik der Angst erfährt der "Schüler der Möglichkeit" den Ernst der Unendlichkeit als Anspruch an seine Freiheit.

---

[409] Dietz (1993) ist jedoch der Ansicht, es gehe um "wirkliche *Überwindung* der Angst", weil für ihn "Glaube und Angst antagonistisch einander ausschließende Optionen der (prospektiven) Freiheit darstellen" (327 Anm. 169). Die bildende Funktion komme der Angst nicht an sich selber zu, sondern nur vermittelt durch den Glauben. Dieses Vermittlungsverhältnis hält Dietz für unumkehrbar (vgl. 344), wobei er übersieht, daß sich bei Vigilius auch die umgekehrte Formulierung findet: das Individuum wird "durch die Angst zum Glauben gebildet" (BA^R, 176). Die von Vigilius gemeinte Pädagogik der Angst bleibt m.E. unverständlich, wenn sie nicht bei einer in sich befreienden Funktion der Angst ansetzen kann, die ihr immer schon als Möglichkeit der Freiheit zukommt. Dietz hingegen sieht in der Angst "eine *immanent unaufhebbare* Grundbefindlichkeit (...), die an sich nichts Schönes, Heilsames oder Befreiendes in sich schließt" (343 Anm. 210). Im Hintergrund dieser Ansicht steht die Interpretation der Angst als "Signatur einer von Gott entfremdeten Welt" (286). Die Angst wird hier nicht verstanden als wesentliches Moment des Möglichkeitsverhältnisses endlicher Freiheit, sondern als Tendenz zur Selbstisolation der Freiheit von Gott. Daher könne der Glaube die Angst nur vernichten, nicht aber mit ihr versöhnen. Nach Dietz verliert die Freiheit im Glauben "die Struktur der reinen Selbstbezüglichkeit, welche den Freiheitsverlust inaugurierte. Aber das heißt zugleich: sie verliert (überwindet) ihre Angst" (327 Anm. 169).

[410] Zur Bedeutung der Unendlichkeit bei Kierkegaard s.o. II.3.3.3.

Sich nach seiner Unendlichkeit zu bilden, bedeutet somit, sich den Zwängen endlicher Gegebenheiten zu entziehen im Mut zur eigenen Selbstbestimmung. Da diese jedoch von Anfang an als Gegenstand der Angst erscheint, kann sich das Ja zur Freiheit nur bilden im Aushalten der Spannung der Zweideutigkeit, daß die Offenheit der Möglichkeiten sowohl den Vollzugsraum der Freiheit als auch deren Haltlosigkeit bezeichnet. Vigilius greift im letzten Kapitel also auf die grundlegenden Bestimmungen des Verhältnisses von Freiheit und Angst in den ersten beiden Kapiteln zurück[411], um zu zeigen, daß in der Dimension des Glaubens die dort dargestellte Notwendigkeit des ohmächtigen Selbstverlustes der Freiheit durch ein noch tieferes Vertrauen auf die sich in der absoluten Offenheit erschließende Zukunft aufgefangen werden kann.

"Damit ein Individuum aber in diesem Sinne absolut und unendlich durch die Möglichkeit gebildet werden kann, muß es gegenüber der Möglichkeit redlich sein und Glauben haben. Unter dem Glauben verstehe ich hier, wie Hegel ihn einmal auf seine Weise überaus richtig kennzeichnet, die innere Gewißheit, die die Unendlichkeit vorwegnimmt. Wenn die Entdeckungen der Möglichkeit redlich verwaltet werden, so wird die Möglichkeit alle Endlichkeiten entdecken, sie aber in der Gestalt der Unendlichkeit idealisieren und das Individuum in der Angst überwältigen, bis es sie in der Antizipation des Glaubens wieder besiegt." (BA^R, 173).

Was hier als Dialektik von Angst und Glauben beschrieben wird, ist der Konflikt zwischen dem Ausweichen vor und dem Ernstnehmen der eigenen Möglichkeiten. Die Antizipation des Glaubens besteht darin, zur Selbstbestimmung im Horizont der unendlichen Möglichkeiten entschieden zu sein, der negativen Unendlichkeit der bloßen Reflexion die Gewißheit der Entscheidung entgegensetzen zu wollen.[412] Doch muß der Vollzug der Entscheidung durch die Reflexion der Möglichkeiten hindurchgehen und dies ist der Moment der Angst, die die Möglichkeiten als solche vor Augen führt, ohne sich wirklich auf sie einlassen zu wollen. Die unendliche Idealisierung ist der irrealistische Blick auf die Möglichkeiten, der Abstand der Angst vor dem Ernst der Entscheidung. Nur weil diese im Glauben schon antizipiert wurde, als tiefere Unendlichkeit, kann die Haltlosigkeit der Angst überwunden werden. Die Angst ist hier ein Moment der Glaubensbewegung, weil in ihr die Offenheit der Möglichkeiten in ihrer Tiefe bewußt erlebt wird, und diese Tiefe des Erlebens ist ihrerseits dadurch bedingt, daß sich der Mensch in der Antizipation des Glaubens auf sie hin geöffnet hat.

Worum es hier geht, ist eine Bewußtheit der Angst[413], wie sie aus den Ausführungen der ersten Kapitel für nahezu unmöglich gehalten werden muß.

---

[411] Dazu s.o. II.3.3.
[412] Vgl. Hauschildt (1982), 74.
[413] Vgl. Nordentoft (1972), 448 f.: "Die Angst ist manifest, bewußt, eine Plage und ein Leiden, und genau dies ist es, wodurch sie zur Rettung werden kann (at den kan blive 'frelsende'). Wie Kierkegaard in den vorherigen Kapiteln des Buches von den mehr oder weniger lebensvernichtenden, verengenden Wirkungen der Angst gesprochen hat, so schließt er hier dialektisch ab mit deren heilender Funktion, die sie bekommt, oder bekommen *kann*,

Die Zweideutigkeit der Angst muß sich als solche wissen, um sich in der Ungesichertheit der unendlichen Möglichkeit der Freiheit nicht an die Endlichkeiten zu verlieren, sondern diese selbst nur als Möglichkeiten zu vergegenwärtigen. Die Unwirklichkeit dieses Zustandes ist dasjenige, was hier immer noch die Angst von der Wirklichkeit der Freiheit unterscheidet. Sie ist noch nicht die Entscheidung für eine Möglichkeit unter dem Bewußtsein der prinzipiellen Relativität aller endlichen Möglichkeiten, sondern nur die Einsicht in diese Relativität. Hat sich der Mensch einmal in die Zwänge der Endlichkeit verstrickt, so besteht die Pädagogik der Angst darin, die Dimension der Unendlichkeit wieder zu erschließen. Von der Sicht des in der Endlichkeit Gefangenen aus ist dies immer eine Intensivierung der Angst, die ihm den vermeintlich sicheren Boden seiner Lebensgestaltung wieder entzieht. Doch gerade in dieser alle vorschnelle Geborgenheit wieder in Frage stellenden Relativierung gelangt der "Schüler der Möglichkeit" (BA^R, 175) zur Überwindung der Angst vor der Wirklichkeit. Dies ist die Aufhebung der Schicksalsangst durch die Offenlegung jener Angst vor der Freiheit, die das Schicksal selbst als Veräußerlichung der Selbstbestimmung hervorbrachte.

"Indem also das Individuum durch die Angst zum Glauben gebildet wird, merzt die Angst gerade dasjenige aus, was von ihr selbst hervorgebracht wird. Die Angst entdeckt das Schicksal; wenn das Individuum dann aber mit dem Schicksal seinen Frieden schließen will, so schlägt die Angst um; und nimmt das Schicksal weg; denn das Schicksal ist wie die Angst, und die Angst ist wie die Möglichkeit ein Hexenbrief[414]." (BA^R, 176).

Das Umschlagen der Angst meint hier die Verinnerlichung dessen, was sich in der Schicksalsangst veräußerte: die Offenheit der Möglichkeiten, die als sinnlose Zufälligkeit erfahren wurde, wird nun als Unendlichkeit der Freiheit bewußt. Die Möglichkeiten der Selbstbestimmung, deren grundsätzliche Offenheit, ist der eigentliche Gegenstand der Angst, und im Bewußtsein dieser Offenheit vermag das Individuum von sich aus alle endlichen Möglichkeiten in einer Weise sich zu vergegenwärtigen, wie es die Wirklichkeit niemals vermag. "Alles ist möglich", diese entsetzliche Wahrheit der Freiheit reißt jede Wirklichkeit in den Strudel abgründigster Möglichkeiten. Keine Wirklichkeit vermag sich einem Menschen, der derart in die Fesseln der Angst gerät, als Halt anzubieten, und eine Aussöhnung mit dem Schicksal erscheint vor solchem Blickwinkel als Naivität.

"In der Wirklichkeit ist niemand so tief gesunken, daß er nicht noch tiefer sinken könnte und daß es nicht noch einen oder viele geben könnte, die tiefer gesunken wären. Wer aber in der Möglichkeit versank, (...) sank absolut; dann aber tauchte er aus der Tiefe des Abgrundes wieder auf, leichter als all das Belastende und Erschreckende im Leben." (BA^R, 175).

Es ist eine Gratwanderung am Rande der Psychose, die uns Vigilius als Pädagogik der Angst vor Augen führt, und nichts erscheint von der Psycho-

---

wenn sie ohne Verkleidung auftritt, als intensivst erlebte Angst. Das Erleben ist die Möglichkeitsbedingung dafür, daß die Angst verwandelt werden kann" (übers. v. Vf.).

[414] "Ein Hexenbrief ist ein Bilderheft oder ähnliches mit mehreren durchgeschnittenen Bildern von Menschen oder Tieren, von denen viele verschiedene Figuren zusammengesetzt werden können." (Kommentar von N. Thulstrup, zit. nach Rochol (1984), 312 f.).

logie der Angst aus unwahrscheinlicher als jenes Wiederauftauchen, das hier als Rettung im Glauben dargestellt wird. Wie sehr die Intensivierung der Angst als katastrophische Entfernung von der Erlösung sich gestalten kann, zeigte gerade das vierte Kapitel über die Angst im Christentum, die Angst, die als Sündenbewußtsein gegeben ist. In ihren beiden Ausformungen, der Angst vor dem Bösen und der Angst vor dem Guten, auf die hier nicht näher eingegangen werden kann[415], war das gesteigerte Bewußtsein des Menschen von seiner inneren, schuldhaften Zerrissenheit gerade nicht zum Anlaß eines gläubigen Vertrauens auf die göttliche Vorsehung und Versöhnung geworden, die im dritten Kapitel als Aufhebung von Schicksals- und Schuldangst angezeigt worden war. Das Sündenbewußtsein führte vielmehr zu einer Steigerung der Angst in den Formen einer "wahnsinnigen Reue" und einer "dämonischen Verschlossenheit", die nur immer tiefer in den Abgrund von Angst und Schuld zogen. Gerade angesichts der möglichen Erlösung steigerte sich die Angst derart, daß nirgends die Erlösung ferner zu liegen schien als unter den Bedingungen des Sündenbewußtseins.[416] Von hier aus erscheint es völlig unvorstellbar, was Vigilius im letzten Kapitel als Bildung zum Glauben durch Intensivierung der Angst darstellt. Die Möglichkeit einer völligen Katastrophe hält er sich auch hier noch vor Augen:

"Allerdings bestreite ich nicht, daß der, der durch die Möglichkeit gebildet wird, Gefahr läuft - nicht wie die, die durch die Endlichkeit gebildet werden, in schlechte Gesellschaft zu geraten, auf die eine oder andere Weise auf Abwege zu kommen, sondern - zu Fall zu kommen, und zwar durch Selbstmord." (BA^R, 175).

T. Koch weist auf das letztlich ungeklärte Verhältnis von Glauben und Angst hin, wie es sich gerade im Offenhalten der Möglichkeit des Selbstmordes zeige. Einerseits ist die bewußt durchlebte Angst der Möglichkeit der Weg des Menschen zum Glauben, andererseits ist diese Angst als Angst wesentlich die Nichtfestgelegtheit des Ziels, die Möglichkeit des Scheiterns ebenso wie des Gelingens des eigenen Lebens. Daraus ergibt sich für Koch die "entscheidende Anfrage an Kierkegaard - weshalb ist der Weg vom Glauben fort in den Selbstmord ein 'Mißverständnis der Angst'?"[417] Dies kann nur deshalb so erscheinen, weil in der Angst, die den Menschen zum Glauben

---

[415] Vgl. Nordentoft (1972), 365 ff.
[416] Disse (1991), 148, deutet die Pädagogik der Angst so, daß in ihr die durch den Glauben bildende, vom Vertrauen durchdrungene Angst "gewissermaßen zu einer Angst vor der Angst im Unglauben" geworden sei. Die Angst vor der Möglichkeit des freien Lebens bleibt hierin enthalten, jedoch nicht mehr als Hemmnis, sondern als eine positive, weitertreibende Unruhe. Disse sieht in dieser bleibenden Negativität einen Ausdruck des Wagnischarakters des Glaubens (vgl. 151). M.E. erschließt sich der Sinn dieser gewandelten Angst noch deutlicher, wenn man sie in Entsprechung zur naiven Angst der Unschuld, der Lust am Geheimnishaften und Abenteuerlichen sieht. Die Angst des Glaubens wäre dann eine durch den Ernst hindurchgegangene Dynamik in der neuen Unmittelbarkeit des Glaubens. In anderem Zusammenhang hat Nordentoft (1972), 98, in diesem Sinne die in der Liebe aufgehobene Angst vor der Sexualität als bleibendes erotisches Stimulans gedeutet, s.o. II.3.4.3.
[417] Koch (1988), 183.

bildet, der Glauben immer schon vorausgesetzt ist[418], denn anders wäre der Weg aus der Angst durch Intensivierung der Angst nicht verstehbar. Grundlage der Befreiungsbewegung bleibt ein die Angst immer schon überholendes Vertrauen, doch wie dieses *in* der Angst wirkt - und nicht nur gegen sie -, dies wird im *Begriff Angst* nicht erläutert, sondern vorausgesetzt.[419] Nach Koch gründet diese letzte Ungeklärtheit im Verhältnis von Glaube und Angst darin, daß Kierkegaard die zwischenmenschliche Dimension der Selbstbestimmung, das in ihr grundgelegte und erfahrbare Vertrauen, nicht berücksichtigt.

"Kierkegaard legt, entgegen einiger eigenen Behauptungen, nicht dar, daß die Angst *unumgänglich* oder immer zum Glauben führt. Er expliziert nicht, wie der Mensch in der Angst und aus der Angst zum Glauben kommt. Und das hätte er, denke ich, schwerlich ohne Ausführungen über den Zuspruch anderer Menschen tun können. Weil er jenes nicht expliziert, läßt er, kritisch gesehen, die Alternative von Glauben und tödlicher Verzweiflung als die zwei Ausgänge der Angst, und das heißt letztlich die Alternative von Gott oder Nichts, offen."[420]

Auch K. Nordentoft weist auf das Problematische der ambivalenten Verhältnisbestimmung von Angst und Glaube hin. Er spricht im Hinblick auf das autodidaktische Element von einer Selbsttherapie, die im Schlußkapitel des *Begriff Angst* dargestellt werde.[421] Hierbei gehe es nicht nur um das Zulassen der Angst, um die Überwindung der Verdrängung, sondern um eine

---

[418] Koch (1988), 185

[419] Auch Dietz (1993) spricht angesicht der Suizidgefahr von der denkerischen Schwierigkeit, "*wie* die Angst so eindeutig als das zum Glauben Hinführende verstanden werden kann" (348 Anm. 224). Er kann jedoch die Dialektik von Angst und Vertrauen nicht angemessen problematisieren, weil er diese nur als einander ausschließende Totalitätsbestimmungen ansieht: "Angst und Vertrauen können nicht *zugleich* bestehen, sofern sie eben nicht Einzelmomente sind, sondern die Totalität der Bewußtseinsbestimmung des Selbst markieren." (327 Anm. 169). Dennoch hält es Dietz für denkbar, "daß der Glaube von der Angst 'aufgesogen' wird, wenn sich das Nichts stärker erweist als das Ewige. (...) Die Übermacht des Nichts ist allerdings bei VIGILIUS so noch nicht faßbar. Dennoch rechnet auch er mit einer Dynamik des Nichts, die nicht *ein für allemal* im Glauben überwunden werden kann, sondern der Anfechtung durch das Nichts ausgesetzt und daher auf stets neue Aktualisierung des Glaubens angewiesen bleibt" (347).

[420] Koch (1988), 186. Koch entwickelt im folgenden eine eigene Bestimmung des Verhältnisses von Freiheit, Angst, Glaube und Zwischenmenschlichkeit, die durchaus als Erweiterung des Kierkegaardschen Freiheitsbegriffs - einschließlich der Angst - um die intersubjektive Dimension gelesen werden kann. Dies führt auch zu einem Verständnis der Einheit von Selbst- und Gottesverhältnis, die m.E. das von Kierkegaard gemeinte Verhältnis von Vorsehung und Freiheit in rechter Weise darlegt (vgl. 190 f.), nur daß Kierkegaard die zwischenmenschliche Grundlegung und Bewährung dieses Gottvertrauens nicht entfaltet. Für ihn ist, jenseits aller zwischenmenschlichen Beziehungen, der "Schüler der Möglichkeit" in gleichem Maße "Autodidakt" wie "Theodidakt" (BA[R], 179). Anders sieht dies Disse (1991), 184 f. Anm. 64, der die Bedeutung der zwischenmenschlichen Vermittlung des Glaubens in Kierkegaards Tagebüchern ausgedrückt findet. Dabei unterschlägt er jedoch, daß Kierkegaard gerade darin ein Paradox sah, und die von ihm angeführten Stellen beziehen sich auch nur auf die Bedeutung der Person Christi, nicht aber auf eine allgemeine personale Glaubensvermittlung.

[421] Vgl. Nordentoft (1972), 448 ff.

bewußte Intensivierung als Pädagogik der Befreiung aus endlichen Zwängen. Doch die Intensität dieser auch zur Katastrophe führen könnenden Selbsttherapie macht sie zur Angelegenheit eines "Angstathleten"[422]. Hierin zeige sich eine aristokratische Tendenz der Kierkegaardschen Glaubensdarstellung, die der von ihm selbst an anderer Stelle betonten Gleichheit aller Menschen vor Gott, der prinzipiellen Glaubensfähigkeit aller Menschen widerspreche.[423]

Diese Problematik wird noch deutlicher, wenn wir nun noch einmal das Verhältnis von Schicksal und Freiheit im Hinblick auf den Geniebegriff Kierkegaards durchgehen.

4.7. Schicksal und Genie: heidnische Schicksalsangst im Christentum

4.7.1. Die paradigmatische Bedeutung des Geniebegriffs

Mit der Darstellung der genialen Schicksalsangst wendet sich Vigilius vom unmittelbaren Bezug auf die griechische Welt ab und versucht, den Schicksalsbegriff als Kategorie einer Kritik an heidnischen Lebensanschauungen innerhalb des Christentums zu verwenden. Daß die Erörterung des Genies den überwiegenden Teil des Schicksalskapitels ausmacht, zeigt schon, wie sehr es Vigilius um diese kritische Applikation heidnischer Kategorien geht. Der Begriff "Heidentum" bezeichnet somit nicht bloß eine geschichtliche Phase der religiösen Entwicklung, sondern ist eine geschichtstheologische Chiffre, die ebenso zur Bezeichnung individueller Lebensstufen wie auch zur Kultur- und Zeitkritik dient.[424] In diesem Sinne werden im *Begriff Angst* die Darstellungen der beiden Phasen griechischer und jüdischer Religiösität, der Schicksals- und Schuldangst, jeweils abgeschlossen durch den Aufweis entsprechender Haltungen innerhalb des Christentums, wobei das Genie als "Paradigma für Menschsein"[425] genommen wird:

"Das hier für welthistorische Zusammenhänge kurz Angedeutete wiederholt sich innerhalb des Christentums in den Individualitäten. Am Genie zeigt sich hier wieder am deutlichsten, was in weniger ursprünglichen Menschen so lebt, daß es sich nicht so leicht auf eine Kategorie bringen läßt." (BA^R, 114).

---

[422] Nordentoft (1972), 450.
[423] Vgl. Nordentoft (1972), 449 f.; Nordentoft hält es sogar für möglich, die Selbsttherapie des "Schülers der Möglichkeit" als eine morbide Glorifizierung der Verzweiflung der Möglichkeit zu lesen, wie *Anti-Climacus* sie darstellt:
"Som skildring af et patologisk kriseforløb er teksten fremragende, og som demonstration af principet om at lidenskaben må arbejdes igennem før man bliver fri i forhold til den, er teksten karakteristik. Men dens tendens er at foreskrive netop denne bestemte oplevelse normativt. Den kan læses som en morbid glorificering af det som Anti-Climacus kaldte 'Mulighedens Fortvivlelse', det autistiske, depressive eller fantastisk euforiserede tungsind." (450).
[424] S.o. II.4.1.; vgl. Malantschuk (1971), 58 ff.; Malantschuk interpretiert Heidentum und Judentum als Durchgangsstadien (59 ff.) in der individuellen Entwicklung eines Menschen von der kindlichen Unmittelbarkeit hin zum geistigen Gottesverhältnis, mit dem das Individuum zum Einzelnen wird. Zu Beginn sind demnach alle Menschen Heiden: "Mennesket begynder eksistentielt set altid som Hedning, d.v.s., dets aandelige Liv er udadrettet." (59).
[425] Greve (1990), 75.

Der Geniebegriff dient hierbei zur Bezeichnung eines besonders bewußten, ursprünglichen Lebens, das über die bloß äußerliche Festgelegtheit "normaler" Existenz herausragt durch seine ausgeprägte Individualität.

"Das Genie unterscheidet sich von jedem anderen Menschen überhaupt nur dadurch, daß es bewußt innerhalb seiner historischen Voraussetzungen ebenso ursprünglich beginnt wie Adam. Jedesmal, wenn ein Genie geboren wird, wird sozusagen die Probe auf die Existenz gemacht; denn es durchläuft und erlebt alles Zurückgelegte, bis es sich selbst einholt." (BA^R, 114).

Entsprechend den beiden Phasen Heidentum und Judentum unterscheidet Vigilius zwischen einem unmittelbaren und einem religiösen Genie. Da der Widerspruch von Schicksal und Schuld sowohl als Grenzphänomen des heidnischen Schicksalsglaubens, wie auch als Hinweis auf die christliche Erbsündenlehre zu betrachten war, ist auch bei der Darstellung der genialen Schicksalsangst die Überleitung zur Schuldangst des religiösen Genies mitzuvollziehen, um ein angemessenes Verständnis der Schicksalsauffassung des Vigilius zu bekommen. Zu berücksichtigen ist auch, daß sich "Heidentum" innerhalb des Christentums nicht nur beim Genie findet. Grundsätzlich gilt:

"Innerhalb des Christentums findet man die Angst des Heidentums im Verhältnis zum Schicksal überall dort, wo der Geist zwar vorhanden, aber nicht wesentlich als Geist gesetzt ist." (BA^R, 107).

Die weitaus verbreitetere Form heidnischer Lebensanschauung innerhalb des Christentum ist die von Kierkegaard an vielen Stellen mit schärfstem Spott kritisierte spießbürgerliche Geistlosigkeit (vgl. BA^R, 101 ff.). Sie ist im Gegensatz zur griechischen Religion nicht als "*auf* den Geist *hin*", sondern als "*vom* Geist *weg*" zu bestimmen (BA^R, 104) und fällt deshalb für Vigilius weit hinter das Griechentum zurück. Die Unmittelbarkeit des Genies ist demgegenüber eine Wiederholung griechischer Lebenshaltung, und nur für eine solch intensive Lebensform gibt es auch die Schicksalsangst in jener tragischen Dimension, wie sie im Griechentum auftrat, während der Spießbürger über das "Geschwätz", daß "jeder Mensch (...) ein kleines Verhältnis zum Schicksal" hat (BA^R, 118), nicht hinauskommt.

Das unmittelbare Genie ist also abgegrenzt sowohl vom religiösen Genie als auch von der Geistlosigkeit, und die Darstellung des genialen Schicksalsglaubens erfolgt bei Vigilius in deutlicher Anlehnung an die zuvor beschriebene heidnische Schicksalsangst. Der Sache nach werden alle dort entfalteten Aspekte wieder aufgegriffen: die Außenbestimmtheit des unmittelbaren Geistes, die Nichtigkeit des Schicksals als zufällige Notwendigkeit, das Unverständnis (Orakel), die Schuldfrage und der Begriff der Vorsehung. Daher gehen wir nun diesen Punkten nach, um die Gemeinsamkeiten und Unterschiede zwischen heidnischer und genialer Schicksalsangst zu bestimmen.

4.7.2. Die unmittelbare Subjektivität des Genies

Als Grundbestimmung des Genies gibt Vigilius analog zum Heidentum die Unmittelbarkeit des Geistes an, das Genie ist ihm sogar "unmittelbarer Geist *sensu eminentiori*" (BA^R, 108). Worin die Steigerung der Bedeutung des unmittelbaren Geistes besteht, wird noch zu zeigen sein. Zunächst ist nur die

Gemeinsamkeit in der Begriffsbestimmung festzuhalten. Der unmittelbare Geist ist noch nicht als Geist gesetzt, der Geist ist nicht als Freiheit der Selbstbestimmung konstituiert, sondern er ist eine natürliche Anlage, eine "Begabung" (BA^R, 107). Das Leben des Geistes im Sinne der Entfaltung natürlicher Anlagen ist eine Veräußerlichung des Geistes, insofern die Innerlichkeit der Selbstbestimmung verdeckt wird durch den Bezug auf die natürliche Vorgegebenheit. Die Äußerlichkeit der Natur gilt auch im Hinblick auf die eigene Natur des Menschen. Diese wird dem Genie zum Grund seines Schicksalsglaubens.

"Das Genie ist unmittelbar als solches überwiegend Subjektivität. Noch ist es nicht als Geist gesetzt; denn als solches wird es nur durch den Geist gesetzt. Als unmittelbares kann es Geist sein (hierin liegt das Täuschende, als wäre seine außerordentliche Begabung Geist als Geist gesetzt), hat dann aber etwas anderes außerhalb seiner, das nicht Geist ist, und steht selbst in einem äußerlichen Verhältnis zum Geist. Deshalb entdeckt das Genie ständig das Schicksal; und je tiefer das Genie, desto tiefer entdeckt es das Schicksal." (BA^R, 107).

Innerhalb der Gemeinsamkeit der Bestimmung "unmittelbarer Geist" ist hier auch schon der Unterschied zwischen der heidnischen und der genialen Unmittelbarkeit angegeben. Die Unmittelbarkeit der "heidnischen Sinnlichkeit" ist das seelische Einheitsgefühl mit der Natur, die Außengerichtetheit des Geistes ist die sinnliche Hingegebenheit an das im Naturempfinden Empfangene. Die Unmittelbarkeit des Genies ist demgegenüber sein Talent, seine "außerordentliche Begabung", und diese ist unmittelbarer Geist, insofern im Genie der Anschein entsteht, als sei das, was anderen Menschen nur in mühsamer Arbeit an Freiheit und Selbstbestimmung möglich wird, dem Genie schon von Natur aus möglich. Doch darin liegt gerade der Grundwiderspruch der Veräußerlichung des Geistes, da Freiheit niemals als natürliche Gabe vorhanden ist. Die Unmittelbarkeit des Genies ist seine *Ursprünglichkeit*, und dies meint, daß sein Leben derart konzentriert auf die individuelle Entwicklung ist, daß die Mächtigkeit seiner Natur mit Freiheit, mit Geist verwechselt werden kann. In diesem Sinne kann Vigilius vom Genie als unmittelbarer "Subjektivität" sprechen. Damit meint er eine von Natur aus gegebene Fähigkeit zur Rückbeziehung aller Lebensumstände auf die eigene Individualität, die sich jedoch nicht in souveräner Lebensgestaltung über diese Umstände zu erheben vermag.[426] Vielmehr bleibt das Genie im Bewußtsein seiner Außerordentlichkeit zutiefst abhängig von den natürlichen Bedingungen seines Talentes, in ihnen entdeckt es sein Schicksal, die Bewährungsgrenze seines "allmächtige(n) An-Sich" (BA^R, 108).

Daß das Genie *unmittelbare Subjektivität* ist, darin liegt die gegenüber dem Griechentum gesteigerte Bedeutung der Unmittelbarkeit des Geistes. Der Begriff "Subjektivität" tritt an dieser Stelle jedoch ziemlich unvermittelt hervor, erst im vierten Kapitel erfolgt eine Bestimmung der Subjektivität im

---

[426] "Eine periphere, weil ins Äußerliche projizierte, Anwendung des Begriffs des 'aus sich selber Seins': der Ur-Subjektivität: des eigentlichen Subjektivitäts-Begriffes." (Rochol (1984), 270 f.).

Hinblick auf den Ernst der Innerlichkeit.[427] Daß Vigilius hier einen noch nicht eingeführten Begriff zur Kennzeichnung genialer Geistigkeit verwendet, ohne ihn näher zu erläutern, verweist auf die Anlehnung an die Hegelschen Ausführungen zum Genie. Hierfür spricht außer der Terminologie auch das Beispiel Napoleon, das von Vigilius zur Verdeutlichung der genialen Schicksalsangst angeführt wird.[428] Die Ausweitung des Geniebegriffs auch auf politische Persönlichkeiten gegen dessen Beschränkung auf die Ästhetik von Kant bis zu den Frühromantikern ist kennzeichnend für Hegels Position.[429]

Daß Kierkegaard sich an die Hegelschen Bestimmungen anschließt, zeigt auch ein kurzer Blick auf seine noch weitgehend im Geist des Hegelianismus geschriebene Magisterarbeit *Über den Begriff der Ironie*[430]. Dort wird der platonische Sokrates als "unmittelbare", "ursprüngliche" Persönlichkeit beschrieben (vgl. BI, 27 ff.), die unter der Leitung eines "Genius", nämlich seines "Dämonion" stehe, wobei Kierkegaard sich auf Formulierungen von Sulzer (vgl. BI, 133), Rötscher (vgl. BI, 168) und vor allem Hegel (vgl. BI, 169) bezieht. Ausführlich geht er auf Hegel ein (vgl. BI, 168 ff. 226 ff.), für den Sokrates den Standpunkt der Subjektivität einnimmt, jedoch einer Subjektivität, die zwar einen Bezug auf Freiheit, Entscheidung, innere Gewißheit habe (vgl. BI, 168), aber in der Bestimmung durch den Genius noch unmittelbar bleibe und so nur als Übergang "zur vollständigen Innerlichkeit der Freiheit" (BI, 169) anzusehen sei. An dieser Stelle zitiert Kierkegaard einige für unseren Zusammenhang bedeutsame Stellen aus Hegels *Geschichte der Philosophie*: "Der Genius ist noch das Bewußtlose, Äußerliche, das entscheidet; und doch ist es ein Subjectives." "Das Dämonion steht demnach in der Mitte zwischen dem Äußerlichen der Orakel und dem rein Innerlichen des Geistes" (BI, 169); und Kierkegaard faßt zusammen: "das Dämonische ist, wie wir gesehen, auch im Verhältnis zum Griechentum eine Bestimmung der Subjektivität, die Subjektivität ist jedoch in ihm nicht vollendet, es hat noch etwas Äußerliches an sich" (BI, 170).

Das hier von Sokrates' Genius Gesagte gilt auch für das Genie im *Begriff Angst*, es ist noch nicht vollendete, sondern äußerlich bestimmte Subjektivität, doch als Subjektivität ist es der seelischen Unmittelbarkeit schon enthoben. Seine Unmittelbarkeit ist die der Ursprünglichkeit der eigenen Anlagen, die sich in der Mächtigkeit ihrer Selbstentfaltung als Genialität erweist. Die Macht der unmittelbaren Subjektivität ist jener Anschein der Freiheit, der sich aus dem Widerstand gegen äußere Umstände ergibt. Es ist die Verwechs-

---

[427] Vgl. BA[R], 155 ff.
[428] Malantschuk (1971), 62, spricht von einem Handlungsgenie, was m.E. aufgrund der Abweisung dieses Begriffs durch Vigilius mit Bezug auf Schelling (vgl. BA[R], 125) unangemessen ist. Zum Napoleonkult des 19. Jahrhunderts vgl. Schmidt (1985), II, 68 ff.
[429] Vgl. Ritter (1974), 301.
[430] Es kann an dieser Stelle nicht um eine genaue Darstellung der Position Kierkegaards in seiner Magisterarbeit gehen (dazu s.u. III.1.2.), ebensowenig um eine Abgrenzung zu den Bestimmungen im *Begriff Angst*, sondern allein um den Hinweis auf Ähnlichkeiten in einer sich an Hegel anschließenden Terminologie zur Kennzeichnung der Genialität. Zu Kierkegaards Deutung des Sokratischen Dämonion im Anschluß an Hegel vgl. v. Kloeden (1985), 127 ff.

lung der Freiheit mit Kraft (vgl. BA^R, 119), die der Lebensanschauung des unmittelbaren Genies zugrunde liegt.

4.7.3. Die geniale Allmachtsphantasie

Die Schicksalsangst des Genies wird von Vigilius durch den Gegensatz von Allmacht und Ohnmacht beschrieben. Nicht die realen Widerstände seiner konkreten Lebensumstände sind die schicksalhafte Grenze des Genies, an der Auseinandersetzung mit ihnen entfaltet sich vielmehr seine Kraft, steigert sich sein ursprüngliches Lebensgefühl der Mächtigkeit immer mehr. Doch indem die angeborene, nicht mühsam angeeignete Lebensmacht zum tragenden Lebensgefühl und -grund wird, entwickelt sich zugleich die Angst vor einem Scheitern, das nicht in realen Schwierigkeiten gründet, sondern in dem Gefühl einer grundlegenden Abhängigkeit der Macht des Genies. Denn als natürliche Begabung erfährt das Genie seine Kraft zugleich als etwas ihm immer schon Vorgegebenes und somit seiner Macht Entzogenes. Die natürliche "Allmacht", das Lebensgefühl unbegrenzter Möglichkeiten, findet seine Grenze darin, daß sie selbst nicht in der Macht des Menschen liegt. Würde das Genie sich im Bewußtsein seiner grundlegenden Abhängigkeit von der Egozentrik seiner Subjektivität abwenden und sich im Vertrauen auf eine göttliche Bestimmung seiner Lebensumstände zum Handeln entschließen, so hätte es im Glauben an die Vorsehung zur Freiheit gefunden. Doch indem das Genie in der Unmittelbarkeit seines Machtgefühls verbleibt, erfährt es die Unverfügbarkeit der eigenen Macht als Schicksalsangst, worin das "Gottes-Verhältnis einen völlig irrigen Ausdruck" findet (BA^R, 120). Die Vorgegebenheit seiner Begabung entwickelt sich im Genie zum Gefühl der Abhängigkeit von uneinsichtigen und unbeherrschbaren Bedingungen, die ihm den Spielraum, die Welt seiner Machtentfaltung bereiten. Die eigene Kraft ist dem unmittelbaren Genie gerade nicht Freiheit, und dieses Nicht der Freiheit projiziert es als ihm vorgegebenen Bedingungszusammenhang, als sein Schicksal, an dem seine Allmacht sich als Ohnmacht erfährt.

"Darin erweist das Genie gerade seine mächtige Urkraft, daß es das Schicksal entdeckt, und daran zeigt es auch wieder seine Ohnmacht. (...) Das Genie ist ein allmächtiges An-sich, das als solches die ganze Welt erschüttern würde. Um der Ordnung willen ersteht daher zugleich mit ihm eine andere Gestalt, es ist das Schicksal. Das Schicksal ist Nichts; das Genie selbst entdeckt es; und je tiefer das Genie, desto tiefer entdeckt es das Schicksal; denn jene Gestalt ist nur die Antizipation der Vorsehung. Bleibt das Genie nun dabei, nur Genie zu sein, und wendet es sich nach außen, so wird es Erstaunliches vollbringen; und dennoch wird es ständig dem Schicksal unterliegen, wenn nicht außerhalb seiner selbst, handgreiflich und für jeden sichtbar, so im Innern." (BA^R, 108).

Das Schicksal ist dem Genie Grund seiner Besonderheit und deren Abgrund, und diese Zweideutigkeit kennzeichnet es als "Nichts", als Projektion der Angst der Allmacht vor sich selbst. Die Allmachtsphantasie vermag sich selbst nicht zu trauen, weil sie im Grunde nur Verdrängung ihrer natürlichen Begrenztheiten ist; und so entsteht aus dieser Verdrängung zwangsläufig, "um der Ordnung willen", die Projektion einer anderen, unbekannten Allmacht, die dem Genie seine Lebensbedingungen zuweist. Es ist dies nicht ein Ringen um günstige äußere Lebensumstände, sondern der innere Kampf um das Vertrauen in sich selbst, den das Genie in der fortwährenden Übersteigerung seiner Möglichkeiten immer schon verloren hat, "im Innern".

4.7.4. Die wahnhafte Isolation des Genies

Die Nichtigkeit des Schicksals als Projektion der Angst wurde als Einheit von Notwendigkeit und Zufälligkeit erläutert. Ohne diese Begriffe aufzugreifen, beschreibt Vigilius der Sache nach auch den Schicksalsglauben des Genies in diesem Sinne als das unbedingte Sich-Abhängigmachen von an sich völlig unbedeutenden, d.h. zufälligen Erscheinungen. Auch dies wird wieder auf die dem Genie eigene Unmittelbarkeit, seine Begabung, bezogen und in den Kategorien der Macht interpretiert.

"Das Genie vermag alles, und dennoch ist es von Geringfügigkeiten abhängig, die niemand begreift, von einer unbedeutenden Kleinigkeit, der das Genie selbst wieder durch seine Allmacht allmächtige Bedeutung verleiht." (BA^R, 108).[431] An dieser Stelle fügt Vigilius das Beispiel "Napoleon" ein, und die Schicksalsangst der Genialität zeigt sich hier in ihrer ganzen zerstörerischen Dynamik: "weh dem Mann, weh der Frau, weh dem unschuldigen Kind, weh dem Tier auf dem Felde, weh dem Vogel, dessen Flug, weh dem Baum, dessen Zweige ihm in dem Augenblick in den Weg kommen, in dem er sein Zeichen wahrnehmen soll." (BA^R, 109)

Diese Suche nach schicksalhaften Zeichen entspricht der Orakelbefragung im Heidentum, nur vollzieht sie sich nicht mehr in der Öffentlichkeit und Allgemeinheit des Kultes, sondern ganz in der Innerlichkeit der unmittelbaren Subjektivität. In ihr allein liegt die Be-Deutung der an sich unbedeutenden Zeichen, es ist ein sich allen anderen entziehendes Zwiegespräch des Genies mit sich selbst, jedoch in der Veräußerlichung einer fremden Macht.

Gegenüber der heidnischen Schicksalsangst hat sich hier zweierlei verändert. Zum einen ist die Unmittelbarkeit des Genies die der eigenen Natur als einer Begabung, so daß sich die ganze Dynamik der Veräußerung des Geistes in der Innerlichkeit vollzieht, also in einer Dimension, die der griechischen Unmittelbarkeit verborgen blieb. Es ist eine verinnerlichte Veräußerung des Geistes, weshalb in der Suche nach äußeren Zeichen das "Äußerliche als solches" für das Genie nichts bedeutet. Es ist sich in seiner Abhängigkeit von schicksalhaften Bedingungen doch bewußt, daß diese aus einem ihm allein zugehörigen Sinnzusammenhang sich ergeben. So zeigt sich in der Verfehlung seiner wahren Innerlichkeit immer noch die Wirksamkeit

---

[431] Nordentoft (1972), 358, findet in diesem Satz einen zwangsneurotischen Zug ausgedrückt, jedoch gehe es nicht um eine Zwangsneurose im üblichen Sinne: "Sætningen er ét greb at fatte tvangsneurosens væsen, og dog er det ikke en tvangsneurose i gængs forstand, Kierkegaard beskriver". Wenn man schon nach einer Entsprechung von Kierkegaards Einsichten mit den Ergebnissen der Psychoanalyse fragt, wie es Nordentoft in seiner Arbeit tut, dann sollte m.E. zur Übersetzung der genialen Angst auf die narzißtische Selbstwertproblematik zurückgegriffen werden.

der unmittelbaren Innerlichkeit, die alle Umstände aus der Konzentration auf die eigene Begabung heraus versteht. Die Schicksalsmacht ist der dieser Begabung zugehörige Genius, und in der Verbindung von *ingenium* und *genius* liegt die Zwischenstellung der unmittelbaren Subjektivität begründet, wie sie im *Begriff der Ironie* schon von Sokrates ausgesagt wurde, sie ist sich selbst noch äußerlich bestimmende Innerlichkeit. Daraus ergibt sich nun zum anderen, daß gegenüber dem griechischen Orakelglauben das Problem des Nicht-Verstehens ein sich der Allgemeinheit entziehendes Geschehen der Innerlichkeit des Genies geworden ist und damit dieses selbst Gegenstand des Unverständnisses wird.[432] Das Genie ist aus dem Allgemeinen herausgesetzt, von Natur aus durch sein "ingenium", und in der Entfaltung dieses Talentes durch die innerliche Kommunikation mit dem "genius", dem Schicksal. Das Genie und sein Schicksal versteht niemand.

"Das Äußerliche als solches bedeutet für das Genie nichts, und deshalb kann niemand es verstehen. Alles hängt davon ab, wie das Genie selbst es im Beisein seines heimlichen Freundes (des Schicksals) versteht." (BA^R, 109).

Das Genie lebt in einer eigenen Welt, darin erweist sich gerade die unmittelbare Schaffenskraft, die die Bedeutungen aller Taten, Zeichen und Umstände "ursprünglich" aus sich heraus entwickelt. Die notwendige Äußerlichkeit, Begrenztheit, Geschichtlichkeit eines jeden Individuums ist dem Genie in seinem Schaffenswahn niemals Grenze, sondern Gestaltungsmittel eines ganz allein ihm eignenden Lebenssinns. Nur daß es die Ganzheit dieses Sinns und damit die Einheit seiner Welt und Macht sich selbst nicht zutraut, sondern sie empfangen zu müssen meint von einer Macht, die ihm unbewußt aber doch wieder nur Projektion seiner Subjektivität ist. So kreist das unmittelbare Genie in der Fesselung an Macht und Ohnmacht seiner Begabung immerzu um und in sich selbst, in einer nur ihm zugänglichen Sinnwelt, aus der heraus das Schicksal zu ihm in einer Sprache redet, "dessen Bedeutung kein Geschöpf, selbst Gott im Himmel nicht, versteht (denn in gewissem Sinne versteht nicht einmal er das Genie)" (BA^R, 109). Daß in gewissem Sinne nicht einmal Gott das Genie verstehe, meint die Nichtigkeit dieses Sinns außerhalb der Angst[433], die das Genie in seinem Allmachtswahn empfindet. Die Übersteigerung der ursprünglichen Kraft in jene Dimension vermeintlich absoluter Freiheit führt das Genie in eine ihm selbst nicht verfügbare Ohnmacht und Bedeutungslosigkeit: "Das Genie hat für sich selber gar keine Bedeutung" (BA^R, 111).

Die ursprüngliche Kraft des Genies verflüchtigt sich so immer mehr in der Bedeutungslosigkeit sowohl des Äußerlichen als auch seiner selbst, doch wohlgemerkt einer Bedeutungslosigkeit, die nur das Genie in seiner Angst verspürt. Es ist dies die gleiche Negativität der ursprünglichen Subjektivität, die Kierkegaard in seiner Magisterarbeit als *Ironie* bestimmte[434], nur daß die

---

[432] Vgl. auch FuZ, 121 f.; dazu s.u. III.2.3.4.

[433] Vgl. Rochol (1984), 273.

[434] Vgl. BI, 263: Mit der "unendlichen absoluten Negativität" der Ironie soll angedeutet werden, "daß die Ironie sich nunmehr nicht mehr länger wider diese oder jene einzelne Erscheinung kehrt, wider ein einzelnes Daseiendes, sondern daß *das gesamte Dasein* dem iro-

darin liegende Romantikkritik nun psychologisch fundiert wird durch das Aufdecken einer hinter der negativen Schaffensmacht wirksamen Angstdynamik.[435] Welch große Werke oder Taten das Genie auch vollbringen mag, dieser äußerlich feststellbare Ruhm kann jene Leere nicht ausfüllen, die ihm im Abhängigkeitsgefühl die ständige Unerreichtheit seiner eigenen Allmachtsphantasie vergegenwärtigt. Das Schaffen selbst verliert für das Genie jeglichen Sinn, wenn die Entfaltung der Schaffenskraft abhängig ist von völlig uneinsehbaren Zusammenhängen des Schicksals. In der immer stärker werdenden Angst vor der Abhängigkeit der eigenen Macht gerät alles Tun in den Strudel einer hinter sich selbst herlaufenden Selbstbestätigung, die sich niemals erreicht und der daher alles, außen wie innen, nichtig wird. Erfolg oder Nichterfolg seiner Macht sind für das Genie selbst letztlich bedeutungslos, denn das innere Ringen mit dem Schicksal um die Möglichkeit des Selbstvertrauens entscheidet immer schon vor und unabhängig von dem äußeren Ausgang über den für niemanden sonst nachvollziehbaren Sieg oder Verlust des Genies.

"So ist das Genie aus dem Allgemeinen hinausversetzt. Es ist groß durch den Glauben an das Schicksal, mag es siegen oder zu Fall kommen; denn es siegt durch sich selbst und kommt durch sich selbst zu Fall, oder richtiger, alles beides durch das Schicksal. Im allgemeinen bewundert man die Größe des Genies nur, wenn es siegt; es ist jedoch niemals größer, als wenn es durch sich selbst zu Fall kommt." (BA^R, 109 f.).

Das Genie ist eine tragische Existenz, und dies nicht nur, wenn es tatsächlich, äußerlich feststellbar, scheitert, sondern als ständige Antizipation des Scheiterns. Es lebt gewissermaßen andauernd in jenem Schwindel der Angst, jenem Blick in den Abgrund der eigenen Möglichkeiten, der die Freiheit

---

nischen Subjekt fremd und dieses wiederum dem Dasein fremd geworden ist, daß das ironische Subjekt selber, indem die *Wirklichkeit* für es ihre Giltigkeit verloren hat, in gewissem Maße zu etwas Unwirklichem geworden ist". Vgl. zu dieser Entfremdung des Ironikers: McCarthy (1978), 17 ff.

Zu beachten ist auch die frühe Aufzeichnung aus dem Jahre 1839: "Die meisten Menschen denken, reden, schreiben, wie sie schlafen, essen und trinken, ohne daß die Frage nach dem Verhältnis zur Idee jemals in Bewegung kommt; bei den wenigsten geschieht dies, und dann hat dieser entscheidende Augenblick entweder eine in hohem Maße beschleunigende Gewalt (das Geniale) oder er lähmt den einzelnen durch die Angst (das Ironische)." (Pap II A 556/ Tb I, 216). Im *Begriff Angst* wird das Genialische mit dem Motiv der Angst des Ironischen verbunden zur genialen Schicksalsangst.

[435] J. Schmidt (1985) hat dargelegt, wie die aus dem transzendentalen Ich Fichtes sich herleitende Bedeutung des Genies in der Romantik zu einer inneren Aushöhlung der Macht des Subjekts umschlägt: "Es gehört zu den Paradoxien der Systembauten des deutschen Idealismus wie einer Anzahl von romantischen Dichtungen, daß sie nicht trotz, sondern gerade wegen ihrer hybriden Radikalisierung des subjektiven - transzendentalphilosophischen und transzendentalpoetischen - Ansatzes etwas Zwanghaftes bekommen. (...) Die Freiheit des absolut gesetzten Ichs ist am Ende nicht mehr Emanzipation aus nicht mehr plausibler Abhängigkeit und Sicherung der schöpferischen Spontaneität wie in den früheren Jahren der Geniebewegung, sondern beginnt in immanente, sich 'systematisch' äußernde Notwendigkeit umzuschlagen. Die freibleibende Möglichkeit zum schöpferischen Entwurf geht in determinierte Zwangsvorstellungen und Zwangsvollzüge über, in Wahn und Spleen, d.h. in teils tragische, teils komische Formen der Selbstverfallenheit." (I, 282 f.). Kierkegaards Analyse der genialen Schicksalsangst setzt genau bei diesen Phänomenen romantischer Subjektivität an.

ohnmächtig werden läßt. Deshalb ist für Vigilius das Genie am größten, wenn es durch sich selbst zu Fall kommt, denn hierin erweist sich die wahre Besonderheit der genialen Existenz, die nicht in ihrer Talentiertheit und den sich daraus ergebenden Erfolgen besteht, sondern in der radikalen Weise, wie das Genie sich mit aller Kraft auf seine natürliche Besonderheit konzentriert und in dieser Konzentration die Angst der Ausgesondertheit erfährt. Das Genie ist Ausnahmeexistenz, dies ist der Grundtenor der Ausführungen des Vigilius. Unklar bleibt allerdings, wie das wesentlich als Ausnahme gekennzeichnete Genie in besonderer Weise zur Verdeutlichung des Allgemein-Menschlichen dienen kann.

Die Aussonderung des Genies ist eine doppelte, zum einen die herausragende Begabung, sein Talent, seine Ursprünglichkeit, zum anderen die mit dieser Ursprünglichkeit gegebene Art der Aneignung und Entfaltung der eigenen Möglichkeiten. Nur scheinbar ist hierin das Genie genauso von den zeitlichen Kategorien des Schicksals - "Glück, Unglück, Ruhm, Ehre, Macht" (BA^R, 111) - abhängig wie die gewöhnlichen Menschen, in Wahrheit aber ist dies eine ständig selbst produzierte und immer tiefer gesteigerte Abhängigkeit. Gewiß lebt auch das unmittelbare Genie nach ästhetisch-eudämonistischen Kategorien, jedoch bedeuten sie als bloß äußerliche nichts, sie erlangen ihre schicksalhafte Bedeutung erst durch die Einordnung in jene Sinnwelt, die das Genie im Innern als sein Schicksal sich projeziert. Deshalb ist der Fall eines Genies niemals ein Scheitern an bloß äußerlichen Schwierigkeiten, sondern ein inneres Ohnmächtigwerden, das gerade auch mit einem äußeren Erfolg verbunden sein kann. Und deshalb liegt für Vigilius in einem solchen in sich selbst herbeigeführten Scheitern die Größe eines Genies, nämlich seine Außerordentlichkeit, die Radikalität unmittelbarer Selbstkonzentration. Die Schicksalsangst des Genies ist deshalb von der Angst der übrigen unmittelbaren Menschen unterschieden durch den Bezug auf die völlig von der Realität losgelöste Möglichkeitswelt, in der sich die ständige Antizipation des Scheiterns vollzieht. Nicht die realen Schwierigkeiten sind Grund der Schicksalsangst, sondern der phantastische Abgrund der Möglichkeiten, die völlige Unberechenbarkeit des eigenen Glücks oder Unglücks:

"Deshalb ist dem Genie zu einer anderen Zeit angst als den gewöhnlichen Menschen. Sie entdecken die Gefahr erst im Augenblick der Gefahr; bis dahin sind sie unbesorgt; und wenn die Gefahr vorüber ist, so sind sie wieder unbesorgt. Das Genie ist im Augenblick der Gefahr am allerstärksten; dagegen fällt seine Angst in den Augenblick davor und in den Augenblick danach, diesen zitternden Moment, in dem es sich mit jenem großen Unbekannten unterhalten muß, der das Schicksal ist. Vielleicht ist seine Angst gerade im Augenblick danach am allergrößten, weil die Ungeduld der Gewißheit stets im umgekehrten Verhältnis zur Kürze des Abstandes wächst, da ja ständig mehr und mehr zu verlieren ist, je näher man dem Siege war, und am allermeisten im Augenblick des Sieges, und weil die Konsequenz des Schicksals gerade Inkonsequenz ist." (BA^R, 110).

Dem Genie geht es in allem um sich selbst, um die Entfaltung seines Talents. Doch darin versteht es sich in einem ganz äußerlichen Sinne, es lebt in einem Horizont zeitlicher Bedingungen und Umstände, die ihm die Möglichkeit seiner Kraftentfaltung gewähren oder verweigern. Auch in der Übersteigerung seiner selbst zum allmächtigen Schöpfer liegt ihm die vermeintliche Erfüllung in der Anschaulichkeit seines Ruhms, "aber es kommt nie zu sich selbst und wird nicht für sich selber groß. Sein ganzes Wirken richtet sich nach außen; aber es kommt nicht, wenn ich so sagen darf, zur Bildung des planetarischen Kerns, der alles ausstrahlt. Das Genie hat für sich selber gar keine Bedeutung" (BA^R, 110 f.).

4.7.5. Der Ehrverlust als Schein des Schuldigseins

Es macht die tragische Größe des Genies aus, daß sein unmittelbarer Selbstbezug in einem tieferen Sinne Selbstverlust ist, und daß es die Realität dieses Selbstverlustes zwar in der Angst und im Scheitern durch sich selbst verspürt, aber ihn nicht als solchen, nämlich als Schuld, versteht. Das Genie bleibt auch im Scheitern an seinem endlichen Selbstverständnis hängen, denn die Erkenntnis seiner wahren Größe und Freiheit ginge einher mit dem Eingeständnis der inneren Leere und Bedeutungslosigkeit seines bisherigen unmittelbaren Lebens. Das tiefere Selbstverständnis läge in der Abwendung von der Unmittelbarkeit hin zur ethisch-religiösen Wirklichkeit seiner Freiheit und Schuld. Die Schuld ist für das unmittelbare Genie wie für das heidnische Leben ein Grenzbegriff, dessen ethische Dimension ihm verschlossen bleibt. Das Äußerste, was ein Genie im Hinblick auf die Schuld verspüren kann, ist die Angst vor dem Anschein, schuldig zu sein. Doch diese Angst richtet sich nicht auf das Schuldigsein selbst, sondern auf einen Verlust an Ansehen; es ist also die ästhetische Kategorie der Ehre, an der sich das Genie schuldig machen würde. Dies ist die letzte dialektische Bestimmung der Angst, die das Genie in der Unmittelbarkeit erreichen könnte (vgl. BA^R, 111), so wie im Griechentum die Grenze des Schicksalsglaubens in der Erfahrung der tragischen Schuld bestand. Nur scheinbar fehlt der "Schuld"angst des Genies diese tragische Dimension, wenn es diese ganz ästhetisch als Ehrverlust versteht, denn das tragische Element liegt schon ursprünglicher im Genie als im Griechentum, insofern es als unmittelbare Subjektivität die Schicksalsangst als inneren Konflikt und als Scheitern an sich selbst erlebt. Dieses innere Ungenügen als Schuld zu erfahren, liegt hier näher als im Griechentum und doch genauso jenseits des unmittelbaren Selbstgefühls. Das ästhetische Mißverständnis der Schuld als Ehrverlust ist letzter Rückzugpunkt unmittelbaren Selbstgenusses. Daß hierin die tragische Dimension genialer Schicksalsangst fortwirkt, fügt Vigilius sogleich hinzu. Auch hierin ist das Genie Ausnahmeexistenz: "Dergleichen kann jedem Menschen widerfahren; das Genie aber würde es sofort mit einer solchen Tiefe aufgreifen, daß es nicht mit Menschen stritte, sondern mit den tiefsten Mysterien des Daseins." (BA^R, 111).

Was der Tiefe des Genies fehlt, ist der Ernst der Selbstbestimmung und Selbstverantwortung angesichts der Unendlichkeit des Geistes. Die Aufgaben, die es sich setzt, bewegen sich alle im Horizont endlichen Glücks, und indem es hierin seine Besonderheit genießt, verschließt es sich vor dem, was allen Menschen gemeinsam als Aufgabe gesetzt ist: sich im Horizont des Absoluten zu verstehen. Das Fehlen dieser Verbindlichkeit läßt im unmittelbaren

Genie zugleich mit der Willkür seines Talentes die Angst vor der leeren, blinden Absolutheit des Schicksals entstehen. In dieser unmittelbaren Flucht vor der verbindlichen Allgemeinheit des Religiösen[436] erweist sich das Genie für Vigilius als *unberechtigte Ausnahme*, als sündige Existenz, deren Sünde im Ausbleiben des Sündenbewußtseins besteht (vgl. BA^R, 111).

"Das Genie als solches kann sich nicht religiös verstehen; es dringt daher weder zur Sünde noch zur Vorsehung durch; und es steht aus diesem Grunde zum Schicksal im Verhältnis der Angst. Es hat nie ein Genie ohne diese Angst existiert, es sei denn, es wäre zugleich religiös gewesen." (BA^R, 110).

4.7.6. Die Schuldangst des religiösen Genies

Ein tieferes Selbstverständnis des Genies fällt zusammen mit dem Verlassen der Unmittelbarkeit seines Selbst- und Weltbezuges. Erst wenn es das Bewußtsein einer unendlichen Bedeutung seiner selbst jenseits aller genialen Begabung erlangt, entdeckt es in sich die Freiheit der Selbstbestimmung, zugleich damit aber auch die Möglichkeit der Selbstverfehlung als Schuld. In dieser Weise wird es ein *religiöses Genie* (vgl. BA^R, 117 ff.), und nur als solches erlangt es für Vigilius eine tiefere Berechtigung (vgl. BA^R, 111).

Was an dieser Darstellung der Entwicklung des Genies von der Unmittelbarkeit hin zur Möglichkeit ethisch-religiöser Selbstbestimmung vor allem problematisch erscheint, ist der Begriff des Genies selber. Denn wenn dieser zuvor durch die Unmittelbarkeit der Subjektivität gekennzeichnet war, so fragt sich, in welcher Weise das die Unmittelbarkeit verlassende religiöse Genie überhaupt noch Genie genannt werden kann. Weiter hilft hier die Differenzierung von Unmittelbarkeit und Ursprünglichkeit, denn das religiöse Genie zeichnet sich zwar nicht mehr durch Unmittelbarkeit, wohl aber noch durch Ursprünglichkeit aus (vgl. BA^R, 114). Ursprünglichkeit ist eine Bestimmung der Subjektivität und drückt die Fähigkeit zur Konstitution von Wirklichkeit aus. Im tiefsten Sinne ist diese Ursprünglichkeit die Freiheit als das Sich-Setzen des Geistes. Dieses ist unableitbar nur aus sich entspringend. Doch auch in der Unmittelbarkeit des Geistes war die Ursprünglichkeit vorhanden, zwar nicht als Freiheit, jedoch als Fähigkeit zur Selbstentfaltung der natürlichen Anlagen unter bewußter Verwendung der geschichtlichen Bedingungen. Die Fähigkeit, sich auch gegen die Widrigkeit der Umstände entfalten zu können, erwies das Genie als unmittelbare Subjektivität. Doch zu sich kommt dieses An-Sich der Subjektivität erst in der Freiheit, die die Ursprünglichkeit nicht zerstört, sondern bewahrt (vgl. BA^R, 163).

Das Verlassen der Unmittelbarkeit besteht für das Genie in einer tieferen Hinkehr zu sich selbst (vgl. BA^R, 117), bei der es sich nicht mehr auf seine Talentiertheit, seine natürliche Begabung konzentriert, sondern auf seine unendliche Bedeutung, die es *als Mensch* hat. Darin entdeckt es die Freiheit als Möglichkeit der Selbstbestimmung, die vor der konkreten Entfaltung der Anlagen im äußeren Tun als Kern der eigenen Identität gegeben ist. Für die Freiheit ist die Äußerlichkeit mit ihren eudämonistischen Kategorien nicht

---

[436] "Jedes Menschenleben ist religiös angelegt." (BA^R, 114).

mehr das maßgebende, sondern sie selbst bestimmt das Maß, in dem sich das Individuum im Äußern entfalten will.

"Indem sich das Genie also nach innen kehrt, entdeckt es die Freiheit. Das Schicksal fürchtet es nicht; denn es stellt sich keine äußere Aufgabe, und die Freiheit ist ihm seine Seligkeit, nicht die Freiheit, dieses und jenes in der Welt zu tun, König und Kaiser oder eckenstehender Proklamant zu werden, sondern die Freiheit, bei sich zu wissen, daß er Freiheit ist." (BA^R, 118).

Die Entdeckung der Freiheit ist als Bewußtsein der unendlichen Bedeutung des eigenen Selbst, der Verantwortung einer unbedingten Selbstbestimmung, die Eröffnung der religiösen Dimension des Lebens. Das Ich steht mit seiner Freiheit vor dem Anspruch einer nicht mehr aus den endlichen Lebensumständen abzuleitenden Entscheidung und damit vor dem Absoluten selbst. In einer sehr direkten Identifikation dieses in der Freiheit entdeckten Absoluten mit Gott, die die späteren Differenzierungen des *Climacus* in der *Unwissenschaftliche Nachschrift* zwischen der immanenten Religiosität A und der christlichen Religiosität B noch nicht bedenkt, schreibt Vigilius über das religiöse Genie: "Indem es sich nämlich zu sich selber hinkehrt, kehrt es sich *eo ipso* [eben damit] zu Gott hin" (BA^R, 117). Dadurch erhält die Selbstverantwortung des Menschen durch seine Freiheit die Gestalt einer religiösen Verantwortung vor Gott. In Freiheit sein Leben unter dem Anspruch der Unendlichkeit zu gestalten, wird dem religiösen Menschen zur verpflichtenden Aufgabe. Erst dadurch auch erhält die Möglichkeit der Selbstverfehlung ihre tiefe Bedeutung als Sünde.

Diese für jeden Menschen gültige religiöse Bestimmung entdeckt das Genie nun in einer besonderen Tiefe, insofern die natürliche Mächtigkeit seiner Subjektivität, seine Ursprünglichkeit, ihm ein Freiheitsbewußtsein ermöglicht, wie es den gewöhnlichen, in vielen kleinlichen Sorgen befangenen Menschen kaum möglich erscheint. Dadurch ist dem Genie aber auch die Möglichkeit des Schuldigwerdens in einer Tiefe bewußt, die es in eine über gewöhnliche Maße weit hinaus ragende Angst vor dem Schuldigwerden führt.

"Je mehr sich jedoch das Individuum hebt, desto teurer muß alles erkauft werden; und der Ordnung halber entsteht mit diesem An-sich der Freiheit eine andere Gestalt, die Schuld. (...) In demselben Grade, in dem er die Freiheit entdeckt, kommt die Angst der Sünde im Zustand der Möglichkeit über ihn. Nur die Schuld fürchtet er; denn sie ist das einzige, was ihn der Freiheit berauben kann." (BA^R, 118).

In der Darstellung des religiösen Genies überlagern sich also drei Motive: Erstens geht es um die Vertiefung des Selbstverständnisses durch die Entdeckung der Freiheit und der in ihr liegenden Möglichkeit der Schuld. Dies ist das Verlassen der Unmittelbarkeit des Geistes und deren Einordnung in die ethisch-religiöse Allgemeinheit. Hiermit verbunden ist zweitens das Anliegen, das religiöse Genie als berechtigte Ausnahme vorzustellen. Das Ausnahmesein des Genies zeigt sich nun aber gerade darin, daß die Entdeckung seiner Freiheit ihm die Aufgabe der Selbstwerdung in der Spannung von besonderer Begabung und religiöser Selbstbestimmung als außerordentlich beängstigend erscheinen läßt. Hierin liegt das dritte Motiv der genialen

Schuldangst, die Vigilius in Analogie zur geschichtlichen Sphäre des Judentums darstellt.

Die Tiefe der Schuldangst des religiösen Genies versteht man, wenn man sie in Beziehung setzt zur Aufgabe, die sich für Vigilius aus der absoluten Kommensurabilität des Religiösen ergibt: "zu erklären, wie meine religiöse Existenz zu meiner äußerlichen Existenz in ein Verhältnis kommt und sich in ihr ausdrückt, das ist die Aufgabe" (BA^R, 115). Denn die innerliche Besinnung auf die Freiheit bleibt solange abstrakt, als sie nicht in Beziehung gesetzt wird zur Lebenswelt des Menschen. Dieses Konkretwerden der Freiheit benennt Vigilius mit dem Begriff der "Wiederholung", womit die Annahme der faktischen Vorgegebenheit der eigenen Existenz in der Freiheit der Selbstbestimmung gemeint ist.[437] "Hier erhebt sich wieder die Frage nach der Wiederholung, wieweit es nämlich einer Individualität gelingen könne, nachdem sie mit der religiösen Besinnung begonnen hat, alsdann sich selber ganz und bis auf Punkt und Komma zurückzuerhalten." (BA^R, 116).

Das religiöse Genie erweist sich hierin in doppelter Weise als Ausnahme. Erstens ist es aufgrund seiner genialen Begabung von Natur aus auf eine intensive Entfaltung seiner Unmittelbarkeit angelegt, so daß ihm in der "religiösen Besinnung" die Aufgabe einer religiösen Gestaltung seiner Genialität als nahezu unmöglich erscheint, denn die Aufgabe "wird natürlich um so schwieriger, je weiter die äußere Aufgabe vom Religiösen als solchen entfernt ist" (BA^R, 116). Das Schuldigwerden, das Wiederverlieren seiner Freiheit im unmittelbaren Geltungsstreben, scheint unvermeidbar. Daher liegt der Ausweg einer völligen Verinnerlichung, einer asketischen Abkehr von der eigenen Begabung nahe, doch darin hat sich das Genie nur in die Schuld einer Wirklichkeitsflucht begeben, die der absoluten Kommensurabilität des Religiösen widerspricht. Deshalb erweist das religiöse Genie sich nun zweitens als Ausnahme, indem es sich der Schwere dieser Aufgabe zu stellen sucht. "Hinsichtlich alles dessen jedoch hat man zu warten, bis Individuen erscheinen, die trotz ihrer äußerlichen Begabung nicht den breiten Weg wählen, sondern den Schmerz und die Not und die Angst, in der sie sich religiös auf dasjenige besinnen - und es für diese Zeit sozusagen verlieren - was zu besitzen nur zu verführerisch ist." (BA^R, 117).

Der Weg der Selbstfindung des Genies ist ein Leidensweg, der im ständigen Zurückhalten des unmittelbaren Dranges nach äußerlichem Erfolg seinen Grund hat. Die tragische Tiefe dieses Leidens liegt jedoch nicht in dem Konflikt zwischen Unendlichkeit und Endlichkeit, sondern in der Anti-

---

[437] Vor allem das Pseudonym Constantin Constantius hat mit seiner Schrift *Die Wiederholung* die Bedeutung dieser Kategorie herausgestellt, obwohl sie in diesem Werk nur unzureichend entwickelt wird (dazu s.u. III.2.2.). Dies kritisiert auch Vigilius in seiner Einleitung, wo er auf den Begriff der "Wiederholung" eingeht (BA^R, 14 ff. Anm. 1). Dort hebt er hervor, daß die Wiederholung in eine "Aufgabe der Freiheit" verwandelt werden müsse. Dies beinhalte eine Diskontinuität zwischen der wiederholten Wirklichkeit und ihrer Wiederholung, womit insbesondere der Bruch des Schuldigseins angesprochen ist. Ohne ein Verhältnis zur schuldhaften Selbstverfehlung kann keine lebensgeschichtliche Selbstidentifikation gelingen. Zum Begriff der "Wiederholung" vgl. Guarda (1980); Reimer (1979); Schäfer (1968), 151 ff.

zipation der Schuld, die mit der Möglichkeit der Freiheit gegeben ist. Die Freiheit selbst projeziert die Möglichkeit der Schuld als ihren Selbstverlust, als den einzigen Gegensatz der Freiheit (vgl. BA^R, 118 f.). Doch indem das Genie die Möglichkeit seines Schuldigwerdens antizipiert, wird es gefangen von der Schuldangst, die es von der Verwirklichung seiner Freiheit abhält. Freiheit und Schuld sind nur als Möglichkeit bewußt und als solche Gegenstand der Angst. Die Schuld wird zwar von dem religiösen Genie tiefer erfaßt als von dem unmittelbaren Genie, denn dieses kennt als Äußerstes nur die Angst vor dem Ehrverlust, doch die Angst vor dem Schuldigwerden verhindert gerade die Freiheit, die als Möglichkeit bewußt geworden ist. Das religiöse Genie steht damit in Analogie zur jüdischen Schuldangst, und gerade der angstbestimmte Versuch der Schuldvermeidung führt zum Verlust der Freiheit.

"Das Verhältnis der Freiheit zur Schuld ist Angst, weil die Freiheit und die Schuld noch Möglichkeit sind. Indem aber die Freiheit so mit all ihrer Leidenschaft verlangend auf sich selber starrt und die Schuld fernhalten will, so daß kein Stäubchen von ihr an der Freiheit zu finden ist, kann sie es nicht lassen, auf die Schuld zu starren, und dieses Starren ist das zweideutige Starren der Angst, so wie selbst die Entsagung innerhalb der Möglichkeit ein Begehren ist." (BA^R, 119).

Die Ursprünglichkeit seiner Existenz führt das religiöse Genie nun auch in Tiefen der Schuldangst, die anderen Menschen verborgen bleiben. So wie das unmittelbare Genie im Bewußtsein seiner natürlichen Begabung und Macht alle Lebensumstände auf sich zu konzentrieren und in den Schicksalshorizont seiner Omnipotenzphantasie einzuordnen vermag, so ist auch dem religiösen Genie im Prozeß seiner Verinnerlichung die Mächtigkeit seiner Natur, das "An-Sich der Freiheit", Grund einer scheinbar unbegrenzten Möglichkeitswelt, die ihm nun aber nicht die allen anderen unverständlichen Möglichkeiten schicksalhaften Scheiterns vergegenwärtigt, sondern unbegrenzte Möglichkeiten der Selbstverfehlung. Im Bewußtsein der ungeheuren Möglichkeit seiner Freiheit vollzieht es analog zum unmittelbaren Genie eine Konzentration der ganzen Welt auf seine Subjektivität mit der Folge einer völligen Übersteigerung der Bedeutung des eigenen Schuldigwerdenkönnens. Selbst in der Antizipation seiner Schuld macht sich das Genie noch zum Mittelpunkt der Welt:

"Schließlich ist es, als ob die Schuld der ganzen Welt sich vereinte, um das Individuum schuldig zu machen, und, was dasselbe ist, als ob es, indem es schuldig wird, an der Schuld der ganzen Welt schuldig würde." (BA^R, 119 f.).

Aufgrund seiner Schuldangst ist auch das religiöse Genie nicht eine Gestalt des Glaubens und der Freiheit, sondern der Unfreiheit in der Zurückdrängung des Sündenbewußtseins. Seine sich in der Innerlichkeit vollziehende Suche nach Gott und sich selbst ist von den Idealbildern absoluter, von Schuld reiner Freiheit belastet, so daß es den Ernst seiner Wirklichkeit nicht zu ergreifen vermag. Wie das unmittelbare Genie erweist sich auch das religiöse Genie am größten im Scheitern, im Verfehlen seiner Freiheit. Die Umwertung der ästhetischen Vorstellung von der Größe eines Menschen hin zu der

Tiefendimension der tragischen Selbstsuche wird von Vigilius mit der Darstellung genialer Schuldangst fortgesetzt. Die hierin sich zeigende Größe ist also kein Bild gelungenen Menschseins, sondern nur die Ernsthaftigkeit des Versuchs ursprünglichen Existierens, der als solcher schon ethisch-religiöse Dignität besitzt, auch wenn diese im Scheitern, in der Angst zum Ausdruck kommt.

"Je tiefer die Schuld entdeckt wird, desto größer das Genie; denn die Größe des Menschen hängt einzig und allein von der Energie des Gottes-Verhältnisses in ihm ab, selbst wenn dieses Gottes-Verhältnis einen völlig irrigen Ausdruck als Schicksal findet. Wie also das Schicksal schließlich das unmittelbare Genie fängt, und das eigentlich sein Kulminations-Augenblick ist, nicht die glanzvolle äußere Verwirklichung, die die Menschen in Erstaunen setzt und selbst den Handwerker von seiner täglichen Arbeit wegruft, um ihn aufhorchen zu lassen, sondern der Augenblick, in dem es durch sich selbst für sich selbst durch das Schicksal zusammensinkt: so fängt die Schuld das religiöse Genie; und das ist der Kulminations-Augenblick, der Augenblick, in dem es am größten ist, nicht der Augenblick, in dem der Anblick seiner Frömmigkeit wie die Festlichkeit eines außerordentlichen Ruhetages anmutet, sondern in dem es durch sich selbst für sich selbst in der Tiefe des Sündenbewußtseins versinkt." (BA^R, 120).[438]

Die Darstellung der religiösen Entwicklung des Genies ist so von einer grundlegenden Ambivalenz bestimmt: einerseits will Vigilius die Ursprünglichkeit des Genies zum Aufweis einer Tiefe des Selbstverständnisses benutzen, das im Bewußtsein seiner unendlichen Bedeutung die Möglichkeit seiner Freiheit unter Einschluß des Ernstes des Schuldigwerdenkönnens erfährt und so durch die Schuld hindurch zu einem innerlichen Gottesverhältnis fähig wird. Andererseits ist dieses Schuldbewußtsein nur das Projezieren einer ängstigenden Möglichkeit, nicht der wirkliche Vollzug der Reue. Da nun die Größe des Genies sich gerade in der ursprünglichen Aneignung dieser Schuldangst erweist, wird es zum Paradigma eines scheinbar unumgänglichen Scheiterns der religiösen Selbstbestimmung unter den Vorzeichen der Schuldangst. Statt zur Freiheit des Glaubens zu gelangen, versinkt das Genie in den Abgründen seiner Möglichkeitswelt, und dieses Versinken entspricht genau jenem kritischen Punkt des "Schülers der Möglichkeit", der im letzten Kapitel als der durch die Angst hin zum Glauben *Sich*-Erziehende vorgestellt wird, nur daß im Falle des religiösen Genies das Versinken als Kulminationspunkt genannt wird, ohne die Erlösung durch den Glauben hiermit zu verbinden. Die ganze Problematik der im fünften Kapitel vorgestellten Angstpädagogik wird an der Größe des scheiternden Genies besonders deutlich. Es führt kein direkter Weg aus der Tiefe der Schuldangst zur Erlösung des Glaubens. Dies zeigt sich auch daran, daß Vigilius die Analogie zum Judentum nicht so konsequent durchführt wie die zwischen Genie und Heidentum. Während dort zumindest der Sache nach die Thematik der Orakelbefragung

---

[438] Auf den möglichen biographischen Hintergrund der Vorstellung des religiösen Genies bei Kierkegaard weisen hin: Hirsch in BA, 261 Anm. 169, und Malantschuk (1980a), 110. Für Kierkegaards Selbstverständnis als Genie ist besonders aufschlußreich Pap X^1 A 266/ SüS, 167.

anklingt, fehlt hier die Entsprechung zum jüdischen Opferkult völlig und damit der Verweis auf die christliche Wahrheit der Versöhnung, während der Schicksalsglaube des Genies ausdrücklich als Antizipation der Vorsehung bezeichnet wird. In der Unmittelbarkeit ist das Genie innerhalb des Christentums im Grunde genausoweit vom Glauben entfernt wie der Heide, während das religiöse Genie in existenzdialektischer Konsequenz einerseits aufgrund der Tiefe seines Schuldverständnisses dem christlichen Gottesverhältnis näher steht, doch gerade deshalb ist sein Scheitern in der Angst andererseits Ausdruck einer tieferen Verfehlung des Christentums. Auch das religiöse Genie befindet sich noch immer in der Sünde, die im Ausbleiben des Sündenbewußtseins besteht. Seine Schuldantizipation ist nur Korrelat ("der Ordnung halber") der Möglichkeiten seiner Freiheit, nicht Einsicht in das seiner Existenz zugrundeliegende mangelnde Vertrauen in die unbedingte Berechtigung seiner Existenz vor aller Selbstverwirklichung. Nötig wäre der Blick fort von der reinen Innerlichkeit seiner Möglichkeitswelt hin zur Aufgabe seiner Selbstverwirklichung im Horizont eines Vertrauens auf die von Gott ihm gegebenen Möglichkeiten. Doch diese Wendung nach außen liegt für das Genie jenseits seiner innerlichen Wendung zur Möglichkeit der Freiheit (vgl. BA^R, 117). Genau hier zeigt sich, wieder analog zum Verhältnis von griechischer und jüdischer Religiosität, ein durch das ethische Schuldverständnis nicht eingelöster Überschuß einer religiösen Bedeutung auch des Äußerlichen, insofern das Schicksal Antizipation der Vorsehung ist. Mit dem Vertrauen auf einen göttlichen Sinn der Weltzusammenhänge würde nicht nur das unmittelbare Genie herausgeführt aus seiner egozentrischen Suche nach nur ihm zugänglichen Zeichen, die ihm die Ohnmacht seiner Allmacht überwinden helfen sollen, sondern auch das religiöse Genie würde aus der Innerlichkeit seiner Angst herausgeführt in die Aufgabe der absoluten Kommensurabilität des Religiösen, in die neue Unmittelbarkeit. Die Versöhnung mit seiner Schuld erwiese sich hier wieder als die Fortsetzung der Vorsehung.[439]

---

[439] Malantschuk (1971) interpretiert die im dritten Kapitel aufgezeigte Entwicklung des Individuums anders, insbesondere trennt er das religiöse Genie von der Analogie zur Durchgangsphase des Judentums ab und stellt es als eigenes Stadium, nämlich das des persönlichen Gottesverhältnisses, vor. Zugleich sieht er die Möglichkeit des unmittelbaren Genies, sich durch den Vorsehungsglauben religiös zu entwickeln, als eigene Stufe noch vor dem Schuldbewußtsein an. Hierbei nimmt er die von Kierkegaard angedeutete paradigmatische Bedeutung des Genies auf, ohne jedoch auf die Problematik der Ausnahmeexistenz einzugehen. So ergibt sich für ihn folgendes Schema individueller religiöser Entwicklung (übers. v. Vf.): "Wenn nun der einzelne, in diesem Falle das Genie, vom Schicksalsverhältnis durch den Vorsehungsglauben übergeht zu einem persönlichen Gottesverhältnis, wird sein Verhältnis zu der Frage von Freiheit und Schuld ständig vertieft." (65); "Dem religiösen Genie, dessen wesentliches Kennzeichen ist, daß es sich zu Gott verhält, wird hierdurch zu einer immer tieferen Erkenntnis seiner Schuld verholfen. (...) das religiöse Genie erreicht durch das potenzierte Schuldbewußtsein das Sündenbewußtsein, was sagen will, daß es erfahren hat, daß es sich vor Gott als Schuldiger verantworten muß (at han over for Gud staar til Ansvar som skyldner), womit es nicht mehr ein Nichts, sondern der einzelne ist" (69). Damit übersieht Malantschuk zum einen, daß Vorsehungs- und Versöhnungsglaube für Vigilius nicht auf zwei Phasen aufzutrennen sind, sondern zwei Seiten des *einen* Gottesverhältnisses bezeichnen, die nur durch den unterschiedlichen Blickwinkel auf Schicksal bzw. Schuld differenziert werden, zum anderen, daß das religiöse Genie in Entsprechung zur Phase des Judentums dargestellt ist und

Zu fragen bliebe allerdings, ob der Weg zum Glauben unbedingt, wie es das letzte Kapitel ebenso wie die Ausführungen zum religiösen Genie nahelegen, aus der Unmittelbarkeit durch das Scheitern in der Schuldangst hindurchführen muß, oder ob ein Vertrauen in den unableitbaren Sinn der Wirklichkeit (Vorsehung) nicht auch direkt eine Befreiung der Unmittelbarkeit ermöglichen würde. Vigilius/Kierkegaard würde dem wohl zweierlei entgegenhalten: zum einen, daß damit der Glaube nicht als Selbstvollzug des Geistes, nicht als Freiheit verstanden wäre, sondern als bloßes Empfangen. So sehr der Glaube im letzten nur empfangen werden kann, so ist die Freiheit doch unbedingte Voraussetzung dafür, daß der Glaube eine Wirklichkeit des Selbst wird, und die Möglichkeit der Freiheit wird eben in jener Verinnerlichung unter Einschluß der Möglichkeit des Schuldigwerdens bewußt; zum zweiten besteht er ganz entschieden darauf, daß die Unmittelbarkeit des Genies wie des Griechentums nicht Unschuld ist. Die Frage nach der Möglichkeit eines direkten Übergangs von der genialen Natürlichkeit hin zur religiösen Entfaltung dieser Begabung ist romantische Unschuldsphantasie, für die die Unmittelbarkeit als solche Kennzeichen eines echten, natürlichen Menschseins ist. Gegen diese Naivität wehrt sich Vigilius entschieden, wenn er die Unmittelbarkeit der genialen Selbstkonzentration als Sünde versteht, die sich ihrer eigenen Sündigkeit nicht bewußt ist. Diese Einsicht schließt für Vigilius "die wahre Höflichkeit gegen das Genie mit ein" (BA^R, 114), denn unter religiöser Sicht liegt seine wahre Bedeutung darin, daß es trotz seiner Außerordentlichkeit dennoch nicht aus der Gemeinschaft der Menschen und ihrer religiösen Bestimmung herausfällt, so sehr das Genie selbst in der Leere seiner bedeutungslosen Sinnwelt auch dieses Gefühl des völligen Ausgesondertseins haben muß. Der Glaube ist hier Befreiung der Ausnahmeexistenz aus der Isoliertheit ihrer Angst durch Begründung eines Vertrauens in eine auch ihr geltende Vorsehung und Versöhnung. Dies allein würde das Genie befähigen, in neuer Unmittelbarkeit jener besondere Mensch sein zu dürfen, als den Gott es gewollt hat. Was dem entgegensteht ist hier wie überall die Unfreiheit der Angst vor blinden, uneinsichtigen Mächten, die uns gefangen halten im Spinnennetz sinnlos-inkonsequenter Konsequenzen des eigenen Tuns. Solange der Mensch gebannt blickt auf diese äußerlichen Konsequenzen, gelangt er nie dazu, in Freiheit mit seinen Möglichkeit zu spielen.

"Von der Endlichkeit kann man vieles lernen, aber nicht, wie man sich ängstigt; es sei denn in einem sehr mittelmäßigen und verderblichen Sinne. Wer dagegen wirklich gelernt hat, sich zu ängstigen, der wird wie im Tanz gehen, wenn die Ängste der Endlichkeit aufzuspielen beginnen und wenn die Lehrlinge der Endlichkeit Verstand und Mut verlieren." (BA^R, 178).

---

aufgrund seiner Schuldangst gerade noch nicht zur *Wirklichkeit* des Glaubens gekommen ist. Zwar ist das Freiheitsbewußtsein des religiösen Genies als einer Gestalt innerhalb des Christentums ein gegenüber dem Judentum höher entwickeltes, so daß in ihm die Möglichkeit eines wahren Gottesverhältnisses gegeben ist, was Vigilius mit der Aufgabe der Wiederholung andeutet. Doch das Genie wird als an dieser Aufgabe scheiternd dargestellt. Am Ende steht nicht die Reue des Sündenbewußtseins, sondern das Versinken in der Angst vor der Sünde. Dies ist der kritische Punkt *vor* der Erlösung.

III. DIE SCHICKSALSTHEMATIK IM GESAMTWERK KIERKEGAARDS

Die bisherige Darstellung orientierte sich am Schicksalsparagraphen des *Begriff Angst*. Da Kierkegaard an keiner anderen Stelle seines Werkes derart ausführlich auf den Schicksalsbegriff eingegangen ist, bildet die vorhergehende Analyse die systematische Grundlage für die Herausarbeitung des Schicksalsverständnisses in anderen Werken Kierkegaards. Zwar wird nicht vorausgesetzt, daß der Schicksalsbegriff überall in gleicher Weise wie im *Begriff Angst* verstanden wird, jedoch bilden die dort analysierten Begriffe und Strukturen die systematische Vorlage, von der aus die übrigen Texte befragt werden sollen. Die Feststellung von Übereinstimmungen oder Differenzen zum *Begriff Angst* muß hierbei ein zentrales Anliegen sein. Vor allem aber soll die bisherige systematische Analyse ergänzt werden durch einen Blick auf die thematische und kompositorische Vielfalt des Gesamtwerkes, von der aus die Schicksalsthematik in immer wieder neuen Kontexten erscheint. Der Akzent liegt in den folgenden Kapiteln somit nicht auf der erneuten systematischen Analyse, sondern auf dem Referat der Vielfältigkeit, in der die Schicksalsthematik aufgegriffen wird. Eine genauere Analyse wird jedoch an den Stellen erforderlich sein, die entweder von den Bestimmungen des *Begriff Angst* abweichen oder über sie hinausgehen. Letzteres gilt insbesondere für die Problematik des Tragischen, die im *Begriff Angst* nur marginal erwähnt wird, in einigen anderen pseudonymen Werken jedoch von herausragender Bedeutung ist. Darauf wird in diesem Teil der Untersuchung besonderes Gewicht gelegt werden müssen.

Wenn ich im folgenden auf das "Gesamtwerk" Kierkegaards eingehen will, so bedarf dies noch einer Erläuterung. Gemeint ist nicht die Gesamtheit aller überlieferten Texte Kierkegaards, einschließlich der *Papirer*, sondern in erster Linie nur die der von Kierkegaard veröffentlichten Werke. Doch auch nicht jedes dieser Werke wird zur Sprache gebracht werden. Es geht vielmehr um einen Blick auf die Gesamtheit der Gedankenentwicklung Kierkegaards, um so die Vielfalt seines Werkes auch für die Schicksalsthematik aufzeigen zu können. Insbesondere für das Spätwerk Kierkegaards, womit sein gesamtes Wirken nach Abschluß der *Unwissenschaftlichen Nachschrift* gemeint sein soll, werden nur einige Schriften herangezogen werden, da sich hier nochmals der Blick der Untersuchung wenden wird, insofern es dann vor allem um die Bedeutung des Schicksalsbegriffs für das Selbstverständnis Kierkegaards gehen wird und somit ein verstärkt biographisches Interesse zum Zuge kommt, das in den übrigen Teilen dieser Arbeit keine Rolle spielt.[440] Die breite Anlage des folgenden Teils der Untersuchung muß notwendigerweise auf Kosten der analytischen Tiefe gehen, wenn der Umfang der Arbeit nicht ausufern soll. Dieser letzte Teil der Untersuchung ist in vier Abschnitte eingeteilt: Zunächst geht es um zwei frühe Werke Kierkegaards, die vor seiner pseudonymen Schriftstellerei entstanden sind, sodann um die pseudonymen Schriften, drittens um die *Erbaulichen Reden* Kierkegaards bis 1845, die er

---

[440] Dazu s.u. III.4.1.

parallel zu seinen Pseudonymen veröffentlichte, und schließlich um das Spätwerk mit verstärktem Blick auf das persönliche Wirken Kierkegaards und sein Selbstverständnis.

III.1. Die Schriftstellerei "ante acta": Von der Erstlingsschrift bis zur Magisterarbeit

Nach Kierkegaards eigener Sicht begann seine eigentliche Schriftstellerei 1843 mit dem ersten pseudonymen Werk *Entweder/Oder*, und sein Leben bis zu diesem Zeitpunkt bezeichnete er als "vita ante acta" (SüS, 75). Doch auch schon vor der pseudonymen Verfasserschaft war Kierkegaard literarisch produktiv, er veröffentlichte Zeitungsartikel und machte mehrere literarische Entwürfe. Philosophisch bedeutsam ist aus der Zeit vor 1843 besonders seine Magisterarbeit über den *Begriff der Ironie* aus dem Jahre 1841. Auch sein erstes, 1838 veröffentlichtes Buch, eine literarische Kritik zu einem Roman Hans Christian Andersens, ist für die Darstellung seiner Gedankenentwicklung - auch im Hinblick auf die Schicksalsthematik - von Bedeutung. Mit einem Blick auf diese beiden frühen Werke soll daher die Darstellung der Schicksalsthematik im Gesamtwerk Kierkegaards begonnen werden.

Kierkegaards frühe Schriften, in denen ein ausgeprägtes ästhetisches Interesse unverkennbar ist, sind deutlich von zwei Polen beeinflußt. Zum einen schlägt sich in ihnen die erste Auseinandersetzung mit dem Werk Hegels nieder, wobei zumeist nicht eindeutig zu sagen ist, inwieweit Kierkegaard sich ihm anschließt (in der Terminologie ganz gewiß) oder schon von ihm absetzt.[441] Er hat noch nicht zu seiner eigenen philosophischen Position gefunden. Der zweite Pol, auf den sich das Hauptinteresse des jungen Kierkegaard richtet, ist die Romantik[442], insbesondere die frühromantischen Vorstellungen der *Ironie* und *Lebenspoesie*, die er in seiner Magisterarbeit einer radikalen Kritik unterzieht.

Das Verhältnis Kierkegaards zur Romantik muß als ambivalent bewertet werden. Er ist in vielem von ihr beeinflußt, nicht zuletzt sein Stil und sein Hang zur Selbstmystifikation stehen in romantischer Tradition, doch auch inhaltliche Akzentuierungen zeugen von dem Einfluß der Romantik. Auf der anderen Seite steht er von Beginn an in einem kritischen Verhältnis zu ihr, was aufgrund seiner eigenen romantischen Prägung auch als Selbstkritik zu sehen ist. Dabei nährt sich seine Kritik aus dem Maßstab einer christlichen Lebensanschauung, auch wenn diese beim frühen Kierkegaard noch nicht derart entwickelt ist wie in den späteren Jahren. G. Lukács nannte ihn daher in seiner berühmt-berüchtigten Irrationalismus-Polemik den "Aschermittwoch des romantischen Karnevals"[443].

Die Deutung von Kierkegaards Verhältnis zur Romantik darf sich jedoch nicht bloß auf den biographischen Aspekt der Auseinandersetzung mit seiner

---

[441] Zur frühen Beschäftigung Kierkegaards mit Hegel, von 1835 bis zur Magisterarbeit 1841, vgl. Thulstrup (1972), 50-217.
[442] Zur Romantikkritik Kierkegaards vgl. bes. vom Hofe (1972); Holm/Jacobsen/Troelsen (1974), wo besonders die Beziehungen zur dänischen Romantik dargestellt werden; Mullen (1978); Paulsen (1959); Weber (1976), 24a ff.
[443] Lukács (1962), 252.

romantischen Frühphase beschränken. G. vom Hofe zeigt in seiner wichtigen Untersuchung, daß die Romantikkritik ein "integraler Bestandteil seines Gesamtwerkes"[444] ist, die die Formulierung der Existenzdialektik entscheidend beeinflußt hat. Diese versuche, "die Dimension des 'eigentlichen poetischen' Lebens zu ergründen"[445]. In späteren Schriften werde allerdings der Begriff des "Romantischen" durch den des "Ästhetischen" verdrängt. "Die spätere Konzeption des Ästhetischen, d.h. das ethisch-religiöse Verdikt der Kunst und des Ästhetischen, ist schon in den frühen vermeintlich genuin literarkritischen Äußerungen implizit angelegt und die systematische Konstruktion des 'Ästhetischen' in den pseudonymen Schriften somit eine konsequente Weiterbildung der frühen Reflexionen über das Romantische."[446] Dabei stehe Kierkegaard schon in der Tradition eines diskriminierten Romantikbegriffs (durch Heines und vor allem Hegels Romantikkritik)[447], er sehe sich in einer antiromantischen Zeit, bilde aber Hegels Kritik existenzdialektisch um, indem er von der individuellen Persönlichkeitsentwicklung aus argumentiere.[448] Seine Kritik sei in diesem Sinne von Anfang an von einem anthropologischen Interesse bestimmt, wobei er sich in seinen literarischen Kritiken wie Hegel einer gehaltsästhetischen Argumentation bediene,[449] die die formalen Aspekte der frühromantischen Theorie nicht berücksichtige und daher ihr Anliegen nicht angemessen wiederzugeben vermöge.[450] Die existenzdialektische Bedeutung der Romantik sieht vom Hofe in ihrer Reflexion auf die "Ortlosigkeit" und "Unentschiedenheit"[451] des ästhetischen Lebens, sie bezeichnet das Stadium einer reflektierten Unmittelbarkeit. Dafür steht insbesondere der Begriff der Ironie, welcher ja in der späteren Stadienlehre Kierkegaards als ein Grenzbereich zwischen Ästhetik und Ethik angesehen wird (vgl. UN II, 242).

Im Folgenden soll anhand der Erstlingsschrift sowie der Magisterarbeit Kierkegaards untersucht werden, inwieweit in seiner Kritik der romantischen Ironie und Lebenspoesie die Schicksalsthematik anklingt.

1.1. Der Begriff "Lebensanschauung" in der Andersen-Kritik des jungen Kierkegaard

Unter dem Titel: *Aus eines noch Lebenden Papieren*[452] veröffentlichte Kierkegaard im Jahre 1838 eine für einen Zeitungsartikel etwas zu lang geratene Kritik des Romans *Nur ein Spielmann* von Hans Christian Andersen. In

---

[444] vom Hofe (1972), 4.
[445] Ebd.
[446] vom Hofe (1972), 70.
[447] Vgl. vom Hofe (1972), 75.
[448] Vgl. vom Hofe (1972), 83.
[449] Vgl. vom Hofe (1972), 5; schon Adorno (1974), 26 ff., kritisierte die inhaltsästhetische Orientierung Kierkegaards, die bei ihm sogar noch - anders als bei Hegel - klassizistisch formuliert werde.
[450] Vgl. vom Hofe (1972), 169 ff.
[451] vom Hofe (1972), 88 f.
[452] ES, 39-91; vgl. zu dieser "Erstlingsschrift" Kierkegaards Hirsch (1930 ff.), 5-60; vom Hofe (1972), 119-131; Malantschuk (1968), 176 ff.; McCarthy (1978), 140 ff.

dieser polemischen Auseinandersetzung mit dem Romantiker Andersen steht das Verhältnis von Dichtung und Dichterpersönlichkeit im Mittelpunkt, an ihm entscheidet sich für Kierkegaard die Frage nach dem Verhältnis von Poesie und Wirklichkeit. Sein Interesse gilt der Möglichkeit eines in der Poesie konzentrierten Lebens, das er als Überwindung spießbürgerlicher Leidenschaftslosigkeit zu schätzen weiß. Die poetische Konstitution der Selbstidentität ist für ihn das romantische Gegenbild zur "ästhetischen abstrakten Impotenz" (ES, 59) des bürgerlich-politischen Zeitgeistes der "allgemeinen Mitgliederversammlungen" (ES, 58). Zeitalterkritik und Romantikkritik sind die beiden Pole, von denen aus er nach der wahren Poesie des Lebens fragt.

Sein Zeitalter kennzeichnet Kierkegaard als eine Gärungs- und Übergangsperiode (vgl. ES, 57), die von dem Bewußtsein bestimmt ist, ganz von vorne, "mit Nichts" zu beginnen (ES, 49). Darin zeigt sich ihre Geschichtslosigkeit, sie "mißversteht die tiefere Bedeutung einer geschichtlichen Entwicklung" (ES, 48), "ihre Losung lautet: 'vergiß die Wirklichkeit'" (ES, 49). Dieser aktivistischen Wirklichkeitsentfremdung steht die poetische Wirklichkeitsfülle in Andersens Dichtung gegenüber, doch liegt auch ihr eine Entfremdung zugrunde, nämlich die des Dichters von seiner eigenen, persönlichen Wirklichkeit, die sich ganz ins Poetische zu verflüchtigen sucht. Jedoch ist für Kierkegaard "Andersens lyrische Selbstvergessenheit erfreulicher als die moderne politisch-epische Selbstbesessenheit" (ES, 56).

"*Andersens Dichtung übt nämlich den Druck der Wirklichkeit aus (...) - und Andersens eigene Wirklichkeit, seine eigene Person verflüchtigt sich zu Dichtung*" (ES, 62).

Kierkegaards Kritik geht von vornherein über rein formale ästhetische Kriterien hinaus, insofern das existentielle Interesse an der Entsprechung von Dichtung und dichterischer Existenz die Grundlage bildet.[453] Die Dichtung wird als Lebensäußerung begriffen und auf die Ganzheit der persönlichen Identität des Dichters bezogen. In welcher Weise ein Dichter durch seine Dichtung die eigene Wirklichkeit zu gestalten vermag, ist die entscheidende Frage. Hierzu wendet Kierkegaard die poetischen Gattungen des lyrischen, epischen und dramatischen Kunstwerks, die er in modifizierter Form von Hegel übernimmt[454], nicht nur auf die Dichtung, sondern auf das Leben des Dichters selbst an. Die Lyrik entspricht hierbei dem Stadium der Unmittelbarkeit, in der die Fülle sinnlicher Wirklichkeit die menschliche Empfindung prägt. In diesem Stadium liege Andersens Stärke, doch dies sei keine ausreichende Basis für einen Romandichter. Andersen habe das epische Stadium "übersprungen" (ES, 56). Unter einer "epischen Entwicklung" versteht Kierkegaard "ein tiefes und ernsterfülltes Umfangen einer gegebenen Wirklichkeit" (ES, 57)[455]: "das eigentliche poetische Schaffen, vor allem auf dem Gebiet von Novelle und Roman, ist nichts anderes als eine vollere, in eine

---

[453] Zu den Prinzipen der Kierkegaardschen Kritik vgl. vom Hofe (1972), 40 ff. 128 ff.
[454] Vgl. Hirsch (1930 ff.), 13 ff.; vom Hofe (1972), 123 Anm. 538.
[455] Für Hirsch (1930 ff.), 25, ist "die eigentlich auffallende Seite an Kierkegaards Erstlingsschrift (...) ihr Ja zur Wirklichkeit".

freiere Welt sich hineinbildende und in dieser sich bewegende, reproduzierende zweite Potenz dessen, was in erster Potenz bereits auf vielfältige Weise poetisch erlebt worden ist" (ES, 70), doch Andersen habe nicht einmal in erster Potenz "poetisch-klar" gelebt (ES, 71). Andersens Dichtung wird somit kritisiert als Ausdruck einer mangelnden Persönlichkeitsentwicklung.[456]

Diese Perspektive konzentriert sich in der Forderung nach einer "Lebensanschauung" als der "conditio sine qua non" (ES, 64) für einen Romandichter wie Andersen, welcher jedoch "ganz und gar einer Lebensanschauung ermangle" (ES, 63). Mit dem zentralen Begriff der "Lebensanschauung" meint der junge Kierkegaard eine die Erfahrung eines Menschen zu einer Ganzheit zusammenschließende Idee[457], die der bewußten Lebensgestaltung und damit auch der Lebenspoesie zugrundeliegt. Die Persönlichkeit identifiziert sich in ihrer Lebensanschauung, und in dieser identitätsstiftenden, das Leben in Freiheit gestaltenden Funktion liegt deren Bedeutung für die Schicksalsthematik. Im Bilden einer Lebensanschauung vollzieht sich eine Synthesis von vorgegebener Erfahrung und ideeller Lebensorientierung, die erst zur wahren Konkretheit der Persönlichkeit führt. Die Lebensanschauung bezeichnet Kierkegaard in diesem Sinne als eine "Transsubstantiation der Erfahrung":

"Eine Lebensanschauung ist nämlich mehr als ein Inbegriff oder eine Summe von Sätzen, die in ihrer abstrakten Unwirklichkeit festgehalten werden; sie ist mehr als die Erfahrung, die als solche stets atomistisch ist, sie ist nämlich die Transsubstantiation der Erfahrung, sie ist eine von keiner Empirie zu erschütternde errungene Sicherheit in sich selbst, möge sie sich denn nun entweder lediglich in allen weltlichen Verhältnissen orientiert haben (ein rein menschlicher Standpunkt, z.B. Stoizismus) als die sich dadurch außerhalb jeder Berührung mit einer tieferen Empirie Haltende, - oder möge sie in ihrer Richtung auf den Himmel (das Religiöse) in diesem das Zentrale gefunden haben, sowohl für ihre himmlische wie für ihre irdische Existenz, die wahre christliche Gewißheit gefunden haben" (ES, 63).

Das wichtigste Kennzeichen einer Lebensanschauung ist für Kierkegaard, daß sie dem Menschen einen inneren Halt zu geben vermag. Die innere Sicherheit steht dem Hin- und Hergerissensein durch äußere Einflüsse gegenüber, wie es in der lyrischen Selbstvergessenheit Andersens zum Ausdruck komme. Doch eine in sich gefestigte Persönlichkeit gründet auch nicht im bloßen Festhalten ideeller Maximen, deren abstrakte Unwirklichkeit der poetischen Lebensfülle nur eine lebensentleerte Innerlichkeit entgegenzuhalten vermag. Gerade in dem Versuch, die Fülle eigener, gegensätzlicher Erfahrungen zu einer Ganzheit zusammenzubinden und die so gewonnene Sicht in der weiteren Lebensgestaltung zu bewähren, gründet die Lebensanschauung.

"Fragt man nun, wie solch eine Lebensanschauung zustande komme, so antworten wir: für den, welcher es seinem Leben nicht erlaubt, allzu sehr zu

---

[456] "Schaffenspsychologische Argumente werden angeführt. (...) Die fragwürdige These lautet: Andersens Dichtung ist das Resultat einer Verdrängung von Wünschen und Sehnsüchten. (...) Andersens Dichtung ist für Kierkegaard der Reflex einer Lebensuntüchtigkeit des Autors." (vom Hofe (1972), 124).

[457] Zum Begriff der "Idee" (bzw. des "Idealen") beim frühen Kierkegaard vgl. Hügli (1973), 18 ff.

verflackern, sondern es versucht, dessen einzelne Äußerungen so weit als möglich wieder zu sich selbst zurückzuführen, muß notwendig ein Augenblick eintreten, in dem sich ein sonderbares Licht über das Leben hinbreitet, ohne daß man deshalb auch nur im entferntesten alle möglichen Einzelheiten verstanden haben müßte, zu deren fortschreitendem Verständnis man indes den Schlüssel besitzt" (ES, 64).

Die Lebensanschauung gehört zum Prozeß der Persönlichkeitsbildung und ist nicht der phantastische Ausstieg aus der Wirklichkeit um einer fixen Idee willen: "ich habe niemals behauptet, daß eine Idee als solche (am allerwenigsten denn eine fixe Idee) als eine Lebensanschauung anzusehen ist" (ES, 66). Deshalb geht es Kierkegaard auch nicht darum, eine bestimmte, christliche Lebensanschauung, die deutlich als persönlicher Hintergrund seiner Romantikkritik hervortritt[458], der romantischen Lebensanschauung Andersens gegenüberzustellen. Gerade sein Hinweis auf eine mögliche "immanente" Lebensanschauung zeigt die Weite, in der er hier diesen Begriff denkt. Nicht zwei verschiedene Lebensanschauungen stehen zur Diskussion, sondern das Fehlen einer Lebensanschauung bei Andersen, in dem dargelegten Sinn der Identifizierung der persönlichen Wirklichkeit. Andersens "Mißtrauen gegen das Leben", das in seinem Roman, der das Scheitern eines "Genies" an den harten Umständen seines Schicksals darstellt, als tragende Einstellung zum Ausdruck kommt, kann nach Kierkegaard nicht als Lebensanschauung angesehen werden, weil es zu keiner inneren Sicherheit verhelfen könne. In diesem Mißtrauen stecke zwar auch eine wahre Lebenserfahrung, es werde aber zur Unwahrheit "in dem gleichen Augenblick, in dem es sich abschließend bestimmt zu einer letzten Entscheidung der Lebensfrage" (ES, 66 f.).

"Läuft nun diese Idee Andersens darauf hinaus, daß das Leben kein Entwicklungsprozeß ist, sondern ein Untergangsprozeß, welcher das aufkeimenwollende Große und Ausgezeichnete trifft, so glaube ich doch mit Recht dagegen protestieren zu können, daß man darauf das Prädikat Lebensanschauung anwendet" (ES, 66).

Der negativen Lebenssicht können nach Kierkegaard zwei verschiedene Einstellungen zugrundeliegen: zum einen die eines letztlich gescheiterten Kampfes gegen die widrigen Umstände, "eine mißglückte Aktivität" (ES, 67 f.), oder eine ursprüngliche Fixierung auf die eigene Schwachheit, die sich gar nicht erst den äußeren Widerständen entgegenzusetzen wagt, "eine ursprüngliche Passivität" (ES, 68). Andersens "Untergangstheorie" (ES, 67) liege die zweite Haltung zugrunde, sie ist eine "Passivitätstheorie" (ES, 84), in ihr zeige sich eine Schicksalsabhängigkeit, die der eigentliche Gegenstand der Kierkegaardschen Kritik ist. Weil Andersen sich selbst nicht zu einer Persönlichkeit gebildet habe, drücke sich in seinem Roman die innere Leere als völliges Ausgeliefertsein an die äußeren Umstände, die Reduktion des Epischen auf die lyrische Affektation aus. Dem stellt Kierkegaard *die Vorsehung* als leitende Idee gegenüber, die einen Schlüssel zum Verständnis des Lebens zu geben vermag.

---

[458] Vgl. Hirsch (1930 ff.), 29 ff.

"Eine Lebensanschauung im Roman ist eigentlich die Vorsehung, sie ist seine tiefere Einheit, die es ihm gewährt, den Schwerpunkt in sich zu haben; sie befreit ihn davon, willkürlich oder haltlos zu sein, sofern die leitende Absicht überall im Kunstwerk gegenwärtig ist." (ES, 68).[459]
Wenn wir die enge Verknüpfung von Dichtung und Persönlichkeitsbildung beachten, die Kierkegaard im Begriff der Lebensanschauung seiner Kritik zugrundelegt, so muß ein Roman, der seine Einheit in der "leitenden Absicht" der Vorsehung hat, in einer entsprechenden Glaubenshaltung des Dichters gründen. Es ist deutlich, daß der junge Kierkegaard noch an die Möglichkeit einer poetischen Religiösität bzw. an den Glauben als wahre Lebenspoesie[460] dachte und sich um eine Klärung dieser Möglichkeit bemühte. Dementsprechend wird der formale Vorwurf an Andersen, daß sein Roman keine einheitliche Entwicklungsidee enthalte, sondern von Zufälligkeiten vorangetrieben werde, auf die persönliche Lebenshaltung Andersens zurückgeführt, auf den "*Aberglauben (...) als Surrogat für echte Poesie*" (ES, 75).

Der Aberglaube Andersens hat für Kierkegaard zwei zusammengehörige Aspekte: den Glauben an das Genie sowie an dessen Abhängigkeit von den zufälligen, schicksalhaften Umständen. Beides gründe in einem mangelnden Vertrauen in die Welt, in die Möglichkeit einer gelingenden persönlichen Entwicklung. Im Kern werden hier also religiöses Vertrauen und abergläubisches Mißtrauen einander gegenübergestellt.

Andersens "Unglauben an die Welt (...) nämlich ist, von der andern Seite gesehen, Aberglaube an die Individuen, Aberglaube an das Genie und die Tüchtigkeit seiner poetischen Helden (...). Dieser Aberglaube zeigt sich nun *einerseits* in dem Gewicht, welches Andersen dem einen oder andern niederdrückenden Umstande, einer einzelnen kleinen Demütigung sogar da beimißt, wo die Verhältnisse einem am meisten zulächeln (...) - *anderseits* zeigt sich dieser Aberglaube auch darin, daß Andersen einer einzelnen zufälligen Begebenheit eine von Ahnungen schwangere Bedeutung für das ganze Leben beimißt" (ES, 75 f.). Darin zeigt sich "eine Verkennung von der Macht des Genies und von dessen Verhältnis zu ungünstigen Umständen (denn das Genie ist nicht ein Lichtstümpfchen, das bei einem Windhauch verlischt, sondern ein Feuerbrand, welchen der Sturm lediglich aufpeitscht)" (ES, 75).

---

[459] In diesem Sinne lobt Kierkegaard in seinen Aufzeichnungen Goethes *Wilhelm Meister*: "Sollte ich mit wenigen Worten sagen, was ich eigentlich für das Meisterhafte an Goethes 'Wilhelm Meister' halte, so möchte ich sagen, daß es die abgerundete Fügung ist, die das Ganze durchdringt, die ganze Fichtesche moralische Weltordnung, die im Roman selbst mehr lehrhaft entwickelt wird, die im Ganzen inwendig zugegen ist, die schließlich Wilhelm zu dem Punkt führt, der in der Theorie, wenn ich so sagen darf, gegeben ist, dergestalt, daß am Schluß des Romans die Weltanschauung, die der Dichter geltend gemacht hat, gerade so wie sie vorher außerhalb Wilhelms vorhanden war, nun lebendig in ihm aufgenommen ist, und daher der vollendete Gesamteindruck, den dieser Roman vielleicht mehr als jeder andere ausübt; es ist wirklich die ganze Welt in einem Spiegel erfaßt, ein wahrer Mikrokosmos." (Pap I C 73/ Tb I, 69). Vgl. zu dieser Stelle vom Hofe (1972), 129 Anm. 577; zu Kierkegaards Goethebild Anz (1956), 15 ff.

[460] "Der Begriff 'Lebenspoesie' ist nicht identisch mit frühromantischen Vorstellungen. Er entspricht bei Kierkegaard, der den Begriff wahrscheinlich von Sibbern übernommen hat, sachlich dem der ethischen oder religiösen Lebensanschauung, einer Lebensidee, die dem Selbstverständnis korrespondiert bzw. damit verschmilzt." (vom Hofe (1972), 130 Anm. 580).

In dieser frühen Schrift Kierkegaards treten somit schon wichtige Aspekte der Kritik des genialen Schicksalsglaubens, wie sie im *Begriff Angst* ausgeführt wird[461], hervor. Die Abhängigkeit von zufälligen Umständen ist die Kehrseite einer Ichschwäche, die sich aufgrund mangelnden Vertrauens zur abergläubischen Fixierung auf geniale Omnipotenzphantasien in einer feindlich-ungünstigen Umwelt ausbildet. Statt sich selbst in der Auseinandersetzung mit der Härte seiner Umwelt persönlich zu entwickeln, flieht der Dichter in die lyrische Scheinwelt des bloß Empfindsamen und legt diese Haltung seinem gedichteten "Helden" zugrunde. So zeigt sich hieran zwar schon die später herausgestellte Schicksalsfixierung des unmittelbaren Genies, doch steht die Passivität dieses Helden im Widerspruch zu der "ursprünglichen Subjektivität" des Genies im *Begriff Angst*. Kierkegaard kritisiert hier also nicht in gleicher Weise die geniale Schicksalsangst wie dort, sondern er will das Mißverständnis des Genialen als eines wärmebedürftigen Talentes (vgl. ES, 68) abweisen. Was er der Passivität entgegenhält, ist ein entschiedenes Sich-Einlassen auf die eigene Wirklichkeit, wobei er im Glauben an eine Vorsehung die Möglichkeit des vertrauenden Zugangs zur Welt sieht, die gerade deshalb nicht allen zufälligen Begebenheiten schicksalsschwangere Bedeutungen beilegen muß. Der frühe Kierkegaard sieht hierin noch die Möglichkeit, zu einer wahren Lebenspoesie zu finden, was mit der Reflexion auf die abgründige Angst vor der Freiheit in den späteren Schriften für ihn immer fragwürdiger wird. Doch ist es bedeutsam, daß diese Poesie schon hier als handelndes, entschiedenes Ja zur Wirklichkeit von aller phantastischen Wirklichkeitsflucht unterschieden wird. Zum poetischen Kern des Lebens gelangt nur der, welcher sich nicht emotional den wechselnden Stimmungen und Zufällen hingibt, sondern sein Schicksal selbst in die Hand nimmt, auch wenn der Schlüssel zum Lebensverständnis ihm niemals völlige Klarheit über sich selbst zu gewähren vermag. Gerade die Differenz zwischen der Selbstbewußtheit persönlicher Entschiedenheit und der zirkulärunhintergehbaren Bindung der Lebensanschauung an die enge Sicht der eigenen Erfahrungen wird mit dem Begriff der Vorsehung als letzter Einheit in Dichtung wie Leben festgehalten.

1.2. Ironischer Nihilismus und die wahre Poesie des Lebens

1.2.1. Berechtigte und unberechtigte Ironie

Die Romatikkritik des jungen Kierkegaard findet ihren deutlichsten Ausdruck in seiner Magisterarbeit *Über den Begriff der Ironie mit ständiger Rücksicht auf Sokrates*, die er 1841 vorlegte.[462] Die Ironie war besonders durch die Schriften Friedrich Schlegels zu einem Hauptbegriff der frühromantischen Ästhetik geworden.[463] Sie bezeichnet jene schöpferische Freiheit

---

[461] S.o. II.4.7.
[462] Zum *Begriff der Ironie* vgl. Behler (1972), 127 ff.; Dietz (1993), 188 ff.; vom Hofe (1972), 131 ff.; Malantschuk (1968), 182 ff.; McCarthy (1978), 9 ff.; Theunissen (1958), 3 ff.
[463] Vgl. Behler (1972), 28 ff. u. (1988), 46 ff.

des Dichters der vorgegebenen Wirklichkeit und auch seinem eigenen Schaffen gegenüber, von der aus die Poesie in einem umfassenden Sinne zum Inbegriff freier Selbstentfaltung werden konnte. Kierkegaard hinterfragt in seiner Dissertation diesen Zusammenhang von romantischer Universalpoesie und ironisch-distanzierter Reflexion des Subjekts, um die existentielle Relevanz des ironischen Bewußtseins für eine wahre Selbstwerdung, die auch er noch als wahre Poesie des Lebens ansieht, zu ergründen. Ihm geht es darum, dem romantischen Konzept der Ironie ein vertieftes Verständnis subjektiver Freiheit gegenüberzustellen, für das die Ironie zwar ein wichtiger Aspekt ist, der jedoch als Inbegriff subjektiver Freiheit genommen zur nihilistischen Wirklichkeitsauflösung führt.

Um die wahre Bedeutung der Ironie für die Selbstverwirklichung herauszustellen, greift Kierkegaard auf Sokrates zurück, den er als ursprünglichen Ironiker versteht.[464] An ihm verdeutlicht er den Sinn der Ironie, um dann dieser berechtigten Form die romantische Ironie als unberechtigte gegenüberzustellen. Sokrates' ironisch-distanziertes Verhältnis zur unmittelbaren Wirklichkeit ist erster Ausdruck der Selbstbewußtwerdung der Freiheit, der Selbstreflexion der Subjektivität, in der diese sich konstituiert. Die Ironie ist so eine "Bestimmung der *Persönlichkeit*" (BI, 152), allerdings nur erst "*der abgekürzte Ausdruck* (Abbreviatur) *einer vollständigen Persönlichkeit*" (BI, 153), sie ist "der *Subjektivität* unendliche übermütige *Freiheit*" (BI, 217).

"Sie hat nämlich jene Einkehr in sich selbst, welche für eine Persönlichkeit das Charakteristische ist; sie sucht den Weg zu sich selbst zurück, schließt sich in sich selber ab. Nur daß die Ironie in dieser Bewegung mit leeren Händen in sich einkehrt. Ihr Verhältnis zur Welt ist nicht von der Art, daß es ein Moment im Gehalt der Persönlichkeit wäre; ihr Verhältnis zur Welt besteht darin, daß sie in jeglichem Augenblick ohne ein Verhältnis zur Welt ist (...) Die ironische Persönlichkeit ist darum eigentlich nur der Umriß einer Persönlichkeit." (BI, 227 f.).

Die Haltung der ironischen Persönlichkeit ist berechtigt als Beginn subjektiver Freiheit, doch sie verkehrt sich in nihilistische Selbstauflösung, wenn die Subjektivität selbst zum Ansatzpunkt der ironischen Distanzierung wird, wie in der sich an Fichtes Transzendentalphilosophie anschließenden Frühromantik. Deren ironische Freiheit gilt Kierkegaard nur mehr als "eine überspannte Subjektivität, *eine zweite Potenz der Subjektivität*" (BI, 281): "wenn alsdann die Subjektivität sich abermals isolieren will, wenn die unendliche Negativität abermals ihren Abgrund entriegeln will, um diese Geisteswirklichkeit darin zu verschlingen, so zeigt die Ironie sich in einer bedenklicheren Gestalt" (BI, 203).

Kierkegaards Magisterarbeit steht noch deutlich unter dem Einfluß Hegels[465], und von diesem übernimmt er auch die wesentlichen Bestimmungen

---

[464] Zum Sokratesbild im *Begriff der Ironie* vgl. v. Kloeden (1985), 117 ff.
[465] Vgl. dazu bes. Thulstrup (1972), 176 ff. Kierkegaard steht jedoch schon im *Begriff der Ironie* in einem kritischen Verhältnis zum Hegelianismus, auch wenn seine Terminologie noch deutlich von diesem geprägt ist. So wird die Frage nach dem Hegelianismus dieser frühen Schrift sehr kontrovers beurteilt und ist wohl auch nicht eindeutig zu klären. Es ist Theunis-

der Ironie: Negativität und Unendlichkeit, auch wenn die von ihm angeführte Bezeichnung "*unendliche absolute Negativität*" (BI, 259) bei Hegel nicht direkt auf die Ironie bezogen wird.[466] Die Negativität ist für Hegel ein wesentliches Moment der Freiheit, insofern sie sich als Negation der Unmittelbarkeit konstituiert. Doch solange sie nur dieses negative Für-Sich ist, bleibt sie abstrakt. Die bloß abstrakte Freiheit sieht Hegel als Kerngehalt der Fichteschen Ichphilosophie an, die entscheidenden Einfluß auf das frühromantische Ironiekonzept hatte. Dementsprechend ist auch die Ironie für Hegel sowie Kierkegaard wesentlich Negativität, insofern in ihr die konkrete Wirklichkeit um der subjektiven Freiheit willen in Frage gestellt wird, und sie ist eine unendliche Negativität, weil es ihr nicht um die Ersetzung einer bestimmten Wirklichkeit durch eine andere geht, sondern um die prinzipielle Unbestimmtheit der Subjektivität als solcher.

"Die Ironie ist eine *Bestimmung der Subjektivität*. In der Ironie ist das Subjekt *negativ frei*; denn die Wirklichkeit, welche ihm Inhalt geben soll, ist nicht vorhanden, das Subjekt ist frei von der Gebundenheit, in welcher die gegebene Wirklichkeit das Subjekt hält, aber es ist negativ frei und als solches in der Schwebe, weil nichts da ist, das es hielte." (BI, 266 f.).

Die Negativität kennzeichnet auch die sokratische Ironie, was Kierkegaard besonders an der sokratischen "Unwissenheit" festmacht, die sich aber auch in praktischer Hinsicht auswirkte, "weil *er nicht fähig war*, irgend ein *wirkliches Verhältnis* zu dem Bestehenden einzugehn" (BI, 184). Die Infragestellung aller vorgegebenen Selbstverständlichkeiten hat bei Sokrates jedoch die Positivität in sich, die Dimension der Unendlichkeit, d.h. der freien Subjektivität zu eröffnen, auch wenn er diese noch nicht als Positivität, nämlich in Vermittlung mit den konkreten Bedingungen, zu verwirklichen vermochte. Sokrates "ist positiv, sofern die unendliche Negativität in sich eine Unendlichkeit enthält, er ist negativ, weil die Unendlichkeit ihm nicht Offenbarung sondern Grenze ist" (BI, 214); "es fehlte Sokrates jedoch an der Objektivität, welche nicht die einengende sondern die ausweitende Begrenzung der Subjektivität ist" (BI, 216). Sokrates ist so eine Übergangsgestalt auf dem Weg zur Freiheit des Subjekts, und hierin liegt die Berechtigung seiner Ironie. Sie zerbricht die Fesseln der griechischen Substantialität (vgl. BI, 177); der Naturbestimmtheit der schönen Individualität tritt in der reflektierten Indivi-

---

sen (1958), 15, zuzustimmen, wenn er meint: "Kierkegaards Magisterarbeit (hält sich) in der Übereinstimmung und im Widerspruch gleichermaßen innerhalb der Philosophie Hegels auf. Deshalb hat es auch nur sekundäre Bedeutung, ob man vom 'Hegelianismus' oder von 'Antihegelianismus' des jungen Kierkegaard spricht, da auch die Gegenstellung zu Hegel auf diesen bezogen bleibt." .

[466] Hegel bestimmt im Ironiekapitel seiner *Vorlesungen über die Ästhetik* die "unendliche absolute Negativität" als ein dialektisches Moment in der Entfaltung der Idee: "die Tätigkeit der Idee, sich als das Unendliche und Allgemeine zu negieren zur Endlichkeit und Besonderheit und diese Negation ebensosehr wieder aufzuheben und somit das Allgemeine und Unendliche im Endlichen und Besonderen wiederherzustellen" (Hegel XIII, 98 f.). Gerade damit geht diese Bestimmung über die Negativität der Ironie hinaus, insofern sie die Vermittlung mit der endlichen Wirklichkeit vollzieht, die in der Ironie ausbleibt.

dualität des Sokrates die Bedeutung der Selbstverwirklichung gegenüber.[467] In diesem Sinne ist die Ironie in Sokrates eine "*weltgeschichtliche Leidenschaft*" (BI, 217).

1.2.2. Die tragische Geschichtlichkeit

Die Berechtigung der Ironie als Anfangsgestalt subjektiver Freiheit denkt Kierkegaard in seiner Magisterarbeit nicht bloß von der individuellen Selbstentwicklung her, sondern in weltgeschichtlicher Perspektive, die er hier noch im Anschluß an Hegel einnimmt. Die Wirklichkeit, in der der Mensch seine konkrete Bestimmung findet, ist die geschichtliche Wirklichkeit des jeweils erreichten Entwicklungsstandes der Weltgeschichte. Als geschichtliche tritt die Wirklichkeit dem Individuum "teils als *eine Gabe*, die sich nicht verschmähen läßt, teils als *eine Aufgabe*, die verwirklicht werden will", entgegen (BI, 281). Nur in dieser vorgegebenen Allgemeinheit kann die individuelle Lebensgestalt ihre Berechtigung erhalten, indem sie an der Gestaltung der Geschichte mitarbeitet. Doch die Weltgeschichte ist ein evolutiver Prozeß (vgl. BI, 265), in dem sich aus einer vorgegebenen Wirklichkeit eine neue Zeit herausentwickeln kann. Die geschichtliche Wirklichkeit ist somit nie eine eindeutige Vorgabe, sondern als dialektischer Prozeß ist sie in sich widersprüchlich, und dem Individuum kann die Aufgabe gestellt sein, die vorgegebene Gestalt der Wirklichkeit zu überwinden. Damit verliert jedoch die geschichtliche Berechtigung ihre Eindeutigkeit, den weltgeschichtlichen Übergangszeiten, in denen auch der Ironie eine wichtige Funktion als Negation des Bestehenden zukommt, haftet etwas Tragisches an.

"Hierbei zeigt sich ein *Widerspruch*, durch den hindurch die *Weltentwicklung* vor sich geht. Die zu einer gewissen Zeit gegebene Wirklichkeit ist die für das Geschlecht und die Individuen giltige, und gleichwohl muß, sofern man nicht sagen will, es sei mit aller Entwicklung vorüber, diese Wirklichkeit von einer andern Wirklichkeit verdrängt werden, und dies muß geschehen durch die Individuen und das Geschlecht und ihr Wollen hindurch. (...) Hierin liegt das tief *Tragische* der Weltgeschichte. Ein Individuum vermag zu gleicher Zeit welthistorisch berechtigt und doch unbefugt zu sein. Sofern der einzelne Mensch Letzteres ist, muß er ein Opfer werden, sofern er Ersteres ist, muß er siegen, will heißen, er muß dadurch siegen, daß er ein *Opfer* wird." (BI, 264).

---

[467] "Für die reflektierte Individualität ist jegliche Naturbestimmung nichts als eine Aufgabe, und durch die Dialektik des Lebens hindurch, sowie aus ihr hervor ersteht die verklärte Individualität als Persönlichkeit, die da in jedem Augenblick den Sieg gewonnen hat und doch im Kampfe ist. Die reflektierte Individualität erlangt niemals die Ruhe, welche über der schönen Individualität weilt, weil diese in gewissem Maße Naturprodukt ist und das Sinnliche als notwendiges Moment an sich hat. Die harmonische Einheit der schönen Individualität wird von der Ironie gestört" (BI, 218 f.).
"Die 'unendliche Negativität' der sokratischen Ironie ist ein methodisch über Hegels Sokratesinterpretation hinausgehender und doch von dieser her erarbeiteter Bezug zu einer freien Subjektivität, die existentiell-fragend auf sich selbst zurückgeworfen wird." (v. Kloeden (1985), 130).

Diese Bestimmung der tragischen Geschichtlichkeit[468] setzt voraus, daß die Geschichte, in der die Menschen ihren Platz finden, eine im wesentlichen dem Menschen unzugängliche und vorgegebene Wirklichkeit ist, so sehr sie auch mit ihrem Handeln in deren Fortgang einbezogen sind: "sie haben es nicht in der Macht, sie zu verwerfen; denn die Weltentwicklung führt den, der selber mitwill und schleift den mit sich fort, der nicht will" (BI, 264). Doch die Möglichkeit der tragischen Ungleichzeitigkeit der Menschen in ihrer eigenen Zeit ergibt sich erst aus der Differenz zwischen der konkreten Geschichtsgestalt und dem Geschichtsprozeß, in dem die Zeitgemäßheit jeweils nur ein vorübergehendes, sich wandelndes Moment ist. In den Übergangszeiten der Geschichte wird der Konflikt zwischen der vorgegebenen Allgemeinheit des erreichten Geschichtsstandes und dessen nur relativer Gültigkeit im Prozeß der Geschichtsentwicklung im *Opfer* der unzeitgemäßen, tragischen Individuen ausgetragen. Wesentlich für die Tragik ihrer Geschichtlichkeit ist, daß sie sich nicht als Geschichtssubjekt begreifen können, sondern nur als einbezogen in den sie einfordernden, schicksalhaften Prozeß. Die dem Neuen zugewandten Individuen haben "das Künftige nicht zu eigen" (BI, 265), daher erscheint ihr geschichtliches Handeln wesentlich als Opfer, als Verlust ihrer zeitgemäßen Berechtigung, so sehr sie auch handelnd oder schauend in die Zukunft vorzugreifen vermögen.

Als drei mögliche Formen solch tragischer Unzeitgemäßheit nennt Kierkegaard das prophetische Individuum, den tragischen Helden und das ironische Subjekt (vgl. BI, 265). Sie alle sind Gestalten der Übergangszeiten, denen die eigene geschichtliche Wirklichkeit fragwürdig geworden ist, ohne daß sie sich schon auf eine neue Wirklichkeit, für die sie leben, stützen könnten. Das Tragische ihrer Unzeitgemäßheit gilt für alle drei Formen, nicht bloß für den tragischen Helden. Er ist jedoch der einzige, der *handelnd* zum Opfer des Neuen wird, während Prophet und Ironiker das *Bewußtsein* der Entfremdung verkörpern. Der Prophet erahnt das Neue und wird dadurch seiner Zeit entfremdet, der Ironiker negiert das Bestehende und verweist so, ex negativo, auf das noch völlig unbestimmte Neue, er ist gewissermaßen ein negativer Prophet.

Auch Sokrates ist durch seine Ironie zum Opfer der weltgeschichtlichen Entwicklung geworden und hat so ein "tragisches Schicksal" erfahren. Doch unterscheidet Kierkegaard seine ironische Lebenshaltung von der des tragischen Helden. Dieser leidet an der Wirklichkeit, mit der er in Streit liegt, an ihr entzündet sich immer wieder sein leidenschaftlicher, deshalb leidender Widerspruch. Indem er gegen sie handelt, kann er sich nicht in ironischer Distanz zu ihr halten. Daher trifft ihn der "Rachezorn" des Bestehenden ganz anders als den Ironiker, der sich innerlich schon völlig distanziert hat von der

---

[468] Der Bezug zwischen Tragik und Geschichte findet sich schon in der ersten Aufzeichnung Kierkegaards zur Bedeutung des Tragischen aus dem Jahre 1836 (Pap I A 208/ Tb I, 80): "Alles wird doch dadurch tragischer, daß man es, wenn ich so sagen darf, geschichtlich macht, es zu etwas macht, was nicht bloß mir geschieht, sondern der ganzen Welt; aber natürlich nur in dem Fall, daß man zuerst seine eigene Not festgehalten hat, und der Sache dann jenen geschichtlichen Hintergrund gibt."

noch gültigen Allgemeinheit. Der Ironie haftet ein Moment stoischer Ataraxie an, das tragische Opfer besteht für den Ironiker darin, in dieser innerlichen Distanziertheit jeglichen wirklichen Halt verloren zu haben. Kierkegaard macht diesen Unterschied zwischen dem Ironiker und dem tragischen Helden an deren Todesverständnis fest.

Sokrates "ist ein Opfer geworden. Dies ist nun gewiß ein tragisches Schicksal, gleichwohl aber ist der Tod des Sokrates nicht eigentlich tragisch; im Grunde kommt der griechische Staat mit seinem Todesurteil hintennach, und hat auf der andern Seite an dem Vollzug der Todesstrafe auch nicht eben viel Erbauung, denn für Sokrates hat der Tod nicht Wirklichkeit. Für den tragischen Helden hat der Tod Giltigkeit, für ihn ist der Tod in Wahrheit der letzte Streit und das letzte Leiden. Hier kann darum die Mitwelt, die er hat vernichten wollen, den Rachezorn befriedigt bekommen. Mit dem Tode des Sokrates aber konnte der griechische Staat diese Befriedigung offensichtlich nicht erhalten; denn Sokrates hatte mit seiner Unwissenheit jegliche bedeutungsvolle Verbindung (Kommunikation) mit dem Gedanken des Todes verhindert. Allerdings hat der tragische Held keine Todesfurcht, doch weiß er vom Tode als einem Schmerz, einem schweren und mühseligen Gang, und insofern hat es Giltigkeit, wenn er zum Tode verurteilt wird; Sokrates aber weiß schlechthin nichts, und insofern ist es *Ironie über den Staat*, daß der ihn zum Tode verurteilt und deshalb wähnt, *über ihn eine Strafe* verhängt zu haben." (BI, 276 f.).

Sokrates' Sterben ist noch einmal letzter Ausdruck seiner Ironie, das Tragische seines Schicksals liegt allein in seiner Innerlichkeit begründet, darin, daß ihn das äußere Schicksal gerade nicht wirklich betreffen kann. Der tragische Held dagegen wird vom Äußeren getroffen, er erleidet wirklich ein ihm zugefügtes Schicksal als tragisches Opfer. Für Sokrates gibt es in diesem äußeren Sinne gar kein Schicksal. Von daher kritisiert Kierkegaard an Hegels Bestimmung "der *tragischen* Ironie des Sokrates", "daß dies doch *nicht* die Ironie des Sokrates, sondern die Ironie der Welt Sokrates gegenüber" sei (BI, 273). Weil seine ironische Haltung ihm zur inneren Tragik wird, bleibt die weltgeschichtliche Tragik für ihn eine reine Äußerlichkeit.[469]

Wegen der tragischen Unzeitgemäßheit der Ironie als einer Gestalt geschichtlicher Übergangsperioden ist deren Berechtigung nur aus einer weltgeschichtlichen Perspektive zu beurteilen, in der sich die Legitimität einer neuen Zeit allererst bewähren muß: "Ob aber die Ironie berechtigt oder nicht berechtigt ist, darüber kann allein die Geschichte urteilen." (BI, 268). Während sich für Kierkegaard die sokratische Ironie durch die Eröffnung der

---

[469] Hirsch (in: BI, 366 f.) bestimmt von hier aus den Unterschied zwischen Kierkegaards und Hegels Auffassung der Sokratischen Ironie: "Für Kierkegaard erlebt Sokrates in seinem totalen ironischen Nein innerlich nichts Tragisches, sondern allein das unendliche Recht der erwachenden Subjektivität, dem noch im Unmittelbaren gefangen liegenden, noch unpersönlichen alten Griechentum das Nein zu sprechen. Für Hegel erlebt Sokrates dies sein Nein mit der tiefen inneren Erschütterung des Menschen, welcher das Unheimliche, Verhängnisschwere des Werdens der Idee durch den Widerspruch hindurch bis ins Letzte empfindet. Das tragische Moment der Weltgeschichte ist nach Kierkegaard dem Sokrates letztlich doch äußerlich, nach Hegel ist es ihm innerlich."

Freiheitsdimension als berechtigt erwiesen hat, ergibt sich die geschichtliche Illegitimität der romantischen Ironie für ihn schon deshalb, weil sie nicht eine bestimmte Wirklichkeit verneint, sondern die geschichtliche Wirklichkeit überhaupt. In solch geschichtlicher Ortlosigkeit verliert die subjektive Freiheit ihren positiven Sinn, den sie in der abendländischen Geschichte, anders als zu Zeiten des Sokrates, schon erlangt hatte.

"Man ersieht hieraus, daß diese Ironie nicht im Dienste des Weltgeistes gestanden hat. Es ging ihr nicht darum, ein Moment der gegebenen Wirklichkeit durch ein neues Moment zu verneinen und zu verdrängen; vielmehr wurde die gesamte *geschichtliche Wirklichkeit* verneint, um Platz zu schaffen für eine selbstgeschaffene Wirklichkeit. Es ging hier nicht darum, die Subjektivität in Erscheinung treten zu lassen, denn die Subjektivität war in den Weltverhältnissen allbereits vorhanden; es ging vielmehr um eine überspannte Subjektivität, *eine zweite Potenz der Subjektivität*. Daraus ersieht man zugleich, daß diese Ironie durchaus unberechtigt gewesen ist, sowie daß Hegels Verhalten wider sie ganz und gar in der Ordnung ist." (BI, 280 f.).

1.2.3. Die Lebenspoesie

Die geschichtliche Ortlosigkeit der Romantiker ergibt sich für Kierkegaard aus ihrer Verwechslung des zeitlichen mit dem ewigen Ich, das sie im Anschluß an Fichte als unendliche Selbstschöpfung begreifen. In dieser schöpferischen Freiheit soll alle Wirklichkeit gründen, daher wird die vorgegebene Wirklichkeit für sie zu einer Nichtigkeit, die der spielerischen Selbstentfaltung nur mehr als Requisit ästhetischer Selbstdarstellung dienen kann. *Poetisch zu leben* ist die große Forderung der Frühromantiker (vgl. BI, 286), es gilt, das eigene Leben in völliger Unabhängigkeit frei zu gestalten, alle Wirklichkeit aufzulösen in den Spielraum unbegrenzter Möglichkeiten. Die romantische Ironie soll den Dichter aus den vorgegebenen Zwängen und Bestimmungen herauslösen. Für den Ironiker ist die Wirklichkeit bloße Möglichkeit (vgl. BI, 285 f.), er kennt weder eine verbindliche Vorgabe der Vergangenheit, die sich ihm in der Poesie zur bloßen Mythologie wandelt[470], noch die Aufgabe der Zukunft, da es ihm in all seinem Schaffen niemals um das Gestalten einer bestimmten Wirklichkeit geht, sondern nur um das freie Schaffen als solches. Er will, hegelianisch gesprochen, ein reines Für-Sich sein und kein An-Sich anerkennen (vgl. BI, 287), "er dichtet nicht bloß sich selbst, *er dichtet auch seine Umwelt*" (BI, 289). Es gibt für ihn keine sittliche Verbindlichkeiten und keine Verantwortung, alles hat nur eine poetische Gültigkeit.[471]

---

[470] "Im Handumdrehen war aus aller Geschichte Mythe geworden - Dichtung - Sage - Märchen." (BI, 283).

[471] "Eigentlich kann man nicht sagen, daß der Ironiker sich über Moral und Sittlichkeit hinwegsetzt; er lebt vielmehr allzu abstrakt, allzu metaphysisch und ästhetisch, als daß er zu der Konkretheit des Moralischen und des Sittlichen zu gelangen vermöchte. Das Leben ist für ihn ein Drama, und das ihn Beschäftigende ist die sinnreiche Verwicklung dieses Dramas. Er selbst ist Zuschauer, sogar dann, wenn er selber der Handelnde ist." (BI, 289 f.).

"Für den Ironiker sind alle Dinge möglich. (...) Mittlerweile darf man es dem Ironiker nicht übelnehmen, daß es ihm so schwer fällt, etwas Bestimmtes zu werden; denn wenn man solch eine ungeheure Möglichkeit vor sich hat, ist die Wahl nicht leicht. Zur Abwechslung findet der Ironiker es richtig, *Schicksal und Zufall* entscheiden zu lassen." (BI, 288).

So verliert sich denn die persönliche Identität des Ironikers selbst in der nihilistischen Relativierung poetischer Willkür. Weil jegliche faktische Bedingtheit dem Ideal reinen Für-Sich-Seins, der absoluten poetischen Schöpfung aus dem Nichts, untergeordnet wird, findet sich der ironische Lebenskünstler letztlich mit einer langweiligen Leere konfrontiert, die ihn um so mehr wieder der Herrschaft des Zufälligen unterwirft. Der "ganz und gar hypothetisch und konjunktivisch" (BI, 290) lebende Ironiker hält sich in Ermangelung innerlich beständiger Erfüllung an die wechselvollen Stimmungen, die zuletzt nur noch durch das Band einer alles beherrschenden Langeweile zusammengehalten werden, die in ihnen nach einer Erlösung von sich selbst sucht. "*Langeweile* ist das *einzige* Stetige und *Zusammenhängende*, das der Ironiker besitzt." (BI, 291). Indem sich derart das Ideal poetisch-schöpferischen Lebens in sein Gegenteil verkehrt, wird der Ironiker zum "Spielball der Laune der Weltironie" (BI, 291). Die Ironie, mit der er alles verneinte, führt ihn selbst wie eine schicksalhafte Macht zurück auf jenen Umkreis oder Beschränktheit, die er mit seinem poetischen Lebensideal gerade überwinden wollte:

"Dergestalt versinkt die Ironie in dem von ihr am meisten Bekämpften; denn ein Ironiker bekommt eine gewisse Ähnlichkeit mit einem vollendeten Prosamenschen, nur daß der Ironiker die negative Freiheit hat, mit der er dichterisch schaffend über ihm selber steht. Darum wird der Ironiker allermeist zu einem Nichts; denn für den Menschen hat Giltigkeit, was für Gott nicht gilt, daß nichts wird aus Nichts." (BI, 287).

Kierkegaards Kritik der romantischen Ironie zielt somit auf den Umschlag des unbegrenzt Schöpferischen in die Abhängigkeit von äußeren Umständen und Reizen, die das Ideal eines poetischen Selbstgenusses allein noch zu gewährleisten scheinen. Sobald sich die Freiheit in einer Übersteigerung ihrer Unbedingtheit gegen alle Realität und geschichtliche Bedingtheit wendet, wird sie selbst unwirklich und führt zu einer unfreien Selbstbezogenheit. Damit will Kierkegaard weder die befreiende Bedeutung der Ironie noch die mögliche Sinnerfüllung in einem poetischen Leben leugnen, doch stellt er diese unter den Begriff einer wahren Freiheit, die sich nur im Anerkennen der Wirklichkeit, und das heißt im Sich-Einlassen auf ihre (auch sittlichen) Ansprüche verwirklichen kann. Unter diesem Vorzeichen fragt er nach der Möglichkeit einer *beherrschten Ironie*, wie er sie bei Shakespeare und Goethe realisiert findet. Ohne sie ist für ihn "ein echt humanes Leben nicht möglich". "Wenn nämlich die Ironie erst einmal beherrscht ist, so vollzieht sie eine Bewegung, welche die Umkehr derjenigen ist, in welcher sie unbeherrscht ihr Leben bekundet." (BI, 331).

Diese Beherrschung ist für den jungen Kierkegaard gerade keine prosaische Spießbürgerlichkeit, es kennzeichnet seine frühe Auffassung von einer Verbindung von innerlicher Freiheit, religiöser Tiefe und wahrer Ästhetik, daß er hierin die Möglichkeit wahrer Lebenspoesie erblickt, denn der Dichter "*lebt* erst *poetisch*, wenn er selbst in der Zeit, in der er lebt, sich zurechtfindet und also in sie eingeordnet ist, positiv frei ist in der Wirklichkeit, der er angehört. Aber daß er auf diese Art *poetisch lebt*, das *kann* auch jeder einzelne Mensch erreichen." (BI, 330 f.). Zwar könne nicht jeder Mensch in solch souveräner Weise wie die auserwählten Dichter sein Leben gestalten, doch darin liege auch nicht der eigentliche Sinn der Lebenspoesie. Der romantischen Philosophie unbegrenzter schöpferischer Freiheit setzt er pointiert sein eigenes Konzept einer christlichen Poesie des Lebens gegenüber:

"Ein Ding nämlich ist es, sich selbst zu dichten und ein ander Ding, sich dichten zu lassen. Der Christ läßt sich dichten, und in dieser Hinsicht lebt ein einfältiger Christ weit poetischer als so mancher hochbegabte Kopf." (BI, 286 f.).

Und diese wahre Lebenspoesie entbehrt für Kierkegaard auch nicht des Genusses, in dem sich alles Selbstbewußtsein erst vollendet. Der Genuß ist für den jungen Kierkegaard "eine Bestimmung der Persönlichkeit" (BI, 152), und auch der Ironiker strebt nach dem Selbstgenuß seiner ironischen Distanziertheit, ja er kann sogar noch die Nichtigkeit seines ironischen Ichs zu genießen versuchen (vgl. BI, 287), doch bleibt dies immer ein negativer, abstrakter Genuß: "der inhaltsloseste, die bloße Umrißlinie, die schwächste Andeutung desjenigen Genusses, welchem der absolute Inhalt, d.h. Seligkeit, eigen ist" (BI, 152). Weil der Ironiker sich selbst rein und ohne alle Vorbedingung in seiner schöpferischen Freiheit genießen will, geht ihm gerade die Möglichkeit des Selbstgenusses verloren, weil er kein konkretes, in sich erfülltes Selbst ist. "Die wahre Freiheit besteht natürlich darin, sich im Genusse hinzugeben und gleichwohl seine Seele ohne Schaden zu bewahren" (BI, 188), und erst in diesem Selbstgenuß der konkreten Freiheit erreicht der Mensch "die wahre Unendlichkeit" (BI, 303). Die Erfüllung menschlichen Lebens als Einheit von realistischer Selbstbestimmung und Lebensfreude ist der höchste Genuß "der wahren Seligkeit (...), darinnen das Subjekt nicht träumt, sondern in unendlicher Klarheit sich selbst zu eigen hat, sich selber schlechthin durchsichtig ist" (BI, 304). Nicht in der bloßen Möglichkeit, sondern in der Wirklichkeit liegt der Schlüssel zur wahren Lebenspoesie, und nur die Nüchternheit einer verantwortlichen Freiheit gewährt die Kontinuität des Selbstgenusses. Daher muß "ein jeder tiefer poetische Mensch, dessen Sehnsüchte stärker sind, als daß sie mit romantischen Spinnweben gebunden werden könnten, dessen Ansprüche ans Leben machtvoller sind, als daß sie mit dem Schreiben eines Romans befriedigt werden könnten, (...) darzutun suchen, daß leben etwas andres als träumen heißt" (BI, 293).

III.2. Die pseudonymen Werke: Vom tragischen Nihilismus zum paradoxen Gottesverhältnis

Kierkegaards pseudonyme Schriftstellerei in den Jahren 1843-1846 bildet den philosophisch bedeutsamsten, vielschichtigsten und für die Interpretation problematischsten Teil seines Schaffens.[472] Die pseudonyme Form dieser Werke steht mäeutisch im Dienst der indirekten Mitteilung des Christentums, der sich Kierkegaard in seinem ganzen Wirken verpflichtet sah. Im Rückblick auf sein pseudonymes Schaffen stellt er selbst die Einheit dieser Werke heraus und ordnet sie dem religiösen Anliegen seines Gesamtwerks zu[473], und er kennzeichnet ihre mäeutische Funktion als ein Anknüpfen an der ästhetischen Lebenswirklichkeit seiner Mitmenschen, die er von dort aus auf das Christliche aufmerksam machen will. In diesem formalen Sinne sind die pseudonymen Werke *ästhetische Schriftstellerei* (vgl. SüS, 6), sie sollen die Möglichkeiten menschlichen Existierens in aller Schärfe der dialektischen Reflexion vorstellen[474], um den Leser zur Auseinandersetzung mit dem eigenen Leben und letztlich zur Möglichkeit des entschiedenen Christ-Werdens zu führen. In seiner der *Unwissenschaftlichen Nachschrift* beigefügten *Erklärung*[475], in der er sich erstmals zur Autorschaft der pseudonymen Werke bekennt, sieht er die Bedeutung der Pseudonyme "darin, aus einem Abstand, der die Ferne der Doppelreflexion ist, solo die Urschrift der individuellen, humanen Existenzverhältnisse, das Alte, Bekannte und von den Vätern Überlieferte, noch einmal, womöglich auf eine innerlichere Weise, durchlesen zu wollen" (UN II, 344). Die einzelnen pseudonymen Gestalten repräsentieren zu diesem Zweck bestimmte Lebensweisen und -anschauungen, einschließlich der Reflexion dieser verschiedenen Perspektiven im Blick auf eine Theorie der Existenz. In den pseudonymen Schriften selbst wird so - als eine nochmals pseudonym gebrochene Perspektive - das grundlegende Interpretationsraster der pseudonymen Werke entwickelt, nämlich die Lehre von den "Stadien" oder "Sphären" der Existenz, die eine Stufung der verschiedenen Lebensmöglichkeiten bis hin zum Christ-Sein darstellen. Diese Reflexion wird insbesondere von dem Pseudonym Johannes Climacus in seiner *Unwissenschaftlichen Nachschrift zu den Philosophischen Brocken* geleistet. Noch stärker als Kierkegaard selbst zeigt Climacus eine einheitliche Entwicklung der pseudonymen Werke auf, indem er die dort dargestellten Existenzweisen als Stufen einer menschlichen Entwicklung, die zum Christ-Werden hinleitet,

---

[472] Zur Bedeutung der Pseudonymität s.o. I.; Die beste Darstellung der pseudonymen Entwicklung unter Berücksichtigung sowohl der Besonderheit der einzelnen Pseudonyme als auch der Einheit der pseudonymen Schriften bietet Greve (1990).

[473] "*'Ohne Vollmacht' aufmerksam zu machen* auf das Religiöse, das Christliche, das ist die Kategorie für meine gesamte Wirksamkeit als Schriftsteller, als ein Ganzes betrachtet" (SüS, 10). Zu dieser späten Selbstdarstellung Kierkegaards s.u. III.4.4.

[474] "Es bleibt stets mein Verdienst in der Literatur, die entscheidenden Bestimmungen des ganzen Umfangs des Existentiellen derart dialektisch scharf und ursprünglich dargelegt zu haben, wie es - zumindest meines Wissens - in der Literatur noch nicht geschehen ist" (Pap VII A 127/ Tb II, 63).

[475] *Eine erste und letzte Erklärung* (UN II, 339 ff.).

deutet.[476] Die derart aufeinander bezogenen pseudonymen Werke dienen in seiner Sicht der Verdeutlichung der verschiedenen Existenzstadien und stellen grob gesehen die Gegensätze und Übergangsformen der ästhetischen, ethischen und religiösen Lebensweisen dar.

Doch mit dieser stadientheoretischen Funktion der Pseudonyme ist nicht deren inhaltliche Weite und Divergenz erfaßt, insofern sie gerade als Repräsentanten einer jeweils eigenen Lebensperspektive vielfältige Aspekte zur Sprache bringen, die nicht nur nach dem Kriterium der gestuften Entwicklung der Existenz zu deuten sind, sondern auch als eigenständiger Blick auf die Vielfalt der Lebensmöglichkeiten und -schwierigkeiten. So ist nicht nur die Einheit der pseudonymen Werke, sondern auch die - gerade in der mäeutischen Intention begründete - Individualität der pseudonymen Perspektiven zu beachten, was ein Herausarbeiten der eigenen philosophischen Ansicht Kierkegaards aus den Pseudonymen unmöglich macht - was von ihm selbst auch ausdrücklich abgewiesen wird.[477]

Ein für fast alle Pseudonyme bedeutsames und von ihnen höchst unterschiedlich behandeltes Thema ist *das Tragische*. Es ist durchaus im Sinne der Stadientheorie zu deuten, insofern in ihm Probleme des Übergangs zwischen den einzelnen Stadien zur Sprache kommen. Doch darin allein erschöpft sich seine Bedeutung nicht, und eine allzu einheitliche Deutung vom Stadienschema aus verbietet sich schon deshalb, weil - wie wir sehen werden - das Tragische zur Bestimmung verschiedener Übergangsstufen verwandt wird: nämlich zwischen ästhetischem und ethischem, ethischem und religiösen, ästhetischem und religiösem Leben.[478] In den folgenden Kapiteln soll nun,

---

[476] Auf die Differenz zwischen der Deutung der pseudonymen Werke durch Climacus und Kierkegaard selbst weist Greve (1990), 274 Anm. 21, hin. Während Climacus die Einheit des Christlichen mit den humanen Lebensmöglichkeiten darstelle, gehe es Kierkegaard um die Differenz des Christlichen zur Humanität, die für ihn nur als mäeutischer Ansatzpunkt genommen werde. "Gegen Climacus' Gedanken der Kontinuität setzt er also den der Diskontinuität." Kierkegaard werde dadurch jedoch der von den Pseudonymen dargestellten Weite der menschlichen Lebensmöglichkeiten und damit dem pseudonymen Werk "auf keinen Fall gerecht". Climacus' Deutung der Stadienlehre ist nach Greve "für den Interpreten verbindlich" (24).

[477] "Es ist also in den pseudonymen Büchern nicht ein einziges Wort von mir selbst; ich habe keine Meinung über sie außer als Dritter, kein Wissen um ihre Bedeutung außer als Leser, nicht das entfernteste private Verhältnis zu ihnen, wie dies zu haben denn auch unmöglich ist zu einer doppelt-reflektierten Mitteilung." (UN II, 340).

[478] Auch Holler (1981) betont, daß sich aus den pseudonymen Werken nicht Kierkegaards Begriff des Tragischen herausarbeiten lasse, weil jedes Pseudonym aus seiner eigenen Perspektive das Tragische bestimme. Holler stellt 7 Thesen zum Verständnis des Tragischen in den pseudonymen Werken auf (VII f.):
"(1) The pseudonymous works do not present a systematic concept of tragedy. (2) The pseudonymous works presents five variously elaborated but significantly different concepts of tragedy. (3) Each pseudonymous discussion of tragedy helps establish the character and standpoint of its pseudonymous author. (4) Each pseudonymous treatment of tragedy helps advance the overall purpose of the work in which it appears. (5) The various concepts of tragedy in the pseudonymous works reflect the general movement of the works as a whole from aesthetic to religious concerns. (6) The content of the concept of tragedy in each work is a function of the literary character and standpoint of the pseudonymous author, the purpose of the work in

unter besonderer Berücksichtigung dieser Problematik des Tragischen, die Vielfältigkeit der Bestimmung des Schicksalsverhältnisses in den pseudonymen Werken aufgezeigt werden. Dabei bewegt sich die Fragestellung, gemäß der Gedankenentwicklung der pseudonymen Werke, von dem Problem eines romantisch-ästhetischen Nihilismus aus immer mehr auf die Thematisierung der christlichen Existenz zu.

2.1. Die Alternative von ästhetischer Indifferenz und ethischer Entschiedenheit: *Entweder/Oder*

Im Jahre 1843 veröffentlichte Kierkegaard sein erstes, groß angelegtes pseudonymes Werk: *Entweder/Oder*. Diese Schrift bietet sich nicht als einheitliche Dichtung dar, sondern als eine Sammlung verschiedener Schriften zweier Menschen, die von einem Herausgeber namens Victor Eremita entdeckt, geordnet und alternativ einander gegenübergestellt wurden.[479] Es handelt sich zum einen um eine Reihe ästhetischer Schriften und Aphorismen eines namenlos bleibenden Verfassers, den der Herausgeber A nennt, sowie um Briefe eines Gerichtsrats Wilhelm, von Eremita auch kurz B genannt, an jenen ästhetischen Schriftsteller, die eine ethische Kritik ästhetischen Lebens zum Inhalt haben.[480] Es geht in *Entweder/Oder* also um die Konfrontation von ästhetischer und ethischer Lebensanschauung. Dabei ist die ordnende Tätigkeit des Herausgebers nicht gering zu veranschlagen. Er ist es, der die verschiedenen Schriften als alternative Lebenskonzepte einander gegenüberstellt und sie daher unter dem Titel *Entweder/Oder* zusammenfaßt. Auch die Kennzeichnung der Verfasser als Ästhetiker bzw. Ethiker geht auf ihn zurück (vgl.

---

which it appears, and the work's function in the whole of the pseudonymous literature. (7) Kierkegaard's concept of tragedy does not emerge from the exposition of the pseudoymous literature."

M.E knüpft Holler jedoch die jeweilige Darstellung des Tragischen zu eng an die Funktion des Pseudonyms innerhalb der einheitlichen Gedankenentwicklung der pseudonymen Schriften und übersieht dabei, daß gerade in der Thematisierung des Tragischen ein über die Schematik der Stadienentwicklung hinausweisender Akzent gesetzt wird. Seine Zusammenfassung der verschiedenen Sichtweisen des Tragischen erscheint mir daher in manchen Punkten problematisch, worauf ich an den entsprechenden Stellen eingehen werde. Er unterscheidet ästhetische, ethische, theologische, psychologische und metaphysische Sichten des Tragischen, die er jeweils einem Pseudonym zuordnet (VII):

"In the *Either*, the aesthete presents an aesthetic concept of tragedy, which is formed in opposition to Hegel's conception. In *Fear and Trembling*, Johannes de Silentio presents an ethical concept of tragedy that is close to Hegel's conception. In *The Concept of Dread*, Vigilius Haufniensis presents a theological concept of tragedy in which tragedy is the relation of spirit to that which is not spirit. In *Stages on Life's Way*, Frater Taciturnus presents a psychological concept of tragedy in which tragedy is misunderstanding. In the *Concluding Unscientific Postscript*, Johannes Climacus presents a metaphysical concept of tragedy in which tragedy is contradiction." (VII).

[479] Zum fiktionalen Rahmen vgl. Kinter (1991), 15 ff.

[480] Genauer betrachtet stellt sich die Struktur von *Entweder/Oder* noch komplexer dar, insofern von A und B nicht nur eigene Schriften, sondern auch Schriften Dritter überliefert werden, von A das *Tagebuch des Verführers*, von B die Predigt in seinem *Ultimatum*.

EO I, 7 f.), wobei er das Attribut des Ästhetischen von dem kunsttheoretischen Inhalt der Schriften A's herleitet. Doch in diesen Schriften drückt sich eine bestimmte Lebenshaltung aus, und diese wird von dem Ethiker einer grundlegenden Kritik unterzogen. Victor Eremita enthält sich jedoch jeglicher Wertung und legt seine Sammlung in der bleibenden Offenheit der Alternativen dem Leser vor (vgl. EO I, 15). Die Ergebnislosigkeit des alternativen Entweder/Oder betont auch der von Eremita gewählte Untertitel: "Ein Lebensfragment" (EO I, 1).

Erst die Kritik des Gerichtsrats ermöglicht es, die ästhetische Lebenshaltung als ein Stadium der Selbstwerdung zu identifizieren und somit in die übergreifende Konzeption der Existenzstadien einzuordnen, auch wenn damit nicht zugestanden werden muß, daß der Gerichtsrat die Tiefe der ästhetischen Perspektive des A ganz erfaßt habe. Das Interesse am Ästhetischen in *Entweder/Oder I* richtet sich daher nicht auf den kunsttheoretischen Inhalt der Schriften A's, sondern auf die sich in ihnen äußernde Lebenshaltung. "Seine Aufsätze sind nicht primär kunsttheoretische Erörterungen, sondern Reflexionen über Existenzprobleme *anhand* von Kunst."[481]

2.1.1. Der Ästhetiker A zwischen Lebenslust und -müdigkeit

Die grundlegende Bestimmung des Ästhetischen, mit der B das Leben des A deutet, lautet: "Das Aesthetische in einem Menschen ist das, wodurch er unmittelbar das ist was er ist" (EO II, 190). Damit unterscheidet er die unmittelbare Existenz von seiner Vorstellung einer selbstbewußt-freien Lebensgestaltung.[482] Die Unmittelbarkeit des Ästhetikers äußert sich für den Ethiker als Genußstreben, in welchem der Genießende abhängig ist sowohl von dem Gegenstand des Genusses als auch von seinen eigenen emotionalen Antrieben. Dabei ist eine Tendenz zur Verinnerlichung des Genusses, zur Steigerung durch Reflexion, möglich[483], und der im ersten Teil von *Entweder/Oder* vorgestellte Ästhetiker repräsentiert eine Höchstform *reflektierter* Unmittelbarkeit. Er ist ein Ästhetiker im Sinne der frühromantischen Ironie und Lebenspoesie.[484]

Die reflektierte Haltung des Ästhetiker ist aber nicht bloß Ausdruck einer "instrumentellen Vernunft" zur Verfeinerung des Genusses, wie es aus der Sicht des Gerichtsrats erscheinen mag[485], sie ist vielmehr ein Bewußtwerden der Bedingungen und Grenzen des Ästhetischen, das A aus der Erfahrung innerer Leere und Abhängigkeit erwächst. Mit der Unerfüllbarkeit des Genußstrebens ist ihm die Nichtigkeit allen Daseins zur Grunderfahrung geworden, die ihn an den Rand seiner ästhetischen Lebenshaltung führt. Schonungslos hält er sich immer wieder seine Abhängigkeiten vor Augen, und dennoch gewinnt er keinen neuen Standpunkt jenseits des Ästhetischen,

---

[481] Greve (1990), 41.
[482] Dazu s.u. III.2.1.3.
[483] Zu den verschiedenen Aspekten und Formen der Unmittelbarkeit vgl. Greve (1990), 47 ff.
[484] Vgl. Greve (1990), 40 f.
[485] Vgl. Greve (1990), 54.

da ihm angesichts der Nichtigkeit seines Strebens die *ästhetische Beliebigkeit alles Wirklichen* nur noch tiefer einsichtig geworden ist, womit eine ernsthafte Entschiedenheit grundsätzlich verstellt bleibt. Das "Entweder/Oder" bezeichnet bei ihm die unaufhebbare Indifferenz alles Möglichen (vgl. EO I, 41 ff.)[486], und deutlich sieht er den Zusammenhang zwischen der inneren Unentschiedenheit und der Abhängigkeit von äußerlichen Beliebigkeiten: "Mit der Willkürlichkeit in einem selbst steht die Zufälligkeit außerhalb von einem in Entsprechung." (EO I, 320 f.).

Die Reflexion auf die Unerfüllbarkeit ästhetischen Lebens bleibt so bei A selbst noch ästhetischer Ausdruck, als Klage über die eigene Nichtigkeit. Die Schwermut, seine "treueste Liebhaberin" (EO I, 21), wird ihm zum Gegenstand eines innersten, leidenden Genusses. Die *Diapsalmata*, jene aphoristischen Aufschreie, mit denen der erste Teil von *Entweder/Oder* beginnt, geben einen tiefen Einblick in das Lebensgefühl des Ästhetikers. Seine Schicksalsabhängigkeit und innere Gebundenheit ist eines der Hauptmotive dieser schwermütig-nihilistischen Bekenntnisse.[487]

A spürt, daß ihm durch das unmittelbare Glücksverlangen das eigene Leben aus den Händen gleitet, weil er abhängig wird von äußeren Umständen, die sich der Selbstbestimmung entziehen. Die "Tür zum Glück" ist nicht mit einer Willensanstrengung zu erstürmen, denn "sie geht nach außen auf, und man vermag daher nichts zu tun" (EO I, 24). Er fühlt sich wie eine Schachfigur, von der der Gegner sagt, sie dürfe nicht gezogen werden (EO I, 22). Doch zieht er hieraus nicht die Konsequenz, ohne Rücksicht auf Gelingen sich eigene Ziele zu setzen und ihnen gemäß zu handeln, sondern er fügt sich in die Passivität der Glückserwartung, auch wenn diese nicht erfüllt wird. In paradoxem Widerspruch zu der Heftigkeit seiner Klagen, die er als "das rein Menschliche" "von den Griechen gelernt" hat (EO I, 34), hält er sich auch noch die Nutzlosigkeit des Klagens vor Augen, scheinbar ganz dem

---

[486] Vgl. Schäfer (1968), 120. 275; Sløk (1990), 52 f.
"A will nicht argumentieren. Er will sich einfach auf nichts einlassen, auch nicht auf die Flucht, auf der er sich befindet. Diese unentschiedene Unverbindlichkeit ist die einzige Chance, dem mit dem Dasein gegebenen Unglück, sich festlegen zu müssen, zu entgehen. (...) Das Buch des Ästhetikers weist aber gerade dadurch, daß es dieses Ohne-mich vorführt, auf das Dilemma von Selbstwahl und Unverbindlichkeit hin, das als Struktur der je eigenen Existenz jeden Leser bestimmt. Dieser Hinweis auf dieses Allgemeine macht das Buch 'metaphysisch', das heißt daseinshermeneutisch bedeutsam" (Schäfer (1968), 275 Anm. 159).
[487] McCarthy (1978) ordnet die Aphorismen drei verschiedenen Gruppen zu: "1) outcries of pain and suffering, 2) general reflections and cynicyl remarks born of sufferings and 3) small gems of self-analysis" (60). "His self-analysis revolves around the themes of 1) seeking selfmastery, 2) frustration and emptiness in barren existence, 3) passivity and indifference now to himself and the world, 4) an awareness of being closed-in, locked up in himself and isolated from others, 5) being a victim of moods and a mystery to himself, and 6) loving his melancholy and sorrow." (61) Ich kann McCarthy nicht ganz zustimmen, wenn er meint, daß A zu keinem Zeitpunkt den Zusammenhang zwischen seiner Haltung und seinem Leiden sehe. Jedoch drängt ihn seine Einsicht nicht zu einer entschiedenen Änderung seiner Haltung, da er in der Reflexion - seine Schwermut liebend - steckenbleibt. "He is here in an implicit and not-too-subtil crisis of the will: he is destroying himself, and yet he *will* do nothing about it." (61). Desweiteren vgl. zu den *Diapsalmata* Deiss (1984), 165 ff.

Schicksal ergeben: "Es gehört doch eine große Naivität dazu, um zu glauben, es hülfe etwas, daß man in die Welt ruft und schreit, so als ob dadurch das Schicksal, das man hat, sich änderte. Man nehme es, wie es geboten wird, und enthalte sich aller Weitläufigkeiten." (EO I, 35).

Seine Schicksalsabhängigkeit beschreibt er immer wieder in der Metaphorik des Gebundenseins. Er hängt wie eine Spinne an ihrem Faden in den offenen Raum hinab (EO I, 25) oder wie ein Schwimmschüler im offenen Meer an einem Seil, doch der feste Anknüpfungspunkt seines Lebens bleibt ihm verborgen: "denn freilich hab ich einen Strick um den Leib, aber die Stange, die mich oben halten soll, seh ich nicht" (EO I, 34).

Die Undurchsichtigkeit der eigenen Wirklichkeit prägt das Lebensgefühl des Ästhetikers, seine Möglichkeiten verlieren sich ebenso wie seine unaufhebbare Vergangenheit in unergründlicher Ferne. Lebensunfähig angesichts der völligen Haltlosigkeit wie ein Nichtschwimmer im Meer bleibt er angewiesen auf den festen Punkt, der ihm mit der Sicherheit zugleich die Grenzen seiner Bewegungen vorschreibt. Nur verliert sich dieser feste Punkt ebenso in Unbestimmbarkeit wie die unbegrenzten Möglichkeiten, die Faktizität ist eine vorwärtstreibende Notwendigkeit, der sich der Ästhetiker blind ausgeliefert sieht. Er kommt in kein wirkliches Verhältnis zu sich selbst und findet so auch keinen eigenen Standpunkt in der Weite der Möglichkeiten. Die Undurchsichtigkeit der treibenden Faktizität steht in Entsprechung zur Unbestimmbarkeit der Zukunft.

"Was wird geschehen? Was wird die Zukunft bringen? Ich weiß es nicht, ich ahne nichts. Wenn eine Spinne von einem festen Punkt aus sich herniederstürzt in ihre notwendigen Folgen, so sieht sie fort und fort vor sich einen leeren Raum, in dem es ihr unmöglich ist, festen Fuß zu fassen, und wenn sie sich noch so sehr spreizte. Ebenso ergeht es mir; nach vorne fort und fort ein leerer Raum, und was mich vorwärts treibt ist eine Folgerichtigkeit, die hinter mir liegt. Das Leben ist nach rückwärts gekehrt und grauenhaft, nicht auszuhalten." (EO I, 25).

Keinen eigenen Standpunkt im Leben zu haben, sich selbst nicht gegenwärtig zu sein, bestimmt A in seiner Rede *Der Unglücklichste* (EO I, 231-245)[488] als das eigentliche Unglück:

"Der Unglücklichste nun ist einer, der auf die eine oder andere Weise sein Ideal, seines Lebens Inhalt, seines Bewußtseins Fülle, sein eigentliches Wesen außerhalb seiner selbst hat. Der Unglückliche ist allezeit abwesend von sich selbst, niemals sich selber gegenwärtig. Abwesend aber kann man offenbar sein entweder in der Vergangenheit oder in der Zukunft. Hiermit ist der gesamte Bereich des unglücklichen Bewußtseins hinreichend umgrenzt." (EO I, 236 f.).

Die in ihrer Hoffnung oder Erinnerung verlorenen Individuen werden nicht durch ein äußeres Schicksalsereignis unglücklich, sie sind es immer schon in ihrer Selbstveräußerung (vgl. EO I, 237 ff.). Die Äußerlichkeit und Fremdheit des eigenen Lebens sieht der Ästhetiker somit in psychologischer Perspektive als Haltung an, die aus einer inneren Entfremdung hervorgeht.

---

[488] Vgl. Deiss (1984), 237 ff.

Wie Vigilius entdeckt auch er als eigentlichen Grund der äußerlichen Schicksalsabhängigkeit die innere Angst vor der Unbestimmtheit des Lebens. Er fühlt sich "gebunden mit einer Kette, die aus düsteren Einbildungen gemacht ist, aus ängstigenden Träumen, aus unruhvollen Gedanken, aus bangen Ahnungen, aus unerklärten Ängsten" (EO I, 37).

Die ästhetische Selbstbetrachtung ist bei A zur Grundlage psychologischer Reflexion geworden, mit der er, typologisierend wie auch andere Pseudonyme Kierkegaards, verschiedene Entwicklungsstufen des menschlichen Bewußtseins aufzeigt, so besonders in seiner Abhandlung über Mozarts *Don Giovanni*: *Die unmittelbaren erotischen Stadien oder das Musikalisch-Erotische* (EO I, 47-145)[489] oder in: *Schattenrisse: Psychologischer Zeitvertreib* (EO I, 177-230)[490]. Die psychologische Reflexion läßt ihn in Distanz treten zur ästhetischen Unmittelbarkeit, und doch gelangen seine Beobachtungen nie über das Ästhetische hinaus. Sein Feld ist der Grenzbereich des Ästhetischen, aber es fehlt ihm an den anthropologischen Kategorien, mit denen Vigilius seine Psychologie begründet. Er weiß um die Angst vor der Unbestimmtheit des Lebens, doch kann er sie nicht als Möglichkeit der Freiheit deuten. So bleibt er stehen bei der Beschreibung der inneren Zerrissenheit ästhetischen Lebens, wie er sie an sich selbst erfahren hat. Die Einsicht in die Unerfüllbarkeit des ästhetischen Lebensideals wird zur drückenden Angst vor der eigenen Sinnlosigkeit. Der Ästhetiker hat alle seine Illusionen, die Dimension der Möglichkeit verloren (vgl. EO I, 44 f.), was bleibt ist Überdruß und Langeweile:

"Ich mag schlechterdings nichts" (EO I, 20). "Das Leben ist mir ein bitterer Trank geworden, dennoch soll es wie Tropfen eingenommen werden, langsam, mit Zählen." "Die Zeit vergeht, das Leben ist ein Strom, sprechen die Menschen usw. Ich kann davon nichts merken, die Zeit steht still, ich mit" (EO I, 27).

"Wie grauenhaft ist doch Langeweile - grauenhaft langweilig; (...) Ich liege hingegossen, untätig; das Einzige, das ich sehe, ist Leere, das Einzige, davon ich lebe, ist Leere, das Einzige, darin ich mich bewege, ist Leere." (EO I, 40).

In seiner "Genußmüdigkeit"[491] wandelt sich der Ästhetiker vom Meister des ekstatischen Vortrags und Bewunderer sinnlicher Genialität zum langweiligen Oblomow: "Wenn ich morgens aufstehe, gehe ich gleich wieder ins Bett" (EO I, 27). Und nicht weit ist es von dieser Lethargie bis zum Motiv des ersehnten Todesschlafs: "Komm Todesschlaf, du versprichst nichts, du hältst alles" (EO I, 32), das sich bis zu Suizidgedanken steigert, als ein letztes, paradoxes Aufbäumen des ästhetischen Lebenswillens gegen die Bedeutungslosigkeit: "Ich bin es somit nicht, der da Herr meines Lebens ist, ich bin nur ein Faden mehr, der in des Lebens Kattun hineingesponnen werden soll! Nun wohl, vermag ich gleich nicht zu spinnen, so vermag ich doch den

---

[489] Vgl. Deiss (1984), 264 ff.; v. Hofe (1972), 112 ff.; Hopland (1981), 148 ff. 165 ff.; Hügli (1973), 38 ff.; Nordentoft (1972), 46 ff.; Taylor (1975), 142 ff.
[490] Vgl. Deiss (1984), 227 ff.; Nordentoft (1972), 331 ff.
[491] Greve (1990), 72.

Faden abzuschneiden" (EO I, 33). Aber ihm fehlt die Entschiedenheit, "die große Entdeckungsfahrt anzutreten", weil er mit "einer zweideutigen Angst vor dem Verlieren und Behalten (am Leben) hängt und haftet" (EO I, 40): "Hänge dich auf, du wirst es bereuen, hänge dich nicht auf, du wirst es gleichfalls bereuen" (EO I, 42). "Falls ein Stein herabkäme und mich zu Tode schlüge, das wäre doch ein Ausweg" (EO I, 41).

So lebt er einem Todkranken gleich in der Fluchtburg seiner Klagen (vgl. EO I, 45 f.), unfähig zu leben, unfähig zu sterben.[492] Er gehört zur ästhetischen Gesellschaft der "Symparanekromenoi"[493], deren Mitglieder "überhaupt an nichts glauben als an das Unglück" (EO I, 234). Das Unglück des Identitätsverlustes, des Ausgeliefertseins an die Zufälligkeiten des Genusses, wird hier als eigentliche Basis ästhetischer Intensität angesehen. Das scheinbare Scheitern ästhetischen Lebens in Langeweile und Schwermut wird nochmals ästhetisch aufgefangen im bewußten Verzicht auf eine kontinuierliche, extensive Genußerfüllung. Der Verlust innerer Identität und Kontinuität wird nicht geleugnet, sondern zur Grundlage einer neuen Potenz des Ästhetischen gemacht. Die romantische Losung des poetischen Lebens klingt nun wider als die Maxime eines der Nichtigkeit der eigenen Zufälligkeit preisgegebenen "aphoristischen" Lebens. Die Gesellschaft der "Symparanekromenoi" versammelt sich zur "aphoristischen zufälligen Andacht":

"(...) wir, die wir nicht aphoristisch denken und sprechen, sondern aphoristisch leben, (...) als Aphorismen im Leben stehen, ohne Gemeinschaft mit den Menschen, nicht teilhabend an ihren Leiden und Freuden, wir, die wir nicht Mitlauter sind in des Lebens Lärmen, sondern einsame Vögel in der Stille der Nacht, nur ein seltenes Mal versammelt, um uns zu erbauen an Vorstellungen von des Lebens Jämmerlichkeit, von des Tages Länge und der Zeit unendlicher Dauer, wir, liebe Symparanekromenoi, die wir nicht glauben an der Freude Saitenspiel oder der Toren Glück, wir, die wir überhaupt an nichts glauben als an das Unglück" (EO I, 234).

In seinem "Versuch einer sozialen Klugheitslehre", der *Wechselwirtschaft* (EO I, 301-321), entwirft A gleichsam kontrapunktisch zur aphoristischen Lebensklage der *Diapsalmata* nochmals die Möglichkeit intensiven Lebens als Überwindung der Langeweile, die er in den *Diapsalmata* als die hinter allem Genuß sich verbergende Leere beklagte. Sie ist ihm die "Wurzel allen

---

[492] In diesem Sinne bestimmt Anti-Climacus die Verzweiflung als die das Selbst aufzehrende "Krankheit zum Tode": "Es ist nämlich so weit wie möglich davon, daß man, unmittelbar verstanden, an dieser Krankheit stirbt, oder daß diese Krankheit mit dem leiblichen Tode endet. Im Gegenteil, der Verzweiflung Qual ist gerade, daß man nicht sterben kann. Sie hat dergestalt mehr gemeinsam mit dem Zustand des Todkranken, wenn er daliegt und mit dem Tode ringt und nicht sterben kann. Solchermaßen heißt zum Tode krank sein nicht sterben können, jedoch nicht so, als ob da Hoffnung für das Leben wäre, nein, die Hoffnungslosigkeit ist, daß selbst die letzte Hoffnung, der Tod, nicht ist." (KzT, 13).
[493] Ein von Kierkegaard neu gebildetes griechisches Kunstwort, das am besten als "Mitversterbende" übersetzt werden kann.

Übels" (EO I, 304), und er begreift sie als Ausdruck ontologischer Leere und Sinnlosigkeit, eines "dämonische(n) Pantheismus" (EO I, 309):

"Im Pantheismus liegt im Allgemeinen die Bestimmung der Fülle, mit der Langeweile ist es umgekehrt, sie ist auf Leere gebaut, ist aber eben deshalb eine pantheistische Bestimmung. Langeweile ruht auf dem Nichts, welches sich durch das Dasein schlingt, ihr Schwindel ist unendlich, gleich jenem Schwindel, der sich erzeugt, wenn man in einen unendlichen Abgrund niederblickt." (EO I, 310).

Doch entgegen der schwermütigen Todessehnsucht der *Diapsalmata* stellt sich A nun bewußt der grenzenlosen Offenheit und damit auch Beliebigkeit des Lebens, um "das vollendete Schweben" (EO I, 315) zu erreichen. Das Konzept der *Wechselwirtschaft* besteht darin, nichts mehr ernst zu nehmen, auch den Genuß und vor allem sich selbst nicht: man muß "immerfort sich selbst auswechseln, und dies ist das eigentliche Geheimnis". "In der Willkürlichkeit liegt das ganze Geheimnis" (EO I, 319). *Die Wechselwirtschaft* ist so das Programm nicht einer extensiven, sondern einer intensiven Bebauung, das in sich schon ein Moment der Begrenzung enthält (vgl. EO I, 311 f.). Damit meint der Ästhetiker die Leere des Genußstrebens wieder aufzufangen durch eine hedonistische Askese, die keinen Genuß ernster nimmt, als er in seiner Flüchtigkeit erscheint. Daher ist das Bewußtsein der Flüchtigkeit das innerlich Begrenzende in der Lebensintensität vollendeter Willkürlichkeit:

"Nichts anstaunen (nihil admirari) ist daher die eigentliche Lebensweisheit. Kein einziges Lebensmoment darf für einen mehr Bedeutung haben, als daß man es jeden Augenblick, wo man will, vergessen kann; jedes einzelne Lebensmoment muß andererseits so viel Bedeutung für einen haben, daß man jeden Augenblick seiner sich erinnern kann." (EO I, 313).

So kommt der Ästhetiker von der Einsicht in die langweilige Leere, die sich hinter dem Genußstreben verbirgt und ihn in lethargische Schwermut stürzt, zu immer neuen Versuchen einer ästhetischen Überwindung dieser Leere, sei es in der dämonisch-negativen Ästhetik der Symparanekromenoi oder in der asketischen Intensität der völligen Willkürlichkeit und Zufälligkeit. In ihr scheint wieder das romantische Ideal des poetischen Lebens über die Schwermut zu siegen und eine spielerische Leichtigkeit im Umgang mit dem Schicksal zu ermöglichen: "Hat man dergestalt in der Kunst zu vergessen und in der Kunst, sich zu erinnern, sich vervollkommnet, so ist man imstande, Fangball zu spielen mit dem ganzen Dasein" (EO I, 313). Doch auch dies ist nur ein Spiel, ein Fragment im Leben eines Aphorismas, das hin- und hergeworfen zwischen schwermütigem Nihilismus und Lebenslust immer neue Entwürfe fragmentarischer Lebenskunst und -weisheit produziert, die sogar ethisch-religiösen Ernst mit einbeziehen, wie in der Abhandlung über das Tragische, der wir uns nun zuwenden.

2.1.2. A's Reflexionen über das Tragische

Nach der Bedeutung des Tragischen für die moderne, reflektierte Subjektivität fragt der Ästhetiker in seiner Abhandlung: *Der Widerschein des antiken Tragischen in dem modernen Tragischen* (EO I, 147-176)[494]. Er stellt hierin die antike Auffassung des Tragischen der modernen gegenüber, die seiner Ansicht nach das Tragische durch eine ethische Subjektivierung verloren habe. Daher will er zu zeigen versuchen, "wie das dem antiken Tragischen Eigentümliche sich in das moderne Tragische aufnehmen lasse, dergestalt, daß das wahrhafte Tragische darin zur Erscheinung komme" (EO I, 151). Seine Abhandlung ist deutlich in zwei Teile unterteilt[495], im ersten legt er mit Bezug auf Aristoteles seine Theorie des Tragischen dar, im zweiten stellt er zur Veranschaulichung ein eigenes Tragödienmotiv vor: die "moderne Antigone".

A's Darstellung der aristotelischen Tragödientheorie steht deutlich unter dem Einfluß der Hegelschen Ästhetik.[496] Der Unterschied zwischen antiker und moderner Tragödie wird von ihm wie bei Hegel als Differenz von Substantialität und Subjektivität interpretiert. Das Griechentum ist bis hin zu Sokrates ganz durch die substantielle Sittlichkeit der Polis bestimmt, und für Hegel liegt die Bedeutung der antiken Tragödie darin, durch einen Konflikt verschiedener ethischer Zwecke innerhalb dieser Sittlichkeit deren Unmittelbarkeit zu zerbrechen und die Reflexion der subjektiven Moralität einzuleiten. In ihrer unmittelbaren Gestalt bildet die Sittlichkeit die Einheit der Sitte eines Volkes, ohne daß die in ihr wirkenden Unterschiede als solche hervorgetreten wären. "Die sittliche Substanz ist als konkrete Einheit eine Totalität *unterschiedener* Verhältnisse und Mächte"[497], doch erst, wenn die Unterschiedenheit bewußt wird und so innerhalb der sittlichen Einheit gegensätzliche Bestimmungen in Konflikt miteinander geraten, verwirklicht sich die Sittlichkeit als selbstbewußte Geistigkeit. Die ethischen Konflikte der Tragödie stellen diesen Prozeß dar, wobei die Gegensätze durch die handelnden Charaktere repräsentiert werden, in deren Pathos treten die unterschiedlichen ethischen Zwecksetzungen "in wechselseitiger Abgeschlossenheit *gegeneinander* auf"[498]. Während der tragische Chor die Einheit der sittlichen Substanz verkörpert, zeigt sich in den tragischen Charakteren jeweils eine bestimmte sittliche Größe. Ihre Bestimmtheit ist ganz die einer sittlichen Besonderheit, nicht eines individuellen Charakters[499]; die Handelnden sind, im

---

[494] Vgl. zu diesem Text Deiss (1984), 203 ff.; Johansen (1976); Holler (1981), 76 ff.; Mesnard (1955), 180 ff.; Nordentoft (1972), 331 ff.; Weber (1976), 63 ff.

[495] Johansen (1976), 129, spricht von einem Wechsel zwischen gelehrtem und imaginativem Vortrag.

[496] Die wichtigsten Texte zu Hegels Tragödientheorie finden sich in der *Phänomenologie* (III, 342-354) und in den *Vorlesungen über die Ästhetik* (XV, 519-574); dort zum Unterschied von antiker und moderner Tragödie: XV, 534 ff.; vgl. Holler (1981), 47 ff.; Pöggeler (1973), 79 ff.; Szondi (1971).

[497] Hegel XV, 523.

[498] Hegel XV, 523.

[499] "Den wahrhaften Inhalt des tragischen Handelns liefert für die *Zwecke*, welche die tragischen Individuen ergreifen, der Kreis der im menschlichen Wollen substantiellen, für sich

Unterschied zur modernen Tragödie, "ohne Kollision in sich selbst"[500]. Allerdings sieht Hegel in den Helden schon ein Moment der - noch nicht reflektierten - Subjektivität, weil sie negativ gegen die abstrakte Einheit der Sittlichkeit wirken müssen durch "die formelle Größe des Charakters"[501]. Doch die Eingebundenheit der tragischen Charaktere in die substantielle Sittlichkeit, auch wenn diese durch den von ihnen verkörperten Konflikt in Frage gestellt wird, bleibt die Basis der antiken Tragödie. Der ethische Konflikt ist ein solcher innerhalb der ethischen Allgemeinheit, nicht innerhalb des tragischen Individuums, wie in der modernen Tragödie (Shakespeare), wo individuelle Anlagen und Neigungen in Konflikt geraten mit der Sittlichkeit. Der Handlung als Austragung des ethischen Konflikts zwischen verschiedenen Rechtssphären kommt in der antiken Tragödie somit ein Vorrang vor der Darstellung der Charaktere zu. Wichtig ist für Hegels Theorie, daß die tragischen Gegensätze gleichberechtigt sind, somit eine ethische Lösung innerhalb der unmittelbaren Sittlichkeit, eine eindeutige Schuldzuweisung, nicht möglich ist. An diesem Widerspruch zerbricht die unmittelbare Sittlichkeit, und nur in der beginnenden Reflexion auf die Moralität, auf die innere Selbstverpflichtung zum sittlichen Handeln kann eine höhere Stufe der Sittlichkeit erreicht werden.

Als herausragendes Paradigma seiner Theorie nennt Hegel die *Antigone* des Sophokles: "Von allem Herrlichen der alten und modernen Welt (...) erscheint mir nach dieser Seite die *Antigone* als das vortrefflichste, befriedigendste Kunstwerk"[502]. Die Tragödien des Sophokles bringen nach Hegel vor allem den Hauptgegensatz innerhalb der unmittelbaren Sittlichkeit zum Ausdruck, den "des *Staats*, des sittlichen Lebens in seiner geistigen Allgemeinheit, und der *Familie* als der natürlichen Sittlichkeit"[503]. Besonders in der *Antigone* wird dieser Konflikt ausgetragen. Antigone ist eines der vier Kinder des Königs Ödipus. Als nach dessen Fortgang im Streit um die Herrschaft über Theben ihr Bruder Polyneikes aus der Stadt vertrieben wird und darauf im Bund mit den Feinden gegen die Stadt zieht, trifft er im Zweikampf auf seinen Bruder Eteokles. Die verfeindeten Söhne des Ödipus töten sich gegenseitig. Daraufhin verbietet Kreon, der nun als Bruder des Ödipus die Macht in Theben erlangt hat, Polyneikes, der sich gegen die Stadt gewandt hatte, zu bestatten. Diesem staatlichen Verbot widersetzt sich Antigone, worauf Kreon

---

selbst berechtigten Mächte: die Familienliebe der Gatten, der Eltern, Kinder, Geschwister; ebenso das Staatsleben, der Patriotismus der Bürger, der Wille des Herrschers; (...) Von der ähnlichen Tüchtigkeit sind nun auch die echt tragischen *Charaktere*. Sie sind durchaus das, was sie ihrem Begriff gemäß sein können und müssen: nicht eine vielfache, episch auseinandergelegte Totalität, sondern, wenn auch an sich selbst lebendig und individuell, doch nur die *eine* Macht dieses bestimmten Charakters, in welcher derselbe sich seiner Individualität nach mit irgendeiner besonderen Seite jenes gediegenen Lebensinhalts untrennbar zusammengeschlossen hat und dafür einstehen will." (Hegel XV, 521 f.).

[500] Hegel XV, 540.
[501] Hegel XV, 537.
[502] Hegel XV, 550
[503] Hegel XV, 544; diesem Gegensatz gilt auch das Hauptinteresse Hegels in den oben erwähnten Kapiteln der *Phänomenologie*, wo Staat und Familie als Differenz von göttlichem und menschlichem Recht thematisiert werden.

sie hinrichten läßt. Doch auch ihn trifft der Konflikt hart, als sich sein Sohn, der Bräutigam Antigones, und anschließend seine Frau das Leben nehmen. Die sittliche Einheit des Staates ist tragisch zerfallen. Für Hegel zeigt sich in der *Antigone* somit deutlicher als in allen anderen antiken Tragödien der Widerstreit gegensätzlicher sittlicher Mächte innerhalb der *einen* Sittlichkeit:
"Die vollständigste Art dieser Entwicklung ist dann möglich, wenn die streitenden Individuen, ihrem konkreten Dasein nach, an sich selbst jedes als Totalität auftreten, so daß sie an sich selber in der Gewalt dessen stehen, wogegen sie ankämpfen, und daher das verletzen, was sie ihrer eigenen Existenz gemäß ehren sollten. So lebt z.B. Antigone in der Staatsgewalt Kreons; sie selbst ist Königstochter und Braut des Hämon, so daß sie dem Gebot des Fürsten Gehorsam zollen sollte. Doch auch Kreon, der seinerseits Vater und Gatte ist, müßte die Heiligkeit des Bluts respektieren und nicht das befehlen, was dieser Pietät zuwiderläuft. So ist beiden an ihnen selbst das immanent, wogegen sie sich wechselweise erheben, und sie werden an dem selber ergriffen und gebrochen, was zum Kreise ihres eigenen Daseins gehört. Antigone erleidet den Tod, ehe sie sich des bräutlichen Reigens erfreut, aber auch Kreon wird an seinem Sohne und seiner Gattin gestraft, die sich den Tod geben, der eine um Antigones, die andere um Hämons Tod."[504]

Nicht nur durch das Aufgreifen des Antigone-Motivs, sondern auch in der Anlehnung an die kategoriale Bestimmung der substantiellen Sittlichkeit zeigt sich die Abhängigkeit des Ästhetikers A von Hegels Tragödientheorie, auch wenn er in entscheidenden Punkten von ihr abweicht. In Hegelschem Sinn deutet er die aristotelische Definition, wonach die Tragödie "Mimesis einer Handlung"[505] ist. Da diese Handlung nicht aus individuellen Antrieben, sondern aus den substantiellen Bestimmungen selbst sich ergibt, hat die Handlung in der antiken Tragödie "selber einen Beisatz von Leiden" (EO I, 153).
"Die Handlung selber trägt in der antiken Tragödie ein episches Moment an sich, sie ist ebenso sehr Begebenheit wie Handlung. Dies liegt nun natürlich daran, daß die alte Welt die Subjektivität nicht in sich reflektiert hatte. Mochte das Individuum gleich sich frei regen, es ruhte doch in substantiellen Bestimmungen, in Staat, Familie, im Schicksal. Diese substantielle Bestimmung ist das eigentlich Schicksalsschwangere in der griechischen Tragödie und ihre wahre Eigentümlichkeit. Der Untergang des Helden ist daher keine bloße Folge seiner Handlung, sondern zugleich ein Leiden, wohingegen in der neueren Tragödie der Untergang des Helden eigentlich nicht Leiden ist sondern Tat." (EO I, 153 f.).

Das eigentlich Tragische der antiken Tragödie gründet für A in der Belastung des individuellen Handelns durch die vorgegebene Geschichte des Staates und der Familie, die den einzelnen in sein Handeln hineintreibt. Die Substantialität stellt er als "schicksalsschwangere Notwendigkeit" ausdrücklich der freien Handlung gegenüber (EO I, 168) und sieht daher in dem Handeln der Charaktere ein Übergewicht des Leidens, der passiven Einfügung in die Gegebenheiten, und nicht die freie Verwirklichung endlicher ethischer

---

[504] Hegel XV, 549 f.
[505] Vgl. Aristoteles, Poetik 49 b, 24.

Zwecke wie Hegel. Für Hegel treten durch die Handlungen der Individuen die einzelnen ethischen Zwecke, die sie verkörpern, in Widerspruch zueinander und begründen so den dialektischen Prozeß der Selbstverwirklichung des sittlichen Geistes. Für ihn ist es daher "zum wahrhaft *tragischen* Handeln (...) notwendig, daß bereits das Prinzip der *individuellen* Freiheit und Selbständigkeit oder wenigstens die Selbstbestimmung, für die eigene Tat und deren Folgen frei aus sich selbst einstehen zu wollen, erwacht sei"[506]. In dieser Herausstellung der Subjektivität kommt zum Ausdruck, daß Hegels Tragödientheorie orientiert ist an dem Maß der modernen Tragödie, insofern er die dramatische Poesie als die eigentliche Gattung der *romantischen* Kunst, in der diese Form selbst ihre wahre Erfüllung findet, ansieht.[507] Die moderne Subjektivierung des Sittlichen ist ein Fortschritt auch innerhalb der ästhetischen Gattung der Tragödie, während für ihn in anderen Kunstformen, besonders der Skulptur, das Griechisch-Klassische ästhetisches Maß bleibt. Demgegenüber will der Ästhetiker A die romantische Subjektivierung als Mißverstehen des eigentlich Tragischen herausstellen und als Kern des antiken Tragischen die Zwiespältigkeit des Handelns zwischen Individualität und schicksalhafter Substantialität aufweisen. Sein Begriff des antiken Tragischen ist somit "substantieller" als bei Hegel[508]; so greift er das Hegelsche Verständnis des Griechentums als substantieller Sittlichkeit auf, ohne jedoch die Aufspaltung der Unmittelbarkeit durch die einander widersprechenden Zwecksetzungen als den eigentlichen Gehalt der Tragödie anzusehen. Staat und Familie verkörpern gemeinsam die eine Sphäre der Substantialität und bilden nicht, wie in Hegels Antigonedeutung, die gegensätzlichen Sphären des göttlichen und menschlichen Rechts. Ausdrücklich weist er diese Deutung als zu modern, zu subjektivistisch zurück. Zwar gehöre ein ethischer Konflikt zum Verständnis der tragischen Schuld, doch im antiken Tragischen liege der eigentliche Akzent nicht hierauf, sondern auf der Eingebundenheit der Handelnden in ein vorgegeben-übermächtiges Geschick[509]:

"Bei *Antigone* sammelt sich die tragische Schuld in einem bestimmten Punkte: daß sie ihren Bruder begraben hat trotz dem Verbot des Königs. Nimmt man dies als isoliertes Faktum, als einen Zusammenstoß zwischen der schwesterlichen Liebe und Pietät hier und einem willkürlichen menschlichen

---

[506] Hegel XV, 534.
[507] Hegels *Vorlesungen über die Ästhetik* liegt bekanntlich das Ordnungsschema: "symbolisch", "klassisch", "romantisch" zugrunde, das die geschichtliche Entwicklung innerhalb der verschiedenen Kunstgattungen, aber auch deren Verhältnis zueinander bestimmt. Der Subjektivität der Romantik entspricht ein Vorrang der Poesie vor den anderen Gattungen, und innerhalb der Poesie nimmt bei Hegel die dramatische Kunst den höchsten Rang ein.
[508] Vgl. Holler (1981), 81; Deiss (1984), 206 f. vernachlässigt diese Differenz zu Hegels Theorie, wenn sie die tragische Kollision auch bei A von der potentiellen (noch nicht entfalteten) Moralität des Helden aus deutet, die in Konflikt mit den sittlichen Bestimmungen gerät: "das, woran er hängt, woraus ihm schließlich der Strick gedreht wird, ist nichts anderes als seine Moralität" (207).
[509] Johansen (1976), 125 f., verweist darauf, daß diese gegen Hegels Deutung gerichtete Interpretation der *Antigone* sich schon bei Kierkegaards Lehrern Sibbern und Møller finde.

Verbote[510] dort, so würde die Antigone aufhören eine griechische Tragödie zu sein, es wäre ein ganz und gar modernes tragisches Thema. In griechischem Sinne entsteht das tragische Interesse dadurch, daß in des Bruders unglücklichem Tod, in der Schwester Zusammenstoß mit einem einzelnen menschlichen Verbote das traurige Schicksal des Ödipus widertönt, es sind gleichsam die Nachwehen, des Ödipus tragisches Geschick, das in den einzelnen Schossen seiner Familie neue Zweige treibt." (EO I, 167).

Das moderne Tragische deutet der Ästhetiker nun wie Hegel als bestimmt durch die Subjektivität, die Reflexion des tragischen Helden. Die Gründe der tragischen Konflikte liegen in der Persönlichkeit des tragischen Helden, der sich der Ambivalenzen seiner Situation und seines Handelns bewußt ist. Mit dieser Bewußtheit geht die antike Unmittelbarkeit der Schicksalsbestimmung zugrunde: "Der tragische Held ist subjektiv in sich reflektiert, und diese Reflexion hat ihn nicht allein aus jedem unmittelbaren Verhältnis zu Staat, Sippe, Schicksal hinausreflektiert, sondern ihn oft sogar hinausreflektiert aus seinem eigenen früheren Leben. (...) Der Held steht und fällt durchaus mit seinen eigenen Taten" (EO I, 154). Doch anders als Hegel sieht er hierin nicht die Erfüllung des Tragischen, sondern dessen Verlust, weil das wahre Tragische sich aus der Zwiespältigkeit von Handeln und Leiden, von Individuum und Geschick ergebe. "Es ist daher sicherlich ein Mißverständnis des Tragischen, wenn unsre Zeit dahin strebt, alles Schicksalsschwangere sich wandeln zu lassen zu Individualität und Subjektivität." (EO I, 154).

Der Ästhetiker erläutert den Unterschied zwischen dem antiken und dem modernen Tragischen vor allem im Hinblick auf das Verständnis der tragischen Schuld; sie ist "der eigentliche Brennpunkt" (EO I, 157). Für Aristoteles sei die Schuld des tragischen Helden ebenso wie die Handlung der Tragödie "ein Mittelding zwischen Handeln und Leiden" (EO I, 154). Die Schuld ist hier nicht im ethischen Sinne als eindeutige Schuld zu begreifen, die sich aus einer freien und bewußten Verantwortung für das eigene Handeln ergibt, sondern der Handelnde wird unschuldig schuldig, weil er sich seiner Bestimmung nicht entziehen kann. So zeigt sich "die eigentlich tragische Verfehlung in ihrer zweideutigen Unschuld" (EO I, 155). "Je reflektierter dagegen die Subjektivität wird, je pelagianischer man das Individuum sich selbst überlassen sieht, umso ethischer wird die Schuld" (EO I, 155). Die moderne Tragödie läßt keine Rückführung der Schuld auf eine schicksalhafte Bestimmung zu, da sie dem Handelnden mit der Freiheit seines Selbstbewußtseins auch die volle Verantwortung für seine Schuld gibt. Doch gerade dadurch ist die Schuld nicht mehr tragisch, sondern ethisch verstanden. Sie ist nicht eine zweideutige Unschuld, sondern "das Böse": "Wenn somit ein Individuum untergeht, so ist dies nicht tragisch, sondern es ist schlecht" (EO I, 155).

Für A liegt das wahre Tragische zwischen den Extremen einer völligen Schicksalsabhängigkeit einerseits und der vollen ethischen Verantwortlichkeit des einzelnen andererseits. "Hat das Individuum ganz und gar keine Schuld,

---

[510] Daß A das Verbot Kreons als "willkürlich" bezeichnet, zeigt, wie wenig er hier an Hegel orientiert ist, für den Kreon als die Verkörperung des göttlichen Rechts des Staates nicht willkürlich handelt.

so ist das tragische Interesse aufgehoben, denn alsdann ist der tragische Konflikt entnervt, hat es hingegen schlechthin Schuld, so interessiert es uns nicht mehr tragisch." (EO I, 154).[511] So betont er, daß die moderne Zeit durch ihr Verantwortungsbewußtsein über das Griechentum hinaus sei, auch wenn sich dieses Bewußtsein vor allem darin äußere, daß man sich vor der Verantwortung drücke und somit das Komische der eigentliche Grundzug der Zeit sei (vgl. EO I, 152). Doch das Verantwortungsbewußtsein ist ihm zugleich Ausdruck dafür, daß seine Zeit "schwermütiger ist und daher tiefer verzweifelt" (EO I, 152). Die Ethisierung betrachtet er als einen zwiespältigen Fortschritt des Menschlichen, der in seiner Konsequenz sich als Vergessen der Natürlichkeit darstellt. Die moderne Absolutsetzung des ethisch verantwortlichen Individuums ist für ihn eine unmenschliche Überforderung, eine "Illusion", "und indem die Zeit das Tragische verliert, gewinnt sie die Verzweiflung" (EO I, 155). Das Tragische ist ihm demgegenüber ein ganzheitlicherer Ausdruck des Menschseins, weil es die natürlichen Bindungen des einzelnen auch noch für den ethischen Bereich, für das Schuldigsein, mitbedenkt. So wirkt es als ein Heilmittel gegen die Hybris des Ethischen.

"Es liegt eine Wehmut und ein Heilmittel in dem Tragischen, die man wahrhaftig nicht verschmähen soll, und indem man auf die übernatürliche Weise, mit der unsere Zeit es versucht, sich selbst gewinnen will, verliert man sich selbst und man wird komisch. Ein jedes Individuum, so ursprünglich es sei, ist doch Gottes Kind, seiner Zeit, seines Volks, seiner Familie, seiner Freunde, erst hierin hat es seine Wahrheit; will es in dieser ganzen Bedingtheit (Relativität) das Unbedingte (Absolute) sein, so wird es lächerlich. (...) Gibt es dagegen diesen Anspruch auf, will es relativ sein, so hat es ohne weiteres das Tragische, und wäre es gleich das glücklichste Individuum, ja, ich möchte sagen, erst dann ist das Individuum glücklich, wenn es das Tragische hat." (EO I, 155 f.).

Gegenüber der ethischen Isolierung des Individuums vermittelt das Tragische eine "Kontinuierlichkeit" (EO I, 156), indem es den einzelnen in seinem Handeln mitbestimmt sein läßt durch die ihm vorgegebene Geschichte menschlicher Schuld. A spricht von der "Erbschuld" als dem eigentlichen Kern des antiken Tragischen, und er stellt die "objektive Dialektik" der Schuldvererbung (EO I, 171) als Annahme der Natürlichkeit des Menschen - auch in seiner geistigen Dimension - heraus: "Sieht (...) das Individuum das Naturverhältnis als ein Moment, das mit zu seiner Wahrheit gehört, so hat dies in der Welt des Geistes seinen Ausdruck darin, daß das Individuum teil hat an der Schuld." (EO I, 172).

"Die tragische Schuld ist nämlich mehr als die subjektive Schuld, sie ist Erbschuld; Erbschuld ist aber, ebenso wie Erbsünde, eine substantielle Bestimmung, und dies Substantielle macht die Trauer gerade tiefer." (EO I, 161).

---

[511] Vgl. EO I, 172: "Ist das Individuum isoliert, so ist es entweder Schöpfer seines eignen Geschicks, und alsdann ist da kein Tragisches mehr, sondern lediglich das Böse - denn es ist ja nicht tragisch, daß das Individuum verblendet gewesen oder gefesselt in sich selber, das ist sein eigenes Werk; - oder aber die Individuen sind nichts als Modifikationen von des Daseins ewiger Substanz, und alsdann ist das Tragische abermals nicht mehr da."

Das wahrhaft Tragische bildet einen Grenzbereich zwischen der ästhetischen und der ethischen Lebensanschauung, den A nur beschreiben kann, indem er die Grenzen der ästhetischen Sicht verläßt und diese mit dem ethischen Anspruch konfrontiert. Ja mehr noch, er erwägt von hier aus eine Kritik des Ethischen in religiösen Kategorien, die ihn in große Nähe zu Vigilius Haufniensis führen. Wie dieser versteht er die tragische Schuld als Grenzphänomen des Ästhetischen, das mit seinem Bezug zur Geschichtlichkeit des Menschen über die Autonomie des ethischen Subjekts hinausweist. Auf diese Nähe des Ästhetikers zu Vigilius Haufniensis müssen wir noch genauer eingehen, doch zunächst sei der weitere Gedankengang der Abhandlung über das Tragische skizziert.

Die Ethisierung der modernen Tragödie läßt den Menschen eindeutig schuldig werden und zerstört so mit dem eigentlich Tragischen auch dessen heilsame Natürlichkeit. Dem so auf sich selbst gestellten modernen Menschen bleibt nur noch, falls er nicht zu einer religiösen Versöhnung findet (vgl. EO I, 156 f.), die schwermütige Verzweiflung. Die Verzweiflung ergibt sich aus der Verinnerlichung der Schuld des Helden, der "sich durchsichtig ist in seinem Erleiden der Schuld" (EO I, 159).

Hieran wird nun ein weiterer Unterschied zwischen antiker und moderner Tragödie deutlich, den A im Anschluß an Aristoteles' Begriff des "Mitleids" erläutert, welchen er jedoch nicht vorrangig als Rezeptionsphänomen deutet, sondern gehaltsästhetisch auf das Leiden des tragischen Helden bezieht. Damit weicht er ausdrücklich von Hegels Darstellung ab. Ihm geht es vor allem um die Differenz von antiker und moderner Leiderfahrung. Für ihn ist das Leiden des Helden in der modernen Tragödie wesentlich ein sich-bewußtes, reflektiertes Leiden. Das reflektierte Leiden bezeichnet A im Unterschied zur unmittelbaren "Trauer" der antiken Tragödie als "Schmerz".[512]

"In der antiken Tragödie ist die Trauer tiefer, der Schmerz geringer; in der modernen ist der Schmerz größer, die Trauer geringer. Trauer enthält stets etwas Substantielleres in sich als Schmerz. Schmerz deutet stets auf eine Reflexion über das Leiden, welche von der Trauer nicht gekannt wird." (EO I, 158).

Die Trauer richtet sich wesentlich auf ein Widerfahrnis, nicht auf das eigenverantwortliche Handeln. Die Schuld ist demgegenüber nur durch die Reflexion auf das eigene Handeln erfahrbar und somit vor allem Gegenstand des Schmerzes, nicht der Trauer. Doch in der antiken Tragödie verbleibt die Schuld noch in der ästhetischen Zweideutigkeit einer unschuldigen Schuld, die durch die substantielle, objektive Dialektik der Vererbung über den Menschen kommt. So empfindet der antike Held Trauer, nicht Schmerz über seine tragische Schuld. Doch je mehr die Schuld als solche, d.h. ethisch verstanden wird, umso mehr tritt der Schmerz des Schuldigseins hervor (vgl. EO I, 159). Der wahre Schmerz äußert sich für A daher als "Reue", doch diese ist gerade keine ästhetische, sondern eine ethische Empfindung, womit

---

[512] In seiner Abhandlung *Schattenrisse* unterscheidet A in entsprechender Weise zwischen unmittelbarer und reflektierter Trauer (vgl. EO I, 182 ff.), ohne jedoch die Schuldthematik einzubeziehen.

sich wieder zeigt, daß durch die moderne Subjektivierung das Tragische letztlich aufgehoben wird. Für eine wahre moderne Tragödie, die sich durch die Reflexion der Schuld von der antiken unterscheidet, sei es daher erforderlich, die antike, zweideutige Schuldvorstellung aufzubewahren. Der Ästhetiker will somit der ethischen Verantwortlichkeit des Individuums, die er als Grund moderner Verzweiflung ansieht, eine tragische Lebensanschauung gegenüberstellen, die ihm ein ganzheitlicheres Menschsein zu ermöglichen scheint. Selbstbewußtsein wird hierin verbunden mit einer letzten Undurchsichtigkeit der Lebenszusammenhänge, Freiheit mit Geschichtlichkeit.

"Die wahre tragische Trauer heischt mithin ein Moment von Schuld, der wahre tragische Schmerz ein Moment von Unschuld, die wahre tragische Trauer heischt ein Moment von Durchsichtigkeit, der wahre tragische Schmerz ein Moment von Dunkelheit. Auf diese Art meine ich, das Dialektische am besten andeuten zu können, darinnen Trauer und Schmerz einander berühren, ebenso wie auch jene Dialektik, die im Begriff der tragischen Schuld liegt." (EO I, 162).[513]

Im zweiten Teil seiner Abhandlung stellt A nun ein eigenes Tragödienmotiv vor, das seiner Vorstellung von der Aufbewahrung des antiken Tragischen im modernen Tragischen entspricht: die moderne Antigone. Im Gegensatz zu der Sophokleischen Tragödie ist Voraussetzung seiner Antigone, daß von des Ödipus Schuld niemand je erfahren hat, außer Antigone. Sie trägt dieses Wissen von der Schuld des Vaters als ein Geheimnis in sich, wobei ihr unklar bleibt, ob er selbst sich seiner Schuld bewußt geworden ist: "Über eines ist sie mittlerweile unwissend, ob der Vater selber es gewußt habe oder nicht. Hier ist das Moderne, d.h. die Unruhe in ihrer Trauer, d.h. die Zweideutigkeit in ihrem Schmerz." (EO I, 173). Nach dem Tod des Ödipus wird ihr das Schweigen hierüber zur innerlichen Pflicht, nicht bloß aus Pietät - dies wäre ein antikes Motiv -, sondern auch wegen der beibenden Ungewißheit über den bewußten Schuldanteil ihres Vaters. In dieser Konstellation

---

[513] Sehr schön stellt Deiss (1984), 213 ff., die menschlich-heilsame Bedeutung, die das Tragische bei A annimmt, heraus. Die "ästhetische Versöhnung" (216) kommt dem Tragischen zu, insofern es die unmittelbare Naivität in sich aufbewahrt hat und die auch den späteren Zeiten durch das Mit-Leiden als eine "zweite Naivität" vermittelt werden könne: "wahr ist an jener Trauer gleichsam ihre Kindlichkeit, der Hauch von Frühe, der von der einzigartigen Unmittelbarkeit des Erlebens in der griechischen Tragödie ausgeht; ästhetisch aber ist die zweite Naivität, die diese Trauer-Kunst dem Spätgeborenen eröffnet, indem sie ihn durch Mitleid wissend macht" (213). Tragik und Verzweiflung schlössen sich gegenseitig aus, deshalb bringe das Tragische - als "mütterliche Liebe" (EO I, 157) - eine Versöhnung mit dem Leben "jenseits von Gnade und Barmherzigkeit" (216) zustande, die somit der christlichen Versöhnung alternativ gegenübergestellt wird. Die wahre tragische Trauer "schickt sich ins Unabänderliche und ist doch weit entfernt von allem Fatalismus, Quietismus. Der tragische Held kämpft gegen ein übermächtiges Schicksal, allein, die dunkle Ahnung seiner Schuld, die jener ungleiche Kampf in ihm erweckt, zeitigt mitnichten Resignation, sondern Treue und Stolz (...) Das macht: Zwischen Tragik und Verzweiflung besteht ein Exklusionsverhältnis" (214 f.). Für diese Bedeutung des Tragischen zeige der Ethiker B in seinen kritischen Briefen an A kein Verständnis, er könne darin nur "Ketzerei" sehen, wogegen E. Deiss - "parteilich, zugegeben, für den A" (2) - bekennt: "Wir lassen uns die Ketzerei der Menschlichkeit nicht nehmen, von allen Kreons nicht, und von den Bs schon überhaupt nicht" (225).

wird die antike Bestimmung der tragischen Erbschuld mit der modernen, reflektierten Subjektivität verbunden. Die Schuld des Vaters ist über Antigone gekommen, jedoch nicht, wie für die antike Antigone, in bloß "äußerlicher Tatsächlichkeit" (EO I, 172), sondern als sie innerlich ganz prägendes Geheimnis. In der Reflexion auf dieses Vermächtnis erstarrt sie in Schweigen: "Sie ist Schweigen" (EO I, 169). Damit hat die Reflexion über die Schuld eine Macht über sie gewonnen, die sie von aller Wirklichkeit isoliert, darin liegt das Moderne. Der tragische Konflikt ergibt sich nun durch ihre Verliebtheit, die ihr Schweigen in Widerspruch bringt zu ihrem Verlangen, sich dem Geliebten ganz mitzuteilen. "Ihr Leben, welches bis dahin ruhig und stille gewesen ist, wird nunmehr, natürlich immer nur in ihrem Innern, heftig und leidenschaftlich, und ihre Erwiderungen fangen hier an pathetisch zu werden. Sie ist im Kampf mit sich selbst; ihr Leben hat sie ihrem Geheimnis opfern wollen, jetzt aber wird als Opfer ihre Liebe verlangt. Sie siegt, das will heißen, das Geheimnis siegt, und sie verliert." (EO I, 175).

Wichtig für das tragische Leben der modernen Antigone ist, daß ihre Schuldreflexion keine unendliche ist, d.h. sie ist sich ihrer eigenen unendlichen Bedeutung als freies, verantwortliches Individuum nicht bewußt, denn dann würde sie der Schuld des Vaters frei gegenüberstehen. Die unendliche ethische Reflexion würde Antigone "aus der Schuld herausreflektieren, sofern sie in ihrer unendlichen Subjektivität jenes Moment von Erbschuld nicht stehen lassen kann, welches die Trauer erwirkt. Da mittlerweile die Reflexion erwacht ist, wird sie sie nicht aus der Trauer hinaus sondern in die Trauer hinein reflektieren, sie wird ihr in jedem Augenblick die Trauer in Schmerz verwandeln" (EO I, 165). Die Schuld des Ödipus wird sich für sie nie deutlich als solche klären, sie behält immer das Zweideutige unschuldiger Schuld. In dieser Zweideutigkeit wurzelt ihre Reflexion, die ihr ganzes Leben gefangen nimmt. Und diese zweideutige Reflexion bestimmt A psychologisch als *Angst*.

"Hier habe ich alsogleich eine Bestimmung des modernen Tragischen. Angst ist nämlich eine Reflexion und ist insofern von Trauer wesentlich verschieden. Angst ist dasjenige Organ, mit dem das Subjekt sich die Trauer aneignet und sie sich assimiliert. Angst ist die Kraft derjenigen Bewegung, mit der sich einem die Trauer ins Herz bohrt." (EO I, 165 f.).

Mit dem psychologischen Hinweis auf die Angst in ihrer zweideutigen, aufdeckend-verdeckenden Funktion (vgl. EO I, 166) zeigt sich wieder die Nähe der Tragikabhandlung des Ästhetikers zu Vigilius Haufniensis' *Begriff Angst*. Die Angst "liebt und fürchtet (...) in einem" (EO I, 166), und diese Zweideutigkeit setzt das ästhetische Leben in Bewegung, sie ist die Unruhe, die die unmittelbare Harmonie zerstört und zur Erfahrung der tragischen Widersprüchlichkeit der Individualität führt. Die Schicksalsmacht der antiken Tragödie deutet der Ästhetiker jedoch nicht psychologisch vom Begriff der Angst aus, darin unterscheidet sich sein Schicksalsverständnis von dem des

233

Vigilius.[514] Die Reflektiertheit der Angst kennzeichnet für ihn gerade die Modernität des subjektiven Empfindens. Die Ambivalenz der Angst ermöglicht erst die Tragik des modernen Individuums, insofern sie es zwischen der ästhetischen Unmittelbarkeit und der ethischen Eindeutigkeit in der Schwebe leidenschaftlicher Reflexion gefangen hält. Wie Vigilius so führt auch A das ästhetische Leben psychologisch an seine Grenze, an der es in der tragischen Zweideutigkeit unschuldiger Schuld vor dem Sprung in das ethische Selbstbewußtsein stehen bleibt.

Die Nähe zum *Begriff Angst* zeigt sich aber vor allem darin, daß A in der tragischen Relativierung der Schuld nicht nur das Fehlen unbedingter ethischer Entschiedenheit sieht, sondern zugleich einen Vorschein auf die religiöse Anerkennung der eigenen Begrenztheit, die über den ethischen Rigorismus absoluter Autonomie hinausgeht. A geht somit nicht nur über die ästhetische Perspektive hinaus, indem er über die ethische Schuld reflektiert, sondern unterwirft das Ethische selbst noch einer religiösen Kritik. Die christliche Vorstellung der "Erbsünde" ist ihm die religiöse Entsprechung zur tragischen "Erbschuld" (EO I, 161), wie im *Begriff Angst*.[515] Dabei betont er, daß die religiöse Vorstellung ein absolutes Schuldbewußtsein voraussetze und somit nicht wieder in ästhetischen Bestimmungen verstanden werde dürfe. Die "Sünde ist kein aesthetisches Element" (EO I, 155), und der Sünder darf "nicht Zuflucht suchen im Tempel der Aesthetik": "Das Aesthetische liegt hinter ihm, und es wäre von ihm eine neue Sünde, jetzt nach dem Aesthetischen zu greifen" (EO I, 156). Das Religiöse enthält das Ethische in sich, jedoch bewahrt es gegenüber dessen Strenge eine versöhnende Milde in sich, die ein Widerschein der ästhetischen Milde des Tragischen ist. Das Tragische ist ihm Ausdruck einer mütterlichen Liebe, während das Religiöse unter Einschluß der ethischen Strenge eine väterliche Liebe ausdrückt. Die Milde des Tragischen liegt in der Kontinuität des einzelnen mit dem Geschick der Familie, während das Religiöse die Sünde des einzelnen in Beziehung setzt zur allgemeinen Sündigkeit. In diesen Gedanken findet sich im Ansatz schon die Stadienlehre Kierkegaards formuliert unter Einschluß der christlichen Religiösität, die er, wie im *Begriff Angst*, vom Ernst des Sündenbewußtseins aus bestimmt.[516] Was gegenüber Vigilius Haufniensis auffällt, ist jedoch die starke

---

[514] Vgl. Nordentoft (1972), 357. Beim Ästhetiker finden sich jedoch Ansätze zu einer Angstpsychologie in seinen *Diapsalmata* (vgl. EO I, 37), wie wir im letzten Kapitel gesehen haben.
[515] Vgl. BA[R], 106 f.; dazu s.o. II.4.5.
[516] A geht auch auf die Frage ein, ob Christi Leben eine Tragödie genannt werden könne, da sich in ihm eine Einheit von Schuld und Unschuld finde. Doch diese sei nicht als ästhetische Zweideutigkeit zu verstehen, da Christi Leben von der *Unbedingtheit* seines Handelns und Leidens geprägt sei. Das Unbedingte ist eine der ästhetischen Relativität unangemessene Kategorie, daher ist die Einheit von Unschuld und Schuld in Christus auch nicht tragisch zu nennen. "Die Einheit nämlich der unbedingten Unschuld und der unbedingten Schuld, ist keine aesthetische Bestimmung, sondern eine metaphysische. Das ist eigentlich der Grund dafür, daß man sich stets gescheut hat, Christi Leben eine Tragödie zu nennen: man fühlte, aesthetische Bestimmungen erschöpfen die Sache nicht. (...) Die Identität eines absoluten Handelns und eines absoluten Leidens geht über die Kräfte des Aesthetischen und gehört dem Metaphysischen zu. In Christi Leben ist diese Identität, denn sein Leiden ist absolut, da es

Betonung der Entsprechung von ästhetischer (tragischer) und religiöser Dimension.

"Das Tragische hat in sich eine unendliche Milde, eigentlich ist es in aesthetischer Hinsicht in Beziehung auf das menschliche Leben eben das, was die göttliche Gnade und Barmherzigkeit ist, es ist noch zarter, und darum möchte ich sagen: es ist eine mütterliche Liebe, die den Kummervollen einlullt. Das Ethische, es ist streng und hart. (...) Das Religiöse ist der Ausdruck für die väterliche Liebe, denn es hat das Ethische in sich, aber dies ist gemildert, und wodurch wohl, wenn nicht durch eben das, was dem Tragischen seine Milde verleiht, durch Kontinuierlichkeit. Während aber das Aesthetische diese Ruhe gewährt, bevor der tiefe Gegensatz der Sünde geltend gemacht ist, so gewährt das Religiöse sie erst, nachdem dieser Gegensatz in seiner ganzen Schrecklichkeit gesehen ist. Eben in dem Augenblick, da der Sünder fast zusammensinkt unter der allgemeinen Sünde, die er auf sich selbst gelegt, weil er fühlte, gerade je mehr er schuldig werde, umso mehr sei Aussicht auf Erlösung, in eben diesem Augenblick des Grauens zeigt der Trost sich darin, daß es die allgemeine Sündigkeit ist, die auch in ihm sich geltend gemacht hat; doch dieser Trost ist ein religiöser Trost, und wer da meint, ihn auf irgend einem andern Wege, z.B. durch aesthetische Verflüchtigung zu erlangen, er hat den Trost eitel genommen, und er hat ihn eigentlich nicht." (EO I, 157).

Wenn A in seiner Abhandlung über das Tragische derart in religiöse Dimensionen vorstößt, so drängt sich die Frage auf, in welchem Verhältnis diese Überlegungen zu seiner pseudonymen Rolle als Ästhetiker in Kierkegaards *Entweder/Oder* stehen. Zunächst einmal zeigt sich an der Tiefe seiner Darstellung des Tragischen, in welchem Maße A als ein reflektierter Ästhetiker anzusehen ist, der die Unmittelbarkeit des Genießens verlassen hat und sich der Nichtigkeit ästhetischer Zerstreuung bewußt geworden ist. Sein tiefer Blick in die Möglichkeit ästhetischer Verzweiflung zeigte sich deutlich in den *Diapsalmata*, wo er jedoch ausdrücklich in der Indifferenz des Ästhetischen verblieb und die Möglichkeit ethisch-religiöser Selbstbestimmung nicht in den Blick nahm. Die Tragikabhandlung zeigt nun, daß er durchaus um diese Möglichkeit weiß, und zwar in einer Tiefe, die über die bürgerliche Ethik seines Kritikers, des Gerichtsrats Wilhelm, hinausgeht. Um so wichtiger ist es, den inneren Abstand des Ästhetikers von diesen Kategorien auch für die Tragikabhandlung herauszustellen. Er zeigt sich zum einen inhaltlich in einer Prävalenz des Tragischen als einer ästhetischen Grenzbestimmung vor dem ethisch-religiösen Ernst, zum anderen formal in der ironischen Gebrochenheit der Abhandlung, die im Untertitel als ein "Versuch im fragmentarischen Streben" (EO I, 147) bezeichnet wird.

A betont zwar, daß von der einmal erkannten persönlichen Schuld aus kein Weg zurück zur ästhetischen Ruhe führen könne, sondern daß nur noch durch ein immer innerlicheres Sich-Eingestehen der eigenen Sündigkeit die Möglichkeit des religiösen Trostes zu erlangen sei, doch an keiner Stelle bringt er

---

schlechthin freies Handeln ist, und sein Handeln ist absolutes Leiden, da es schlechthinniger Gehorsam ist." (EO I, 160 f.).

zum Ausdruck, daß in diesen Kategorien die Wahrheit des Menschlichen liege. Der Ernst des Sündenbewußtseins ist ihm nicht, wie für Vigilius, dogmatischer Horizont seiner Abhandlung, sondern Grenzmöglichkeit einer Lebensform, die sich aus dem Bewußtsein persönlicher Schuld ergibt. Die Sünde ist ihm Grenzstein zwischen ästhetischer und ethisch-religiöser Lebensanschauung, doch nirgends beruft er sich auf eine faktisch allgemeine Sündigkeit, so daß bei ihm die Möglichkeit eines Humanums ohne jenen "Augenblick des Grauens" (EO I, 157) offen bleibt, auch in christlich-moderner Zeit. In diese Offenheit hinein stellt er die Wahrheit des Tragischen[517], die als eine bewußte Anerkennung der natürlichen Relativität des einzelnen im vorhinein bewahrt vor jener Gefahr ethischer Absolutsetzung, aus der nur die Dialektik der religiösen Versöhnung befreien kann. Das Tragische ist ihm möglicher Ausdruck einer Lebenstiefe auch des Ästhetischen, die nicht nur an das Ethische angrenzt, sondern dieses zum Teil auch übersteigt und zu einer Grenzbestimmung zwischen dem Ästhetischen und dem Religiösen wird, wie später bei Frater Taciturnus in den *Stadien auf des Lebens Weg*.[518]

Doch das Tragische kann dennoch nicht als tiefster Ausdruck der Lebensanschauung des A begriffen werden, denn er stellt sich in einer kurzen Zwischenbemerkung in Distanz zu der von ihm vorgetragenen Theorie des Tragischen. Damit erweist sich die Ironie und der ästhetische Nihilismus nochmals als seine eigentliche Haltung, die das Tragische selbst nur als fragmentarischen Versuch in der Darstellung einer Lebensmöglichkeit umgreift. Es ist ihm letztlich nicht Ernst mit dem Ernst des Tragischen. Die Zwischenbemerkung über den "Versuch im fragmentarischen Streben" (EO I, 162) ist der Schlüssel zur pseudonymen Brechung der Abhandlung.[519] Hierin ent-

---

[517] Mesnard (1955), der die Tragikabhandlung ohne Berücksichtigung der Pseudonymität als Kierkegaards eigene Überlegung zum Tragischen liest, unterschlägt die Gegenüberstellung von Tragik und christlichem Ernst. Zu sehr ist er an der Frage interessiert, ob Kierkegaard Christentum und Tragik zu verbinden vermag. In dem Hinweis auf die Erbsünde sieht er den Anhaltspunkt für die Deutung, daß nach Kierkegaard nur durch das Christentum eine moderne Sicht des Tragischen entwickelt werden könne (vgl. 182). Er vergleicht nun diese Haltung mit einigen Tagebuchstellen, in denen Kierkegaard ein tragisches Verständnis seines Lebens zu erkennen gibt (vgl. 183 ff.). Dies erscheint Mesnard aber als Entfernung von seiner eigentlichen, christlichen Anschauung, weshalb man die Kategorie des Tragischen aus der Darstellung des Werkes und der Person Kierkegaards ausschließen solle (vgl. 189 f.). In dieser Deutung Mesnards zeigt sich, zu welch irreführenden Konsequenzen die Vernachlässigung der Pseudonymität führen kann. So jedenfalls kann die Bedeutung des Tragischen für die Philosophie Kierkegaards nicht ermittelt werden; unzutreffend ist auch die einleitende Bemerkung Mesnards, daß in Kierkegaards Hauptwerken der Begriff des Tragischen fehle (vgl. 178 f.).

[518] Dazu s.u. III.2.4.2.

[519] Vgl. Johansen (1976), 132 f.; Holler (1981), der an Johansens Darstellung kritisiert, sie sei zu systematisch am Begriff des Tragischen interessiert und berücksichtige nicht die Bedeutung der Pseudonyme, geht auf die Zwischenbemerkung A's nicht ein. Johansens Aussagen zur pseudonymen Konzeption sind daher wesentlich genauer als diejenigen Hollers, der selbst ein viel zu grobes Raster zur Beurteilung der Pseudonyme anlegt, das an der späteren Stadienlehre und damit selbst an einem systematischen Gesichtspunkt orientiert ist. Seine Einordnung der Tragikabhandlung in *Entweder/Oder* als einer "ästhetischen" ist

schuldigt sich A vor seinen Zuhörern, der Gesellschaft der "Symparanekromenoi", für den zusammenhängenden und gelehrten Stil seiner Abhandlung, die den Anschein erwecke, als wolle er eine Idee vortragen, was dem Bestreben der Vereinigung zuwiderlaufe. Sie sei aber nur eine nachlässige Hinterlassenschaft, das Fragment einer Gedankenentwicklung, und entspreche so dem Anliegen des fragmentarischen Strebens: "daß der Reichtum einer Individualität eben in deren Kraft zur Verschwendung im Fragmentarischen besteht, und daß dem schaffenden und dem empfangenden Individuum das Gleiche Genuß bereitet, nämlich nicht die beschwerliche und genaue Ausarbeitung und das langwierige Erfassen dieser Ausarbeitung, sondern Erzeugung und Genießen der funkelnden Flüchtigkeit" (EO I, 162 f.). Der tragische und religiöse Ernst ist nur ein Funke in diesem ästhetischen Spiel.[520]

2.1.3. Die Erfüllung konkreter Freiheit in B's ethischer Wahltheorie

Im zweiten Teil von *Entweder/Oder*[521] läßt Kierkegaard einen Gerichtsrat Wilhelm in Briefen an den Ästhetiker A die ethische Lebensform als Alternative zum ästhetischen Leben formulieren. Dabei wendet sich B sogleich persönlich an A, um dessen Lebensanschauung zu kritisieren (vgl. EO II, 5 ff.). Das Ethische wird von ihm also nicht bloß als theoretisches Programm vorgestellt, sondern von vornherein mit der ästhetischen Lebenspraxis konfrontiert. Er knüpft mäeutisch an der Interessensphäre des Ästhetikers an[522], um A die Überlegenheit der ethischen Lebensweise vor Augen zu führen. Dazu bedarf es aber nicht nur des Nachweises, daß A's Erfahrung innerer Leere sich in der ethischen Freiheit überwinden lasse, sondern auch, daß erst darin die ästhetischen Lebensansprüche erfüllbar werden. "Will B sich seiner Zustimmung versichern, muß er zwar an die ästhetische Lebens*praxis* und ihre Schwierigkeiten anknüpfen; er muß sich jedoch ebenfalls an das ästhetische Lebens*programm* rückbinden. Sein zweites Ziel ist deshalb der Nachweis, das ästhetische Programm werde im Ethischen gerade verwirklicht."[523]

Den Hauptunterschied der beiden Lebensformen bringt der Gerichtsrat in der prägnanten Formel zum Ausdruck: "Das Aesthetische in einem Menschen ist das, dadurch er unmittelbar das ist, was er ist; das Ethische ist das, dadurch er das wird, was er wird" (EO I, 190; vgl. 239 f.). Das Ethische besteht in der freien Entwicklung der eigenen Persönlichkeit. Gegenüber dieser

---

angesichts der dargelegten ethisch-religiösen Reflexionen viel zu eng. Auch Vigilius' Gedanken zum Tragischen sollten eher als psychologisch denn als theologisch bezeichnet werden, gemäß seinem eigenen Selbstverständnis.
[520] Nach Glenn (1970), 47, muß A's Einsicht in das Tragische von einem höheren Standpunkt aus komisch erscheinen, weil er sich nicht von seinem Ästhetizismus lösen könne.
[521] Vgl. bes. Greve (1990), 79-139; desweiteren Blaß (1968), 65 ff.; Deiss (1984); Disse (1991), 64 ff.; Fahrenbach (1968), 60-126; Hauschildt (1982), 27 ff.
[522] Zur mäeutischen Vorgehensweise des Ethikers vgl. Greve (1990), 41 ff. u. 79 ff. Greve weist darauf hin, daß der Gerichtsrat aufgrund seiner autoritären Redeweise jedoch "kein rechter Maieutiker" sei (43).
[523] Greve (1990), 79 f.

selbstverantworteten Bewegung ist das Ästhetische ein Stillstand in der natürlich-unmittelbaren Bestimmtheit. Der Übergang von der ästhetischen Äußerlichkeit zur ethischen Selbstentfaltung geschieht durch einen Akt der Selbstaneignung, den B als "Wahl" bezeichnet. "Überhaupt ist 'wählen' ein eigentlicher und strenger Ausdruck für das Ethische" (EO II, 177). Während es dem Ästhetiker an der "bindenden Gewalt der Persönlichkeit" (EO II, 170) fehle und er dadurch gebunden sei an "eine Bedingung, welche entweder außerhalb des Individuums liegt oder auf eine Art im Individuum ist, daß sie nicht in dessen eigener Macht steht" (EO II, 191), habe die ethische Persönlichkeit durch die Wahl "ihren Mittelpunkt in sich selbst erhalten" (EO II, 189), erst in der Wahl komme die Persönlichkeit zu sich selbst:

"Die Wahl selber ist entscheidend für den Gehalt der Persönlichkeit; mit der Wahl sinkt sie nieder in das Erwählte, und wenn sie nicht wählt, so welkt sie hin in Auszehrung." (EO II, 173 f.),

Doch der grundlegende ethische Charakter der Wahl liegt nicht im Ergreifen vorliegender Möglichkeiten - in diesem Sinne "wählt" auch der Ästhetiker -, sondern im Entschluß zu Selbstbestimmung und Verantwortung. Der Bruch des Ethischen mit der ästhetischen Beliebigkeit vollzieht sich, indem man "das Wollen wählt" (EO II, 180). Das ästhetische "Wählen" ist nur ein Spiel mit den mannigfaltigen Möglichkeiten und wird bestimmt von unmittelbaren Stimmungen, ohne daß das Gewählte eine eigentlich entscheidende Bedeutung erlangen würde. Deshalb kann man hierbei nur "im uneigentlichen Sinne" von einer Wahl sprechen. "Die aesthetische Wahl ist entweder ganz und gar unmittelbar und insofern keine Wahl, oder sie verliert sich an das Mannigfaltige" (EO II, 177). Das Ästhetische ist die Sphäre der Indifferenz, in der das Leben keine konsequente, innere Ausrichtung hat. In der Wahl der Wahl wird jedoch diese Beliebigkeit verlassen und bewußt danach gefragt, "unter welchen Bestimmungen man das ganze Dasein betrachten und selber leben will" (EO II, 180). Die Lebensmöglichkeiten erscheinen nicht als beliebig auswechselbare, sondern als qualifiziertes Entweder/Oder von Gut und Böse, von gelungener und mißlungener Selbstverwirklichung. Das Entweder/Oder, das bei A nur zu einer tautologischen Nivellierung aller Möglichkeiten, zu einem nihilistischen Weder/Noch führt[524], enthält für B den ganzen Ernst des Ethischen, die Möglichkeit, "die fürchterlichsten Gegensätze in Bewegung zu setzen" (EO II, 167). An die Stelle der Indifferenz tritt die Unbedingtheit der zu treffenden Wahl zwischen Gut und Böse, sie ist eine absolute Wahl als Wahl der unbedingten Entschiedenheit.[525]

"Daß von einer Wahl von *Etwas* gewissermaßen nicht die Rede ist, wirst Du daraus ersehen, daß das auf der andern Seite sich Zeigende das Aesthetische ist, welches die Indifferenz ist. Gleichwohl ist hier die Rede von einer Wahl, ja einer absoluten Wahl; denn allein indem man unbedingt wählt, kann man das Ethische wählen. Durch die absolute Wahl ist somit das Ethische gesetzt" (EO II, 189).

---

[524] Vgl. den ekstatischen Vortrag "Entweder-Oder" aus den *Diapsalmata* (EO I, 41 f.); vgl. dazu Schäfer (1968), 120. 275; Sløk (1990), 52 f.
[525] Vgl. Disse (1991), 68 Anm. 48

Den Bruch mit der ästhetischen Beliebigkeit in der Wahl der Wahl bezeichnet B als Verzweiflung (vgl. EO II, 224 ff.). Damit knüpft er an die Lebenserfahrung des A an, der sich des Ungenügens seines Ästhetizismus bewußt geworden ist, ohne jedoch eine konsequente Abwendung von seiner Lebensanschauung zu vollziehen. In der Wahl der Verzweiflung liegt gerade diese Konsequenz, die im Abschied von der ästhetischen Äußerlichkeit zur inneren Selbstbestimmung führt. Für B ist "jegliche ästhetische Lebensanschauung Verzweiflung" (EO II, 205), weil der Mensch in ihr nicht zu seiner eigentlichen Bedeutung gefunden hat. Die ästhetische Indifferenz erscheint vom Ethischen aus, zurückschauend, als Schuld, insofern die Entschiedenheit nicht gewählt wurde[526], und diese implizite Selbstverstellung in allem Ästhetischen ist dessen Verzweiflung. Sie kann nur überwunden werden im bewußten Ja zu der sich in der Verzweiflung äußernden Nichtigkeit. Indem diese Nichtigkeit anerkannt wird, vollzieht sich die unendliche Verzweiflung als Beginn ethischer Freiheit. Als gewählte ist die von B gemeinte Verzweiflung selbst schon ein ethisches Handeln und nicht mehr passiver Ausdruck ästhetischen Unbehagens. Innerhalb des Ästhetischen gibt es nur eine endliche Verzweiflung als Reaktion auf die Nichterfüllung des Genußstrebens, während die ethische *Wahl der Verzweiflung* die Abwahl der ästhetischen Endlichkeit ist. In der unendlichen Verzweiflung findet das Selbst zu seiner eigenen, absoluten Bedeutung.[527]

---

[526] "Die Persönlichkeit ist schon, bevor man wählt, an der Wahl interessiert, und wenn man die Wahl aussetzt, so wählt die Persönlichkeit unbewußt, oder die dunklen Gewalten in ihr tun es." (EO II, 175).

[527] Der Zusammenhang von gewählter Verzweiflung und absoluter Selbstwahl ergibt sich daraus, daß in der Wahl der Verzweiflung das eigene, sich im Genußstreben verendlichende Selbst als Grund der Verzweiflung bewußt wird. In dieser bewußten Verzweiflung über die eigene Verendlichung gewinnt das Selbst die Freiheit einer unendlichen Bedeutung (vgl. Greve (1990), 82 ff.; Fahrenbach (1968) 69 ff.). Wenn Disse (1990), 70 ff., (gegen Fahrenbach) die Einheit von Wahl der Verzweiflung und absoluter Selbstwahl für problematisch hält, weil er das absolute Selbst als positiven Selbstbezug deutet, der der Negativität der Verzweiflung entgegenstehe, so übersieht er die Negativität der Unendlichkeit, die dem absoluten Selbst als einer abstrakten Idealität in der Ethik des Gerichtsrats anhaftet. "Indem ich nämlich mich selbst wähle, sondre ich mich aus aus meinem Verhältnis zur ganzen Welt, bis daß ich mit dieser Aussonderung ende in der abstrakten Identität." (EO II, 255 f.; vgl. dazu Greve (1990), 84 ff.). Die gewählte Verzweiflung ist für B ein konstitutives Moment der Negativität der Freiheit, die Selbstwahl beinhaltet auch die Annahme dieser Negativität. Daher kann die Wahl des absoluten Selbst nicht, wie Disse das tut, als Negation der Negation gedeutet werden, bei der im Hegelschen Sinne die Negativität der Verzweiflung in die Positivität des ewigen Selbst umschlage, denn dieses ist für B in der absoluten Wahl nur als abstrakte Negativität gegeben, das seine Positivität erst als Aufgabe der Konkretion zu übernehmen hat. Gesetzt ist das unendliche Selbst zunächst nur als Affirmation (nicht Negation) der Negation (vgl. Hegel X, 25 f.), indem es zur Nichtigkeit seines endlichen Strebens Ja sagt und darin sich selbst als affirmativen Grund entdeckt. "Sich als endliches und nach Endlichem strebendes Selbst als verzweifelt anzuerkennen, 'Ja' sagen zum eigenen Verzweifeltsein, darin besteht die gewollte Verzweiflung." (Greve (1990), 83). Daher ist m.E. der Deutung Fahrenbachs zuzustimmen, daß beim Gerichtsrat implizit eine transzendentale Argumentation vorliege, insofern sich das die Verzweiflung wählende Selbst als Bedingung der Möglichkeit dieser Wahl bewußt werde.

"Überhaupt kann man gar nicht verzweifeln, wenn man es nicht will, sondern um in Wahrheit zu verzweifeln, muß man es in Wahrheit wollen; will man es aber in Wahrheit, so ist man in Wahrheit über die Verzweiflung hinaus; hat man die Verzweiflung in Wahrheit gewählt, so hat man in Wahrheit das gewählt, was von der Verzweiflung gewählt wird: sich selbst in seiner ewigen Giltigkeit. Erst in der Verzweiflung ist die Persönlichkeit zufrieden gestellt, nicht mit Notwendigkeit, denn ich verzweifle niemals notwendig, sondern mit Freiheit, und erst darin ist das Absolute gewonnen." (EO II, 226).

In der Wahl konstituiert sich das Selbst als freies, und seine Freiheit ist hier zunächst bestimmt als "die inwendige Tat" (EO II, 185), mit der es die ästhetische Gebundenheit negiert und darin zur Absolutheit der Selbstbestimmung findet. Doch in dieser negativen Absolutheit ist das Selbst, wie der Gerichtsrat ausführt, nur abstrakt frei; es muß also gezeigt werden, in welcher Weise der Mensch durch die Wahl konkret zu sich selbst findet. Hierin liegt die für die Schicksalsthematik relevante Frage nach dem Verhältnis des freien Selbst zu der eigenen Unmittelbarkeit, wenn sich die Freiheit als Lebenserfüllung - auch in ästhetischem Sinne - erweisen soll. Der Ansatzpunkt für den Gerichtsrat ist der Begriff der Freiheit als abstrakt-konkreter Wirklichkeit des Selbst.[528]

"Etwas anderes als mich selbst kann ich nie als das Absolute wählen, denn wähle ich etwas anderes, so wähle ich es als eine Endlichkeit, und wähle es mithin nicht absolut. (...) Indes, was ist denn dies, mein Selbst? Wollte ich von einem ersten Augenblick, einem ersten Ausdruck dafür sprechen, so ist meine Antwort: es ist das Abstrakteste von allem, welches doch in sich zugleich das Konkreteste von allem ist - es ist die Freiheit." (EO II, 227 f.).

Der negative Vollzug der Wahl der Wahl, die unendliche Bewegung des absoluten Wählens, ist somit nur *ein* Aspekt der ethischen Selbstwerdung, der um der Konkretion willen sich zugleich als Anerkennung der Vorgegebenheit des Selbst vollziehen muß. Die absolute Selbstwahl unterscheidet B ausdrücklich von einer Selbsterschaffung. Das sich selbst wählende Selbst ist

---

"*Daß* radikale Verzweiflung am Endlichen möglich ist, zeigt sich allerdings nur im entschlossenen Vollzug selbst, denn ihre Grundbestimmung ist ja, daß sie als *Tat* vom Existierenden selbst vollzogen werden muß. Ihre Tatsächlichkeit wird in (innerer) Tathandlung gesetzt und erweist darin ihre existentielle Möglichkeit. Im Vollzug selbst kommt indessen der Grund dieser Möglichkeit zum Vorschein, nämlich als das, *wodurch* der Mensch zu einer alle endliche Bestimmtheit seines Daseins übersteigenden Tat der Negation fähig ist. (...) Es bezeugt sich also im Vollzug radikaler Verzweiflung das, woraus diese möglich ist und wodurch sie vollzogen wird als eine alle endliche Daseinsbestimmtheit übersteigende und d.h. unendliche Möglichkeit menschlicher Existenz: das unendliche Selbsteinkönnen des Menschen." (Fahrenbach (1968), 72).
Weil die gewählte Verzweiflung derart Moment der absoluten Selbstwahl ist, wendet sich Greve (1990), 291 f. Anm. 4, auch gegen Deutungen, die die Verzweiflung als Verzweiflung an der Möglichkeit der Selbstwahl darstellen und somit den Verzweiflungsbegriff des Gerichtsrats mit der Ethikkritik späterer Pseudonyme oder dem Verzweiflungsbegriff der *Krankheit zum Tode* vermengen.
[528] Vgl. Blaß (1968), 83 ff.; Disse (1991), 81 ff.; Fahrenbach (1968), 80 ff.; Hopland (1981), 306; Pleines (1992), 15 ff.

immer schon vorhanden, bevor es sich wählen kann, und dennoch ist es erst durch die Wahl als dieses Selbst, als Freiheit verwirklicht. Die Selbstwahl beinhaltet daher zwei Bewegungen, zum einen die der Unendlichkeit, der Absolutsetzung der Freiheit als Grund des Sich-Wählen-Könnens, zum anderen die Bewegung der Endlichkeit, der Konkretion der Freiheit als Annahme der kontingenten Wirklichkeit.

"Die Wahl vollzieht hier mit einem Schlage folgende zwei dialektische Bewegungen: Das, was gewählt wird, ist nicht da und entsteht durch die Wahl; das, was gewählt wird, ist da, sonst wäre es keine Wahl. Wofern nämlich das, was ich wähle, nicht da wäre, sondern durch die Wahl schlechthin entstünde, würde ich nicht wählen, sondern würde erschaffen; aber ich erschaffe mich nicht, ich wähle mich." (EO II, 229).

Das in der Wahl gewählte absolute Selbst ist bestimmt durch die Dialektik eines gesetzten Setzens, wobei das setzende Absolute nicht eindeutig als transzendente Macht von der Wirklichkeit des Selbst unterschieden wird, sondern in idealistischer Formulierung als Moment des Selbstvollzuges erscheint:

"denn ich bin selbst das Absolute, ich setze das Absolute und ich bin selbst das Absolute; aber als damit schlechthin gleichsinnig muß ich sagen: ich wähle das Absolute, welches mich wählt, ich setze das Absolute, das mich setzt; (...) Was ich wähle, das setze ich nicht, denn wo es nicht gesetzt wäre, könnte ich es nicht wählen, und doch, wo ich es nicht dadurch setze, daß ich es wähle, wählte ich es nicht." (EO II, 227).

Aber auch, wenn der Gerichtsrat mit der Differenzierung von Setzen und Wählen die Kontingenz der Freiheit in Relation zum schaffenden Absoluten hervorheben und somit das Gottesverhältnis als letzten Grund der Freiheit andeuten will, so ist dieses Gottesverhältnis ganz von der freien Selbstverwirklichung aus gedacht.[529] Und in der Gewißheit einer derart absolut gegründeten Freiheit erscheint dem Gerichtsrat der Prozeß der Selbstwerdung prinzipiell von keiner faktischen Begrenzung behinderbar, vielmehr kann jegliche vorgegebene Bestimmtheit zum Selbstausdruck werden, "dergestalt, daß sogar das mir Widerfahrene durch mich von Notwendigkeit in Freiheit gewandelt und überführt worden ist. Das ist das Beneidenswerte an einem Menschenleben, daß man der Gottheit zu Hilfe kommen kann, Gott verstehen kann; und das wiederum ist die einzige eines Menschen würdige Weise, Gott zu verstehen, daß man sich in Freiheit alles aneignet, was einem begegnet" (EO II, 267).

---

[529] Vgl. Greve (1990), 86 f.: "Mit dem Bewußtsein vom Gesetztsein erhält das Individuum in der Tat ein Bewußtsein vom setzenden Gott, der das Sich-Ergreifen des absoluten Selbst ermöglichte und zugleich verpflichtend macht. Deshalb erschöpft sich aber die Gottesbeziehung darin, dem Verpflichtungscharakter des Selbstwerdens nachzukommen. (...) Einen Eigenwert erhält die Gottesbeziehung nicht. Persönliche Hingabe des Gläubigen an eine Transzendenz, religiöse Erweckung oder Bekehrung werden nicht mitgedacht." Ganz im idealistisch-spekulativen Sinne als Selbstmanifestation des Absoluten deutet Ringleben (1983), 197 ff., die Gedanken des Gerichtsrat; vgl. dazu Greve (1990), 292 f.

In diesem Aneignungsprozeß realisiert sich der Mensch in seiner Geschichtlichkeit.[530] Die Geschichte eines Menschen ist seine ihn bestimmende Vorgegebenheit, insofern er sie in der Freiheit der Selbstwahl als eigene gewählt und ihr so allererst "Zusammenhang" verliehen hat (vgl. EO II, 267). Die Geschichte ist weder das bloße Widerfahrnis, noch das im Gegensatz zur Naturnotwendigkeit stehende Reich der Freiheit. Indem der Mensch sich in seiner endlichen Bedingtheit bejaht und so seinem Leben eine innere Kontinuität verschafft, wird er durch diese freie Selbstwahl in einen größeren Zusammenhang eingebunden, der sich aus der Gesetztheit des Wählen ergibt. Dem nur in der Freiheit gründenden Zusammenhang des eigenen Lebens entspricht eine dem einzelnen unverfügbare Ordnung als umfassender Zusammenhang, die aber in der Freiheit vermittelt wird zur je eigenen geschichtlichen Wirklichkeit.

"Die Geschichte ist nämlich mehr als ein Erzeugnis der freien Handlungen der freien Individuen. Das Individuum handelt freilich, aber diese Handlung geht ein in die Ordnung der Dinge, von der das ganze Dasein getragen wird. Was daraus hervorgeht, weiß der Handelnde eigentlich nicht. Diese höhere Ordnung der Dinge aber, welche die freien Handlungen sozusagen verdaut, und sie in ihre ewigen Gesetze verflicht, ist die Notwendigkeit, und diese Notwendigkeit ist in der Weltgeschichte die Bewegung" (EO II, 185).[531]

Der Mensch hat für den Gerichtsrat "eine zwiefache Existenz" (EO II, 186): er ist als inwendig freier in eine ihm äußerlich vorgegebene Ordnung eingefügt, in der er sich als konkreter Einzelner verwirklichen soll. Im innerlichen Handeln, in der Selbstbestimmung der absoluten Wahl, besteht "der Freiheit wahres Leben" (EO II, 185), hier vollzieht sich die eigentliche Geschichte als die von der äußerlich vorgegebenen Geschichte unterschiedene "innere Geschichte" (EO II, 142), doch kann diese Selbstentfaltung der Freiheit nur geschehen in dem größeren Zusammenhang der äußeren Geschichte und der "Ordnung der Dinge". Der Absolutheit der Freiheit muß daher die Übereinstimmung mit der letztlich unverfügbaren Ordnung korrespondieren, wenn die ethische Selbstwahl möglich sein soll, und diese Harmonie von Wahl und Gesetztsein in der Gewißheit des Gottesverhältnisses bildet die tragende Voraussetzung für B's ethische Lebensanschauung.

"Das Ethische wollen, ohne von dem Indifferenten sich stören zu lassen, an eine Vorsehung glauben, ohne vom Zufälligen sich stören lassen, das ist eine Gesundheit, die erworben und bewahrt werden kann, wenn ein Mensch es selber will." (EO II, 274 f.).

Die Doppelbewegung der Wahl führt das sich seiner Freiheit bewußt gewordene Selbst sogleich wieder zurück in die Lebensbedingungen, die ihm den Handlungsraum seiner Selbstverwirklichung vorgeben. So bestimmt der Gerichtsrat die Zielvorstellung eines freien Lebens als die "Souveränität", mit der jeder Mensch sein Leben in die Hand nehmen soll.

---

[530] Zum Geschichtsbegriff des Gerichtsrats vgl. Pieper (1968), 83 ff.; Valls (1980), 20 ff.
[531] "B denkt Geschichte nicht in zwei Kategorien, nämlich *Weltgeschichte* und *innere Geschichte*, sondern in dreien: erstens: *die Weltgeschichte als Ganzes*, zweitens: *die äußere Geschichte jedes einzelnen Menschen* und drittens: *seine innere Geschichte*, die aus inwendigen Taten besteht." (Valls (1980), 56).

"Der einzelne Mensch wählt sich also als ein vielfältiges bestimmtes konkretes Sein, und wählt sich daher nach dem Zusammenhang, in dem er steht. Dies konkrete Sein ist des Menschen Wirklichkeit; da er es aber nach seiner Freiheit wählt, so kann man auch sagen, daß es seine Möglichkeit ist, oder (um nicht einen so aesthetischen Ausdruck zu brauchen) daß es seine Aufgabe ist. (...) Dies sein wirkliches konkretes Sein sieht der einzelne Mensch also als Aufgabe, als Bestimmung, als Ziel. Daß aber ein Mensch seine Möglichkeit als seine Aufgabe sieht, das ist eben der Ausdruck für die Souveränität, die er über sich selbst hat" (EO II, 268).

Die Aneignung der eigenen Geschichte geschieht nach B in der *Reue*: "denn allein wenn ich mich selbst als schuldig wähle, wähle ich absolut mich selbst, falls ich mich überhaupt in einem Sinne absolut wählen soll, der nicht identisch ist mit sich selbst erschaffen" (EO II, 230). Da die Selbstwahl immer nur das eigene Selbst wählen kann und somit dessen unmittelbares Leben voraussetzen muß, erkennt sie darin das bisherige Ausgebliebensein der persönlichen Entscheidung. In diesem grundlegenden Selbstabstand bleibt sich die ins Endliche gesetzte Freiheit ihre Unbedingtheit immer schuldig, und der Mensch kann nur durch umkehrendes Handeln seiner Absolutheit entsprechen. "Bloße Bejahung von Konkretion greift zu kurz, weil die Freiheit oder das Gute im Bösen etwas entdeckt, das ihr entgegengesetzt ist. Um auch das Entgegengesetzte sich anzuverwandeln, darf sie es nicht akzeptieren, sondern muß es umschaffen, ihm den Charakter des Bösen nehmen. Das Umschaffen erfolgt in der Reue; sie behauptet das Gute angesichts des Bösen."[532]

In der von B gemeinten Reue geht es nicht um das Bereuen einzelner schuldhafter Handlungen, sondern um die Übernahme der Verantwortung für die eigene Begrenztheit und Unentschiedenheit. In "der Freiheit Leidenschaft" kann es für den Gerichtsrat keine rein äußerlich-notwendige Prägung geben, die nicht durch die Wahl als eigene Möglichkeit angenommen und somit von Notwendigkeit in Freiheit, und das heißt für die Begrenztheit: in Schuld verwandelt wird. "Je größere Freiheit um so größere Schuld" (EO II, 232). In der Reue wird daher auch die ganze geschichtlich-soziale Vorprägung des Individuums und seiner Lebenssituation als Schuld verstanden, durch die der einzelne sich in eine Kontinuität mit der ganzen Menschheit setzt.

"Er reut sich zurück in sich selbst, zurück in der Familie, zurück im Geschlecht, bis daß er sich selbst findet in Gott. Allein auf diese Bedingung kann er sich selbst wählen, und das ist die einzige Bedingung, die er will, denn allein auf diese Art kann er sich selbst absolut wählen." (EO II, 230).

So kommt B in seinem Versuch, die Absolutheit der Freiheit in der Entscheidung zur Verantwortung auch noch für das eigentlich Unverfügbare, die Kontingenz des eigenen Lebens, zu bewahren, zur Aufnahme der christlichen Erbsündenlehre in seine Wahltheorie. Indem er die geschichtliche Schuldverflochtenheit der Menschen in der Freiheit des einzelnen als dem Ursprung

---

[532] Greve (1990), 89.

von Gut und Böse konzentriert[533], stellt er die in der Reue erlangte Einheit des Individuums mit der ganzen Menschheit als Befreiung von griechisch-tragischer Schicksalstrauer (vgl. EO II, 202) und jüdischer Erbschuldangst (vgl. EO II, 232) dar. Jedoch ist nicht das christliche Sündenbewußtsein, nicht die Erlösungsbedürftigkeit des Menschen der Grund, von dem aus Wilhelm die geschichtliche Schuldverflochtenheit bedenkt, sondern die Möglichkeit der absoluten Selbstannahme als sich selbst völlig durchsichtiger Souveränität bleibt der Kern seines Reuebegriffs[534], was ihn von der psychologischen Interpretation der Erbsünde im *Begriff Angst* unterscheidet. Die Reue führt den einzelnen in jene Dimension des Allgemeinmenschlichen, die der Gerichtsrat als Vollzugsraum konkreter Freiheit ansieht, in ihr realisiert sich "das allgemeine Individuum" (EO II, 278).

"Der einzelne Mensch wird sich also seiner bewußt als dies bestimmte Individuum mit diesen Fähigkeiten, diesen Neigungen, diesen Trieben, diesen Leidenschaften, als beeinflußt von dieser bestimmten Umgebung, als dies bestimmte Produkt einer bestimmten Umwelt. Indem er aber auf diese Art sich seiner bewußt wird, übernimmt er für alles miteinander die Verantwortung." (EO II, 267) "Indem er aber reuend sich selbst wählt, ist er handelnd, nicht in Richtung auf Vereinzelung (Isolation), sondern in Richtung auf Zusammenhang (Kontinuität)." (EO II, 275).

Damit ist die zweite Dimension der Konkretion der Freiheit in der Bewegung der Endlichkeit angezeigt: das verantwortliche Handeln im Horizont verbindlicher Allgemeinheit. Dies ist *Pflicht*. "Was die Reue nach rückwärts leistete, leistet die Pflichterfüllung nach vorwärts. Die freiheits- und identitätsstiftende Kraft des Selbst, dort auf das vorhandene Konkrete gerichtet, richtet sich hier auf das je auf es zukommende Konkrete. Im Erkennen und Verwirklichen des Guten bewährt und bewahrt die Persönlichkeit ihre Absolutheit."[535]

Die konkrete Selbstwerdung vollzieht sich durch das Sich-Einfügen des einzelnen in die Gemeinsamkeit sittlicher Verantwortung. Indem der Mensch sich dazu verpflichtet weiß, seine Selbstbestimmung im Horizont des Guten zu vollziehen, sieht er sich verwiesen an die geltende Normativität als dem Maßstab, der ihm sein Selbstwerden zwar nicht vorzeichnet, aber die Orientierung an der konkret-geordneten Verbundenheit seiner Mitwelt, der Sittlichkeit, vor Augen hält. Nur im Bezug auf diese Allgemeinheit kann der einzelne zu sich selbst als dieser konkreten Person, die immer schon in

---

[533] "Die Schuld des Selbst muß verstanden werden als das ursprüngliche Schuldsein am Unterschied von Gut und Böse." (Blaß (1968), 95).

[534] "Leitend ist wiederum der Begriff des Selbst als gesetztes Absolutes. Wenn das sich als absolut entdeckende Selbst *alles* ihm Gegenüberstehende, Konkrete, als Unfreiheit und damit Schuld entdeckt, dann muß es alles bereuen *wollen*. (...) Zwischen der Realisierung von Freiheit und dem Aufsichnehmen von Schuld besteht Identität. (...) Wenn Reue aber kein notwendiges Übel darstellt, sondern das Streben der Freiheit nach Totalisierung ihrer selbst, dann darf sie nicht an den Grenzen des Eigenen stehenbleiben. (...) Zurechenbarkeit als Grenze eigener Verantwortung *darf* es nicht geben. Postuliert ist *universale* Zurechenbarkeit, weil sie universale Durchsetzbarkeit der Freiheit garantiert." (Greve (1990), 91).

[535] Greve (1990), 96.

Beziehungen und sich daraus ergebenden Verantwortungsverhältnissen steht, finden. In der Pflichterfüllung zeigt sich die Persönlichkeit als Einheit von Allgemeinheit und Einzelnem. Hierin bildet der Mensch nicht nur sein persönliches, sondern sein "soziales", "bürgerliches" Selbst aus (vgl. EO II, 280 f.). In der Solidarität erfüllt sich erst die Souveränität des Ethikers: "Seine Freiheit konkretisiert der Einzelne in gemeinschaftlicher Lebenspraxis."[536]

Um diese Dimension der sittlichen Selbstentfaltung aufzuzeigen, legt B in lutherischer Tradition Elemente einer bürgerlichen Tugendethik dar, in denen sich die Verantwortung des einzelnen vor sich selbst, vor den anderen und vor Gott (vgl. EO II, 277 ff.) verwirklichen kann. Konkret führt er hierzu die Pflicht zur Arbeit (vgl. EO II, 295 ff.), zur Ehe (vgl. EO II, 317 ff.) und zur Freundschaft (vgl. EO II, 337 f.) auf.

Die konkrete Sittlichkeit ist jedoch nur die äußere Vorgegebenheit der ethischen Allgemeinheit, die ihren Sinn nur erfüllt, wenn der einzelne durch sein verantwortliches Handeln zu sich selbst findet. Die individuelle Lebensgestaltung, die Erfüllung der absoluten Bedeutung des Selbst, kann aber nicht durch eine rein äußerliche Pflichterfüllung realisiert werden, da diese der individuellen Konkretheit gegenüber immer noch zu abstrakt und als solche unangemessen bleibt. Die von ihm gemeinte Pflicht setzt B klar gegen ein gesetzliches Verständnis der ethischen Allgemeinheit ab, und der Ort der innerlichen Pflicht als der wahren Einheit von Allgemeinem und Einzelnem ist ihm das *Gewissen* (vgl. EO II, 272 f.). So ist für ihn die Sittlichkeit zwar der Raum der Konkretion der Freiheit, jedoch erfüllt sich diese erst in der Konkretheit individueller Entscheidung, die sich nicht mehr in einer allgemeinen Theorie des Sittlichen begreifen läßt.

"Eine Theorie der 'Sittlichkeit' gibt es bei ihm nicht. Er denkt die bestehende Allgemeinheit nur so weit durch, daß die Integrationsstruktur des Einzelnen sichtbar wird. Diese Differenz zu Hegel basiert auf einer Differenz in der Verhältnisbestimmung von Moralität und Sittlichkeit insgesamt: (...) B stellt sich auf den Standpunkt der Moralität und bleibt dort, aber so, daß er von da aus das Sittliche einbegreift. (...) Der Ansatz bei der Subjektivität ist Kriterium ethischer Theorie überhaupt."[537]

Trotz aller sozialen Bindungen und Verpflichtungen kommt es dem Ethiker doch wesentlich darauf an, ein "verantwortlicher Redakteur" (EO II, 277) seines eigenen Lebens zu sein, und die Freiheit zu dieser Eigenverantwortlichkeit gewinnt er aus der Gottesbeziehung als dem innersten Grund der Selbstwahl, der im Gewissen gegenwärtig ist. So bezeichnet B genau wie Vigilius Haufniensis den freien Menschen als gleichermaßen Autodidakten wie Theodidakten (vgl. EO II, 289; BA[R], 179). Auch die Pflicht wird somit eingeordnet in die Dialektik von Wahl und Gesetztsein als dem konstitutiven Vollzug endlich-absoluter Freiheit.

"Sobald nämlich die Persönlichkeit in der Verzweiflung sich selbst gefunden hat, sich selbst bereut hat, hat der einzelne Mensch sich selber als seine

---

[536] Greve (1990), 117.
[537] Greve (1990), 132.

Aufgabe unter einer ewigen Verantwortung, und damit ist die Pflicht gesetzt in ihrer Absolutheit. Da er mittlerweile nicht sich selbst erschaffen, sondern sich selbst gewählt hat, ist die Pflicht der Ausdruck für seine schlechthinnige Abhängigkeit und seine schlechthinnige Freiheit in ihrer Identität miteinander." (EO II, 288).

Das ethische Gottesverhältnis des Gerichtsrats, das für ihn ganz im Selbstvollzug der Freiheit konzentriert ist, bildet den Hintergrund seiner Antwort auf den Schicksalsglauben des Ästhetikers, den er als einen wesentlichen Zug seiner Verzweiflung ausdrücklich heraushebt und sogleich in religiösen Kategorien interpretiert. Doch nicht die Abhängigkeit des Ästhetikers von den zufälligen äußeren Anlässen und inneren Stimmungen steht dabei im Vordergrund, sondern die übersteigerte Subjektivität, die gerade Herr über die Zufälligkeiten sein will, indem sie der Wirklichkeit keine Bedeutung beimisst.

"Eigentlich wolltest Du also Schicksal spielen, und Dein eigentliches Ergötzen war die Vielfältigkeit von Reflexionen, die von hier aus sich spinnen ließ. Ich will Dir nun gern zugeben, daß Du recht geeignet bist zum Schicksalspielen, sofern man mit dem Wort Schicksal die Vorstellung der allergrößten Unstete und Launenhaftigkeit verbindet." (EO II, 13).

Mit dem "Schicksalspielen" kritisiert der Gerichtsrat, wie schon Kierkegaard in seiner Magisterarbeit, jene reflektierte Ironie der Frühromantik, die die Potenzierung des Subjekts zum Dichter des eigenen Lebens, auch der eigenen Lebensumstände, zur Lebensanschauung macht. Er sieht hierin ein Mißverständnis der Absolutheit des Subjekts, das nicht die faktische Bedingtheit anerkennen will, das statt zu wählen, sich selbst erschaffen will: "Du bist so übersteigert, daß Du erschaffend bist" (EO II, 12).

Der Schicksalsbegriff wird von B zu einer religiösen Kritik an A's Lebenshaltung verwandt, wie sie in dieser Direktheit selten in seinen Briefen zum Ausdruck kommt. So wirft er dem Ästhetiker vor, daß er keinen Glauben habe (vgl. EO II, 14). Der Schicksalsbegriff bezeichnet für ihn eine dem persönlichen Gottesbegriff widersprechende, blinde und rätselhafte Macht, und so mache sich der Ästhetiker in unverantwortlicher Weise selbst zu einem Rätsel für sich und die anderen, und B fordert ihn auf, sich einmal ernsthaft in dieser Weise den Urgrund aller Wirklichkeit vorzustellen, um ihn so aus seiner Hybris zu befreien:

"Denk Dir, auf daß ich das Höchste greife, denk Dir, der allmächtige Ursprung des Alls, Gott im Himmel, würde sich dergestalt als nichts denn ein Rätsel für die Menschen setzen, würde das ganze Menschengeschlecht in dieser grauenvollen Ungewißheit schweben lassen, gäbe es dann in Deinem Innern nicht doch etwas, das sich empörte, könntest Du diese Qual auch nur einen Augenblick aushalten, oder könntest Du Dein Denken dahin bringen, dies Grauen festzuhalten!" (EO II, 16).

Dieser abgründigen Sicht hält der Gerichtsrat die christliche Vorstellung des liebenden Gottes entgegen, die ein Vertrauen in die Wirklichkeit zu begründen vermag. Zwar ist auch der christliche Gott unbegreiflich, doch seine Unbegreiflichkeit ist die Liebe (vgl. EO II, 16), womit er ausdrücken will, daß sich der Mensch der letzten Unverfügbarkeit seines Lebens überlassen darf. Weil für ihn das letzte Geheimnis aller Wirklichkeit sich selbst als liebende Person offenbart, kann der Mensch auf die Erfüllung seiner Lebensgestaltung hoffen, sofern er sich nur in Freiheit auf sein eigenes Leben einläßt. B nennt als ein besonderes Charisma "den Freimut, das Vertrauen, den Glauben an die Wirklichkeit und an die ewige Notwendigkeit, mit der das Schöne siegt, und an die Seligkeit, die in der Freiheit liegt, mit welcher das Individuum Gott zu Hilfe kommt" (EO II, 130).

In der Korrespondenz von göttlicher Vorsehung und freier Selbstentfaltung liegt für B der Grund einer ethisch-religiösen Erfüllung des Ästhetischen. Diese kennzeichnet er als die wahre Poesie des Lebens, insofern sich das Ästhetische nur dann mit dem Leben versöhnt, wenn man es nicht bloß in künstlerischer Gestaltung, sondern im Leben selbst zu verwirklichen sucht (vgl. EO II, 145): "wer so im tiefsten Sinne sich zugleich als dichtend und gedichtet empfindet (...), er und erst er hat das Höchste in der Aesthetik verwirklicht" (EO II, 146).

Wie schon in der Rede vom verantwortlichen Redakteur (vgl. EO II, 277) wird hier von Kierkegaard die Dichter-Metaphorik[538] zur Kennzeichnung der christlichen Lebensgestaltung in ihrem Unterschied zur romantischen Lebenspoesie verwandt. Wie in der Magisterarbeit so wird auch hier der frühromantischen Idee der Dichtung der eigenen Lebensumstände das Gedichtet-Werden entgegengehalten. Das Besondere der Verhältnisbestimmung von Freiheit und Vorsehung im Begriff der Lebenspoesie beim Gerichtsrat Wilhelm ist nun aber die Akzentuierung der Freiheit, des Sich-Selber-Dichtens. Zwar besteht er auf der Notwendigkeit der Anerkennung einer Unverfügbarkeit des eigenen Lebens, auf der Einheit von Freiheit und Abhängigkeit, weshalb er sich entschieden gegen die ästhetische Vorstellung wendet, mit dem freien Handeln "etwas ausrichten" zu wollen. Das Ergebnis der Handlung in all ihren äußerlichen Implikationen steht für ihn nicht in der Macht des Menschen, sondern ist eine "Glücksbestimmung" (EO II, 315), ist also ethisch-religiös gesehen der Vorsehung zu überlassen. Andererseits ist der Mensch in seiner Freiheit Mitarbeiter Gottes, er kommt der Vorsehung "zu Hilfe" und hierin erfüllt sich seine religiöse Bestimmung (vgl. EO II, 130. 267). Im Zusammenhang mit seiner Darstellung der Arbeitspflicht schreibt Wilhelm: "Es ist schön, eine Vorsehung alles sättigen und für alles sorgen zu sehen; aber es ist noch schöner, einen Mann zu sehen, der gleichsam seine eigene Vorsehung ist" (EO II, 301).

Dem Vorsehungsgedanken kommt bei B so vor allem die Funktion zu, die individuelle Lebensgestaltung mit den Bedingungen der "Ordnung der Dinge" und der Notwendigkeit der Geschichte zu vermitteln, um die Glückserwartung als ethisch erfüllbare zu erweisen. Denn nur von einer umfassenden Harmonievorstellung zwischen ästhetischen, ethischen und religiösen Lebens-

---

[538] Auf die Bedeutung der Metaphorik des Schreibens als Bestandteil einer "skripturalen Interpretation der Existenz" in *Entweder/Oder* weist Kinter (1991), 32 ff. hin; Kinter geht jedoch nicht auf das Motiv des Gedichtet-Werdens ein und unterschlägt damit einen der wichtigsten Aspekte in Kierkegaards Verhältnis zur romantischen Poesie.

bestimmungen aus kann die integrative Sicht der ethischen Selbstverwirklichung vorgeführt werden, die B der ästhetischen Verzweiflung entgegenhalten will.[539] Seine christliche Lebensanschauung, die für ihn ein mit dem Ganzen der Schöpfung versöhntes Freisein begründet, führt ihn in eine "philiströse Selbstsicherheit, mit der er aus dem Gedanken universeller Harmonie einen Garantieschein für positives Glück formulieren" kann.[540]

In dieser harmonischen Lebensanschauung ist kein Platz für den tragischen Nihilismus, wie ihn der Ästhetiker in seinen Reden vor den "Symparanekromenoi" vorgetragen hatte. Von der Gewißheit aus, daß sich in der Pflichterfüllung zugleich die natürlichen Lebensansprüche auf eine dauerhaft glückende Weise verwirklichen lassen[541], kann das Unglücklichsein für den Ethiker nur Folge einer schuldhaften Selbstverstellung sein. Jedes ästhetische Verständnis des Unglücks ist demgegenüber Verzweiflung und Ausdruck einer äußerlichen Abhängigkeit: "Die gesamte geistige Anlage der unglücklichen Individualität bringt es mit sich, daß der Mensch nicht glücklich oder fröhlich zu werden vermag, es brütet ein Verhängnis über ihm und ebenso über dem tragischen Helden." (EO II, 251).

In Auseinandersetzung mit A's Abhandlungen über Tragik und Unglück beklagt B den "Trotz" (EO II, 252), der hinter der fatalistischen Trauer stehe, indem sie sich nicht auf die eigene Schuld besinnen will, sondern das Unglück als Unabänderlichkeit beklagt und zugleich in ihm verbleiben will, um das Auszeichnende des Unglücklichseins zu genießen. Es liege "etwas Verführerisches" in dem "unbedingten Fatalismus" (EO II, 252), weil mit ihm das Trauern zum Lebenssinn erhoben werde. Indem A das Unglücklichsein zum wahren ästhetischen Genuß hochstilisiert, treibt er in B's Augen "Scherz (...) sogar mit des Menschen Schmerz" (EO II, 247), und in der Tat trifft er damit einen wesentlichen Zug der nihilistisch-ironischen Distanz des Ästhetikers, die er gegenüber dem Ernst der von ihm vorgetragenen Bedeutung des Tragischen einnimmt. Dennoch entgeht dem Gerichtsrat in dieser Bewertung die psychologische Tiefe, mit der A die tragische Lebensanschauung darstellt, weil ihm die Skepsis des Ästhetikers gegenüber dem Ernst des Sündenbewußtseins verschlossen bleibt. Von der ethischen Perspektive aus erscheint ihm die tragische Lebensanschauung als ein schlafwandlerischer Zustand in einer rätselhaften Welt zwischen Freiheit und Notwendigkeit:

---

[539] Zu den Harmonievoraussetzungen B's vgl. ausführlich Greve (1990), 121 ff.
[540] Greve (1990), 136; "Die Wilhelmsche Konstruktion des subjektiven Geistes kann Realisierbarkeitsansprüche erheben, weil sie den objektiven und den absoluten Geist schon voraussetzt. Die Voraussetzung fand sich in Gestalt eines welthistorisch gedeuteten Christentums als Sinngebungs- und Versöhnungsinstanz. Ohne diese Grundlage würde subjektive Freiheit weder sich verwirklichen - noch überhaupt existieren. Der Ästhetiker A teilt die Voraussetzung nicht und kann sie nicht teilen. Sein Nihilismus ließ sich ernst nehmen als Überzeugung von der Sinnentleertheit und Unversöhntheit der Welt. Mit dieser Überzeugung steht er dem B diametral entgegen." (136 f.).
[541] "Alle im Schlußkapitel aufgeführten ethischen Pflichten haben immer zugleich den Sinn, die Durchsetzung von natürlichen Bestrebungen auf Dauer sicherzustellen." (Greve (1990), 118).

"die Persönlichkeit ist da abermals unter den Bestimmungen der Notwendigkeit gesehen, und es ist allein so viel Freiheit übrig geblieben, daß diese gleich einem unruhigen Traum den Menschen ständig halbwach zu halten vermag und ihn im Labyrinth der Leiden und der Schickungen umherirren läßt, allwo er allenthalben sich selbst erblickt und doch zu sich selber nicht zu gelangen vermag" (EO II, 255).

Für den Gerichtsrat erhält die Trauer "ihre wahre und tiefe Bedeutung" erst im Ethischen, wo der Mensch in der Reue sich selbst die Schuld an seinem Unglück zuschreibt, auch wenn es nicht allein auf sein freies, verantwortliches Handeln zurückzuführen ist. Das Phänomen einer tragischen Schuldverstrickung durch die unhintergehbare Geschichtlichkeit versucht B dadurch ins Ethische aufzuheben, daß er, wie wir sahen, die Wahl als umfassenden Akt der Schuldaneignung darstellt, weil für ihn darin die Absolutheit der Freiheit zum Ausdruck kommt:

"wäre gleich mein Leben ohne eigene Schuld dermaßen in Kummer und Leiden verflochten, daß ich mich den größten tragischen Helden nennen dürfte, mich an meinem Schmerz ergötzen und die Welt entsetzen dürfte, indem ich ihn mit Namen nenne, ich habe meine Wahl getroffen, ich entledige mich der Heldentracht und des tragischen Pathos (...), ich habe nur einen Ausdruck für meine Leiden - Schuld, nur einen Ausdruck für meinen Schmerz - Reue, nur eine Hoffnung vor meinem Auge - Vergebung" (EO II, 253).

Dem Gerichtsrat fehlt der psychologische Blick in die Abgründe menschlicher Unfreiheit, um das Problematische seiner ethischen Lebensanschauung des absoluten Selbst zu erkennen. Dies wird von Kierkegaard in der weiteren Entwicklung der pseudonymen Schriften ausgeführt. Dennoch finden sich auch bei B vereinzelte Einsichten in diese Schwierigkeit des Ethischen, in Äußerungen, die seinem Freiheitspathos entgegenstehen und deshalb irritieren müssen. Obwohl er ausdrücklich die Wahl als Aneignung einer umfassenden geschichtlichen Verantwortung darstellt und hiermit über das Tragische der Schuldverflochtenheit hinausgehen zu können meint, stellt er mit Blick auf die Erbsünde fest, "daß kein Mensch sich selbst durchsichtig zu werden vermag":

"Sogar der Mensch aber, in dessen Leben die Bewegung ganz und gar ruhig, ganz und gar friedlich, ganz und gar zur rechten Zeit vor sich geht, wird doch stets ein bißchen Schwermut behalten, indes dies hängt mit etwas weit Tieferem zusammen, mit der Erbsünde, und liegt daran, daß kein Mensch sich selbst durchsichtig zu werden vermag." (EO II, 202; vgl. 170).[542]

Doch diese Feststellung bleibt Randbemerkung, die nicht psychologisch vertieft wird, es geht ja nur um "ein bißchen" Unfreiheit. Ebenso marginal bleibt denn auch der Hinweis des Gerichtsrats auf das Ängstigende daran, daß der einzelne in seiner Entscheidung zur ethischen Selbstbestimmung sich zugleich mit dem Ganzen der Menschheit in Zusammenhang gesetzt erfährt

---

[542] Zurecht bemerkt Greve (1990), 98: "Die Äußerung muß irritieren, weil sie in mehrfacher Hinsicht den Rahmen der ethischen Konzeption zu sprengen scheint".

(vgl. EO II, 229 f.). Dies alles kann den ethischen Optimismus Wilhelms nicht verdrängen[543], und man ist geneigt, diesen Optimismus selbst als Resultat einer Verdrängung oder zumindest psychologischen Blindheit zu deuten. Die Sinnerfülltheit bürgerlich-ethischer Religiosität bleibt für B unerschütterbarer Grund seiner Lebensanschauung. Dies zeigt sich auch noch in dem Versuch, die Berechtigung eines Ausnahme-Menschen zu bedenken, den er gegen Ende seiner Briefe unternimmt. Selbst das Ausnahme-Sein vermag er noch in die ethische Allgemeinheit zu integrieren, um ihm von hierher Sinn zu verleihen, indem er jeden Menschen zu einer Ausnahme erklärt (vgl. EO II, 354 f.). Gegen eine ästhetische Überheblichkeit des Talents setzt er auf die bürgerliche Normalität: "Der wahre ungewöhnliche Mensch ist der wahre gewöhnliche Mensch" (EO II, 350).

2.2. Die zufällige Versöhnung im psychologischen Experiment der *Wiederholung*

Am 16. Oktober 1843 veröffentlichte Kierkegaard gleichzeitig zwei pseudonyme Schriften (flankiert noch von drei erbaulichen Reden): *Die Wiederholung* von Constantin Constantius und *Furcht und Zittern* von Johannes de Silentio. Diese beiden Pseudonyme reflektieren je auf ihre Weise unüberwindliche Schwierigkeiten und Grenzen des ethischen Selbstverständnisses, womit unausgesprochen die vom Gerichtsrat Wilhelm vorgetragene Lebensanschauung einer grundlegenden Kritik unterworfen wird. Im Mittelpunkt dieser Kritik steht in beiden Schriften die Frage nach einer Ausnahmeexistenz, wie sie auch schon vom Gerichtsrat angesprochen wurde. Indem Constantius und de Silentio menschliche Schicksale in den Blick nehmen, die ihrer Argumentation zufolge nicht mit dem ethischen Anspruch in Harmonie zu bringen sind, entdecken sie beide das Religiöse als eine über das Ethische hinausliegende Lebensform. Während diese für Johannes de Silentio ganz im Mittelpunkt des Interesses steht, wird sie bei Constantin Constantius nur als Grenze, als transzendente Möglichkeit, sichtbar. Seine Ethikkritik ist noch stark von ästhetischen Zügen durchsetzt, nicht die religiöse Ausnahmeexistenz, sondern eine zum Religiösen neigende Dichterexistenz in Gestalt eines unglücklich verliebten jungen Mannes ist Gegenstand seines psychologischen Experimentes.[544]

Jene Kategorie, die Constantius hinterfragen will, ist mit dem Titel seiner kleinen Schrift benannt: *Die Wiederholung*.[545] Hierbei geht es prinzipiell um das Verhältnis des Menschen zu seiner eigenen geschichtlichen Faktizität, genauer um die Möglichkeit einer freien Aneignung der Geschichte, die sich

---

[543] "In der Tat reduziert der Ethiker seine Ansprüche erheblich. Er rettet sich aber, indem er das Versagen der Aneignungsbewegung zu einem punktuellen Versagen marginalisiert." (Greve (1990), 99).
[544] So kann Greve (1990), 149, das psychologische Experiment des Constantius als "eine ethikkritische Reinterpretation des A" deuten.
[545] Vgl. zu diesem Werk: Greve (1990), 145 ff.; Guarda (1980), 25 ff.; Müller (1980); Reimer (1979); Schäfer (1968), 151 ff.; Sløk (1979).

nicht in einer bloß rückwärtsgewandten "Erinnerung" erschöpft, sondern als dem Neuen offene Lebensgestaltung, als freie Selbstbewegung zu vollziehen ist. In diesem Sinne bildet sie für Constantius "die Losung in jeder ethischen Anschauung" (W, 22), und er thematisiert mit ihr den Kern der Ethiktheorie des Gerichtsrats, die Dialektik der Wahl. Das hierin ausgedrückte Verhältnis von Setzung und Gesetztsein formuliert Constantius in entsprechender Weise für die Bewegung der Wiederholung: "Die Dialektik der Wiederholung ist leicht, denn was sich wiederholt, ist gewesen, sonst könnte es sich nicht wiederholen; aber eben dies, daß es gewesen ist, macht die Wiederholung zu dem Neuen." (W, 22).

Derart wird die Wiederholung für Constantius zu einer neuen Grundkategorie, der das "*Interesse* der Metaphysik" gilt. Dies erläutert er zu Beginn seiner Schrift freilich nur in Andeutungen[546], indem er die Wiederholung als eine Kategorie der neuen Zeit der griechischen "Erinnerung" gegenüberstellt.[547] "Wiederholung und Erinnerung sind die gleiche Bewegung, nur in entgegengesetzter Richtung; denn wessen man sich erinnert, das ist gewesen, wird rücklings wiederholt; wohingegen die eigentliche Wiederholung sich der Sache vorlings erinnert" (W, 3).

In dieser Gegenläufigkeit kommt für Constantius der entscheidende Unterschied in den Lebensanschauungen von Griechentum und christlicher Moderne zum Ausdruck. Für das Griechentum liegt das Eigentliche in der Vergangenheit und alle Wirklichkeit kann somit nur Nachvollzug des schon Geschehenen sein. Demgegenüber setzt die Wiederholung das schon Gewesene als neue Wirklichkeit, die für zukünftige Gestaltung offen ist. Sie ist derart eine schöpferische Bewegung, so daß Constantius sogar Gottes Welterschaffung als Wiederholung bezeichnen kann (vgl. W, 5).

"Wenn die Griechen sagten, daß alles Erkennen ein sich Erinnern sei, so sagten sie: das ganze Dasein, welches da ist, ist da gewesen; wenn man sagt, daß das Leben eine Wiederholung ist, so sagt man: das Dasein, welches da gewesen ist, tritt jetzt ins Dasein." (W, 22).

Im Wiederholungsbegriff findet die auf Zukunft hin offene, bewegte Lebenswirklichkeit einen angemessenen Ausdruck. Constantius stellt sie daher als neue Kategorie zur Bestimmung der "Bewegung", des "Übergangs" dar, die er von Hegels Vermittlungsbegriff absetzen will (vgl. W, 21 f.).[548] Das Neue der Wiederholung ist nicht aus dem Vergangenen ableitbar, deshalb ist sie für die Metaphysik, die an ihr als einer Bewegungskategorie

---

[546] Die Entfaltung des Wiederholungsbegriffs tritt in dieser Schrift hinter das psychologische Experiment und seine mäeutisch-perspektivische Deutung zurück. Doch verfaßte Kierkegaard unter dem gleichen Pseudonym als Reaktion auf eine Besprechung der *Wiederholung* durch Prof. Heiberg einen *Sendbrief* an diesen, den er allerdings nicht veröffentlichte (Pap IV B 110 ff.). Hierin wird nicht nur das mäeutische Vorgehen im Experiment erläutert, sondern auch der Wiederholungsbegriff deutlich als eine Kategorie der Freiheitsgeschichte des Individuums dargelegt. Darauf werde ich am Ende des Kapitels noch eingehen. Vgl. zu diesem *Sendbrief* bes. Schäfer (1968), 151 ff., der ihn seiner Darstellung des Wiederholungsbegriffs zugrundelegt.

[547] Vgl. hierzu bes. Sløk (1979).

[548] Vgl. hierzu Schäfer (1968), 154 ff., der auch den Kommentar des Vigilius zu dieser Stelle (BA^R, 14 ff. Anm.) erläutert.

interessiert ist, "dasjenige Interesse, an dem die Metaphysik scheitert" (W, 22). Im eigentlichsten Sinne, als Selbstwiederholung des Individuums, ist sie, wie Constantius im *Sendbrief* genauer ausführt, "das tiefste Interesse der Freiheit"[549]. Sie bringt die Lebenswirklichkeit in ihrem ethischen Ernst zum Ausdruck: "Die Wiederholung, sie ist die Wirklichkeit und des Daseins Ernst" (W, 5; vgl. Pap IV B 111, 268).[550]

Diesem Ernst der Wiederholung wird Constantius jedoch in seiner Schrift nicht gerecht, weder im psychologischen Experiment, wo er sich durch seine ironisch-leidenschaftslose Beobachtung vom Ernst der Schwierigkeiten des jungen Mannes distanziert, und schon gar nicht in seinem eigenen Versuch, die Möglichkeiten einer *ästhetischen* Wiederholung zu ergründen.[551] Hierzu unternimmt er eine Reise nach Berlin, um dort den Erlebnissen einer vergangenen Berlinreise neues Leben zu verschaffen. Seine Versuche sind ausgeprägt ästhetischer Natur; so steht im Mittelpunkt ein Theaterbesuch, bei dem er die vergangene Stimmung nicht nur zu erinnern, sondern neu zu empfinden versucht. Sein Experiment scheitert, und als Ergebnis dieser Versuche hält er fest:

"Das einzige, das sich wiederholte, war die Unmöglichkeit einer Wiederholung. (...) Als dies sich ein paar Tage wiederholt hatte, ward ich so erbittert, so der Wiederholung leid, daß ich beschloß, wieder nach Hause zu fahren. Meine Entdeckung war nicht bedeutend, indes sie war sonderbar; denn ich hatte entdeckt, daß die Wiederholung gar nicht vorhanden war, und dessen hatte ich mich vergewissert, indem ich dies auf alle nur mögliche Weise wiederholt bekam." (W, 44 f.).[552]

Ernster stellt sich das Problem der Wiederholung im Schicksal des unglücklich verliebten jungen Mannes, der Constantius vertrauensvoll zu seinem "Mitwisser" gemacht hat. Sein Unglück besteht nicht darin, daß seine Liebe nicht erwidert wird, sondern darin, daß er selbst sie nicht zu verwirklichen vermag. Aufgrund seiner poetischen Neigung idealisiert er immerfort die Geliebte sowie seine eigene Verliebtheit, und in dieser Idealisierung wird die wirkliche Beziehung unmöglich. Sie ist für ihn von Anfang an "Erinnerung", wie Constantius es ausdrückt:

---

[549] "Der gives kun een prægnant Gjentagelse det er Individualitetens egen Gjentagelse i en ny Potens. (...) den sensu eminentiori er Gjentagelsen, og Frihedens dybeste Interesse." (Pap IV B 111, 270).
[550] Vgl. Theunissen (1958), 131 ff.
[551] In seinem *Sendbrief* rechtfertigt Constantius jedoch beides als mäeutisches Vorgehen (vgl. Pap IV B 117, 282 ff.).
[552] "Zusammenfassend kann gesagt werden, daß es für Constantin Constantius aus folgenden Gründen keine Wiederholung gibt und geben kann: 1. Weil er die Wiederholung als Geschehen konzipiert, das sich ohne Zutun der Innerlichkeit *ereignet*. 2. Weil er in der Wiederholung das Falsche sucht, das, was sich gerade nicht wiederholen läßt: den Reiz des ersten, das Interessante. 3. Weil er als Zweifler und Skeptiker an das Problem herangeht - daher die unverbindliche Form des Experiments - statt mit der Kraft der Hoffnung und des Glaubens" (Guarda (1980), 26 f.). Für Greve (1990) bestätigt Constantius durch dieses Experiment "eine ethische Kritik am Ästhetischen: daß die Genußautomatik der schlechten Unendlichkeit sich nicht abschalten läßt" (150).

"Er war tief und innerlich verliebt, das war klar, dennoch war er imstande, gleich am ersten Tage sich seiner Liebe zu erinnern. Er war im Grunde mit dem ganzen Verhältnis fertig. Indem er anhebt, hat er einen so entsetzlichen Schritt getan, daß er das Leben übersprungen hat. (...) Sein Irrtum war unheilbar, und sein Irrtum war der, daß er am Ende stand statt am Anfang; solch ein Irrtum aber ist und wird des Menschen Untergang." (W, 8 f.).

Constantius analysiert das Liebesverhältnis als einen bloßen Anlaß für die poetische Entfaltung des jungen Mannes, es sei nicht Liebe, sondern Sehnsucht, die ihn zu dem Mädchen hinziehe (vgl. W, 10). Es sei der melancholische Grundzug seines Wesens (vgl. W, 8) und seine dichterische Veranlagung, die ihn liebes- und lebensunfähig machen. Zwar begeistert sich Constantius für das Poetische seiner Liebe, hierin sieht er "die Idee in Bewegung" und die Idee sei "das Lebensprinzip in der Liebe" (W, 13). Den jungen Mann jedoch führe die poetische Idealisierung in Leblosigkeit, weil er in seiner poetisch-melancholischen Veranlagung gefesselt sei und zu ihr kein freies, schöpferisches Verhältnis gewinne. Die Freiheit, welche Constantius meint, ist die der Ironie; was dem jungen Mann fehle, sei "eine ironische Geschmeidigkeit" (W, 9), die die eigenen Idealisierungen nicht so ernst nehme und so die Sehnsucht mit dem Leben vermittle. Die Schicksalsthematik erscheint am Beispiel des jungen Mannes als eine Befangenheit in der eigenen Veranlagung, die einen tragischen Konflikt mit der Wirklichkeit nach sich zieht, und Constantius' Antwort auf diese Abhängigkeit ist die romantische Ironie als Freiheit poetischen Lebens.[553] Sie begründet für ihn die Möglichkeit einer ästhetischen Wiederholung.

Ganz anders, mit ethischem Ernst, empfindet der junge Mann selbst sein Schicksal, obwohl er mit Constantius übereinstimmt in der Analyse seiner Liebe als einer poetisch idealisierten. Doch zum entscheidenden Konflikt wird für ihn, daß er dadurch das Mädchen unglücklich machen *muß*, er wird "unschuldig an ihrem Unglück schuldig" (W, 10). Diese tragische Schuld führt ihn immer tiefer in die Schwermut, in das unfreie Grübeln über die eigene Unfähigkeit. Er sieht keine Lösung seines Konflikts, denn dem Mädchen die Wahrheit zu sagen, verbietet er sich, weil es sie zu tief verletzen würde, daß sie für ihn nur "die Muse" (W, 14) gewesen sei, und ein unerklärter Abbruch der Beziehung würde sie in Trauer versinken lassen. Hier nun schaltet sich der experimentierende Psychologe Constantius ein, indem er dem jungen Mann die ironische Selbstverstellung empfiehlt. Um sich in rechter Weise von dem Mädchen zu lösen, ohne diese in Trauer an ihn zu binden, solle er "unzart" sein und sich "in einen verächtlichen Menschen" verwandeln (W, 14 f.). Dazu will er ihm gerne behilflich sein, indem er ihm eine fingierte Liebschaft zu einem Dienstmädchen besorgt. Der junge Mann selbst soll durch diese Ironie Abstand von seiner dichterischen Idealwelt gewinnen. Constantius sieht in diesem Experiment die Möglichkeit einer Wiederholung, insofern durch den Abbruch der poetischen Beziehung der

---

[553] In seinem *Sendbrief* stellt sich Constantius selbst in diesem Sinne als einen Stoiker dar (vgl. Pap IV B 117, 283 u. 118, 301).

ursprüngliche Zustand wiederhergestellt und ein neuer Anfang auf realistischer Basis möglich werde.[554] Doch der junge Mann, der zunächst dem Plan zustimmt, vermag ihn nicht durchzuführen. Statt dessen entzieht er sich einer Lösung durch Flucht, und in der ersten Fassung der *Wiederholung* hieß es noch: "er erschoß sich"[555], was Constantius nur zynisch kommentiert: "Seiner Seele mangelte die Federkraft der Ironie" (W, 18).

An diesem Punkt stehen sich somit zwei völlig disparate Einstellung zum Schicksal des jungen Mannes gegenüber. Zum einen der schwermütige ethische Ernst des poetisch Verliebten, der seine Situation nur als unlösbar tragisch empfinden kann. Für ihn gibt es keine Wiederholung, keine Befreiung zu einer neuen Lebendigkeit. Der ursprünglich geplante Schluß, der Selbstmord, ist die Konsequenz dieser Unfreiheit, die innerhalb des Ethischen nicht lösbar scheint. Constantius' Absicht einer ästhetischen Wiederholung entzieht sich dem Ernst der tragischen Schuld und stellt eine apathetische Ironie als Korrektiv der Idealisierung dar, die einzig ein freies Leben zu ermöglichen scheint. Gegenüber der ethischen Schwermut des jungen Mannes enthält die Ironie des Constantius, trotz aller ästhetischen Absicht, ein Moment der Freiheit gegenüber der eigenen Veranlagung und ihren schicksalhaften Konsequenzen. Die Alternative scheint also zu lauten: unfreier Ernst oder freier Unernst, wobei die ironische Freiheit nur erlangt werden kann, indem die Schuldproblematik nicht ernst genommen wird. Eine darüber hinausweisende Möglichkeit der Wiederholung und damit der Freiheit wird aber im weiteren Verlauf sichtbar, auch wenn sie vom jungen Mann nicht wirklich vollzogen wird: das religiöse Selbstverständnis.

Nach seiner Rückkehr aus Stockholm, wohin sich der junge Mann zurückgezogen hatte, schreibt er bekenntnishafte Briefe an Constantius, die seine innere, schwermütige Auseinandersetzung mit der Tragik seiner Liebesgeschichte wiedergeben. Er ist in seine Schwermut gefesselt, die ihn immer wieder um die Frage seiner Schuld kreisen läßt. Er fühlt sich "lebendig in seiner eignen Persönlichkeit eingemauert", indem er zugleich Zeuge, Richter und Ankläger gegen sich selber ist (W, 62). Seine Schwermut steigert sich zu einem nihilistischen Lebensüberdruß, in dem alle Sinnbezüge fraglich geworden sind.[556] So wie ihm sein Schuldigwerden unerklärlich bleibt, so wird die

---

[554] Nach Greve (1990), 151 f., ist die Möglichkeit einer Erneuerung des Liebesverhältnisses nur die mäeutisch vorgeschobene Absicht seines Experimentes. Ihm gehe es vielmehr um die Befreiung des jungen Mannes zu seiner dichterischen Anlage. "Insofern liegt nach Constantius die mögliche Wiederholung des Glücks nur in der Trennung der Liebenden, nicht in einer gemeinsamen Zukunft. Daß er eine andere Auffassung vorschiebt, läßt sich verstehen als argumentum ad hominem, benutzt, um den ethisch empfindsamen jungen Mann für seinen Plan zu gewinnen: eine ästhetische Maieutik." (152).
[555] Pap IV B 97, 5; Kierkegaard hat diese erste, tragisch endende Fassung unter dem Eindruck der Wiederverlobung Regines umgeändert in die heutige Gestalt (vgl. Hirsch (1930 ff.), 258 ff.).
[556] "Weit von aller ästhetischen Ursache entfernt, ist dieser Nihilismus Resultat vergeblicher *ethischer* Bemühung: Die Versöhnung mit dem Allgemeinen gelingt nicht" (Greve (1990), 154). Nach Müller (1980) ist "das Weltgefühl des 'jungen Menschen' im ganzen tragisch" (360): Er hat es "freilich nicht mit derjenigen Tragik zu tun, die lediglich in der realen Unvereinbarkeit zweier gleichgewichtiger Mächte und Normen begründet läge. Vor aller

ganze Welt zu einem absurden Rätsel, und niemand ist da, der Verantwortung für das Ganze tragen, niemand, der seinen Fragen Antwort geben könnte:

"Mein Leben ist bis zum Äußersten gebracht; es ekelt mich des Daseins, welches unschmackhaft ist, ohne Salz und Sinn. (...) Man steckt den Finger in die Erde, um zu riechen, in welch einem Lande man ist, ich stecke den Finger ins Dasein - es riecht nach nichts. Wo bin ich? Was heißt denn das: die Welt? Was bedeutet dies Wort? Wer hat mich in das Ganze hinein betrogen, und läßt mich nun dastehen? Wer bin ich? Wie bin ich in die Welt hineingekommen; warum hat man mich nicht vorher gefragt, warum hat man mich nicht erst bekannt gemacht mit Sitten und Gewohnheiten, sondern mich hineingestukt in Reih und Glied als wäre ich gekauft worden von einem Menschenhändler? Wie bin ich Teilhaber geworden in dem großen Unternehmen, das man Wirklichkeit nennt? Warum soll ich Teilhaber sein? Ist das nicht Sache freien Entschlusses? Und falls ich genötigt sein soll es zu sein, wer ist denn da der verantwortliche Leiter - ich habe eine Bemerkung zu machen -? Gibt es keinen verantwortlichen Leiter? (...) Ich lasse jedermann fragen, und frage jedermann, ob ich irgendeinen Vorteil davon gehabt habe, mich selbst und das Mädchen unglücklich zu machen. 'Schuld' - was will das heißen? Ist das Hexerei? Weiß man denn etwa nicht mit Bestimmtheit, wie es zugeht, daß ein Mensch schuldig wird? Will da niemand antworten?" (W, 70 f.).

Der junge Mann beharrt darauf, daß er nicht anders habe handeln können, daß er zu einer Ehe unfähig sei und daher recht gehandelt habe (vgl. W, 72). Das Schuldigwerden am Unglück der Geliebten kann ihm nur als auferlegtes Schicksal, als "eine Widerfahrnis" (W, 71) erscheinen, und er erblickt in der Liebe selbst jene Schicksalsmacht, die die beiden Menschen in ihr unglückliches Verhältnis führte: "jenes dritte, von dem niemand weiß, woher es gekommen, jenes dritte, das mich mit seinem Schlage berührte und mich ver-

---

Einzeltragik mit ihren Konflikten liegt vielmehr die Urtragik eines Zusammenpralls des Menschen mit der Wirklichkeit als solcher, die die Frage nach Mächten und Normen zugleich stellt und erübrigt" (359 f.). Dietz (1993) sieht in den Fragen des jungen Mannes ein "Grundmodell existentialistischer Selbsterfahrung" (246), weil er in ihnen radikal nach "dem Sinn seiner Existenz im Ganzen" frage. "Die dahinterstehende Freiheitserfahrung ist eine der Ungeborgenheit, Heimatlosigkeit und Orientierungslosigkeit." (247). Vom modernen Nihilismus sei diese Sinnfrage aber noch dadurch unterschieden, daß der Sinnsuchende "noch auf eine positive Antwort aus" sei (248). "KIERKEGAARD bringt noch nicht die Grunderfahrung des Nihilismus selber zum Ausdruck, sondern dessen experimentelle Vorstufe. (...) Jener Text KIERKEGAARDS ist eine Wegmarke - am Scheideweg: Redintegration des Grundvertrauens, Überwindung des Existenz-Zweifels, oder - Nihilismus. Tertium non datur." (248). In seinen pseudonymen Werken läßt Kierkegaard jedoch m.E. mögliche Lebenshaltungen erkennbar werden, die zwischen radikalem Nihilismus und religiösem Grundvertrauen liegen. Eine solche Haltung ist das tragische Selbstverständnis, eine andere ist die der ironisch-distanzierten Freiheit. In der *Wiederholung* finden sich diese beide Haltungen durch den jungen Menschen einerseits und Constantin Constantius andererseits angedeutet. Deutlicher und ernsthafter spricht Frater Taciturnus in den *Stadien auf des Lebens Weg* von der Einheit des Tragisch-Komischen als einer Zwischenstufe zwischen tragischem und religiösem Selbstverständnis; dazu s.u. III.2.4.2.

wandelte" (W, 73).[557] Selbst falls er einsehen könnte, schuldig zu sein, wüßte er nicht, wie er die Schuld bereuen und wiedergutmachen könnte, da ihm der Zusammenhang des Ganzen unverständlich bliebe: "Soll ich etwa obendrein noch bereuen, daß die Welt sich erlaubt, mit mir zu spielen wie der Knabe mit einem Maikäfer?" (W, 73).

So bleibt ihm nur, sein Unglück zu beklagen und sein Recht zu fordern, wobei ihm die alttestamentliche Hiob-Gestalt als Leitbild dient. Um dessen "edlen menschlichen Freimut" (W, 78) Gott gegenüber kreisen die Meditationen seiner Briefe. Die "Leidenschaft der Freiheit" (W, 77), mit der Hiob auf seinem Recht besteht, sei das Große an ihm.

"Das Geheimnis an Hiob, die Lebenskraft, der Nerv, die Idee ist: daß Hiob trotz allem recht hat. Kraft dieser Behauptung hat er das Ausnahmerecht allen menschlichen Betrachtungen gegenüber, seine Ausdauer und Kraft beweist die Vollmacht und Bevollmächtigung." (W, 77).

So nähert sich der Unglückliche durch die Identifikation mit Hiob einer Überwindung seines schwermütigen Nihilismus in einem religiösen Selbstverständnis. Seine ethische Unfähigkeit zur Ehe wäre nicht mehr eine bloß schicksalhaft-natürliche, sondern eine religiöse, falls sie Teil eines persönlichen Gottesverhältnisses würde. Dazu muß jedoch die Stufe der bloßen Anklage überwunden sein, indem das Unglück eine Begründung erfährt. Die Kategorie, die das Schicksal Hiobs als ein religiöses verstehbar macht, ist für den jungen Mann "die Prüfung". Das äußerliche Unglück wird weder auf die Schuld des Menschen, noch auf ein blindes Schicksal zurückgeführt, sondern als Aufgabe an die Freiheit, sich im Glauben zu bewähren, angesehen. Doch dieses Verständnis des eigenen Unglücks ist nur aufgrund des Glaubens selbst möglich, es hat keinerlei Anhalt an anderen Erklärungen. Deren Unmöglichkeit und damit der Sinnlosigkeitsverdacht ist Voraussetzung für dieses religiöse Selbstverständnis.

"Erst muß ja die Begebenheit aus den kosmischen Beziehungen herausgeläutert werden und eine religiöse Taufe und einen religiösen Namen empfangen, alsdann kann man sich der Ethik zur Besichtigung stellen und alsdann kommt der Ausdruck: eine Prüfung. (...) Diese Kategorie ist schlechthin transzendent und setzt den Menschen in ein rein persönliches Gegensatzverhältnis zu Gott, in ein Verhältnis solcher Art, daß er an einer Erklärung zweiter Hand sich nicht genügen lassen kann." (W, 79 f.).

Es ist das Paradox, die eigene Freiheit im Angesicht des Absoluten behaupten zu können, sich nicht selbst aufzugeben in der Unerklärlichkeit des Überwältigenden, die in der Prüfung gefordert ist; und ebenso paradox ist denn auch die Rechtfertigung Hiobs: daß er frei wird, schuldlos er selbst zu sein, weil er die Unangemessenheit seiner Selbstbehauptung gegenüber der unerklärlichen göttlichen Allmacht und Weisheit einsieht, die ihm Gott selbst,

---

[557] Auffällig ist, wie in der ganzen Schrift menschliche Beziehungen als Fesselungen beschrieben werden, und nicht nur Liebesverhältnisse. So fühlt sich der junge Mann gebunden, sogar in ängstigender Weise, an Constantius, an dessen Fähigkeit zur Reflexion, wobei er gleichzeitig dessen damit einhergehende Kälte und Distanziertheit als "Geistesschwachheit" verachtet (vgl. W, 61).

nicht die theologischen Reden der Menschen, mit der Gewalt eines Gewitters vor Augen führt.
"Hat Hiob also Unrecht bekommen? Ja! auf ewig, denn höher hinauf kann er nicht gehen als zu dem Gerichtsstuhl, der ihn gerichtet. Hat Hiob Recht bekommen? Ja! auf ewig, dadurch, daß er Unrecht bekommen hat *vor Gott.*" (W, 82).[558]
Indem Hiob derart in gläubiger Abhängigkeit die Schuldlosigkeit seiner Freiheit der Allgemeinheit gegenüber zugestanden bekommt und sich sein Lebensglück wieder einstellt, ereignet sich in den Augen des jungen Mannes jene *Wiederholung*, die er für sich selbst ersehnt:
"Hiob ist gesegnet und hat alles *zwiefältig* wieder bekommen. - Das nennt man eine *Wiederholung.*" (W, 81) "Ich warte auf ein Gewitter - und auf die Wiederholung." (W, 83).

Was der junge Mann in seiner Identifikation mit Hiob als Wiederholung erhofft, ist eine Versöhnung mit dem Allgemeinen, zu der er selbst sich nicht imstande sieht, er erwartet im Grunde die Heilung von seiner Schwermut und damit die Erlangung der Liebesfähigkeit. Doch während Hiob gerade dadurch seinen Lebensmut wiedererlangt, daß er in der Auflehnung ganz er selbst bleibt und als solcher von Gott anerkannt wird, versucht der junge Mann nicht, das Absurde zu wagen und auf seine von Gott erhoffte Befähigung zu setzen, sondern er erwartet die Wiederholung wie ein äußeres Geschehen, ohne eigenes Zutun, und so geschieht es denn auch, wenn auch anders als von ihm erwartet[559]: er erfährt von der Verheiratung seiner Geliebten und sieht durch dieses Ereignis nun den Zustand vor seiner Liebschaft wiederhergestellt und sich selbst zur Dichterexistenz befreit:
"Sie ist verheiratet; (...) Ich bin wieder ich selbst; hier habe ich die Wiederholung; ich verstehe alles, und das Dasein erscheint mir höher denn je. (...) Und was ist eine Wiederholung von irdischem Gut, welche gegen die Bestimmung des Geistes gleichgültig ist, im Vergleich mit einer solchen Wiederholung." (W, 88 f.).
Doch auch wenn der junge Mann durch dieses Geschehen sein Selbstvertrauen wiedergefunden und seinen schwermütigen Nihilismus überwunden zu haben scheint und er angesichts dieser "Wiederholung" in, wie Constantius es ausdrückt, "dithyrambische Freude" (W, 95) ausbrechend (vgl. W, 90) einen

---

[558] "So ist Hiob für KIERKEGAARD das Paradigma einer *im Leiden auf sich gestellten Freiheit*, die allem Leiden zum Trotz *Gott nicht aufgibt* und schließlich im Festhalten an seiner Macht den Sinn eigener Freiheit und Leidensgeschichte *wiedergewinnt*. So ist er Paradigma der Entstellung ebenso wie der ethischen Vorbildlichkeit, der Prüfung ebenso wie des leidenschaftlichen Protestes der Freiheit (vgl. E. BLOCH). Dieser Protest Hiobs gegen Gott ist der äußerste Ausdruck einer Freiheit, die eminent an sich und ihrem Gelingen *interessiert* ist und dabei Schicksalsmächte nicht als solche gelten läßt, sondern sie von Gott her und dessen Gerechtigkeit in den Sinn der eigenen Freiheit (und Freiheitsgeschichte) zu integrieren sucht." (Dietz (1993), 252).
[559] "Der junge Mann könnte ein Gott in seinem Warten auf Gott bedrängender, in dieser Aufdringlichkeit an Gott hingegebener moderner Hiob werden; ihm würde, zerfiele die Situation nicht von außen, nur durch Gott selbst sein beanspruchtes Recht." (Schäfer (1968), 153).

"Lobpreis ethisch gedachter Weltordnung"[560] anstimmt, ist unverkennbar, daß er damit nicht zu dem religiösen Selbstverständnis gefunden hat, daß ihm durch die Hiob-Lektüre so nahe gekommen ist. Die Versöhnung hat sich gerade nicht im Gottesverhältnis, das nur im Mut zur eigenen Freiheit zu vollziehen ist, ergeben, sondern durch die Zufälligkeit der äußeren Ereignisse: "(...) der junge Mann ermißt in seiner Auseinandersetzung mit Hiob zwar die Möglichkeit, sich religiös gegen das Schicksal von der Vorsehung her im Horizont des Schuldbewußtseins zu verstehen, vollzieht diese Möglichkeit jedoch nicht (...) Hiob bekommt im Gegensatz zum jungen Mann, den der Zufall (das Schicksal) rettet, sein Recht auf sein Dasein von Gott zurück."[561]

Diesen Mangel an der "Wiederholung" des jungen Mannes entdeckt auch Constantin Constantius, der durch dessen Briefe auf die Möglichkeit einer religiösen Wiederholung aufmerksam wird und sie schärfer durchdenkt als der Briefschreiber, auch wenn ihm das Religiöse "zu transzendent" ist (W, 59).[562]

Constantius kritisiert, daß der junge Mann zwar eine Versöhnung mit der Wirklichkeit erhoffte, doch als sich seine Situation äußerlich veränderte, begreift er die "Wiederholung" nur noch als Selbstverhältnis ohne einen erneuerten Bezug zur Realität, die Wiederholung ist nicht reale Versöhnung, sondern eine "zweite Potenz seines Bewußtseins":

"Er hat also eine Bewußtseinstatsache, oder richtiger, er hat keine Bewußtseinstatsache, sondern eine dialektische Federkraft (Elastizität), die ihn schöpferisch in Stimmungen machen wird." (W, 95).

In dieser Sicht hat der junge Mann also jene schöpferische Distanz zu seiner Geschichte erlangt, die ihm nach Constantius zuvor gefehlt hatte. Da das Liebesverhältnis keine Wirklichkeit mehr ist, kann er es in beliebigen Stimmungen erinnern, mal tragisch, mal komisch.[563] Wenn Constantius nun aber

---

[560] Greve (1990), 156.
[561] Schäfer (1968), 312; Greve (1990), 158 f., weist darauf hin, daß der Rekurs auf die im Sinne des Gerichtsrats verstandene ethische Weltordnung über die Zufälligkeit der Lösung nicht hinwegtäuschen kann, denn das Entscheidende an einer ethisch verstandenen Wiederholung fehlt an der Geschichte des jungen Mannes: das Vertrauen in die eigene "ethisch entscheidende Souveränität": "Das erfolglose Bemühen um Schuldvermeidung kollabierte beim jungen Mann zu einem Sinnlosigkeitsgefühl, dem er nur durch private göttliche Veranstaltung entrinnen zu können glaubte. Sein Vertrauen in die Selbstmächtigkeit des ethischen Individuums blieb auf der Strecke. (...) Soll Souveränität sich durchhalten, dürfen die 'entsetzlichen Folgen', darf das mögliche Unglück der Geliebten keine Sache äußerer Veränderung sein. Sie ließen sich, Vorzug der religiösen Bewegung, vom Individuum selber verarbeiten durch unbedingtes Vertrauen auf göttliche Vergebung."
[562] "Eine religiöse Bewegung kann ich nicht machen, es ist gegen meine Natur." (W, 59).
[563] Genau in jener Haltung hält der junge Mann beim Gastmahl der Pseudonyme in den *Stadien auf des Lebens Weg* seine Rede über das Tragisch-Komische der unerklärlichen Liebesmacht (vgl. StLW, 39 ff.). Im Unterschied zu seinen schwermütigen Klagen in den Briefen der *Wiederholung* lehnt er sich nun gegen die Rätselhaftigkeit des Lebens auf, weil er sich durch die ironische Distanz davon befreit glaubt, ein "Hampelmann (...) im Dienst einer unerklärlichen Gewalt" zu sein. "Wenn ich mir nun nicht zu erklären vermag, was ich tue, so *will* ich es nicht tun; wenn ich die Macht nicht verstehen kann, in deren Gewalt ich mich

diese ironische Freiheit als eine Verfehlung der Wiederholung deutet, so weil es dem religiösen Selbstverständnis nicht entspricht, dem sich der junge Mann angenähert hatte. Indem er nun zum Dichter wird, geht das Religiöse in ihm zugrunde, es wandelt sich zu einem nur poetischen Ausdruck des Religiösen als einer geheimnisvollen Stimmung (vgl. W, 95 f.). Ein wahrhaft religiöses Selbstverständnis hätte ihm jedoch die Versöhnung mit der Wirklichkeit ermöglicht:

"Hätte er einen tieferen religiösen Hintergrund besessen, so wäre er nicht Dichter geworden. Alsdann hätte alles religiöse Bedeutung empfangen (...), er hätte alsdann eine Bewußtseinstatsache gewonnen, an die er sich hätte halten können, und die ihm niemals zweideutig geworden wäre, sondern reiner Ernst, weil sie von ihm selbst gesetzt worden wäre in Kraft eines Gottesverhältnisses." (W, 96).

Das Schicksal des jungen Mannes deutet Constantius als das Ringen einer Ausnahmeexistenz mit dem Allgemeinen. In diesem Ringen gibt es die Möglichkeit einer Versöhnung der Ausnahme mit dem Allgemeinen, wenn jene die Allgemeinheit dazu bringt, sie als Ausnahme anzuerkennen (vgl. W, 92 ff.). Das Verhältnis von Ausnahme und Allgemeinheit denkt Constantius hier also genau so wie der Gerichtsrat, indem die anerkannte Ausnahme integrierter Bestandteil des Allgemeinen ist.[564] "Solch eine Ausnahme ist ein Dichter, welcher den Übergang bildet zu den eigentlich aristokratischen Ausnahmen, den religiösen Ausnahmen." (W, 94).

Dem Dichter fehlt es gegenüber der religiösen Existenz an der Klarheit des Selbstbewußtseins, an der Entschiedenheit der Freiheit. Für den Dichter erlangen die äußeren Ereignisse eine bestimmende Macht, sie entscheiden über seine Versöhnung mit dem Allgemeinen, während seine Freiheit nur darin besteht, sich poetisch zurückziehen zu können und alles in Stimmungen zu verwandeln.

"Für den jungen Menschen (...) ist es eben als Dichter bezeichnend, daß er niemals so recht darüber ins Klare kommen kann, was er getan hat, eben weil er in dem Äußerlichen und Sichtbaren sowohl sehen wie nicht sehen will, oder es in dem Äußerlichen und Sichtbaren sehen, und daher es sowohl sehen wie nicht sehen will. Eine religiöse Individualität hingegen ruht in sich selbst und verschmäht alle Kinderstreiche der Wirklichkeit." (W, 96).

Von diesem Verständnis aus erläutert Constantius in seinem *Sendbrief* die eigentliche Wiederholung als Verhalten der *Freiheit* zu ihrer eigenen Geschichte, als Prozeß der Selbstaneignung (vgl. Pap IV B 111, 263 f.). Unter diesem Blickwinkel ist die Frage der Schuld von entscheidender Bedeutung, insofern sie Selbstverlust der Freiheit ist, so daß sich in der Wiederholung die Freiheit selbst wiedererlangt durch eindeutiges Bereuen der Schuld. Da dieses Selbstverständnis erst mit dem Christentum seinen angemessenen Ausdruck

---

begebe, so *will* ich mich nicht in ihre Gewalt begeben." (StLW, 41). Von dem Vorbild der Hiob-Gestalt hat er sich damit endgültig verabschiedet.
[564] Vgl. EO II, 354 f.; vgl. Greve (1990), 157. Ganz anders bestimmt de Silentio, wie wir im nächsten Kapitel sehen werden, die Ausnahmeexistenz, insofern das als Ausnahme Angesehenwerden für ihn die Differenz zur Allgemeinheit verschärft.

findet, hat der Begriff der "Wiederholung" ebenso wie der der "Freiheit" eine Geschichte, in der das griechische Verständnis ("Erinnerung") nur eine unvollkommene Vorstufe bildet (vgl. Pap IV B 117, 280 ff.). Gegenüber einem stoischen Freiheitsbegriff, der durch Distanz zur Wirklichkeit ausgezeichnet ist, stellt die religiöse Wiederholung eine Wiedergewinnung der konkreten Freiheit dar. Doch diese Bewegung wird von dem jungen Mann nicht vollzogen, da er im Grunde noch in einem Schicksalsglauben verhaftet bleibt.[565] Einer derart zufälligen und daher im Grunde gescheiterten Wiederholung gegenüber wird in der Schrift des Johannes de Silentio Abrahams Glauben als Grund wirklicher Versöhnung dargestellt.

"Wenn Abraham, als er auf dem Berg Morija stand, gezweifelt hätte, wenn er ratlos um sich geschaut hätte, wenn er, indem er das Messer zog, durch einen Zufall den Widder entdeckt hätte, wenn Gott ihm zugelassen hätte, ihn zu opfern an Isaaks Statt, - so wäre er heimgekehrt, alles wäre ebenso gewesen, er hatte Sara, er behielt Isaak, und doch, es wäre anders gewesen! Denn seine Heimkehr wäre Flucht, seine Befreiung Zufall gewesen, sein Lohn Beschämung, seine Zukunft vielleicht Verlorenheit." (FuZ, 20 f.).

2.3. Die menschliche Größe des Tragischen und der Wahnsinn des Glaubens: *Furcht und Zittern*

Unter dem Pseudonym *Johannes de Silentio* erschien 1843, gleichzeitig mit der *Wiederholung*, die Schrift *Furcht und Zittern*[566], deren zentrales Thema die Opferung Isaaks durch Abraham[567] ist. Mit ihr setzt Kierkegaard die pseudonyme Diskussion der Unzulänglichkeit des Ethischen fort mit Blick auf die religiöse Ausnahmeexistenz. Der vom Gerichtsrat Wilhelm schon angedeutete Begriff einer berechtigten Ausnahme, die von ihm aber wieder in das Ethische hineinzuvermitteln versucht wird, steht nun im Mittelpunkt des Interesses. Zum einen versucht de Silentio zu zeigen, daß es eine durch persönlichen Gottesbezug legitimierte Konfrontation von ethischer und religiöser Pflicht geben kann (Abraham), die zu einer berechtigten "teleologischen Suspension des Ethischen" (vgl. FuZ, 57 ff.) führt, zum anderen stellt er, als Gegenbild zur religiösen Ausnahme, verschiedene (literarische) Gestalten vor, die je auf ihre Weise in Konflikt geraten mit dem Ethischen bzw. in ihrem Leben einen unlösbaren, tragischen Konflikt zwischen ästhetischem Lebensinteresse und ethischer Pflicht verkörpern, womit die harmonische Lebensanschauung des Gerichtsrats in Frage gestellt wird. Das Tragische steht hierbei als höchste menschliche Lebensmöglichkeit zwischen der ethischen Harmonievorstellung auf der einen Seite und dem menschlich nicht mehr verstehbaren Sinn der religiösen Existenz Abrahams, die de Silentio als

---

[565] "Das Schicksal hat ihm den Streich gespielt, ihn schuldig werden zu lassen. Verhält es sich dermaßen, dann kann er sich selbst nicht mehr wiedererlangen (kan han ikke mere tage sig selv tilbage igjen)." (Pap IV B 117, 284; übers. v. Vf.).

[566] Vgl. Greve (1990), 162-188; Malantschuk (1980b); Perkins (1981); Tschunggall (1990), 84-156.

[567] Gen 22.

"absurd" und "paradox" darstellt. Seine Schrift ist ein Versuch, sich von dem tragischen Zwischenbereich menschlich-leidenschaftlicher Tiefe aus dem Glauben als einer ganz anderen, unbegreiflichen Lebensgestalt anzunähern.

2.3.1. Jenseits menschlichen Begreifens: der Glaubensheld Abraham

Die Unbegreiflichkeit des Glaubens ist de Silentio ein zentrales Anliegen, das er gleich von Beginn an gegen das Hegelsche Systemdenken herausstellt. Ausdrücklich betont er, daß er kein Philosoph sei und "das System nicht verstanden" habe (FuZ, 5). Die Unbegreiflichkeit Abrahams ist für ihn jedoch nicht nur Ausdruck des Gegensatzes von Glauben und spekulativem Begriff, sondern auch seines persönlichen Abstandes zu der im Glauben gründenden Lebensweise. Er kann Abraham nicht verstehen, weil er nicht glauben kann wie er; seine Vorstellung von Gott ist höchstens poetischer Art und hat nichts mit der Wirklichkeit zu tun (vgl. FuZ, 31 f.). So enthält er sich sowohl des Begreifenwollens als auch der existentiellen Identifikation und versucht nur, sich poetisch reflektierend dem Glauben Abrahams anzunähern, weshalb er seine Schrift im Untertitel als "dialektische Lyrik" bezeichnet.[568]

Das lyrische Element tritt insbesondere im ersten Teil hervor, wo er als Einstimmung in die Thematik (nochmals in fiktiver Brechung) einen alten Mann darüber sinnen läßt, in welcher inneren Verfassung Abraham auf seinem Opfergang gewesen sein mag, was er in vier kleinen Nachdichtungen ausführt. In "einer Zeit, da man einen Strich durch die Leidenschaft gezogen hat, um der Wissenschaft zu dienen" (FuZ, 6), will er das innere Pathos des Glaubens zum Ausdruck bringen. "Was man an der Historie von Abraham fortläßt, ist die Angst" (FuZ, 24 f.), und deshalb liegt ihm vor allem an dem inneren Konflikt Abrahams. Wie sehr er darin nicht nur einen absonderlichen Einzelfall, sondern grundlegende psychische Konflikte zu sehen vermag, deutet sich in den Schlußabschnitten an, mit denen er die jeweiligen Nachdichtungen der "Stimmung" abschließt: in ihnen wird mit tiefem psychologischen Blick das Abrahamsopfer in Beziehung gesetzt zur Entwöhnung des Säuglings.

In einer "Lobrede auf Abraham" (FuZ, 12 ff.), die den lyrischen Teil abschließt, stellt er Abrahams Glauben als eine aus allen anderen großartigen menschlichen Lebensvollzügen herausragende Größe dar, wobei der Begriff

---

[568] Vgl. dazu Kierkegaards Aufzeichnung zur lyrischen Prosa:
"wie viele Menschen gibt es wohl, die auch nur eine Vorstellung davon haben, wie Prosa lyrisch benutzt werden kann, und davon - wozu ich mich verpflichte -, wie sich in Prosa eine stärkere lyrische Wirkung hervorbringen läßt als in Versen, wenn die Leute erst lernen, zu lesen und Gedankeninhalt in jedem Wort zu verlangen" (Pap VII A 150/ Tb II, 65).
Johannes de Silentio wegen seiner lyrischen Zugangsart als Ästhetiker zu kennzeichen, trifft zwar ein wesentliches Moment seiner pseudonymen Rolle, greift aber zu kurz, weil es seine religiöse Ethikkritik nicht ernst genug nimmt. Greve (1990), 313 f., schlägt vor, ihn wie Johannes Climacus als einen Humoristen anzusehen, der sich dem Glauben anzunähern versucht und sich dabei seines Nicht-Glaubenkönnens bewußt ist; vgl. Malantschuk (1980b), 31.

der menschlichen Größe eine Schlüsselstellung in seiner Aneignung der geschichtlichen Humanität einnimmt. Hierin liegt ein ästhetisches Moment seiner Anthropologie. Er orientiert sich an "Helden" und "Rittern" als den Aufgipfelungen menschlicher Existenz, wobei er ausdrücklich auf die notwendige dichterische Überhöhung dieses Typos hinweist. Der Dichter als der "Genius der Erinnerung" ist die Vermittlungsinstanz zur Überlieferung menschlicher Größe; so wird durch die Poesie ein "heiliges Band" geknüpft, das die Menschheit verbindet und ihr einen inneren Wert verschafft (vgl. FuZ, 12 f.). Helden und Dichter sind die beiden aufeinander bezogenen Pole in diesem poetischen Modell der Geschichtlichkeit, und der Begriff menschlicher Größe steht in seinem Zentrum. De Silentio geht es um das Bewußtsein von den ungeheuren Möglichkeiten des Menschlichen. "Darum soll keiner vergessen sein, der groß gewesen" (FuZ, 13).

"Es ist meiner Seele zuwider, zu tun, was man so oft tut, d.h. unmenschlich zu reden über das Große, als wären ein paar Jahrtausende ein ungeheuerlicher Abstand; ich rede am liebsten menschlich darüber, als wäre es gestern geschehen, und lasse allein die Größe selbst den Abstand sein, der entweder erhebt oder richtet." (FuZ, 32).

Menschliche Größe ist somit auch die Kategorie, mit der sich de Silentio Abraham anzunähern versucht, und zugleich ist sie die Bestimmung, von der er Abrahams Leben abrückt als ein menschlich nicht verstehbares. Abrahams Größe liegt in seinem Glauben (vgl. FuZ, 16), doch gerade dieser ist nicht "aus eigener Kraft" zu vollziehen (FuZ, 72). Durch seine Glaubensgröße ist Abraham der poetischen Heldenverehrung enthoben, sie ist nicht nachvollziehbar und anstößig in ihrer das Menschliche in Frage stellenden Paradoxalität. So muß de Silentio immer wieder einräumen: "In den Helden denk ich mich hinein, in Abraham vermag ich nicht mich hineinzudenken; wenn ich den Gipfel erreicht habe, falle ich herab, denn das was sich mir bietet, ist ein Paradox" (FuZ, 31). Das einzig Verbindende, daher auch in lyrisch-dialektischer Annäherung sich Erschließende, ist die "Leidenschaft": "denn das einigende Band allen menschlichen Lebens ist Leidenschaft, und der Glaube ist eine Leidenschaft" (FuZ, 73).

Auch das Tragische wird vom Begriff der menschlichen Größe her gedacht, und die Weise, wie de Silentio menschliche Größe bestimmt, zeigt an, weshalb gerade das Tragische als höchste menschliche Möglichkeit und Gegenbild des Glaubens dargestellt wird. Die Größe eines Menschen ergibt sich nämlich daraus, welche Macht er liebt und mit welcher Macht er streitet (vgl. FuZ, 13). Beides sind zwei Seiten des einen Vollzugs: des leidenschaftlichen Lebenseinsatzes. Der Kern dieser Lebensauffassung ist somit ein zutiefst auf das Tragische hindeutender: die pathetische Eingebundenheit in äußere wie innere Spannungen, aus denen sich der Lebenssinn in aktiver Auseinandersetzung entwickeln muß. Gegenüber der gleichgültigen, alle Menschen willkürlich prägenden "äußeren Welt" gilt in der "Welt des Geistes" eine "ewige göttliche Ordnung", der gemäß jeder Mensch nur nach dem Maß seiner Leistung, seines leidenschaftlichen Lebenseinsatzes, Erfüllung finden kann (vgl. FuZ, 23 f.): "denn nicht, was mir widerfährt, macht mich groß, sondern was ich tue" (FuZ, 69). Was diese Leistungsbetonung vom bürgerlichen Arbeitsethos des Gerichtsrats unterscheidet, ist, daß de Silentio die Leistung als inneres Ringen um die eigene Bestimmung angesichts unterschiedlicher Widerstände ansieht. Auch innere Unruhe und Angst, wie sie gerade bei Abraham zu vermuten sind, gehören zu dieser existentiellen "Leistung". Das Bild menschlichen Lebens, das er vermittelt, ist geprägt durch den notwendigen Kampf zwischen Wirklichkeit und Idealität, so daß sich Lebenserfüllung nur in dialektischer Auseinandersetzung um die Möglichkeit des Idealen ergeben kann.

Das "Maß" der jeweiligen menschlichen Größe hängt für de Silentio ab von der "Macht", auf die sich die Leidenschaft des Menschen in Liebe wie in Streit richtet, und er unterscheidet hier drei prinzipielle Ebenen: als unterste Stufe den Streit mit den äußeren Umständen, also ein vom Schicksal abhängiges Selbstverhältnis; zum zweiten den Kampf mit sich selbst, wobei er verschiedene Formen der Selbstüberwindung behandelt; auch hier können Schicksalsbestimmungen (angeborene Schäden) wieder die Grundlage bilden, doch der Konflikt spielt sich als ein innerer ab; doch größere Bedeutung bekommt hier die Auseinandersetzung mit der eigenen Schuld als einer über das Schicksal oder die Natur hinausreichenden Kategorie; die höchste Stufe existentiellen Einsatzes sieht de Silentio in der Beziehung zur höchsten Macht gegeben, im Glauben als dem persönlichen Gottesverhältnis, wie es Abraham gelebt hat. Der Kampf um die eigene Lebenserfüllung findet im Streit mit Gott ihren tiefsten Ausdruck in der "Unmacht", während der Held alles überwindet durch seine "Kraft" (FuZ, 13). So wird auf dem Gipfel menschlichen Einsatzes das Leistungsdenken durch die gläubige Ohnmacht ad absurdum geführt.[569]

2.3.2. Die Doppelbewegung des Glaubens

Bevor de Silentio sich in drei Kapiteln dem dialektischen Konflikt zwischen Ethik und Glauben widmet, stellt er in einer "vorläufigen Expektoration" die Besonderheit des Glaubensvollzugs gegenüber anderen Existenzweisen humaner Größe heraus. Der grundlegende Alternativbegriff zum Glauben ist hierbei die "unendliche Resignation". Diese bezeichnet er, ebenso wie das Tragische, als höchste menschliche Möglichkeit und notwendige Vorstufe des Glaubens (vgl. FuZ, 47). In der unendlichen Resignation gesteht sich der Mensch die prinzipielle Begrenztheit seiner ästhetischen Lebenswünsche ein und gewinnt dadurch eine innere Festigkeit gegenüber der Härte der Endlichkeit: er gewinnt sein "ewiges Bewußtsein, und das ist eine rein philosophische Bewegung" (FuZ, 49).[570] Derart ist der unendlich Resig-

---

[569] Vgl. Malantschuk (1980b), 55.
[570] Blaß (1968), 168, erklärt das Philosophische der Resignationsbewegung von der Konstitution des Selbstbewußtseins her: "Dieser Akt der Resignation ist also nichts anderes als die Konstitution des *Selbstbewußtseins*. Das Bewußtsein, sich selbst anschauend und in diesem Akt der Selbstanschauung sich der *Begrenztheit* und dem *Vergehen* der *Endlichkeit* enthoben wissend, weiß sich damit als *unendliches* und *ewiges* (d.h. immerseiendes) Bewußtsein. Diese

nierende in seiner Selbstsicherheit zugleich der Lebenswirklichkeit enthoben. Die "Ritter der Unendlichkeit sind Tänzer und haben Steigekraft" (FuZ, 40), doch fällt es ihnen schwer, aus dem leichten Sprung wieder in die Endlichkeit zurückzukehren und festen Fuß zu fassen. Sie sind "Fremdlinge" (FuZ, 41) in der Welt, während Abraham "der Stammhalter der Endlichkeit" (FuZ, 52) ist.[571] Denn Abrahams Glaube geht über die Resignation hinaus, insofern er zugleich "für das Leben" glaubt (FuZ, 18), d.h. an der Erfüllung seiner Lebenshoffnung trotz der unausweichlich geforderten Hingabe seines Lebensinhaltes festhält. Er vermag "den Sprung ins Leben zum Gange (zu) wandeln", so aus dem Sprung der Resignation herniederzugleiten, "daß es in der gleichen Sekunde aussieht, als ob man stünde und ginge" (FuZ, 41).

"In unendlicher Resignation schöpft er des Daseins tiefe Wehmut aus, er kennt die Seligkeit der Unendlichkeit, er hat den Schmerz empfunden, allem zu entsagen, dem Liebsten, was man hat in der Welt, und doch schmeckt ihm die Endlichkeit ebensogut wie dem, der nie etwas Höheres gekannt hat (...) Er hat in unendlicher Resignation auf alles verzichtet, und dann hat er alles wieder ergriffen in kraft des Absurden. Er macht beständig die Bewegung der Unendlichkeit, aber er tut es mit solch einer Ruhe und Sicherheit, daß er ständig die Endlichkeit herausbekommt, und es ist keine Sekunde, wo man sich etwas anderes vermutet." (FuZ, 40).

Dies nennt de Silentio die "Doppelbewegung des Glaubens" "in kraft des Absurden" (FuZ, 34), es ist ein nach dem Maß menschlicher Möglichkeiten nicht verstehbares, daher absurdes Ja zur Wirklichkeit in ihrer Endlichkeit.

Diese Haltung des Glaubensritters beschreibt de Silentio für das ganze Leben Abrahams, z.B. für seinen auf Gott vertrauenden Auszug aus der Heimat, doch mit dem erschütternden Befehl des Kindesopfers gerät Abraham in eine neue Tiefe seines Glaubens. Sein Opfergang ist nicht tänzerisch leicht, er kommt nur "langsam und kriechend vorwärts" (FuZ, 86). Konnte das Leben des Glaubensritters zuvor der "Spießbürgerlichkeit" auffallend ähnlich erscheinen (vgl. FuZ, 37 ff.), so setzt ihn der dem Ethischen widersprechende Befehl in Widerspruch zur Allgemeinheit. Darin konzentriert sich für de Silentio die ganze Not und Angst Abrahams:

Bewegung nennt Joh. de sil. eine philosophische Bewegung. Das will heißen: der Akt des Selbstbewußtseins, der totalen Abstraktion von der Endlichkeit (= der unendlichen Resignation), gehört nicht dem natürlichen, unmittelbaren Bewußtsein an, sondern einem Bewußtsein, das sich jenem gegenüber allein als philosophisches Bewußtsein bezeichnen läßt, weil es, das natürliche Bewußtsein überschreitend (transzendierend), in diesem Übersteig auf sich selbst - als Selbstbewußtsein - zugeht." Damit stellt Blaß den Resignationsbegriff in den größeren Kontext der philosophischen Frage nach der Selbstkonstitution bei Kierkegaard, was in dieser Ausdrücklichkeit nicht aus *Furcht und Zittern* zu entnehmen ist. Die Resignation steht in dieser Sicht Kierkegaards Begriff der "unendlichen Reflexion" nahe, durch die der Mensch alle endlichen Sinnzusammenhänge hinterfragt und auf die Möglichkeit einer unendlichen Idealität aufmerksam wird. Beachtet werden muß auch die Kritik der Abstraktheit der Resignationsbewegung, die de Silentio gerade mit dem Attribut "rein philosohisch" anklingen läßt.

[571] "Die Zeitlichkeit, die Endlichkeit ist es, um die sich alles dreht." (FuZ, 51).

"Der ethische Ausdruck für das, was Abraham getan hat, ist, daß er Isaak morden wollte, der religiöse ist, daß er Isaak opfern wollte; aber in diesem Widerspruch liegt eben die Angst, die sehr wohl imstande ist, einem Menschen den Schlaf zu rauben, und doch, ohne diese Angst ist Abraham nicht, der er ist." (FuZ, 27).

Die eigentliche dialektische Annäherung an dieses Paradox des Glauben vollzieht de Silentio in drei Kapiteln, die sich verschiedenen "Problemata" der Verhältnisbestimmung von Glauben und Ethik widmen: 1. "Gibt es eine teleologische Suspension des Ethischen?" (FuZ, 57 ff.); 2. "Gibt es eine absolute Pflicht gegen Gott?" (FuZ, 74 ff.); 3. "War es ethisch verantwortlich von Abraham, daß er sein Vorhaben vor Sara, vor Elieser, vor Isaak verschwiegen hat?" (FuZ, 91 ff.). Alle drei Kapitel werden eingeleitet durch eine knappe und prägnante Bestimmung des Ethischen als des Allgemeinen und der ethischen Pflicht des Einzelnen, sich in diese Allgemeinverbindlichkeit zu fügen, sich in ihr "auszudrücken" und "aufzuheben" (FuZ, 57). Dem steht die absolute Betonung des Einzelnen im Glauben gegenüber, so daß sich der Konflikt zwischen Ethik und Glauben auf die Problematik von Allgemeinheit und Individuum konzentriert.

"Der Glaube ist nämlich dies Paradox, daß der Einzelne höher ist als das Allgemeine, aber wohl zu merken dergestalt, daß die Bewegung sich wiederholt, d.h. daß er, nachdem er in dem Allgemeinen gewesen ist, nun als der Einzelne sich isoliert als höher denn das Allgemeine." (FuZ, 58).[572]

De Silentio hat seinen Begriff des Ethischen bewußt im Sinne der Hegelschen Sittlichkeit bestimmt, um so die religiöse Ausnahmeexistenz Abrahams als Infragestellung Hegelscher Ethik auszulegen. Für die pseudonyme Hinterfragung der ethischen Existenz ist jedoch zu beachten, daß de Silentio sich gerade durch sein hegelianisches Ethikverständnis vom Gerichtsrat unterscheidet und daher dessen Konzeption nur bedingt getroffen wird, wie Greve ausführlich dargelegt hat.[573]

Abraham gerät in Konflikt mit der ethischen Allgemeinheit durch den göttlichen Auftrag, seinen Sohn zu opfern. Durch die Unbedingtheit seines persönlichen Gottesverhältnisses ist ihm dieser Auftrag absolute Pflicht in Verantwortung vor dem Absoluten, durch die die ethisch-allgemeine Pflicht suspendiert wird. Anders als der Gerichtsrat sieht de Silentio in der ethischen

---

[572] Zum Begriff des paradoxen und absurden Glaubens in *Furcht und Zittern* vgl. Greve (1990), 180 f.; Tschunggall (1990), 185 ff.; Walker (1977); Greve unterscheidet, deutlicher als de Silentio selbst, zwischen dem Glauben "in kraft des Absurden", womit ein Vertrauen auf die menschlich unverständlichen Möglichkeiten Gottes gemeint ist, und dem Paradox des Glaubens, das sich vor allem auf die nicht mehr allgemeinverständliche Stellung des Einzelnen gegenüber dem Allgemeinen bezieht: "Beide Bewegungen sind nicht eo ipso identisch, weil die erste auf Wiederherstellung des Glücks, die zweite auf ethische Legitimation abzweckt. (...) Aber Johannes legt auf die Differenz wenig Wert. (...) Grund für diese Zusammenschau von absurder und paradoxer Bewegung bei de silentio ist ihre gemeinsame Wendung gegen das Denk- und Verstehbare." (181).
[573] Vgl. Greve (1990), 165 ff. 184 ff.; zur Anlehnung an Hegels Begriff des Sittlichen vgl. auch Tschunggall (1990), 135 ff.; Sløk (1979), 298, deutet die ethische Allgemeinheit im Sinne der Nikomachischen Ethik des Aristoteles.

Pflichterfüllung nicht die Realisation des Gottesverhältnisses. Zwar wird auch für ihn die Pflicht als Pflicht "auf Gott zurückgeführt", "aber in der Pflicht selbst trete ich nicht in ein Verhältnis zu Gott" (FuZ, 74).[574] So gibt es in der ethischen Allgemeinheit keine herausgehobene Pflicht gegenüber Gott; wenn Abraham eine solche absolute Verpflichtung verspürt, so deshalb, weil sie aus seinem schon gelebten Gottesverhältnis entspringt und dieses nicht erst durch die Pflicht vermittelt wird. "Der Glaube ist eben dies Paradox, (...) daß der Einzelne als Einzelner in einem absoluten Verhältnis zum Absoluten steht. Dieser Standpunkt läßt sich nicht vermitteln; denn alle Vermittlung geschieht gerade in kraft des Allgemeinen" (FuZ, 59).

2.3.3. Glaubensritter und tragischer Held

Von hier aus bestimmt de Silentio den Unterschied zwischen Abraham und dem tragischen Helden. Als Beispiel dienen ihm Vatergestalten, die ihre Kinder um der Erfüllung einer ethischen Pflicht willen opfern mußten: der israelitische Richter Jephta, der römische Konsul Brutus und vor allem König Agamemnon aus der Tragödie *Iphigenie in Aulis* des Euripides. Allen gemeinsam ist, daß sie ihrer Vaterpflicht und -liebe zuwider handeln mußten, um einer höheren Staatspflicht zu entsprechen. Das Tragische wird von de Silentio also wie bei Hegel im Sinne einer Pflichtenkollision gedeutet, wobei er im Unterschied zu Hegel nicht von gleichberechtigten Pflichten verschiedener sittlicher Sphären spricht, sondern von einer eindeutigen Stufung. Eine niedrigere Pflicht wird umwillen einer höheren suspendiert. Doch ist dies gerade nicht, wie bei Abraham, eine Suspension des Ethischen selbst, da die höhere Pflicht als höhere Allgemeinheit und damit als Verwirklichung des Ethischen zu verstehen ist.[575]

"Der Unterschied zwischen dem tragischen Helden und Abraham fällt leicht in die Augen. Der tragische Held bleibt noch innerhalb des Ethischen. Er läßt den einen Ausdruck des Ethischen sein Telos in einem andern, höheren Ausdruck haben, er setzt das ethische Verhältnis zwischen Vater und Sohn oder Tochter und Vater herunter zu einem Gefühl, das seine Dialektik in seinem Verhältnis zur Idee der Sittlichkeit hat. So kann denn hier nicht die

---

[574] Es ist jedoch zu beachten, daß die religiöse Bedeutung der Pflicht beim Gerichtsrat vermittelt ist durch den Gedanken der absoluten Selbstwahl, der bei Johanes de Silentio nicht reflektiert wird; vgl. Greve (1990), 165.

[575] Holler (1981), 114 f., und Johansen (1976), 138 ff., sprechen zurecht von einer ethischen Engführung des Begriffs des tragischen Helden. Johansen weist darauf hin, daß dies genau zu der Aufhebung des eigentlich Tragischen führe, die in A's Abhandlung der modernen, ethischen Tragödie angelastet wird. In *Furcht und Zittern* erscheine der tragische Held nicht als zweideutig, er werde zu einem moralischen Paradigma. Daraus ergebe sich auch eine Spannung zwischen Agamemnon als ethischem Helden und seiner ästhetischen Darstellung in der Tragödie, auf die de Silentio in anderem Kontext eingeht. Als ästhetischer Held müsse (oder könne) Agamemnon anders handeln (nämlich schweigen) denn als ethischer Held (vgl. FuZ, 97 f.). An dieser Stelle findet sich übrigens das einzige Mal der Verweis auf die Tragödie des Euripides. Es ist somit nicht eindeutig, ob dieser Rückbezug auch für die Haupterörterung des tragischen Helden gilt, wie allgemein angenommen wird. Holler (1981), 104, nimmt Aischylos' *Agamemnon* als Bezugspunkt an.

Rede sein von einer teleologischen Suspension des Ethischen. Mit Abraham verhält es sich anders. Er hat mit seiner Tat das gesamte Ethische überschritten, er hatte ein höheres Verhältnis außerhalb, und im Verhältnis dazu suspendierte er das Ethische." (FuZ, 63).[576]

Der tragische Held ist, unmöglich für Abraham, in seinem Konflikt immer schon mit dem Allgemeinen vermittelt, er kann sich dessen gewiß sein, daß er ethisch handelt und darin von allen verstanden und getragen wird. Eine absolute Aussonderung, wie Abraham sie erfährt, ist unmöglich, weil die Allgemeinheit die höchste Instanz dieser Lebensanschauung ist.

"Hier zeigt sich, daß eine neue Kategorie notwendig ist, um Abraham zu verstehen. Solch ein Verhältnis zur Gottheit kennt das Heidentum nicht. Der tragische Held tritt nicht in ein Privatverhältnis zur Gottheit, sondern das Ethische ist das Göttliche, und deshalb läßt sich das Paradoxe darin mit dem Allgemeinen vermitteln." (FuZ, 64).

Die Vermittlung mit dem Allgemeinen drückt sich für den tragischen Helden darin aus, daß sein Konflikt von allen verstanden und mitgetragen wird, während Abraham "in absoluter Vereinzelung" (FuZ, 88) das "Martyrium des Unverstandenseins" (FuZ, 89) erleidet. Daher kann er sich auch nicht mitteilen, daher sein abgründiges Schweigen, dem de Silentio große Aufmerksamkeit widmet.[577] Abrahams Gestalt trägt die erschreckenden Züge des Wahnsinns.

"Der tragische Held bedarf der Tränen und fordert Tränen, und wo wäre das scheele Auge, das so ärmlich wäre, nicht mit Agamemnon weinen zu können, aber wessen Seele ginge so in die Irre, daß er sich vermäße, über Abraham zu weinen. (...) Über Abraham kann man nicht weinen. Man naht sich ihm mit jenem frommen Erschauern, so wie Israel sich dem Berge Sinai nahte." (FuZ, 65 f.).

Abraham und dem tragischen Helden gemeinsam ist der Schmerz, der mit der Opferung des Kindes verbunden ist, beide müssen Verzicht leisten, müssen die Bewegung der Resignation vollziehen. Um diese Dimension herauszustellen, trägt de Silentio in die tragische Pflichtenkollision den Konflikt zwischen Pflicht und Neigung hinein.[578] Die Vaterpflicht entspricht der eigenen Neigung, während die allgemeine Staatspflicht nun in Widerspruch tritt zu diesem Gefühl. Zum Vollzug der unendlichen Resignation gehört, zunächst seine ganze Leidenschaft in einem Wunsche zu sammeln, in ihm

---

[576] Es entspricht nicht dem Gedankengang de Silentios, wenn Malantschuk (1980b), 87 ff., die teleologische Suspension des Ethischen als neues Ethikverständnis auf dem Grunde des persönlichen Gottesglaubens deutet. Nur als Aufhebung des Ethischen wird de Silentios Anliegen verständlich, die religiöse Ausnahmeexistenz darzustellen. Er spricht nicht, wie Malantschuk unterstellt, von einer aufzuhebenden heidnischen Ethik, sondern für ihn ist das Ethische "als solches das Allgemeine" (FuZ, 57). Daß diese absolute Gegenüberstellung von universaler Ethik und religiöser Ausnahme problematisch ist, wird häufig in metaethischen Untersuchungen analytischer Autoren zu *Furcht und Zittern* herausgestellt, vgl. bes. die Aufsätze von Donnelly und Evans in: Perkins (1981), sowie Duncan (1979); eine Übersicht über diese Kritiken gibt Eisenstein (1986), 359 ff.

[577] Dies ist Thema des dritten Problemdiskurses (FuZ, 91 ff.).

[578] Vgl. Greve (1990), 169 ff.

seinen Lebensinhalt zu haben, um dann im Verzicht darauf ihn zugleich in Erinnerung bei sich zu behalten. Diese Erinnerung als bleibender Schmerz ist die Versöhnung, die der "Ritter der unendlichen Resignation" in seinem Schicksal empfindet: er ist sich selbst treu geblieben (vgl. FuZ, 42 ff.). Ebenso resigniert auch Agamemnon, indem er sich leidenschaftlich seiner Vaterliebe bewußt bleibt, doch anders als das von de Silentio angeführte Beispiel des Ritters der unendlichen Resignation, eines verliebten Prinzen, ist er nicht nur in sich selbst, gleichsam in unendlicher Abstraktion von der Lebenswirklichkeit, mit dem Dasein versöhnt, sondern zugleich im Allgemeinen, in der selbstverständlichen sittlichen Gemeinschaft geborgen, woraus ihm neue Lebenserfüllung erwachsen kann. Doch die selbstverständliche Harmonie von Pflicht und Neigung, wie sie der Gerichtsrat voraussetzte, ist durch den tragischen Konflikt zerbrochen worden: "Das Ethische kann vermeidbar scheinendes Leiden seinerseits produzieren."[579] Aber in diesem Leiden ist sich der tragische Held der Solidarität der Allgemeinheit gewiß. Ganz anders Abraham, auch er muß unendlich resignieren mit der gleichen Leidenschaft der Vaterliebe, jedoch kann er sich nicht mit dem Ethischen versöhnt sehen wie der tragische Held.

"Der tragische Held gibt seinen Wunsch dran, um seine Pflicht zu erfüllen. Für den Glaubensritter sind Wunsch und Pflicht auch eines und dasselbe, aber es wird von ihm gefordert, daß er alle beide drangeben soll." (FuZ, 87). "Der tragische Held vollzieht die Resignation auf sich selbst, um das Allgemeine auszudrücken; der Glaubensritter vollzieht die Resignation auf das Allgemeine, um ein Einzelner zu werden." (FuZ, 83).

Abraham "erleidet den ganzen Schmerz des tragischen Helden" (FuZ, 65), doch ist sein Leiden noch viel furchtbarer, da er auch auf die Geborgenheit im Allgemeinen, in der ihn tragenden Gemeinschaft verzichten muß. Er ist von Gott hinausgestoßen in seine Einzelheit, "und das ist das Große, (...) aber es ist zugleich das Furchtbare" (FuZ, 79). Es ist furchtbar, weil Abraham sich gerade nicht, wie der Ritter der unendlichen Resignation, aus der Wirklichkeit in seine Innerlichkeit flüchten will. Er weiß, "daß es herrlich ist, dem Allgemeinen zuzugehören (...), daß es begeisternd ist, sich um des Allgemeinen willen dranzugeben, daß Mut dazu gehört, aber daß auch eine Geborgenheit darin liegt, eben weil es um des Allgemeinen willen ist" (FuZ, 83 f.). So bleibt ihm die Geborgenheit des Tragischen verwehrt, seine Entscheidung ist eine um ein vielfaches mühsamere und furchtbarere, die ihn "schlaflos" hält, während der tragische Held "gar bald am Ziel" ist (FuZ, 85).

"Das ist das Furchtbare. Wer es nicht sieht, darf jederzeit sicher sein, daß er ein Glaubensritter nicht ist, wer es aber sieht, wird nicht leugnen wollen, daß selbst der höchstversuchte tragische Held wie im Tanze geht im Vergleich mit dem Glaubensritter, der nur langsam und kriechend vorwärts

---

[579] Greve (1990), 171. Es muß daher der Meinung Johansens (1976), 139, widersprochen werden, der tragische Held stimme mit B's Ethik überein und der Gerichtsrat würde genauso wie Agamemnon gehandelt haben. Dies übersieht die Hervorhebung der Moralität gegenüber der Sittlichkeit in Wilhelms Ethik. Erinnert sei auch an dessen eindeutige Abweisung "der Heldentracht und des tragischen Pathos" (EO II, 253).

kommt. Und hat er es eingesehen und ist dessen gewiß, daß er nicht den Mut hat, es zu verstehen, so wird er wohl auch die Wunderherrlichkeit ahnen, die jener Ritter erlangt: daß er der Vertraute Gottes wird, der Freund des Herren, daß er, ganz menschlich zu reden, Du sagt zu Gott im Himmel, indessen der tragische Held nur in der dritten Person ihn anreden darf." (FuZ, 86).

2.3.4. Das paradoxe Leben der Außenseiter

Abraham als religiöse Ausnahme darzustellen, ist das Hauptanliegen de Silentios, und damit setzt er die vom Gerichtsrat begonnene Diskussion der Ausnahmeexistenz fort. Um das Ausnahmesein Abrahams genauer zu bestimmen, stellt er ihm andere Ausnahmegestalten gegenüber, die durch angeborene oder anerzogene Eigenschaften zu einem Sonderdasein verurteilt sind. Als Beispiele einer solchen "natürlichen Ausnahme"[580] nennt er die Sara aus dem alttestamentlichen Tobit-Buch, deren bisherige Bräutigame durch einen Fluch alle in der Hochzeitsnacht zu Tode kamen, und Shakespeares Richard III., der von Kindheit an als Entstellter behandelt zum machtlüsternen Tyrannen wird. Indem sie von allen als Ausnahme angesehen werden, verfestigt sich ihre Rolle immer mehr. In diesem Sinne radikalisiert de Silentio den Ausnahmegedanken "- vom punktuellen Unvermögen zur Grundbefindlichkeit -, weil er mit dem sozialen Bezug eine neue Problemsituation sichtet".[581]

Da diese Existenzen ebenso wie Abraham ohne Versöhnung mit dem Allgemeinen leben müssen, stehen auch sie "von Grund auf im Paradox" (FuZ, 120). Doch anders als bei Abraham gründet ihr Ausgesondertsein nicht in der Entschiedenheit des Gottesverhältnisses, sondern in der Äußerlichkeit einer Schicksalsbestimmung, und dies macht sie, im Unterschied zum Glaubensritter, zu tragischen Gestalten. Der Begriff des Tragischen ist hier jedoch nicht, wie beim tragischen Helden, von einer Pflichtenkollision her gedacht, sondern von der Übermacht des Schicksals her, die als natürliche und soziale Prägung sich dunkel über das gesamte Leben des einzelnen legt. Hiermit greift de Silentio über die ethische Engführung seines Tragikbegriffs im Modell des tragischen Helden hinaus auf die bei Vigilius und auch schon beim Ästhetiker angesprochene Dimension der blinden Macht des Schicksals zurück, die er selbst als griechisches Verständnis der Tragödie bezeichnet (vgl. FuZ, 93). Was diese vom Schicksal geschlagenen Menschen dennoch zu einer über den tragischen Helden hinausgehenden, Abraham vergleichbaren paradoxen Existenz macht, ist ihr bewußtes Sich-Verhalten zu ihrem Ausnahmesein. Hierin liegt die psychologische Zweideutigkeit, daß sie immer

---

[580] Vgl. Greve (1990), 171 ff.; Malantschuk (1980b), 158 ff.
[581] Greve (1990), 173; "Da schlägt ins Gegenteil um, was die Pseudonyme bislang für Versöhnung hielten. Die Anerkennung der Ausnahme als Ausnahme durch das Allgemeine ist Grund für die Konsolidierung des Ausnahmestatus. Akzeptiert die Allgemeinheit ein Individuum als Ausnahme, stößt sie es von sich weg. (...) Ausnahme sein heißt Außenseiter sein und bleiben." (172).

tiefer verzweifeln über ihr Ausgesondertsein und somit dämonisch werden oder durch Vertrauen erlöst werden können. Mit dem "Dämonischen" ist jene Form der Selbstverfehlung gemeint, die ein Bewußtsein der religiösen Tiefendimension der Freiheit einschließt. Vigilius Haufniensis bestimmt in diesem Sinne das Dämonische als "Angst vor dem Guten" (vgl. BA^R, 129 ff.). Es ist ein letztes Zurückweichen vor der Erlangung der Selbstidentität im Gottesverhältnis. Bei de Silentio wird die religiöse Tiefe der dämonischen Selbstverfehlung dadurch gekennzeichnet, daß in ihr die gleiche Leidenschaft des Absoluten wirksam ist wie beim Glauben, nur daß sich der Dämonische dabei immer mehr in sich selbst verschließt, weil er nicht von dem befreienden Bewußtsein des persönlichen Gottesverhältnisses getragen wird.[582]

"Solche Naturen stehen von Grund auf im Paradox, und sie sind keineswegs unvollkommener als andre Menschen, nur daß sie entweder verloren gehen im dämonischen Paradox oder erlöst werden im göttlichen." (FuZ, 120).

Während Gloster (Richard III.) die dämonische Möglichkeit verkörpert, steht Sara für die Möglichkeit der Erlösung, weil sie durch die Liebe, die sie von Tobias erfuhr, geheilt wurde. Jedoch nicht Tobias, sondern Sara selbst ist für de Silentio die eigentliche Heldin in diesem Geschehen, da sie es trotz ihrer Vorgeschichte vermochte, dieser Liebe zu trauen, den Mut hatte, sich lieben und heilen zu lassen, und dies ist für ihn, wie auch für das Buch Tobit, nur in religiösem Vertrauen möglich: "welch eine Liebe zu Gott gehört nicht dazu, sich heilen zu lassen, wenn man so von Anbeginn an verhunzt ist ohne eigene Schuld, von Anfang an ein verunglücktes Exemplar von Mensch ist!" (FuZ, 118).

Auch das Genie erörtert de Silentio als einen Typus natürlicher Ausnahme, die in paradoxer Weise aus dem Allgemeinen herausgesetzt ist[583], was sich in einem zu jedem Genie gehörenden Wahnsinn äußere. "Denn dieser Wahnsinn ist das Leiden des Genies am Dasein, ist, daß ich so sagen darf, der Ausdruck für den Neid der Gottheit, während das Geniale Ausdruck für ihre Vorliebe ist. So ist das Genie von Anfang an in ein Mißverhältnis zu dem Allgemeinen gesetzt und in ein Verhältnis zum Paradox gebracht, mag es nun entweder verzweifelt über seine Grenze, die in seinen Augen seine Allmacht zu Ohnmacht verwandelt, eine dämonische Beruhigung suchen, und es darum weder vor Gott noch vor Menschen eingestehen, oder mag es sich religiös beruhigen in der Liebe zur Gottheit." (FuZ, 121 f.).

In dieser Bestimmung der genialen Existenz klingen Motive an, wie wir sie auch bei Vigilius fanden: das Genie findet in seinem Wahnsinn, sozusagen als Korrektiv seines Talentes, eine Begrenzung seiner Allmacht, genau so wie

---

[582] "Das Dämonische hat die gleiche Eigenschaft wie das Göttliche, daß der Einzelne in ein absolutes Verhältnis dazu treten kann. Das ist die Entsprechung, das Gegenstück zu jenem Paradox, von welchem wir reden." (FuZ, 110)
[583] Vgl. Malantschuk (1980b), 163 ff.

Vigilius das Schicksal, den heimlichen Freund des Genies, als Begrenzung des allmächtigen An-Sich bestimmte.[584]

De Silentio sieht hierin "psychologische Aufgaben, denen man (...) mit Freuden ein ganzes Leben opfern könnte" (FuZ, 122), und er erweitert seine Darstellung der Ausnahmeexistenz noch um die Gestalten Faust (FuZ, 122 ff.)[585] und Sokrates (FuZ, 133 f.)[586]. Sie alle stellen tragische[587] Lebensmöglichkeiten im Widerstreit des Einzelnen gegen das Allgemeine dar. Das Tragische hat so bei de Silentio eine über die enge Bestimmung der tragischen Pflichtkollision hinausgehende Bedeutung als einer Höchstform menschlichen Lebens, in dem der Einzelne durch seinen Konflikt mit dem Allgemeinen die Grenzen der ethischen Lebensanschauung aufweist und durch sein paradoxales Ausgesondertsein auf das Glaubensparadox Abrahams hinweist.[588] Die Nähe der tragischen Humanität zum Glauben zeigt sich in der zweideutigen Offenheit der Ausnahmeexistenz sowohl für das Dämonische als auch für die Erlösung. Die psychologische Entfaltung dieser Möglichkeiten dient de Silentio zur Annäherung an die Unbegreiflichkeit des Glaubens, so daß bei ihm die Psychologie eine ähnliche Funktion erfüllt wie im *Begriff Angst*[589], nur daß hier noch nicht die Möglichkeit der Selbstbestimmung und -verfehlung durch die Angst Gegenstand der Psychologie ist, weil die Dimension der Entscheidung zur eigenen Freiheit von de Silentio nicht angesprochen wird. So steht bei ihm der Glaube auch noch nicht unter dem christlichen Aspekt des Sündenbewußtseins. Eine Annäherung an diese Frage bringt jedoch eine weitere von ihm erörterte Ausnahmeexistenz, die für die pseudonyme Diskussion des Ethischen von großer Bedeutung ist: der

---

[584] S.o. II.4.7
[585] Vgl. Malantschuk (1980b), 167 ff.
[586] Vgl. Malantschuk (1980b), 180 ff.
[587] Sokrates wird sogar ausdrücklich als "intellektueller tragischer Held" bezeichnet (FuZ, 133).
[588] Die Darstellungen zum Tragischen in *Furcht und Zittern* beziehen sich zumeist nur auf die ethische Konfliktproblematik des tragischen Helden (so Greve (1990), 169 ff.; Holler (1981), 96 ff.; Johansen (1976), 138 ff.) und berücksichtigen nicht den weiteren, aber weniger deutlichen Begriff des Tragischen, der im Hintergrund der ganzen Schrift als Hinweis auf die menschliche Größe in den Konflikten der Lebenswirklichkeit (z.B. auch der schicksalsmäßig-natürlichen) steht. Daß de Silentio eine derart grundlegende Bedeutung des Tragischen vor Augen steht, ohne sie genauer zu reflektieren, zeigt seine Anmerkung zur Möglichkeit einer christlichen Tragödie, wobei er sich auf Lessings *Hamburgische Dramaturgie* bezieht (vgl. FuZ, 99 Anm.). Lessing meint, in einer christlichen Tragödie müsse "der Christ als Christ" dargestellt werden, was er für unmöglich hält: "Ist der Charakter des wahren Christen nicht etwa ganz untheatralisch? Streiten nicht etwa die stille Gelassenheit, die unveränderliche Sanftmut, die seine wesentlichsten Züge sind, mit dem ganzen Geschäfte der Tragödie, welches Leidenschaften durch Leidenschaften zu reinigen sucht?" (Lessing 2, 129 f.). Hiergegen argumentiert de Silentio mit dem Blick auf die menschlichen Seiten des Christen im Sinne einer "theologia viatorum" (Hirsch übersetzt: "Theologie der Unvollendeten", FuZ, 99), ohne sich jedoch genauer über die Möglichkeit der christlichen Tragödie zu äußern; vgl. hierzu Malantschuk (1980b), 132.
[589] Auch die poetische Typologisierung als psychologische Methode ist ganz im Sinne des Vigilius, dazu s.o. II.1.3.

"Wassermann", der sich durch eigene Schuld vom Vollzug des Ethischen ausgeschlossen sieht (FuZ, 106 ff.).[590]

Es ist eine "Skizze (...) in Richtung auf das Dämonische", und zwar das Dämonisch-Verzweifelte einer unerlösten Reue, die er im Anschluß an die nordische Sage von Agnete und dem Wassermann zeichnet. Der Wassermann ist in dieser Sage ein Verführer, der das Mädchen Agnete durch das Rauschen des Meeres betört und sie mit sich in die Tiefe zieht. De Silentio ändert nun dieses Motiv derart, daß der Wassermann durch die unschuldige Liebe des Mädchens von der Verführung abgebracht wird, selbst zu lieben beginnt und dadurch seine bisherige Schuld erkennt. Das, was bisher an ihm wie eine "menschliche Vorbestimmtheit" (FuZ, 108), ein natürliches Schicksal, erschien, seine triebhafte Lust an der Verführung, sieht er jetzt selbst als Schuld an, die er bereut. Damit ist er aus dem Bereich der natürlichen Ausnahme in das ethische Selbstverständnis getreten. Doch nun beginnen die dämonischen Konflikte. Entweder schließt er sich ganz in seine Reue ein, ohne sich zu offenbaren. Dies ist aber nur möglich, wenn er auf Agnete verzichtet. Oder aber er offenbart sich ihr in Liebe als der Verführer, dem sie in ihrer Unschuld vertraute, was ihm aber wie die Vernichtung Agnetes und der Möglichkeit ihrer Heirat erscheinen muß.[591]

Die erste Möglichkeit, sich in seiner Reue zu verschließen und auf Agnete zu verzichten, ist die dämonische Reue. "Das Dämonische an der Reue wird ihm nun wohl klar machen, eben das sei seine Strafe, und je mehr sie ihn martre, desto besser" (FuZ, 109). Der Wassermann bliebe in seiner Schuld gefangen, unerlöst selbstquälerisch. Die zweite Möglichkeit, sich zu offenbaren in seiner Schuld und dadurch die schlimmen Konsequenzen für beide heraufzubeschwören, würde ihn, wie de Silentio ausdrücklich bemerkt, zum tragischen Helden machen. Er hätte sich dem Allgemeinen untergeordnet und ihm die Erfüllung seiner Liebe geopfert: "er wird den Mut haben, Agneten,

---

[590] Vgl. Greve (1990), 175 ff.; Malantschuk (1980b), 139 ff.
[591] Greve (1990), 177, zieht zum Verständnis dieses Konfliktes den im Text nicht ausdrücklich genannten Aspekt einer öffentlichen Strafe und Verhinderung der Heirat als Folge des Bekenntnisses heran. Er rechtfertigt dies mit dem Hegelschen Verständnis der Sittlichkeit, das de Silentio voraussetze. Nur so werde die Wassermann-Gestalt als eine immanente Ethik-Kritik, die nicht von einem christlichen Sündenbewußtsein aus argumentiere, verständlich und kohärent (316; dort auch ein Hinweis auf andere Deutungen). Von dieser Deutung aus wendet sich Greve (313 Anm. 29) gegen Malantschuks Darstellung der tragischen Möglichkeit des Wassermannes, die von der bleibenden Problematik der "Vorbestimmtheit" (FuZ, 108), seiner extensiven sinnlichen Veranlagung, ausgeht (vgl. Malantschuk (1968), 231). Der Wassermann erlange erst hier letzte Klarheit über seine frühere Schuld, weshalb er sich nicht offenbaren könne. Damit ist in der Tat nicht genügend bedacht, daß sich für de Silentio die tragische Problematik des Wassermanns gerade aus der Einsicht in sein Schuldigsein ergibt. Die Deutung Greves bringt so die ethikkritische Funktion des Exempels klarer zum Ausdruck. Sehr genau entnimmt Greve dem Text, daß der tragische Konflikt des Offenbarwerdens sich nicht auf die eheliche Pflicht zur Offenheit beziehen kann (wie Malantschuk (1980b), 144, meint), sondern die gesellschaftliche Öffentlichkeit einschließen muß, weil de Silentio darauf hinweise, daß "ein rückhaltloses Geständnis" Agnete nicht in ihrer Liebe erschüttern würde (FuZ, 109; vgl. Greve (1990), 177). Der Bezug zur Öffentlichkeit mache gerade die Analogie zum antiken tragischen Helden aus.

menschlich geredet, zu zermalmen" (FuZ, 110). Im Unterschied zum tragischen Helden ist ihm diese Konsequenz jedoch nicht durch das Schicksal, sondern durch eigene Schuld auferlegt, und dies steigert seinen Konflikt über den des tragischen Helden hinaus in jenes Paradox hinein, in dem de Silentio letztlich auch die Möglichkeit einer Erlösung sieht.

"Der Wassermann steht auf einer dialektischen Spitze. Wenn er aus dem Dämonischen herausgerettet wird in die Reue, so sind zwei Wege möglich. Er kann sich zurückhalten, im Verstecktsein verharren, ohne doch seiner Klugheit zu trauen. Dann tritt er als Einzelner nicht in ein absolutes Verhältnis zum Dämonischen, sondern findet Ruhe in dem Gegenparadox, daß die Gottheit Agnete erretten werde. (...) Oder er kann erlöst werden durch Agnete. (...) Er wird erlöst, insofern er offenbar wird. Dann heiratet er Agnete. Indessen muß er zum Paradox flüchten. Wenn nämlich der Einzelne durch seine Schuld aus dem Allgemeinen herausgetreten ist, so kann er dahin zurückkehren allein in kraft dessen, daß er als Einzelner in ein absolutes Verhältnis zum Absoluten getreten ist." (FuZ, 111).

Diese beiden Alternativen bezeichnen die mögliche Befreiung des Wassermanns aus seinem dämonischen Konflikt durch den absurden Glauben an Gottes Möglichkeiten. Sie stehen in Entsprechung zu den beiden Alternativen der dämonischen Reue und der tragischen Offenbarung, doch indem sich die Reue mit einem unbedingten Vertrauen verbindet, eröffnet sich die Möglichkeit neuen Lebens. In der zweiten, entschiedeneren Alternative würde der Wassermann nicht nur die Bewegung der unendlichen Resignation, sondern zugleich, wie Abraham, die Bewegung der Endlichkeit vollziehen, indem er gegen die Forderungen des Allgemeinen auf die Erfüllung seiner Liebe hofft. Dies ist jedoch nur möglich, wenn er seine Schuld über das ethische Verständnis hinaus in Verantwortung vor Gott übernimmt und im Gottesverhältnis auf eine Erlösung hofft, die das Ethische nicht geben kann. Daher kommt de Silentio an dieser Stelle konsequent auf die christliche Sündenvorstellung zu sprechen:

"In der Sünde ist der Einzelne bereits in Richtung auf das dämonische Paradox höher denn das Allgemeine, weil es ein Widerspruch seitens des Allgemeinen ist, sich selber fordern zu wollen von dem, welchem die Voraussetzung mangelt." (FuZ, 112). "Sobald die Sünde in Erscheinung tritt, geht die Ethik zugrunde, eben an der Reue; denn die Reue ist der höchste ethische Ausdruck, aber eben als solcher der tiefste ethische Widerspruch." (FuZ, 111).[592]

Abraham ist jedoch nicht durch seine Sünde ein Einzelner geworden, sondern als "Gottes Auserwählter" (FuZ, 112). Deshalb entzieht er sich auch

---

[592] Hieran schließt sich Vigilius Haufniensis in seiner Einleitung zum *Begriff Angst* an, und er interpretiert das Anliegen de Silentios folgendermaßen:
"Hier läßt der Verfasser mehrere Male die erschnte Idealität der Ästhetik an der geforderten Idealität der Ethik scheitern, um in diesen Zusammenstößen die religiöse Idealität als diejenige zum Vorschein kommen zu lassen, die gerade die Idealität der Wirklichkeit ist und daher ebenso wünschenswert wie diejenige der Ästhetik und nicht unmöglich wie die der Ethik, jedoch so, daß diese Idealität im dialektischen Sprung hervorbricht." (BA[R], 14)

hier wieder jeglichem Verstehenwollen. Auch die psychologische Skizze des Wassermanns ist nur ein Annäherungsversuch an das Paradox des Glaubens, und es ist besser, diese Lebensmöglichkeit als Geheimnis sich vor Augen zu halten, als "Wein zu Wasser" verwandeln zu wollen:

"Wäre es nicht am besten, daß man beim Glauben stehen bliebe, und daß der, welcher steht, wohl zusähe, daß er nicht falle; denn die Bewegung des Glaubens muß fort und fort in kraft des Absurden gemacht werden, doch wohlgemerkt so, daß man die Endlichkeit nicht verliert, sondern sie ganz und gar erwirbt." (FuZ, 36).

2.4. Die tragisch-komische Religiosität in den *Stadien auf des Lebens Weg*

1845 erschienen die *Stadien auf des Lebens Weg*, eine von dem Pseudonym Hilarius Buchbinder als "Studien von Verschiedenen" herausgegebene Zusammenstellung mehrerer Schriften, in denen nochmals ästhetische, ethische und religiöse Lebensanschauungen zur Sprache kommen. Dabei sind deutlich zwei Teile zu unterscheiden. Die ersten beiden Schriften, *In vino veritas* und *Allerlei über die Ehe* sind in Entsprechung zu *Entweder/Oder* konzipiert, insofern in ihnen ästhetisches und ethisches Liebesverständnis einander gegenübergestellt werden. *In vino veritas* ist die Nacherzählung eines Symposions, an dem sich mehrere der schon bekannten Pseudonyme[593] beteiligten und wie beim platonischen Symposion Reden über die Liebe hielten, die fast alle in eine Diffamierung des Weiblichen ausarteten. Durch eine Rahmenerzählung mit diesem Trinkgelage verknüpft wird den Reden der Ästhetiker eine Schrift des Gerichtsrats Wilhelm über die Ehe gegenübergestellt, in denen er, wie schon in *Entweder/Oder*, jedoch noch biederer als dort, die Einheit von Pflicht und Neigung, die Erfüllung der Verliebtheit in der Entscheidung zur Ehe hochhält. Da in diesen beiden Schriften keine wesentlich neuen Aspekte vorgetragen werden[594], werden wir

---

[593] Victor Eremita, Johannes der Verführer, der junge Mensch, Constantin Constantius und Johannes de Silentio; in dieser Runde fehlt also der Ästhetiker A, hinzu kommt noch die neue Gestalt eines Modehändlers.

[594] Erwähnenswert ist nur eine Stelle, an der der Gerichtsrat mit Hilfe des Schicksalsbegriffs einen neuen Akzent in seiner Wahltheorie setzt. Er bezeichnet den positiven Entschluß (der Begriff des Entschlusses tritt in den *Stadien* an die Stelle des Wahlbegriffs, ohne daß alle Aspekte der Wahltheorie hier aufgegriffen werden) als "ebenso dialektisch (...) in Richtung auf die Freiheit wie in Richtung auf die Schickung" (StLW, 120; vgl. dazu Blaß (1968), 114 ff.). Der *positive*, der "wahre idealisierende" Entschluß steht im Gegensatz zur Abstraktheit der Selbstbestimmung als dem *negativen* Entschluß. Insofern der wahre Entschluß eine Synthesis des Konkreten und Abstrakten sein soll (vgl. StLW, 118 f.), entspricht die Positivität des Entschlusses der Doppelbewegung der Wahl aus *Entweder/Oder*. Dort bestimmte der Gerichtsrat jedoch die absolute Wahl als Fähigkeit, sich alle Notwendigkeit in Freiheit anzueignen. Indem er nun in diesen Gedanken den Begriff des Schicksals einträgt, schwächt er die absolute Selbstsicherheit der Wahl ab. Ausdrücklich dient ihm der Hinweis auf das Verhältnis zum Schicksal als Korrektiv zum möglichen Stolz des Sich-Entschließenden: "Je konkreter der Entschluß ist, um so mehr tritt er in ein Verhältnis zur Schickung. Dies ergibt die Idealität der Demut, Sanftmut, Dankbarkeit" (StLW, 120). Mit dem Begriff des Schicksals

uns nur dem umfangreichen zweiten Teil der *Stadien* zuwenden, in welchem eine Annäherung an die religiöse Lebensanschauung versucht wird, wobei wiederum der Begriff des Tragischen eine herausragende Bedeutung bekommt.

"Schuldig?"-"Nicht-Schuldig?", so lautet die von Frater Taciturnus herausgegebene und kommentierte "Leidensgeschichte" eines unglücklich verliebten jungen Mannes namens Quidam. Mit dieser Schrift verwirklicht Kierkegaard den schon bei der Abfassung von *Entweder/Oder* gefaßten Plan, neben das *Tagebuch des Verführers* eine andere, ethisch reflektierte, an Schwermut scheiternde Verlobungsgeschichte zu stellen (vgl. Pap IV A 215). Schon in der *Wiederholung* griff er dieses Motiv auf, und die Schrift des Frater Taciturnus ist bewußt in Analogie zur *Wiederholung* verfaßt, auch der Untertitel "Psychologisches Experiment" weist in diese Richtung. Doch die Unterschiede beider Schriften sind ebenso deutlich und bedeutsam. Vor allem ist die Person des Quidam wesentlich reifer und ethisch reflektierter als die des jungen Mannes. Er bedarf nicht eines reflektierenden Mitwissers, er ist "wesentlich Selbstdenker" (StLW, 460), daher steht Frater Taciturnus auch nicht, wie Constantin Constantius, in einem persönlichen Kontakt mit ihm. Der experimentierende Psychologe beschränkt sich darauf, die von ihm aufgefundenen Tagebücher des Quidam zu veröffentlichen und in einer *Zuschrift an den Leser* zu kommentieren. Gleich zu Beginn dieses Kommentars wird jedoch deutlich, daß Quidam, im Unterschied zum jungen Mann der Wiederholung, nur eine fiktive Gestalt ist und sein Tagebuch von Taciturnus selbst als ein psychologisches Experiment verfaßt wurde (vgl. StLW, 428 f.).

---

deutet der Gerichtsrat an, daß in der eigenen Natürlichkeit eine der Freiheit entgegenstehende Macht erfahren wird (so Disse (1991), 137), weshalb der Entschluß zu einem Wagnis wird: "Ohne daß man wagt, faßt man keinen Entschluß" (StLW, 120).
Obwohl der Gerichtsrat mit diesem Hinweis die Vorstellung einer übersteigerten Selbstmächtigkeit des Entschlusses abwehren will und daher noch deutlicher den synthetischen Charakter von Freiheit und Notwendigkeit herausstellt, kann man seine Ausführungen in den *Stadien* nicht als Vertiefung der Wahltheorie ansehen, wie Blaß es versucht, da trotz der Betonung der Begrenztheit das Scheitern der Selbstwahl und die Notwendigkeit der Reue nicht in den Blick genommen werden. Wilhelm hat anscheinend nur seine Vorstellung von der Absolutheit der Selbstwahl auf ein mediokres Maß zurückgeschraubt, um dafür um so mehr auf der Einheit von Ästhetik und Ethik, der *Gleichzeitigkeit* von Unmittelbarkeit und Entschluß (vgl. StLW, 106), bestehen zu können. Die Untersuchung von Blaß zugrundeliegende Ansicht, daß mit den bei Kierkegaard wechselnden Begriffen "Wahl", "Entschluß" und "Entscheidung" eine Steigerung des Gedankens der Selbstkonstitution angezeigt werde, ist fragwürdig (kritisch zu Blaß' Darstellung äußert sich auch Greve (1990), 319 Anm. 51). Problematisch ist auch der Versuch Hauschildts (1982), 82, die vom Gerichtsrat angenommene Zusammengehörigkeit von Unmittelbarkeit und Entschluß im Sinne von Frater Taciturnus' Begriff der unendlichen Reflexion als Selbstverhältnis der Unmittelbarkeit zu deuten, da diese das Zerbrechen der Unmittelbarkeit einschließt und wesentlich von der Reue her gedacht wird, wie wir im folgenden sehen werden.

2.4.1. Die "Leidensgeschichte" des Quidam: schwermütige Liebe und dämonische Reue

Die Reflektiertheit des Quidam kommt auch im Aufbau seiner Tagebücher zum Ausdruck, die in morgendliche und mitternächtliche Aufzeichnungen unterteilt sind: "der Erinnerung Werk in den Morgenstunden, und der Rettungsversuch zur Zeit der Mitternacht" (StLW, 278; vgl. 450). In den Morgenstunden erinnert sich Quidam an die ein Jahr zurückliegende Verlobungszeit, an das Scheitern dieses Versuchs als einer religiösen Krise. Da seine Geliebte ihm den Selbstmord androhte, als er die Verlobung auflöste, wird Quidam von einer andauernden Reue gefangen gehalten, die sich in den mitternächtlichen Aufzeichnungen niederschlägt. Hierin erweist er sich als eine "dämonisch in Richtung auf das Religiöse" (StLW, 423; vgl. 449 f.) angelegte Persönlichkeit. In der Darstellung dieser Ausnahmeexistenz besteht das psychologische Experiment des Fraters.

Quidams Problem ist das "einer angeborenen Schwermut" (StLW, 206), die ihn, wie den jungen Mann der *Wiederholung*, unfähig macht zu einer unbeschwert offenen Liebesbeziehung. Doch Quidam sieht, als ein mit der ironischen Reflexion Vertrauter, in der Selbstverstellung die Möglichkeit, seine "Schwermut zu verhehlen" (StLW, 206) und so eine Ehe zu realisieren: "Aus der Bitterkeit der Schwermut wird eine Lebensfreude herausdestilliert, eine Sympathie, eine Innigkeit, welche sicherlich keinem Menschen das Leben verbittern können. Meine Freude, so wie sie unterweilen überschwenglich in meinem Herzen sich regt, wird ganz und gar 'ihr' zu eigen sein; redlich arbeite ich für den täglichen Bedarf, um den Lebensunterhalt der Freude für 'sie' zu erwerben; lediglich die vereinzelten düsteren Augenblicke behalte ich für mich selbst, sie soll darunter nicht zu leiden haben." (StLW, 207).

Im Vertrauen auf die lang eingeübte Fähigkeit der Selbstverstellung wagt Quidam die Verlobung. Seine Liebe ist so von Anfang an "in sich selbst dialektisch" (StLW, 442), und diese innere Dialektik will Taciturnus in seinem Experiment als Grund einer religiösen Krise aufweisen. Quidam nämlich merkt schon bald, daß er mit seinem Versuch an Grenzen stößt. Er bedarf eines religiösen Rückhaltes, um die Doppelexistenz leben zu können, doch diesem Ernst steht die kindliche "Leichtigkeit" seiner Braut gegenüber, so daß es zu keiner tieferen Gemeinsamkeit zwischen ihnen kommen kann. Das "Mißverständnis" zwischen den beiden Liebenden wird zum Grundzug ihres Verhältnisses[595], wodurch die innere Dialektik der Liebe Quidams immer angespannter wird. Doch je mehr er sich selbst religiös zu verstehen sucht, ahnt er: "es wird des Religiösen Krise, es in das hineinzubringen, was ich hier angefangen habe" (StLW, 234). "Religiöse Krisen sind es, die sich über mir zusammenziehn. Meine Lebensanschauung ist mir verdächtig geworden, wieso weiß ich jetzt noch nicht einmal zu sagen." (StLW, 228).

Was ihm mit zunehmendem ethisch-religiösen Ernst immer fragwürdiger wird, ist die Berechtigung seiner Selbstverstellung und damit das Vertrauen

---

[595] Vgl. StLW, 238. 257. 322. 339. 377. 397 sowie 443 ff.

auf einen göttlichen Beistand in dieser Lebensform. Denn eine "Trauung" setzt Vertrauen voraus, und daher ist es ein Mißverständnis der Ehe, wenn er sie auf einer Verstellung begründen will, auch wenn er darin "allenthalben bestärkt worden" (StLW, 404) ist.[596]
"Und das Unglück ist, daß ich selber geglaubt hatte, dies sei die Aufgabe, bis daß ich einsehen lernte, daß die Trauung ein göttlicher Einspruch darwider ist" (StLW, 398). "Und jetzt sehe ich deutlich, daß meine Schwermut es mir unmöglich macht, einen Vertrauten zu haben, und ich weiß ja, die Trauung würde von mir heischen, daß sie dies sein solle" (StLW, 397). "Mein Gebäude ist zusammengestürzt. (...) In dem Schein, den ich vorgaukeln wollte, bin ich gefangen worden" (StLW, 372).

In ethischer Konsequenz löst Quidam die Verlobung auf, wodurch er noch tiefer in die Innerlichkeit seines schwermütigen Gottesverhältnisses gestoßen wird (vgl. StLW, 373). Ihm wird die Frage nach seiner Schuld zu einer bleibenden Qual, und dies um so mehr, als er sich für alle daraus ergebenden Konsequenzen im Leben seiner Geliebten verantwortlich fühlt. Da diese mit dem Selbstmord gedroht hat, sieht er sich in seiner "unglückliche(n) Verantwortlichkeit" (StLW, 281) mit einem möglichen Mord belastet. Durch diese Drohung stürzt Quidam in nicht endende Reflexionen über seine Schuld, die er dem mitternächtlichen Tagebuch anvertraut. Das Dämonische seiner Reue gründet in ihrer dialektischen Zwiespältigkeit, die ein eindeutiges Schuldbewußtsein unmöglich macht.[597] Zum einen ist seine Schuld, die Verlobung überhaupt eingegangen zu sein, fragwürdig, weil er es im besten Gewissen um die Rechtmäßigkeit der Selbstverstellung tat, zum anderen bleibt seine Verantwortung für den Selbstmord der Geliebten völlig ungewiß, solange dieser nur eine Möglichkeit ist. Aber gerade als *bleibende Möglichkeit* fesselt die Schuld ihn in eine dämonische Reue "mit dem Stachel des Rätsels und mit der Aneignung durch die Angst" (StLW, 278). Jeder noch so kleinen Spur, jeder Begegnung mit seiner Geliebten, jeder Geste von ihr grübelt er nach, er sieht "in einem fort Gespenster: in zufälligen Äußerungen, in Versen, in Mystifikationen" (StLW, 316), und er beginnt einen Kampf gegen den Zufall, um ihn auszuschalten (vgl. StLW, 263). So lebt er in einer dem wirk-

---

[596] Greve (1990), 205, deutet dies als Konflikt zwischen Moralität und Sittlichkeit.
[597] Vom Nihilismus des jungen Mannes der *Wiederholung* unterscheidet sich Quidams Frage nach seiner zweideutigen Schuld dadurch, daß er selbst sie mit allem Ernst als eigene Schuld zu verstehen und das Unbegreifliche daran in eine religiöse Lebensanschauung zu integrieren versucht:
"Bin ich also schuldig? Ja. Wie denn? Dadurch, daß ich angefangen habe, was ich nicht zu verwirklichen vermochte. Wie denn verstehst du das jetzt? Ich verstehe jetzt deutlicher, weshalb es mir unmöglich gewesen ist. Welches ist also meine Schuld? Daß ich es nicht früher verstanden habe. Welches ist deine Verantwortung? Jede mögliche Folge, die es für ihr Leben hat. (...) Welches ist dein Trost? Daß ich, indem ich diese Schuld erkenne, zugleich eine Lenkung in dem Ganzen erahne. Eben weil ich die Sache nach bestem Vermögen bedacht und so redlich, als mir nur möglich war, in Kraft des Erkannten gehandelt habe, eben darum erkenne ich ein Mitwirken, welches mich hingeleitet hat zu einem Punkte, an dem ich mich selber so verstand, wie ich es ansonst vielleicht nie getan hätte, an dem ich es aber auf eine Weise lernte, die mich nicht hochmütig werden läßt. Welches ist deine Hoffnung? Daß es vergeben werden kann, wo nicht hier, so doch in einer Ewigkeit." (StLW, 404 f.).

lichen Leben völlig disparaten Innerlichkeit, in der nichts mehr geschieht, weil er sich jeglichen Handelns enthält und nur mehr auf die Ereignisse wartet. "Ich tue dies Nichts und dies Alles, denn es ist meiner Freiheit höchste Leidenschaft und meines Wesens tiefste Notwendigkeit" (StLW, 267). Nur in einem religiösen Selbstverständnis, in dem die Notwendigkeit auf eine "Lenkung" zurückgeführt wird, kann er in seiner Haltung einen Ausdruck der Freiheit sehen. Die Alternative wäre, wie beim jungen Menschen der *Wiederholung*, ein nihilistisches Abhängigkeitsgefühl:

"Sobald ich außerhalb meines religiösen Verständnisses bin, ist mir zumute, wie einem Insekt es sein muß, mit welchem die Kinder spielen, denn so unbarmherzig scheint mir das Dasein wider mich gehandelt zu haben; sobald ich innerhalb meines religiösen Verständnisses bin, verstehe ich, daß diese Behandlung eben für mich unbedingte Bedeutung hat. Was in dem einen Falle ein grausiger Scherz ist, das ist im anderen Sinn der tiefste Ernst" (StLW, 388).

So kommt Quidam zur Formulierung jener Einsicht, die die höchste Lebensweisheit des Frater Taciturnus ist, daß nämlich "der wahre Ernst (...) die Einheit von Scherz und Ernst" sei (StLW, 388). Die Dialektik der Leidensgeschichte des Quidam sucht der Frater daher von seiner Sicht aus zu begreifen als eine Einheit des Tragischen und des Komischen. Diesem Gedanken wollen wir uns nun genauer zuwenden.

2.4.2. Frater Taciturnus' Psychologie des Tragisch-Komischen

2.4.2.1. Äußerliches und innerliches Verständnis des Tragischen: Dichtung und Psychologie

Das Kernproblem, um das das psychologische Experiment des Fraters kreist, ist die Möglichkeit eines leidenschaftlichen Lebens in einer überreflektierten Zeit. Den Menschen seiner Zeit fehle es an "unbedingter Leidenschaft", da ihnen durch die Reflexion alle Leidenschaft dialektisch geworden sei (vgl. StLW, 433 ff.). Sie könnten daher nicht mehr das Pathos der Dichtung begreifen, das sich z.B. im Schicksal einer unglücklichen Liebe darstelle. Da der Sinn für das unmittelbare Empfinden verloren sei, sei auch die Zeit der Dichter vorüber. Jedoch nicht jegliche Reflexion ist für die Unmittelbarkeit der Dichtung zerstörerisch, im Gegenteil: erst durch eine "endliche Reflexion" auf äußere Widerstände, die der Leidenschaft entgegenstehen, wird diese interessant für die Dichtung.[598] In der ästhetischen Verbindung von Unmittelbarkeit und endlicher Reflexion bleibt aber das unmittelbare Empfinden selbst von der Reflexion unberührt, ja es ist gegenüber der Reflexion "das Höhere" (StLW, 440). Erst eine "unendliche Reflexion" hinterfragt die Unmittelbarkeit als solche. Unendlich ist sie, weil sie damit den Menschen aus den endlichen Zielvorstellungen geglückten Lebens herausführt und die Frage nach einem idealen Sinn aufkommen läßt. Sie richtet sich nicht

---

[598] Dies ist das ästhetische Verständnis des Tragischen, dem der Frater, wie wir sehen werden, sein psychologisches entgegenstellen will, als eines, das der reflektierten Zeit gemäß sei.

auf äußere Begebenheiten, sondern hinterfragt den inneren Sinn aller Gefühle und Handlungen, macht die Unmittelbarkeit in sich selbst zweideutig und hebt sie damit als Unmittelbarkeit auf.

"Daß die Zeit der Dichtung vorüber ist, bedeutet im Grunde, daß die Unmittelbarkeit vorüber ist. Ganz ohne Reflexion ist die Unmittelbarkeit nicht, sie hat in der Auffassung durch die Dichtung bedingt Reflexion, sofern sie ihren Widerstand außerhalb ihrer hat. Erst dann ist die Unmittelbarkeit eigentlich vorüber, wenn die unmittelbare Unendlichkeit von einer ebenso unendlichen Reflexion erfaßt werden soll. Im gleichen Augenblick sind alle Aufgaben verwandelt und dialektisch in sich selber geworden; keine Unmittelbarkeit erhält Erlaubnis aus sich selbst zu stehen oder ist allein dem, daß sie mit etwas anderem streiten muß, ausgesetzt, da sie mit sich selber streiten muß." (StLW, 439).

Dies sei die Situation seiner Zeit, die durch Reflexion die Unmittelbarkeit verloren habe. Doch dem will Taciturnus die Möglichkeit einer höheren, mit der Reflexion vermittelten Leidenschaft entgegenstellen, und diese ist "das Religiöse" in einem sehr weiten Sinne. Die von der unendlichen Reflexion eröffnete Sinnfrage wird in der religiösen Leidenschaft ergriffen, der Mensch richtet seine ganze Lebensenergie auf das Streben nach idealer Erfüllung. Es ist kennzeichnend für den Frater, daß er Unmittelbarkeit und Reflexion nicht einfach als Gegensätze einander gegenüberstellt, sondern die unendliche Reflexion als Selbstverhältnis einer neuen Unmittelbarkeit deutet: "die unendliche Reflexion ist nichts Fremdartiges, sondern ist das sich selber Durchsichtigsein der Unmittelbarkeit" (StLW, 440). Wenn daher die reflektierte Zeit die Unmittelbarkeit verloren hat, "so gilt es, das Religiöse zu erreichen, alles Vorläufige ist nutzlos" (StLW, 441). Die religiöse Vermittlung von Unmittelbarkeit und Reflexion ist Ausdruck der Freiheit. Das ideale Streben ist für den Frater "ein Gottesverhältnis im weitesten Umfang", weil Gott als die vollkomme Realität des erstrebten Sinns geglaubt wird. Die unendliche Leidenschaft des Religiösen ist eine Bejahung der durch die unendliche Reflexion eröffneten Freiheit gegenüber dem eigenen Lebensgehalt.

"Jeder endlichen Reflexion gegenüber ist die Unmittelbarkeit wesentlich das Höhere, und es ist für die Unmittelbarkeit eine Kränkung, wenn sie mit einer solchen sich einlassen soll. (...) Eine unendliche Reflexion indes ist unendlich viel höher als die Unmittelbarkeit, und in ihr verhält sich die Unmittelbarkeit zu sich selbst in der Idee. Aber der Ausdruck 'in der Idee' bezeichnet ein Gottesverhältnis im weitesten Umfang, und innerhalb dieses Umfangs gibt es eine Mannigfaltigkeit näherer Bestimmungen. (...) Die Freiheit nämlich bedeutet keineswegs, daß er [der Held; d.Vf.] seine Leidenschaft aufgeben soll, sondern die Freiheit bedeutet, daß er jene Leidenschaft der Unendlichkeit, mit der er sie aufgeben könnte, dazu braucht, sie festzuhalten. (...) In der unendlichen Reflexion wird somit die Freiheit gewonnen, möge dies nun bestätigend oder verneinend sein." (StLW, 440 f.).

In seinem psychologischen Experiment will der Frater einen Menschen darstellen, der genau in diesem Sinne durch das Zermürbende unendlicher Reflexion hindurch sich der religiösen Leidenschaft annähert:

"Die Aufgabe, die ich mir gestellt habe, ist mithin die folgende: die Geschichte einer unglücklichen Liebe, allwo die Liebe in sich selber dialektisch ist und in der Krise der unendlichen Reflexion einen religiösen Anstrich gewinnt." (StLW, 442).

Die Psychologie rückt für den Frater an die Stelle der Dichtung, wenn es darum geht, eine in sich reflektierte Leidenschaft darzustellen. Das psychologische Experiment ist so in gewissem Sinne eine neue literarische Gattung, weshalb Taciturnus in jedem der sechs Paragraphen seiner *Zuschrift an den Leser* das "Experiment" (die "Leidensgeschichte" des Quidam) gegenüber der Dichtung abzugrenzen versucht. Sein Selbstverständnis als experimentierender Psychologe ist bestimmt von der Beerbung des Dichterischen: es geht um die fiktiv-typologische Darstellung einer Individualität. Dies ist ein Hauptmotiv des sich in allen pseudonymen Werken durchhaltenden Verständnisses von Psychologie bei Kierkegaard.[599] Mit "statistischen Übersichten" sei einem experimentierenden Psychologen nicht gedient (StLW, 511), nicht die Masse des normalen Durchschnitts diene ihm zur Beobachtung, sondern die konsequente Durchführung einer bestimmten Lebensweise. In diesem Sinne ist Quidam, der sich selbst als "Probemensch" bezeichnet (StLW, 388), jene "Abirrung", an der man "das Normale studieren kann" (StLW, 423).[600] Die "Abirrung", die Taciturnus an Quidam aufzeigen will, ist die "dämonische Religiosität", die in der Reflexion gefangen bleibt und sich nicht auf die schon erahnte Möglichkeit religiöser Freiheit einlassen kann.[601] Diese dämonische Ausnahme dient ihm dazu, die religiöse Leidenschaft psychologisch zu durchdenken.

Doch nicht nur von der Dichtung grenzt der Psychologe sein Experiment ab, sondern auch von der philosophischen Spekulation, die allzuschnell ein Ergebnis, eine Vermittlung der existentiellen Schwierigkeiten, zur Hand habe, indem sie die individuelle Bewegung auf den Begriff zu bringen versuche. Demgegenüber betont Taciturnus, daß sein Experiment "nicht abgeschlossen" sei und "kein Ergebnis" habe (StLW, 470), und gerade in dieser Offenheit ist sein Experiment als psychologisches gekennzeichnet:

"Eine Individualität zum Abschluß bringen und ein Ergebnis, ein Fazit aufstellen, das ist etwas für die großen systematischen Denker, welche so vielerlei zu bestellen haben; diese Individualität in ihrer ganzen Möglichkeit entstehen lassen ist das, was den Experimentator interessiert." (StLW, 465).

---

[599] Zum Psychologieverständnis Kierkegaards s.o. II.1.3.
[600] Dies ist wieder ein gutes Beispiel für die von Theunissen (1991) dargelegte "negativistische Methode" Kierkegaards. "Es ist diese reale Verunstaltung des modernen Menschen, die ihn zum Abschied von einer naiv normativen Psychologie zwingt. Weil die sogenannten Anomalien gleichsam selber zur Norm geworden sind, sieht er sich genötigt, mit ihnen anzufangen und aus ihnen Aufschluß über das zu gewinnen, was einst sicherer Maßstab ihrer Prüfung schien." (18).
[601] Cattepoel (1992), 167 ff., bestimmt die Dämonie als eine in Ich-Schwäche begründete Isolation im Gottesverhältnis (zu Quidam vgl. 172 ff.). "Ihren Grund findet diese Dämonie darin, daß solch ein Mensch aus irgendeinem Grund in seiner Entwicklung stehenbleibt, so daß ihn die Gottesbeziehung von den anderen Menschen abschließt, was ein Widerspruch ist." (167). Quidam ist durch seine Reue dämonisch, die ihn an seine zweideutige Schuld fesselt.

Auch hierin entspricht der Psychologiebegriff des Fraters demjenigen, den Kierkegaard dem *Begriff Angst* zugrundegelegt hat: die Psychologie faßt die Offenheit psychischer Zustände und damit die Möglichkeit der Freiheit im Leben eines Menschen ins Auge und erklärt ausdrücklich die letztendliche Entscheidung für psychologisch nicht mehr faßbar. Der Offenheit der Lebensmöglichkeiten entspricht, wie wir im *Begriff Angst* sahen, die Zweideutigkeit des psychischen Zustandes, und jene Zweideutigkeit ist auch für den Frater der Ansatzpunkt seines Experimentes, insofern er die durch die Reflexion entstandene innere Dialektik der Leidenschaft darstellen will. Das psychologische Experiment setzt somit die Erfahrung eines inneren Widerspruchs - nicht mehr bloß, wie in der Dichtung, eines äußeren Widerstandes - voraus. Diese innere Dialektik wird von Taciturnus mit den Kategorien des Tragischen und des Komischen erfaßt, wie wir nun sehen werden.

Diese Begrifflichkeit ist zunächst auf den abgrenzenden Anschluß an die Dichtung zurückzuführen, insofern in den literarischen Gattungen der Tragödie und der Komödie die beiden Möglichkeiten eines - äußeren - Widerspruchs zur unmittelbaren Leidenschaft dargestellt werden, und daher finden sich hier wie in keiner anderen Schrift Kierkegaards Gedanken zum Tragischen auch als literarischer Kategorie. Taciturnus versteht die Einheit von Tragischem und Komischem sogar als literarisches Kennzeichen seines psychologischen Experimentes: die Dichtung könne immer nur *eine* Form des Widerspruchs darstellen, da in ihr ja die Leidenschaft selbst nicht dialektisch werde, während dem Experiment die innere Dialektik der Leidenschaft als Offenheit für sowohl ein tragisches als auch ein komisches Selbstverständnis zugrunde liege. Die romantischen Versuche einer tragisch-komischen Dichtung werden von ihm nur als leidenschaftslose "Hermaphroditen" abgeurteilt.[602] Doch dies ist nicht das Entscheidende. Das Tragisch-Komische kann nur deshalb das psychologische Experiment literarisch charakterisieren, weil diese Kategorien über ihre literarische Bedeutung hinaus für Taciturnus psychologisch bedeutsame Existenzkategorien sind, mit denen die innere Bewegtheit geistigen Lebens zum Ausdruck gebracht werden kann:

"Als tierartiges Geschöpf hat der Mensch zwei Beine (die Extremitäten), ebenso sind das Komische und das Tragische notwendige Extremitäten der Bewegung für denjenigen, der existieren will in Kraft des Geistes und nachdem er die Unmittelbarkeit aufgegeben hat." (StLW, 449).

Nur im Bewußtsein der extremen Möglichkeiten des eigenen Lebens wird jene Zwiespältigkeit, jener innere Widerspruch erfahren, der auf eine eigene Entscheidung zudrängt und so das Leben nicht mehr unmittelbar, sondern frei und selbstbewußt, also geistig, in Bewegung hält. Der Widerspruch, der mit der Reflexion gegeben ist, ist Grundlage für sowohl das Tragische wie das Komische, sie unterscheiden sich nur durch das Verhältnis zu dieser Widerspruchserfahrung. Das Komische versucht, sie nicht ernst zu nehmen, während das Tragische sich mit aller Leidenschaft diesem Widerspruch zu stellen

---

[602] "(...) d.h. sozusagen komischen Dichtern, welche nicht mit Bestimmtheit wissen, ob sie Tragiker oder Komiker sein wollen, und daher keines von beiden sind, denn ohne Leidenschaft kein Dichter, auch kein komischer" (StLW, 436; vgl. 440).

versucht. Das Komische will sich über den Ernst der Wirklichkeit erheben und schwebt, wie die Metaphysik, in einer interesselosen Eigenwelt. Hierin liegt aber auch die Möglichkeit, in gelassener Freiheit der Lebenswelt gegenüberzutreten. Diese positive Funktion der "metaphysische(n) Uninteressiertheit" will Taciturnus in seine Lebenshaltung integrieren. In der Einheit beider Haltungen sieht Taciturnus die Möglichkeit einer gelassenen, in sich beruhigten Leidenschaft als höchster menschlicher Möglichkeit *vor* der religiösen Leidenschaft, wie wir noch sehen werden. "Das Tragische hat das Interesse der Wirklichkeit, das Komische die metaphysische Uninteressiertheit, das Experiment aber liegt in der unsichtbaren Einheit von Scherz und Ernst" (StLW, 475). Die Einheit des Tragischen und des Komischen ist in diesem Sinne für ihn "das unendliche sich um sich selbst Kümmern im griechischen Sinne" (StLW, 517), in ihr "gipfelt das Heidentum" (StLW, 449).[603]

Die Psychologie dient Taciturnus dazu, das Religiöse als Erfüllung des Ästhetischen zu bestimmen, sie erfaßt mit der Kategorie der Einheit des Tragischen und des Komischen jene Haltung, auf der die höhere Leidenschaft des Glaubens aufbaut. Durch die psychologische Darstellung der inneren Dialektik einer Leidenschaft wird der Übergang vom ästhetischen zum religiösen Selbstverständnis faßbar: "die letzte Grenzscheide zwischen dem Aesthetischen und dem Religiösen liegt im Psychologischen" (StLW, 475). Es fällt auf, daß in dieser Bestimmung ästhetisches und religiöses Leben in ein direktes Verhältnis zueinander gesetzt werden, scheinbar ohne die Frage einer ethischen Kritik des Ästhetischen sowie des Scheiterns des Ethischen, wie es in den vorhergehenden pseudonymen Schriften diskutiert wurde, zu berücksichtigen. Doch dieser Eindruck trügt. Taciturnus gründet sein Experiment ausdrücklich auf einer Anschauung von den drei Stadien des menschlichen Lebens, des ästhetischen, ethischen und religiösen, die hier zum erstenmal im Werk Kierkegaards als solche schematisch vorgestellt werden (vgl. StLW, 507). Das Ethische wird hierbei als "Durchgangssphäre" bezeichnet und das Religiöse als die "Erfüllung". In dieser Gewichtung wird schon deutlich, in welcher Weise hiermit der Gedankengang der Pseudonyme fortgeführt wird. Der Übergangscharakter des Ethischen wird im Experiment dadurch besonders akzentuiert, daß das Ethische nicht in seinem eigenen

---

[603] Gedacht ist hierbei an Sokrates, wie man Quidams Tagebuch entnehmen kann: "Im Grunde ist Ernst auch nichts Einfaches, nicht ein Symplex, sondern ein Kompositum, denn der wahre Ernst ist die Einheit von Scherz und Ernst. Hiervon überzeuge ich mich am besten, indem ich Sokrates betrachte. Wenn man recht sinnreich gemäß einer der Auffassungen Platos Sokrates zur Einheit des Komischen und des Tragischen werden läßt, so ist dies ganz richtig; die Frage aber ist, worin die Einheit liegt. Von einer neuen Dichtungsart und anderem dergleichen kann gar nicht die Rede sein; nein, die Einheit liegt im Ernst. So ist denn Sokrates der ernsthafteste Mann in ganz Griechenland gewesen. Seine Geistigkeit hat in einem absoluten Verhältnis zum Ethischen an ihm gestanden (...); sein Sinn für Komik ist ebenso groß gewesen wie sein ethisches Pathos, darum war er davor sicher, in seinem Pathos selber närrisch zu werden; sein Ernst ist verhüllt gewesen in Scherz, darum war er in ihm frei und bedurfte zum Ernstwerden nicht der mindesten äußeren Unterstützung, etwas, das stets ein gegen den spezifischen Wert des Ernstes sprechendes Anzeichen ist." (StLW, 388 f.). Vgl. zu dieser Stelle Glenn (1970), 50 f.; Theunissen (1958), 67 ff.

Geltungsanspruch zu Wort kommt, sondern psychologisch als innere Dialektik der Unmittelbarkeit gedeutet wird. Die "unendliche Reflexion" ist hier ethisch zu verstehen als "Reue", die den Konflikt zwischen ästhetischem Glücksanspruch und ethischem Versagen über sich selbst hinaustreibt zur religiösen Leidenschaft. Die Psychologie, die als "Grenzscheide" zwischen dem Ästhetischen und dem Religiösen fungieren soll, nimmt gerade die mit dem Ethischen gegebenen Schwierigkeiten in den Blick. Diese begründen die Zweideutigkeit, die innere Dialektik der Leidenschaft, die das Ästhetische ins Religiöse zu wandeln vermögen. So erläutert Taciturnus die Anlage seines Experimentes stadienlogisch:

"Die Stadien sind folgendermaßen angelegt: eine aesthetisch-ethische Lebensanschauung in Illusion mit der aufdämmernden Möglichkeit des Religiösen; eine ethische Lebensanschauung, die ihn richtet; er sinkt in sich selbst zurück, und er ist da, wo ich ihn haben will." (StLW, 464).

Mit der unendlichen Reflexion der Reue tritt im psychologischen Experiment die Schuld als jenes Zweideutige hervor, auf das sich die Reflexion richtet. Daß die Schuld zweideutig begriffen wird, ist hierbei der besondere psychologische Blick auf das Ethische, denn für das ethische Selbstverständnis ist die Schuld eindeutig, und wir sahen, wie Quidam sich ja gerade um diese Eindeutigkeit bemüht, ohne sie jedoch zu erreichen. Nur wenn das Schuldbewußtsein zweideutig bleibt, kann das Tragische als innerer, psychischer Konflikt dargestellt werden, wie es das Experiment beabsichtigt.

In der Tragik einer zweideutigen Schuld liegt für den Frater der psychologische Grund für eine über das Ethische hinausgehende Leidenschaft. Damit ist nochmals die Differenz des psychologischen Experimentes zur tragischen Dichtung präzisiert, denn diese versteht das Tragische nicht von der Schuld her, sondern äußerlich als Schicksalskonflikt: "deshalb kommen die Hindernisse von außen, und das Tragische liegt eben darin, daß diese die Macht haben, in gewissem Sinne über die Unendlichkeit der Unmittelbarkeit zu siegen" (StLW, 440 f.).

In der Tragödie wird der tragische Ernst durch eine Konstellation äußerer Ereignisse heraufbeschworen, was Taciturnus auch so ausdrückt: "Daß das Tragische stärker zum Geschichtlichen hindrängt als das Komische" (StLW, 466). Während es beim komischen Effekt nur um die Widersprüchlichkeit einer Situation geht, die an sich beliebig sein kann[604], muß der tragische Held in eine bedeutsame Wirklichkeit eingefügt werden, damit sein Scheitern als Größe verstehbar wird.[605] Aber die Bedeutsamkeit einer Situation ergibt sich nur aus einer Idee, nicht aus den Ereignissen als solchen, die Dichtung muß daher "das Geschichtliche in die Idealität auflösen können" (StLW, 468), es

---

[604] "(D)as Komische liegt in dem Mißverhältnis zwischen einer eingebildeten Möglichkeit und der Wirklichkeit" (StLW, 502).
[605] "(...) in dem nach der stoischen Tragödie geformten heroischen Trauerspiel, das im deutschen und französischen Barock die selbstverständliche Tragödie war und in dem die Geschichte von Königen, von Helden und Märtyrern den Gegenstand der Tragödie ausmachte, wäre Kierkegaards kritisierter Adressat zu finden. Dann aber hätte er Lessing ganz und gar auf seiner Seite gehabt. Denn gegen diese historischen oder religiösen Schauerdramen entwickelte Lessing sein 'bürgerliches Trauerspiel'" (Bormann (1980), 15).

von einem ethischen Standpunkt aus vorstellen. Das Ethische entzieht sich jedoch der äußerlichen Darstellbarkeit. Die ästhetische Vorstellung von Größe durch Einbettung in realistisch-geschichtliche Konfliktsituationen ist für Taciturnus nur die Überdeckung der dichterischen Unmöglichkeit, den Ernst einer ethischen Entscheidung und damit den Grund wahrer Tragik darzustellen. Die Entscheidung ist nämlich nicht äußerlich sichtbar, sie vollzieht sich "mit unendlicher Geschwindigkeit".

"Dies ließe sich nun nicht darstellen, am allerwenigsten in 5 Akten, und darum hat man das Aesthetische und das Ethische kombiniert. Man hat den ethischen Gesamtgedanken bewahrt und die unendliche Geschwindigkeit mittels aesthetischer Kategorien (des Schicksals - des Zufalls) verlangsamt, und nun im ethischen Gesamtgedanken am Schluß eine Weltordnung gesehen, eine Lenkung, die Vorsehung. Dies Ergebnis ist aesthetisch-ethisch, und kann darum in einem gewissen Maße im Äußeren aufgewiesen werden." (StLW, 470 f.).[606]

---

[606] C. v. Bormann (1980), 12 ff., untersucht die Nähe Kierkegaards zu Lessings Tragödientheorie, die sich gerade in diesem Abschnitt der *Stadien* zeige. Anders als in der Tragikabhandlung des Ästhetikers in *Entweder/Oder*, die von der Hegelschen Tragödientheorie geprägt sei, trete in den *Stadien* deutlich die Beschäftigung Kierkegaards mit der "Hamburgischen Dramaturgie" Lessings hervor, die in Lessing auf Aristoteles zurückgreift. Darin folgt ihm Kierkegaard in den *Stadien*. Dies gilt nicht nur für die Verhältnisbestimmung von Tragödie und Geschichte, sondern auch für die Anknüpfung an der Katharsistheorie des Aristoteles, worauf wir noch zu sprechen kommen. Jedoch sei Kierkegaards Verständnis des Tragischen von der inneren Problematik des modernen Menschen gekennzeichnet, die Lessings Theorie noch fremd war. Bei Lessing gebe es noch ein "Vertrauen in eine metaphysisch geordnete Welt" (19). Bei aller Nähe zu Lessing denke Kierkegaard "mit einer anderen Auffassung über das Verhältnis des Menschen zu solchen Mächten, welche die tragische Dichtung tragen und in ihr zum Ausdruck kommen; nämlich als Beispiele einer unerhörten Lebensgeschichte, wie sie sich im Mythos und in der Geschichte zeigen als Verstricktsein des Menschen in Schicksale, die seine Kräfte übersteigen. Für den modernen Menschen, der seine Existenzbedingungen durchsichtig zu sich bringen soll, gibt es nach Kierkegaard nicht mehr das Glück des tragischen Trostes (...), sondern er ist auf sich selbst zurückgeworfen, auf seine Verzweiflung oder seine Reue. Die Analogie zum Tragischen liegt im Verstricktsein der Existenz" (139). Bormann faßt seinen Vergleich von Lessings und Kierkegaards Sicht der Tragödie mit folgenden Sätzen zusammen:
"Die Nähe von Lessing (und Aristoteles) zu Kierkegaard zeigt sich in demselben Ausgesetztsein des Menschen in seiner Endlichkeit, in seinem unschuldigen Schuldigsein. Die Distanz wird darin offenbar, daß dies nicht mehr im Beispiel allgemein angeschaut und verstanden werden kann, sondern daß die tragische Schuld oder auch nur die Voraussetzung, die den Menschen zur Ausnahme macht, bei Kierkegaard den Menschen in eine dämonische Verschlossenheit bannt oder ihn nur kraft eines paradoxen Glaubens - also eben nicht für die allgemeine Einsicht bestimmt - offenbar werden läßt; diesem Kierkegaardschen Menschen fehlt jene metaphysische 'Zwischenbestimmung', die den tragischen Helden rettet'. Ihre 'Zwischenbestimmung' ist die der Angst, die zwar verwandt ist mit dem tragischen Phobos, deren Bühne aber im Innern ist (...) Mythos und Geschichte sind ins Innere des Menschen verlegt. Darum ist für Kierkegaard die Tragödie vorbei, nicht aber das Thema des Tragischen: die Konflikte reflektieren sich jetzt im Innern der Individualität. An einem Punkt aber beruft sich Kierkegaard für seine Überlegungen über das Tragische ausdrücklich auf Lessing, weiß er sich mit ihm einig: in der Unangemessenheit von Tragödie und christlichem Glauben." (19 f.).
Zum Verhältnis von Tragik und Geschichte vgl. auch Valls (1980), 260 ff.

Der Schicksalsbegriff tritt hier als rein äußerlich-ästhetische Bestimmung einem wahren Verständnis des Tragischen, das sich aus einer ethischen Zweideutigkeit ergibt, gegenüber. Anders als im *Begriff Angst* ist das Schicksal selbst nicht mehr zweideutig, weil es hier bloß im Sinne des äußeren Widerfahrnis, nicht aber als Selbstprojektion der Angst verstanden wird. Es ist identisch mit dem Zufälligen und nicht die Einheit von Zufälligkeit und Notwendigkeit. Die dialektische Zweideutigkeit ergibt sich erst in der Zusammensetzung von schicksalhaften Ereignissen mit ethischem Anspruch und menschlicher Größe und zeigt das Schwierige ethischer Entscheidungen in den konkreten Lebensumständen. Für das Ethische ist das Schicksal eine zweideutige Kategorie, weil mit ihm ein unethischer Widerstand in den ethischen Bereich hineingetragen wird. Das Ethische wird von seinen Auswirkungen auf Glück oder Unglück des Lebens aus betrachtet, und dies ist für Taciturnus eine ästhetische Perspektive. Die "Verlangsamung" der ethischen Entscheidung in der tragischen Dichtung besteht also darin, die lebensweltlichen Zusammenhänge eines Handelns darzustellen, das an sich selbst unabhängig von diesen seine Gültigkeit haben soll. Und die ethische Perspektive des Ganzen soll letztendlich gewahrt werden durch eine religiöse Integration des Zufälligen in eine vorgängige, sinnvolle Ordnung, der Vorsehung, die hier also eine ästhetische Funktion zu übernehmen hat: die Darstellbarkeit einer ethischen Sinnganzheit als Verständnishorizont des Tragischen zu gewährleisten.

Doch Taciturnus sieht in dieser ästhetisch-ethischen Grundlage tragischer Dichtung "eine Mißlichkeit", eine Unstimmigkeit, die zur Aufhebung der äußerlichen Sicht des Tragischen in ein höheres Verständnis führt. Indem das Ethische den Bedeutungsgehalt der tragischen Geschichte grundlegen soll, wendet sich der Sinn des Ethischen von der Äußerlichkeit der Handlung fort zur Innerlichkeit der Schuldfrage.

"Das Ethische fragt nur nach Schuldig oder Nichtschuldig, ist selber Manns genug, um mit den Menschen abzurechnen, bedarf keines Äußerlichen und Sichtbaren, geschweige einer solchen dialektischen Zweideutigkeit wie Schicksal oder Zufall (...) Dies bedeutet, daß das Ethische sich geschieden zu sehen wünscht vom Aesthetischen und von jener Äußerlichkeit, welche des Aesthetischen Unvollkommenheit ist, es begehrt danach, eine herrlichere Verbindung einzugehen, nämlich die mit dem Religiösen. Das Religiöse spielt nun, jedoch als das Höhere, die gleiche Rolle wie das Aesthetische, es streckt die unendliche Geschwindigkeit des Ethischen in die Länge und die Entwicklung geht vor sich; indes die Bühne ist im Innern (...) Das Äußere tut nichts ab, nichts zu - und das Ergebnis ist erstens in dem Inneren und zweitens fort und fort vertagt." (StLW, 471).

Wozu bedarf das Ethische des Religiösen, um sich aus der Ästhetisierung zu befreien? Weil es einer neuen Haltung gegenüber den (tragischen) Lebensumständen bedarf, um diese nicht mehr über das eigene Leben entscheiden zu lassen. Das Ethische ist für Taciturnus an sich völlig unabhängig von äußerlichen Bedingungen. Wenn es nun aber von diesen aus in den Blick genommen wird, wenn der Mensch in seiner konkreten Situation nach der realen Möglichkeit ethischen Lebens fragt, so müssen die Lebensumstände als zufällige Gegebenheiten angenommen werden, ohne sich innerlich davon abhängig zu machen. Dies ist für den Frater kein rein ethischer, sondern ein religiöser Akt, der eine Grundhaltung zur Gesamtwirklichkeit konstituiert. Die religiöse Haltung besteht darin, das Äußere, die Lebensumstände "in die Indifferenz zu setzen und sich selbst zurückzunehmen" (StLW, 471), somit die eigene Entscheidung mit jeder Wirklichkeit kommensurabel zu machen. Doch damit wird das Verhältnis zur Wirklichkeit zu einer die ethische Innerlichkeit fundierenden Grundentscheidung, die immer wieder im Blick auf die konkreten Lebensumstände zu vollziehen ist. Das Erlangen der Indifferenz als Voraussetzung ethischen Handelns ist die innere Geschichte, die wiederum die ethische Entscheidung "verlangsamt". In der Sphäre dieser ethisch-religiösen Reflexion ist das Tragische des psychologischen Experimentes angelegt. Es ergibt sich, wenn der Mensch im Versuch der Verinnerlichung stecken bleibt und nicht zu einer wahren Freiheit gegenüber den Lebensumständen gelangt. Dies kennzeichnet die "dämonische Religiösität" des Quidam.

Wenn wir das Problem des Zusammenhangs von ethischer Entscheidung und konkreter Lebenswirklichkeit noch einmal von der pseudonymen Diskussion des Ethischen aus betrachten, so zeigt sich, daß der Gerichtsrat Wilhelm die Annahme der eigenen Wirklichkeit als Voraussetzung ethischen Handelns selbst als ethischen Vollzug darstellte. Das Selbst verwirklicht sich nur in der Doppelbewegung von absoluter Wahl und Wahl der Endlichkeit. Das Gelingen dieser konkreten Selbstwahl und damit der ästhetischen Erfüllung ethischen Lebens war bei ihm jedoch gegründet in religiösen Harmonievorstellungen, die von den folgenden Pseudonymen in Frage gestellt wurden. Constantin Constantius und Johannes de Silentio thematisierten Ausnahmeexistenzen, für die die Vermittlung von Ethik und Lebenswelt unmöglich geworden war. Als Ausweg ergab sich bei beiden nur ein religiöses Selbstverständnis, das in der *Wiederholung* nur angedeutet, in *Furcht und Zittern* ausführlich an der Gestalt Abrahams verdeutlicht wurde. Eine Verbindung von absoluter Pflicht und ästhetischem Lebensanspruch gibt es für ihn nur als Doppelbewegung eines Glaubens "in kraft des Absurden". Seine "unendliche Resignation" ist gleichbedeutend mit der von Taciturnus gemeinten Indifferentsetzung des Äußeren, und in ihr wird Abraham frei, "die Endlichkeit" zu wählen, "für das Leben" (FuZ, 18) zu glauben. Erst darin verwirklicht sich das religiöse Verhältnis zur Wirklichkeit: "Die Zeitlichkeit, die Endlichkeit ist es, um die sich alles dreht." (FuZ, 51).

So kämpft auch Quidam, die religiöse Ausnahmeexistenz des psychologischen Experimentes, "mit jener wachsamen Feindin" - "der Zeit" (FuZ, 16f.), doch anders als Abraham ist er kein religiöser Held, da sein Kampf nicht vom Glauben getragen wird. Er bleibt in diesem Kampf der Reflexion stecken, und darin liegt die tragische Zweideutigkeit seiner Religiösität:

"Es ist doch anstrengend, nahezu über meine Kräfte, die Seele auf dem Gipfel des Entschlusses zu halten. (...) Es ist nur ein Augenblick. O daß diese Augenblicke verkürzt werden möchten! O daß ich nicht fehlgreife! Wofern ich in diesem beinahe übernatürlichen Zustande nicht eine Wirklichkeit ergreife, wofern diese Übersteigerung sich im Dienst einer neuen Reflexion wider mich selber kehrt, so bin ich entkräftet, vielleicht zunichte gemacht für immer. O Zeit, Zeit, wie schrecklich ist es, mit dir im Zwist zu sein." (StLW, 219).

"Ist gleich der Orakelsprüche Zeit schon lang entschwunden, es gibt doch ein Ding, davon der einfältigste und tiefsinnigste Mensch, wenn sie davon reden, rätselhaft sprechen müssen, und das ist: die Zeit. Unleugbar ist es doch das schwerste Rätsel (und soll denn auch die höchste Weisheit sein), wie man sein Leben einrichten kann, als ob der Tag heute der letzte Tag, an dem man lebe sei, und zugleich der erste in einer Reihe von Jahren." (StLW, 408).

Quidam ist nicht nur "wesentlich Selbstdenker" (StLW, 460), sondern er hat auch "etwas von einem Selbstquäler" (StLW, 502 f.). Während in ersterem seine Überreflektiertheit zum Ausdruck kommt, durch die ihm alle Leidenschaft dialektisch wird, ergibt sich das Selbstquälerische aus der Leidenschaft, mit der er die innere Widersprüchlichkeit als seine Aufgabe zu ergreifen versucht. Da ihm jedoch auch diese Leidenschaft in der Reflexion zweideutig wird und er sich somit gar nicht zu einer leidenschaftlichen Entscheidung durchringen kann, hat sein Versuch etwas Selbstquälerisches an sich, denn das Selbstquälerische "liegt auf dem halben Wege" (StLW, 501). Aus dieser doppelten Spannung von Reflexion und Leidenschaft ergibt sich die gestufte Anlage des Experimentes, das 1. die Leidensgeschichte des Quidam als Einheit des Tragischen und des Komischen und 2. den scheiternden Versuch eines religiösen Selbstverhältnisses aus dieser Dialektik heraus darstellen will. Dem entspricht prinzipiell die Aufteilung in morgendliches und mitternächtliches Tagebuch. Während sich das Tragisch-Komische aus der Reflektiertheit des Liebesverhältnisses ergibt, zeigt sich das Selbstquälerische vor allem in der dämonischen Reue, in der Quidam mit seiner inneren Zerrissenheit religiös ins Reine zu kommen versucht. Bedeutsam ist, daß Taciturnus die religiöse Leidenschaft als Selbstverhältnis des dialektischen Spannungsverhältnissen deutet, wie wir nun sehen werden, was strukturell dem synthetischen Verständnis des Selbst bei Vigilius Haufniensis und Anti-Climacus entspricht.

Die Dialektik des Tragisch-Komischen in der Liebesgeschichte des Quidam zeigt sich für Taciturnus vor allem im "Mißverständnis" der beiden Liebenden, über das Quidam in seinen Tagebüchern ausführlich reflektiert.[607] Um psychologisch bedeutsam zu sein, muß sich dieses Mißverständnis aus einer inneren Widersprüchlichkeit des Verhältnisses ergeben, womit der Frater sein Experiment wiederum gegenüber der Dichtung abgrenzt, für die sich das Mißverständnis nur als "fatale Begebenheit", als "ein rätselhaftes Widerfahrnis" (StLW, 444) einstellen kann. Für das Experiment dagegen gilt, daß sich der gemeinsame Wille zum Sich-Verstehen nicht realisieren läßt, weil die Persönlichkeiten zu unterschiedlich konstituiert sind.

---

[607] Vgl. StLW, 238. 257. 322. 339. 377. 397; Frater Taciturnus' Deutung des Mißverständnisses findet sich 443 ff.

"Das Mißverständnis ist nun überall, wo man das Ungleichartige zusammenbringt, jedoch wohl zu merken ein Ungleichartiges von der Art, daß von einem Verhältnis die Rede sein kann; denn ansonst *ist* das Mißverständnis nicht. Darum kann man sagen, daß dem Mißverstehen ein Sichverstehen zugrunde liegt, will heißen die Möglichkeit eines Sichverstehens. (...) Liegt nämlich das Mißverständnis in dem Verhältnis selber, welches das Ungleichartige zueinander hat, so ist das Verhältnis dialektisch und das Mißverständnis ebenso komisch wie tragisch. Ist es hingegen ein Drittes außerhalb, welches die Zwei im Mißverständnis scheidet, so sind die Zwei aufs Wesentliche gesehen nicht Mißverstehende sondern Verstehende, und das sieht man, wenn das Dritte außerhalb fortgenommen wird." (StLW, 443 f.) Auf die konkrete Beziehung des Experimentes angewandt bedeutet dies:

"Das verbindende Wort in ihrem Sichmißverstehen ist, daß sie einander lieben, bei ihrer Ungleichartigkeit aber muß diese Leidenschaft sich wesentlich verschieden ausdrücken, und somit muß das Mißverständnis nicht von außen her zwischen sie treten, sondern in dem zwischen ihnen bestehenden Verhältnis selber sich entwickeln. Das Tragische ist, daß zwei Liebende einander nicht verstehen, das Komische ist, daß zwei, die einander nicht verstehen, sich lieben." (StLW, 448).

Das Mißverständnis gründet darin, daß Quidam eine reflektierte Persönlichkeit, "in der Potenz des Geistes" ist, während seine Geliebte nur "in aesthetischen Kategorien" lebt (StLW, 447). Die Reflexion ist jedoch nicht nur ein Pol des Mißverhältnisses, sondern dieses gründet selbst in der Reflektiertheit, denn erst durch sie kann die unmittelbare Verliebtheit gegensätzlich erfahren werden. Daher kann nur Quidam, nicht jedoch seine Geliebte, sich der wahren Bedeutung des Mißverhältnisses bewußt sein, es in seiner tragisch-komischen Zweideutigkeit erfassen, wie Taciturnus ausdrücklich hervorhebt. Das Besondere an der Person des Quidam ist nun, das ihm dieses Wissen um das Tragisch-Komische seiner Liebe zum Stachel seiner Leidenschaft wird, an der sie sich immer mehr steigert. Dies ist der Beginn seiner religiösen Leidenschaft.

Taciturnus unterscheidet zwei mögliche Weisen, sich zu der Zweideutigkeit des Tragisch-Komischen zu verhalten: 1. indem man es komisch und d.h. leidenschaftslos gelassen nimmt; oder 2. indem man es leidenschaftlich ernst und damit tragisch versteht:

"Nehme ich nun die Leidenschaft fort, so wird das Ganze eine ironische Situation mit griechischer Heiterkeit, setze ich die Leidenschaft, so ist die Situation wesentlich tragisch; betrachte ich sie, so sage ich, sie ist zugleich komisch und tragisch. Die Heldin vermag sie natürlich auf die Art nicht zu sehn, dazu ist sie zu unmittelbar. (...) Der Held ist freilich sogleich darauf aufmerksam, daß das Komische vorhanden ist, was ihn davor bewahrt, komisch zu werden, er kann das Verhältnis jedoch nicht so sehen, wie ich es sehe als der, welcher experimentierend den Plan des Ganzen entworfen hat. Dies kommt daher, daß er in Leidenschaft ist, und das Maß seiner Leidenschaft wird am besten darin sichtbar, daß er sich am Erblicken des Komischen pathetisch stärkt." (StLW, 448).

Quidam ist dadurch tragisch, daß er sich zu seiner zweideutigen Liebe leidenschaftlich verhält. Dies ist eine tragische Leidenschaft in zweiter Potenz, insofern er sich das Tragisch-Komische des Verhältnisses tragisch anzueignen versucht. Dieses leidenschaftliche Sich-zu-sich-Verhalten der in sich dialektischen Leidenschaft begründet für Taciturnus das religiöse Selbstverständnis. Das Religiöse ist die höhere Leidenschaft als Sich-Durchsichtigwerden der Unmittelbarkeit. Jedoch gilt für Quidam, daß er am Beginn dieses Prozesses steht und stehen bleibt und so gerade nicht zur religiösen Durchsichtigkeit seiner selbst gelangt. Genauer betrachtet liegt der Mangel seiner tragischen Leidenschaft gegenüber dem Religiösen darin, daß er das Komische seiner Geschichte nicht anzunehmen vermag, sondern es nur als Anreiz zu noch stärkerer Leidenschaft auffassen kann. Ihm fehlt die Ausgeglichenheit der Einheit des Tragischen und des Komischen, von der aus sich die wahre religiöse Leidenschaft als "Erfüllung" des Lebens erst entfalten kann.

"Er sieht das Komische und stärkt sich damit für das Tragische. Dies insbesondere beschäftigt mich, denn dadurch wird das Religiöse beleuchtet. In jener Geistesstärke, welche in dem Gleichen zugleich das Komische und das Tragische sieht, gipfelt das Heidentum. In der höheren Leidenschaft, welche von dieser Einheit her das Tragische erwählt, hebt das Religiöse an, will heißen jene Religiosität, für welche die Unmittelbarkeit vorüber ist (...) Das Unglück meines Ritters ist, daß er, bei dem notwendigen Sichzusammenfassen im Religiösen, auf dem äußersten Punkte dialektisch wird; (...) er wird nicht etwa dialektisch, indem er von dem Komischen und dem Tragischen her die tragische höhere Leidenschaft greift, denn alsdenn hätte ich ihn ganz und gar nicht brauchen können, sondern er wird dialektisch in dem letzten Ausdruck dieser Leidenschaft selber (...); allda liegt eben eine Bestimmung dämonischer Annäherung an das Religiöse." (StLW, 449 f.).

2.4.2.2. Die religiöse Erfüllung im Wagnis des eigenen Lebens

Um zu verstehen, warum für Taciturnus das Religiöse die "Erfüllung" (StLW, 507) ist, muß gezeigt werden, in welcher Weise hier Lebensschwierigkeiten und Selbstidentität zusammengebunden werden in einer Widerspruchseinheit von Leid und Freude, Wagnis und Gelassenheit, Schuld und Vergebung. Das Tragische bezeichnet nur die eine Seite dieser Leidenschaft, während die Heiterkeit der Einheit des Tragischen und des Komischen sich durch den Verzicht auf Leidenschaft von der religiösen Erfüllung unterscheidet. Indem das Religiöse von dieser Einheit her sich selbst noch einmal leidenschaftlich ins Leben hineinbegibt, ist es eine Überhöhung des Tragischen. "Der religiöse Ernst ist wie das Religiöse die aus der Einheit des Komischen und des Tragischen hervorgehende höhere Leidenschaft." (StLW, 469).

Das Religiöse ist wie das Tragische gekennzeichnet durch ein leidenschaftliches Sich-Einlassen mit den Schwierigkeiten des Lebens. Daher bestimmt Taciturnus es als "Leiden" (vgl. StLW, 484 ff.), wobei der Grund des Leidens in der Innerlichkeit liegt. Wie für die Dichtung so hat auch im religiösen Leben nur dasjenige Leiden eine Bedeutung, das "im Verhältnis zur

Idee steht" (StLW, 488). Diese Idee ist für das religiöse Leiden das "Gottesverhältnis": "Das Leiden ist in dem Menschen selber, er ist kein aesthetischer Held und verhält sich zu Gott." Die religiöse Leidenschaft besteht darin, alle Lebensumstände von der unendlichen Bedeutung des eigenen Lebens her, die sich im Gottesverhältnis erschließt, ernst zu nehmen. Das Leiden ergibt sich schon aus der Differenz der Endlichkeit des Lebens zu der unendlichen Bedeutsamkeit. Von hier aus können dann auch natürliche Leiden, wie etwa Krankheiten, die von sich aus kein Verhältnis zur Idee haben, Teil des religiösen Leidens werden, weil dieses sich von der Innerlichkeit aus der Ganzheit des Lebens zuwendet. Das Religiöse ist somit wesentlich eine Bejahung der eigenen Wirklichkeit von der Idealität einer unendlichen Bedeutung aus.

"Diese Idealität ist somit keine illusorische Vorwegnahme, welche noch nicht die Wirklichkeit gesehen hat, sondern kommt hinter der Wirklichkeit her als ein Tun der Freiheit. Dies ist der Unterschied zwischen der aesthetischen und der religiösen Idealität. Die aesthetische Idealität ist höher als die Wirklichkeit vor der Wirklichkeit, mithin eine Illusion; die religiöse Idealität ist höher als die Wirklichkeit nach der Wirklichkeit, mithin kraft eines Gottesverhältnisses." (StLW, 450).

Als ein "Tun der Freiheit" ist das Religiöse jedoch keine bloß innerliche Beschaulichkeit, sondern die Leidenschaft, sich auf die eigene Wirklichkeit einzulassen, und dies bedeutet, sich den eigenen Möglichkeiten zuzuwenden. Da der Mensch als endlicher auch im Religiösen keine abschließende Sicherheit erhalten kann und somit immer ein Strebender bleibt, stellt sich die religiöse Leidenschaft als *Wagnis* des zerrissenen und widersprüchlichen Lebens dar, mit einer "Empfänglichkeit für das Schrecknis" (StLW, 394). Nicht Absicherung, sondern Lebensmut ist die Grundhaltung des Religiösen: "das Negative ist höher denn das Positive" (StLW, 472)!

"Für ein endliches Wesen, und dies ist der Mensch doch, so lange er in der Zeitlichkeit lebt (...), ist die negative Unendlichkeit das Höchste, und die positive eine mißliche Beruhigung. Eine Geistesexistenz, zumal die religiöse, ist nicht leicht; der Gläubige liegt fort und fort auf der Tiefe, hat siebzigtausend Faden Wassers unter sich. Wie lange er auch da draußen liege, dies bedeutet doch nicht, daß er so nach und nach dahin kommt, auf dem Land zu liegen und sich zu strecken. Er kann ruhiger werden, erfahrener, eine Sicherheit finden, welche den Scherz und Frohsinn liebt - bis zum letzten Augenblick jedoch liegt er auf einer Tiefe von siebzigtausend Faden Wassers." (StLW, 473 f.).

Doch nicht nur das Riskante des Glaubenslebens stellt Taciturnus heraus, sondern auch, daß darin die Erfüllung zu finden ist, eine Gesundung von der inneren Zerrissenheit. Dazu greift er auf die Katharsislehre der Aristotelischen Tragödientheorie zurück (vgl. StLW, 490 ff.), dergemäß die Tragödie "durch Furcht und Mitleid eine Reinigung solcher Leidenschaften"[608] erzielen soll. Wiederum grenzt Taciturnus sein Experiment von der Dichtung

---

[608] Vgl. Aristoteles, Poetik 49 b, 27.

ab, da die Tragödie eine Furcht vor dem Schicksal bewirken wolle, die religiöse Furcht sich jedoch auf das Schuldigsein richte.[609]

"Der Dichter will nicht, daß der Zuschauer fürchte, was der rohe Mensch fürchtet, und er lehrt ihn, das Schicksal zu fürchten und Mitleid mit dem zu haben, welcher unter demselben leidet, aber der Gegenstand muß groß sein und quantitativ in die Augen fallen. Der Religiöse hebt an anderer Stelle an, er will den Zuhörer lehren, das Schicksal nicht zu fürchten, sich nicht aufzuhalten durch Mitleid mit dem, welcher dem Schicksal zum Opfer fällt. (...) Aber nun spricht er: 'was du fürchten sollst, ist die Schuld, und dein Mitleid soll bei dem sein, der auf diese Art fällt, denn hier erst ist die Gefahr. Dein Mitleid darf jedoch nicht irre gehn, so daß du über dem andern Menschen dich selbst vergäßest.'" (StLW, 491 f.).

Das Schicksal soll in der Tragödie gegenüber den alltäglichen Leiden das Heroische des tragischen Leidens herausstellen und so die Menschen auf den großen Zusammenhang verweisen, in den ihrer aller Leben verwoben ist. Sich nach dieser Dimension auszurichten, nach menschlicher Größe zu streben, indem man sich dem größeren Ganzen anvertraut, darin liegt für Frater Taciturnus die Absicht der Tragödie. Dem stellt er ausdrücklich die religiöse Katharsis gegenüber als Befreiung des einzelnen zu sich selbst durch das Gottesverhältnis.

"Die aesthetische Heilung besteht darin, daß der einzelne Mensch, indem er sich in das aesthetische Schwindligwerden hineinstarrt, sich selber entschwindet, gleich einem Atom, einem Staubkörnchen, das mit in den Kauf geht, in das, was aller Menschen, was der Menschheit gesamtes Los ist, ja, entschwindet in der Sphärenharmonie des Daseins als unendlich kleiner Bruchteil eines mitschwingenden Tons. Die religiöse Haltung besteht umgekehrt darin, die Welt und Jahrhunderte und Generationen und Millionen von Zeitgenossen in ein Entschwindendes zu verwandeln, Jauchzen und Beifall und aesthetische Heldenehre in eine störende Zerstreuung und das Fertigsein in einen gaukelnden Sinnentrug, so daß das einzig Übrigbleibende der einzelne Mensch selber ist, ja, dieser bestimmte einzelne Mensch, der unter der Bestimmung: schuldig - nicht schuldig in sein Gottesverhältnis eingesetzt ist." (StLW, 492 f.).

Die religiöse Katharsis ist somit eine Befreiung von Schicksalsangst und individuellem Nichtigkeitsgefühl durch das Ernstnehmen der Verantwortung für das eigene Leben, das durch das Gottesverhältnis unendliche Bedeutung erlangt. Doch ist damit noch nicht die Erfüllung des Religiösen bezeichnet, denn im Gottesverhältnis wird der Mensch nicht nur *zur* Furcht vor der Schuld befreit, sondern auch *von* ihr, d.h. von der dämonischen Verschlossenheit in der Reue, wie sie an Quidam dargestellt wurde. Die wahre Bedeutung der religiösen Leidenschaft tritt erst zutage, wenn sie von der

---

[609] Johansen (1976), der Frater Taciturnus' Überlegungen als eine Fortsetzung der Gedanken des Ästhetikers zum Tragischen liest (vgl. 141), weist darauf hin, daß gerade bei dem beiden gemeinsamen Rückbezug auf Aristoteles' Tragödientheorie ein Unterschied zwischen ihnen deutlich werde, insofern Taciturnus die Katharsis von der Schuld her bestimme, während A in ästhetischen Bestimmungen verbleibe (vgl. 145).

"Selbstquälerei" unterschieden wird (vgl. StLW, 495 ff.). Die Gefahr der Selbstquälerei ist für den religiösen Menschen groß, da seine Leiden in ihm selbst gründen. Was einen wahrhaft religiösen Menschen von einem Selbstquäler, somit von dämonischer Religiosität unterscheidet, ist die Zuversicht, mit der er sich der eigenen Verantwortung stellt. Erst in dieser Zuversicht kann das Lebenswagnis vollzogen werden, während der Selbstquäler "auf dem halbem Wege" stehenbleibt (StLW, 501). Die "Erfüllung" religiösen Lebens ist gekennzeichnet durch den Widerspruch: "zugleich auf 70000 Faden Wassers zu liegen und dennoch fröhlich zu sein" (StLW, 507)!

Das religiöse Wagnis muß daher bei aller Leidenschaft auch das Moment der heiteren Gelassenheit in sich enthalten, das sich in der Einheit des Tragischen und des Komischen ausdrückt. Deshalb baut die religiöse Leidenschaft auf dieser Einheit auf. Der ethische Ernst ist "bloß Durchgangssphäre" (StLW, 507) auf dem Weg zum religiösen Ernst als Einheit von Scherz und Ernst. So lautet die letzte Einsicht des Fraters in die Bedeutung des Religiösen:

"*Nichts bereuen ist die höchste Weisheit*" - "oder, wenn man ein andres Wort gebrauchen will, welches vielleicht nicht derart ethisch störend wirkt, nichts zu bedauern". "Der Grundsatz hat dann den Sinn: fort und fort die Brücke des Vergangenen hinter sich abzubrechen, um fort und fort im Augenblick handeln zu können." (StLW, 505).

Die religiöse Leidenschaft ist ein "Tun der Freiheit", sie richtet sich mit aller Entschiedenheit auf die eigene Zukunft, trotz aller Schwierigkeiten, die die Wirklichkeit bereithält. Wagen zu können, bedeutet, das Vergangene, auch die vergangene Schuld, loslassen zu können. Die Reue, die einen Menschen erst auf seine eigene Verantwortung aufmerksam macht, enthält die Gefahr der selbstquälerischen Gebundenheit an die Schuld, wie im psychologischen Experiment deutlich wurde. Daher berührt die "höchste Weisheit" des "nichts bereuen" einen Kern religiöser Freiheit: "die Sündenvergebung", die Taciturnus als Möglichkeit neuer Unmittelbarkeit anspricht (vgl. StLW, 511 ff.). Jedoch wendet er sich dieser Thematik nicht eigentlich zu, sie bezeichnet nur die Verständnisgrenze, an die er mit seinem Experiment gekommen ist. Ihm selbst bleibt, wie er öfters betont, das Religiöse unbegreiflich, er weiß nicht, woher jene höhere Leidenschaft kommt, die über die heitere Gelassenheit hinauszugehen vermag. Sein Standpunkt ist der der "Einheit des Tragischen und des Komischen", und darüber hinaus vermag er nicht zu gehen. Und er gibt auch genau die Grenze an, die das religiöse Selbstverständnis von seinem scheidet: eine völlige Durchsichtigkeit des eigenen Lebens, ein sich in allem, in jeder Zufälligkeit verantwortlich und zugleich versöhnt Wissen, dies beinhalte der Glaube an die Sündenvergebung, während er selbst sich nur an das Wissen um die tragisch-komische Zweideutigkeit des Lebens halten könne.[610]

---

[610] Glenn (1970), 52 f., meint, daß diese Sicht für den Menschen des 20. Jahrhunderts anziehend wirke, für Kierkegaard selbst aber nur eine vorletzte (penultimate) Wahrheit sei. Der christliche Ernst des Sündenbewußtseins weise über die humoristische Lebenssicht hinaus. Dennoch könne man nicht sagen, daß Kierkegaard die menschliche Existenz als letztlich tragische verstehe, da er an Vergebung und Erlösung glaube.

"Was an der Sündenvergebung das Schwierige ist, (...) das besteht darin, sich dermaßen durchsichtig zu werden, daß man weiß, man existiere an keinem einzigen Punkt in Kraft von Unmittelbarkeit, ja sogar dermaßen, daß man ein andrer Mensch geworden ist, denn ansonst fällt Sündenvergebung mit meinem Standpunkt zusammen, mit der Einheit des Tragischen und des Komischen." (StLW, 513).

Frater Taciturnus stellt somit zwei Lebensanschauungen als höchste Formen menschlicher Selbstverwirklichung einander gegenüber: die heidnische Gelassenheit des Tragisch-Komischen und die christliche Leidenschaft der Einheit von Wagnis und Versöhntsein. Er selbst bezieht eindeutig Stellung, indem er sich mit der griechischen Gelassenheit bescheidet. Es ist nicht mehr eine tragische Lebenssicht, die der christlichen Religiosität gegenübergestellt wird, wie beim Ästhetiker A. Dessen positive Wertung der schicksalhaften Eingebundenheit des Menschen in umgreifende Zusammenhänge kann Taciturnus nicht teilen. Seine Antwort auf die Zerrissenheit des Lebens ist das Sich-Zurückziehen, die humoristische Gelassenheit. Damit ist zwar ein größeres Freiheitsbewußtsein erlangt, nämlich das der ironischen Distanz, aber es wird begleitet von einem Verlust an Lebensernst und -leidenschaft. Weitergehende Möglichkeiten sind für ihn nur Gegenstand psychologischer Beobachtung.[611]

"Experimentierend kann ich dies wohl verstehen, sonst aber nicht, denn ich bin nicht zur Ruhe gekommen in Leidenschaft, sondern in Leidenschaftslosigkeit." (StLW, 479).

2.5. Aufbruch ins Ungeahnte: Die Problematik des "Christ-Werdens" in den Climacus-Schriften

Unter dem Pseudonym Johannes Climacus veröffentlichte Kierkegaard zwei Schriften, in denen die Frage nach der christlichen Religiosität ausdrücklich in den Mittelpunkt gestellt wird: 1844, wenige Tage vor Veröffentlichung des *Begriff Angst*, die *Philosophischen Brocken*[612] und 1846 die *Abschließende Unwissenschaftliche Nachschrift zu den Philosophischen Brocken*[613]. Mit der umfangreichen *Unwissenschaftlichen Nachschrift* kommt die pseudonyme Schriftstellerei Kierkegaards als eine zusammenhängende Periode zum Abschluß.[614] So kommt ihr eine besondere Bedeutung im

---
[611] Holler (1981) bestimmt somit korrekt Frater Taciturnus' Sicht des Tragischen als "psychologisch" (vgl. 185 f.), wenn er jedoch als Hauptinhalt des so verstandenen Tragischen "das Mißverständnis" angibt, so hat er einen Aspekt in Taciturnus' Experiment zur Hauptsache erklärt und damit die Bedeutung der dämonischen Reue zu gering veranschlagt.
[612] Der vollständige Titel lautet: *Philosophische Brocken oder ein Bröckchen Philosophie*.
[613] Zu den Climacus-Schriften vgl. Dietz (1993), 375 ff.; Greve (1990), 238 ff.; Hauschildt (1982), 60 ff. 99 ff.; Malantschuk (1968), 235 ff. 268 ff.; Pieper (1968), 11-82. 116-145; Schäfer (1968); Scheier (1983); Thulstrup (1984).
[614] Spätere pseudonyme Schriften Kierkegaards, im wesentlichen die Anti-Climacus Schriften, gehören nicht mehr in diesen Abschnitt seines Werkes, den er später selbst als seine "ästhetische Schriftstellerei" (SüS, 27) bezeichnete. Auch die *Unwissenschaftliche Nachschrift* zählte er nicht mehr zu der ersten Folge der pseudonymen Werke, er sah in ihr einen

Gesamtwerk Kierkegaards zu, insofern in ihr zum einen das "Fragmal der gesamten Schriftstellerei", wie Kierkegaard es später deutet, das "Christ-Werden" (SüS, 27), thematisch wird und zum anderen von hier aus nochmals die pseudonyme Gedankenentwicklung rekapituliert wird.[615] Die *Unwissenschaftliche Nachschrift* durchdenkt wesentliche Grundbegriffe und Voraussetzungen der existentiellen Wirklichkeit und der Stadienlehre, die sich in der Gedankenentwicklung der pseudonymen Werke herausgebildet haben. Zusammen mit dem *Begriff Angst* bilden die Climacus-Schriften die Gruppe der, wie Greve formuliert[616], abstrakten Pseudonyme, die die in den konkreten Pseudonymen mittels der Gegenüberstellung konkreter Lebensanschauungen vorgeführten Probleme kategorial zu durchdenken versuchen. Sowohl im *Begriff Angst* als auch in den Climacus-Schriften wird hierbei der Gegensatz von heidnischem und christlichem Leben zur grundlegenden Bestimmung, wobei sich Vigilius Haufniensis insbesondere um die Darstellung der sündigen Unfreiheit bemüht, während Johannes Climacus das Christ-Werden in den Mittelpunkt rückt. Eins können sich die beiden Autoren dabei wissen, was die Möglichkeit einer Erkenntnis des Christlichen angeht: insofern sie sich nämlich einem systematisch-wissenschaftlichen Zugriff entzieht. Die von Vigilius in der Einleitung herausgearbeitete Wissenschaftskonzeption[617] wird durch Climacus' Analysen des paradoxen Glaubens ergänzt. Allerdings weichen die Schriften sowohl in methodischer als auch in thematischer Hinsicht stark voneinander ab, was gerade ihre einander ergänzende Stellung ermöglicht. Während Vigilius die christliche Dogmatik nur als Horizont seiner *psychologischen* Fragestellung zu erkennen gibt, geht es Climacus nicht um Psychologie, sondern um die christliche Wahrheit, genauer um das Verhältnis des einzelnen Menschen zu dieser Wahrheit als seiner möglichen Lebenswirklichkeit. Hierbei bemüht er sich um die Abwehr eines objektivistisch-spekulativen Verständnisses des Christentums, so daß bei ihm die Dogmatik in ganz anderer Weise Thema wird als bei Vigilius, es geht ihm um ein "dogmatisch-philosophisches Problem" (Pap V B 39).[618] Thematisch liegt der

---

"*Wendepunkt*" (ebd.), der durch die Thematisierung des Christ-Werdens schon zur rein religiösen Schriftstellerei überleiten soll. Doch aufgrund des Pseudonyms und seiner Verbindung zu den *Philosophischen Brocken* steht die *Nachschrift* doch noch mehr auf der Seite der ästhetischen Pseudonyme (vgl. Greve (1990), 29 ff.). Daher auch kann Kierkegaard sein christliches Pseudonym, den Verfasser der *Krankheit zum Tode* sowie der *Einübung im Christentum*, als Anti-Climacus bezeichnen (vgl. SüS, 4).

[615] Dies wird besonders deutlich in Climacus' "Blick auf ein gleichzeitiges Bemühen in der dänischen Literatur" (UN I, 245-296), der ein pseudonymer Kommentar zu allen bisherigen pseudonymen Werken ist und so ein Meisterstück des Kierkegaardschen pseudonymen Verschachtelungsstils. E. Hirsch kennzeichnet von daher die *Nachschrift* als "Selbstinterpretation", die "die Selbstkarikatur nicht scheut" (Hirsch (1930 ff.), 281).

[616] Vgl. Greve (1990), 26 ff.

[617] Dazu s.o. II.1.1.

[618] Die allererste Fassung des Titels der *Philosophischen Brocken* lautete: "Die apologetischen Voraussetzungen der Dogmatik oder Annäherung des Gedankens an den Glauben" (zit. nach Hirsch, in: PhB, XII). Dies läßt Climacus noch in der *Nachschrift* anklingen: "Weniger problematisch würde das Problem in der Form einer Abhandlung lauten: 'Über die apologetischen Voraussetzungen des Glaubens, die Approximationsübergänge und -anläufe zum Glauben, die quantitierende Einleitung zur Glaubensentscheidung'" (UN I, 13). Die Begriffe

Schwerpunkt der Climacus-Schriften daher auf der Frage, wie sich der Glaube als Verhältnis zu einer ewigen Wahrheit vollzieht, und nicht auf der Frage nach dem Selbstvollzug (bzw. Verlust) der Freiheit, auch wenn der Zusammenhang von Wahrheit und Freiheit in der *Entscheidung* des Glaubens von großer Bedeutung ist. Daher finden sich hier auch kaum Ausführungen zur Schicksalsthematik, auch nicht zu dem in den anderen pseudonymen Schriften herausragenden Problemkreis des Tragischen, so daß die Climacus-Schriften für die vorliegende Untersuchung nur wenig beitragen. Die für ein Verständnis des Gesamtwerks Kierkegaards so überaus wichtigen Reflexionen des Climacus über Subjektivität und Wahrheit können daher in dieser Arbeit nicht gemäß dem ihnen gebührenden Stellenwert behandelt werden.

Ich will mich daher im folgenden, nach einer Einführung in die Thematik der Schriften, konzentrieren: 1. auf die Darstellung des Wirklichkeitsbegriffs, bei der die Frage von Freiheit und Geschichtlichkeit von großer Bedeutung ist, und 2. auf die ausführlich behandelte Bedeutung des Pathetischen für das Christwerden, wobei Climacus in der *Nachschrift* auch auf den Unterschied zwischen schicksalsbestimmtem und religiösem Leiden eingeht. Doch für den Schicksalsbegriff ergeben sich hierbei, dies sei schon vorweg gesagt, keine neuen Einsichten; aufgegriffen wird wieder die grundlegende Bestimmung der Äußerlichkeit des Schicksals als einer ästhetischen Kategorie, die sich von der, nun am schärfsten reflektierten, Innerlichkeit des Ethisch-Religiösen unterscheidet.

2.5.1. *Philosophische Brocken*

Die Hauptfrage seiner ersten Schrift gibt Climacus schon auf dem Titelblatt zu erkennen:
"Kann es einen geschichtlichen Ausgangspunkt geben für ein ewiges Bewußtsein; inwiefern vermag ein solcher mehr als bloß geschichtlich zu interessieren; kann man eine ewige Seligkeit gründen auf ein geschichtliches Wissen?" (PhB, 1).
Damit ist, offensichtlich angeregt durch den geschichtlichen Ursprung und Anspruch des Christentums[619], die Frage nach der Möglichkeit einer für die gesamte Existenz bedeutsamen Wahrheit gestellt, die nicht in einem jenseitigen Wirklichkeitsbereich, sondern in der Existenz selbst angesiedelt ist. Das Prädikat der Ewigkeit deutet hierbei auf die unbedingte, zeitenthobene Gültigkeit dieser Wahrheit, die als "ewige Seligkeit" die Erfüllung der Existenz selbst bezeichnet. Das Prädikat der Geschichtlichkeit bezeichnet die Nicht-Ewigkeit der sich in der Zeit entfaltenden Existenz und stellt daher die Frage

---

"Approximation" und "Quantitieren" zeigen die Nähe zur Wissenschaftstheorie des *Begriff Angst*.
[619] Vgl. PhB, 106: "Wie bekannt ist nämlich das Christentum die einzige geschichtliche Erscheinung, welche dem Geschichtlichen zum Trotz, ja eben vermöge des Geschichtlichen, dem Einzelnen für sein ewiges Bewußtsein hat Ausgangspunkt sein wollen, ihn anders als bloß geschichtlich interessieren wollen, ihm seine Seligkeit hat gründen wollen auf sein Verhältnis zu etwas Geschichtlichem."

nach der Möglichkeit eines Verhältnisses des geschichtlichen Menschen zur Ewigkeit der Wahrheit. Wie kann die unbedingte Bedeutung in der Bedingtheit des eigenen Lebens erfahren werden? Schwerpunkte dieser Frage sind das Verhältnis von Wahrheit und Geschichte sowie von Bewußtsein (Wissen) der Wahrheit und Existieren in der Wahrheit. Diese beiden zusammenhängenden Fragen drängen auf eine Klärung des Wirklichkeitsbegriffes selbst, der dem In-der-Wahrheit-Sein zugrundeliegt.

Das Christentum soll sich als mögliche Wahrheit für den Menschen erweisen, dieses Anliegen ist der Hintergrund der Climacus-Schriften, wobei eine Wahrheit *für* den Menschen nur bedeuten kann, daß sie ihm ein erfülltes Leben ermöglicht. Daher konzentriert sich die Wahrheitsfrage auf die Möglichkeit der "Aneignung" (UN I, 119)[620], wie Climacus in der *Nachschrift* deutlicher als in den *Philosophischen Brocken* formuliert: "...daß das Problem nicht die Frage nach der Wahrheit des Christentums ist, sondern die Frage nach dem Verhältnis des Individuums zum Christentum" (UN I, 14). Climacus nähert sich dieser Problematik des Christ-Werdens, indem er ausgeht vom Gegenmodell des platonischen Wahrheitsverständnisses und der ihm zugehörigen Anamnesislehre. Dabei stellt er in den *Philosophischen Brocken* die beiden Konzepte als bloße Hypothesen vor, zunächst ohne sich ausdrücklich auf das Christentum zu beziehen. Die ganze Anlage der Schrift zeigt somit die humoristische Distanz des Pseudonyms Climacus zum Christentum. In der *Unwissenschaftlichen Nachschrift* stellt sich Climacus mehrmals ausdrücklich als nichtchristlicher Humorist dar, der jedoch leidenschaftlich an der Frage des Christ-Werdens interessiert ist (vgl. UN I, 159; UN II, 331 u.ö.). Das humoristisch Hypothetische der Problemstellung kommt schon in den Kapitelüberschriften der *Philosophischen Brocken* zum Ausdruck: "Denkprojekt" (PhB, 7); "Ein dichterischer Versuch" (PhB, 21); "Eine metaphysische Grille" (PhB, 34); "Eine Gehörstäuschung" (PhB, 46).

Dem sokratischen Modell[621] liegt die Auffassung zugrunde, daß jeder Mensch die ewige Wahrheit in sich selbst und wesentlich nur durch sich selbst finden könne: "Für die sokratische Betrachtung ist ein jeder Mensch sich selber der Mittelpunkt, und die ganze Welt gewinnt allein in der Beziehung auf ihn einen Mittelpunkt, weil seine Selbsterkenntnis Gotteserkenntnis ist" (PhB, 9). Allen anderen Menschen, auch dem "Lehrer" der Wahrheit, kommt nur eine mäeutische Funktion zu. Damit werden die geschichtlichen Umstände, in denen und durch die ein Mensch zur Wahrheit geführt wird, zur bloßen Äußerlichkeit, zum zufälligen Anlaß, da das eigentliche Finden und Haben der Wahrheit unvermittelbar im einzelnen selbst geschieht: "Sokratisch gesehen, ist jeglicher Ausgangspunkt in der Zeit von selbst ein Zufälliges, ein Verschwindendes, eine Veranlassung; der Lehrer ist auch

---

[620] Zu diesem zentralen Begriff des Kierkegaardschen Wahrheits- und Religiösitätsverständnisses vgl. Ringleben (1983), bes. 97-195. Nach Ringleben "liegt die Bedeutung der Kategorie 'Aneignung' vor allem in der exemplarischen Ausarbeitung christlichen Glaubens unter den Bedingungen neuzeitlichen Freiheitsbewußtseins" (6).

[621] Zum Sokratesverständnis der Climacus-Schriften vgl. Johansen (1979), 111 ff.; v. Kloeden (1985), 131-155.

nicht mehr" (PhB, 9). Weil für das griechische Verständnis die Ewigkeit im Menschen selber liegt und er somit im Besitz der Wahrheit ist, kann die Geschichtlichkeit keinerlei Bedeutung haben für die "ewige Seligkeit", sie wird zu einem "Nichts":

"Der zeitliche Ausgangspunkt ist ein Nichts; denn in dem gleichen Augenblick da ich entdecke, daß ich die Wahrheit von Ewigkeit her gewußt, ohne es zu wissen, im gleichen Nu ist jener Augenblick im Ewigen verborgen, darin aufgenommen, derart, daß ich, sozusagen, ihn nicht einmal finden kann, auch wenn ich ihn suche, weil es kein Hier und Dort gibt, sondern nur ein Überall und Nirgends." (PhB, 11).

Der Ort- und Zeitlosigkeit der Anamnesislehre muß somit eine Wahrheitsauffassung gegenübergestellt werden, für die es nicht beliebig, sondern entscheidend ist, unter welchen Bedingungen ich zur Erkenntnis der Wahrheit kommen kann. Nur so kann die Aneignung der Wahrheit zur Selbstidentifikation[622] des konkret-endlichen Menschen werden.

"Soll sich dies nun anders verhalten, so muß der Augenblick in der Zeit entscheidende Bedeutung haben, dergestalt daß ich keinen Augenblick weder in Zeit noch Ewigkeit ihn werde vergessen können, weil das Ewige, das zuvor nicht war, in diesem Augenblick entstanden ist." (PhB, 11).

Climacus erläutert die Bedeutungshaftigkeit dieses Augenblicks dadurch, daß der Mensch in ihm nicht nur zur Wahrheit findet, sondern die Wahrheit durch ihn erst für den Menschen konstituiert wird. Voraussetzung dieser Auffassung ist, daß der Mensch gerade nicht schon immer die Wahrheit in sich trägt, sondern in der Unwahrheit lebt (vgl. PhB, 11 f.). Um diesen Zustand der Unwahrheit von der bloßen Unbewußtheit der Wahrheit, die durch die Erinnerung aufgehoben werden könnte, zu unterscheiden, spricht Climacus davon, daß dem Menschen in der Unwahrheit die *Bedingung* fehle, die Wahrheit zu verstehen. Da der Mensch aber wesentlich auf den Wahrheitsbezug hin ausgerichtet sei (sonst würde sich ja alle Rede über die Möglichkeit einer Aneignung des Ewigen erübrigen), muß er diese Bedingung schuldhaft verloren haben, indem er sich der Wahrheit widersetzte (vgl. PhB, 12). Das Verhältnis zur Wahrheit ist ein Vollzug der Freiheit, doch bedeutet dies gerade nicht, daß man grundsätzlich zwischen Wahrheit und Unwahrheit frei wählen könne: die Entscheidung zur Unwahrheit ist vielmehr der Verlust der Freiheit als Verlieren der Bedingung des In-der-Wahrheit-Seins. An dieser Stelle nähert sich Climacus am meisten der Thematik und Begrifflichkeit des *Begriff Angst* an, indem er die Unwahrheit als durch sich selbst gebundene Freiheit darstellt. Der Mensch kann sich in der Unwahrheit nicht selber zur Wahrheit befreien, da es dazu des Willens zur Wahrheit bedarf, der jedoch selbst schon ein In-der-Wahrheit-Sein bedeutet. Der Übergang zwischen Unwahrheit und Wahrheit wäre zu einem Nichts geworden, gerade nicht zur Tat der Freiheit. So bedarf der Mensch eines "Befreiers", der ihm die Bedingung des Wahrheitsverhältnisses wiedergibt, "denn er braucht die Kraft der Freiheit in der Unfreiheit Dienst, da er ja frei in ihr ist, und dergestalt wächst die vereinte Kraft der Unfreiheit und macht ihn zu der Sünde Knecht" (PhB, 15).

---

[622] Vgl. Schäfer (1968), 29.

Diese Stellung eines neuen Lehrers kann jedoch kein Mensch einnehmen, da dieser nicht ein konstitutives Verhältnis zur Freiheit eines anderen haben kann. Die Befreiung zur Wahrheit ist ein Schöpfungsakt Gottes, der im geschichtlichen Zustand der Unwahrheit erfahrbar wird und so dem Augenblick der Befreiung entscheidende und bleibende Bedeutung verleiht.[623] Dies ist der hypothetische Gegenentwurf zur sokratisch-platonischen Anamnesis.

"Wie sollen wir nun solch einen Lehrer nennen, der ihm die Bedingung wieder gibt und mit ihr die Wahrheit? laßt uns ihn einen Heiland, einen Befreier nennen, denn er macht den Menschen ja aus der Unfreiheit frei, macht ihn von sich selber frei; einen *Erlöser*, denn er löst ja den, der sich selbst gefangen gesetzt hatte, und niemand ist ja so schrecklich gefangen, und aus keiner Gefangenschaft ist es so unmöglich auszubrechen, als aus der, in welcher das Individuum sich selber hält." (PhB, 15).

Die Befreiung zur Wahrheit geschieht in einer "Umkehr" und "Wiedergeburt", die einen völligen "Bruch" mit der Vergangenheit bedeutet; der Befreite wird "ein *neuer* Mensch" (PhB, 17), er tritt "aus dem nicht Sein ins da Sein" (PhB, 19). "Wofern denn also der *Augenblick* entscheidende Bedeutung haben soll, (...) - so ist der Bruch geschehen und der Mensch kann nicht zum Alten zurück." (PhB, 18). Indem Climacus die Befreiung derart radikal als ontologischen Bruch deutet, verliert sich die gerade dadurch akzentuierte Geschichtlichkeit zugleich in eine rationale Nichteinholbarkeit und Unverfügbarkeit. Die Kontinuität des Menschen in der Wahrheit ist vermittelt durch eine grundlegende Diskontinuität seines Lebens. Wenn der geschichtliche Augenblick eine ewige Bedeutung erhalten soll, so wird durch diese Ewigkeit der zeitliche Fluß des Geschichtlichen durchbrochen. Die so konstituierte geschichtlichewige Wirklichkeit kann nach Climacus daher nur als "Grenze" (PhB, 42) des Verstandes erfaßt werden, als das "schlechthinnige Paradox" (PhB, 34): "das Paradox macht gerade das Widersprechende eins, ist die Ewigsetzung des Geschichtlichen und die Geschichtlichsetzung des Ewigen" (PhB, 57). Und das einzig mögliche Verhalten zu dieser paradoxen Wirklichkeit ist eine Entschiedenheit zu ihr, die auf eine rationale Absicherung im letzten verzichten muß: der "Glaube", der "ebenso paradox ist wie das Paradox" (PhB, 62). Die Paradoxalität des Glaubens an den ewig entscheidenden Augenblick liegt darin, daß der Mensch die unverfügbare Herkunft seiner neuen Freiheit annimmt: er ist von einem anderen her in Wahrheit frei und nicht aus eigener Freiheit. In dieser Diskontinuität des Wahr-Werdens gibt es auch kein unmittelbares Verhältnis zur paradoxen Wahrheit, sie wird erst jeweils Wahrheit für den Menschen, der sich glaubend zu ihr verhält: die "Gleichzeitigkeit"[624] mit dem entscheidenden Augenblick vollzieht sich nicht in zeitlicher Nähe, sondern in der "*Autopsie* des Glaubens" (PhB, 67).

---

[623] Scheier (1983), 34, spicht von einer "synthetische(n) Funktion" des neuen Lehrers: "Der neue Lehrer veranlaßt nicht nur die Auslegung, er ist der Grund des Gesetztseins des Subjekts."
[624] Zur Konzeption der Gleichzeitigkeit vgl. Buss (1970), 57 ff.; Pieper (1968), 135 ff.; Taylor (1975), 302 ff.

Das "Paradox" ist der zentrale Begriff der *Philosophischen Brocken*[625], er kennzeichnet das christliche Wahrheitsverständnis im Unterschied zum griechischen. Wichtig ist, daß mit ihm zwar ein gedanklich nicht auflösbarer Widerspruch gedacht wird, jedoch kein "Nonsens" (UN II, 280). Das Paradox soll den Menschen nämlich nicht vom Denken abhalten, sondern über es hinausführen in einen Bereich der Geheimnishaftigkeit der tiefsten Lebensgründe. Um dieses Nichterklärbare zu erreichen, bedarf es gerade eines Verstandes, der sich selbst an seine Grenze führt, indem er sich ernsthaft um ein Verstehen bemüht, dabei aber an den Widersprüchen seiner Existenz scheitert. Dieses Bemühen des Verstandes nennt Climacus seine "Leidenschaft", und indem er die Verstandestätigkeit in einer Leidenschaft gründen läßt und auf sie den entscheidenden Akzent legt, kann der Glaube als Leidenschaft zum höchsten Ausdruck des Verstandes werden. Diese höchste Gedankenleidenschaft ist die Anerkennung der Grenzen des Verstehens in der Entscheidung für das Geheimnishafte. Der Glaube ist ein Willensakt, eine Entscheidung, die der Reflexion ihre Grenze setzt. In diesem Sinne kann Climacus sagen, daß der leidenschaftliche Verstand seinen "eignen Untergang" will: "das Paradox ist des Gedankens Leidenschaft, und der Denker, der ohne das Paradox ist, er ist dem Liebenden gleich welcher ohne Leidenschaft ist (...) Das ist denn des Denkens höchstes Paradox: etwas entdecken wollen, das es selbst nicht denken kann" (PhB, 35).

Das Geheimnis schlechthin, das Unbekannte als solches, das dem Verstand seine Grenze setzt und ihn doch immer wieder zu seiner Leidenschaft anregt, nennt Climacus "*den Gott*" (PhB, 37). Gott ist "das Schlechthin-Verschiedene" (PhB, 44), dies ist die grundlegende Einsicht des Verstandes an seiner Grenze. So wird der Glaube als Ausdruck jener höchsten Leidenschaft des Verstandes zur Bedingung des Wahrheitsverständnisses, die dem Menschen in der Unwahrheit fehlte. Die Unfreiheit der Unwahrheit besteht somit darin, sich nicht zur Geheimnishaftigkeit und damit Ungewißheit des Lebens entscheiden zu können. In der höchsten Form äußert sich auch diese Unwahrheit als leidenschaftliches Verhältnis zum Paradox, jedoch als "unglückliche Liebe des Verstandes", als "*Ärgernis*" (PhB, 46). Dies ist der Wille zur Unfreiheit angesichts der Möglichkeit der Befreiung. Dem steht der Glaube gegenüber als die "glückliche Leidenschaft" des Verstandes (PhB, 56).

Die christliche Sicht der Wahrheit, die auf der paradoxen Einheit von Ewigkeit und Geschichte beruht, versucht Climacus durch eine grundlegende ontologische Reflexion auf die geschichtliche Wirklichkeit zu fundieren, deren Hauptaussage darin besteht, alles Werden letztlich auf Freiheit zurückzuführen. Diese philosophisch dichtesten Gedanken der *Brocken* verbergen sich hinter der unscheinbaren Überschrift "Zwischenspiel" (PhB, 68-85).

Climacus geht es hierbei um eine Klärung der Begriffe Notwendigkeit, Möglichkeit und Wirklichkeit, um deren Verhältnis zum Werden und zur Geschichtlichkeit und Zeitlichkeit. Das Werden bestimmt er im Anschluß an

---

[625] Zum Paradoxbegriff vgl. Deuser (1974), 27-107 u. (1985), 49 ff.; Garelick (1979); Kodalle (1988), 109 ff.; Larsen (1955); Lønning (1955); Pieper (1968), 43 ff. 59 ff.; Scheier (1983), 47 ff.; Schmidinger (1983), 399 ff.; Schröer (1960); Thomas (1980).

Aristoteles als eine Bewegung vom Nicht-Sein zum Sein, wobei das Nicht-Sein ein Möglich-Sein bedeutet. Das Werden ist der Übergang von Möglichkeit zu Wirklichkeit. Das Notwendige dagegen kann nicht werden, weil es immer schon ist und immer sich gleich bleibt. Notwendigkeit versteht Climacus hier als "Wesensbestimmung", während Möglichkeit und Wirklichkeit "Seinsbestimmungen" sind. Da "Notwendigkeit" und "Werden" in dieser Sicht völlig disparate Begriffe sind, zieht Climacus die Konsequenz, alles Werden auf Freiheit zurückzuführen:

"Alles Werden geschieht durch Freiheit, nicht aus Notwendigkeit; nichts Werdendes wird aus einem Grunde; alles aber aus einer Ursache. Jegliche Ursache entspringt letztlich in einer freiwirkenden Ursache." (PhB, 71 f.).

Die Unterscheidung von "Grund" und "Ursache" trennt die rationale Begründbarkeit eines Ereignisses von der sie verursachenden Handlung. Eine rationale Begründung versteht Climacus hier im Sinne eines notwendigen Folgezusammenhangs. Wenn eine solche Notwendigkeit nicht angegeben werden kann, so folgert er, ist das Gewordene aus Freiheit geworden. "Freigeworden" meint hier zunächst in einem sehr weiten Sinne "nicht-notwendig" und schließt so auch den Bedeutungsgehalt des Zufälligen ein. Wenn Climacus sagt, daß "alles Werden" aus Freiheit geschieht, so meint er damit, daß es für das Werden keinen notwendigen Grund gibt und es somit zufällig ist. In einem zweiten Schritt führt er dann diese Zufälligkeit auf eine letzte freiwirkende Ursache zurück, die Freiheit des Schöpfergottes. Auch die Freiheit Gottes folgt keiner rationalen Notwendigkeit, es gibt keinerlei Zusammenhang zwischen Wesensnotwendigkeit und zeitlicher Entwicklung. Die Welt ist als zeitliche, mit einem von Gott gewollten Anfang der Zeit, absolut kontingent. Nur die Rückführung des Zufalls auf die absolute Freiheit einer ersten Ursache rechtfertigt die Rede von der Freiheit in allem Werden.

Das Werden aus Freiheit ist die Geschichte, alles Gewordene somit ein Geschichtliches. Weil Climacus die Freiheit des Werdens derart weit auf alles Zufällige ausdehnt, kann auch der Begriff der Geschichte eine weite Bedeutung erhalten, die auch die Naturgeschichte einschließt. Doch gilt dies nur in einem uneigentlichen Sinne, da die Natur sich nicht selbst frei vollziehen kann und somit auch nicht ein Verhältnis zur eigenen Zeit entfaltet, das die eigentliche Geschichtlichkeit kennzeichnet. Die Geschichte im engeren, eigentlichen Sinn gibt es nur dort, wo innerhalb des zufälligen Werdens eigenständige Freiheit wirksam wird. Climacus nennt diese geschichtliche Freiheit "eine Verdoppelung" im Werden, die nur für geistige Wesen möglich ist: das Werden wird als eigene Entwicklung in ihrer zeitlichen Erstreckung bewußt und aus dieser Bewußtheit heraus frei vollzogen.

"Das besondere geschichtliche Werden wird durch eine bedingt frei wirkende Ursache, welche wiederum letztgiltig hinweist auf eine schlechthin freiwirkende Ursache." (PhB, 73).

Der Hauptgedanke dieser Überlegungen besteht darin, eine rationale Notwendigkeit des Werdens für unmöglich zu erklären. Weder die Unabänderlichkeit des Vergangenen noch die Gesetzlichkeit der Naturabläufe ist aus einem notwendigen Grund abzuleiten. Kann die Naturgesetzlichkeit noch den Schein der Notwendigkeit enthalten, der nur durch die Rückführung auf die unbegründbare Freiheit Gottes als Kontingenz erwiesen wird, so gilt das Fehlen einer notwendigen Ratio erst recht, wenn innerhalb des Werdens auch noch eine kontingente Freiheit wirksam wird. In dem Aufweis der rationalen Unbegründbarkeit des Geschichtlichen liegt das Anliegen dieser Überlegung, weil sich daraus die Möglichkeiten des Verhältnisses zur geschichtlichen Wirklichkeit ergeben.

Weil in der Geschichte eine notwendige Ratio nicht auszumachen ist, gibt es kein sicheres Wissen über das Vergangene. Das Geschichtliche ist ein "Widereinander von Gewißheit und Ungewißheit" (PhB, 75), weil es einerseits etwas Feststehendes ist, andererseits aber nie genau gesagt werden kann, was denn nun fest steht und warum es so geworden ist. So kann man sich der Geschichte nicht annähern mit einem sicheren Wissen- und Festhalten-Wollen, sondern nur mit dem "leidenschaftlichen Sinn für Werden" (PhB, 77). Nur im Bewußtsein der bleibenden Ungewißheit des Geschichtlichen kann dieses angeeignet werden, und diese Entscheidung zur Aneignung des Ungewissen ist für Climacus der Glaube. Der Glaube ist "das Organ für das Historische": "denn in der Gewißheit des Glaubens ist als das Aufgehobene fort und fort gegenwärtig die Ungewißheit, welche auf jegliche Weise der des Werdens entspricht" (PhB, 78).

Als Möglichkeit der Aneignung der Geschichte ist der Glaube in einer sehr weiten Bedeutung genommen, die Climacus ausdrücklich von der religiösen unterscheidet. Der Zusammenhang zwischen beiden ergibt sich jedoch aus der Hauptfrage der *Philosophischen Brocken*, wie nämlich eine geschichtliche Tatsache eine religiös entscheidende Bedeutung haben könne. Da erweist es sich als hilfreich zu sagen, daß alles Geschichtliche nur durch eine leidenschaftliche Entscheidung angeeignet werden kann, die sich der rationalen Ungewißheit des Gewordenen aussetzt. Diese Ungewißheit steigert sich noch, wenn die geschichtliche Tatsache einen übergeschichtlich-ewigen Sinn beinhalten soll, wenn Gegenstand des Glaubens das *Werden des Gottes* ist, wie im Christentum. Diese Wahrheit beinhaltet nicht nur die Ungewißheit alles Gewordenen, sie ist darüber hinaus ein Widerspruch zum Geschichtlichen selbst, insofern der Begriff eines gewordenen Ewigen die historischen Kategorien sprengt. Es ist "das schlechthinnige Paradox" (PhB, 34 ff.). Climacus unterscheidet das Paradox als "absolute Tatsache" von einer bedingten, rein zufälligen Tatsache einerseits, von einer ewigen Tatsache, einer unbedingt gültigen Bedeutung andererseits, wobei letztere eigentlich gar nicht Tatsache genannt werden dürfe, wie er richtig bemerkt. Die absolute Tatsache ist das geschichtliche Unbedingte, der absolute Sinn in der Geschichte (vgl. PhB, 96 f.).

Hier tritt nun der Glaube im engeren Sinne in seiner selbst paradoxen Funktion auf: in der Entscheidung des Glaubens wird nicht nur ein ungewisses historisches Ereignis als Tatsache angenommen, sondern nur im Akt des Glaubens gibt es diese absolute Tatsache. Das Paradox des werdenden Gottes macht keinen Sinn als bloß historisches Ereignis, es ist ganz auf die Aneigung der in ihm liegenden ewigen Bedeutung im Jetzt des Glaubens angelegt. In dieser "Gleichzeitigkeit" des Glaubenden mit der für ihn lebenswichtigen Wahrheit vollzieht sich immer wieder das geschichtliche Werden des Gottes: "Jedes Mal, daß der Glaube diese Tatsache zu einem Gegenstand des Glaubens werden läßt für sich, wiederholt er die dialektischen Bestimmungen des Werdens." (PhB, 84).

2.5.2. *Abschließende unwissenschaftliche Nachschrift*

Mit dem untertreibenden Titel *Nachschrift zu den Philosophischen Brocken* greift Climacus in einem umfangreichen Werk die Thematik seiner ersten Schrift erneut auf und vertieft die dort vorgetragene Sicht christlicher Wahrheit. Besonders im ersten Teil schließt er sich eng an die Fragestellung der *Brocken* an, indem er die Unterschiede von subjektiver und objektiver Wahrheit, von historischer Approximation und entschiedener Aneignung sowie das Verhältnis von Ungewißheit, Wagnis und Paradox nochmals ausführlich durchdenkt. Der Schwerpunkt der Schrift liegt jedoch in der Bestimmung der Subjektivität selbst, in der Frage nach dem Vollzug menschlicher Existenz und der darin möglichen Erfüllung (Wahrheit). Wie in den *Brocken* tritt dabei die Leidenschaft als ein Grundzug der sich ins Ungewisse ihrer selbst wagenden Existenz hervor, wobei die dialektische Durchdringung der Schwierigkeiten zur Vertiefung der Ernsthaftigkeit des Existierens gehört. Ein Existieren in der Wahrheit kann somit nur als Zusammengehören und gegenseitige Steigerung von Leidenschaft und Reflexion, von Entscheidung und Erkenntnis begriffen werden: "Das Problem ist pathetisch-dialektisch" (UN II, 90). Die höchste Steigerung der Leidenschaft ergibt sich aus der Erkenntnis der paradoxen Schwierigkeit des Christ-Werdens.

"Das Christentum ist Geist, Geist ist Innerlichkeit, Innerlichkeit ist Subjektivität, Subjektivität ist wesentlich Leidenschaft, und im Maximum unendliche, persönlich interessierte Leidenschaft für ihre ewige Seligkeit. Sobald man die Subjektivität fortnimmt, und von der Subjektivität die Leidenschaft, und von der Leidenschaft das unendliche Interesse, so gibt es überhaupt gar keine Entscheidung, weder dieses noch irgendeines anderen Problems." (UN I, 28 f.).

2.5.2.1. Das Denken gegen ein "System des Daseins"[626]

Anders als in den *Philosophischen Brocken* wird nun das Christentum ausdrücklich als die paradoxe Wahrheit, in der die Leidenschaft der Existenz ihre höchste Möglichkeit erreicht, benannt, auch wenn Climacus sich als Humorist in Distanz zum Christentum hält. Als Gegenbild dient auch in der *Nachschrift* das griechische Existenzverständnis, das nun als "Religiosität A" von der paradoxen Religiosität des Christentums unterschieden wird (vgl. UN II, 266 ff.). Zwischen beiden Lebensformen nimmt Climacus, wie schon

---

[626] "Ein System des Daseins kann nicht gegeben werden. Also gibt es ein solches nicht? Keineswegs. Das liegt auch nicht in dem Gesagten. Das Dasein selbst ist ein System - für Gott; aber es kann es nicht sein für irgendeinen existierenden Geist. System und Abgeschlossenheit entsprechen einander; Dasein aber ist gerade das Entgegengesetzte." (UN I, 111).

in den *Brocken*, einen radikalen Bruch an, so daß nun ästhetisches, ethisches und immanent-religiöses Selbstverständnis zusammen einen dem Christentum gegenüberstehenden Bereich des Heidnischen, der Immanenz, des "alten Menschen" ausmachen.[627] Dabei hat Climacus immer den polemischen Bezug zum Heidentum innerhalb des Christentums vor Augen, das weder dem christlichen noch dem griechischen Lebensverständnis entspricht.[628] Insbesondere die spekulative Philosophie und Theologie des zeitgenössischen Hegelianismus ist permanenter Bezugspunkt seiner geistreichen Polemik. Der hypothetische Charakter der Frage nach dem Christ-Werden entfällt zugunsten einer entschiedenen Konfrontation des Christentums mit dem reflektierten Heidentum innerhalb der Christenheit.[629] Doch bevor die Schwierigkeiten des Christ-Werdens in den Blick kommen können, muß der Mensch wieder zum leidenschaftlichen Leben geführt werden, das ihm mit der spekulativen Abstraktion verloren gegangen ist. Die Religiösität A ist nicht nur Gegenbild, sondern auch Vorstufe des Christ-Werdens. Daher widmet Climacus der Darstellung des leidenschaftlich menschlichen Lebens einen so großen Raum.

"Mein Hauptgedanke war, daß man in unserer Zeit vermittels des vielen Wissens vergessen habe, was es heißt, zu *existieren*, und was *Innerlichkeit* zu bedeuten habe, und daß das Mißverständnis zwischen Spekulation und Christentum sich daraus erklären lassen müsse. Ich beschloß nun, soweit wie möglich zurückzugehen, um nicht zu früh zum Christlich-Religiös-Existieren zu kommen, und so Mißlichkeiten hinter mir zu lassen. Wenn man vergessen hatte, was es heißt, religiös zu existieren, dann hatte man wohl auch vergessen, was Menschlich-Existieren heißt; dies mußte also aufgedeckt werden." (UN I, 242).[630]

Climacus sieht das Selbstwerden als die ethische Aufgabe des Menschen an, in diesem Sinne stellt er Abstraktion und Existieren gegeneinander. Nur wer sich mit Interesse seiner eigenen Existenz zuwendet und sich nicht in Spekulationen über die Totalität von Welt und Geschichte von sich selbst abwendet, erfüllt "seine höchste Aufgabe": "subjektiv zu werden" (UN I, 154): "die Forderung des Ethischen an den Existierenden (...) (kann) nicht darin bestehen (...), daß er von der Existenz abstrahieren soll, sondern daß er existieren soll, was auch das höchste Interesse des Existierenden ist" (UN II, 16).

---

[627] Vetter (1979b) nimmt im Anschluß an die Climacus-Schriften den Gegensatz von altem und neuem Menschen als Leitlinie für die Interpretation des Gesamtwerks Kierkegaards.
[628] "Daß jemand das Heidentum dem Christentum vorzieht, ist durchaus nicht verwirrend; aber das Heidentum als das Höchste innerhalb des Christentums (als Resultat) herauszubringen, ist eine Ungerechtigkeit sowohl gegen das Christentum, das etwas anderes wird als es ist, als auch gegen das Heidentum, das zu einem Nichts wird, was es doch nicht war." (UN II, 65).
[629] Vgl. Greve (1990), 241 f.; Schäfer (1968), 36 f.
[630] Mit diesem Hinweis leitet Climacus über zu seinem Literaturbericht über die pseudonymen Schriften, in denen er jeweils einen seiner eigenen Gedankenschritte realisiert findet. Damit wird die *Nachschrift* als Abschluß der pseudonymen Schriftstellerei erwiesen, deren Sinn nun insgesamt in der Darstellung der "humanen Existenzverhältnisse" (UN II, 344) als Voraussetzungen des Christ-Werdens gesehen wird.

Wenn sich dieses höchste Interesse mit der "Gedankenleidenschaft" verbindet, so ergibt sich die Lebensweise eines "subjektiven Denkers" (vgl. UN II, 54 ff.). "Die Aufgabe des subjektiven Denkers besteht darin, sich selbst in Existenz zu verstehen" (UN II, 55). Dieses Selbstverständnis "war *das griechische Prinzip*" (UN II, 57). So wie ein griechischer Denker sich nicht in der Abstraktion verlor, sondern "ein existierendes Kunstwerk war" (UN II, 4), so soll jeder subjektive Denker "ein Künstler" sein.

"Existieren ist eine Kunst. Der subjektive Denker ist ästhetisch genug, damit sein Leben ästhetischen Inhalt bekommt, ethisch genug, um es zu regulieren, und dialektisch genug, um es denkend zu beherrschen." (UN II, 55).

In die Bestimmung des subjektiven Denkers fließen also wieder Motive der romantischen Lebenspoesie ein, mit der sich Kierkegaard in seinen frühen Schriften auseinandergesetzt hatte. Climacus' Vorstellung des Sich-in-Existenz-Verstehens verbindet die romantisch-freie Lebenskunst mit dem Lebensernst, der sich aus dem Interesse an den konkreten Schwierigkeiten des Existierens ergibt. Damit ist seine poetische Bewegung derjenigen der Romantiker genau entgegengesetzt, die sich der realen Lebenswelt durch willkürliche Potenzierung der Subjektivität zu entziehen suchten. Nur so kann Climacus, wie schon der frühe Kierkegaard, das Poetisch-Produktive dieses Existenzverständnisses auch auf das Christentum anwenden.[631] Indem er sich jedoch als Humorist von diesem letzten Ernst zurückzieht, behält er persönlich einen Zug des romantischen Lebenskünstlers.

2.5.2.2. Das Werden als Not des Existierens

Wenn für den Menschen das höchste Interesse sowie die ethische Forderung "nicht darin bestehen kann, daß er von der Existenz abstrahieren soll, sondern daß er existieren soll" (UN II, 16), so ergibt sich dies aus der Bewegtheit der Existenz, die der spekulativen Vorstellung der Identität von Denken und Sein entgegensteht. Gegen das Identitätsdenken betont Climacus das Prinzip des Widerspruchs als innere Dynamik des Daseins. Die Seinsweise der Existenz ist im Gegensatz zur Identität des Denkens *das Werden*[632], das Climacus schon in den *Philosophischen Brocken* der Wesensnotwendigkeit entgegengestellt hat. Damit etwas werden kann, ist eine Nicht-Identität des Werdenden mit sich selbst vorauszusetzen, die den Prozeß in Gang hält. Dies gilt insbesondere für die menschliche Existenz, die durch gegensätzliche Strukturmomente (Unendlichkeit-Endlichkeit; Ewigkeit-Zeit; Idealität-Realität) bestimmt ist. Das menschliche Sein ist ein "inter-esse", eine zwischen den Gegensatzpolen seines Wesens sich vollziehende Bewegung, und das be-

---

[631] "Poesie ist Illusion vor dem Verstande, Religiosität ist Illusion nach dem Verstande." (UN II, 165).

[632] Zum Begriff des Werdens in den Climacus-Schriften vgl. Hügli (1973), 62 ff.; Schäfer (1968), 169 ff.; Wilde (1969), 83 ff.

wußte Bemühen um die eigene Identität ist das sich aus dem inter-esse ergebende Interesse an der eigenen Existenz.[633]

In dieser Sicht der Existenz zeigt sich das Synthesis-Verständnis des menschlichen Geistes, wie es vor allem im *Begriff Angst* sowie in der *Krankheit zum Tode* entfaltet wird[634], auch bei Climacus. Jedoch tritt bei ihm vor allem das Gegensatzverhältnis und nicht die synthetisierende Funktion des Geistes in den Vordergrund.[635] Mit den Begriffen "Interesse" und "Existenz" ist aber der Vollzug der Synthesis auch bei ihm in den Blick genommen, wobei der Aspekt der Aufgabe, der Entwicklung, vor dem der Instanz des Synthetisierenden im Vordergrund steht. In dieser Perspektive betont Climacus die Unabschließbarkeit der Selbstwerdung, und das synthetische Gegensatzverhältnis ist für ihn "die Not des Existierenden" (UN II, 1). Die unaufhebbare Bewegtheit der Existenz und damit die bleibende Nicht-Identität ergibt sich für den Menschen nicht bloß aus dem Gegensatzverhältnis seiner unterschiedlichen Aspekte, sondern noch radikaler daraus, daß ein Pol dieses Verhältnisses, die Ewigkeit, zum Werden selbst im Widerspruch steht: "dort ist die absolute Disjunktion zu Hause" (UN II, 8). Das Streben als Wesenszug der Existenz ist "ein Selbstwiderspruch" (UN I, 84).

"Aber das in Wahrheit Existieren, also mit Bewußtsein seine Existenz durchdringen, zugleich ewig gleichsam weit über sie hinaus zu sein und doch in ihr gegenwärtig, und doch im Werden: das ist wahrlich schwierig." (UN II, 8). "Dies stete Im-Werden-Sein ist der Unendlichkeit Hinterlist

---

[633] Vgl. Schmidinger (1983), 245 ff.
[634] S.o. II.3.1.
[635] Vgl. Greve (1990), 242 f.: "Climacus argumentiert keineswegs anthropologisch: 'Synthesen'- und 'Geist'-Begriff übernehmen keine theorietragende Funktion. An dem synthetisierenden 'Dritten' (BA, 41-IV, 348) scheint der 'Nachschrift' wenig gelegen zu sein, viel mehr an dem, was nach Vigilius synthetisiert werden muß, an den ontischen Strukturen. Das Interesse erwächst konsequent dem Anspruch, die Problematik der 'Brocken' erneut aufzurollen; dort blieb, weil griechisch gedacht, der Geistbegriff ohne Bedeutung. Statt Vigilius' anthropologischem Dreiermodell schließt Climacus deshalb dem ontologischen Zweiermodell sich an, das die 'Brocken' als platonisch-sokratische Philosophie vorgestellt haben." Aber auch Climacus gehe es darum, das Selbstverhältnis als das Dritte zu dem ontologischen Zweierverhältnis hinzuzudenken: "vornehmlich unter den Begriffen 'Existenz' oder 'Interesse'" (246). Das Dreiermodell sei bei Climacus im Gegensatz zu Vigilius jedoch kein psychologisches, "weil es nicht vom Sündenproblem her motiviert ist" (247). In letzterem Urteil sehe ich ein falsches Verständnis der Bedeutung der Psychologie bei Kierkegaard, auch für den *Begriff Angst*. Die Psychologie hat ihren Gegenstand in zweideutigen psychischen Zuständen als den Möglichkeiten der Freiheit. Daß sie in diesem Sinne von Vigilius zur Erhellung der Sündenproblematik verwandt wird, begrenzt keineswegs die Bedeutung der Psychologie auf diese Thematik (zum Psychologieverständnis im *Begriff Angst* s.o. II.1.3.). Dennoch stimme ich Greve zu, daß Climacus' Existenzbegriff nicht psychologisch entwickelt ist, aber aus einem anderen Grund: weil er nicht, wie Vigilius, an der Genese der Freiheit aus der psychischen Befindlichkeit heraus interessiert ist. Die zweite Komponente des Kierkegaardschen Psychologiebegriffs, die der experimentierenden Beobachtung, findet sich jedoch auch in der *Unwissenschaftlichen Nachschrift* (vgl. bes. UN II, 175 ff.). Es darf auch nicht übersehen werden, daß Climacus sein Anliegen als psychologische Hinführung zum Christ-Werden versteht (vgl. UN II, 87).

gegen das Dasein. (...) Das unaufhörliche Werden ist die Ungewißheit des Erdenlebens, worin alles ungewiß ist." (UN I, 78).

Indem Climacus der Zielvorstellung einer in sich ruhenden Freiheit, die bei Vigilius noch als Grenze sichtbar wird, aus ontologischen Gründen gänzlich den Abschied gibt, betont er um so stärker das Wagnis des eigenen Existieren als "das Korrelat zur Ungewißheit" (UN II, 131). Wenn sich der Mensch prinzipiell nicht selbst einholen kann, bleibt jegliche Lebensentscheidung mit einem undurchsichtigen Risiko behaftet, das durch keinerlei Reflexion aufzuheben ist. Der Antrieb zum Existieren, im Sinne des Willens zur eigenen Existenz, kann daher nur aus dem rational letztlich nicht begründbaren Interesse erfolgen, und dessen innerster Kern ist *Leidenschaft*. Nur mit einem "Maximum der Leidenschaft" (UN II, 13) kann die widersprüchlich Lebensaufgabe der *konkreten* Ewigkeit in Angriff genommen werden.[636]

Nur in diesem Interesse kann die Bewegung des Lebens als eigene vollzogen und somit eine Kontinuierlichkeit, eine Identität im Nicht-Identischen erreicht werden. Denn absolute Bewegtheit wäre zugleich Stillstand, da das sich Bewegende gar nicht mehr als solches identifiziert werden könnte. Es bedarf eines Maßes der Bewegung, wie Climacus im Anschluß an Aristoteles formuliert. Dieses Kontinuitätsstiftende sieht er, wie schon Vigilius in seiner Zeitlichkeitsanalyse[637], im Moment der Ewigkeit. Climacus betont, daß diese aber nicht abstrakt genommen werden dürfe, da sie damit schon wieder aus der Existenz herausgesetzt wäre. Der konkrete Ausdruck der Ewigkeit *im Werden* ist "*das Kommende*", das in einer leidenschaftlichen Entscheidung antizipiert und damit Teil der eigenen Wirklichkeit wird. In der Entschiedenheit zur Zukunft bindet sich die bewegte Existenz zu einer konkreten Kontinuität zusammen, wird der Lebensvollzug als eigener wiederholt. So ist "die Leidenschaft die momentweise Kontinuierlichkeit (...), die zugleich gegenhält und die Impuls der Bewegung ist.[638] Für den Existierenden sind das Maß der Bewegung die Entscheidung und die Wiederholung. Das Ewige ist die Kontinuierlichkeit der Bewegung, eine abstrakte Ewigkeit aber ist außerhalb der Bewegung, und eine konkrete Ewigkeit im Existierenden ist das Maximum der Leidenschaft" (UN II, 13).

---

[636] Climacus prägt hierfür in Anlehnung an Platon das Bild eines Fuhrwerkes, das zugleich von einem Pegasus und einer Schindmähre gezogen wird: "Die Ewigkeit ist wie jener geflügelte Renner unendlich schnell, und die Zeitlichkeit ist ein Schinder, und der Existierende ist der Fuhrmann, wenn nämlich Existieren nicht so etwas sein soll, was man so existieren nennt; denn dann ist der Existierende kein Fuhrmann, sondern ein voller Bauer, der im Wagen liegt und schläft und den Pferden ihren Lauf läßt. Das versteht sich, auch er fährt, auch er ist ein Kutscher, und so gibt es vielleicht viele, die - auch existieren." (UN II, 12 f.).
[637] S.o. II.3.1.
[638] In dieser Dialektik einer augenblickshaften Kontinuität liegt auch die Möglichkeit eines ekstatischen Herausgehobenseins als Identitätserfahrung. Auch eine solche Identität ist nur von der Leidenschaft her zu bestimmen: "Nur momentweise kann das einzelne Individuum existierend in einer Einheit von Unendlichkeit und Endlichkeit sein, die über dem Existieren hinausliegt. Dieser Moment ist der Augenblick der Leidenschaft." (UN II, 187).

2.5.2.3. Die Freiheit im Gottesverhältnis

Die werdende Existenz lebt aus dem Bezug zur Zukunft, zu den kommenden Möglichkeiten, auf die hin sie sich ausrichten und Gestalt annehmen kann. Die *Entscheidung* zur eigenen Möglichkeit ist der Kern der ethischen *Wirklichkeit* des Menschen. Alles *Wissen* um eine Wirklichkeit, so sagt Climacus, ist nur *Möglichkeit*. Nur die eigene Wirklichkeit kann für einen Menschen mehr als bloße Möglichkeit sein, aber nur, wenn nicht das Wissen, sondern die Entscheidung als Grundlage angesehen wird. "Die einzige Wirklichkeit, die es für einen Existierenden gibt, ist seine eigene ethische; (...) Die wirkliche Subjektivität ist nicht die wissende, denn durch das Wissen ist der Mensch im Medium der Möglichkeit, sondern die ethisch existierende Subjektivität." (UN II, 17). Die ethische Existenz ist das bewußte Vollziehen des ewigen Strebens, des steten "Im-Werden-Seins", indem der Mensch sich im Raum der offenen Möglichkeiten auf seine konkrete Geschichte einläßt. Dieser Vollzug der Freiheit bedarf der Möglichkeiten, um sich entwickeln zu können, doch bewegt er sich nicht "im Medium der Möglichkeiten", weil es ihm um konkrete Entscheidungen geht. Das freie, ethische Leben bleibt ein ewiges Streben nach sich selbst, weil das Spannungsverhältnis von offenen Möglichkeiten als dem Vollzugsraum der Freiheit und der Entscheidung zur Wirklichkeit mit keiner Entscheidung grundsätzlich aufgehoben, sondern immer neu gesetzt wird.[639] Die in ihr zum Ausdruck kommende Widersprüchlichkeit der Freiheit liegt ja darin, daß eine unendliche Bedeutung sich im endlichen Werden verwirklichen soll. Die Fülle der Möglichkeiten ist der Ausdruck des werdenden Ewigen, des Kommenden, so daß sie in jeglichem Existenzvollzug immer wieder als offener Grund erscheint.

Climacus sieht aufgrund der dialektischen Spannung der werdenden Existenz den höchsten Ausdruck der Subjektivität im Ja zu dieser Spannung, zum eigenen unabschließbaren, immer riskanten Werden. Die bleibende Offenheit und Ungewißheit der Existenz bezeichnet er als dessen Negativität und die einzig wahre Positivität liege darin, sich dieser Negativität bewußt zu werden, sie zu verinnerlichen (vgl. UN I, 76), "die Wunde der Negativität offen" zu halten (UN I, 77), und dies bedeutet: wagend immer mehr ein Werdender zu werden, der an keiner endlichen Erscheinung eine endgültige Beruhigung findet, sondern immer weiter strebt. Die Befähigung zu solch einem Wagnis der Freiheit, die sich in die Ungewißheit der Möglichkeiten hinauswagt und sie nicht nur in der Phantasie genüßlich betrachtet, sieht Climacus im Gottesverhältnis gegeben: "die Lebenskraft im Ethischen ist (...) das Möglichkeitsverhältnis, das jede existierende Individualität zu Gott hat" (UN I, 146).

Das Gottesverhältnis ist selbst ein Möglichkeitsverhältnis, nur so kann es für Climacus als ein "Geistesverhältnis zu Gott", "ein Geistesverhältnis in Freiheit" (UN I, 41) verstanden werden. Gott kann nur dann für die freie Selbstwerdung von entscheidender Bedeutung sein, wenn er innerhalb der Negativität des Subjekts erscheint, und d.h. eben nicht als eine bestimmte

---

[639] Dazu s.o. II.3.3.2.

Wirklichkeit, sondern als offene Möglichkeit, in der sich die Freiheit selbst finden kann. Ein unmittelbares Gottesverhältnis ist für Climacus ungeistiges Heidentum (vgl. UN I, 136). Für einen freien Geist ist das Gottesverhältnis höchster Ausdruck des eigenen Freiheitsvollzugs, insofern die Unendlichkeit und Ewigkeit Gottes als Grund und Ziel der eigenen Offenheit geglaubt wird. Daher erscheint Gott "am äußersten Punkt der Subjektivität", wo der Mensch sich mit aller Leidenschaft ins Ungewisse wagt: "dort, wo Gott verneinend in der Subjektivität ist, die in diesem Sinne die Form für die ewige Seligkeit ist" (UN I, 50).

Die Negativität der Subjektivität, ihr freies Werden, ist bloß die *Form* der ewigen Seligkeit, die Bedingung der Möglichkeit der eigenen, erfüllten Identität. Daß diese nicht wirklich anwesend ist, begründet ja gerade das ewige Werden, und daß der Grund der Offenheit, der Negativität, nun nicht selber auf die Freiheit, sondern auf Gott zurückgeführt wird, der im Menschen negativ wirksam ist, d.h. ihn von endlich-endgültigen Bindungen befreit zur Offenheit der Möglichkeiten, bedeutet, daß die Freiheit von der Überforderung der Selbstbegründung ihres Werdens befreit ist. Indem das Möglichkeitsverhältnis seinen letzten Ausdruck und Grund im Gottesverhältnis findet, kann die leidenschaftliche Freiheit gewagt werden, ohne den Rückhalt einsichtiger Sicherheit. Deshalb gilt für Climacus: "eigentlich ist es das Gottesverhältnis, das einen Menschen zum Menschen macht" (UN I, 237).[640]

Ebenso wie die menschliche Freiheit durch das so verstandene Gottesverhältnis erst zu sich selbst befreit wird, ebensosehr gilt aber auch, daß hiermit das Gottesverhältnis ganz vom Vollzug der Freiheit aus gedacht wird und nur von ihr aus begründet werden kann. Die Freiheit ist für Climacus wie die Wunderlampe im Märchen: "Wenn der Mensch sie mit ethischer Leidenschaft reibt: dann wird Gott für ihn existent." (UN I, 128). Doch er ist sich bewußt, daß mit dieser Bestimmung des Gottesverhältnisses Gott selbst, der für ihn wesentlich der absolut andere ist (vgl. UN II, 118 f.), nicht erfaßt werden kann. Daher dreht er auch in einer gewagten (weil spekulativen) Formulierung den Gedanken des Gottesverhältnisses in Freiheit um, indem er darin *Gottes Freiheit* sieht, die niemals in einer immanenten Vergegenständlichung faßbar werden kann und sich so nur als negativer Ausdruck der unendlichen Möglichkeiten im menschlichen Selbstverhältnis zeigt: "jenes Möglichkeitsverhältnis, das die Begeisterung des Ethikers in der Freude über Gott ist, ist Gottes Freiheit, die richtig verstanden in alle Ewigkeit nicht, weder vorher noch nachher, Immanenz werden kann" (UN I, 147).[641] Vom Menschen her gesehen ist diese Freiheit Gottes gerade als solche niemals greifbar, weshalb er im Glauben immer ans Wagnis seiner Freiheit gebunden bleibt. Deshalb kann Gott von hier aus nur als Postulat verstanden werden, als eine für das Wagnis der Freiheit existentiell notwendige Voraussetzung:

---

[640] Zum negativen (indirekten) Gottesverhältnis als Selbstverhältnis der Freiheit vgl. Ringleben (1983), 15 ff. 46 ff.
[641] Vgl. Kodalle (1988), 96.

"Auf diese Weise wird Gott freilich ein Postulat, aber nicht in der unfruchtbaren Bedeutung, worin man das Wort sonst nimmt. Vielmehr wird deutlich, daß die einzige Art, wie ein Existierender in ein Verhältnis zu Gott kommt, die ist, daß der dialektische Widerspruch die Leidenschaft zur Verzweiflung bringt und mithilft, mit der 'Kategorie der Verzweiflung' (Glauben) Gott zu erfassen; so daß das Postulat weit davon entfernt ist, das Willkürliche zu sein, sondern gerade Notwehr; so daß Gott nicht ein Postulat ist, sondern das, daß der Existierende Gott postuliert - eine Notwendigkeit ist." (UN I, 191 Anm.).[642]

Die Bedeutung des Gottesverhältnisses wandelt sich jedoch nochmals entscheidend im Christentum, insofern hier Gott nicht mehr nur als die unendliche Möglichkeit, sondern als konkrete Wirklichkeit in der Zeit erscheint. Dies kann von der Bestimmung der Subjektivität, ihrer Freiheit und Wahrheit aus nur als absolutes Paradox bezeichnet werden, zu dem der Glaubende selbst nur in einem paradoxen, die Innerlichkeit seiner Freiheit umkehrenden Verhältnis stehen kann. Denn mit dem Glauben des Christentums an den in der Zeit erscheinenden Gott wird die konkrete, äußerliche Wirklichkeit dieses Ereignisses zum unendlichen Interesse des Menschen.

"Hier zeigt sich die Verschiedenheit des Glaubens (...) vom Ästhetischen, Intellektuellen, Ethischen. Unendlich interessiert nach einer Wirklichkeit fragen, die nicht die eigene ist, heißt glauben wollen und drückt das paradoxe Verhältnis zum Paradox aus." (UN II, 25; vgl. UN II, 272).

Damit verschärfen sich die Schwierigkeiten des wahrhaften Existierens, das Christentum ist in diesem Sinne eine Steigerung der Dialektik der Existenz.[643] Das Problem des Glaubens bezeichnete Climacus als "pathetisch-dialektisch" (UN II, 90), insofern es eines leidenschaftlichen Interesses bedarf, das sich den dialektischen Schwierigkeiten des Existierens stellt und sich an ihnen steigert. Je größer die dialektische Spannung, desto größer die Leidenschaft, daher ist die Dialektik des absoluten Paradoxes Grund der höchsten Leidenschaft. Nachdem Climacus im längsten Teil seines Werkes (UN II, 90-266) die Leidenschaft der Religiosität A, des griechisch-humanen Gottesverhältnisses, als Voraussetzung der Religiosität B, des christlich-paradoxen Gottesverhältnisses, dargestellt hat, geht er im letzten Teil (UN II, 273-300) auf die dialektische Steigerung ein, die mit der christlichen Religiosität verbunden ist und die auf das Pathetische rückwirkt (vgl.

---

[642] Vgl. Pap VII A 139/ Tb II, 105: "Wenn ein Existierender den Glauben nicht hat, so *ist* Gott weder, noch auch *ist* Gott *da*, ungeachtet Gott doch ewig verstanden ewig ist."
[643] "Je nach der Bestimmung der dialektischen Verinnerlichung des Individuums rangieren alle Existenzauffassungen. (...) Ist das Individuum nicht dialektisch, und hat es seine Dialektik außerhalb seiner: so haben wir die *ästhetischen Auffassungen*. Ist das Individuum nach innen zu in sich selbst, in Selbstbehauptung, dialektisch, in der Weise, daß also der letzte Grund nicht dialektisch in sich wird, da das zugrunde liegende Selbst dazu gebraucht wird, sich selbst zu überwinden und zu behaupten: so haben wir die *ethische Auffassung*. Ist das Individuum dialektisch nach innen zu in Selbstvernichtung vor Gott bestimmt: so haben wir die *Religiosität A*. Ist das Individuum paradox-dialektisch, jeder Rest von ursprünglicher Immanenz vernichtet, und aller Zusammenhang abgeschnitten, das Individuum angebracht im Äußersten der Existenz: so haben wir das *Paradox-Religiöse*." (UN II, 283 f.).

UN II, 295 ff.). Auch für den Christen ist das Sich-Verstehen in der Konkretheit des eigenen Lebens das Lebensprinzip subjektiver Wahrheit wie für das Griechentum, doch ist die Leidenschaft des Selbstverständnisses noch gesteigert worden durch das Paradoxe des eigenen Glaubens, der ein "Martyrium" (UN I, 242) des Verstandes ist.

"Sich selbst in Existenz zu verstehen, war *das griechische Prinzip*; (...) Sich selbst in Existenz zu verstehen ist auch *das christliche Prinzip*, nur daß dieses 'selbst' viel reichere und viel tiefere Bestimmungen erhalten hat, die noch schwieriger mit dem Existieren zu verstehen sind. (...) Die Schwierigkeit ist noch größer als für den Griechen, weil noch größere Gegensätze zusammengesetzt sind, weil die Existenz paradox als Sünde akzentuiert ist und die Ewigkeit paradox als der Gott in der Zeit. (...) Die Existenz des Glaubenden ist daher noch leidenschaftlicher als die des griechischen Philosophen (der selbst für seine Ataraxie eine hohen Grad von Leidenschaft brauchte), denn Existenz gibt Leidenschaft, aber Existenz paradox gibt das Höchste der Leidenschaft." (UN II, 57 f.).

Das Christ-Werden vollzieht sich nur durch einen Bruch innerhalb der eigenen Lebensgeschichte, durch den die bisherigen Versuche der Verinnerlichung der Wahrheit als Unwahrheit verstanden werden und die Freiheit an eine prinzipielle Grenze stößt. Dieser paradoxe Bruch im Selbstverständnis ist bei Climacus mit dem Sündenbewußtsein bezeichnet, in dem der Mensch seine prinzipielle Unfähigkeit zum eigenständig-freien In-der-Wahrheit-Sein erkennt. Auch die höchste Form der Religiosität A, die Selbstvernichtung vor Gott, in der Gott in der Negativität der Subjektivität erscheint, ist noch Ausdruck der Freiheit, die der Christ nicht mehr aus sich heraus vollziehen kann. Deshalb wird, wie es in den *Philosophischen Brocken* heißt, die Existenz des Lehrers als des Befreiers zur Wahrheit unendlich bedeutsam. Das Problem der *Brocken* interpretiert Climacus in der *Nachschrift* auf die Konsequenz einer Umkehrung der Verinnerlichung ins Verhältnis zum Äußeren hin, mit der auch die ästhetischen Kategorien, somit auch das Schicksal, in einem ganz anderen Lichte erscheinen als vom Standpunkt der innerlich-freien ethischen Existenz. Dies soll nun abschließend dargelegt werden. Dazu muß nochmals auf die Bestimmung des Pathetischen in der Religiosität A zurückgegriffen werden, innerhalb derer Climacus auch auf den Schicksalsbegriff und die Kategorie des Tragischen eingeht, um sie der religiösen Innerlichkeit entgegenzuhalten. Nur unter Voraussetzung dieser Abwertung des Äußeren zugunsten der Freiheit des Geistes kann im Christentum ein neues Verhältnis zum Äußeren, eine "neue Unmittelbarkeit"[644] gewonnen werden.

2.5.2.4. Das Leiden der religiösen Leidenschaft

Der umfangreiche Abschnitt über das Pathetische ist in drei Paragraphen unterteilt, in denen Climacus 1. den *anfänglichen*, 2. den *wesentlichen* und 3. den *entscheidenden* Ausdruck des existentiellen Pathos darstellt. Der anfängliche, grundlegende Ausdruck ist "die absolute Richtung (Respekt) auf das

---

[644] Pap X^6 B 78/ Tb V, 387; vgl. Pap VIII A 649/ Tb II, 230; StLW, 513 f.

absolute Ziel (Telos) hin" (UN II, 92), der wesentliche "das Leiden" (UN II, 138) und der entscheidende ist "*Schuld*" (UN II, 235). Diese Stufung der Leidenschaft bedeutet für Climacus ein Rückwärtsgehen der Untersuchung, "sich in die Existenz vertiefend" (UN II, 236), ein Zurückgehen von der Idealität der Aufgabe hin zu den Schwierigkeiten der Realisation. "Und doch ist dieser Rückgang ein Fortschritt, insoweit es Vorwärtsgehen ist, sich in etwas zu vertiefen. (...) Aber wie alles tiefere Überlegen im Zurückgehen auf das Zugrundeliegende besteht, so ist das Zurückrufen der Aufgabe zum Konkreteren gerade Vertiefung in die Existenz" (UN II, 237). Für unsere Fragestellung ist besonders der zweite Paragraph wichtig, weil hierin das religiöse Leiden als wesentlicher Ausdruck der Leidenschaft von der Schicksalsbestimmtheit der Unmittelbarkeit abgegrenzt wird.

Die Unterscheidung des existentiellen Pathos, des leidenschaftlichen Interesses an der eigenen Existenz, vom ästhetischen Pathos ist Grundlage des gesamten Pathos-Abschnittes. Für Climacus ergibt sie sich daraus, daß das unendliche Interesse im Gegensatz zum ästhetischen Interesse auf eine Absolutheit ausgerichtet ist, auf die unbedingte Wahrheit und Erfüllung der eigenen Existenz ("ewige Seligkeit"), und diese absolute Zielrichtung kann nur dann leidenschaftlich ergriffen werden, wenn der Mensch an sich selbst *handelt*. Denn sein faktisches Leben ist ein endlich-begrenztes, so daß eine unendliche Bedeutung sich nur in der Umbildung seiner unmittelbaren Existenz vollziehen kann. "Das Pathos des Ethischen ist das Handeln" (UN II, 96).

"Im Verhältnis zu einer ewigen Seligkeit als dem absoluten Gut bedeutet Pathos nicht Worte, sondern meint, daß diese Vorstellung den Existierenden in seiner ganzen Existenz umbildet. (...) Wenn das absolute Telos dadurch, daß es sich zur Existenz des Individuums verhält, diese nicht absolut umschafft, so verhält sich das Individuum nicht existentiell-pathetisch, sondern ästhetisch-pathetisch" (UN II, 92 f.).

Um die Umbildung der Existenz zu durchdenken, greift Climacus auf Gedankengänge früherer Pseudonyme (Gerichtsrat Wilhelm und Johannes de Silentio) zurück: die "Resignation" (UN II, 100) und die "Doppelbewegung" (UN II, 115). Die absolute Ausrichtung der Existenz muß freigehalten werden von endlichen Zwecksetzungen, der Mensch muß sich von seinen relativen Bindungen und Wunschvorstellungen lösen, um sich seiner unendlichen Bedeutung bewußt zu werden und deren Erfüllung zu erstreben. Dieser erste Schritt ist die Resignation. Doch betont Climacus ebenso wie seine pseudonymen Vorgänger, daß die Resignation nicht zu einer abstrakten Flucht aus dem Leben, wie in der "Klosterbewegung" (vgl. UN II, 107 ff.), führen dürfe. Die Resignation ist nur der erste Schritt einer Doppelbewegung, die sich in der konkreten Lebensgestaltung, unter Einbezug der endlichen Ziele und Aufgaben, erfüllt. Der durch die Resignation gewandelte Umgang mit der Endlichkeit zeigt sich darin, daß man die relativen Ziele nicht mehr absolut ernst nimmt, sondern sie in ihrer Endlichkeit begreift: "das Maximum der Aufgabe besteht darin, zugleich sich absolut zum absoluten Telos und relativ zu den relativen (Zielen) verhalten zu können, oder: das absolute Telos immer bei sich zu haben" (UN II, 120 f.).

Darin besteht der anfängliche Ausdruck des existentiellen Pathos, d.h. seine ideale Bestimmung. Doch erweist sich diese Aufgabe als eine überaus schwierige, so daß ihr *wesentlicher* Ausdruck im *Leiden*[645] besteht. Anders als der Gerichtsrat sah schon Johannes de Silentio, daß die Doppelbewegung nur in kraft eines absurden Glaubens mit "Furcht und Zittern" zu vollziehen ist. Doch Climacus verschärft die Problematik nochmals, indem er die Möglichkeit einer endgültigen Erfüllung dieser Aufgabe für das irdische Leben prinzipiell bestreitet. "Denn sich selbst umzuproduzieren vermag das Individuum nicht, das wird ebenso wie das Sich-Produzieren Produziererei, und deshalb ist das Leiden das höchste Handeln im Innern." (UN II, 141).

Das Leiden als Ausdruck ethischen Handelns meint hier ein Bewußtwerden der Begrenztheit der Freiheit, mit der sich das Individuum selber gestalten kann. Daher ist Leiden "das Handeln der Innerlichkeit" (UN II, 141), weil es nicht um Bewältigung äußerer Aufgaben geht, sondern um die ethische Selbstbildung in ihnen. Jeder Versuch, die endlichen Ziele in Beziehung zum absoluten Ziel zu setzen, scheitert immer wieder an der Verflochtenheit in die konkreten Lebensabläufe. Als ein Werdender kann der Mensch niemals die Ganzheit der absoluten Zielsetzung erfassen, und diese Widersprüchlichkeit in der ethischen Existenz ist Grund des Leidens. Das Kernproblem des an seiner Aufgabe Leidenden liegt darin, daß die Resignation immer wiederholt werden muß, und "unter der Wirklichkeit des Leidens ist seine fortwährende Dauer als wesentlich für das pathetische Verhältnis zu einer ewigen Seligkeit zu verstehen" (UN II, 150 f.).

Der *entscheidende* Ausdruck des existentiellen Pathos und damit das tiefste Bewußtsein der Schwierigkeiten ethischer Selbstwerdung besteht darin, das immerwährende Mißlingen der Vermittlung von unendlicher Bedeutung und endlichem Leben als *Schuld* zu begreifen. Die Schuld ergibt sich für Climacus ganz ursprünglich aus einem Vollzug der ethischen Entscheidung, der nicht das Ganze des konkreten Lebens in den Blick zu bekommen vermag. Und dieses Vorbeigehen der Entschiedenheit am eigenen Leben ist ein prinzipieller Ausdruck der Schwierigkeit des Werdens: wegen des Fortgangs der Zeit im Augenblick der Entscheidung besteht eine prinzipielle Inkongruenz zwischen der Reflexion auf das eigene Leben und dessen augenblicklicher Entwicklung, so "daß, weil inzwischen die Zeit vergangen ist, ein verkehrter Anfang gemacht worden ist, und daß der Anfang mit dem Schuldig-Werden gemacht werden muß" (UN II, 236). "Die absolute Entscheidung im Existenz-Medium ist und bleibt doch nur eine Annäherung (...), weil das Ewige von oben auf den Existierenden zielt, der durch das Existieren in Bewegung ist, und somit in dem Augenblick, wo das Ewige trifft, schon einen kleinen Augenblick davon entfernt ist." (UN II, 197).

Das Schuldigwerden im Sinne der Verfehlung der absoluten Zielrichtung *in* der Verwirklichung der relativen Aufgaben ist somit unausweichlich, so daß zur Leidenschaft des Religiösen die Totalität des Schuldbewußtseins

---

[645] Zum Begriff des Leidens in den Climacus-Schriften vgl. Suhr (1983).

gehört: "Die Totalität der Schuld entsteht dadurch für das Individuum, daß es seine Schuld, und wäre es auch nur eine einzige, und wäre es auch die allerunbedeutendste, mit dem Verhältnis zu einer ewigen Seligkeit zusammensetzt" (UN II, 239). Wegen der Unausweichlichkeit der Schuld haftet diesem Selbstverständnis etwas Tragisches an, auch wenn Climacus den Begriff des Tragischen hierauf nicht anwendet, weil er ihn nur im ästhetischen Sinne versteht. Das Schuldigwerden ergibt sich bei Climacus aus einer quasi-schicksalhaften Notwendigkeit, denn die Selbstverfehlung liegt in der prinzipiellen Uneinholbarkeit des Existierens selbst begründet. Daher muß der Anspruch freiheitlicher Selbstbestimmung scheitern. Was diese Sicht dennoch vom Schicksalsglauben unterscheidet, ist, daß das Scheitern erst mit der versuchten Freiheit als Schuld verständlich wird. Deshalb will es Climacus auch nicht auf eine äußerliche Bestimmung zurückführen. Die Unabänderlichkeit der Selbstverfehlung muß selbst noch einmal in Freiheit als Selbstausdruck angeeignet werden, deshalb ist die Totalität des Schuldbewußtseins der entscheidende Ausdruck des existentiellen Pathos. Die tragische Ambivalenz dieser Haltung kann jedoch nicht verleugnet werden. Ihre Tragik liegt aber nicht in der Übermächtigkeit äußerer Verhältnisse, sondern in der Innerlichkeit der Freiheit selbst. Deshalb grenzt Climacus dieses Leiden auch entschieden von allem schicksalsbedingten Leiden ab.

Während das religiöse Leiden aus einer Widerspruchserfahrung der ethischen Innerlichkeit erwächst, kann für das unmittelbare, ästhetische Leben alles Leiden nur von außen verursacht sein. Denn in der Unmittelbarkeit ist die Existenz nicht in sich selbst dialektisch, der Widerstand zum eigenen Empfinden ist ein äußeres Ereignis, eine schicksalhafte Bestimmung. Das Schicksal als ein Unglück stört die Zufriedenheit des Glücks, auf das der unmittelbare Mensch in seinem Genußstreben ausgerichtet ist. Die Leiderfahrung ist für ihn immer ein unverständlicher Einbruch in seine ästhetischen Wunschvorstellungen.

"Glück, Unglück, Schicksal, unmittelbare Begeisterung, Verzweiflung: das ist das, was der ästhetischen Lebensanschauung zu Gebote steht. Das Unglück ist etwas Zufälliges in bezug auf die Unmittelbarkeit (Schicksal); (...) Die Innerlichkeit dagegen (das ethische und ethisch-religiöse Individuum) erfaßt das Leiden als das Wesentliche." (UN II, 141 f.).

"*Die Unmittelbarkeit ist Glück*, denn in der Unmittelbarkeit ist kein Widerspruch; der Unmittelbare ist wesentlich gesehen glücklich, und *die Lebensanschauung der Unmittelbarkeit ist das Glück*. (...) Der Widerspruch kommt von außen und ist das Unglück. Wenn er nicht von außen kommt, bleibt der Unmittelbare in Unwissenheit darum, daß der Widerspruch da ist. Wenn er kommt, *empfindet* der Unmittelbare das Unglück, aber er *faßt* das Leiden nicht. Der Unglückliche kommt niemals ins Einvernehmen mit dem Unglück, denn er wird nicht dialektisch in sich selbst. Entkommt er ihm aber nicht, so zeigt es sich zuletzt, daß ihm die *Fassung* fehlt, d.h. er verzweifelt, weil er es nicht faßt." (UN II, 141).

Das Glück der Unmittelbarkeit ist Ausdruck ihrer naiven, unwissenden Harmonievorstellung. Wie für Vigilius Haufniensis ist auch für Climacus dieses Einheitsempfinden nur die Unbewußtheit der inneren Widersprüchlichkeit aller menschlichen Existenz. Die Beunruhigung kann daher nur als von außen kommende Bedrohung des Glücksverlangens, als Schicksal empfunden werden. Die Fassungslosigkeit des über sein Unglück verzweifelnden Menschen entspricht der noch unverstandenen Angst, die Vigilius im Schicksalsglauben wirksam sah. Der Widerspruch zwischen Glücksverlangen und tatsächlichem Unglück wird nicht als innerer Widerspruch bewußt, d.h. für Climacus, er wird nicht als Leiden erfaßt. Das Leiden wäre als Verinnerlichung des Unglücks das Eingeständnis der Relativität des Glücks und damit der Bruch mit der Unmittelbarkeit. Das schicksalhafte Unglück stellt den Unmittelbaren vor die Möglichkeit des Leidens, indem es die Harmonie zerstört und ihn verzweifeln läßt. Doch die Verzweiflung ist für Climacus, wie die Angst der Unschuld für Vigilius, der Zustand, in dem der Mensch sich noch nicht seiner wahren Bedeutung bewußt geworden ist, sondern den Widerspruch nur als äußerlich empfindet. Das Leiden ist somit ein Bewußtwerden des wahren Grundes der Verzweiflung. In der Verzweiflung ist "der Übergang zu einem anderen Verständnis des Unglücks möglich gemacht (...), d.h. dazu, das Leiden zu erfassen, ein Verständnis, das nicht bloß dieses oder jenes Unglück erfaßt, sondern das wesentlich das Leiden erfaßt" (UN II, 141).

Der Unterschied zwischen Leiden und Verzweiflung liegt somit darin, daß der Verzweifelnde noch immer von seiner unmittelbaren Glücksvorstellung geprägt ist und sein Unglück nicht damit zusammenbringen kann und fassungslos wird. Der Leidende hingegen hat Abschied genommen vom naiven Glücksverlangen und sieht die Widersprüchlichkeit seiner Existenz als unausweichlich an. In der prinzipiellen Unerfüllbarkeit des Lebens sieht der Leidende daher auch den Grund der unmittelbaren Verzweiflung, den der Unmittelbare selbst nicht erfassen konnte. Nicht die Harmonie, sondern die Disharmonie ist die Realität menschlichen Lebens, wenn das Leben unter dem Anspruch einer unbedingten Erfüllung (ewige Seligkeit) gesehen wird, und es kommt alles darauf an, sich dessen bewußt zu werden: "religiös gesehen sind alle Menschen leidend und es kommt gerade darauf an, in das Leiden hineinzukommen (nicht dadurch, daß man sich darein stürzt, sondern daß man entdeckt, daß man darin ist)" (UN II, 144).

Von der Perspektive religiösen Leidens aus wertet Climacus auch das tragische Leiden ab, weil es noch in der Unmittelbarkeit des Widerspruchs verbleibe. Das Tragische ist für ihn ebenso wie das Komische durch einen Widerspruch zwischen Idee und Wirklichkeit, "zwischen dem Unendlichen und dem Endlichen, dem Ewigen und dem Werdenden" (UN I, 81 f.), gekennzeichnet. "Das Tragische und das Komische sind dasselbe, insoweit beide den Widerspruch bezeichnen, aber *das Tragische ist der leidende Widerspruch, das Komische der schmerzlose Widerspruch.*" (UN II, 223). In dieser Widerspruchserfahrungen befangen hebt sich der unmittelbar Leidende nicht über sein tragisches Lebensgefühl hinaus, er kommt zu keiner gelassenen, versöhnten Sicht auf die Widersprüche, wie es Frater Taciturnus mit seiner Vorstellung der Einheit des Tragischen und des Komischen für möglich hielt. Für Climacus ist diese über den unmittelbaren Widersprüchen stehende Sicht nur im religiösen Bewußtsein möglich, in dessen Verinnerlichung - der "Doppelreflexion" - wird der Gegensatz des Tragischen und Komischen aufgehoben: "Der relative Unterschied, der in der Unmittelbarkeit zwischen dem Komischen und dem Tragischen besteht, schwindet in der Doppelreflexion dahin, in der der Unterschied unendlich und durch die Identität gesetzt wird" (UN I, 81). An die Stelle der zweiten Potenz des Tragischen, die Taciturnus als leidenschaftliches Sich-Verhalten zur Einheit des Tragisch-Komischen bezeichnete und als Übergang zum Religiösen darstellte, tritt bei Climacus der Begriff des *entscheidenden Pathos*. Der Begriff des Tragischen kann somit bei ihm nicht die religiöse Bedeutung erlangen, die er für Taciturnus hatte. Das Tragische bleibt bei Climacus als unmittelbare Widerspruchserfahrung in der Verzweiflung stecken: "Die tragische Auffassung sieht den Widerspruch und verzweifelt über den Ausweg." (UN II, 227).

Der religiösen Verinnerlichung der Lebenswidersprüche entspricht die ethische Aufgabe, sein Leben zu wagen, ohne auf die äußeren Folgen, den glücklichen oder unglücklichen Ausgang zu achten. Der Kern der leidenschaftlich interessierten Freiheit besteht in dieser Unabhängigkeit von den äußeren Umständen, wie sie im Akt der Resignation gewonnen wird. "Wenn irgend etwas in der Welt den Menschen das Wagen lehren kann, so ist es die Ethik, die lehrt, alles für ein Nichts zu wagen" (UN I, 138). Weil derart die Auswirkungen des Handelns für das ethische Interesse uninteressant werden sollen, wendet sich Climacus gegen das "welthistorische Interesse" der Menschen, einen geschichtlichen Einfluß haben zu wollen (vgl. UN I, 124 f.). Da sich das Ganze der Lebenszusammenhänge dem menschlichen Bewußtsein entziehe, könne eine Reflexion über die objektive geschichtliche Bedeutung einer Handlung niemals zu einer Entscheidung führen. Jede Entscheidung bleibe angesichts der Ungewißheit der Auswirkungen ein Wagnis, das sich nur durch ein Vertrauen auf die absolute Berechtigung der eigenen freien Lebensgestaltung vollziehen lasse. Ansonsten bliebe nur wieder die Fassungslosigkeit der Verzweiflung angesichts der realen Lebensbehinderungen und -konsequenzen. Im absoluten Vertrauen in die Berechtigung der eigenen Freiheit liegt zugleich der Glaube an eine Vermittlung des eigenen Handelns mit einem umfassenderen Lebenssinn, die nicht mehr in der Macht der eigenen Freiheit, sondern in der Macht Gottes liegt. Dies ist der Glaube an eine Vorsehung, die den Ausgang der eigenen Handlungen, deren Konsequenzen im geschichtlichen Lebenszusammenhang, bewirkt (vgl. UN I, 127 f.). Dieser Vorsehungsglaube entspricht der Auffassung des Climacus, daß es *für Gott* ein "System des Daseins" geben könne (vgl. UN I, 111). Daher gibt es auch einen welthistorischen Zusammenhang, einen geschichtlichen Sinn des ethischen Handelns, der jedoch allein für Gott, nicht für den Menschen einsehbar ist. Gott allein weiß um die Vermittlung von individueller Freiheit und geschichtlicher Entwicklung.

"Für Gott ist die welthistorische Auffassung durchwirkt von und mit seinem Mitwissen um das innerste Geheimnis des Gewissens beim größten wie beim geringsten Menschen. Will ein Mensch diesen Standpunkt einnehmen, so ist er ein Narr; (...) Daß das Ethische in der Weltgeschichte gegenwärtig ist, wie überall da, wo Gott ist, wird darum nicht geleugnet, wohl aber, daß der endliche Geist es darin in Wahrheit sehen kann" (UN I, 131).

Für den Menschen bleibt nur, im Vertrauen auf die göttliche Sinnhaftigkeit der Geschichte sein eigenes Leben zu wagen. Und in existenzdialektischer Konsequenz bemerkt Climacus, daß gerade die Erfahrung des Sinnentzugs die Leidenschaft des Lebenswagnisses als ein nicht begründbares Vertrauen verstärke. Je ungewisser der Ausgang, je uneinsichtiger der Sinn der eigenen Entscheidungen ist, desto größer wird die Leidenschaft, mit der die Entscheidung vollzogen wird.

"Wer glaubt, daß es einen Gott und eine Vorsehung gibt, hat es dadurch leichter (den Glauben zu bewahren), hat es leichter, bestimmt den Glauben (und nicht eine Einbildung) in einer unvollkommenen Welt, wo die Leidenschaft wachgehalten wird, zu bekommen, leichter als in einer absolut vollkommenen Welt. In der ist nämlich Glaube undenkbar. Daher auch die Lehre, daß der Glaube in der Ewigkeit abgeschafft wird." (UN I, 25).

Im absoluten Gottesverhältnis als dem Grund des Lebenswagnisses wendet sich der Mensch von grandiosen Vorstellungen seiner Möglichkeiten ab und den einfachsten Aufgaben des Menschseins zu. Nicht Selbstbehauptung, sondern Selbstvernichtung (als Eingeständnis der Endlichkeit der Freiheit) ist höchster Ausdruck der Leidenschaft im Gottesverhältnis. Dies ist die "Demut" vor Gott angesichts des absoluten Unterschieds von Gott und Mensch. "Welche Demut? Diejenige, die ihre menschliche Niedrigkeit ganz eingesteht, mit demütigem Freimut vor Gott als dem, der dies wohl besser weiß als der Mensch selbst." (UN II, 201). Die Demut äußert sich in einer Dankbarkeit Gott gegenüber, auch wenn die Lebensumstände als Unglück erfahren werden. Denn innerhalb des Gottesverhältnisses gibt es keine Gewißheit darüber, ob ein Ereignis Glück oder Unglück ist (vgl. UN II, 154 Anm.).

Die demütige Haltung ist für Climacus als ein unbedingtes Ja zum Menschsein zu verstehen, gerade weil mit ihr einer übermenschlichen Sicht der Freiheit widersprochen wird, wie sie sich etwa in der "Klosterbewegung" zeige. Denn diese ist "ein Versuch, mehr sein zu wollen als ein Mensch, ein begeisterter, vielleicht frommer Versuch, Gott gleichen zu wollen" (UN II, 201). Dieser religiösen Hybris stellt er das alltäglich-einfältige Menschsein gegenüber, wie es sich etwa in dem Vergnügen eines Ausflugs in den Wildpark zeige: "Weil es der demütigste Ausdruck für das Gottesverhältnis ist, sich zu seiner Menschlichkeit zu bekennen, und es ist menschlich, sich zu vergnügen." (UN II, 202).

So gleicht der wahrhaft Religiöse äußerlich ganz dem Spießbürger, weil es ihm nicht auf das Äußerliche ankommt und er in jeder Lebenslage sein absolutes Gottesverhältnis zu leben versucht. Doch gerade in dieser Beliebigkeit des Äußeren stellt sich für den "Ritter der verborgenen Innerlichkeit" (UN II, 208) das Leiden am religiösen Auftrag in aller Schärfe dar:

"Aber darin liegt das tiefste Leiden der wahren Religiosität, das tiefste, das überhaupt denkbar ist: sich absolut entscheidend zu Gott zu verhalten, und keinen entscheidenden Ausdruck dafür im Äußeren haben zu können" (UN II, 201).

Statt zu einer wirklichen Gelassenheit in den alltäglichen Freuden und Aufgaben des Menschseins zu finden, verspürt der religiös Leidende den belastenden Konflikt, sein absolutes Gottesverhältnis niemals mit den eigenen Lebensumständen zur Deckung bringen zu können. Dies führt dazu, das Gottesverhältnis sich immer wieder neu als Aufgabe vor Augen halten zu müssen und damit zugleich auch die Inkommensurabilität von Endlichkeit und Absolutem im eigenen Leben sich jeden Augenblick einzugestehen. In dieser Perspektive ist das Gottesleiden keine Befreiung zu sich selbst (wie es der ideale Sinn des Gottesverhältnisses wäre), sondern eine Gefangenschaft des Menschen: "sich in der absoluten Vorstellung von Gott absolut gefangen fühlen" (UN II, 192).

"Ist die Vorstellung von Gott auch die absolute Hilfe, so ist sie auch die einzige, die absolut vermag, dem Menschen seine eigene Hilflosigkeit zu zeigen. Wie ein hilfloses Kind liegt der Religiöse in der Endlichkeit; er will die Vorstellung absolut festhalten, und das vernichtet ihn gerade; er will alles tun, und währenddem er das will, fängt die Ohnmacht an, denn für den Endlichen gibt es ja ein Währenddem; er will alles tun, er will dies Verhältnis absolut ausdrücken, aber er kann die Endlichkeit nicht kommensurabel dafür machen." (UN II, 193).

In der Religiösität A, um die es hier geht, kommt der Mensch an die Grenze seiner Freiheitsentfaltung, weil das Gottesverhältnis gerade die Selbstaufgabe der Freiheit in der demütig-dankbaren Selbstvernichtung verlangt. Als deren Sinn erscheint die völlige Durchdringung des Lebens mit der Lebendigkeit des Gottesverhältnisses, doch da dieses Ideal immer wieder an der inneren Widersprüchlichkeit der werdenden Existenz scheitert, ist der Gipfelpunkt immanenter Religiösität zugleich die "Krisis der Krankheit" (UN II, 197), sich Gott gegenüber absolut hilflos zu fühlen wie ein Fisch auf dem Trockenen. Und als Grund dieser Krankheit nennt Climacus einen Aspekt der Religiösität A, der als ein Mangel über sie hinaus weist auf die christliche Religiösität B: Gott ist als das absolut Verschiedene kein wirkliches Gegenüber: "so ist das Leiden der Vernichtung für den Religiösen, wenn er in seiner Nichtigkeit die absolute Vorstellung hat, aber keine Gegenseitigkeit" (UN II, 192 f.)!

Hier zeigt sich nun, inwiefern das absolute Paradox des Christentum, der werdende Gott, zu einem befreiten Menschsein verhelfen kann: Gott kommt dem Menschen wirklich und leibhaftig entgegen, in der Endlichkeit des eigenen Lebens. Dies sprengt die ohnmächtige Innerlichkeit der leidenden Religiösität A auf und öffnet den Menschen für eine ihm entgegenkommende Wahrheit. Das Äußere ist für die Erfüllung des Menschseins nicht mehr das Beliebige, sondern das schlechthin Entscheidende, gerade weil die Innerlichkeit sich letztlich als absolute Ohnmacht der Freiheit erweist.

"Das Erbauliche in der Sphäre der Religiösität A ist das der Immanenz, ist die Vernichtung, in welcher das Individuum sich beiseite schafft, um Gott zu finden, da es nämlich das Individuum selbst ist, das ein Hindernis bildet. (...)

In der Religiosität B ist das Erbauliche ein Etwas außerhalb des Individuums; (...) Das Paradoxe liegt darin, daß dieses scheinbar ästhetische Verhältnis, daß das Individuum sich zu etwas außerhalb seiner verhält, doch das absolute Gottesverhältnis sein soll" (UN II, 271 f.).

Es ist höchst bedeutsam für das Verständnis Kierkegaards, daß sich für Climacus mit dem Christ-Werden das Verhältnis des Menschen zur äußeren Lebenswirklichkeit und -geschichte neu bestimmt. Nicht die verborgene Innerlichkeit, die für ihn zugleich Gipfelpunkt wie Krisis der immanent-humanen Lebensmöglichkeiten darstellt, ist die Existenzweise des Christen, sondern ein quasi-ästhetisches Verhältnis zur Wahrheit als der neuen Unmittelbarkeit, die ihm von außen entgegenkommt. Freilich ist für diese neue, paradoxe "Ästhetik" des Glaubens die Dialektik der Verinnerlichung vorausgesetzt, so daß es sich in der Innerlichkeit entscheidet, ob der Mensch sich zu der Wahrheit des geschichtlichen Gottes glaubend verhält. Aber im Unterschied zur verborgenen Innerlichkeit der Religiosität A, die in jeder beliebigen Lebenslage das absolute Gottesverhältnis im Inneren zu vollziehen versucht, ist für die christliche Religiosität das äußerliche Verhältnis selbst entscheidend und gerade nicht beliebig (was auch die ganze "Äußerlichkeit" der geschichtlich-kirchlichen Vermittlung des werdenden Gottes mit einschließt). Deshalb liegt das Mißverständnis einer ästhetischen Religiosität dem Christentum näher als der ethisch-religiösen Humanität. Climacus weist ausdrücklich auf die Gefahr hin, die neugewonnene Unmittelbarkeit ästhetisch eitel zu nehmen und somit das Ereignis der Glaubensmitteilung als Schicksalsfügung mißzuverstehen.

Diese Gefahr des ästhetischen Mißverständnisses, das sich aus der Analogie der christlichen Glaubenshaltung zu ästhetischen Unmittelbarkeit ergibt, zeigt Climacus an einem bestimmten Aspekt auf: daß sich nämlich der Christ im Gegensatz zur Allgemeinheit der humanen Religiosität als ein Auserwählter verstehen muß. Das Gottesverhältnis ereignet sich als eine konkrete Begegnung, die jedem Menschen in seiner einmaligen, geschichtlich-leibhaftigen Situation zuteil wird. Daher ist sie als solche nicht ein Allgemeines, sondern ein nur dem einzelnen geltendes Offenbarwerden Gottes. Diese religiöse Einmaligkeit steht für Climacus in Analogie zur ästhetischen Besonderheit des Glücks, die ja gerade in der ethisch-religiösen Allgemeinheit aufgehoben war zur Indifferenz der äußeren Umstände. Sich in diesem "Glück" der Glaubensmitteilung als ein ästhetisch Ausgesonderter, von Gott Bevorzugter zu verstehen, ist das ästhetische Mißverständnis des Glaubens, das nach Climacus der Prädestinationslehre zugrundeliegt.

"Die Religiosität B ist absondernd, aussondern, polemisch: nur unter dieser Bedingung werde ich selig, und wie ich mich absolut dadurch binde, so schließe ich jeden anderen aus. Dies ist das Inzitament des Partikularismus in dem allgemeinen Pathos. Jeder Christ hat Pathos wie in der Religiosität A, und sodann dieses Pathos der Aussonderung. Diese Aussonderung gibt dem Christen eine gewisse Ähnlichkeit mit einem durch Begünstigung Glücklichen; und wenn dies von einem Christen selbstisch so aufgefaßt wird, haben wir die verzweifelte Anmaßung der Prädestination." (UN II, 295 f.).

In Wahrheit ist die Aussonderung des Christen aus der allgemeinen Religiosität "so paradox wie nur möglich dem entgegengesetzt, ein Glückspilz zu sein", weil "das Glück des Christen am Leiden erkennbar" ist (UN II, 296). Darin zeigt sich, daß die Aneignung der neuen Unmittelbarkeit nur kraft des innerlichen Pathos geschehen kann, das sich in der Religiösität A verwirklichte. Und so wie dieses am Leiden kenntlich war, weil der Mensch immer wieder die Inkommensurabilität von Unendlichkeit und Endlichkeit in seinem konkreten Leben erfahren muß, so steigert sich dieses Leiden für den Christen noch mehr, insofern ihm zugleich mit der geschichtlich begegnenden Befreiung die innere Ohnmacht der Freiheit in ihrer ganzen Tiefe bewußt wird (als Sündenbewußtsein). Damit das äußere Leben eine solch entscheidende Bedeutung bekommen kann, muß ein radikaler Bruch in der Selbstaneignung der Lebenswahrheit geschehen sein, die das Christ-Werden als Neuschöpfung erscheinen läßt. In der Reflexion (der Verinnerlichung) dieses Bruchs liegt das gesteigerte Pathos (Leiden) des Christ-Werdens, das Climacus unter den drei Aspekten "Sündenbewußtsein", "Möglichkeit des Ärgernisses" und "Schmerz der Sympathie" behandelt (UN II, 296 ff.). Unter dem "Schmerz der Sympathie" (UN II, 299) versteht er das nichtästhetische, sondern religiös-wahrhaftige Empfinden der Ausgesondertheit des Christen, der darunter leidet, seine Glaubenserfahrung nicht allen Menschen, selbst den geliebten nicht, mitteilen zu können, sondern wesentlich nur anderen Christen. In dieser Weise deutet Climacus das harte Wort des Evangeliums, daß ein Christus Nachfolgender Vater und Mutter zu verlassen, ja zu hassen habe. "Denn heißt es nicht gleichsam sie hassen, wenn er seine Seligkeit an eine Bedingung knüpft, von der er weiß, daß sie sie nicht annehmen?" (UN II, 299). Auch dieses Pathos hat eine Analogie im Ästhetischen, insofern ein durch das Glück Bevorzugter, falls er das Unglück der anderen nicht verdrängt, über diesen Unterschied zwischen seinem Glück und dem Unglück anderer unglücklich wird (vgl. UN II, 296). In ähnlicher Weise sympathisiert der Christ mit den Nicht-Christen und leidet darunter, daß er dieser Sympathie keinen direkten Ausdruck geben kann. Er muß abstoßen als ein von Gott Ausgesonderter. Dieses von Climacus nur angedeutete Verhältnis des Christen zur Mitwelt verweist schon auf die in den folgenden Jahren von Kierkegaard immer stärker herausgestellte Bedeutung der Nachfolge Christi, insofern der Schmerz der Sympathie ein Ausdruck der unglücklichen Liebe Gottes zu den Menschen ist, die in ihrer gelebten Konsequenz zum Leiden des Unschuldigen als dem paradoxen Gipfel menschlicher Wahrheit führt: "Nur im Paradox-Religiösen, dem Christlichen, kann es gelten, und vom Paradox, daß das unschuldig Leiden ein höherer Ausdruck als das schuldig Leiden ist." (UN II, 245). In dieser Akzentuierung des Mit-Leidens der christlichen Liebe zeigt sich ein Bedeutungsgehalt der nicht-ästhetischen neuen Unmittelbarkeit, die auch eine Integration der für die ethisch-innerliche Religiösität A letztlich bedeutungslosen Solidarität im geschichtlich-engagierten Handeln in das christliche Leben erkennbar macht.[646] Gerade nicht Schicksalsabhängigkeit, sondern Kampf gegen das Schicksal wäre der rechte Ausdruck dieser neuen Unmittelbarkeit des Mit-Leids.

---

[646] Vgl. Deuser (1985b), 176 ff.; Kodalle (1988), 118 ff.

2.6. Zusammenfassung: Schicksal und Tragik in Kierkegaards pseudonymen Werken

Was bei der Thematisierung des Tragischen und darin eingeschlossen des Schicksals in den pseudonymen Werken zunächst auffällt, ist die Vielfalt der Perspektiven, die scheinbar nicht in einen einheitlichen Gedanken integriert werden können. Der Ästhetiker A sucht nach einem modernen Verständnis des Tragischen, das die ethische Wende zur Innerlichkeit des Subjekts zugleich voraussetzt und überwindet. Er greift dabei auf das antike Verständnis des Schicksals als einer blinden Macht zurück und sieht in ihm die Möglichkeit einer ästhetischen Versöhnung des an seinen inneren Konflikten leidenden modernen Individuums mit der Wirklichkeit. Das Tragische tritt so als ästhetisch-religiöse Alternative zum christlichen Sündenbewußtsein auf. Der Ethiker kritisiert diese Haltung als Ausdruck eines fehlenden persönlichen Gottesbewußtseins und stellt ihr die ethische Freiheit der absoluten Wahl gegenüber. In der Souveränität des sich selbst in seiner ganzen Konkretheit wählenden Menschen gibt es keinen Platz mehr für Schicksal und Tragik. Ein psychologischer Zugang zu den tragischen Tiefendimensionen des Lebens ist dem Gerichtsrat fremd. Nur marginal geht er auf die Probleme einer Ausnahmeexistenz ein, alle Schwierigkeiten der Selbstkonstituion versucht er aufzufangen in einem harmonistischen Vorsehungsglauben. In der Kritik dieser ethischen Lebensanschauung durch die folgenden Pseudonyme spielt der Begriff des Tragischen wieder eine bedeutsame Rolle, besonders in *Furcht und Zittern*. Die Ausnahmeexistenzen, die am ethischen Anspruch scheitern, sind hierbei von besonderem Interesse. Die Tragik ihres Lebens besteht in der Isolierung gegenüber der Allgemeinheit des Ethischen, wodurch sie auf die Dimension des Religiösen als einer neuen Möglichkeit der Versöhnung hinweisen. Allerdings gibt es in *Furcht und Zittern* neben dieser weiten Bedeutung des Tragischen auch einen engeren Tragikbegriff im Sinne des tragischen Helden der antiken Tragödie, den Johannes de Silentio als Ausdruck einer Pflichtenkollision innerhalb der hegelianisch gedachten unmittelbaren Sittlichkeit versteht. Mit dieser ethischen Engführung unterscheidet sich sein Verständnis des antiken Tragischen sehr von dem des Ästhetikers, während de Silentios weiterer Tragikbegriff A's Gedanken verwandt ist. Die von A intendierte ästhetisch-religiöse Alternative gegenüber dem christlichen Ernst formuliert auch Frater Taciturnus mithilfe des Tragikbegriffs. Wie A sucht auch er nach einem modernen Verständnis des Tragischen, das die reflektierte Haltung des modernen Menschen zugleich voraussetzt und überwindet. Durch den Einbezug der Reflexion, die die Innerlichkeit des Menschen als Ort tragischer Konflikte eröffnet, unterscheidet er seinen Tragikbegriff von dem der tragischen Dichtung, in der die Konflikte auf äußere, schicksalhafte Begebenheiten zurückgeführt werden. Seine eigene Sicht des Tragischen erschließt sich ihm durch die Psychologie, sein "psychologisches Experiment" stellt er als neue literarische Gattung den überlieferten Formen der Tragödie und Komödie gegenüber. Durch die Reflexion hat sich der Mensch über die unmittelbare Tragik des Lebens erhoben, weshalb sein Empfinden innerer Konflikte zugleich von jener Distanz zum Ernst der Wirklichkeit durchdrungen ist, die das Komische auszeichnet. Die Einheit von Tragik und Komik prägt Taciturnus' eigene Lebensanschauung, die er der religiösen Haltung alternativ gegenüberstellt. Jedoch formuliert er auch die Möglichkeit der religiösen Lebensanschauung mithilfe des Tragikbegriffs, der hier in zweiter Potenz zu einer neuen Leidenschaft nach der Reflexion, zu einer "neuen Unmittelbarkeit" führt. Die Alternative lautet für ihn: entweder tragisch-komische Gelassenheit oder eine auf ihr aufbauende religiöse Leidenschaft, die sich im Vertrauen auf Gottes unergründliche Möglichkeiten den tragischen Konflikten des Lebens zu stellen wagt. Das Tragische hat in seinen Gedanken somit vor allem die Bedeutung leidenschaftlichen Ernstnehmens der Wirklichkeit, während der Tragikbegriff der Dichtung und die in ihm eingeschlossene Bedeutung schicksalhafter Äußerlichkeit abgewertet wird. In ihr vermag sich das Selbstbewußtsein des modernen, reflektierten Menschen nicht angemessen auszudrücken. Wie bei A dient ihm das Tragische als ästhetisch-religiöse Alternative zum Glauben, jedoch steht Taciturnus in größerer Distanz zur ästhetischen Unmittelbarkeit als A, weshalb er nicht mehr auf die blinde Schicksalsmacht der Antike zurückgreift, sondern eine distanzierte Gelassenheit zu leben versucht. Den Übergang zur höheren Leidenschaft des Glaubens vermag er nur psychologisch - ex negativo - an der Fehlform der dämonischen Existenz des Quidam zu verdeutlichen. Hiermit setzt er die Ausnahmediskussion der Pseudonyme fort. Das treibende Motiv ist hierbei die Haltung zur eigenen Schuld, die von schicksalhaften Umständen mitbedingt scheint und doch ethisch von ihnen getrennt werden muß. Angesichts der Zweideutigkeit der Schulderfahrung gelingt dies nur in einer religiösen Haltung, die mit den eigenen Lebensumständen zu versöhnen vermag. Auch für Johannes Climacus ist die Schulderfahrung ein zentrales Moment religiösen Lebens. Seine Reflexion der prinzipiellen Widersprüchlichkeit der Existenz erlaubt keine Position der Gelassenheit mehr, die nicht Flucht vor sich selbst wäre. Alles kommt darauf an, sich mit Leidenschaft zum eigenen Existieren zu verhalten, dies ist der Kern des religiösen Selbstverständnisses. Hierzu greift er nicht auf den Begriff des Tragischen zurück, der bei ihm ganz auf die vom Frater kritisierte äußerliche Bedeutung einer unmittelbaren Tragik reduziert wird. Sachlich jedoch deckt sich das von ihm dargestellte religiöse Pathos mit Taciturnus' zweiter Potenz des Tragischen. Schicksal und Tragik werden von Climacus abgewertet, weil er die höchste Leidenschaft und damit die menschlich-wahrhaftigste Existenzmöglichkeit in der Entscheidung für das eigene Schuldigsein im Sinne eines prinzipiellen Versagens an der ethischen Existenzaufgabe der Selbstwerdung sieht. Anders als beim Ethiker B, für den sich die Freiheit auch nur unter Annahme des Schuldigseins vollziehen kann, der aber kein prinzipielles Scheitern am Ethischen kennt, erlangt so die Freiheit der totalen Schuldübernahme selbst einen tragischen Charakter. Die Höchstform menschlicher Existenz, die er in der Freiheit der Innerlichkeit sieht, wird hierdurch zugleich zur Fehlform, weil sie nur immer wieder ihr eigenes Scheitern eingestehen kann. Dem stellt Climacus die christliche Lebensform als Befreiung des Menschen aus den Zwängen seiner Innerlichkeit dar. Die Äußerlichkeit erlangt so innerhalb des Christlichen eine ganz neue Bedeutung. Die Gnade der Vermittlung mit einer geschichtlichen Wirklichkeit wahrhaften Lebens ist die nicht konstruierbare Antwort auf die Tragik des Rückzugs der Freiheit in die eigene Innerlichkeit. Alles kommt darauf an, die in diesem (quasi-) schicksalhaften Ereignis wirkende Macht als befreiende, personale Wirklichkeit anzunehmen.

In diesem facettenreichen Gedankenspektrum läßt sich doch ein gemeinsames Zentrum erahnen, um das sich die Gedanken zum Tragischen bei aller Differenziertheit der Perspektiven bewegen. Alle Versuche, die Bedeutung des Tragischen herauszustellen, gehen aus von der Reflektiertheit des modernen Menschen, der sich mit dem ethischen Ideal freiheitlicher Selbstbestimmung konfrontiert sieht. Daher wird von allen Pseudonymen ein Verständnis des Tragischen, das sich auf äußere, schicksalhafte Konflikte bezieht, abgewertet. Der Schicksalsbegriff verliert in diesem Sinne an Bedeutung und tritt hinter die Formulierung der inneren Tragik des modernen Menschen zurück. In der Loslösung von den äußeren Schicksalsereignissen gewinnt der Tragikbegriff eine neue Bedeutung als Infragestellung der ethischen Freiheit der Selbstbestimmung. Während der Ethiker B entschieden für dieses Ideal eintritt und daher jedes tragische Lebensverständnis abwehrt, hinterfragen es die übrigen Pseudonyme aus der jeweiligen Perspektive ihrer Lebensanschauung. Insbesondere die vom Gerichtsrat dargestellte Konkretion der Selbstwahl in den persönlichen Lebensumständen wird - anhand der Ausnahmeexistenzen oder durch das prinzipielle Durchdenken der Existenzwidersprüche - als fragwürdig aufgewiesen. Damit ergibt sich die Gefahr eines sich im ethischen Akt isolierenden Ichs, das sich nicht mit der Wirklichkeit zu vermitteln vermag und seine Freiheit in der Undurchschaubarkeit der Schicksals- und Schuldverflochtenheit zu verlieren droht. Als Ausweg wird von allen Pseudonymen, sogar vom Ästhetiker A, ein religiöses Selbstverständnis in den Blick genommen, das ein neues Verhältnis zur uneinholbaren Faktizität der eigenen Selbstbestimmung ermöglicht. Bei der Formulierung dieser religiösen Lebensanschauung differieren die Pseudonyme zwar erheblich, jedoch dient vielfach der Begriff des Tragischen dazu, deren Sinn zu erhellen. Dabei wird die Bedeutung des Tragischen darin gesehen, daß in ihm der Mensch als prinzipiell verflochten erscheint in seine Freiheit um- und übergreifende Zusammenhänge, die ihrerseits nicht nochmals auf die endliche Freiheit des einzelnen zurückgeführt werden können. Damit findet sich auch in den pseudonymen Werken jene Verbindung von Geschichtlichkeit und Tragik, die Kierkegaard schon in einer frühen Tagebuchaufzeichnung formulierte: "Alles wird doch dadurch tragischer, daß man es, wenn ich so sagen darf, geschichtlich macht, es zu etwas macht, was nicht bloß mir geschieht, sondern der ganzen Welt" (Pap I A 208/ Tb I, 80). Ausdrücklich benennt schon der Ästhetiker A diese Bedeutung des Tragischen: es vermittelt dem Menschen eine geschichtliche Kontinuität seines Lebens, die die Härte des Scheiterns an den inneren Konflikten zu mildern vermag. Darin entspricht es der christlichen Erbsündenlehre, die die Menschen mit ihrem ethischen Schuldigsein zu versöhnen vermag, indem sie auf die Schuldverflochtenheit aller Menschen hinweist. Die tragische Kontinuität wird von dem Ästhetiker aber als Befreiung vom Schuldbewußtsein selbst verstanden und somit als ästhetische Alternative zum christlichen Ernst vorgestellt - darin vergleichbar der tragisch-komischen Gelassenheit des Taciturnus. Der Ethiker B dagegen sucht die Kontinuität des schuldigen Selbst durch die Reue zu gewinnen, wobei er in ihr die Möglichkeit neuen, frei-verantwortlichen Lebens in Kraft der Freiheit selbst gegeben sieht. Weil er derart an die Souveränität des ethischen Menschen glaubt, spielt die Erbsündenlehre bei ihm keine entscheidende Rolle. Für Johannes Climacus dagegen ist die totale Schuldübernahme die tragische Krisis der Verinnerlichung, die nur mehr durch ein äußerlich-geschichtliches Wirken Gottes zu lösen ist. Für die Freiheit selbst ist die Erlangung der Kontinuität, der geschichtlichen Selbstidentität eine nie gelingende Aufgabe.

Die unmittelbare Erfahrung der Eingebundenheit des Menschen in natürliche und geschichtliche Zusammenhänge dient so als ein Korrektiv zur ethischen Absolutheit des Subjekts, das auf das religiöse Selbstverständnis verweist, in dem sich der Mensch zu seiner Schuld trotz der undurchdringlichen Bedingtheit seiner Freiheit bekennen kann, weil er seine Lebensganzheit in all ihrer Zufälligkeit als von Gott gewollt ansieht. Das Tragische bildet eine eigene Lebensanschauung, die mit steigender Betonung des Freiheitsbewußtseins von der ästhetischen Versöhnung, wie sie A formuliert, über die tragisch-komische Gelassenheit des Frater Taciturnus bis hin zur Leidenschaft des Religiösen führt. Somit kann neben der Abwertung eines äußerlichen Verständnisses des Tragischen ein ästhetisch-religiöser Tragikbegriff in den Pseudonymen festgestellt werden, der als Alternative vor allem zur ethischen, aber auch zur religiösen Lebensanschauung vorgestellt wird. Hiermit verbunden ist an mehreren Stellen ein Schicksalsverständnis, das dem des *Begriff Angst* nahesteht. Schicksal meint hier nicht mehr die äußerlichen Widerstände, die zu einer tragischen Konfliktsituation führen. In der Abwertung dieses unmittelbaren Tragikverständnisses sind sich alle Pseudonyme, auch der Ästhetiker, einig, weil es der reflektierten Innerlichkeit des modernen Menschen nicht gerecht werden kann. Jedoch wird das Schicksal als ästhetisch-religiöser Ausdruck für jene Abhängigkeitserfahrung, die den Menschen auf die größeren Lebenszusammenhänge hinweist, ernst genommen. Die Eingebundenheit in eine "schicksalsschwangere Notwendigkeit" (EO I, 168) ist für den Ästhetiker Ausdruck einer vorethischen Religiosität, und für den Ethiker B ist genau dies der Ansatzpunkt seiner religiösen Kritik an A's Schicksalsglauben. Aber auch in *Furcht und Zittern* findet sich die Vorstellung der blinden Schicksalsmacht, die die Tragik der natürlichen Ausnahmeexistenzen begründet. Daher ist die religiöse Alternative zur tragischen Lebenssicht der Glaube an eine persönliche Macht als dem freien Grund aller Lebenzusammenhänge, ja allen Werdens überhaupt, wie Climacus in den *Philosophischen Brocken* formuliert. Deshalb kann die Versöhnung durch zufällige äußere Umstände, wie beim jungen Mann der *Wiederholung*, nicht als wahre Lösung seiner nihilistischen Klage über die Unergründlichkeit des Schicksals angesehen werden. Dies ist ein Rückfall hinter die Tiefe des Tragischen, wie es die Pseudonyme formulieren. Nur die religiöse Tiefe des Lebenswagnisses im Vertrauen auf die göttliche Macht kann einen weiteren Schritt zur Freiheit bedeuten. Doch dies setzt die psychologische Reflexion der tragischen Tiefendimension des Lebens voraus, damit man "recht auf die Schwierigkeit der Entscheidung aufmerksam" (UN II, 87) werden kann. Auch diese Bedeutung der Psychologie für die Darstellung der Tragik und des Schicksals verbindet die meisten Pseudonyme bei aller Verschiedenheit mit Vigilius Haufniensis, wobei durch den Bezug auf die reflektierte Existenz des modernen Menschen auch die Kategorie der Zweideutigkeit eine zentrale Rolle spielt. Über die Analysen der anderen Pseudonyme geht Vigilius aber hinaus, indem er die Angst als psychischen Ausdruck einer Selbstverstellung der Freiheit deutet. Seine Psychologie soll hinführen zu einer philosophischen Bestimmung konkreter Freiheit, die zugleich die Bedingungen der Unfreiheit mitreflektiert und in die strukturelle Bestimmung menschlicher Existenz einbezieht. Hierin findet auch die pseudonyme Thematisierung des Tragischen ihre anthropologische Vertiefung.

In welcher Weise die von den Pseudonymen als Alternative zur Tragik vorgestellte religiöse Lebenshaltung von Kierkegaard weiter durchdacht wird, soll in den folgenden Kapiteln gezeigt werden, zunächst anhand der *Erbaulichen Reden*, die den pseudonymen Werken zur Seite stehen, sodann mit Blick auf Kierkegaards Schicksals- und Vorsehungsverständnis in seinem Spätwerk.

III.3. Schicksal und Freiheit in Kierkegaards *Erbaulichen Reden* bis 1845

3.1. Die Mitteilungsform der *Erbaulichen Reden*

Kierkegaards pseudonyme Schriften wurden von Anfang an begleitet durch eine Reihe erbaulicher Reden, die er unter eigenem Namen veröffentlichte.[647] Vielfach stehen sie in einem engen Bezug zu den Fragestellungen der jeweiligen Pseudonyme, wodurch sie eine ergänzend-korrektive Funktion ihnen gegenüber innehaben. Ihnen fehlt die dialektische Durchreflektiertheit und perspektivische Gebrochenheit der Pseudonyme, jedoch verbleiben sie in dem thematischen Horizont der Annäherung an das Religiöse von einem immanent-humanen Lebensverständnis aus. Sie sind daher Teil der von Kierkegaard beabsichtigten indirekten Mitteilung christlicher Wahrheit. Auch wenn er sie unter seinem eigenen Namen herausgab, dürfen sie dennoch nicht als direkte Mitteilung seiner eigenen Lebensanschauung verstanden werden. Das Besondere ihrer Mitteilung, mit dem sie die pseudonyme Denkbewegung ergänzen, muß daher kurz charakterisiert werden. H. Deuser stellt zur Mitteilungsform der Reden fest:

"Kierkegaards Kommunikationstheorie wechselt mit den Reden nicht die Front, wohl aber die Ebene. Anstelle der pseudonymen Theorie und Refle-

---

[647] Zum Erbaulichen bei Kierkegaard vgl. Anderson (1979), 449 ff.; Deuser (1985a), 155 ff.; Paulsen (1966); Ringleben (1983), 9-95; Schultzky (1977), 159 ff.; Vetter (1979a), 23 ff.

xionsleistung soll die Praxis der Lebensformen stehen, und diese werden nicht zugänglich im Experiment, sondern in der Betrachtung."[648]

Die erbaulichen Reden sind in ihrer Eigenart nicht nur gegenüber den pseudonymen Schriften abzugrenzen, sondern auch gegenüber den christlichen Reden, die Kierkegaard nach 1846 verfaßte. Er selbst nennt als die ersten seiner christlich zu nennenden Reden die *Erbaulichen Reden in verschiedenem Geist* von 1847 (vgl. SüS, 7). Was sowohl die frühen wie die späteren erbaulichen Reden miteinander verbindet, ist ihre Unterscheidung von der Mitteilungsform der Predigt, die sich für Kierkegaard daraus ergibt, daß er in ihnen "ohne Vollmacht" redet, wie er immer wieder in den nahezu gleichlautenden Vorworten angibt. Damit ist zunächst gemeint, daß er ohne amtliche Beauftragung und somit nicht im Namen der Kirche spricht. Darüber hinaus drückt sich in dieser Redewendung aber auch schon sein Vorbehalt gegenüber dem von ihm Mitgeteilten aus, insofern dieses einen anderen Menschen zur Wahrheit führen soll. Denn gemäß seiner Mitteilungstheorie kann dies nicht in einem direkten Verhältnis geschehen, vielmehr muß sich der Redner auf eine mäeutische Hilfestellung beschränken. Es gibt für ihn keine Vollmacht zur direkten Wahrheitsvermittlung (außer der "paradoxen" des Amtes[649]). Zum Erbaulichen gehört daher die persönliche Aneignung wesentlich hinzu, die in der *Unwissenschaftlichen Nachschrift* als das Kennzeichen subjektiver Wahrheit angegeben wird (vgl. UN I, 182). So heißt es schon in der Predigt, mit der *Entweder/Oder* endet und die somit gleichsam ein Präludium der *Erbaulichen Reden* darstellt: "allein die Wahrheit, die da erbaut, ist für dich Wahrheit" (EO II, 377). Die mäeutische Distanz der *Erbaulichen Reden* wie aller seiner Schriften drückt Kierkegaard auch dadurch aus, daß sie vor allem für ihn selbst geschrieben seien:

"Daß ich 'ohne Vollmacht' war, habe ich vom ersten Augenblick an eingeschärft und mit Gleichmäßigkeit wiederholt; ich betrachte mich selbst am liebsten als einen *Leser* meiner Bücher, nicht als den *Verfasser*." (SüS, 10).

Von den christlichen sind die erbaulichen Reden vor allem thematisch unterschieden, insofern in ihnen nicht die spezifisch christliche, mit Climacus gesprochen "paradoxe" Religiösität angesprochen wird.[650] Damit fehlt ihnen aber auch die starke Polemik der späteren Reden Kierkegaards, in denen das Christliche vor allem aus dem Gegensatz von Nachfolge Jesu im Leiden und heidnischer Christenheit betrachtet wird.[651] Die *Christlichen Reden* bestimmen

---

[648] Deuser (1985a), 155.
[649] Vgl. UN I, 268: "(...) die Ordination ist die paradoxe Verwandlung eines Lehrers in der Zeit".
[650] Eine gewisse Ausnahme bilden die *Erbaulichen Reden 1844/45*, in denen schon christliche Motive angesprochen werden, ohne daß in ihnen der für die *Christlichen Reden* kennzeichnende scharfe Kontrast von Welt und Christentum in der Nachfolge Jesu hervortreten würde. Climacus deutet in seinem Literaturbericht, in dem er auch auf die *Erbaulichen Reden* eingeht, diesen Einbezug christlicher Motive als "Humor":
"Der Humor wird daher das letzte Grenzzeichen (terminus a quo) für die Bestimmung des Christlichen. Wenn der Humor die christlichen Bestimmungen (Sünde, Sündenvergebung, Versöhnung, Gott in der Zeit usw.) benutzt, ist er nicht Christentum, sondern eine heidnische Spekulation, die alles Christliche zu *wissen* bekommen hat." (UN I, 267).
[651] Dazu s.u. III.4.5.

das Erbauliche daher als "das *Erschreckende*" (CR 1848, 100), während der frühe Kierkegaard 1840 das Erbauliche als "das Amen des endlichen Geistes" bezeichnete (Pap III A 6/ Tb I, 229 f.). Die *Erbaulichen Reden* versuchen, von den humanen Glücksvorstellungen aus eine Religiösität der Immanenz zu beschreiben, die der "Religiösität A" bei Climacus entspricht. Sie haben daher thematisch, aber auch formal eine große Affinität zum Ästhetischen, insofern die Menschen von ihrem unmittelbaren Lebensverständnis, ihren Wünschen und Leidenschaften aus zu religiöser Tiefe geführt werden sollen. So entsprechen die *Erbaulichen Reden* dem Grundsatz der Mäeutik: "Daß man, wenn es einem in Wahrheit gelingen soll, einen Menschen an einen bestimmten Ort zu führen, vor allen Dingen darauf achten muß, ihn dort zu finden, wo er ist und allda zu beginnen hat" (SüS, 38).

Der Ansatz beim Ästhetischen ist hier sogar noch deutlicher als bei den Pseudonymen, die durch ihre dialektische Gebrochenheit einen "Abstoßeffekt"[652] haben, der den *Erbaulichen Reden* fehlt. Sie "wollen einladen", "in direkter Anrede"[653] (was nicht mit direkter Mitteilung gleichzusetzen ist). Es ist ein "per definitionem *zuversichtliches Reden*"[654], in einer "Dimension, in der den *Stimmungen* positive Bedeutung zukommt"[655]. Die *eine* Stimmung, auf die das Erbauliche den in vielen Stimmungen befangenen Menschen hinweisen will, ist *der Ernst.*[656] Er wird erreicht durch eine Hinwendung von der ästhetisch-unmittelbaren Äußerlichkeit zur Innerlichkeit. In der Verinnerlichung, zu der wesentlich auch die Resignation, der Abschied von endlichen Wunschvorstellungen gehört, besteht ein Grundzug der erbaulichen Religiösität, und hierin entspricht sie wiederum der "Religiösität A" des Climacus.

Der Ernst des Erbaulichen soll jedoch in den ästhetischen Stimmungen verständlich werden, in denen die Menschen zumeist leben. Kierkegaard knüpft bewußt an Erfahrungen an, die er als unernst ansieht, an den Wunschvorstellungen des unmittelbaren Menschen. Darin sieht er den Scherz des Erbaulichen, so daß sich die Wahrheit als eine Einheit von Scherz und Ernst zeigt. Man solle nie vergessen, daß "mitten in des Lebens Ernst Zeit ist und sein muß zum Scherzen, und daß auch dieser Gedanke eine erbauliche Betrachtung ist" (ER 1834/44, 163). Die erbauliche Wahrheit hat daher etwas Zweideutiges an sich, das sie gerade als indirekte Mitteilung kenntlich macht. So schreibt Kierkegaard im Vorwort zu den *Drei Erbaulichen Reden 1844*: "der Redende (vergißt) doch nicht, daß das Redenkönnen eine zweideutige Kunst ist, und selbst das die Wahrheit sagen Können eine gar zweifelhafte Vollkommenheit" (ER 1843/44, 143). Climacus sieht daher in diesen Reden "einen sorgfältig abgeschwächten Anflug von humoristischer Tönung" (UN I, 265).

---

[652] Deuser (1985a), 155; vgl. Climacus' Anliegen, "es durch Zurückstoßen schwer zu machen, Christ zu werden" (UN II, 87).
[653] Deuser (1985a), 155. In seinen Vorworten erwähnt Kierkegaard als Adressaten immer "jenen Einzelnen, den ich mit Freude und Dankbarkeit *meinen* Leser nenne" (ursprünglich war hiermit wohl Regine gemeint).
[654] Schultzky (1977), 162.
[655] Vetter (1979a), 26.
[656] Vgl. Theunissen (1958), 90 ff.

In seinem Literaturbericht stellt Climacus die Distanz der *Erbaulichen Reden* zum Christlichen und ihre Nähe zur "Religiösität A" heraus: sie haben "in größerem Ausmaß, als es sonst der erbauliche Vortrag tut, ein ästhetisches Moment in sich aufgenommen" (UN I, 251 Anm.). Sie gebrauchen "nur ethische Immanenzkategorien (...), nicht die doppelt reflektierten religiösen Kategorien, die das Paradox angehen" (UN I, 250). Für Climacus sind die Reden rein philosophische Versuche im Erbaulichen, ja er nennt sie sogar "spekulativ" (UN I, 268).[657] In ihnen geht es um ein freies Selbstverhältnis des Menschen, das sich aus einem *Wissen* um die immanent-humanen Lebensmöglichkeiten ergibt. Die Gebrochenheit der Freiheit, ein Hauptmotiv christlichen Selbstverständnisses, kommt in ihnen nicht zum Tragen. Sie leiten die Menschen zur *ethischen* Erfüllung ihrer Lebenswünsche an, was freilich einen Bruch mit der Unmittelbarkeit des Wünschens einschließt (die Resignation). Dies unterscheidet den psychologischen Einbezug des Ästhetischen in den *Erbaulichen Reden* vom Ästhetischen der Dichtung: weil "der Dichter kein anderes Telos hat als die psychologische Wahrheit und die Kunst der Darstellung, während der Redner zugleich *hauptsächlich* das Ziel hat, alles in das Erbauliche hinüberzuführen. Der Dichter verliert sich in der Schilderung der Leidenschaft, für den erbaulichen Redner jedoch ist dies nur das erste, und das nächste, für ihn das Entscheidende, das: den Widerstrebenden zu zwingen, die Waffen zu strecken, zu besänftigen, aufzuklären, kurzum in das Erbauliche hinüberzusetzen" (UN I, 251 Anm.). Der erbauliche Redner ist ein psychologischer Mäeutiker.

Kierkegaard hat in seiner späten Schrift *Über meine Wirksamkeit als Schriftsteller* eine Deutung seines Gesamtwerkes gegeben und darin die frühen *Erbaulichen Reden* ganz der ästhetischen Schriftstellerei zugeordnet. Dies ist zu verstehen von seinem späten Selbstverständnis aus, daß sein gesamtes schriftstellerisches Werk von Anfang an und als Einheit *religiös* gewesen sei: "aber das Religiöse als ganz und gar in die Reflexion hineingesetzt, jedoch derart, daß es ganz und gar aus Reflexion in Einfalt zurückgenommen wird" (SüS, 5). Einer reflektierten Zeit das Religiöse durch Reflexion zu vermitteln, ist insbesondere das Anliegen der pseudonymen Schriften. Den Weg zur Einfalt des Religiösen zeigen ihnen gegenüber die erbaulichen Reden auf[658], deren Gleichzeitigkeit mit dem pseudonymen Werk deutet er nun als Anwe-

---

[657] Ringleben (1983) versucht, eine "theologische Absolutheitsspekulation in Gestalt eines dialektischen Denkens" (3) als Hintergrund des Gesamtwerks Kierkegaards aufzuzeigen, und spricht von der "Erkenntnis, daß die Begriffe des Erbaulichen und der Aneignung bei Kierkegaard einbezogen sind in ein Konzept vom Absoluten als solchem und in spekulativem Sinne, das man kaum anders als metaphysisch (im neuzeitlichen Sinne) wird nennen können" (1).

[658] Kierkegaard prägte hierfür das Wort "Vereinfältigung (Eenfoldiggjørelse)" (Pap X^5 B 191). Zu dem Erbaulichen, das der Einfältige leicht verstehe, heißt es in einer Rede: "(...) und der Gebildete könnte lediglich verlangen, daß man es etwas schwieriger mache, damit er es leichter verstehe" (ER 1843/44, 114). Letzteres deckt sich mit dem Anliegen des Climacus: "Denn ich bin ein Freund von Schwierigkeiten, besonders von solchen, die die humoristische Beschaffenheit haben, daß der Gebildetste, nachdem er die größten Anstrengungen ausgestanden hat, wesentlich nicht weiter gekommen ist, als der einfältigste Mensch kommen kann." (UN II, 321).

senheit des "unmittelbaren Religiösen" von Anfang an (SüS, 6). Mit dem Wendepunkt, den die *Unwissenschaftliche Nachschrift* darstellt, hört auch dieses ästhetische "Aufschimmern des unmittelbar Religiösen auf; denn nunmehr stellt sich die rein religiöse Schriftstellerei ein" (SüS, 7), die sich ganz dem christlichen Leben zuwendet. Die frühen *Erbaulichen Reden* stehen, was die Hinführung zum Christlichen angeht, höher als die frühen Pseudonyme, jedoch niedriger als Anti-Climacus, der das Christliche zur Sprache bringt (vgl. SüS, 4 Anm.).

Doch auch den frühen *Erbaulichen Reden* ist bei aller zuversichtlichen Stimmung der polemische Zug der späteren Reden nicht ganz fremd, insofern sie das Scheitern unmittelbaren Glücks als Voraussetzung tieferer Erfüllung darstellen, was für die Schicksalsthematik von Bedeutung ist. Auch dies entspricht einem Grundzug der "Religiosität A": ihrer Negativität als dem höchsten Ausdruck des Gottesverhältnisses. Das über Climacus hinausgehende Erbauliche liegt in der stimmungshaften Vergegenwärtigung der Erfüllung, die mit der ethischen Resignation möglich wird. "Daß die eigene Negation des Selbst in Kraft unendlicher Positivität geschieht, daß Selbstaufhebung als Ausdruck göttlicher Gegenwart erfahrbar ist - eben dies meint der Begriff des Erbaulichen."[659] Dieses "Auflaufenlassen des Lesers"[660] gehört zum mäeutischen Prinzip der *Erbaulichen Reden*, wodurch sie "den Charakter des *Therapeutischen*"[661] erlangen. Dies kommt schon im Thema der abschließenden Predigt aus *Entweder/Oder* zum Ausdruck, in dem Ringleben das "Grundmuster alles dessen, was überhaupt erbaulich ist", sieht[662]: "*daß wir Gott gegenüber allezeit Unrecht haben*" (EO II, 369).

"Das Erbauliche präsentiert sich schon damit als etwas, was *gegen* den, der es intendiert, gerichtet ist. Es etabliert Wahrheit als nicht unmittelbar, nur durch Kritik des Scheins zugänglich. So formal bereits torpediert Kierkegaards Begriff vom Erbaulichen Unmittelbarkeit."[663]

---

[659] Ringleben (1983), 19.
[660] Ringleben (1983), 48.
[661] Vetter (1979a), 27; Paulsen (1966), 101 f. beschreibt dies folgendermaßen: "Man muß den Menschen aufschrecken aus dem Wahn seiner vermeintlichen Selbstgenügsamkeit. (...) Die Erbaulichen Reden sind insofern Gegenwurf gegen alle Oberflächlichkeit, falsche Sicherheit und Selbstherrlichkeit des Menschen".
[662] Ringleben (1983), 47.
[663] Ringleben (1983), 48; Deuser (1985a), 156, sieht schon in der Wendung an den *Einzelnen* jenen polemischen Zug gegen die Öffentlichkeit angelegt, der das Spätwerk Kierkegaards so sehr bestimmt. Nach Ringleben (1983), 95, überschreitet das spätere Paradox-Erbauliche zwar die Religiosität A, doch wird dadurch nicht die Struktur des früheren Erbaulichen verlassen, sondern zu "radikaler Erfüllung" geführt: die Negativität der immanenten Religiosität wird "das Erschreckende". Schon 1844 heißt es in einer Rede: "weh dem, welcher erbauen will, ohne das Entsetzen zu kennen" (ER 1844/45, 52 f.).

3.2. Zwischen Angst und Dankbarkeit: gehorsame Freiheit

Die Darstellung der Schicksalsthematik in den Reden Kierkegaards soll in zwei Schritten geschehen. Zunächst werden einige grundlegende und in verschiedenen Varianten immer wiederkehrende Bestimmungen des Verhältnisses von Freiheit und Abhängigkeit dargestellt. Der Schicksalsbegriff ist hierbei eine der Bezeichnungen für die Macht der Äußerlichkeit, an die der unmittelbare Mensch gebunden ist und von der sich zu befreien der erste Schritt zur Selbstwerdung ist. Zur erbaulichen Bestimmung der Selbstwerdung gehört auch die Einbindung der Freiheit in das Gottesverhältnis, das an die Stelle äußerlicher Abhängigkeiten tritt und den freien Menschen letztlich trägt.[664] In diesen Überlegungen ist das Schicksalsverhältnis des Menschen sachlich von großer Bedeutung, wird aber nur selten unter diesem Begriff abgehandelt. Daher soll in einem zweiten Schritt ein Abschnitt einer Rede genauer dargestellt werden, die den Schicksalsbegriff in einem eigenen systematischen Zusammenhang einführt, der zudem noch in einer gewissen Nähe zur psychologischen Bestimmung des Schicksals im *Begriff Angst* steht.

3.2.1. Freisein vor Gott als Kern des Erbaulichen

Die Befreiung des Menschen ist nicht nur Gegenstand des Erbaulichen, sondern bestimmt als Anliegen dessen Vollzug. Die *Erbaulichen Reden* wollen eine *besorgte Wahrheit* vermitteln (vgl. ER 1843[W], 133 ff.; ER 1843/44, 144 f.). Diese wendet sich, anders als die gleich-gültigen Wahrheiten, an den Einzelnen. Jedoch ist sie deshalb nicht zufällig-willkürlich, sondern die individuelle Aneignung des Allgemeinmenschlichen. Das ihr entsprechende Wissen verwandelt sich in Handlung. Die erbauliche Betrachtung ist somit nicht ein bloßes Empfangen, sondern ein *Hervorbringen*, eine Aneignung durch *Freiheit*: "denn alles Geistige wird allein durch Freiheit angeeignet; was aber durch Freiheit angeeignet wird, das wird auch hervorgebracht" (ER 1843[W], 107). Das Wort zur Erbauung soll "einfange(n) zur Freiheit" (ER 1843/44, 26).

Die *Erbaulichen Reden* stellen den Prozeß der Befreiung in einen Bezugsrahmen dreier Mächte: der Macht der Äußerlichkeit (Schicksal, Glück usw.), von der der Mensch befreit werden soll, der Macht der Freiheit selbst sowie der Macht Gottes als deren letzter Grund. Im Mittelpunkt steht der Einzelne, weil nur er letztlich verantwortlich für sein eigenes Leben ist und daher den Prozeß der Befreiung in sich selbst auszutragen hat: "für sich selbst mit sich

---

[664] "Mit dem Prädikat 'erbaulich' werden die Reden streng auf die grundlegende Struktur des Gottesverhältnisses bezogen. Dessen Momente und die dialektischen Beziehungen zwischen ihnen bilden - in immer neuen Abwandlungen religiös schier unausschöpflich konkretisiert - die theologischen Grundmuster dieser Reden." (Ringleben (1983), 11 Anm. 1). Daß im Gottesverhältnis die Freiheit als abhängige erscheint, drückt sich nach Ringleben auch darin aus, daß die Erbauung als religiöse Erfahrung "unter der Dominanz eines Widerfahrnisses" stehe, woran sich der "Geschehenscharakter des Religiösen" zeige. "Bedeutet Erfahrung immer die von Abhängigkeit, Endlichkeitserfahrung, so religiöse deren Gestaltung, d.h. 'Selbstbegründung'" (75).

selbst in sich selbst" (ER 1843/44, 40). Doch diese Selbstbezüglichkeit ist keine akosmische Isoliertheit, da es ja gerade um ein neues Verhältnis zu den konkreten Lebensverhältnisses geht, die den Menschen bislang in Unfreiheit gehalten haben. Der Mensch soll befreit werden "*aus der Welt heraus, von Gott, bei sich selbst*" (ER 1843/44, 64; vgl. 72).

Dies entfaltet Kierkegaard besonders in einer Rede über das Thema: "Seine Seele erwerben in Geduld" (ER 1843/44, 57 ff.).[665] Der Begriff "Seele" meint hierbei, anders als im *Begriff Angst*, den Geist in seiner Innerlichkeit, "das Innere ist ja eben in seinem allgemeinsten Ausdruck: die Seele" (ER 1843, 61). Die Seele ist selbst Träger ihres Erwerbens, der Mensch ist schon immer Seele und kann sie doch nur besitzen, indem er sie erwirbt, d.h. indem sie sich in Freiheit selbst bestimmt. Die Dialektik von Erwerben und Besitz der Seele entspricht somit der Dialektik der Selbstwahl, wie sie erstmals der Gerichtsrat in *Entweder/Oder* formulierte.[666] Doch setzt das Erwerben der eigenen Seele deren Selbstverstellung voraus, aus der heraus sie sich erwirbt. Dies bezeichnet Kierkegaard als den unrechtmäßigen Besitz der Seele durch die Welt. In ihm zeigt sich ein Selbstverlust der Freiheit, insofern die Abhängigkeit von unmittelbar-sinnlichen Einflüssen aus dem Wunsch entsteht, in der Äußerlichkeit Erfüllung zu finden, sie zu besitzen. Indem der Mensch die Welt besitzen will, wird er von ihr besessen, weil er die Dynamik seiner Seele, seines Wünschens an die äußerlichen Bedingungen anpaßt und ihr nicht die Freiheit der Selbstbestimmung läßt (vgl. ER 1843/44, 63). Aber die Seele ist (anders als im *Begriff Angst*) der Gegensatz der Unmittelbarkeit, sie ist nicht eindeutig, sondern der "Widerspruch des Zeitlichen und des Ewigen" (ER 1843/44, 61), des endlichen Lebens in seiner unendlichen Bedeutung. Im Begriff der "Seele" wird hier also die synthetische Struktur des Menschseins gedacht, die sich in freiem Selbstbesitz verwirklicht. Im Zustand der Besessenheit der Seele durch die endlichen Wunschvorstellungen wirkt daher, analog der Angst des träumenden Geistes, eine Unruhe als Kennzeichen der Widersprüchlichkeit, die in der sinnlichen Wunscherfüllung nur verdeckt wird. Durch diese "Unruhe", dieses "Widerstreben" (ER 1843/44, 63) wird die Seele auf sich selbst aufmerksam, denn sie ist im Zustand der Entäußerung "des Weltlebens Unendlichkeit in ihrer Verschiedenheit von ihr selbst" (ER 1843/44, 64). Nur im Verstärken der gegenläufigen Unruhe kann der Mensch daher aus der Abhängigkeit zur Freiheit des Selbstbesitzes gelangen. Das Erwerben der Seele als Freiwerden von äußerlicher Abhängigkeit stellt Kierkegaard als Herstellung rechtmäßiger Besitzverhältnisse dar, wobei sich die Seele in ihrem Selbstbesitz von einem anderen her verdankt, da sie im Zustand der Äußerlichkeit sich selbst verloren hatte. Da die Welt, an die sie sich entäußerte, jedoch nur unrechtmäßig über sie herrschte - ihr somit nicht die Selbstidentität *in* der Selbstentfremdung bewahren konnte -, erkennt der freie Mensch sich abhängig von einer Macht, die ihn in der Identität seiner Seele gewollt und über die Entfremdung hinweg getragen hat: Gott als Schöpfer der Seele. In diesem Sinne bezeichnet

---

[665] Vgl. zu dieser Rede Nordentoft (1972), 144 ff.
[666] S.o. III.2.1.3.

Kierkegaard Gott als *rechtmäßigen*, die Welt als *unrechtmäßigen* und den Menschen als *gesetzmäßigen Eigentümer* der Seele (vgl. ER 1843/44, 64). Dieses Abhängigkeitsverhältnis der geschaffenen Freiheit ist die andere Seite des Selbstwiderspruchs, als der sich der Mensch in seiner Entfremdung erfährt und der die Bewegung des Selbsterwerbs ermöglicht.

"Seine Seele ist ein Selbstwiderspruch zwischen dem Äußeren und dem Inneren, dem Zeitlichen und dem Ewigen. Sie ist ein Selbstwiderspruch, denn das, dadurch sie ist, was sie ist, ist eben, daß sie in sich den Widerspruch ausdrücken will. (...) Wofern sie nicht in Widerspruch wäre, wäre sie verloren im Weltleben, wofern sie nicht Selbstwiderspruch wäre, wäre die Bewegung unmöglich. Sie soll zugleich besessen werden und erworben, sie gehört der Welt als unrechtmäßiges Eigentum, sie gehört Gott als wahres Eigentum, sie gehört dem Menschen selbst als Eigentum, das heißt als dasjenige Eigentum, das erworben werden soll. So erwirbt er denn also, falls er sie wirklich erwirbt, *seine Seele aus der Welt heraus, von Gott, bei sich selbst.*" (ER 1843/44, 64 f.).[667]

"Geduld" und "Entschluß" sind die beiden Begriffe, mit denen Kierkegaard in verschiedenen Reden den Vollzug der Befreiung, des Selbsterwerbs kennzeichnet. Mit beiden Begriffen wird der Gegensatz zum unmittelbaren Leben betont, wobei der "Entschluß" mehr den konkreten Akt der Selbstwahl gegenüber der ästhetischen Beliebigkeit, die "Geduld" das Bewahren der Freiheit gegenüber den ungeduldigen Wunschvorstellungen zum Ausdruck bringt. Das geduldige Erwerben der Seele meint die "Wiederholung" (ER 1843/44, 69), das Wählen der eigenen Wirklichkeit als einer immer schon gegebenen. Dies kennzeichnet das Selbsterwerben als *leidendes* (vgl. ER 1843/44, 70).[668] Auch der wahre Entschluß, der sich darin von den Wunschvorstellungen unterscheidet, ist auf die Konkretheit der eigenen Existenz gerichtet. Es geht bei der Selbstwerdung nicht um hochmütige Entschlüsse, die sich durch "Überfluß an Vorsatz" und "Armut an Handlung" auszeichnen (ER 1844/45, 59), sondern um "das Alleralltäglichste" (ER 1844/45, 73): "man kriecht ehedem man gehen lernt, und fliegen wollen ist stets bedenklich" (ER 1844/45, 58).

"Welch ein Unterschied zwischen dem jugendlichen Willen, die ganze Welt anders zu machen, und dann der Entdeckung, daß man selber es ist, der da anders werden soll, und daß die Forderung ist, eben dies solle einen begeistern; oder daß die Aufgabe ist, sich selbst unverändert zu bewahren, ach, indessen alles sich verändert." (ER 1844/45, 155).

Der höchste Ausdruck des Entschlusses ist daher, gerade angesichts der eigenen Schwäche das Wenige tun zu wollen, das man kann, und dabei auf Gottes Hilfe zu vertrauen. Vor Gott geht es nicht um ein Beweisen eigener Macht, sondern um die Wahrhaftigkeit des Selbstseins.

---

[667] ER 1844/45, 22, spricht Kierkegaard von einem Streit zwischen dem ersten (dem unmittelbaren) und dem tieferen Selbst.
[668] Damit entspricht die Geduld dem Begriff des wesentlichen Leidens bei Climacus (vgl. UN II, 138 ff.; s.o. III.2.5.2.4).

"Tu für Gott, was du kannst, so wird Gott für dich tun, was du nicht kannst. Dies 'Tun was du kannst' aber, ist es nicht, daß du in Demut aufmerksam sein willst auf deine Schwachheit (...), daß das Einzige und das Größte, das der größte und der geringste Mensch Gott zu geben vermag, dies ist: ganz sich hinzugeben, also auch mit seiner Schwachheit (...) Es ist eine Torheit mit den hochfliegenden Entschlüssen der Jugend, aber alles darf man wagen im Vertrauen auf Gott." (ER 1844/45, 78).

So kann die Geduld, mit der der Mensch sich selbst annimmt - weil er sich von Gott angenommen weiß - "Vertrauen zum Leben" (ER 1843/44, 106) lehren. Dem religiösen Selbstverständnis, das die *Erbaulichen Reden* vermitteln wollen, geht es nicht um Flucht aus der Wirklichkeit, sondern darum, "*sich selbst zu verstehen in der Zeitlichkeit*" (ER 1843/44, 170). Dem Ernst der gereiften Innerlichkeit entspricht ein neuer Blick auf die konkrete, alltägliche Wirklichkeit, auf den Platz im Leben, "wo Lebensverhältnisse und Weltlenkung einen hingestellt haben" (ER 1844/45, 58). Indem der Einzelne seinen Platz in der Weltordnung einnimmt, wird er "Gottes Mitarbeiter" (ER 1843/44^W, 132). An die Stelle alter Abhängigkeiten tritt nicht die Hybris absoluter Freiheitsphantasien, sondern die freie Annahme der eigenen Endlichkeit, der eigenen begrenzten Möglichkeiten und Aufgaben. Diese Realistik der Freiheit erwächst aus dem Vertrauen auf ein absolutes Gewolltsein, so daß die *Dankbarkeit* gegenüber Gott zum Grundzug des neuen, religiösen Freiheitsverhältnisses wird. Immer wieder hebt Kierkegaard die Bedeutung der Dankbarkeit hervor, die sich sogar angesichts eines schweren Schicksals bewähre, wie er in einer Rede an der Gestalt Hiobs darstellt (vgl. ER 1843/44, 5 ff.).[669] An die Stelle der Angst vor der launischen Macht des Glücks tritt die Dankbarkeit gegenüber Gott (vgl. ER 1843^W, 136 f.):

"(...) es ist eine Ehre, nicht dem Glücke etwas zu verdanken, Gott aber alles zu verdanken, nicht dem Schicksal etwas zu verdanken, aber einer Vorsehung alles, nicht der Laune etwas zu verdanken, alles aber einer Vaterliebe" (ER 1844/45, 109).

In ein persönliches Verhältnis zu Gott zu kommen, als der wahren Macht allen Lebens, ist die Grundlage der Selbstverwirklichung und Selbstannahme. Dankbarkeit und Gehorsam sind die wesentlichen Ausdrücke des Freiseins in Gott. Erlangt wird dieses Verhältnis im Gebet, in dem der Beter mit Gott streitet, wie Kierkegaard es in einer Rede ausdrückt (vgl. ER 1844/45, 86), womit gesagt sein soll, daß er seine ganze endliche Existenz mit all ihren Wünschen und Klagen auf Gott hin öffnet. Ein solches Beten setzt das Bild eines Gottes voraus, der empfänglich ist für die Lebensäußerungen der Menschen. Kierkegaard wendet sich daher in seiner Rede über den rechten Beter auch gegen ein falsches Bild von der *Unveränderlichkeit Gottes*, das ihn in eine unerreichbare Ferne rücke.

"Denn gleichwie es das Ärgste ist, was man von einem Menschen sagen kann, daß er ein Unmensch sei, so ist es die ärgste und abscheulichste Lästerung von Gott zu sagen, er sei unmenschlich (...) Nein, der Gott, zu dem er

---

[669] Das hier gezeichnete Bild Hiobs steht somit in Widerspruch zu dem sich gegen Gott auflehnenden Hiob in der *Wiederholung* (s.o. III.2.2.).

betet, ist menschlich, hat ein Herz zu fühlen als ein Mensch, Ohren des Menschen Klage zu hören; und ob er gleich nicht jeglichen Wunsch erfüllt, er wohnt dennoch nahe bei und läßt sich bewegen durch des Streitenden Schreien" (ER 1844/45, 96).

Dieses Bewegtsein Gottes, sein Teilnehmen an dem Streit, in dem der Beter mit ihm liegt, bedeutet jedoch nicht, daß Gott durch die endlichen Wunschvorstellungen als solchen verändert werden könnte und damit in ein Mittel zum Zweck sich umfunktionieren ließe. Der wahrhaftige Beter wird vielmehr erkennen, daß das Beten selbst, der Vollzug des Gottesverhältnisses, für ihn zur Hauptsache wird, die sein Leben, jenseits seiner begrenzten Glücksvorstellungen, zu tragen vermag (vgl. ER 1844/45, 101).[670] Dies bedeutet aber, daß Gott sich in einem gewissen Sinne doch als unverändert erweist, insofern er das je Größere im Verhältnis zu den endlichen Zielen bleibt und sich nicht instrumentalisieren läßt. Indem er dadurch aber den Menschen zu sich selbst, zur unendlichen Bedeutung seiner selbst befreit, ist dies nicht eine beziehungslose Unveränderlichkeit, sondern die Unveränderlichkeit seiner Beziehung zu den Menschen, die Beständigkeit seiner Zuwendung.

"Ist Gott anders geworden? Eine bejahende Antwort scheint eine schwierige Aussage, dennoch, es ist so, er ist anders geworden; denn nunmehr hat es sich gezeigt, daß Gott unveränderlich ist. Jedoch diese Unveränderlichkeit ist nicht jene eisige Gleichgiltigkeit, jene tödliche Erhabenheit, jene zweideutige Fernheit, welche der verstockte Verstand angepriesen, nein, im Gegenteil, diese Unveränderlichkeit ist innerlich und warm und allenthalben gegenwärtig, ist unveränderlich in der Sorge für einen Menschen, und eben darum läßt sie sich nicht verändern durch des Beters Schreien, so als ob nun alles vorüber wäre, noch auch durch seine Feigheit, wenn er es am bequemsten findet, sich selber nicht helfen zu können, noch durch seine falsche Zerknirschung, die ihm doch alsogleich leid tut, sobald die augenblickliche Beängstigung der Gefahr vorübergezogen ist." (ER 1844/45, 102).

Die unveränderliche Zuwendung Gottes verändert schließlich den Beter. Er wird er selbst, indem er die Endlichkeit seiner Wünsche und Fähigkeiten, deren Nichtigkeit vor Gott, erkennt. Er kann in dieser Nichtigkeit er selbst sein, gerade weil er Gott gegenüber keine besondere Auszeichnung geltend zu machen braucht. Die Selbstvernichtung vor Gott in der Erkenntnis der völligen Abhängigkeit wandelt sich zur Einsicht, gerade deshalb so sein zu dürfen, wie man ist, ja noch tiefer: Gottes Wille zu sein, sein Ebenbild.

---

[670] In einer anderen Rede spricht Kierkegaard von der Gefahr, die Gnade Gottes als "Schickung" mißzuverstehen. "Sobald nämlich die Gnade Gottes dem Menschen gibt was er wünscht und begehrt, läßt er sich nicht bloß an der Gnade genügen, sondern ist froh über das was er empfängt, und versteht, so vermeint er, es leicht, daß Gott ihm gnädig ist." (ER 1844/45, 10). Die Ungewißheit gehört wesentlich zum Glaubenswagnis hinzu, um in wahrem Vertrauen "einfach Gott walten" zu lassen, "der am besten versteht alles Selbstvertrauen aus einem Menschen herauszuängstigen und es ihm zu verwehren, wenn er daran ist in sein eigenes Nichts zu versinken, daß er taucherglich eine Verbindung mit dem Irdischen selbst aufrecht erhalte" (ER 1844/45, 13).

"Zuletzt bedünkt es ihn, daß er rein zu nichts werde. Jetzt ist der Augenblick da. Wem würde der Streitende wohl zu gleichen wünschen es sei denn Gott; wofern er aber selbst etwas ist oder etwas sein will, ist dies Etwas hinreichend, um die Gleichheit zu hindern. Allein wenn er zu nichts wird, allein dann kann Gott ihn durchleuchten, so daß er Gott gleicht. Wie viel er auch sei, das Gott gleich Sein kann er nicht ausdrücken, Gott kann sich in ihm abdrücken allein, wenn er selbst zu Nichts geworden ist. Wenn das Meer alle seine Kraft anstrengt, so kann es das Bild des Himmels gerade nicht widerspiegeln, auch nur die mindeste Bewegung, so spiegelt es den Himmel nicht rein; doch wenn es stille wird und tief, senkt sich das Bild des Himmels in sein Nichts. (...) Wer aber allezeit dankt, der ist der rechte Beter" (ER 1844/45, 107 f.).

3.2.2. Schicksal und Verwunderung: die jugendliche Gottessuche

Kierkegaards *Drei Reden bei gedachten Gelegenheiten 1845* sind nur schwer in die erbauliche Schriftstellerei einzuordnen, insofern sie sich auf christlich-kultische Anlässe beziehen (Trauung, Beichte, Beerdigung), andererseits aber noch nicht die paradoxe Religiösität des Christen thematisieren, sondern noch von der ästhetischen Erbaulichkeit aus denken. Diese Zwischenstellung wird auch dadurch bestätigt, daß Kierkegaard in den Schriften über seine Verfassertätigkeit diese "Gelegenheitsreden" nicht mehr zu den 18 erbaulichen Reden der ästhetischen Schriftstellerei hinzuzählt, andererseits aber die rein religiöse Schriftstellerei erst nach der *Unwissenschaftlichen Nachschrift* beginnen läßt (vgl. SüS, 4 f. 25 f.; auf die "Gelegenheitsreden" geht er dort überhaupt nicht ein). Sie bezeichnen daher ebenso einen Übergang wie die *Unwissenschaftliche Nachschrift* selbst, und zum Teil entsprechen sie auch der von Climacus angegebenen Kategorie der humoristischen Beschäftigung mit dem Christentum, auch wenn die betonte Herausstellung des *Ernstes* (besonders in der Grabrede) dem Humoristischen entgegensteht. Jener Abschnitt innerhalb der Beichtrede jedoch, mit dem wir uns nun befassen wollen (ER, 1844/55, 120 ff.), weil in ihm der Schicksalsbegriff von Bedeutung ist, zeigt deutlich eine humoristische Tendenz. Da der Bezug dieses Abschnittes zum Thema der Beichtrede nur lose ist, kann er in der folgenden Darstellung vernachlässigt werden. Es handelt sich um einen thematischen Einschub über die Gottessuche, der durchaus als eigenständiger erbaulicher Gedanke angesehen werden kann.[671]

Anknüpfend an den Gedanken, daß auch der Beichtende Gott sucht, stellt Kierkegaard die Frage: "*Was es heißt, Gott suchen*" (ER 1844/45, 120), und er stellt dann verschiedene Stufen der Gottsuche dar, angefangen bei einer naiv-unmittelbaren Verwunderung über das Gottsuchen jugendlichen Strebens sowie dessen Ernüchterung bis hin zum innerlichen Gottesverhältnis. Mit diesem psychologischen Blick auf die menschliche Entwicklung steht der

---

[671] Zu diesem Abschnitt vgl. Nordentoft (1972), 63 ff.

Abschnitt den Ausführungen im *Begriff Angst* über das Erwachen des träumenden Geistes nahe, und es ist bezeichnend, daß in diesem ähnlichen Kontext wiederum der Schicksalsbegriff thematisiert wird, auch wenn sich die beiden Darstellungen nicht decken.[672]

Die erste Stufe des Suchens ist *das Wünschen*. Dieses stellt sich ein, wenn der Suchende die Erfüllung von außen her erwartet und sich selbst völlig passiv dabei verhält. Es ist ein richtungsloses Suchen, weil der Suchende in sich selbst keinerlei Anhaltspunkt hat, wo das Gesuchte zu finden sei.

"Wofern der Suchende sucht, was außerhalb seiner liegt als ein äußerlich Ding, als etwas, das nicht in seiner Macht steht, befindet sich das Gesuchte an einem bestimmten Ort. (...) Wofern der Suchende genommen wird als einer der schlechterdings nichts tun kann um den Ort zu finden, ist er ein Wünschender. (...) Wer da wünscht, der sucht auch, aber sein Suchen ist blindlings, nicht so sehr im Hinblick auf den Gegenstand des Wunsches, als im Hinblick darauf, daß er nicht weiß, ob er ihm näher kommt oder ferner rückt." (ER 1844/45, 122 f.).

Die Unbestimmtheit des Suchens verstärkt sich aber noch, wenn sie sich auf das höchste Gut, auf Gott richtet, denn dieser ist "das Unbekannte" (ER 1844/45, 123).[673] Das sich auf das Unbekannte richtende, unmittelbarreligiöse Suchen drückt sich aus als "Verwunderung" und "Anbetung": "die Verwunderung ist der Sinn der Unmittelbarkeit für Gott und der Anfang alles tieferen Verstehens" (ER 1844/45, 123). Diese unmittelbare Verwunderung kennzeichnet die Religiosität des Heidentums und der frühen Jugend. Aus der Unbestimmtheit sowohl des Wünschens als auch des Gottes ergibt sich die Zweideutigkeit der Verwunderung, insofern das leidenschaftlich Gesuchte als das völlig Unbekannte sowohl anziehend wie furchterregend ist. Die Beschreibung der Zweideutigkeit entspricht der kindlichen Angst im Sinne der Lust am Abenteuerlichen und Geheimnishaften, wie sie Vigilius Haufniensis beschreibt (vgl. BA[R], 42 f.). Doch die Zweideutigkeit der Verwunderung bleibt auch in höheren Stufen des Gottesverhältnisses erhalten, da sich die Geheimnishaftigkeit Gottes niemals in eine Eindeutigkeit verwandeln läßt. "Verwunderung, die der Anfang ist alles tieferen Verstehens, ist eine doppeldeutige Leidenschaft, welche in sich die Furcht enthält und die Seligkeit. (...) Wer jedoch das Fürchten ausläßt, der sehe wohl zu, daß er nicht auch das Finden auslasse." (ER 1844/45, 129 f.). Wird die Verwunderung zur Grundlage einer heidnisch-religiösen Weltsicht, so ist deren Kerngehalt die unerklärliche Geheimnishaftigkeit der Welt im Sinne eines ästhetischen Pantheismus. Diese Religiosität sei auch noch Grundlage des Dichterischen in späteren Zeiten. Die Verbindung von geschichtlicher Typologie (Heidentum), individueller Entwicklung (Kindheit, Jugend) und Kulturkritik (dichterische

---

[672] M.E. unterschlägt Nordentoft die Ähnlichkeiten zwischen der Rede und dem *Begriff Angst*, wenn er meint, daß der Schicksalsbegriff in beiden in ganz unterschiedlichem Sinne gebraucht würde.
[673] Vgl. PhB, 37 ff.

Lebensanschauung) ist hier wie im *Begriff Angst* und anderen Schriften Kierkegaards zu einem Motiv zusammengenommen.[674]

"Bestimmt die Verwunderung sich, so ist ihr höchster Ausdruck, daß Gott das unerklärliche All des Daseins ist, so wie es von der Einbildungskraft erahnt wird überall in dem Geringsten und in dem Größten. Was da der Gehalt des Heidentums gewesen, wird aufs neue erlebt in der Wiederholung eines jeden Geschlechts, und erst wenn es durchlebt worden, wird das, was Abgötterei gewesen, zu einem unbeschwerten Sein in der Unschuld der Dichtung herabgesetzt. Denn Abgötterei ist geläutert das Dichterische." (ER 1844/45, 124).

Die nächste Stufe der Gottsuche ergibt sich, wenn der Suchende sich nicht mehr nur passiv in das Spiel der geheimnishaften Welt eingefügt sieht, sondern selbst aktiv wird und das Gesuchte durch sein Handeln erlangen bzw. verwirklichen will. Dies ist *das Streben*.

"Wofern der Wünschende genommen wird als einer, der selbst etwas dazu beitragen kann, das Gesuchte zu finden, ist er ein Strebender. Mithin sind die Verwunderung und der Wunsch im Begriff ihre Versuchung zu durchgehen." (ER 1844/45, 124 f.).

Die sich mit dem Streben einstellende "Versuchung" des Wunsches meint dessen Überprüfung durch das Lebensexperiment. Der Strebende bleibt nicht in abwartender Offenheit gegenüber dem Unbekannten, sondern versucht sein Leben gemäß seinen Wünschen zu gestalten, und in diesem Versuch müssen sich die Wunschvorstellungen bewähren. Die Verwunderung möchte "sich vorsehen und nicht mehr länger im Blinden tappen" (ER 1844/45, 125). Damit hat der Strebende die Unmittelbarkeit der Verwunderung verlassen, indem sein eigenes Handeln zur Zwischenbestimmung zwischen Wunsch und Gewünschtem wird. Dieses experimentierende Zwischen ist "der Weg".

"Das unmittelbare Verhältnis ist somit schon im ersten Augenblick ein gebrochenes Verhältnis, ohne daß doch der Bruch irgendwie ein Durchbruch wäre. Es ist dadurch gebrochen, daß der Weg zwischenein tritt als eine Bestimmung, indessen es für den Wünschenden da keinen Weg gibt." (ER 1844/45, 125).

Mit dieser Phase, die Kierkegaard dem Jugendalter zuordnet, tritt die Gottsuche in "die Welt der Freiheit, darin ja alles Streben seinen Ursprung hat" (ebd.). Das Streben ist aber nur ein anfänglicher Ausdruck der Freiheit, die Leidenschaft, sein Leben in die Hand zu nehmen, noch nicht die in sich gefestigte Freiheit der Persönlichkeit, die sich über die realistischen Möglichkeiten im Klaren ist. Als jugendliches Lebensexperiment haftet daher dem Streben immer noch eine Unsicherheit an, die zugleich von religiöser Dignität ist. Denn der Weg zum Ziel liegt nicht eindeutig fest und hält so die Geheimnishaftigkeit des Lebens offen: "da begegnet die Verwunderung auf dem Wege" (ER 1844/45, 125). Wird der Strebende als Gottsucher genommen, der sich somit aufs Unendliche hinauswagt, um sein Lebensziel zu finden, erscheint die geheimnishafte Offenheit des Weges in einer ebenso unendlichen Dimension wie es für den unmittelbar Religiösen die sinnliche Fülle

---

[674] Dazu s.o. II.4.1.1.

der Welt war. Dieses den Strebenden auf seinem Wege verwundernde Unbekannte ist *das Schicksal*.

"Die Bestrebung hat unterschiedliche Namen, aber die, welche auf das Unbekannte geht, richtet sich auf Gott. Dies, daß sie auf das Unbekannte geht, will heißen: sie ist unendlich. So hält der Strebende denn ein, er sieht die trügerische Spur eines ungeheuren Wesens, das da ist wenn es vorüber ist, das ist und nicht ist; und dies Wesen ist das Schicksal, und des Strebenden Streben ist gleich einer Irrfahrt." (ER 1844/45, 125 f.).

Das Schicksal ist eine unbestimmte Macht, an die sich der jugendliche Lebensmut in seinem unendlichen Streben zu halten versucht. Es erscheint als eine Gestalt des Göttlichen als des Unbekannten. Doch gegenüber der unmittelbaren Verwunderung steht die Geheimnishaftigkeit des Schicksals in Entsprechung zum Wagnis des unendlichen Strebens. Nur wer sich selbst mit ganzer Leidenschaft daran wagt, seinen Lebenssinn zu suchen, wird auf die unerklärlichen, nicht durch das eigene Handeln einzuholenden Ereignisse stoßen, die dem Lebensweg eine Richtung zuzuweisen scheinen. In der Suche nach dieser Ausrichtung versucht der in seiner Freiheit noch gänzlich offene, daher auch unsichere Jugendliche eine Spur des Göttlichen zu erfahren. Aber das Schicksal zeigt sich hier in der gleichen Zweideutigkeit, die auch Vigilius Haufniensis herausstellt: als ein ungreifbares Wesen, "das da ist wenn es vorüber ist, das ist und nicht ist". In der Ungreifbarkeit der Schicksalsmacht spiegelt sich die Unbestimmtheit des Strebenden. Das Unerklärliche zieht ihn an, so daß er, trotz seines Willens, der ihn von der unmittelbaren Passivität des Wünschens unterscheidet, immer mehr ins Richtungslose sich verliert, sein "Streben ist gleich einer Irrfahrt". Um noch einmal den Bezug zum *Begriff Angst* herzustellen, könnte man das Verhältnis des Strebenden zum Schicksal wegen des darin enthaltenen anfänglichen Freiheitsausdruck am ehesten mit dem Schicksalsglauben des unmittelbaren Genies vergleichen.[675]

Als nächste Stufe der Entwicklung, die allerdings von der Leidenschaft der Gottessuche abführt, stellt Kierkegaard eine Desillusionierungskrise[676] des Suchenden dar "an der Lebenswende der Jugend, als er eine Ewigkeit alt wurde" (ER 1844/45, 126). Die Ernüchterung des jungen Erwachsenen ergibt sich zunächst aus einer Steigerung des Freiheitsgefühls im Sinne der Selbstmächtigkeit. Denn je sicherer sich der Mensch über die eigenen Möglichkeiten der Lebensgestaltung wird, desto mehr schwindet die geheimnisvolle Offenheit. Die Gefahr, die Kierkegaard damit gegeben sieht, ist der Verlust des Lebenssinnes, des leidenschaftlichen Suchens.

"Wofern der Suchende als einer genommen wird, der alles zu tun vermag, um das Gesuchte zu finden, ist der Zauber vorbei, die Verwunderung vergessen, es gibt nichts sich darüber zu verwundern. Und dann, im nächsten Augenblick, ist das Gesuchte ein Nichts, und daher kam es, daß er alles vermochte. (...) Es ist einmal so gewesen in der Welt, da kehrte der Mensch, müde der Verwunderung, müde des Schicksals, sich von dem Äußerlichen

---

[675] Dazu s.o. II.4.7.
[676] So Nordentoft (1972), 64.

ab, und befand, es gebe da keinen Gegenstand der Verwunderung, das Unbekannte sei ein Nichts und die Verwunderung ein Trug." (ER 1844/45, 126).[677]

Kierkegaard läßt keinen Zweifel daran, daß man sich mit dieser Ernüchterung, mit der lebensmüden Altklugheit "anstelle des ungewissen Reichtums des Wunsches das sichere Elend der Mittelmäßigkeit" (ER 1844/45, 122), "anstelle des Vogelflugs den gebückten Gang des Vierfüßlers" (ER 1844/45, 125) erworben hat. Statt sich angesichts des Scheiterns der Jugendwünsche, die zu Nichts geworden sind, mit Klugheit, aber ohne Leidenschaft im Leben einzurichten, solle man sich vielmehr mit Leidenschaft dessen bewußt werden, was das Scheitern des Strebens bedeute und so ein Gottessucher bleiben. Darin liegt die letzte Stufe der Gottessuche, die Kierkegaard angibt. Doch zuvor vollzieht er noch einen Schritt, der das eigentlich Humoristische dieser Rede ausmacht und von Vigilius Haufniensis gewiß als romantische Sehnsucht verurteilt würde: sich lieber an die Wünsche und Sehnsüchte der Jugendzeit zu erinnern, sich dahin zurückzuwünschen, als in die Mittelmäßigkeit des Spießbürgers abzugleiten, denn

"wohl ist es weise, nicht von Glück zu sprechen, falls man etwas Heiligeres zu nennen weiß, wo aber nicht, so wäre es ja ein Unglück, daß das Glück aus dem Leben geschwunden, daß es des Gebens und Nehmens müde geworden, der Menschen müde geworden, die um die Verwunderung es betrogen" (ER 1844/45, 125).

In diesem Sinne lobt Kierkegaard schon 1844 in seiner Rede "Gedenke an deinen Schöpfer in deiner Jugend" (ER 1843/44, 144 ff.) die Erinnerung an die unmittelbare Gotteserfahrung der Jugend als ein Mittel gegen die Verknöcherung in einem "brütenden Ernst" (ER 1843/44, 160). Er spricht dort sogar von einer eigenen Lebensstufe des "Rückzugs", in der man sich nach "Geburt" (Genesis) und "Auszug" (Exodus) wieder seiner Jugend erinnere. Es ist wie die Entdeckung des Kindes in sich selbst, die als "rettender Engel" (ER 1843/44, 161) angesichts der Gefahr des lebensmüden Ernstes erscheint: "Und so geht man denn eine kleine Weile wie ein blinder Mann, der von

---

[677] Entsprechend meint Kierkegaard in einer bemerkenswerten Tagebucheintragung, daß man keine Zufriedenheit erlangen könne, wenn man "seines eigenen Schicksals Herr" sein wolle. Und er begründet dies damit, daß in dieser Selbstsicherheit die Geheimnishaftigkeit des Lebens verloren ginge. Das ästhetische Empfinden der Verwunderung ist von religiöser Dignität, so daß mit der absoluten Herrschaft des Ichs auch das Gefühl einer grundlegenden Abhängigkeit verloren geht. Kierkegaard benutzt also die ästhetische Schicksalserfahrung als Hinweis auf die religiöse Tiefendimension des Lebens:
"Wenn man alle Herrlichkeiten in der Welt in deine Hand legen könnte, alles, alles; dazu die Fügsamkeiten der Schickungen für die Laune deiner Wünsche: Möchtest du das entgegennehmen, aber dergestalt, daß du selbst einzig und allein über dein Leben verfügen müßtest, und kein Gott da wäre? Bedenke, was du verlörest! Unter anderem, daß es überhaupt nichts gäbe, worüber du dich verwundern könntest, überhaupt nichts, soweit es den Gang deines Lebens beträfe - du könntest dich überhaupt nicht darüber verwundern, wie weise, wie unbeschreiblich liebevoll Gott dein Leben gelenkt hätte." (Pap VIII A 522/ Tb II, 203). "Jeder Mensch, der sich bloß einmal tiefer verstünde, versteht doch, daß es ihm unmöglich wäre, jemals zur Zufriedenheit zu gelangen, wenn er seines Schicksals Herr sein sollte; daß für einen Menschen Zufriedenheit und Freude und Seligkeit nur im Gehorchen liegt." (Pap VIII A 525/ Tb II, 203).

einem Kind geführt wird" (ER 1843/44, 159)! Genau in diesem Sinne ruft Kierkegaard auch in der Beichtrede die jugendliche Leidenschaft in Erinnerung:

"kehr wieder, Jugend du, mit deinem Wünschen und deiner Tollkühnheit und deinem Erschauern vor jenem Unbekannten, pack mich, Verzweiflung, die du brichst mit der Verwunderung und der jugendlichen Verwunderung, aber geschwinde, geschwinde (...), so wird wohl das Erschrecken über den Verlust ein Anfang meiner Heilung" (ER 1844/45, 127).

Der Ruf nach der Verzweiflung der Jugend deutet schon darauf hin, daß es Kierkegaard hier nicht um bloße Sentimentalität geht, sondern um ein der falschen Ernüchterung entgegenwirkendes Wachhalten der Leidenschaft, die sich in der Verzweiflung auch der Grenzen des Wunschdenkens bewußt wird. Doch wenn diese Grenze leidenschaftlich, und das heißt als Verzweiflung erfahren wird, dann ist der Weg bereitet für das tiefere Gottesverhältnis: der Verzweifelnde, der sich nicht auf den Spott der Gleichgültigkeit einläßt, erkennt in seiner leidenschaftlichen Suche selbst jenen unendlichen Wert, den er suchte. So entdeckt er seine Innerlichkeit als den Ort, wo das Unbekannte, der Gott, anwesend ist. Und die Anwesenheit Gottes wird erfahrbar durch die Gebrochenheit des außengerichteten Wünschens und Strebens hindurch. Nicht in der Äußerlichkeit der Schicksalsmacht, die in der Tat als Nichts sich erweisen muß, liegt die tiefe Bedeutung der Geheimnishaftigkeit des Lebens, sondern in der unauslotbaren Verbundenheit der eigenen, gebrochenen Sehnsucht mit dem unbekannten Gott.

"Die Herrlichkeit des Wunsches, das Streben der Tollkühnheit, sie wecken nicht ein zweites Mal Verwunderung auf, aber daß das Gesuchte gegeben ist, daß es besessen wird von dem, welcher im Mißverhältnis da steht und es verliert - dies weckt des ganzen Menschen Verwunderung. (...) Und so verhält es sich mit dieser Verwunderung, sie verändert den Suchenden, und so verhält es sich mit dieser Veränderung, daß das Suchen etwas andres wird, ja das gerade Gegenteil: das Suchen bedeutet, daß der Suchende selbst verändert wird (...), auf daß er selbst der Ort werde, wo Gott in Wahrheit ist (...), daß du nicht suchtest, sondern Gott dich suchte." (ER 1844/45, 128 f.).

Die Verwunderung über die Geheimnishaftigkeit hält das religiöse Bewußtsein einer letzten Unverfügbarkeit des Lebens wach. Die Schicksalserfahrung weist den Menschen somit in zweifacher Weise auf jene Abhängigkeit der Freiheit hin, die den Kerngedanken der *Erbaulichen Reden* ausmacht. Sowohl das Gefühl der Verwunderung angesichts der Zweideutigkeit des Schicksals, als auch die Erfahrung der Schicksalsabhängigkeit dienen Kierkegaard als Grundlage zur Bestimmung des persönlichen Gottesverhältnisses. Ausdrücklich wird das Schicksal hierbei als eine Macht angesehen, die den Menschen gefangen nimmt. Zwar besteht der erste Schritt zur Selbstwerdung in der Befreiung von der äußerlichen Abhängigkeit, doch kann dies nach Kierkegaard nur geschehen, indem sich die Freiheit zugleich eine bleibende Abhängigkeit eingesteht und Gott als eigentliche Macht ihres Lebens anerkennt. Denn die Schicksalsabhängigkeit entspringt aus dem Menschen selber, aus der Außengerichtetheit seiner endlichen Wunschvorstellungen, mit denen er sich an die schicksalhaften Umstände bindet, und der Versuch einer Absolutsetzung der Freiheit wäre nur die innerliche Potenzierung dieses Wunschstrebens. Die in der Schicksalserfahrung sich erschließende Unverfügbarkeit des Lebens muß daher von der Freiheit akzeptiert werden, um in der Einheit von Geduld und Entschluß zur eigenen, endlichen Identität zu finden. Das Verhältnis zu Gott als dem Grund der Freiheit darf daher nicht wieder von den endlichen Glücksvorstellungen beherrscht werden, weil so die Gnade Gottes als Schicksal mißverstanden und instrumentalisiert würde. Deshalb sind Dankbarkeit und Gehorsam Gott gegenüber die wahren Ausdrücke für die Freiheit des Menschen, weil er nur in dieser Haltung sein unsicheres Leben zu wagen vermag, ohne "seines eigenen Schicksals Herr" sein zu wollen. Denn der Versuch einer hybriden Selbstsicherheit führt nach Kierkegaard nur zurück in die Schicksalsabhängigkeit, weil sich die letzte Unverfügbarkeit des Lebens nicht verleugnen läßt.

III.4. Öffentlichkeit als Schicksal Kierkegaards: Corsaraffäre - Anti-Climacus - Kirchenstreit

In den letzten Kapiteln dieser Arbeit geht es um das Spätwerk Kierkegaards, das in besonderer Weise als Einheit von schriftstellerischer Tätigkeit und persönlichem Engagement zu betrachten ist. Kierkegaard entwickelt sich immer entschiedener zu einem Kritiker des Zeitgeistes und der bürgerlichen Christenheit, so daß man sogar von einer "politischen Philosophie Kierkegaards" sprechen kann, "auch wenn sie problematisch und fast wider Willen sich durchsetzte".[678] Die Maßstäbe dieser Kritik schöpft Kierkegaard aus seinem Verständnis von menschlicher Existenz und Christentum, wie er es in seinen bisherigen Werken entfaltet hat, jedoch tritt er jetzt über die Autorschaft hinaus auch als Person in den kritischen Prozeß ein. Nun zeigt sich in konsequenterer Weise, was auch schon für die Pseudonyme galt, "daß es eine Tat wird, Schriftsteller zu sein" (Pap VII A 98/ KAC, 205; vgl. Pap VII A 123/ Tb II, 60). So ist das zeitkritische Engagement des späten Kierkegaard nach Deuser "die konsequente, pragmatische Fortsetzung der philosophischen Existenzlehre".[679] "Kierkegaards Literatur ist immer als das fiktive Vorexperimentieren der existentiell entscheidenden, aber ausstehenden und bevorstehenden Verwirklichung zu verstehen."[680]

Nach Abschluß der pseudonymen Werke ist für Kierkegaard der Zeitpunkt des Handelns gekommen: zunächst in der heftigen Auseinandersetzung mit der durch die Presse geförderten Massenkultur, sodann durch die deutlichere Formulierung des Christlichen in erbaulichen Schriften sowie den Anti-Climacus-Werken bis hin zur Konsequenz des Angriffs auf die Kirche, der

---

[678] Deuser (1985a), 95; zum gesellschaftskritischen Aspekt des Spätwerks vgl. außerdem Deuser (1974) u. (1980); Hügli (1979); Kirmmse (1977); Kodalle (1988), 163 ff.; Nordentoft (1973) u. (1977); Perkins (1990).
[679] Deuser (1985a), 105; die Einheit des Spätwerks mit den früheren Schriften betont auch Vetter (1979a), 188 f.
[680] Deuser (1985a), 89.

für ihn zum "Augenblick biographischer Verwirklichung"[681] wird. Sogleich nach Abschluß der *Unwissenschaftlichen Nachschrift* entschloß sich Kierkegaard zu einer Auseinandersetzung mit der satirischen Zeitschrift *Der Corsar*, die er als ein besonders übles Instrument der Verflachung des geistig-gesellschaftlichen Lebens verachtete. Dies war für ihn der Übergang von der indirekt-kritischen Wirksamkeit der Pseudonyme zum direkt-kritischen Handeln, das aber weiterhin durch schriftstellerische Tätigkeit, sogar durch pseudonyme, vermittelt blieb. Genauer bestand der Angriff Kierkegaards gegen den *Corsaren* darin, daß er sich selbst zum Gegenstand des Angriffs, zum Opfer der Massenkultur machen ließ. Dieser Angriff wurde für ihn, in seiner rohbanalen Heftigkeit vielleicht nicht vorhergesehen, zum schmerzlichen Wendepunkt seines Lebens, der als Hintergrund zunehmender Verbitterung und Zurückgezogenheit sich bis in den Kirchenstreit hinein auswirkte. *Die Öffentlichkeit* der Massengesellschaft wurde so für ihn nicht nur zum Hauptgegenstand seiner Kritik, "als der depravierten Form des Miteinanders"[682], sie wurde durch sein direktes Engagement zu seinem eigenen Schicksal, das er im Erleiden bekämpfte. Denn Kierkegaard war "durch die Corsarauseinandersetzung unter Hohn und Spott zur öffentlichen Person"[683] geworden.

Mit dem Stichwort "Öffentlichkeit als Schicksal Kierkegaards" wird daher in diesen letzten Kapiteln der Blick vor allem auf die persönliche Haltung Kierkegaards zu seinem Schicksal gelenkt. Damit soll der Bedeutung des persönlichen Engagements für die Einheit seines Werkes Rechnung getragen werden. Dieser Perspektivenwechsel ergibt sich auch daraus, daß Kierkegaard nach 1846 nur noch mit der *Krankheit zum Tode* ein Werk veröffentlicht hat, das an philosophischer Bedeutsamkeit den früheren pseudonymen Schriften gleichkommt. Im Vergleich zu den vorhergehenden Teilen dieser Arbeit wird in den folgenden Kapiteln also ein verstärkt biographisches Interesse vorherrschen. Jedoch geht es nicht um einen Beitrag zur Biographie des späten Kierkegaard, dies würde den Rahmen der Arbeit überschreiten, sondern um die Bedeutung des Schicksalsbegriffs für das Selbstverständnis Kierkegaards. Von besonderer Wichtigkeit sind hierbei die Rechenschaftsberichte über seine Wirksamkeit als Schriftsteller, worin dem Vorsehungsgedanken eine herausragende Bedeutung zukommt.

Für die Schicksalsthematik von Bedeutung ist außerdem noch, daß Kierkegaard 1847 in einer literarischen Kritik den Schicksalsbegriff in einem systematischen Sinne in seine Analyse der Massenkultur einbezieht. *Öffentlichkeit* ist für ihn somit nicht nur zum persönlichen Schicksal seiner letzten neun Lebensjahre geworden, sondern auch zu einem der individuellen Freiheit entgegenstehenden Schicksal der Gesellschaft. Sein eigenes Selbstverständnis ist daher immer durch die Reflexion über seine Stellung innerhalb dieses zeitgeschichtlichen Schicksals vermittelt.

---

[681] Deuser (1985a), 101.
[682] Vetter (1979a), 185.
[683] Deuser (1985a), 99.

4.1. Nivellierung als Schicksal des Zeitalters: *Eine literarische Anzeige*

Kurz nach Erscheinen der *Unwissenschaftlichen Nachschrift* und mitten in der Auseinandersetzung mit dem *Corsaren* gab Kierkegaard eine literarische Rezension heraus, die für einen Zeitungsartikel allzu umfangreich ausgefallen war. Besprochen wird hierin die 1845 erschienene Novelle *Zwei Zeitalter* der Schriftstellerin Thomasine Gyllembourg.[684] In ihrer Novelle schildert Frau Gyllembourg den Gegensatz zwischen der Revolutionszeit am Ende des 18. Jahrhunderts und ihrer Gegenwart. Dies greift Kierkegaard in seiner *Literarischen Anzeige* auf, um über die Rezension der Novelle hinaus seine eigene Kritik am Zeitgeist zu formulieren. Auf die Sonderstellung dieser Schrift in seinem Gesamtwerk weist Kierkegaard selbst hin, wenn er in seinem literarischen Rechenschaftsbericht angibt, sie "in Eigenschaft als Kritiker, nicht in Eigenschaft als Verfasser" (SüS, 9 Anm.) geschrieben zu haben. Damit will er sie offensichtlich von seinem philosophisch bedeutsamen Werk, das durch die Pseudonyme repräsentiert wird, abtrennen. Doch gerade mit dem Hinweis auf die literarisch-kritische Funktion wird ein Grundzug des Spätwerks Kierkegaards getroffen, so daß die kleine Schrift keineswegs nur eine Randposition einnimmt. Schon E. Hirsch nannte die *Literarische Anzeige* "ein(en) entscheidende(n) Markstein in Kierkegaards Denken"[685]: Die Beschäftigung mit der in der Novelle "gestellten geschichtlichen Frage zwang Kierkegaard zu einer tieferen Besinnung über den Geist und die Entwicklungsrichtung seines eigenen Zeitalters. Er entdeckte dabei als erster europäischer Schriftsteller, reichlich ein Menschenalter vor Nietzsche, daß allen Anzeichen nach ein *Zeitalter der Nivellierung* aller Lebensunterschiede im Heraufzuge über Europa sei, und daß das Verhältnis des Einzelnen zur Gemeinschaft durch diese Nivellierung grundstürzend sich verändern werde."[686]

Die Tendenz zur Nivellierung steht im Mittelpunkt von Kierkegaards Zeitkritik, und die Presse deckt er als deren Hauptinstrument auf. Damit fügt sich die *Literarische Anzeige* genau in die persönliche Konfliktsituation Kierkegaards, den Corsarenstreit, ein, und es finden sich in ihr Ansätze zur Bestimmung der eigenen Position in diesem Geschehen. Für die vorliegende Untersuchung ist die Schrift deshalb von besonderer Bedeutung, weil Kierkegaard in seiner Zeitanalyse an zentraler Stelle auf den Schicksalsbegriff zurückgreift. Die folgende Darstellung beschränkt sich ganz auf die Zeitkritik Kierkegaards und übergeht die rezensorischen Teile der *Literarischen Anzeige*.[687]

---

[684] Über die Novelle und ihre Verfasserin informiert E. Hirsch in der Einleitung zu seiner Übersetzung der *Literarischen Anzeige* (LA, VIII ff.).
[685] Hirsch in: LA, VII.
[686] Hirsch in: LA, VIII.
[687] Zur *Literarischen Anzeige* vgl. Best/Kellner (1990), 31 ff.; Deuser (1985a), 96 ff.; Hauschildt (1982), 117 ff.; Janke (1977), 383 ff.; Kirmmse (1977), 513 ff.; Vetter (1979a), 183 ff.

Den Hauptunterschied zwischen der Revolutionszeit und seiner Gegenwart sieht Kierkegaard im Verlust der Leidenschaft durch eine alles beherrschende Reflexion. Während die Revolutionszeit "wesentlich leidenschaftlich" (LA, 68) gewesen sei und die Menschen zu einem entschiedenen Handeln führte, ist das gegenwärtige Zeitalter für ihn "wesentlich *verständig, reflektierend, leidenschaftslos, flüchtig in Begeisterung aufflammend und gewitzt in Indolenz ausruhend.* (...) Sein Zustand gleicht dem des gegen Morgen Eingeschlummerten: großartige Träume, dann Dösigkeit, dann ein witziger oder gescheiter Einfall zur Entschuldigung dafür, daß man liegen bleibt" (LA, 72 f.).

Die Reflexion steht der Leidenschaft entgegen, weil sie die unmittelbare Gebundenheit des Menschen an seine Emotionen und Interessen hinterfragt. Diese kritische Funktion der Reflexion wird von Kierkegaard nicht generell verurteilt (vgl. LA, 103), jedoch bedürfe sie der Integration in eine neue, bewußtere Leidenschaft, um das Leben nicht in der Unentschiedenheit des Reflektierens erstarren zu lassen. Genau diese höhere Leidenschaft fehle jedoch der Gegenwart, in ihr verwandle sich "*das ganze Dasein in eine Zweideutigkeit*" (LA, 82). In ihrer Entscheidungslosigkeit wird die Gegenwart für Kierkegaard zu einer "Zeit der Bekanntmachungen" und "der Vorwegnahmen" (LA, 74 f.). Sie unternimmt nichts, um die Zweideutigkeit der Reflexion zu überwinden, sondern richtet sich in diesem Zustand ein. Dadurch erlangen alle Lebensumstände eine nur scheinhafte, weil abstrakte Wirklichkeit. Abstraktion ist, ineins mit der Zweideutigkeit, das zweite Kennzeichen der reflektierten Zeit. "Leidenschaftslosigkeit ist Identitätsverlust, und Identitätsverlust ist gleichbedeutend mit Wirklichkeitsverlust."[688]

Insbesondere die gesellschaftlichen Beziehungen selbst werden immer mehr zu einer Abstraktion, weil es an der Lebensenergie der einzelnen mangelt, um ein wahrhaftes Gemeinschaftsleben begründen zu können. Die Verhältnisse der Menschen untereinander werden zu rein äußerlichen Verhältnissen, die zwar in ihrer Äußerlichkeit bestehen bleiben und gerade in der Reduktion auf Äußerlichkeit sogar eine gewisse zähleibige Beständigkeit erhalten, jedoch damit auch jede innere Lebendigkeit verloren haben.

"Das Verhältnis besteht freilich, aber es fehlt an Spannkraft, sich zu sammeln in Innerlichkeit, um eins zu werden in Eintracht. Die Verhältnisse äußern sich freilich als vorhanden, und doch als abhanden. (...) Das Einlullende ist das Bestehen der Verhältnisse, ihre Tatsächlichkeit; das Gefährliche ist, daß eben dies das heimtückische Nagen der Reflexion begünstigt. (...) Das Bestehende besteht, aber die Leidenschaftslosigkeit der Reflexion findet ihre Beruhigung darin, daß es eine Zweideutigkeit ist." (LA, 85 f.).

Kierkegaard denkt die Gesellschaft als wesentlich durch einzelne konstituiert, die sich vereinigen, wobei sich die wahre Gemeinschaft aus der Einheit einer gemeinsamen Idee ergibt, der sich jeder einzelne leidenschaftlich verpflichtet weiß. Dies ist das Ideal der Gesellschaft im Sinne eines organischen Ganzen, in dem sich die einzelnen Teile und die Ganzheit gegenseitig

---

[688] Hauschildt (1982), 118.

bedingen (vgl. LA, 65 f.).[689] Kierkegaard unterscheidet nun zwei Formen der Abweichung von dieser "Harmonie der Sphären" (LA, 66): zum einen die zügellose Gewaltsamkeit, die sich ergibt, wenn nicht mehr der einzelne in sich selbst, sondern nur noch die Masse einer Idee folgt, zum anderen die Rohigkeit, die im Verlust jeglicher ideellen Bestimmung gründet. Gehört "das tumultarische Sichverhalten der Masse zu einer Idee" (LA, 66) zu den negativen Ausdrucksformen der Revolutionszeit, so ist die banale Ideenlosigkeit der Rohigkeit Kennzeichen einer sich in "Stadtklatsch und Gerücht" auflösenden Gemeinschaft, mithin der spießbürgerlichen Gegenwart Kierkegaards.

"Die Individuen kehren sich nicht nach innen in Innerlichkeit von einander fort, nicht nach außen in Eintracht hin zu einer Idee, sondern gegenseitig widereinander in aufhaltender und trostlos zudringlicher nivellierender Wechselseitigkeit. Der Durchgang zur Idee ist versperrt, die Individuen sind sich selbst und eines dem andern wechselseitig in die Quere gekommen, der selbstische und der gegenseitige Reflexionswiderstand ist wie Schlick - und man sitzt nun darin fest." (LA, 66 f.).

Weil die gemeinsame, leidenschaftlich ergriffene Idee fehlt, die der Gemeinschaft einen inneren Zusammenhalt verschaffen könnte, ist das Verhältnis der Menschen untereinander eine sich im Äußerlichen stabilisierende Verhältnislosigkeit. Was von den zwischenmenschlichen Beziehungen übrig bleibt, sind abstrakte Strukturen, wobei Kierkegaard an politische Vereinigungen denkt[690], aber auch an die Abstraktheit des Geldverkehrs (vgl. LA, 80), auch wenn er diese ökonomische Seite nur anspricht, aber nicht weiter verfolgt. Eine genauere Analyse etwa der Entfremdung durch die Veräußerlichung der Arbeitskraft im Lohnarbeitsverhältnis, wie sie damals von Marx entwickelt wurde, würde dem individualethisch-religiösen Ansatz von Kierkegaards Zeitanalyse zuwiderlaufen.[691] Die Veräußerlichung kann er

---

[689] Zum organischen Gemeinschaftsbegriff der *Literarischen Anzeige* vgl. Hauschildt, 121 ff.

[690] Die Abwertung der Tendenz zur politischen Vereinigung gründet nicht zuletzt in Kierkegaards konservativer Ignoranz gegenüber der Notwendigkeit politisch-sozialer Veränderungen. Was er von seiner Position der ethischen Innerlichkeit aus, deren Mangel er sicherlich zurecht als einen Grund der Abstraktheit der Lebensverhältnisse angibt, den politisch-revolutionären Ideen entgegenzuhalten vermag, ist nichts anderes als die *gehorsame* Einfügung des Einzelnen in die vorgegebenen ständisch-patriarchalen Strukturen: "verloren geht das Feuer, die Begeisterung, die Innerlichkeit, welche die Fessel der Abhängigkeit und die Krone der Herrschaft leicht machen, welche den Gehorsam des Kindes und die Vollmacht des Vaters freudig machen, welche der Unterwerfung der Bewunderung und der Erhabenheit des Ausgezeichnetseins Freimut verleihen, welche dem Lehrer alleingiltige Bedeutung geben und damit dem Schüler die Gelegenheit zu lernen, welche des Weibes Schwachheit und des Mannes Kraft eins werden lassen in der gleichen Stärke der Hingebung." (LA, 85).

[691] Auf Ähnlichkeiten der Zeitkritik bei Marx und Kierkegaard hat wohl erstmals K. Löwith (1988), 208, aufmerksam gemacht. Genauer untersucht Hügli (1979) das Verhältnis Kierkegaards zum "Kommunismus". Hügli hebt dabei die politischen Konsequenzen der unpolitisch-religiösen Philosophie Kierkegaards hervor, wobei er allerdings zu einseitig Kierkegaards Ablehnung demokratischer Strukturen mit einer reaktionären Legitimation des Bestehenden gleichsetzt (vgl. 531 f.). Zurecht hält Kodalle (1988), 166, dem entgegen: "Durch die bloße *Tatsache* des Bestehens rechtfertigt sich bei Søren Kierkegaard indessen gerade gar nichts. Kierkegaards Konservativismus war nicht 'reaktionär', sondern revolutionär." Zustimmen

daher letztlich als nur im Individuum begründet ansehen, nicht in einer Vorherrschaft gesellschaftlicher Strukturen, selbst wenn auch er, wie wir im folgenden sehen werden, diese in den Vordergrund stellt. Jedoch behält der einzelne immer noch die Möglichkeit, sich in diesen Strukturen und damit gegen sie ethisch zu entwickeln, was bei Kierkegaard letztlich religiös begründet wird.

So wie Kierkegaard die ideale Gemeinschaft in der Leidenschaft der einzelnen wurzeln läßt, so gründet für ihn auch die Äußerlichkeit der bestehenden Strukturen in einer Haltung der einzelnen. Diese ist ein Verhältnis zu den Mitmenschen, das aber nicht auf Gemeinschaft ausgerichtet ist, sondern auf das rein äußerliche Sich-Vergleichen als der Grundhaltung des reflektierenden Umgangs miteinander. Dies ist *der Neid*:

"Die Reflexionsspannung stellt sich zuletzt als Prinzip auf, und wie in einer leidenschaftlichen Zeit *Begeisterung* das *einigende Prinzip* ist, so wird in einer leidenschaftslosen und stark reflektierten Zeit *Neid* das *negativ-einigende Prinzip*." (LA, 86).

Kierkegaard will dies nicht als Beschreibung eines ethischen Lasters verstanden wissen, sondern grundlegender als sich aus der "Idee der Reflexion" ergebende Bestimmung. Neid ist die Weise des Sich-zueinander-Verhaltens, die sich aus der Zerstörung aller innerlich-idellen Werte der Gemeinschaft durch die Reflexion ergibt, "der ontologische Titel für das selbstische Selbstverhältnis aus Mangel an Innerlichkeit"[692]. In der Zweideutigkeit aller Lebensverhältnisse wird die verlorene Selbstidentität zu wahren versucht durch den äußerlichen Vergleich mit den anderen. Entsprechend dem Wechselverhältnis von fehlender Innerlichkeit des einzelnen und Verfestigung der Äußerlichkeit

---

kann man m.E. aber der folgenden zusammenfassenden Gegenüberstellung von Kierkegaardscher und Marxscher Kritik bei Hügli, 532 f.:
"Kierkegaard hatte für die politische und soziale Krise seiner Zeit bloß eine Erklärung; sie entspringt dem Verfall des Christentums und kann daher nur durch die Einführung des ursprünglichen Christentums in der weltlich gewordenen Christenheit überwunden werden. Eine solche theologische Erklärung, welche die Geschichte nur im Verhältnis zum Ewigen sieht, führt aber - bei aller Hellsicht für die Symptome der Zeit - zu völliger Blindheit gegenüber den realen historischen Kräften. Die von Kierkegaard so treffend beschriebene Nivellierung ist letztlich ein undurchschaubarer, ungreifbarer Prozeß, und der Einzelne, den er der Nivellierung entgegenstellt, ein bloßes Produkt eben dieses Prozesses selbst. In diesem entscheidenden Punkt erwiesen sich Marx und Engels Kierkegaard weit überlegen. Wo Kierkegaard nur das Abstraktum der Menge sah, da sahen Marx und Engels die wirklichen Menschen in ihren Fabriken, Mietshäusern und Kasernen, eingespannt in die übermächtigen Prozesse der Produktion, Distribution und Konsumtion (...) Kierkegaard hatte zwar eine klare Vorstellung davon, daß das Individuum durch sein Zeitalter und seine Umgebung in hohem Ausmaße bestimmt werden kann, aber um über das Wie dieser Bestimmtheit mehr zu erfahren, muß man sich nicht an ihn, sondern an Marx und Engels wenden. Marx und Engels wiederum waren sich zwar bewußt, daß das Individuum durch die sozio-ökonomischen Verhältnisse nur bedingt, aber nie völlig bestimmt sein kann, doch über die mit allen äußern Verhältnissen letztlich inkommensurable Qualität des Individuums kann man aus ihren, im besten Fall zweideutigen Äußerungen nichts erfahren; Klarheit darüber gewinnt man, wenn überhaupt, allein durch Kierkegaard." Zum Vergleich Kierkegaards mit Marx vgl. auch Best/Kellner (1990); Nordentoft (1973), 273 ff. u. (1977), 200 ff.
[692] Janke (1977), 385.

der Strukturen, das für die Zeitanalyse der *Literarischen Anzeige* kennzeichnend ist, hebt Kierkegaard zwei Seiten des Neides hervor: zum einen die selbstische, mit der das Individuum sich mit den anderen vergleicht, zum anderen der neidische Blick der Umgebung auf den einzelnen, der als sozialer Druck dessen Einfügung in die gültigen Standards verfestigt. Daher steht der einzelne in einer doppelten Gefangenschaft des Neides, aus der er nur durch "religiöse Innerlichkeit" befreit werden kann (LA, 87), weil diese ihm einen Selbstwert unabhängig von dem Vergleich mit anderen Menschen erfahrbar werden läßt. Fehlt jedoch diese religiöse Erfahrung, dann dreht sich der Teufelskreis von individuellem und gesellschaftlichem Neid immer weiter und führt zu jener geistlosen Gesellschaft, als deren Kern Kierkegaard *die Nivellierung*, das durch den Neid bewirkte Gleichmachen alles Menschlichen, ansieht. In ihr verwirklicht sich die Abstraktheit der Lebensverhältnisse in letzter Konsequenz, weil nur noch das quantitative Vergleichen und die Reduktion des Individuums auf seine numerische Einheit von Bedeutung ist.

"Der sich *fest einrichtende* Neid ist die *Nivellierung*, und während eine leidenschaftliche Zeit *spornt, hebt* und *stürzt, erhöht und erniedrigt*, tut eine reflektierte leidenschaftslose Zeit das Gegenteil, sie *würgt* und *hemmt*, sie *nivelliert*. Nivellieren ist eine stille mathematische abstrakte Beschäftigung, die alles Aufsehen meidet. (...) Das einzelne Individuum vermag in seinem kleinen Kreise bei der Nivellierung mitzuwirken, aber diese ist eine abstrakte Macht, und die Nivellierung ist der Sieg der Abstraktion über die Individuen." (LA, 89 f.).

Genau an dieser Stelle, wo Kierkegaard von der Übermacht der äußerlichen Verhältnisse über das an ihnen beteiligte Individuum spricht, greift er auf den Schicksalsbegriff zurück, um mit ihm die Übermacht der Nivellierung zu bezeichnen.

"Die Nivellierung ist in der modernen Zeit für die Reflexion das dem Schicksal im Altertum Entsprechende. Das Altertum ist dialektisch in Richtung auf das Hervorragende (der einzelne Große - und dann die Menge, ein einziger Freier - und dann Knechte); das Christentum ist bis auf weiteres dialektisch in Richtung auf Vertretung (die Vielzahl schaut sich selber an in dem, der sie vertritt, freigemacht in einer Art Selbstbewußtsein); die Gegenwart ist dialektisch in Richtung auf die Gleichheit des Maßes, und deren in Verkehrtheit folgerichtigste Durchführung ist das Nivellierungswerk, als die negative Einheit der negativen Gegenseitigkeit der Individuen." (LA, 90).

Der Analogie von Nivellierung und Schicksal kommt eine mehr als nur metaphorische Bedeutung zu, insofern Kierkegaard hier das von ihm angegebene Grundprinzip seines Zeitalters mit dem Schicksal als einer ebenso gundlegenden Bestimmung der antiken Kultur vergleicht. Der Schicksalsbegriff wird in ähnlicher Weise wie im *Begriff Angst* als eine die Kultur des heidnischen Altertums kennzeichnende Vorstellung genommen, so daß in der strukturellen Bedeutung des Schicksals für die antike Gesellschaft die Analogie zum Nivellierungsprinzip zu sehen ist. Rein formal verweist auch der Gebrauch der Wendung "dialektisch in Richtung auf..." auf den *Begriff Angst* zurück, wo die Phänomenologie der Unfreiheit als Steigerung des Angstbewußtseins "dialektisch in Richtung auf" die jeweiligen Gegenstände der Angst, in denen sie sich selbst ausdrückte, dargestellt wurde. Das Schicksal wurde dort als die dialektische Reflexion der Angst innerhalb des Heidentums behandelt.[693]

Inhaltlich jedoch weicht die Bestimmung der antiken Schicksalsabhängigkeit in der *Literarischen Anzeige* vom Schicksalsparagraphen des *Begriff Angst* ab, insofern das Schicksal nicht als eine Gestalt der Angst vor der Freiheit, sondern als eine das zwischenmenschliche Verhältnis regulierende Kategorie begriffen wird, mit deren Hilfe individuelle Auszeichnungen in das Umgreifende einer allgemeinen, notwendigen Gesetzmäßigkeit, eben der Schicksalsmacht, eingeordnet werden können. Diese Überordnung der Allgemeinheit über das Individuelle ist die grundlegende Gemeinsamkeit von Schicksal und Nivellierung, und wenn Kierkegaard dies mit den Worten resümiert: "daß die Nivellierung ihre tiefe Bedeutung hat in der Übermacht der Kategorie der Generation über die Kategorie der Individualität" (LA, 90), so zeigt sich auch hierin wieder die Nähe zum Grundthema des *Begriff Angst*, dem Bedingungsverhältnis von individueller Freiheit (bzw. Sünde) und menschheitlicher Geschichte (bzw. Erbsünde). Im Schicksalsparagaphen des *Begriff Angst* stand dieses Verhältnis jedoch nicht so ausdrücklich im Vordergrund, nur im Hinweis auf die tragische Schuld wurde es angedeutet.[694] Von der Verwendung des Schicksalsbegriffs in der *Literarischen Anzeige* aus, wo die Aussonderung eines Menschen auf das Schicksal zurückgeführt und somit von einem *allgemeinen* Prinzip aus verstanden wird, kann aber deutlicher werden, inwiefern die Schicksalsangst auch nach Vigilius aus dem Spannungsverhältnis von individueller und menschheitlicher Angst erklärt werden muß. Der antike Mensch lebt in den festgefügten Ordnungen der Polis, die ihm wie eine "schicksalsschwangere Notwendigkeit" (EO I, 168) erscheinen. Besonders am Phänomen der tragischen Schuld wird deutlich, wie sich diese fraglos geltenden Ordnungen als eine abstrakte Macht über das konkrete Leben legen. Die kollektiv-unbewußte Angst vor den Freiheitsmöglichkeiten gebiert einen strukturellen Zwang, der als schicksalhaft empfunden wird. Die Schicksalsangst des einzelnen resultiert aus diesem kollektiven Angstkomplex, wie ihn Vigilius als eine geschichtliche Entwicklungsstufe der Erbsünde thematisiert. Wird diese geschichtlich-gesellschaftliche Dimension des Angstbegriffs berücksichtigt, dann ergibt sich auch eine größere Nähe zwischen Vigilius' Schicksalsanalyse und der pseudonymen Bestimmung des Tragischen.

Aber auch das Fehlen des Angstbegriffs in der Analyse der *Literarischen Anzeige* darf nicht als Unterschied überbewertet werden. Denn als tragende kategoriale Gemeinsamkeit zwischen dem Schicksalsparagraphen des *Begriff Angst* und sowohl des Schicksalsbegriffs als auch des Nivellierungsprinzips in der *Literarischen Anzeige* ist die *Zweideutigkeit der Reflexion* festzuhalten. Die Reflexion als Aufhebung der unmittelbaren Einheit ist Konstitutivum

---

[693] S.o. II.2.
[694] S.o. II.4.5.2.1.

aller Zweideutigkeit. Indem Kierkegaard in seiner Zeitanalyse die Zweideutigkeit der zwischenmenschlichen Beziehungen als Folge der Reflektiertheit in den Mittelpunkt stellt, ist seine Kritik psychologisch ausgerichtet. An die Stelle der Angst tritt die zweideutige Haltung des Neides und der Nivellierung. Während die Angst mehr das individuelle Selbstverhältnis, als Möglichkeit der Freiheit, bestimmt, ist der Neid eine zwischenmenschliche Zweideutigkeit. Die unmittelbare Nähe menschlicher Beziehungen zerfällt im äußeren Spiel des sozialen Vergleichens, das den anderen Menschen nicht mehr in seiner persönlichen Eigenart wahrzunehmen vermag. Daher gibt es auch nicht mehr die Eindeutigkeit persönlicher Begegnung, sondern nur noch die unverbindliche Anonymität der Massenkultur. Analog zur Angst vor der Freiheit, die sich im Griechentum als Schicksalsglaube äußerte, entsteht aus der Zweideutigkeit des Neides dessen äußere, gesellschaftlich-strukturelle Erscheinungsform als eine dem Individuum überlegene Macht: die Nivellierung. Indem Kierkegaard dieses Grundprinzip in Analogie zur Schicksalsabhängigkeit als Reflex der psychischen Zweideutigkeit des Neides deutet, zeigt sich nochmals seine Tendenz, die gesellschaftlichen Strukturen individualpsychologisch zu analysieren und nicht von deren eigenen Gesetzmäßigkeiten her. Die Analogie zur Schicksalsmacht scheint darauf hinzudeuten, daß die Nivellierungstendenz seiner Zeit für Kierkegaard eine letztlich unverständliche Macht ist.[695] Um so auffälliger ist jedoch, daß er meint, man könne "das Gesetz für das Nivellierungswerk errechnen" (LA, 92). Dieser methodische Wechsel der kritischen Perspektive, fort von der subjektiv-psychologischen zu einer mehr objektiv-soziologischen, ergibt sich für Kierkegaard aus der quantitativ-abstrahierenden Tendenz der Nivellierung selbst. Indem diese alle zwischenmenschlichen Beziehungen auf quantitative Maßverhältnissse reduziert, bahnt sie den Weg für eine objektiv-strukturelle Kritik ihrer eigenen Gesetzmäßigkeiten. Jedoch bleibt eine solche Kritik gerade deswegen selbst vom Prinzip der Nivellierung beherrscht, trägt letztlich selbst noch zur Vorherrschaft der abstrakten Beziehungen bei.

Kierkegaard führt nun seine Zeitkritik in soziologischer Richtung weiter, indem er als Träger der Nivellierung die öffentliche Meinung der Massenkultur herausstellt[696], als deren tragende Größen er "Publikum" und "Presse" angibt.[697] Insbesondere der Begriff des Publikums dient ihm zur Beschreibung der Abstraktheit der menschlichen Beziehungen in einer Massenkultur. Im Phänomen des Publikums sieht er den entscheidenden Unterschied zu Vorformen der Nivellierung, bei denen z.B. in der Revolutionszeit einzelne ständische Besonderheiten und Privilegien durch die Herrschaft eines unteren Standes aufgehoben wurden: "alles dies ist doch aber lediglich das sich Regen der Abstraktion innerhalb der individuellen Konkretheiten" (LA, 96). Bei

---

[695] Vgl. Hügli (1979), 532: "Die von Kierkegaard so treffend beschriebene Nivellierung ist letztlich ein undurchschaubarer, ungreifbarer Prozeß".
[696] "Die öffentliche Meinung ist ein unorganisches Etwas, eine Abstraktion." (LA, 114).
[697] Zur Pressekritik vgl. Jansen (1990), die auf die prinzipielle Bedeutung der Kommunikation für die Selbstwerdung im Sinne Kierkegaards hinweist und hierin den Ansatz der Pressekritik sieht; vgl. Cattepoel (1992), 210 ff. 282 ff.

diesen Formen der Nivellierung bleibt noch ein bestimmter Charakter der Gesellschaft, die Konkretheit eines Standes, eines Volkes erhalten, während in der völlig abstrakten Nivellierung nur mehr das Sich-Vergleichen als solches, das negative Verhältnis der Reflexion, die gesellschaftlichen Beziehungen bestimmt. In der Gehaltlosigkeit dieser nivellierten Gesellschaft gründet jenes Phänomen, das Kierkegaard als "Publikum" bezeichnet. Publikum ist die Schein-Wirklichkeit der Beziehung, oder, wie Kierkegaard - wiederum in Entsprechung zur Terminologie des *Begriff Angst*[698] - formuliert, ein Nichts, das als ein Etwas angenommen wird. Auch hierin entspricht die Nivellierung dem antiken Schicksal.

"Damit die Nivellierung eigentlich zustande kommen kann, muß erst einmal ein Phantom zuwege gebracht werden, ihr Geist, eine ungeheuerliche Abstraktion, ein allumfassendes Etwas, welches Nichts ist, eine Luftspiegelung - dies Phantom heißt *Publikum*. Allein in einer leidenschaftslosen, aber reflektierten Zeit kann dies Phantom sich entwickeln mittels der Presse, wenn diese selbst eine Abstraktion wird. (...) Publikum ist der eigentliche Nivellierungsmeister, denn wenn annäherungsweise nivelliert wird, wird noch nivelliert mit etwas, Publikum aber ist ein ungeheuerliches Nichts." (LA, 96 f.).

Das Publikum ist die Selbstprojektion eines in sich nichtigen, gehaltlosen gesellschaftlichen Geistes. Kierkegaard überträgt hier seine Begrifflichkeit der individuellen Selbstverstellung des unfreien Geistes, der sich selbst in der Angst als eine fremde Macht erscheint[699], auf die Gesellschaft. Deren Unwirklichkeit - als das Nichts nichtiger Beziehungen - wird jedoch konstituiert durch die Unwirklichkeit der einzelnen, aus denen sich die Gesellschaft zusammensetzt. Hier zeigt sich wieder der Grundansatz der organischen Gesellschaftstheorie Kierkegaards. Weil die einzelnen unfähig werden, aus eigener Entscheidung heraus verantwortlich zu handeln[700] und so wirkliche Beziehungen einzugehen, wird die Gesellschaft immer mehr zu einer Ansammlung von einzelnen, die nur Zuschauer, aber niemals verantwortliche Akteure im dadurch anonymen Spiel der Zeit sein wollen, eben: Publikum. Die Presse ist das Organ zur Befriedigung des individuellen Bedürfnisses nach unbeteiligtem Zuschauen und begründet dadurch diese Haltung als gesamtgesellschaftliche.

"Erst dann, wenn keinerlei kräftiges Gemeinwesen der Konkretion Fülle verleiht, wird die Presse dies Abstraktum Publikum heranbilden, welches aus unwirklichen einzelnen besteht, die niemals vereinigt werden oder vereinigt werden können in irgendeiner Gleichzeitigkeit der Situation oder der Organisation, und die gleichwohl als ein Ganzes behauptet werden." (LA, 97).

"Publikum ist kein Volk, keine Generation, keine Mitwelt, keine Gemeinde, keine Gesellschaft, nicht diese bestimmten Menschen, denn alles dergleichen

---

[698] Vgl. Deuser (1985a), 98.
[699] S.o. II.3.2.2.
[700] "Die existentiellen Aufgaben des Lebens haben das Interesse der Wirklichkeit verloren, keine Illusion umfriedet das göttliche Wachstum der Innerlichkeit, welches Entscheidungen entgegenreift; der eine ist neugierig auf den andern, alle warten unschlüssig und in Ausflüchten bewandert darauf, daß einer komme, der etwas will - um dann zu parieren auf seine Hand." (LA, 112).

ist lediglich vermöge der Konkretheit was es ist; ja, auch nicht ein einziger von denen, die Publikum zugehören, hat irgend eine wesentliche Dienstverpflichtung; einige Stunden des Tages gehört er vielleicht mit zu Publikum, nämlich die Stunden, in denen er ein Nichts ist, denn in den Stunden, in denen er das Bestimmte ist, das er ist, gehört er nicht zu Publikum. Aus solchen Einern gebildet, aus den Einzelnen in den Augenblicken, da sie Nichts sind, ist Publikum ein ungeheuerliches Etwas, das abstrakte Öde und Leere, welches alle und niemand ist. (...) Publikum ist alles oder nichts, ist von allen Mächten die gefährlichste und die nichtssagende" (LA, 99).

Das Publikum wird hervorgebracht durch die Presse, die der Tendenz der reflektierten Zeit nach beobachtender Unentschiedenheit entgegenkommt. Kierkegaard betont, daß nicht die Presse als solche diese nivellierende Funktion hat, in der Revolutionszeit habe die Presse in ganz anderer Weise gewirkt. Erst wenn sie sich leidenschaftslos den Nichtigkeiten der neidischen Vergleiche zuwendet, werde sie zum Mittel der Nivellierung. Dann aber ist eine Eigendynamik im Wechselverhältnis von Publikum und Presse in Gang gekommen, die zu einer immer größeren Verrohung des gesellschaftlichen Lebens führt. Die zum Publikum gewordene Masse unwirklicher einzelner verlangt, so argumentiert Kierkegaard wieder psychologisch, "nach Zeitvertreib" (LA, 100) und bringt so die Presse der Verächtlichmachung hervor, womit Kierkegaard sich auf den *Corsaren* bezieht, durch dessen Angriffe ihm selbst die Nivellierung zum Schicksal wurde.

"So hält sich denn Publikum einen Hund, der Unterhaltung wegen. Dieser Hund ist die literarische Verächtlichkeit. Zeigt sich nun irgend ein Besserer, vielleicht gar ein Ausgezeichneter, so wird der Hund auf ihn gehetzt und der Zeitvertreib hebt an. (...) Der Stärkere, der Bessere ist mißhandelt, - und der Hund, ja der ist und bleibt eben ein Hund, den Publikum selbst verachtet. Es wurde also nivelliert mittels eines Dritten, Publikum in seiner Nichtigkeit nivellierte mittels eines Dritten, welches durch seine Verächtlichkeit bereits mehr als nivelliert und weniger wert als nichts war. Und Publikum kennt keine Reue, denn es ist ja gar nicht Publikum gewesen - der Hund ist es gewesen" (LA, 101).

Es ist offensichtlich, daß Kierkegaard hiermit selbst zum Mittel der Polemik greift, um den *Corsaren* als verachtungswürdig herabzusetzen. Dieser Kampf gegen die Nivellierung mit deren eigenen Mitteln ist kennzeichnend für die offensive, direkte Zeitkritik des späten Kierkegaard, der in seinem letzten Lebensjahr sogar eine eigene Zeitschrift (*Der Augenblick*) herausgab, um gegen die dänische Kirche bitter-polemische Artikel zu veröffentlichen. In der *Literarischen Anzeige* wird diese Ausnutzung nivellierender Mittel gegen die Nivellierung ausdrücklich legitimiert, wie wir im folgenden noch sehen werden. Zuvor muß noch darauf hingewiesen werden, daß Kierkegaard im oben zitierten Text sich in seiner persönlichen Betroffenheit zu einer polemischen Überzeichnung hinreißen läßt[701], die der Stringenz seines

---

[701] "So brutal, wie er die Presse und die Journalisten seiner Zeit beschreibt, sind diese nicht gewesen (...) Kierkegaards Sensibilität und sein Wahrheitspathos vergrößern die Gefahren auf ein Maß, das erst die Zukunft bestätigt hat." (Deuser (1985a), 100).

Gedankenganges zuwiderläuft. Denn indem er die verächtliche Presse als "mehr als nivelliert und weniger wert als nichts" bezeichnet, trägt er Wertbestimmungen in den Vorgang der Nivellierung hinein, die diesem an sich widersprechen. Gäbe es einen solchen Unwert des "mehr als nivelliert", dann wäre die Vorherrschaft der Nivellierung schon durchbrochen. So kann der Anschein entstehen, Kierkegaard würde in verletztem aristokratischen Stolz gegen die Tendenz der Nivellierung für die ästhetische Besonderheit ausgezeichneter Menschen sprechen wollen. Doch gegen dieses Mißverständnis wendet er sich sofort:

"Vielleicht ist Jemand, der sich denkend in ein solches Verhältnis versetzt, geneigt seine Aufmerksamkeit an dem Besseren haften zu lassen, der die Mißhandlung erlitten, und meint da, ihm sei ein großes Unglück widerfahren. Diese Betrachtung vermag ich ganz und gar nicht zu billigen, denn wer da will, daß ihm zu dem Höchsten geholfen werde, ihm ist es gut, durch dergleichen hindurchzugehen und er müßte es begehren, ob man sich gleich um seinetwillen empören mag." (LA, 102).

Kierkegaard sieht nur einen Ausweg aus der Nivellierung: die religiöse Bildung, in der sich das Individuum seiner ewigen Bedeutung unabhängig von allen reflektierenden Vergleichen mit anderen Menschen bewußt wird. Doch gerade weil die religiöse Individualität auf alle Vergleiche verzichten kann, steht sie der ästhetischen Besonderheit entgegen. Denn die religiöse Erfüllung kommt jedem Menschen als solchem zu, und in dieser Wesentlichkeit sind alle Menschen gleich. In dieser Bedeutung der religiösen Gleichheit aller Menschen sieht Kierkegaard sogar eine Entsprechung zur Nivellierung - "dergestalt ist auch das ewige Leben eine Art Nivellierung" (LA, 102) -, und so kann die Nivellierung zu einer Hilfe werden, sich seiner wesentlichen Menschlichkeit bewußt zu werden.[702] Ähnlich wie für Vigilius Haufniensis die Angst zur Bildung des Glaubens beitragen kann, indem sie den Menschen aus den endlichen Sicherheitsvorstellungen löst, so kann auch die Nivellierung als Vernichtung aller endlich-ästhetischen, schicksalhaften Unterschiede zwischen den Menschen zur Ausbildung des religiösen Selbstbewußtseins beitragen. Der religiöse Ausweg aus der Nivellierung wendet sich somit nicht prinzipiell gegen sie, sondern versucht die banale Extensität des nivellierten Lebens mit einer neuen Intensität zu füllen (vgl. LA, 103).

"Kein einzelner Mann (der Ausgezeichnete in Richtung auf das Hervorragende und auf die Dialektik des Schicksals) wird der Abstraktion der Nivellierung Einhalt tun können; denn diese ist ein negativ Höheres, und die Zeit der Helden ist vorüber. Kein Zusammenhalt würde imstande sein, der Abstraktion der Nivellierung Einhalt zu tun, weil der Zusammenhalt selber durch Vermittlung des Reflexionszusammenhangs im Dienst der Nivellierung steht. Nicht einmal die Individualität der Nationalitäten wird ihr Einhalt tun können, denn die Abstraktion der Nivellierung richtet ihre Reflexion auf eine höhere Negativität: die reine Menschheit. Die Abstraktion der Nivellierung, diese Selbstentzündung des Menschengeschlechts, welche durch die Reibung

---

[702] Nordentoft (1973), 47, spricht von einer "Fortschrittsdialektik" Kierkegaards im Hinblick auf den Gleichheitsgedanken; vgl. Deuser (1985a), 98.

veranlaßt ist, die da entsteht, wenn die Besonderung der individuellen Innerlichkeit in der Religiosität ausbleibt, wird etwas Stehendes, wie man so von einem Passat sagt, und sie verzehrt alles, aber durch sie können die Individuen, jedes im Besonderen, wiederum religiös erzogen werden, kann ihnen in höchstem Sinne dazu geholfen werden, daß sie im examen rigorosum der Nivellierung die Wesentlichkeit der Religiosität in sich selber gewinnen." (LA, 93).

Wenn also Kierkegaard die Individualisierung gegen die Nivellierungstendenz geltend machen will, so meint er nicht die unmittelbare Bedeutung individueller Besonderheit, weil diese gegenüber der Reflexion einen Rückschritt zur Schicksalsbestimmtheit der gesellschaftlichen Verhältnisse beinhalten würde, sondern die Einsicht in die wesentliche Gleichheit aller Menschen im Gottesverhältnis als Voraussetzung individueller Würde. Die religiöse Individualität ist so eine dialektische Synthese aus unmittelbarer Individualität und nivellierender Reflexion.

"Das Individualitätsprinzip in seiner unmittelbaren und schönen Gestalt bildet die Generation vor in dem Ausgezeichneten, dem Hervorragenden und läßt die untergeordneten Individualitäten sich als Gruppe um den Vertreter schließen. Das Individualitätsprinzip in seiner ewigen Wahrheit braucht die Abstraktion der Generation, ihr gleiches Maß für alle, als Nivellierungsmacht und entwickelt dadurch das Individuum unter dessen eigner Mitwirkung religiös zu einem wesentlichen Menschen. Denn so ohnmächtig die Nivellierung gegen das Ewige ist, so übermächtig ist sie wider jegliche Einstweiligkeit. Die Reflexion ist eine Schlinge, in der man gefangen wird, aber durch der Religiosität begeisterten Sprung wird das Verhältnis ein anderes, durch ihn wird sie die Schlinge, die einen in des Ewigen Arme wirft." (LA, 95).

Von hier aus versucht Kierkegaard die Frage nach denjenigen Menschen, die in einer nivellierenden Zeit wieder zur Religiosität führen können, und damit auch nach seiner eigenen prophetischen Rolle[703] zu stellen. Da niemand mehr sich als ein herausragender Mensch der Menge gegenüberstellen könne, weil die Nivellierung alle unmittelbare Auszeichnung der Menschen als fragwürdig zerstöre, müsse der religiös Ausgezeichnete in einer reflektierten Zeit *unkenntlich* bleiben (vgl. LA, 114 ff.). Sein Wirken könne daher nicht im offenen Widerstand gegen "die Diener der Nivellierung" (LA, 116) bestehen, sondern nur im Leiden, mit dem er die Nivellierung an sich wirken lasse zur religiösen Vertiefung seiner selbst. Indem er in diesem Leiden nicht als Einzelner untergehe, könne er dazu beitragen, die Nivellierung zu überwinden.

---

[703] Ironisch deutet Kierkegaard dies an: "Und sintemal in unserer Zeit, in der so wenig getan wird, so außerordentlich viel getan wird in Prophezeiungen, (...) so geht es wohl nicht anders, ich muß mit dabei sein, wiewohl ich der schwer lastenden Verantwortung gegenüber, welche die vielen mit dem Prophezeien und dem Wahrsagen haben, den Vorteil der Ungeniertheit besitze, daß ich sicher sein darf, niemand kommt auf den Einfall es zu glauben. (...) Es ist ja die Lenkung gewesen, welche die Erfüllung hinzutat zu den Aussprüchen der älteren Propheten, wir modernen Propheten könnten vielleicht in Ermangelung des Hinzutuns der Lenkung mit Thales den Spruch hinzutun: was wir vorhersagen, wird entweder geschehen oder es wird nicht geschehen, denn auch uns hat der Gott die Gabe der Weissagung vergönnt." (LA, 112 f.).

Damit beschreibt Kierkegaard genau die Rolle, die er sich selbst im Corsarenstreit auferlegt hat, auch wenn er diese Überlegung sogleich wieder als bloßen "Narrenstreich" (LA, 117) relativiert, weil jeder sich selber helfen müsse. Doch kann kein Zweifel sein, daß er in diesem Leiden sein eigenes, unkenntliches Mitwirken an der religiösen Erziehung der Gegenwart sah. Es war für ihn der Widerstand der Freiheit gegen die Schicksalsmacht der Nivellierung.

"Die Diener der Nivellierung sind von den Unkenntlichen gekannt, aber Macht oder Vollmacht dürfen die Unkenntlichen wider sie nicht brauchen, denn alsdann geht die Entwicklung zurück, weil es gleichen Augenblicks für einen Dritten offenkundig würde, daß der Unkenntliche eine Autorität sei, und dann wäre ja dieser Dritte an dem Höchsten [der wesentlichen Gleichheit des Religiösen; d. Vf.] gehindert. Allein durch eine *leidende* Handlung wird der Unkenntliche der Nivellierung voran helfen dürfen, und durch die gleiche leidende Handlung dem Werkzeug zum Gericht werden." (LA, 116 f.).

4.2. Die *Corsar*-Affäre

Die in der *Literarischen Anzeige* kritisierte Presse der "literarischen Verächtlichkeit" hatte für Kierkegaard ihre konkrete Gestalt in der satirischen Zeitschrift *Der Corsar*, die von dem jungen Schriftsteller M.A. Goldschmidt herausgegeben wurde und eine breite Leserschaft im damaligen Kopenhagen besaß. In der persönlichen Auseinandersetzung mit diesem Blatt nimmt Kierkegaard als Leidender, als durch den Spott des *Corsaren* Getroffener, seinen Kampf gegen den Ungeist der Zeit auf. Die Affäre ist somit der Auftakt zu seinem späten Wirken.[704]

Ein Kennzeichen des *Corsaren* war der satirisch-polemische Angriff auf herausragende Persönlichkeiten der dänischen Gesellschaft, wodurch er für Kierkegaard zum Hauptinstrument der Nivellierung wurde. Kierkegaard selbst jedoch war bis zu den Ereignissen des Jahres 1846 noch nicht zum Gegenstand der Schmähkritik geworden, im Gegenteil war sogar eines seiner Pseudonyme, Victor Eremita (der Herausgeber von *Entweder/Oder*) sehr gelobt worden, was Kierkegaard geradezu als Beleidigung auffaßte angesichts der sonst üblichen üblen Kritik. So verfaßte er damals schon eine von Victor Eremita geäußerte Bitte, wie alle anderen geschmäht zu werden (vgl. Pap VI B 192/ KAC, 99), die er jedoch nicht veröffentlichte, weil er noch mit der Abfassung der *Unwissenschaftlichen Nachschrift* beschäftigt war. Er faßte es als schicksalhaften Umstand, als "Wink" der "Lenkung" (Pap VII B 72, 263/ KAC, 150) auf, als gerade zur Zeit der Fertigstellung seiner *Nachschrift* der junge Literaturkritiker P.L. Møller, der auch anonyme Artikel im *Corsaren* schrieb, eine polemische Kritik über seine *Stadien auf des Lebens Weg*, besonders über den Verfasser des letzten Teils, Frater Taciturnus, veröffentlichte. Daraufhin schrieb Kierkegaard in der Zeitung *Fædrelandet* am 17.12.1845 unter dem Pseudonym Frater Taciturnus eine ebenso polemische Erwiderung an Møller (KAC, 30 ff.), worin er diesen und seine

---

[704] Zur *Corsar*-Affäre vgl. Deuser (1974), 186 ff.; Perkins (1990).

Kritik als "völlig bedeutungslos" heruntermachte und dessen Beziehungen zum *Corsaren* einer breiteren Öffentlichkeit kundtat.[705] Sein Artikel endete mit dem Wunsch: "Käme ich doch nun bloß bald in den 'Corsaren'. Es ist wirklich hart für einen armen Schriftsteller, in der dänischen Literatur auf die Weise herausgehoben zu sein, daß er (angenommen, wir Pseudonyme seien Einer) der einzige ist, der dort nicht geschmäht wird" (KAC, 38).

Dieser Aufforderung kam der *Corsar* mit einer polemischen Heftigkeit nach, wie sie von Kierkegaard vielleicht nicht erwartet worden war und ihn zutiefst verletzte.[706] Ein Hauptgegenstand der sich an die breite Masse wendenden Polemik war Kierkegaards äußeres Erscheinungsbild, insbesondere seine ungleich langen Hosenbeine, die in Karikaturen hervorgehoben wurden. Doch Kierkegaards Aufforderung, geschmäht zu werden, und ein weiterer *Fædrelandet*-Artikel im Januar 1846 sowie die *Literarische Anzeige* waren seine einzige öffentliche Äußerung zum *Corsaren*. Er legte sich selbst ein konsequentes Schweigen auf als Ausdruck seiner Verachtung des *Corsaren* und in der Absicht, ihn durch dessen eigene Äußerungen in seiner "Verächtlichkeit" offenbar zu machen: "Mein Werk ist es, die Erscheinungen offenbar zu machen, nicht unmittelbar, sondern mittelbar, und meine Pflicht ist es, mich in dieser Hinsicht in alles zu finden, ohne zu weichen" (Pap VII B 55, 243/ KAC, 137). Dennoch war er in jener Zeit der monatelangen Verspottung unermüdlich literarisch tätig, indem er Artikel gegen den *Corsaren* verfaßte, die er aber nicht veröffentlichte.[707] Auch zahlreiche persönliche Reflexionen über die Affäre finden sich in seinen Tagebüchern, so daß sein Selbstverständnis in dieser Auseinandersetzung eindeutig festzustellen ist.

Was an Kierkegaards Selbstverständnis auffällt, ist die Verbindung von Aktivität und Passivität, von Handlung und Leiden, von freier Entschlossenheit und dem Gefühl eines schicksalhaften Ereignisses, das er als persönliche Erziehung durch die Vorsehung deutet. Am prägnantesten läßt sich dieses Selbstverständnis mit den Worten: *Entschluß zum Leiden, zum gottgewollten Opfer für die Zeit* kennzeichnen. Daß Kierkegaard sein Handeln nicht nur als persönliche Verteidigung, sondern vielmehr als Dienst an seiner Zeit ansah, ist unverkennbar. Im zweiten seiner *Fædrelandet*-Artikel schrieb er am

---

[705] Es ist keineswegs so, wie ältere Biographien es darstellen, daß Kierkegaard diese Verbindung Møllers zum *Corsaren* aufgedeckt hatte, da Møller selbst dies in einem literarischen Handbuch schon erklärt hatte, wie auch Kierkegaard in einer Tagebucheintragung vermerkt (vgl. Pap VII B 72, 263/ KAC, 150), worauf neuerdings besonders die amerikanischen Herausgeber der Schriften zum Corsarenstreit, H.V. und E.H. Hong, aufmerksam gemacht haben; vgl. dazu Perkins (1990), xviii. Überhaupt muß nach Perkins die bisherige Sicht der Auswirkungen der Corsar-Affäre auf das Schicksal Møllers korrigiert werden.

[706] Wie sehr er unter diesen Angriffen litt, verrät die Eintragung Pap VII A 98/ KAC, 208 f.

[707] "Aber geschrieben werden darf nicht, nicht *ein* Wort; ich darf nicht. Was da geschrieben würde, gäbe doch dem Leser einen Wink und störte ihn insofern. Es darf nicht sein, daß er unter der Hand doch etwas erfährt. Ich habe dieser Tage verschiedenes hingeworfen, was nicht unglücklich geschrieben ist, sich jedoch nur in einer ganz anderen Verbindung gebrauchen läßt." (Pap VII A 99/ Tb II, 49).

10.1.1846: "Mehr kann ich nicht für andere tun, als daß ich selbst verlange, geschmäht zu werden" (KAC, 41); und in einem seiner Entwürfe heißt es:
"Ich werde mich selbst schon darein finden, es tut mir mehr um die Irregeführten leid als um mich selbst. Und gerade weil ich weiß, daß ich mich darein finden kann, gerade deswegen habe ich die Sicherheit gewonnen, daß ich den Corsaren als literarische Erscheinung treffen kann." (Pap VII B 37, 213/ KAC, 114).

Sein Leiden bestand für ihn nicht nur in dem Geschmähtwerden als solchem, sondern in der Vereinzelung, die ihm sein Schweigen brachte, weil er sich niemandem erklären konnte. Dadurch verfestigte sich eines der Grundleiden Kierkegaards: das Mißverstandenwerden:
"Mir scheint das Schicksal vorbehalten zu sein, im Verhältnis zu den entscheidenden Tatsachen meines Lebens niemals von andern verstanden werden zu können. Auf das, was für mich gerade das Bestimmende ist, würde niemand anders kommen. In gewissem Sinne liegt eine Qual in dem völligen Mißverständnis, wenn man so angestrengt lebt wie ich." (Pap VII A 128/ Tb II, 63).

Nur im Bewußtsein religiöser Sympathie mit allen Menschen und der Gemeinschaft mit Gott vermag Kierkegaard dieses Leiden des unverstandenen Einzelnen zu tragen:
"Und von welch trauriger Seite lernt man doch die Menschen kennen, und wie wehmütig, daß das, was sich auf Abstand gut ausnehmen wird, stets von der Mitwelt mißverstanden werden soll. Aber die Religiösität ist wiederum das Erlösende, in ihr gibt es Mitgefühl mit allem, nicht in schwatzhaftem Einverständnis mit Parteifreunden und Anhängern, sondern unendliches Mitgefühl mit jedem - in Schweigsamkeit. (...) Gott im Himmel, wofern es nicht doch ein Innerstes im Menschen gäbe, wo all das vergessen sein kann, o ganz vergessen in der Gemeinschaft mit Dir: wer könnte das aushalten." (Pap VII A 98/ KAC, 208 f.).

Eindeutig ist, daß Kierkegaard die Auseinandersetzung mit dem *Corsaren* auf einen eigenen *Entschluß* zurückführt, der für ihn in der Konsequenz seines bisherigen Wirkens liegt. Er reflektiert sogar ausdrücklich darüber, warum erst die pseudonyme Produktivität abgeschlossen werden mußte, um in dieser Weise öffentlich wirken zu können (vgl. Pap VII B 72, 262/ KAC, 149). Daraus entwickeln sich auch neue Überlegungen zur Bedeutung der verschiedenen Mitteilungsformen; nicht zufällig entwirft Kierkegaard nach der *Corsar*-Affäre 1847 eine Vorlesung über die Formen ethisch-religiöser Mitteilung (Pap VII B 80 ff./ Tb II, 111 ff.).[708] Ebenso deutlich, wie Kierkegaard den Aspekt des freien Entschlusses betont, sieht er das Geschehen aber auch als ihm vorbehaltenes *Schicksal* an, das er auf das Wirken der göttlichen "Lenkung" zurückführt.

Das Schicksalhafte macht er an zwei verschiedenen Aspekten fest. Zum einen betont er, daß zu seinem gefaßten Entschluß, gegen die Presse vorzugehen, die "Lenkung" den passenden *Anlaß* zum rechten Zeitpunkt gegeben

---

[708] Jansen (1990), 13 f., sieht im erneuten Nachdenken über die Kommunikation eine der bedeutendsten Folgen des Corsarenstreites für Kierkegaards Philosophie.

habe: Møllers Kritik an Frater Taciturnus. Damit war, genau am Ende seiner pseudonymen Schriftstellerei, die äußere Konstellation für ihn reif, gemäß seinen eigenen Vorstellungen tätig zu werden; es hätte nicht "einen Monat eher" geschehen dürfen (Pap VII A 147/ KAC, 211). In dieser Verhältnisbestimmung von freier Entscheidung und zufälligem, schicksalhaftem Anlaß finden sich die Grundaspekte der von Kierkegaards Pseudonymen entwickelten lebensgeschichtlichen Konkretion des Freiheitsbegriffs wieder. Auch die Rückführung auf das lenkende Wirken Gottes, mit dem Kierkegaard dieses Schicksalsverständnis in der ihm gemäßen persönlich-christlichen Religiösität ausdrückt, entspricht dem von den Pseudonymen zum Verhältnis von entschlossenem Handeln und göttlicher Vorsehung Gesagten. Die Vorsehung bzw. Lenkung vermittelt das individuelle Wirken mit den Auswirkungen im geschichtlichen Zusammenhang, die nicht in der Macht des Individuums stehen. Daher kann Kierkegaard so weit gehen, sich selbst gleichsam als *welthistorisches Individuum* im Hegelschen Sinne zu sehen (vgl. Pap VII A 54/ Tb II, 90), oder religiös gesagt: als "Gabe Gottes" für sein Volk (vgl. Pap VII A 120/ Tb II, 59). So kann Kierkegaard im Vertrauen darauf, daß seine Entscheidung dem Willen Gottes entspricht, sich auf alles einlassen, was in dieser Auseinandersetzung auf ihn zukommen wird. 1847 schreibt er, daß er diesmal ebenso wie in der Verlobungszeit "auf Gnade und Ungnade gänzlich unter Gottes Gewalt leben muß" (Pap VII A 222/ Tb II, 77).

"Gott vermag alles. Menschlich gesprochen muß man von jetzt ab von mir sagen, daß ich nicht nur aufs Ungewisse laufe, sondern dem gewissen Untergang entgegengehe - im Vertrauen auf Gott ist gerade das der Sieg." (Pap VII A 221/ Tb, 76).

Den zweiten Aspekt schicksalhafter Bestimmung sieht Kierkegaard in den persönlichen Lebensbedingungen, die ihn zu seinem Handeln (bzw. Leiden) besonders befähigen. Diese Bedingungen macht er zunächst an seinem äußerlich unabhängigen Lebensstand als unverheirateter und unbeamteter Schriftsteller fest. Durch die Unabhängigkeit, welche ihn von einer bindenden Verantwortung gegenüber ihm anvertrauten Menschen befreit, sieht er sich zu jenem Einzelnen auserwählt, der sich der nivellierten Masse gegenüberstellen kann.

"Was mich selbst betrifft, so glaube ich, zu dergleichen persönlich gerade geschickt zu sein. Ich bin ein alleinstehender Mensch, ich habe keine Ehefrau, die sich grämen müßte (...); ich habe kein Kind, das vielleicht in der Schule den Corsaren in die Hand bekommt (...); ich bin kein Lehrer in irgendeiner Schule, so daß die Kinder mich mit Gelächter empfangen könnten, kein Lehrer Erwachsener (...); ich bin in keiner Stellung, bin kein Geistlicher (...) So stehe ich denn allein, und so wünsche ich allein zu stehen." (Pap VII B 38, 216/ KAC, 115 f.).

Das Auserwähltsein als Einzelner versteht er ausdrücklich als Gottes Befehl, sein freies Handeln als Gehorsam:

"Es gibt niemanden, der mich gebeten hat, diesen Schritt zu tun, niemanden; ich rechne auf keines Menschen Beistand (...) So stehe ich denn allein, und doch gibt es Einen, der mich gebeten hat, nein, er ist nicht gewohnt zu bitten, er befiehlt, und dann muß man gehorchen" (Pap VII B 38, 217/ KAC, 116 f.).

Durch die Art der Angriffe des *Corsaren* wird Kierkegaard aber dazu gebracht, über seinen Lebensstand hinaus auch noch seine äußere Erscheinung als schicksalhafte Befähigung zu der Auseinandersetzung zu verstehen und in diesem Bewußtsein ironisch auf die Polemik zu reagieren. Voraussetzung dieser sich als Selbstironie vollziehenden Zeitkritik ist die ungeschminkte Akzeptanz der eigenen äußeren Erscheinung in ihrer zum Komischen reizenden Einmaligkeit. Mit einem Begriff des Anti-Climacus könnte man dieses Selbstbewußtsein als *Sich-Durchsichtigwerden* bezeichnen: als Selbstannahme auch der körperlichen Gestalt in der Freiheit eines geistig-religiösen Selbstverhältnisses. In diesem Sinne kann Kierkegaard das Komische seines Äußeren bejahen:

"denn ich kenne mein Äußeres gut, und wenige Menschen sind wohl so oft Gegenstand eines gutmütigen Scherzes, oder eines kleinen Witzes, oder einer kleinen Neckerei, oder eines Lächelns im Vorbeigehen gewesen wie ich. Und wahrlich, dergleichen finde ich ganz in der Ordnung: es ist ein Ausdruck für den augenblicklichen Eindruck; der Betreffende kann es nicht bleiben lassen, und eben darin liegt die Versöhnung, und viele, die vielleicht gerade von meinen Gaben zu hoch gedacht haben, haben sich zum Entgelt ein wenig an meinen Beinen gefreut, - manches Mädchen, das mich vielleicht als geistige Begabung zu hoch stellte, hat sich mit mir vertragen mit Hilfe meiner dünnen Beine." (Pap VII B, 37, 213/ KAC, 113 f.).

Die Akzeptanz der eigenen Komik findet jedoch ihre Grenze an der massenhaften Verspottung, zu der in ein geistiges Verhältnis zu treten unmöglich ist, "wenn es ein Schreihals sich erlaubt, gleichsam die Augen einer Menge darauf zu hetzen". Doch sieht Kierkegaard die Möglichkeit, daß "dem Komischen sein Recht geschieht und eine gutmütige Mißgunst eine kleine Rache bekommt" (Pap VII B 37, 213/ KAC, 114); er ironisiert den öffentlichen Spott, indem er dessen Geistlosigkeit bloßlegt. Allerdings hat Kierkegaard diese Entwürfe nicht veröffentlicht und somit auf seine ironische Rache verzichtet, wie sie sich etwa in folgenden Sätzen ausdrückt:

"Nun, ich hatte ja freilich auch einmal gedacht, durch ein literarisches Streben für einen einzelnen Menschen ein wenig tun zu können. Einbildung, Eitelkeit! Mag es denn sein, wenn ich bloß im Mittel fehlgegriffen habe und ich dennoch dahin komme, nützlich zu sein. Und es ist gefunden, das Mittel um Nutzen zu stiften, ich trage es ständig bei mir: es sind meine Hosen. Nicht das größte Werk hat so viel Aufsehen erregt. Man sollte fast glauben, meine Hosen seien die Forderung der Zeit; da möchte ich wünschen, daß all ihre Forderungen so unschuldig wären - denn die Forderung ist ja, daß ich sie anhaben soll, und höchstens, daß ich sie vielleicht einmal der Stadt vermache. Petrarca glaubte, er werde unsterblich durch seine lateinischen Schriften, und er wurde es durch seine erotischen Gedichte. Gegen mich ist das Schicksal noch ironischer. Trotz all meines Fleißes und meines Strebens habe ich nicht ergründen können, was die Zeit fordert - und doch lag es mir so nahe; unbegreiflich, daß ich nicht selbst darauf verfallen konnte, daß ein anderer her mußte, um es auszusprechen - es waren meine Hosen. Seltenes Glück, denn mein Leben bekommt seltene Bedeutung; für die Mitwelt bekomme ich Bedeutung mit Hilfe meiner Hosen, für eine spätere Zeit vielleicht doch ein wenig mit Hilfe meiner Schriften." (Pap VII B 55, 235/ KAC, 129).

Besonders auffällig an Kierkegaards Selbstverständnis zur Zeit des Corsarenstreites ist vor allem aber die Betonung der *Konsequenz* seiner Lebensanschauung, seiner *Idee*, als der Grundlage seiner Handlungsweise. Er sieht sein ganzes Leben im Dienste einer Idee, die ihn zum konsequenten Handeln treibt:

"Wie ich genug Dialektik gehabt habe, um dies in seiner Folgerichtigkeit zu begreifen, so habe ich auch den Mut, danach zu handeln. (...) Dies ist der Wink an jenen Einzelnen, welcher verstehen wird, daß dort, wo die vielen, die sich für meine Hosen interessieren, glauben, ich sei verblendet, daß ich gerade dort unbedingt im Dienste meiner Idee stehe; und in der Welt zu siegen, heißt nach meinen Begriffen nicht, daß *ich* siege, sondern daß ich alles aushalte, alles tue, was die Idee heischt, damit *sie* siegen kann." (Pap VII B 70, 257/ KAC, 145).

Das konsequente Leben für die Idee ist nicht nur ausgezeichnet durch die Qualität der Idee, sondern ist als solches schon ethisch qualifiziert. Die ideale Konsequenz eigenen Handelns hält Kierkegaard als ethischen Wert der Nivellierung alles Ethischen und Menschlich-Bedeutsamen entgegen. Ihm geht es darum, zu zeigen, "daß es sich lohne, dafür zu leben: daß man folgerichtig ist bis zum äußersten, demütig vor Gott, stolz gegen die Menschen, was der Gott, ihm sei Ehre und Preis, jeglichem Menschen vergönnt hat, falls er es will" (Pap VII B 56, 244/ KAC, 138). Für ihn ist diese Konsequenz zu einem Grundzug seines Lebens geworden.[709] Seine ganze Lebenshaltung konzentriert sich in dem Satz: "die Folgerichtigkeit ist doch die Seligkeit" (Pap VII A 109/ Tb II, 56). Und als Gegenbild hierzu nennt er "Geschwätz und Gerede und Geplapper anstatt Handlung": "Das Geheimnis des Lebens, wenn man sich gut stehen will, ist: Ordentliches Geschwätz über das, was man will, und wie man gehindert wird - und dann kein Handeln." (Pap VII A 110/ Tb II, 57).

So lautet denn einer seiner Hauptkritikpunkte am *Corsaren*, daß dieser keine Idee habe (vgl. Pap VII A 98/ KAC, 206), weil er sich nur am Profit orientiere, "am Scheppern des Geldes in der Kasse" (Pap VII B 37, 213/ KAC, 114), und sich deshalb an die Masse wende mit geistloser Polemik. Ein Massenblatt könne auch nicht wirklich ironisch sein, weil es dazu einer Geistigkeit bedürfe, die in der Banalität der "literarischen Pöbelhaftigkeit" (Pap VII A 147/ KAC, 211)[710] nicht vorhanden sei. Gegenüber der Geist-

---

[709] Vgl. dazu auch eine der persönlichsten Eintragungen im Tagebuch, wo er die Verlobungskrise darstellt als Anlaß für die Entscheidung, "nach geringen, aber äußersten Kräften einer Idee zu dienen" (Pap VII A 126/ Tb II, 61).

[710] "Das Pöbelhafte an der literarischen Verächtlichkeit, wie sie sich bei uns findet, ist eigentlich nicht so sehr, *was* sie schreibt, es liegt vielmehr darin, *für wen* es geschrieben wird." (Pap VII A 147/ KAC, 210).

losigkeit des *Corsaren* will Kierkegaard als sokratischer Ironiker auftreten, um "das Ethische im Dasein eines Schriftstellers" gegen diese "im hohen Maße verderbliche Erscheinung in der Literatur" zum Ausdruck zu bringen. Indem er dem *Corsaren* das Fehlen einer konsequenten Lebensanschauung vorwirft, greift er auf ein Argument zurück, daß er schon in seiner Erstlingsschrift gegen H.C. Andersen zum Ausdruck brachte. Auch für sein sokratisches Selbstverständnis greift er auf seine frühe Magisterarbeit zur sokratischen Ironie zurück.

"Es ist doch sehr wahr, was in meiner Promotionsschrift steht, daß Ironie die Erscheinungen offenbar macht. Mein ironischer Sprung in den Corsaren hinein trägt zunächst dazu bei, es völlig deutlich zu machen, daß der Corsar keine Idee hat. In der Idee gesehen ist er tot, selbst wenn er noch ein paar tausend Abnehmer dazubekäme. Er will ironisch sein und versteht nicht einmal Ironie." (Pap VII A 98/ KAC, 206).

So zeigt sich im Angriff auf den *Corsaren* eine bemerkenswerte Nähe und Kontinuität zu frühen Gedanken Kierkegaards, was wiederum auf die Bedeutung der Konsequenz in seinem Leben hinweist. Auch die pseudonymen Werke dienten ganz jener sokratisch-mäeutischen Idee, die von den frühen Anfängen bis zu seinem späteren öffentlichen Wirken das Hauptanliegen Kierkegaards bildete. Er wollte ein Sokrates der Christenheit sein, der indirekt aufmerksam macht auf das Christ-Werden und die Leidenschaft des Existierens. Die "richtend-geburtshelferische Idee" (Pap VII A 106/ Tb II, 53) war der Kern seiner Lebenskonsequenz. Deshalb kann er auch in der Zeit der *Corsar*-Affäre sagen:

"Mich beschäftigen besonders zwei Dinge. 1) Daß ich geistig im griechischen Sinne der Idee meines Daseins treu bleibe, was es auch koste. 2) Daß es im religiösen Sinne so veredelnd für mich werde wie möglich. Um dies letzte bitte ich Gott." (Pap VII A 98/ KAC, 208; vgl. Pap VII A 156/ Tb II, 66).

Daß ihm die konsequente Lebensführung zur religiösen Erziehung werden kann, liegt für Kierkegaard vor allem in dem Widerstand begründet, dem sich das konsequente Handeln ausgesetzt sieht und so zum Leiden führt. Die Folgerichtigkeit ist für ihn nicht nur "die Seligkeit", sondern auch "das Hemmnis", das er sich selbst im Leben bereitet hat. Er kann dies vor sich selbst letztlich nur als Gehorsam gegenüber Gott rechtfertigen (vgl. Pap VII A 106/ Tb II, 53), für ihn ist die Konsequenz Ausdruck seines Gottesverhältnisses. Nur so kann er sich vertrauensvoll auf das Wagnis der Auseinandersetzung mit der Öffentlichkeit einlassen, die Selbstsicherheit seiner Idee ist im Grunde Ausdruck eines Geborgenseins in Gott:

"wie ein Kind an der Hand der Mutter die Gefahr durchschreitet, ohne sie zu kennen, ebenso durchschreite ich die Gefahr an der Hand der Folgerichtigkeit, weil ich weiß, in der Idee ist die Gefahr überwunden" (Pap VII B 55, 236/ KAC, 130).

Daß die Folgerichtigkeit der Idee für Kierkegaard nicht bloß die Selbstbehauptung der autonomen Vernunft ist, sondern Vertrauen und Gehorsam gegenüber Gott, zeigt sich auch darin, daß er immer wieder auf jenes "Mehr" hinweist, das über sein eigenes Verständnis hinaus dem Geschehen anhaftet und das er auf die "Lenkung" zurückführt. Dadurch wird er zu einem tieferen Selbstverständnis geführt (vgl. Pap VII A 98/ KAC, 205).[711] Für den Corsarenstreit kann dieses "Mehr" wohl in der von Kierkegaard so nicht vorausgesehenen Roheit der Verspottung ("die Hosen") vermutet werden, durch die er aber zu einer vertieft christlichen, dem engagierten Handeln offenen Lebenssicht erzogen wurde, wie er selbst später (1849) andeutete.

"Ein Einschlag, ein Mehr, von Seiten der Lenkung ist für mich dabeigewesen, wie bei allem: ich habe unbeschreiblich gelernt, bin jetzt vielleicht stärker von Hypochondrie befreit und bestimmter christlich beeinflußt." (Pap X^1 A 98/ KAC, 219).[712]

So sieht Kierkegaard es als seine neue Aufgabe an, für sich "die bezeichnende christliche Lebensform" zu finden (Pap VII A 156/ TB II, 66), was er in den folgenden Jahren durch eine Vielzahl christlich-erbaulicher Schriften gedanklich untermauert. Darin formuliert er das Maß für seine weitere Zeit- und Kirchenkritik.

4.3. Die abhängige Freiheit zwischen Verzweiflung und Gottesglauben: *Die Krankheit zum Tode*

4.3.1. Die therapeutische Aufdeckung der allgemeinen Verzweiflung

Kierkegaards christlich-erbauliche Reden der Jahre 1847/48, zu denen auch das umfangreiche Werk über *Der Liebe Tun* gezählt werden kann, bringen erstmals seine ausdrücklich christliche Kritik der bestehenden Verhältnisse zur Sprache, indem sie dem Leben in der "Welt", dem bürgerlichen "Heidentum", die leidende Nachfolge in der sich opfernden Nächstenliebe gegenüberstellen. Das Erbauliche äußert sich nun in "Gedanken, die hinterrücks verwunden" (CR 1848, 171 ff.). Anfang 1848 faßte Kierkegaard den Plan, diese christliche Kritik in einem auf zwei Teile angelegten Werk zu fundieren, das eine "christliche Arznei" (Pap VIII A 558/ Tb II, 212) für die krankende Christenheit darstellen sollte und an dialektischer Reflektiertheit den pseudonymen Werken gleichkommen würde. Einem ersten, diagnostischen Teil über die Lehre von der Sünde sollte ein zweiter Teil über die Lehre von der Versöhnung folgen, die eine "Heilung von Grund auf" (Pap IX A 176/ Tb III, 40) ermöglichen könnte. In seiner Ganzheit blieb dieser Plan unerfüllt, der erste Teil fand seine Realisation jedoch in der im Frühjahr 1848

---

[711] Auch dieses hermeneutische Argument des Sich-selbst-besser-Verstehens durch das "Mehr" göttlicher Lenkung weist zurück auf den frühen Kierkegaard, der im *Begriff der Ironie* als die wahre Poesie des Lebens das von Gott Gedichtet-Werden nannte (vgl. BI, 286; s.o. III.1.2.3.).

[712] Vielleicht kann folgende Tagebucheintragung zum Verständnis dessen beitragen, was Kierkegaard als seine "Hypochondrie" bezeichnet (Pap VII A, 27/ Tb II, 84): "Meine Schwermut hat viele Jahre lang bewirkt, daß ich nicht dahin kommen konnte, im tiefsten Sinne zu mir selbst du zu sagen. Zwischen meiner Schwermut und meinem Du lag eine ganze Phantasiewelt. Sie ist es, die ich in den Pseudonymen teilweise ausgeschöpft habe."

verfaßten *Krankheit zum Tode*[713], in der sich die dialektische Analyse der als "Verzweiflung" diagnostizierten Krankheit mit dem maßnehmenden Blick auf die geistige Gesundheit des Glaubens verbindet zur Einheit einer "christliche(n) psychologische(n) Erörterung zur Erbauung und Erweckung".[714]

Kierkegaard trug jedoch Bedenken, diese christlich-radikale Zeitkritik äußern zu dürfen, so daß er erst 1849, nach einem Jahr der Reflexion, die *Krankheit zum Tode* herausgab und zwar unter dem Pseudonym *Anti-Climacus*. Damit wollte er vor allem seine eigene Person vor einer Identifikation mit dem hohen christlichen Anspruch dieser Schrift bewahren. Die Pseudonymsetzung folgte also nicht dem früheren mäeutischen Prinzip der pseudonymen Werke, fiktive Lebensanschauungen zu erdichten und einander gegenüberzustellen, weshalb die Anti-Climacus-Schriften von E. Hirsch als "unecht pseudonym" bezeichnet werden.[715] Der Name Anti-Climacus deutet dabei schon an, daß mit dessen Werken eine Gegenstellung zu der in Climacus' *Nachschrift* kulminierenden pseudonymen Schriftstellerei bezogen wird, wie Kierkegaard selbst mitteilt: "gerade daß es ein Pseudonym ist, bedeutet, was auch der Name (*Anti*-Climacus) andeutet, daß es, in umgekehrter Richtung, Halt gebietet. Die gesamte frühere Pseudonymität steht niedriger als 'der erbauliche Schriftsteller'; das neue Pseudonym ist eine höhere Pseudonymität. Jedoch auf die Art wird ja 'Halt geboten': es wird ein Höheres aufgewiesen, das mich gerade in meine Schranke zurückzwingt, über mein Leben das Urteil sprechend, daß mein Leben einer so hohen Forderung nicht entspreche, und daß also die Mitteilung dichterisch sei" (SüS, 4).

Im Vorwort zur *Krankheit zum Tode* geht Kierkegaard ausdrücklich auf die eigentümliche Mischung von Wissenschaftlichkeit und Erbaulichkeit ein, die dieser Schrift zugrundeliegt. Er greift hierbei auf die Bestimmung des

---

[713] Vgl. zu dieser Schrift Dietz (1993), 90 ff.; Eisenstein (1986), 212 ff. 273 ff.; Figal (1984); Guardini (1971), 54 ff.; Hauschildt (1982), 192 ff.; Heimbüchel (1983); Janke (1977), 397 ff.; Kraus (1984); Theunissen (1979), (1991) u. (1993).

[714] So der Untertitel, KzT, 1.

[715] Vgl. Hirsch in: KzT, X. In einer späteren Aufzeichnung Kierkegaards findet sich jedoch ansatzweise eine Deutung des Anti-Climacus im Sinne der früheren Pseudonyme, insofern er ihm eine dämonische Übersteigerung des Christlichen zuschreibt:
"Mit Joh. Climacus hat Anticlimacus verschiedenes gemeinsam; aber der Unterschied ist folgender: wie Joh. Climacus sich selber so niedrig stellt, daß er sogar von sich selbst sagt, er sei kein Christ, so scheint man an Anticlimacus merken zu können, daß er glaubt, in außerordentlichem Maße Christ zu sein, zuweilen auch, daß das Christentum eigentlich nur für Dämonen ist, dies Wort jedoch nicht in Richtung auf Intellektualität genommen.
Dies bleibt seine persönliche Schuld, daß er sich selbst mit der Idealität verwechselt (das ist das Dämonische an ihm), aber seine Darstellung der Idealität kann völlig wahr sein, und ihr beuge ich mich.
Ich habe mich höher bestimmt als Joh. Climacus, niedriger als Anticlimacus." (Pap X¹ A, 517/ Tb III, 257).
Auf Kierkegaards Beurteilung seiner eigenen Person aus der Sicht der *Krankheit zum Tode* werde ich noch am Ende des Kapitels eingehen.

Erbaulichen als einer "Besorgnis" zurück, die er schon in den *Erbaulichen Reden 1843* verwandte.[716]

"Alles christliche Erkennen, wie streng seine Form im übrigen auch sei, muß besorgt sein; diese Besorgnis aber ist eben das Erbauliche. Die Besorgnis ist die Beziehung zum Leben, zur Wirklichkeit des Persönlichen und somit, christlich: der Ernst" (KzT, 4).

Der christliche Ernst zeigt sich hierbei als eine therapeutische Haltung, vergleichbar der "eines Arztes am Krankenbett" (KzT, 3). Erbaulich will die Schrift sein, indem sie auf die geistige Krankheit der Zeit als ein gestörtes Selbst- und Gottesverhältnisses hinweist. Ihr "Elend" liegt gerade in dem, was dialektisch auch ihren Vorzug vor den körperlichen Leiden ausmacht, daß sie nämlich als Krankheit des Geistes (vgl. KzT, 20 f.) im Selbstverhältnis des Menschen und damit letztlich in dessen Freiheit gründet und somit nicht auf äußerliche Weise behoben werden kann, sondern nur in innerer Überwindung durch die Freiheit selbst. Gerade dies ist aber aufgrund der Erkrankung des Geistes nahezu zu einer Unmöglichkeit geworden, weshalb Kierkegaard in der Verzweiflung eine "Krankheit zum Tode" sieht, in der der Mensch sich ständig selbst verzehrt ohne sich und sein Leiden wirklich los werden zu können: "der Verzweiflung Sterben setzt sich fort und fort um in ein Lebendigsein" (KzT, 14) als ein ewiges an sich selbst Kranken. Die "Hoffnungslosigkeit" des weder wahrhaft Leben- noch Sterben-Könnens ist das "Elend", welches erst die christliche, auf die Freiheit des Geistes ausgerichtete Sicht des Lebens zu entdecken vermag (vgl. KzT, 6 f.). Der christlich-erbauliche Arzt sieht seine Aufgabe somit darin, auf den Ernst der Krankheit hinzuweisen, sie in ihrer geistigen Tiefe allererst bewußt zu machen und so die Möglichkeit ihrer Heilung offenzulegen. Mit dem Bild vom "Arzt am Krankenbett" legitimiert Kierkegaard daher einen weiteren Aspekt seiner erbaulichen Zeitkritik: die Aufdeckung dieser Krankheit als einer unbewußt allgemeinverbreiteten. Denn wie ein Arzt besser wisse als der Kranke, woran dieser leidet, so traut sich Anti-Climacus zu, die Verzweiflung auch dort als Grundleiden aufzuweisen, wo die Menschen sich keiner Verzweiflung bewußt sind (vgl. KzT, 18 ff.). Im Sinne einer solchen Aufdeckung des Unbewußten versteht sich die Diagnose der allgemeinen Verbreitung der Verzweiflung, die herauszustellen ein Hauptanliegen der Schrift ist. Die Allgemeinheit ist hierbei nicht zu verstehen als eine in der Natur des Menschen begründete, notwendige Erscheinung (dies würde sowohl dem Begriff "Krankheit" als auch der Geistigkeit der Verzweiflung widersprechen), sondern im Sinne der faktischen allgemeinen Verbreitung.[717] Es ist durchaus möglich, nicht verzweifelt zu sein, und dies ist als Vorstellung der Gesundheit des Geistes auch das Maß alles Therapeutischen. Jedoch bedeutet das Nicht-verzweifelt-sein in der Regel nur die Unbewußtheit der Verzweiflung und nicht das wahre Frei-sein von Verzweiflung.

---

[716] Vgl. ER 1843^W, 133 f.; s.o. III.3.1.
[717] Zum Begriff des "Allgemeinen" in diesem Zusammenhang vgl. Heimbüchel (1983), 156 ff.

"Nicht verzweifelt sein kann nämlich gerade verzweifelt sein bedeuten, und es kann bedeuten erlöst sein aus dem Verzweifeltsein. (...) Es ist mit nicht verzweifelt Sein nicht wie mit dem nicht krank Sein; denn nicht krank sein kann doch nicht heißen, daß man krank ist, jedoch nicht verzweifelt sein kann gerade heißen, daß man verzweifelt ist" (KzT, 21); "denn überaus selten ist sicherlich der, welcher in Wahrheit nicht verzweifelt ist" (KzT, 23).

4.3.2. Verzweiflung versus Selbstsein vor Gott

Der Grund für die dialektische Bestimmung der Verzweiflung liegt im Wesen des Geistes, für den es die Selbstidentität nur als Ziel eines Reifungsprozesses, niemals jedoch als anfänglichen Zustand geben kann: "es gibt keine unmittelbare Gesundheit des Geistes", der Zustand des menschlichen Geistes ist "allezeit kritisch" (KzT, 21). Selbst die mögliche Gesundheit des Geistes bleibt in kritischer Offenheit, weil sie als Vollzug der Freiheit in der ständigen Überwindung der Möglichkeit der Unfreiheit, der Nicht-Identität, der Verzweiflung besteht. "Nicht verzweifelt sein, es muß bedeuten die zunichte gemachte Möglichkeit, es sein zu können; soll es wahr sein, daß ein Mensch nicht verzweifelt ist, so muß er jeglichen Augenblick die Möglichkeit zunichte machen" (KzT, 11).

Die Verzweiflung ist das krankhafte Phänomen eines unfreien, gestörten Selbstverhältnisses. Damit löst Kierkegaard den Begriff der Verzweiflung aus seiner alltäglichen Bedeutung des Gefühls der Verzweiflung über etwas Bestimmtes heraus und bezieht ihn grundlegend auf die Selbstwerdung des Menschen, so daß der eigentliche Grund des Verzweifeltseins niemals in einem äußeren Anlaß zu suchen ist, sondern immer in der Unerfülltheit des eigenen Selbst (vgl. KzT, 15 f.). Daher lautet die der *Krankheit zum Tode* zugrunde liegende Bestimmung der Verzweiflung und ihrer wesentlichen Formen:

"*Verzweiflung ist eine Krankheit im Geist, im Selbst, und kann somit ein Dreifaches sein: verzweifelt sich nicht bewußt sein ein Selbst zu haben (uneigentliche Verzweiflung); verzweifelt nicht man selbst sein wollen; verzweifelt man selbst sein wollen.*" (KzT, 8).

Entscheidend für den Begriff der Verzweiflung ist demnach die Bedeutung der Begriffe "Geist" und "Selbst", weshalb Kierkegaard im Anschluß an diese einleitende Definition in der philosophisch prägnantesten und konzisesten Stelle seines gesamten Werkes eine Bestimmung des menschlichen Geistes als synthetisches Selbstverhältnis gibt (vgl. KzT, 8 f.).[718] Diese bedeutsamen Sätze bilden nicht nur die Grundlage der *Krankheit zum Tode*,

---

[718] Theunissen (1991) hat dargelegt, daß diese Begriffsbestimmung nicht als ein dem Begriff der "Verzweiflung" vorgelagertes Axiom zu verstehen sei, aus dem diese abgeleitet würde, sondern als eine vom schon vorausgesetzten Phänomen der Verzweiflung negativ erschlossene Bestimmung des Selbstseins als der Bedingung der Möglichkeit von Verzweiflung. Das Verhältnis von Selbst- und Verzweiflungsbegriff ist demnach nicht deduktiv, sondern transzendental, wobei sich die Bestimmung des wahrhaften Seins nur in "negativistischer Methode" aus dessen Verstelltsein durch die Verzweiflung ergibt.

sondern formulieren den Kern der Kierkegaardschen Freiheitsanthropologie, weshalb ich schon bei der Darstellung des Synthesisbegriffs des *Begriff Angst* auf sie eingegangen bin.[719] Deshalb möchte ich sie nicht nochmals genauer erläutern, sondern im Folgenden nur deren wesentlichste Aspekte zusammenfassen, mit Betonung des für diese Untersuchung wichtigen Gedankens der prinzipiellen Abhängigkeit des Selbst. Im Anschluß daran sollen dann auch nur die für die Schicksalsthematik besonders relevanten Stellen des Werkes behandelt werden.

Die grundlegende Bestimmung besagt, daß der Geist ein Selbstverhältnis ist, und diese Verhältnishaftigkeit wird in drei konstitutiven Aspekten dargestellt. Zunächst gehört zum Selbst als einer synthetischen Einheit von Gegensatzpaaren das Verhältnis zweier Relata zueinander, wobei das Verhältnis zwischen ihnen "das Dritte" ist. Dieses Spannungsverhältnis ist jedoch nur eine "negative Einheit", weil der freie Bezug zu der Relation als das eigentlich für das Selbst konstitutive Moment fehlt. Die zentrale Dimension des Selbst ist gerade dieses "positive Dritte", "daß das Verhältnis sich zu sich selbst verhält". Nur in der ausdrücklichen Selbstbezüglichkeit kann von einem Selbst die Rede sein, weshalb eine Form der Verzweiflung diejenige ist, sich seines Selbst nicht bewußt zu sein. Die konstitutive Funktion des Selbstverhältnisses für die positive Synthese unterscheidet Kierkegaard in einem dritten Schritt dann noch von einer schöpferischen Selbstmächtigkeit, die die Gebundenheit des menschlichen Selbst an sein faktisches und damit vorgeprägtes Vorhandensein verleugnen müßte. Das menschliche Selbst hat sich nicht selbst gesetzt, sondern ist von "einem Andern" gesetzt, und das Verhältnis zu dieser setzenden Macht ist die dritte Dimension des Selbstverhältnisses. Sie ist von entscheidender Bedeutung für das Verständnis der Verzweiflung und eindeutig als Bedingung ihrer Möglichkeit eingeführt. Denn Kierkegaard liefert für die Annahme des Gesetztseins des Selbst im Gegensatz zur Alternative der Selbstsetzung keine andere Begründung als diejenige, daß für ein sich selbst setzendes Selbst es unmöglich sei, verzweifelt man selbst sein zu wollen.

"Letztere Formel ist nämlich der Ausdruck für die Abhängigkeit des ganzen Verhältnisses (des Selbst), der Ausdruck dafür, daß das Selbst durch sich selber nicht zu Gleichgewicht und Ruhe gelangen oder darinnen sein kann, sondern allein dadurch, daß es, indem es sich zu sich selbst verhält, zu demjenigen sich verhält, welches das ganze Verhältnis gesetzt hat." (KzT, 9).

Von dem so entfalteten Begriff des Selbst aus bestimmt Kierkegaard dann nochmals den Begriff der Verzweiflung als ein gestörtes Selbstverhältnis: "Verzweiflung ist das Mißverhältnis im Verhältnis einer Synthesis, die sich zu sich selbst verhält" (KzT, 11). Hierbei ist genau darauf zu achten, daß mit dem Mißverhältnis nicht bloß ein Ungleichgewicht der Synthesismomente gemeint ist, so sehr auch dies zum Begriff der Verzweiflung gehört, wie wir noch sehen werden, sondern das gestörte Selbstverhältnis als solches, aus dem sich auch erst das Mißverhältnis der Synthesisglieder als Hindernis der

---

[719] S.o. II.3.1.

Selbstwerdung ergibt. Denn das Verhältnis des konstitutiven Gegensatzverhältnisses ist, wie Kierkegaard ausdrücklich hervorhebt, "aus Gottes Hand" im "rechten Verhältnis" (KzT, 11). Erst die Weise, wie der Mensch sich zu dieser Vorgegebenheit seiner geschaffenen Natur verhält, entscheidet über das Gelingen oder Mißlingen der Selbstwerdung.[720] Deshalb steht die Rede vom rechten Schöpfungsverhältnis auch nicht in Widerspruch zu der Ablehnung einer unmittelbaren Gesundheit des Geistes, denn das einfache, von Gott gesetzte Verhältnis als solches ist ja gerade noch nicht die freie Aneignung durch den Geist, worin das Selbst sich konstituiert. Der Übergang von der faktischen Gegebenheit zur freien Selbstannahme ist jener dialektische Sprung, den Vigilius Haufniensis im *Begriff Angst* psychologisch zu verstehen suchte und als immer schon gescheitert darlegte. Dies war für ihn als Folge der Erbsünde die grundlegende Situation der Unfreiheit der Angst in jedem Menschen. Diesen Aspekt der Selbstwerdung setzt Kierkegaard auch in der *Krankheit zum Tode* voraus, ohne ihn eigens zu thematisieren. Das Interesse richtet sich hier vielmehr darauf, die ontologische Struktur und Dynamik des unfreien Selbstverhältnisses, nicht dessen psychische Genese darzustellen. Daher tritt auch deutlicher als im *Begriff Angst* die Bedeutung der Abhängigkeit des Selbst von der göttlichen Macht hervor, die die Faktizität der Freiheit begründet. Letztlich entscheidet sich am Verhältnis zu der setzenden Macht, ob der Mensch zur Annahme seiner Selbst gelangt oder sich im Mißverhältnis der Verzweiflung befindet.

"Der Verzweiflung Mißverhältnis ist nicht ein einfaches Mißverhältnis, sondern ein Mißverhältnis in einem Verhältnisse, das sich zu sich selbst verhält, und durch ein anderes gesetzt ist, so daß das Mißverhältnis in jenem für sich seienden Verhältnis sich zugleich unendlich reflektiert in dem Verhältnis zu der Macht, welche es gesetzt hat. Folgendes ist nämlich die Formel, welche den Zustand des Selbsts beschreibt, wenn die Verzweiflung ganz und gar ausgetilgt ist: indem es sich zu sich selbst verhält, und indem es es selbst sein will, gründet sich das Selbst durchsichtig in der Macht, welche es gesetzt hat." (KzT, 9 f.).

Die menschliche Freiheit ist so von einer grundlegenden Abhängigkeit geprägt, und es ist entscheidend, in welcher Weise sich der Mensch zu dieser seiner Abhängigkeit verhält. Nur wenn er sie auf eine ihn selbst begründende Freiheit zurückführt, zu der er in ein persönliches Verhältnis treten kann, wird er sich in der Abhängigkeit frei wissen und verhalten können. Dem steht ein unfreies Abhängigkeitsgefühl gegenüber, das sich nur einer fremden Macht oder der eigenen Ohnmacht ausgeliefert sieht. Kierkegaard bestimmt in diesem Sinne im Entwurf der *Krankheit zum Tode* die Verzweiflung als Selbstverlust der Freiheit, der dem Gedanken der "gefesselten Freiheit" des *Begriff Angst* genau entspricht. Verzweiflung ist demnach das "Mißverhältnis" der Freiheit zu ihrer konstitutiven Abhängigkeit, während das persönliche Gottesverhältnis das rechte, nicht verzweifelte Abhängigkeitsverhältnis darstellt. Gott ist absolute Freiheit und als solche vom Menschen

---

[720] "Der existenzdialektische Grundsatz der Verzweiflungsanalyse Kierkegaards lautet: *Wir wollen unmittelbar nicht sein, was wir sind.*" (Theunissen (1993), 18).

völlig unabhängig. Gerade deshalb kann er den Menschen *als freien* wollen, dies ist "das unendliche Zugeständnis" (KzT, 17) an den Menschen. Abhängig sein von Gott heißt, aus dem Willen grenzenloser Unabhängigkeit heraus gewollt zu sein.

"Durch Verzweifeln ist daher (denn dies ist die Zurückführung der Wirklichkeit auf Möglichkeit) der Mensch frei in der Gewalt einer fremden Macht, frei oder mit Freiheit unter ihr fronend, oder er ist frei-unfrei in seiner eigenen Gewalt. (...) Dies ist das Mißverhältnis. Das wahre Verhältnis der Freiheit ist dieses: frei ganz in des Guten, der Freiheit Macht sein, oder in des Macht, in dessen Macht man nur sein kann, indem man frei ist, und in dessen Macht zu sein, das Freiwerden bedeutet." (Pap VIII B 170, 6/ KzT, 167).

4.3.3. Die Formen der Verzweiflung

Im Hauptteil der *Krankheit zum Tode* stellt Kierkegaard sodann verschiedene Formen der Verzweiflung dar, wobei er seine Analyse in zwei methodische Schritte unterteilt. Zunächst sieht er von der Frage nach der Bewußtheit der Verzweiflung und damit nach ihrer inneren Dynamik ab und stellt sie strukturell als ein Mißverhältnis der Synthese dar, das durch einen entscheidenden Mangel an einem der für das Selbst entscheidenden Bestimmungen geprägt ist. Er selbst nennt diese Darstellung "abstrakt" (KzT, 25), weil sie der Vielfalt der Lebensmöglichkeiten, die sich nur vermittels der persönlichen Freiheit und Selbstbewußtheit erschließen, nicht gerecht werden kann. Andererseits kann vom Synthesisbegriff aus eine den möglichen Formen der Verzweiflung zugrundeliegende Struktur sichtbar gemacht werden. Hierbei ist jedoch zu beachten, daß nicht das Mißverhältnis zwischen den Gegensatzpaaren als solches die Verzweiflung ausmacht, sondern das gestörte Verhältnis des Menschen zu seinem eigenen So-Sein und damit letztlich zur setzenden Macht. Diese Dimension erschließt sich erst in ihrer Tiefe, wenn auf die Bewußtheit der Verzweiflung reflektiert wird. In einem letzten Schritt stellt Kierkegaard die Verzweiflung unter dem Aspekt eines bewußten Gottesverhältnisses dar, durch welches sie zur bewußten Sünde wird. Ich konzentriere mich im folgenden nur auf die Stellen, die ausdrücklich auf die Schicksalsthematik Bezug nehmen.

Das synthetische Mißverhältnis der Verzweiflung analysiert Kierkegaard an zwei Gegensatzpaaren, die vier Formen der Verzweiflung begründen:
1. a): Die *Verzweiflung der Unendlichkeit* als Mangel an Endlichkeit (KzT, 26 ff.); b): Die *Verzweiflung der Endlichkeit* als Mangel an Unendlichkeit (KzT, 29 ff.); 2. a): Die *Verzweiflung der Möglichkeit* als Mangel an Notwendigkeit (KzT, 32 ff.); b): Die *Verzweiflung der Notwendigkeit* als Mangel an Möglichkeit (KzT, 34 ff.). Unendlichkeit und Endlichkeit stehen hierbei für den Gegensatz von Phantasie und Realitätssinn, Möglichkeit und Notwendigkeit für den Gegensatz von Offenheit der Lebensgestaltung und Enge der faktischen Lebenswirklichkeit. In beiden Paaren drückt sich der Gegensatz von Unbegrenztheit und Begrenztheit aus (vgl. KzT, 32).

Während die Verzweiflung der Unendlichkeit darin besteht, sich dichterisch-phantastisch aus aller Lebenswirklichkeit herauszuträumen, besteht die Verzweiflung der Endlichkeit darin, ein phantasieloses Leben in spießbürgerlicher Enge und Borniertheit zu führen. Die Analyse dieser Form der Verzweiflung kommt der Zeitkritik im Spätwerk Kierkegaards am nächsten, besonders dem Thema der Nivellierung, wenn es von der Borniertheit als Selbstverlust "in der Menge" heißt: "daß man anstatt ein Selbst zu sein eine Zahl geworden ist", "kursfähig wie eine gangbare Münze" (KzT, 29 f.). Die Verzweiflung der Möglichkeit besteht darin, die eigene Begrenztheit nicht anerkennen zu können: "Woran es mangelt ist eigentlich Kraft zu gehorchen, sich zu beugen unter das Notwendige im eigenen Selbst, unter das, was man die eigene Grenze nennen muß" (KzT, 33). Dadurch ist das Selbst dauernd auf der Flucht vor sich selbst, die sich in zwei Formen äußert, einer begehrenden (Hoffnung) und einer schwermütig-phantastischen (Furcht oder Angst) (vgl. KzT, 34). In beiden Fällen wird der Mensch durch seinen befangenen Blick auf die Möglichkeiten von der entscheidenden Verwirklichung abgehalten. Dem gegenüber steht der Verlust an Möglichkeiten, an offenen Lebensperspektiven in der Verzweiflung der Notwendigkeit, in der die Freiheit erstickt: "denn ohne Möglichkeit kann ein Mensch gleichsam keine Luft bekommen" (KzT, 36). Neben der "Trivialität" als der geistlosen Form dieser Verzweiflung nennt Kierkegaard als Hauptform das verzweifelte Abhängigkeitsgefühl des Fatalisten und Deterministen: "Der Determinist, der Fatalist ist verzweifelt, und hat, als Verzweifelter, sein Selbst verloren, denn alles ist für ihn Notwendigkeit." (KzT, 37).

Kierkegaard gibt nicht an, worin für ihn der Unterschied zwischen den Haltungen des Determinismus und des Fatalismus besteht, allerdings wird nur der Fatalismus als ein religiöses Phänomen dargestellt. Der nur wie beiläufig miterwähnte Determinimus kann wohl als säkularisierte, wissenschaftlich-objektive Entsprechung zur religiös-fatalistischen Geisteshaltung angesehen werden. Den Fatalismus kennzeichnet Kierkegaard als Glauben an die Notwendigkeit, der gerade das Gegenteil zur persönlichen Freiheitsreligion darstellt.

"Der Fatalist ist verzweifelt, hat Gott und somit sein Selbst verloren; denn wer keinen Gott hat, der hat auch kein Selbst. Der Fatalist aber hat keinen Gott, oder was das gleiche ist, sein Gott ist Notwendigkeit; denn gleich wie alles möglich ist bei Gott, so ist Gott dies, daß alles möglich ist. Die Gottesverehrung des Fatalisten ist daher zuhöchst eine Interjektion, und wesentlich ist sie Stummsein, stumme Unterwerfung, er kann nicht beten." (KzT, 37).

Der Fatalist übersteigert den Aspekt der Notwendigkeit der Existenz, die im Sinne einer relativen Notwendigkeit der faktischen Bestimmtheit des eigenen Lebens zu verstehen ist[721], zur ausweglosen Vorbestimmtheit, die keinen Raum mehr für freie Selbstentfaltung läßt. Das ganze Leben erscheint unter der fremden Macht eines unabänderlichen Schicksals. Wenn hier das Fatum, im Gegensatz zum Schicksalsparagraphen des *Begriff Angst*, nur als Notwendigkeit, nicht aber als Einheit von Notwendigkeit und Zufälligkeit gedeutet

---

[721] Zum Notwendigkeitsbegriff s.o. II.4.2.1.

wird, so liegt dies an der Betonung des Mangels an Möglichkeit, der die Verzweiflung des Fatalismus kennzeichnet, während die Schicksalsangst von Vigilius gerade als ein Verhältnis zur eigenen Möglichkeit - und damit zur Zufälligkeit - gedeutet wurde. Die Darstellung im *Begriff Angst* ist am Zukunftsverhältnis des Menschen orientiert, während der Fatalist in der *Krankheit zum Tode* auf seine Vergangenheit fixiert ist. Ihm fehlt, was Kierkegaard für die dem Fatalismus verwandte Verzweiflung der Endlichkeit betont: der Mut zu "seiner wesentlicheren Zufälligkeit" (KzT, 30). Weil für den Fatalisten alles schon festgelegt ist, können sich seine Lebenserwartungen auch nur als Verstummen äußern. Seine Sprachlosigkeit ist Ausdruck für den Verlust der Möglichkeiten und damit seiner selbst. Wenn aber die zufälligen Bestimmtheiten nicht auf eine geistlose Notwendigkeit, sondern auf die Freiheit eines persönlichen Gottes zurückgeführt werden, dann können sich in der Zufälligkeit die Möglichkeiten des Lebens erschließen. Gott als ein *Gott der Möglichkeiten* ist Kierkegaards Antwort auf die verzweifelte Glaubenshaltung des Fatalisten. Die Aussage, daß bei Gott alles möglich sei, wird zur Übersetzung der *Freiheit Gottes*.[722] Der Glaubende vermag aus dieser Freiheit heraus zu leben, wenn er sich in den Auswegslosigkeiten seines Lebens den Möglichkeiten Gottes anvertraut.

"Das Entscheidende ist: alles ist möglich bei Gott. (...) Möglichkeit ist das Eine, was rettet (...); wenn aber einer verzweifeln will, so heißt es: schaff Möglichkeit, schaff Möglichkeit, Möglichkeit ist das Einzige (...) Der *Glaubende* sieht und versteht menschlich gesprochen seinen Untergang (in dem was ihm widerfahren ist, oder in dem was er gewagt hat), aber er glaubt. Darum geht er nicht unter. Er stellt es ganz Gott anheim, wie ihm da geholfen werden solle, glaubt, daß alles möglich ist bei Gott. Seinen Untergang *glauben* ist unmöglich." (KzT, 35 f.).

In einem nächsten Schritt stellt Kierkegaard die verschiedenen Formen der Verzweiflung nach dem Maß ihrer Bewußtheit dar, wobei das Bewußtsein eine "ständig steigende Potenzierung in der Verzweiflung" (KzT, 39) bewirkt. Hierbei geht er auf jene drei Hauptgestalten der Verzweiflung ein, die er eingangs schon nannte: 1. die unbewußte Verzweiflung (KzT, 39 ff.) , 2. verzweifelt nicht man selbst sein wollen (KzT, 47 ff.) und 3. verzweifelt man selbst sein wollen (KzT, 67 ff.).

Mit der unbewußten Verzweiflung meint Kierkegaard jene geistlose Haltung, die sich in den alltäglich-endlichen Glücksvorstellungen einrichten will, ohne sich der Ambivalenz allen Glücks bewußt zu sein und deshalb auf einen höheren Lebensinhalt hinstreben zu wollen. Gerade weil die Verzweiflung nicht empfunden wird, ist die Unbewußtheit für Kierkegaard "die gefährlichste Form der Verzweiflung", denn in der scheinbaren Sicherheit der Unwissenheit ist man "völlig sicher in der Verzweiflung Gewalt" (KzT, 42). In einer solchen Unwissenheit um die wahren Lebensabgründe existiert für ihn "das Heidentum und der natürliche Mensch in der Christenheit" (KzT, 42). Die heidnische Unmittelbarkeit und Unwissenheit dient ihm also, wie im *Begriff Angst*, als Chiffre zur Kritik der zeitgenössischen Geistlosigkeit. Er

---

[722] Vgl. Disse (1991), 156 ff.; Theunissen (1993), 112 ff.

bezieht sich sogar ausdrücklich auf die Angst der Unwissenheit im *Begriff Angst* zurück (vgl. KzT, 41), und an anderer Stelle erläutert er die unbewußte Verzweiflung analog zur Angst des träumenden Geistes als eine innere Unruhe, die alles natürliche Glücksempfinden begleitet (vgl. KzT, 18). Ebenso wie im *Begriff Angst* ist auch in der *Krankheit zum Tode* die innere Unruhe unmittelbaren Lebens von der Geistlosigkeit der Spießbürgerlichkeit unterschieden, die nicht mehr unruhig offen für das Wirken der fremden Macht des Geistes ist, sondern sich "von ihm fort" (KzT, 44) bewegt in der Abstumpfung allen tiefen Empfindens. Das Dasein der geistlosen Menschen gleicht einer trüben Kellerexistenz.[723]

Wenn sich der unmittelbare Mensch seiner Verzweiflung bewußt wird, so geschieht dies in Verkennung des eigentlichen Grundes, der in ihm selbst liegt, indem er nicht über sich selbst, sondern über ein unglückliches Ereignis, einen äußeren Anlaß verzweifelt. Diese Form ist die niedrigste Stufe des Verzweiflungsbewußtseins. Das Unglück, über das jemand verzweifelt, ist nur die Kehrseite seiner unmittelbaren Glücksvorstellung.

"Der *Unmittelbare* (...) ist rein seelisch bestimmt, sein Selbst und er selbst ist ein Stück mehr innerhalb des Bereiches der Weltlichkeit und Zeitlichkeit, in unmittelbarem Zusammenhang mit dem 'Andern'(...) Seine Dialektik ist: das Angenehme und das Unangenehme, seine Begriffe sind: Glück, Unglück, Schicksal. Diesem unmittelbaren Selbst *widerfährt* nun also, stößt zu (stößt - zu) etwas, das es zur Verzweiflung bringt; auf andere Art kann es hier nicht geschehen, da das Selbst keine Reflexion in sich hat; was es zur Verzweiflung bringt, muß von außen her kommen, und die Verzweiflung ist reines Erleiden." (KzT, 49 f.).

Diese Verzweiflung nennt Kierkegaard auch "*die Verzweiflung der Schwachheit*" (KzT, 47), weil sie nur als ein von außen kommendes Leiden empfunden wird: "Verzweiflung ist ein bloßes Erleiden, ein dem Druck der Äußerlichkeit Unterliegen, sie kommt auf keinerlei Weise von innen her als Handlung" (KzT, 48). Daher hat ein derart verzweifelnder Mensch auch nicht die Kraft, sich gegen die unglücklichen Umstände aufzulehnen, sich im Widerstand gegen sie verwirklichen zu wollen. Er will nicht sich selbst behaupten, sondern ganz anders sein. "Diese Form der Verzweiflung ist: verzweifelt nicht man selbst sein wollen, oder noch niedriger: verzweifelt kein

---

[723] "Dächte man sich ein Haus bestehend aus Keller, Erdgeschoß und Obergeschoß, derart bewohnt, oder derart eingerichtet, daß da zwischen den Bewohnern jedes Stockwerks ein Standesunterschied wäre oder doch auf ihn gerechnet wäre - und vergliche man das ein Mensch Sein mit solch einem Hause: so tritt bei den meisten Menschen leider der traurige und lächerliche Fall ein, daß sie es vorziehen, in ihrem eigenen Hause im Keller zu wohnen. Ein jeder Mensch ist die leib-seelische Synthesis, die aufs Geistsein angelegt ist, dies ist das Bauwerk; aber er zieht es vor im Keller zu wohnen, das heißt, in den Bestimmungen des Sinnlichen. Und er zieht es nicht bloß vor im Keller zu wohnen, nein, er liebt es dermaßen, daß er erbittert wird, wenn etwa jemand ihm vorschlüge den ersten Stock zu beziehen, welcher leer dasteht zu seiner Verfügung - denn er wohnt ja in seinem eigenen Hause." (KzT, 40 f.).

Selbst sein wollen, oder am allerniedrigsten: verzweifelt ein anderer sein wollen als man selbst, ein neues Selbst sich wünschen." (KzT, 51).[724]

An die Stelle der Selbstbestimmung ist hier die Schicksalsabhängigkeit getreten, die sich mit dem unmittelbaren Glücksstreben einstellt. In der wünschenden Ausrichtung auf das Glück liegt schon jene Veräußerlichung begründet, die die Verzweiflung als *Leiden* am Unglück prägt. Für einen solchen Menschen scheint eine Veränderung seiner Lage wiederum nur schicksalhaft von außen kommen zu können - aber ein Selbst wird er dadurch niemals (vgl. KzT, 48).

Tiefer entwickelt ist die Verzweiflung der Schwachheit, wenn der Mensch sich seiner Schwachheit bewußt wird und dann über sie verzweifelt (vgl. KzT, 60 ff.). Damit ist sich der Verzweifelnde schon über den wahren Grund seiner Verzweiflung bewußt geworden, er sieht ihn nicht mehr in einem äußerlichen Anlaß, sondern in sich selbst. Kierkegaard spricht deshalb auch von einer "Verzweiflung am Ewigen" (KzT, 60), weil nicht mehr "etwas Irdisches" als Grund der Verzweiflung erscheint und der Verzweifelnde somit schon über die Möglichkeit der Loslösung von irdisch-endlichen Glücksvorstellungen sich bewußt geworden ist. Jedoch realisiert er den alternativen Lebensentwurf nicht, sondern bleibt am Leiden an seiner Schwachheit hängen. Dies unterscheidet ihn sowohl vom Glaubenden, der "sich vor Gott unter seine Schwachheit demütigt" (KzT, 61), d.h. die eigene Schwäche als

---

[724] Theunissen (1993), 70 ff., insistiert gegenüber Kierkegaards Rückführung aller "Verzweiflung der Schwachheit" auf die Form des Nichtselbstseinwollens auf der "Ursprünglichkeit einer Erfahrung, die als solche eine Widerfahrnis ist": "Eine Verzweiflung, der Schlimmes widerfahren ist und die damit auch selbst widerfährt, ist ursprünglicher als eine, die in der Defizienz der Exekution des eigenen Daseins aufgeht, ursprünglicher auch als der ursprünglichste Modus dieser Defizienz, das verzweifelte Nichtselbsteinwollen." (71 f.). Kierkegaards Argumentation ziele darauf ab, auch noch die Verzweiflung der Schwachheit in den Prozeß des verzweifelten Selbstseinwollens, des Trotzes, zu integrieren. Er wolle die Verzweiflung im eigentlichen Sinne nur als Handlung verstehen, formalisiere dabei aber den Trotz "zum Prinzip von Selbsttätigkeit überhaupt" (85), weshalb er das passive Leidensmoment der "Verzeiflung über etwas" abwerte zum bloßen Schein des Verzweifeltseins. "Kierkegaards Versuch, die Verzweiflung über etwas in Schein aufzulösen, liegt auf der Linie einer Strategie, die darauf abzielt, die Rede von einer widerfahrenden Verzweiflung als sinnlos zu entlarven und auf ein Selbstmißverständnis zurückzuführen. Einen Unglücklichen, der sich für verzweifelt hält, darüber zu belehren, daß er es nicht sei, ist aber genauso fragwürdig wie das andere, einem Glücklichen, der sich nicht für verzweifelt hält, anzudemonstrieren, daß er es sei. (...) Für sein Urteil über die Scheinbarkeit von Verzweifeltsein und Nichtverzweifeltsein verfügt er über keine Kriterien, die unabhängig wären von seiner Definition der Verzweiflung als Defizienz eines auf die Exekution des eigenen Daseins reduzierten Selbstverhältnisses." (75 f.). Mit dieser Kritik hebt Theunissen zurecht hervor, daß ein am Trotz abgelesener Handlungsbegriff immer schon jenes gestörte Verhältnis zur äußeren Faktizität in sich trägt, das gerade den Trotz als verzweifelte Haltung kennzeichnet. Deshalb aber ist dieses Konzept unangemessen zur Beschreibung einer "widerfahrende(n) Verzweiflung über etwas Widerfahrendes" (72). In ihr kommt eine Unverfügbarkeit des eigenen Lebens zum Ausdruck, die im Leiden erfahrbar wird, aber nicht in einem Konzept reiner Handlung, auf die Kierkegaard letztlich alle Verzweiflung zurückführen will, erfaßt werden kann. "An seiner Verzweifeltheit spürt das Subjekt gerade die Wucht des ihm je schon Widerfahrenen." (139). "Das Erleiden bleibt freilich bei Kierkegaard unbegriffen. Es verschwindet hinter dem Trotz, der es kompensiert." (83).

Ausdruck seiner Abhängigkeit annimmt, als auch vom Trotz der Selbstbehauptung als der nächsten Stufe der Verzweiflung, in der sich der Mensch um jeden Preis und ohne Veränderungswillen mit seiner unvollkommenen Existenz identifizieren will. Die gesteigerte Form der Verzweiflung der Schwachheit ist gegenüber dem Trotz noch immer von Leiden geprägt, aber auch durch Handlung, weil er sich selbst, seine eigene Einstellung, als Grund der Verzweiflung erkennt:

"Denn wenn das Irdische dem Selbst genommen wird und der Mensch verzweifelt, so ist es, als käme die Verzweiflung von außen her, wiewohl sie doch allezeit aus dem Selbst kommt; indes, wenn das Selbst verzweifelt über diese seine Verzweiflung, so kommt diese neue Verzweiflung aus dem Selbst her, mittelbar-unmittelbar vom Selbst her, als Gegendruck (Reaktion), darin unterschieden vom Trotz, der durchaus unmittelbar vom Selbst herkommt." (KzT, 61 f.).

Der Trotz ist die Verzweiflung, "verzweifelt man selbst sein zu wollen" (vgl. KzT, 67 ff.). Hierbei gründet die Verzweiflung nicht mehr in einem äußerlichen Anlaß, sondern sie kommt bewußt aus dem eigenen Willen: "hier ist die Verzweiflung ihrer sich bewußt als eines Tuns" (KzT, 67). Dieses Tun richtet sich gegen die prinzipielle Abhängigkeit des Selbst; der trotzig Verzweifelte will in einem übersteigerten Maße für sein ganzes Leben, auch für dessen unverfügbare Vorgeprägtheit, selbst verantwortlich sein und sich als der, der er ist, gegenüber allem behaupten. Der Trotz ist Ablehnung einer setzenden Macht und so der Versuch einer Selbsterschaffung. Das Selbst, das sich derart völlig in der Hand haben will, kann aber nur ein *abstraktes* Selbst sein, weil es die zur konkreten Gestalt gehörenden notwendigen Vorgegebenheiten und Begrenzungen selbst noch einmal in der Hybris seiner Freiheit aufheben will.

"Um verzweifelt man selbst sein zu wollen, muß Bewußtsein da sein von einem unendlichen Selbst. Dies unendliche Selbst ist mittlerweile eigentlich bloß die abstrakteste Form, die abstrakteste Möglichkeit des Selbst. Und dies ist das Selbst, das er verzweifelt sein will, indem er das Selbst losreißt von jeder Beziehung zu einer Macht, die es gesetzt hat, oder indem er es losreißt von der Vorstellung, daß eine solche Macht da sei. Vermöge dieser unendlichen Form will das Selbst über sich selbst verfügen, oder sich selbst erschaffen, sein Selbst zu dem Selbst machen, das er sein will, bestimmen, was er in seinem konkreten Selbst mit dabei haben will und was nicht." (KzT, 68).

Kierkegaard nennt diese Form der Verzweiflung "Stoizismus", wobei er sich ausdrücklich von einer engen historischen Bedeutung des Wortes abgrenzt. Sein Begriff des Stoizismus als Form einer abstrakten Selbstbehauptung der subjektiven Freiheit ist in Anlehnung an Hegels Bestimmung des Stoizismus in der *Phänomenologie des Geistes* gedacht. Für Hegel ist die abstrakte Freiheit des Stoizismus die "Freiheit des Selbstbewußtseins", welche "*gleichgültig* gegen das natürliche Dasein" ist.[725]

---

[725] Hegel III, 158; vgl. Heimbüchel (1983), 258 f.

Kierkegaard unterscheidet nun einen aktiven und einen passiven Stoizismus. Der handelnde ist die Verzweiflung eines experimentierenden Selbstverhältnisses:
"Ist das verzweifelte Selbst ein *handelndes*, so verhält es sich ständig bloß experimentierend zu sich selbst, was es auch vornehmen möge, wie Großes, wie Erstaunliches, mit welcher Ausdauer auch immer. Es kennt keine Macht über sich, darum ermangelt es, im letzten Grunde, des Ernstes, und kann lediglich einen Schein von Ernst vorgaukeln, wenn es seinen Experimenten selbst allerhöchst seine Aufmerksamkeit schenkt." (KzT, 68 f.).

In erster Linie denkt Kierkegaard hier wohl an die frühromantische Poetisierung des Lebens, die er schon in seiner Magisterarbeit im Anschluß an Hegel als substanzlosen Selbsterschaffungsversuch kritisierte.[726] Doch auch die abstrakte Autonomievorstellung Kantischer Moralität soll getroffen werden. Dies legt sich nicht nur von der ethischen Perspektive des Stoizimuskapitels in Hegels *Phänomenologie* her nahe (die Kantische Moralität wird bei ihm jedoch an späterer Stelle eigens krititsiert), sondern ergibt sich auch aus einer Tagebucheintragung Kierkegaards, in der er Kants Autonomie als "Experimentieren" kennzeichnet[727]:

"Kant meinte, der Mensch sei sich selbst sein Gesetz (Autonomie), d.h. er binde sich selbst unter das Gesetz, das er sich selbst gegeben habe. Damit ist eigentlich in tieferem Sinne: Gesetzlosigkeit oder Experimentieren gesetzt. (...) Wenn es nichts höheres Bindendes gibt als mich selbst, und ich mich selbst binden soll, woher sollte ich dann als A, der Bindende, die Strenge bekommen, die ich nicht habe als B, als der, welcher gebunden werden soll, wenn doch A und B das gleiche Selbst sind." (Pap X^2 A 396/ Tb IV, 93).

Mit seiner ungebundenen Freiheit der Selbstgestaltung will das Selbst "sein eigener Herr sein" (KzT, 69), aber als bloß hypothetische löst sich die Selbstproduktion immer wieder in der eigenen Willkürlichkeit auf. Hierin besteht die Lebensanschauung der romantischen Ironie. In diesem Sinne folgt auch nach Hegel aus dem Stoizismus der Skeptizismus: "(...) die *abstrakte* Selbständigkeit des Stoizismus (...) geht in die skeptische Verwirrung des Bewußtseins über, in eine Faselei des Negativen, welche gestaltlos von einer Zufälligkeit des Seins und Gedankens zur andern irrt, sie zwar in der absoluten Selbständigkeit auflöst, aber ebensosehr wieder erzeugt und in der Tat nur der Widerspruch der Selbständigkeit und Unselbständigkeit des Bewußtseins ist".[728]

Das experimentierende Selbstverhältnis wird zur *leidenden* Form des Stoizismus (vgl. KzT, 70 ff.), wenn sich der Willkürlichkeit ein derart massiver "Grundschaden" der Persönlichkeit entgegenstellt, daß das Selbst an ihm eine Notwendigkeit entdeckt, von der es nicht abstrahieren kann. Das verzweifelte Leiden besteht in dem dauernden Bewußtsein dieser Grenze der Schaffenskraft. Dieses Leiden ist also durch den vorhergehenden Willen zur Selbstproduktivität von der Passivität der Verzweiflung der Schwachheit

---

[726] S.o. III.1.2.
[727] Vgl. Janke (1977), 394 f.
[728] Hegel III, 356.

unterschieden.[729] So mischt sich auch ein verzweifelter Wille in das Leiden an der Notwendigkeit des Grundschadens, weil der trotzige Menschen es ablehnt, auf die Möglichkeit einer Heilung zu hoffen. Dies führt ihn immer tiefer in den Konflikt seines verzweifelten Selbsteinwollens mit dem Leiden an der Begrenztheit, die sich schließlich in einer negativen Weltsicht manifestiert. Ähnlich wie in der Verzweiflung der reflektierten Unmittelbarkeit potenziert das Verzweiflungsbewußtsein selbst den einzelnen Inhalt der Verzweiflung zur Verzweiflung über die Totalität der Welt. In seiner ausgeprägtesten, "dämonischen" Gestalt sieht sich der trotzig Leidende selbst als lebenden Beweis gegen die Gutheit des Daseins an (vgl. KzT, 74). Die Unendlichkeit der Reflexion führt unter den Bedingungen des gestörten Selbstseins zum alles umfassenden Pessimismus und Nihilismus.

"Hat er sich dessen vergewissert, daß dieser Pfahl im Fleisch (möge es nun wirklich so sein oder möge seine Leidenschaft machen, daß es für ihn so ist) so tief nagt, daß er nicht von ihm zu abstrahieren vermag, so will er gleichsam ihn auf ewig übernehmen. Er nimmt so an ihm Ärgernis, oder richtiger, er nimmt ihn zum Anlaß, am ganzen Dasein Ärgernis zu nehmen (...), indem er trotzig auf seine Qual nahezu pocht. Denn hoffen auf die Möglichkeit der Hilfe hin, besonders denn in kraft des Absurden, daß alles möglich ist bei Gott, nein, das will er nicht." (KzT, 71).

Die Ausführungen zum Stoizismus machen deutlich, daß in seinen beiden Ausprägungen die Verzweiflungsformen der Möglichkeit und der Notwendigkeit unter den Bedingungen des höchsten Selbstbehauptungswillens potenziert werden. So wie der aktive Stoizismus sich in die Experimentierwelt der Möglichkeiten flüchtet, "fort und fort nichts als Luftschlösser" baut (KzT, 69 f.), ist der leidende Stoizismus eine Form des Fatalismus, die sich als Kehrseite des ungebundenen Freiheitswillens zeigt, wenn die abstrakte Freiheit an ihre Grenze stößt. Die Steigerung des Bewußtsein gegenüber dem Fatalismus als Glauben an die Notwendigkeit, dem das Bewußtsein der Möglichkeiten Gottes mangelt, besteht beim stoisch Verzweifelten darin, daß er sich bewußt gegen die befreiende Wirklichkeit Gottes entscheidet. Damit ist die Darstellung der Verzweiflung an jenen Punkt gelangt, wo sie im Bewußtsein vor Gott als Sünde vollzogen wird, als Ablehnung der durch Gott möglichen Gesundheit des Selbst.

4.3.4. Die Existenz des religiösen Dichters

Dieser Verzweiflung im Gottesverhältnis ist der zweite Teil der *Krankheit zum Tode* gewidmet (KzT, 75 ff.), auf die ich nicht mehr genauer eingehen will, da die Bestimmungen der Sündhaftigkeit der Verzweiflung die Schicksalsthematik nicht näher berühren. Hinweisen möchte ich aber noch auf die

---

[729] Theunissen (1993), 81 ff., sieht in dieser Wiederkehr des Leidensaspektes im äußersten Stadium der trotzigen Verzweiflung eine Bestätigung für seine Interpretation, daß die widerfahrende Verzweiflung die ursprünglichere und auch den Trotz noch fundierende Erfahrung sei.

Ausführungen zum religiösen Dichter, in denen Kierkegaard vermutlich seine eigene Existenz der Kritik des Anti-Climacus unterzieht.

Das bewußt im Gottesverhältnis sich verwirklichende Selbst nennt Kierkegaard "das theologische Selbst" (KzT, 77 f.), es nimmt den Maßstab seines Lebens an der ewigen Bedeutung des Geistes, es ist sich "der Ewigkeit Forderung" (KzT, 17), ein Selbst zu werden - und zwar dieses ganz konkrete Selbst in seiner natürlichen und lebensgeschichtlichen Besonderheit, bewußt. Das führt zu einer Lebenskonsequenz, wie sie den meisten Menschen fremd ist, deren Leben "aus so ein bißchen Handlung, ein bißchen Widerfahrnis" (KzT, 107) besteht. Kierkegaards tragende Lebensanschauung der inneren Folgerichtigkeit tritt hier also wieder an wichtiger Stelle hervor.

"Eine jede Existenz, die unter der Bestimmung Geist ist, mag sie dies gleich lediglich auf eigne Hand und Verantwortung hin sein, hat wesentlich Folgerichtigkeit in sich und Folgerichtigkeit in einem Höheren, zumindest in einer Idee. Solch ein Mensch aber scheut wiederum unendlich eine jede Folgewidrigkeit, weil er eine unendliche Vorstellung von dem hat, was daraus folgen könnte, daß er nämlich herausgerissen werden könnte aus der Ganzheit, in der er sein Leben hat." (KzT, 107).

Diese Folgerichtigkeit besteht nicht nur für das gesunde, wahrhaft freie Selbst, sondern auch - und deshalb kommt Kierkegaard an dieser Stelle darauf zu sprechen - für die verzweifelte Selbstverfehlung, sofern sie nur, wie der Trotz, als bewußte geistige Entscheidung vollzogen wird. Die "Sünde hat innerhalb ihrer selbst eine Folgerichtigkeit", die zur immer stärkeren Verstrickung in das Verzweiflungsbewußtsein führt. Gerade die Folgerichtigkeit entweder des Guten oder des Bösen fehlt jedoch der religiösen Dichterexistenz, die Kierkegaard als ein Konfinium "zwischen Verzweiflung und Sünde" (KzT, 75) charakterisiert. Der religiöse Dichter hat ein leidenschaftliches Gottesbewußtsein, ein "sehr tiefes religiöses Verlangen" (KzT, 76), und doch lebt er als Dichter immer nur im Medium der Möglichkeit und hält so die Glaubensentscheidung von sich fern. Diesem Vorbehalt liegt nach Kierkegaard ein geheimer Genuß am Leiden an der eigenen Schwäche zugrunde, den er nicht loslassen will. In diesem schwermütigen Zug ist er ein Verzweifelter, jedoch trennt ihn von der dämonischen Verzweiflung des stoisch Leidenden die Sehnsucht nach Gott und der Befreiung des Glaubens. Aber er kommt aus dem inneren Zwiespalt seiner Leidenschaft nicht heraus und versucht, anstatt sich zu entscheiden, "wiewohl vielleicht unbewußt, Gott ein klein bißchen anders zu dichten als Gott ist" (KzT, 76). Dies ist der innere Grund seiner Dichterexistenz - und hierin kritisiert Kierkegaard vermutlich sich selbst[730] -, und von ihr gilt "christlich", daß sie die Sünde ist, "zu dichten anstatt zu sein" (KzT, 75).

"Er ist in dem Verhältnis zum Religiösen ein unglücklich Liebender, d.h. er ist in strengem Sinne kein Gläubiger; er hat nur den Anfang zum Glauben: die Verzweiflung und in dieser eine brennende Sehnsucht nach dem Religiösen." (KzT, 77).

---

[730] Zur inneren Auseinandersetzung Kierkegaards mit seinem Dichtertum vgl. Hirsch (1930 ff.), Zweites Heft.

4.4. Kierkegaards Schriften über sich selbst

In der Zeit der Entstehung der Anti-Climacus-Schriften arbeitete Kierkegaard auch an einem Bericht über sein Selbstverständnis als Schriftsteller, wie es gerade in den verschärften Auseinandersetzungen mit dem Zeitgeist in ihm gereift war. Dieses persönliche Bekenntnis zu formulieren bereitete ihm, der sich über Jahre hinweg, selbst in seinen Tagebüchern, hinter vielfältigen Masken verborgen gehalten hatte, allergrößte Schwierigkeiten, wie die zahlreichen, heute nicht mehr gänzlich vorhandenen Änderungen in den Entwürfen belegen. Besonders quälte ihn die Frage nach Art und Berechtigung einer Veröffentlichung seiner Selbstmitteilung. Schließlich entschloß er sich 1851, nur einen sehr kurzen, zusammenfassenden Auszug zu veröffentlichen: *Über meine Wirksamkeit als Schriftsteller* (SüS, 1-17), während der umfangreichere *Gesichtspunkt für meine Wirksamkeit als Schriftsteller* (SüS, 19-95) erst posthum herausgegeben werden sollte, was dann auch 1859 durch Kierkegaards Bruder geschah.[731]

Kierkegaard verstand diese Schriften als eine "unmittelbare Mitteilung" über sich selbst, als eine "Meldung an die Geschichte" (so im Untertitel des *Gesichtspunktes*, SüS, 19), mit der er den religiösen Charakter seines gesamten Wirkens herausstellen wollte. Er wollte keine "Verteidigung" seiner Schriften vorlegen, sondern eine "Kundmachung" (SüS, 22) des tieferen religiösen Anliegens aller seiner Werke, besonders auch der pseudonymen. Damit stehen die *Schriften über sich selbst* in der Reihe der direkten Äußerungen Kierkegaards zu seinem Werk, die nach Vollendung der *Unwissenschaftlichen Nachschrift* mit dem Bekenntnis zur Autorschaft der pseudonymen Werke begann.[732] Indem er über das Anliegen und die mäeutische Methode seiner Schriftstellerei berichtet, will er dem ästhetischen Mißverständnis der erfolgreichen pseudonymen Werke entgegenwirken und ihrer eigentlichen, religiös-erzieherischen Funktion zur verschärften Geltung verhelfen. Der Wechsel von der indirekten zur direkten Mitteilung ergibt sich aus der gewandelten Stellung seiner Person in der direkten Auseinandersetzung mit dem Zeitgeist. Zum einen stellt für ihn sein Engagement die konsequente Fortführung des bisherigen schriftstellerischen Wirkens mit anderen Mitteln dar, was er verdeutlichen will; zum anderen rückt dadurch seine Person derart in den Mittelpunkt, daß er, um die Einheit seines Werkes ausdrücken zu können, auch seine bisherige persönliche "Stellung" und "Taktik" erläutern muß. Leitender Gesichtspunkt ist hierbei die Herausstellung des einheitlichen religiösen Anliegens aller seiner Schriften, über das er sich, wie er ausdrücklich hervorhebt, erst jetzt ganz im Klaren ist[733]: *"'Ohne Vollmacht' aufmerksam zu machen* auf das Religiöse" (SüS, 10).

---

[731] Zur Entstehungsgeschichte der *Schriften über sich selbst* vgl. Hirsch, in: SüS, IX ff.; zum Inhalt vgl. Cappelørn (1975).

[732] Vgl. UN II, 339 ff.

[733] Die in der Forschung kontrovers beurteilte Frage, inwieweit Kierkegaard damit die wirkliche Entstehungsgeschichte seiner Werke verzeichnet, kann hier außer acht gelassen werden (bei Greve (1990), 269 f. Anm. 5, findet sich eine kurze Darstellung verschiedener Positionen).

"Der Inhalt dieser kleinen Schrift ist denn also: was ich als Schriftsteller in Wahrheit bin, daß ich bin und gewesen bin religiöser Schriftsteller, daß meine gesamte Wirksamkeit als Schriftsteller in einem Verhältnis zum Christentum steht, zu dem Fragmal: ein Christ werden, mit mittelbarer und unmittelbarer polemischer Sicht auf den ungeheuerlichen Sinnentrug: die Christenheit, oder daß in einem Lande so alle soso Christen sind." (SüS, 21).

Die von Kierkegaard immer schon beabsichtigte polemische Stellung gegen die Unwahrheiten des bürgerlichen Christentums ist ihm durch die *Corsar*-Affäre noch deutlicher bewußt geworden. Von dieser Erfahrung aus begreift er die Einheit seines Wirkens als ein "Korrektiv" (SüS, 14) zu den bestehenden Verhältnissen. Durch die Ereignisse des Revolutionsjahres 1848 sieht er sich in seiner Zeitkritik bestätigt (vgl. SüS, 15 f. 64 f.), auch wenn gerade an der nahezu apokalyptischen Wertung dieser Revolution die Beschränktheit seines politischen Blicks deutlich hervortritt. Er deutet sie als "weltgeschichtliche Katastrophe" (SüS, 65), deren "Geheul (...) das Chaos ankündigt" (SüS, 15). Während in dieser Umwälzung alles Vergangene und "jedes System" gesprengt würden, erlebt er selbst, der einsame und verspottete Prophet der Wahrheit des Einzelnen, "den Triumph, daß ich nicht einen Tüttel abzuwandeln oder abzuändern brauchte, ja, daß mein vorher Geschriebenes, wenn es jetzt gelesen wurde, weit, weit besser verstanden würde, als wie es geschrieben worden war" (SüS, 65). Die Umbruchsbewegung wird so für Kierkegaard zum Hintergrund einer geschichtlichen Selbsteinschätzung seines Werkes, wobei er sich selbst geradezu als inneren Kern des Geschehens darstellt, wie in folgender Stelle des Entwurfs:

"Wenn dies schriftstellerische Werk dermaleinst seinen Platz in der Geschichte einnehmen wird, so wird man sagen: In diesem schriftstellerischen Werk ist eine Wendepunktsbewegung enthalten, und sein Verfasser hat den Wendepunktskonflikt zwischen den beiden Augenblicken durchlebt. Das, darin die Zeit, zu welcher der Verfasser begann, irre gegangen oder festgefahren war, war das Interessante. Religiös, war die Aufgabe vom Interessanten zum Einfältigen zu kommen. Zu diesem Ende mußte der Verfasser in hohem Maße im Besitz des Interessanten sein. (...) Und sein Martyrium, welches er selbst frei bestimmte und wählte, stand in kategorisch genauer Entsprechung zum Zusammenstoß zwischen den beiden Kategorien: das Interessante - das Einfältige, in genauer Entsprechung zu dem Wendepunktskonflikt, den er durchlebte: dem Konflikt zwischen dem Interessanten und dem Einfältigen." (Pap X^5 B 211/ SüS, 145 f.).

Führte ihn die Ablehnung und Verspottung durch die Menge immer tiefer in das Bewußtsein, daß er nur Gott als Beistand habe und sein ganzer Dank ihm allein gelte, so bewirkt die vermeintliche Bestätigung durch die revolutionären Ereignisse eine euphorische Sicht auf das eigene Lebenswerk. Beides zusammen, der Dank für Gottes Beistand sowie die grandiose Selbsteinschätzung, bildet den Stimmungshintergrund der *Schriften über sich selbst*. Ausdrücklich weist Kierkegaard eine falsche Bescheidenheit von sich, wenn er von der geschichtlichen Bedeutung seines Werkes spricht:

"(...) ich weiß, was zu sagen ich religiös für meine Pflicht halte - denn wenn Anmaßung Gott widerwärtig ist, so doch ebenso sehr lügenhafte

Bescheidenheit, die unfromm die Menschen fürchtet -, daß ich als Schriftsteller meinen Platz in der Geschichte finden werde" (Pap X^5 B 191/ SüS, 123).[734]

Jedoch steht für ihn nicht diese Bedeutung, schon gar nicht der eigene geniale Anteil daran[735] im Vordergrund seiner "Meldung an die Geschichte" (SüS, 19), sondern der Dank an Gott und seine lenkende Mitwirkung.

"Persönlich - wenn ich sowohl an meine inwendigen Leiden denke, als auch an das was ich persönlich verschuldet haben mag - persönlich beschäftigt mich Eines unbedingt, und ist mir wichtiger als das ganze schriftstellerische Werk und liegt mehr mir am Herzen: so aufrichtig und so stark wie möglich auszudrücken, wofür ich niemals genug danken kann, und woran ich, wenn ich dereinst mein gesamtes schriftstellerisches Werk vergessen haben werde, unwandelbar ewig mich erinnern will: wie unendlich viel mehr die Weltlenkung für mich getan hat, als ich irgend erwartet habe, habe erwarten können, habe erwarten dürfen." (SüS, 10).

Der Dank an Gott bildet nicht nur das stimmungsmäßige Hauptmotiv der Schriften über sich selbst, das an vielen Stellen hervortritt, sondern ihm widmet Kierkegaard sogar ein eigenes Kapitel des *Gesichtspunkts*: "Der Anteil der Weltlenkung an meinem schriftstellerischen Werk" (SüS, 66 ff.).[736]

---

[734] Vgl. Pap VIII A 424/ Tb II, 184: "Und deshalb werden einst nicht nur meine Schriften, sondern wird gerade mein Leben, die listenreiche Heimlichkeit der ganzen Maschinerie studiert und wieder studiert werden. Ich darf auch dafür einstehen, daß es kaum einen Diplomaten gibt, der so guten Überblick über eine Zeit besitzt, während er dabei drunten auf der Gasse steht und jede Einzelheit sieht, wie ich das tue. Wie Gott mein Helfer ist, das vergesse ich niemals, und deshalb ist es ja auch mein letzter Wunsch, daß alles zu seiner Ehre gereiche!"

[735] Pap X^1 A 266/ SüS, 167, spricht er ausdrücklich von seiner "Genialität".

[736] McKinnon (1973) hat in einer computerunterstützten Textanalyse die Häufigkeit des Vorkommens der Worte "Schicksal" (Skjebne), "Vorsehung" (Forsyn) und "Lenkung" (Styrelse) in den veröffentlichten Werken Kierkegaards untersucht (sowohl die absolute Häufigkeit als auch die relative in Bezug auf den Umfang eines Werkes; auch der Kontext der Stellen wurde berücksichtigt). Er kommt hierbei zu dem Ergebnis, daß in den Werken vor 1846, insbesondere den pseudonymen, der Schicksalsbegriff wesentlich häufiger vorkommt als in den späteren Werken, in denen er zum großen Teil ganz verschwindet. Statt dessen wird der Begriff "Lenkung" in den späteren Werken weitaus häufiger verwendet als in den früheren, während die Verwendung des Vorsehungsbegriffs relativ konstant bleibt. Mit Abstand am häufigsten wird der Schicksalsbegriff im *Begriff Angst* verwendet, und auch der Vorsehungsbegriff kommt dort relativ häufig vor, während der Begriff der "Lenkung" besonders häufig in den *Schriften über sich selbst* belegt ist. McKinnon schließt aus diesem Befund, daß Kierkegaard zu einer Überwindung (conquest) einer ihn ursprünglich bestimmenden Schicksalsempfindung gelangt sei, was sich mit der Sicht der *Schriften über sich selbst* decke. Gerade im *Begriff Angst* habe Kierkegaard seine vom Vater ererbte Angst dargestellt und dabei auch die Schicksalsbestimmung, die er in seiner Familiengeschichte erlebte, aufgegriffen. Die späteren Werke, in denen der Schicksalsbegriff nahezu gänzlich zurücktritt, zeigten, daß sich ein Wandel in Kierkegaards Lebenseinstellung vollzogen habe. Durch einen Prozeß der Selbstanalyse habe er den ererbten Sinn für das Schicksal überwunden und zu einer freundlichen Sicht der persönlichen Lenkung und Erziehung Gottes gefunden, die seine letzten Jahre mit triumphaler Freude erfüllt sein ließ: "In fact, it appears that at some time near the middle of his authorship he conquered the sense of fate inherited from his

Die Bedeutung des Gottesverhältnisses für sein Lebenswerk, in das Kierkegaard hier einen tiefen Einblick gewährt, läßt sich an drei Aspekten festmachen. Erstens zeigt sich für ihn das göttliche Mitwirken darin, daß es seine literarische Produktivität in jene Richtung lenkte, über deren Sinn er sich erst jetzt im Klaren ist. Das über seine ursprüngliche Absicht hinausgehende "Mehr" an Bedeutung, das zu formulieren er gerade mit seinen *Schriften über sich selbst* versuchen will, schreibt er der göttlichen Vorsehung zu. Aber auch sein ursprüngliches Selbstverständnis als Schriftsteller war religiös geprägt, und die Weise, wie er in diesem Wirken von Anfang an Gottes Beistand sah, bildet den zweiten Aspekt seiner religiösen Lebensdeutung. Den dritten Aspekt finden wir in dem Gedanken, daß das göttliche Mitwirken an seiner Produktivität auch und vor allem als persönliche "Erziehung" zu verstehen ist, die ihn selbst immer mehr vom Dichter- zum Christ-Sein führte und keineswegs mit der bisherigen Schriftstellerei abgeschlossen ist. Den Gedanken Kierkegaards zum "Anteil der Weltlenkung" wollen wir uns nun genauer zuwenden.

Ausdrücklich betont Kierkegaard mehrmals, daß das Verständnis der religiösen Einheit seines Werkes ihm nicht von Anfang an bewußt gewesen sei: "Auf die Art verstehe ich das Ganze *jetzt*; von Anbeginn an habe ich so nicht überschauen können, was ja zugleich meine eigene Entwicklung gewesen ist" (SüS, 10). Dieses vertiefte Verständnis seines eigenen Werkes, das er auf einen in Gottes Plan liegenden Sinnüberschuß seiner Schriften zurückführt, ist für ihn um so bemerkenswerter, als er von Anfang an genauestens über seine Bedeutung als Schriftsteller reflektiert hat. Er kann es daher nicht als Ergebnis einer nachträglichen Reflexion über ein unmittelbares Handeln deuten. Daß ihm in all seiner Reflektiertheit der tiefere Sinn verborgen blieb, ist für ihn etwas derart Verwunderliches, daß er darin nur einen Hinweis auf Gottes Vorsehung sehen kann.

"(...) ich kann das Ganze nicht verstehen, eben weil ich das Ganze zu verstehen vermag bis in die unbedeutendste Geringfügigkeit hinein; das aber was ich nicht verstehen kann ist, daß ich es jetzt verstehen kann, und doch keineswegs sagen darf, daß ich es im Augenblick des Beginnens so genau verstanden hätte - und doch bin ich es ja, der es ausgeführt hat und der jeglichen Schritt getan hat mit Reflexion." (SüS, 72).

---

father and which had dominated his own earlier life and replaced it by an ever-present sense of the personal providence of God and the triumphant joy born of that sense." (48).
Auch Buss (1970), 47 ff., hebt die Bedeutung des persönlichen Vorsehungsglaubens für die letzten Lebensjahre Kierkegaards hervor und stellt den Begriff der Vorsehung in Zusammenhang mit der Vorstellung der konsequenten Lebensanschauung:
"Erweist sich das Wirken der Vorsehung in der rückschauenden Betrachtung von geführter Existenz und wird sie geglaubt als Erziehung zur gestellten Aufgabe, so ist Grundlage ihrer Erkennbarkeit die Folgerichtigkeit des Daseins. Vorsehung ist Ausdruck des Zur-Stelleseins Gottes in der Idee. Sie ist die religiöse Seite der humanen Forderung nach einer Lebensanschauung. Ist in der Idee Gott im geheimen zur Stelle, so in der Vorsehung als schon persönlicher Gott, dem Kierkegaard danken kann für die Lenkung. Ist Lebensanschauung aktiver Ausdruck, so Vorsehung passiver: Existenz kann nicht einfach nach Kategorien geführt werden, sie bedarf der Erziehung durch eine 'höhere Macht'. Dies fällt allerdings in eins: in der Bindung an die Kategorien ist die Vorsehung am Werke." (49).

Wie schon am prinzipiellen Zusammenhang von Dankbarkeit an Gott und grandioser Selbsteinschätzung so zeigt sich auch hier der Vorsehungsglaube Kierkegaards als Korrelat seiner eigenen Genialität, diesmal mit Blick auf seine ausgeprägte Reflexionsgabe. Auf das Verhältnis von Reflexion und Unmittelbarkeit im Hinblick auf den Sinnüberschuß seines literarischen Schaffens geht eine Stelle des Entwurfs genauer ein:
"(...) bei mir ist es so, daß ich das was ich selbst geplant, ausgeführt, ausgesprochen habe, daß ich das mitunter erst selber hinterdrein verstehe, wie richtig es war, daß etwas weit Tieferes darin lag als ich ursprünglich gedacht - und doch bin ich ja der, welcher der Autor ist. Hier ist in meinen Gedanken ein unerklärliches Etwas, das darauf hindeutet, daß mir gleichsam von einem andern geholfen worden ist, daß ich dazu gekommen bin etwas auszuführen, zu sagen, dessen vollere Bedeutung ich mitunter selbst erst hinterdrein verstehe. Das ist nach meinem Begriff, ganz einfältig und gottesfürchtig, ein Mitwirken der Weltlenkung, auf die Art denn wie jeder Mensch davon reden können müßte und sollte. Was nämlich, wenn bloß wissenschaftlich oder philosophisch davon gesprochen werden soll, heißen würde: das Verhältnis zwischen Unmittelbarkeit und Reflexion innerhalb der Reflexion, oder jener Entwicklungsprozeß, der, innerhalb der Reflexion, die Umsetzung von Unmittelbarkeit in Reflexion ist, hier in einer schriftstellerischen Wirksamkeit reflektiert, und das Existieren einer selbige unterstützenden Schriftsteller-Persönlichkeit - eben dies selbe muß ja die Individualität, in der dies vorgeht, wenn sie Religiosität hat, religiös, und zwar in dem gleichen Maße religiös, auf Gott zurückführen, und dies dazu umso innerlicher und dankbarer, in dem gleichen Maße als sie sich vielleicht im Übrigen leidend und wehmütig fühlt, sowie von einer andern Seite betrachtet sich in Demut vor Gott keineswegs dessen würdig fühlt oder vielmehr dessen unwürdig fühlt, daß dies Glückliche gerade ihr vergönnt sein soll." (Pap X^5 B 211/ SüS, 147 f.).
An dieser Stelle wird deutlich, daß das Entscheidende in Kierkegaards religiösem Selbstverständnis, das er so von Anfang nicht gesehen hat, im Verhältnis seiner persönlichen Existenz zu seinem schriftstellerischen Wirken liegt. Dies ist die zweite Potenz der Reflexion - die "Doppel-Reflexion" seiner Mitteilungstheorie (vgl. Pap VIII B 81, 22/ Tb II, 125) -, die die erste Stufe der Reflexion, das Umsetzen des persönlich Erlebten, der Unmittelbarkeit, in Dichtung, voraussetzt. Indem durch dieses umgreifende Reflexionsverhältnis die Reflektiertheit der dichterischen Produktivität wieder zurückgebunden wird an die eigene Lebenswirklichkeit als ihr Umgreifendes, wird sie betroffen von der reflexiven Uneinholbarkeit des Existierens, wie Climacus in seiner *Unwissenschaftlichen Nachschrift* hervorgehoben hat.[737] Weil die schriftstellerische Tätigkeit nur ein Teil der lebendigen Entwicklung ist, auch wenn sie als deren Selbstreflexion in gewissem Sinne über ihr zu stehen versucht, bleibt in ihr ein "unerklärliches Etwas" als nicht konstruierbar enthalten.
"Unerklärlich ist mir dergestalt was so oft mir widerfahren: ich tat, davon es mir unmöglich war zu sagen warum, oder dem gegenüber es mir nicht

---
[737] Dazu s.o. III.2.5.2.1.

beikam zu fragen warum, ich folgte als einzelner Mensch den Antrieben meiner Naturbestimmtheit, und eben dies, das für mich denn also eine rein persönliche Bedeutung hatte bis an die Grenze des Zufälligen hin, eben dies erwies sich als etwas das eine ganz andre, eine rein ideelle Bedeutung hatte, wenn es hinterdrein innerhalb der schriftstellerischen Wirksamkeit begriffen wurde; vieles, das ich rein persönlich getan, eben dies, o wunderlich, war das, was ich in Eigenschaft als Schriftsteller tun sollte." (SüS, 71).

Dieses schicksalhafte Moment in der Verknüpfung von Lebenswirklichkeit und existentiell engagierter Dichtung deutet Kierkegaard in seinem religiösen Selbstverständnis als Ort göttlicher Mitwirkung. Da die reflexive Nicht-Einholbarkeit prinzipiell zur Lebensentwicklung und damit auch zur dichterischen Selbstentfaltung gehört, ist es mit der späteren Einsicht in den tieferen Sinn seines Schaffens durchaus vereinbar, daß Kierkegaard auch schon früher sein Werk religiös deutete, nur daß er das Mitwirken Gottes anders akzentuierte. Über dieses frühere Verständnis gibt er selbst Aufschluß, indem er seine persönliche Entwicklung zum Schriftsteller nachzeichnet (vgl. bes. SüS, 75 ff.).

Kierkegaard verstand seine dichterische Produktivität von Anfang an als Gottesdienst, wobei er "diätetisch" darauf achtete, sich nicht von der Leidenschaft des Schreibens hinreißen zu lassen, sondern "langsam und sorgfältig" seine "Pflichtarbeit" zu leisten (vgl. SüS, 69). Es war Ausdruck seines Gottesverhältnisses, das er als "die glückliche Liebe" seines "in mancherlei Weise unglücklichen und beschwerlichen Lebens" bezeichnet (SüS, 66), jedoch ist dies kein unmittelbares, sondern ein "Reflexionsverhältnis" zu Gott, das er genauer als "Gehorsamsverhältnis" bestimmt (SüS, 69). Er beschreibt, wie er - von Kindheit an in Schwermut und Gehorsam erzogen - aus einer religiösen Erschütterung heraus (die von ihm nicht erwähnte Verlobungskrise) seine eigentliche Produktivität begann:

"Als ich mit 'Entweder-Oder' begann (...) hatte ich in der Potenz die Wirkung des Religiösen so tief erfahren, wie ich es überhaupt getan habe. Ich war so tief erschüttert, daß ich von Grund auf verstand, es könne mir unmöglich gelingen, die beruhigte sichere Mitte zu treffen, in welcher die meisten Menschen ihr Leben haben: ich mußte entweder in Verzweiflung und Sinnlichkeit stürzen, oder schlechthin das Religiöse wählen als das Einzige" (SüS, 31).

Indem er das Religiöse wählte, verstand er es als "Pflicht, mit meinem Existieren und meinem Existieren als Schriftsteller das Wahre auszudrücken, des ich jeden Tag gewahr und gewiß geworden, daß ein Gott da ist" (SüS, 67 Anm.). Für ihn persönlich war das Dichten "die einzige Möglichkeit eines Schwermütigen, (...) etwas Gutes zu tun" (SüS, 23). Weil es ein Gegengewicht gegen seine schwermütige Veranlagung war, geriet er in einen Schaffensrausch, den er nur mühsam in den Grenzen zu halten vermochte, die er im Sinne der religiösen Idee für nötig hielt. Ausdrücklich betont er, wie wichtig deshalb für ihn die Haltung der gehorsamen Aufmerksamkeit auf Gottes Handeln in seinem Leben war:

"(...) mir ging es in der Wahrheit Dienst gerade darum, daß die Weltlenkung, wo ich irre ginge, wo ich mich vermäße, wo es unwahr wäre, alsdann schlechthin mich rammen möge, und daß ich mittels der Möglichkeit dieses Geprüftwerdens, die jeden Augenblick über mir schwebte, wach gehalten werden möge, hörsam, gehorsam." (SüS, 67 Anm.).

Die ständig anwesende Möglichkeit des Geprüftwerdens machte er fest an seiner persönlichen Konstitution, an einer leiblichen Schwäche, die im Gegensatz zu seiner geistigen Stärke stand. So sehr die dichterische Produktion für ihn eine therapeutische Wirkung im Hinblick auf seine Schwermut hatte, so blieb doch das Mißverhältnis zwischen seiner geistigen Vitalität und der leiblich-seelischen Kränklichkeit für ihn eine dauernde Mahnung, daß er nur mit Gottes Beistand zu existieren vermöge.

"Wahrlich, gib einem Menschen eine solche Schaffenskraft, und dann eine so schwächliche Gesundheit, er soll es wohl lernen zu beten. (...) Das Dialektische liegt darin, daß das was mir an Außerordentlichem anvertraut war, der Vorsicht halben mir anvertraut war mit einer solchen federnden Kraft, daß es, hätte ich ungehorsam sein wollen, mich entzwei geschlagen." (SüS, 69 f.).

Als inneren Grund seiner frühen dichterischen Produktivität gibt Kierkegaard somit sein religiöses Leiden an der eigenen Schwermut an, das sich ihm in der Verlobungskrise zur Schuld verschärfte, weshalb er sein Leben nun als Büßer führen wollte. Die Schriftstellerei um der Wahrheit willen ist für ihn der Vollzug dieses Büßerseins, das er als die nicht in ihrer ganzen persönlichen Tiefe mitteilbare "Hauptsache" bezeichnet (Pap X^1 A 78/ SüS, 166). Und jenes "Faktum" (SüS, 80), das ihn zum Dichter machte und das er in dem zur Veröffentlichung bestimmten Text nicht genauer benennt, ist gewiß die Verlobungskrise: "Aber das steht doch fest, daß ich angefangen habe mit dem tiefsten religiösen Eindruck, ach ich, der als ich begann, die ungeheuerliche Verantwortung für das Leben eines Menschen trug und das als Gottes Strafe über mich verstand" (Pap IX A 281/ SüS, 160). Darauf deuten auch seine Überlegungen zur Widmung des *Gesichtspunkts* an Regine hin, wo er sein Verhältnis zu ihr als "Gottesverhältnis" bezeichnet (Pap X^5 B 263 f./ SüS, 154)[738]; und an einer anderen Stelle schreibt er im Tagebuch: "Daß ich Schriftsteller wurde, ist wesentlich 'ihr', meiner Schwermut und meinem Geld zu verdanken" (Pap VIII A 641/ Tb II, 224). Damit ist der Verständnishorizont seiner pseudonymen Schriftstellerei angegeben, die er im *Gesichtspunkt* folgendermaßen zusammenfaßt:

"Dies ist der erste Abschnitt; ich strebte durch mein persönliches Existieren die Pseudonyme, die ganze ästhetische Schriftstellerei zu unterstützen. Schwermütig, unheilbar schwermütig wie ich gewesen bin, mit ungeheuerlichen Schmerzen in meinem Innersten, nachdem ich in Verzweiflung gebrochen hatte mit der Welt und was der Welt ist, von Kindheit auf streng in der Betrachtung erzogen, daß die Wahrheit leiden muß, verhöhnt, verspottet werden muß, jeden Tag eine gewisse Zeit hinbringend mit Gebet und erbaulicher Betrachtung, für mich persönlich ein Büßer. Da ich war der ich

---

[738] Vgl. Pap X^5 A 21/ Tb V, 128.

war: ja, so fand ich, ich leugne es nicht, in gewissem Sinne eine Befriedigung in diesem Leben, in dieser umgekehrten Täuschung, eine Befriedigung, daran zu denken, daß die Intrige so außerordentlich gelang, daß das Publikum und ich, daß wir auf du und du waren, daß ich in der Mode war als Verkünder eines Evangeliums der Weltlichkeit, daß ich, wiewohl nicht im Besitz der Art von Ansehen, die nun einmal allein durch eine ganz andre Lebensweise erworben werden kann, dennoch insgeheim, und deshalb umso mehr geliebt, der Liebling des Publikums war, wohlangeschrieben bei jedermann als ungeheuer interessant und pikant, wobei er allerdings sich besser und ernsthafter und rechtschaffener und verläßlicher fühlte als ich." (SüS, 57).

Der Wandel in seinem Selbstverständnis liegt wesentlich in der Abkehr von dieser schwermütigen Begründung seiner Schriftstellerei, wie er sich seit der *Corsar*-Affäre und dem damit verbundenen direkten persönlichen Engagement Kierkegaards vollzog. Es war schon die Rede davon, daß Kierkegaard die Gelegenheit, die sich ihm Ende 1848 nach Abschluß der *Unwissenschaftlichen Nachschrift* bot, den *Corsaren* zum Angriff auf ihn zu provozieren, als Wirken der göttlichen Lenkung verstand. Damit sah er sich vor eine neue Aufgabe gestellt und ließ endgültig den Wunsch fahren, nach Abschluß der ästhetischen Schriftstellerei Dorfpfarrer zu werden. Hatte er sich zur Unterstützung seiner pseudonymen Werke in ästhetischer Unernsthaftigkeit kostümiert, um von sich als Verfasser abzustoßen, so suchte er nun nach einer der christlichen Existenzmitteilung gemäßen Lebensform. "Für mich persönlich also war das Wichtigste, mein persönliches Existieren zu verändern in Beziehung darauf, daß ich den Übergang dazu machte, die religiösen Fragmale zu stellen" (SüS, 6). Dies bestand angesichts der Vorherrschaft der Menge darin, für die unbedingte Wahrheit zum Opfer der Menge werden.

"Das Kostüm war richtig. (...) Ein triumphierender religiöser Schriftsteller, der in der Mode ist, ist eben damit nicht *religiöser* Schriftsteller. Der wesentlich religiöse Schriftsteller ist jederzeit polemisch und dazu unter dem Widerstande leidend oder den Widerstand erleidend, der dem gemäß ist, was zu seiner Zeit dafür gelten muß das spezifische Böse zu sein. (...) Sind die Menge - und Klatsch, Publikum - und das viehisch-rohe Grinsen das Böse, so muß er auch daran kenntlich sein, daß er Gegenstand von Angriff und Verfolgung dieser Art ist." (SüS, 62 f.).

Von besonderer Bedeutung ist nun, daß Kierkegaard den "Anteil der Weltlenkung" an dem Wandel seiner Wirksamkeit seit der *Corsar*-Affäre nicht nur darin sieht, daß sie ihm den äußeren Rahmen zur Verwirklichung seiner Absichten bereitete, sondern daß er dieses Geschehen als Vertiefung seiner "Erziehung" durch die Lenkung betrachtet, über deren Sinn er sich erst jetzt klar geworden ist. Die Richtung dieser persönlichen Erziehung besteht in seinen Augen nämlich darin, daß er gerade nicht Dichter werden, sondern vom Dichter- zum Christ-Sein geführt werden sollte. Dieser doppelte Sinn seiner Berufung zum religiösen Schriftsteller sei gleich von Anfang an dabei gewesen, indem er durch das Übermaß seiner Schaffenskraft sich gedrängt fühlte, die *Erbaulichen Reden* gleichsam als Überfluß den Pseudonymen hinzuzufügen (vgl. SüS, 82 f.) So hatte ihn "die Weltlenkung gebunden" (SüS, 83).

"Sollte ich nun kategorisch so bestimmt wie möglich den Anteil der Weltlenkung an meiner Wirksamkeit als Schriftsteller ausdrücken, so weiß ich keinen bezeichnenderen und entscheidenderen Ausdruck als diesen: es ist die Weltlenkung, die mich erzogen hat, und die Erziehung ist reflektiert im Vorgang der Schriftstellerei. (...) Der Vorgang ist dieser: eine dichterische und philosophische Natur wird beiseite geschafft des Christ Werdens wegen." (SüS, 73).

Die *Corsar*-Affäre nimmt in dieser Erziehung eine herausragende Stellung ein. Denn Kierkegaards mäeutischer Ansatz und seine damit verbundene persönliche Zurückhaltung in der Zeit der pseudonymen Schriftstellerei hätte ihn beinahe ganz in der eigenen Innerlichkeit verschlossen und die engagierte Seite des Christ-Werdens aus den Augen verlieren lassen. Deshalb habe ihn die Weltlenkung um so heftiger in den Ernst des Christentums gestoßen, in die Erfahrung des Verachtetwerdens um der Wahrheit willen.

"Bekannt wie ich war mit dem Leiden der Innerlichkeit, das auf das Christ Werden geht, und streng erzogen in diesem Leiden, wäre ich beinahe blind geblieben für die andre Seite der Sache. Hier half die Weltlenkung und half so, daß der Erfolg meines Tuns mir und meiner Sache in Wahrheit zum Guten diente, daß ich, wofern man geistige Begabung mit einem Saitenspiel vergleichen will, nicht allein nicht verstimmt wurde, sondern eine Saite mehr auf meinem Instrument erhielt - die Frucht vollständigerer Erziehung im Christ Sein. Denn als ich im entscheidenden Augenblick anläßlich der 'Abschließenden Nachschrift' mein Existenzverhältnis umwechselte, hab ich Gelegenheit bekommen zu erleben, daran man doch nie so recht glaubt, man hätte es denn erlebt, dies Christliche: daß das Liebreiche gehaßt wird." (SüS, 86).

"Mithin, die gesamte Wirksamkeit als Schriftsteller dreht sich um dies: Christ werden in der Christenheit; und der Ausdruck für den Anteil der Weltlenkung am schriftstellerischen Werke ist, daß der Verfasser der ist, der selbst in dieser Weise erzogen worden ist, jedoch so, daß er ein Bewußtsein davon hatte von Anbeginn an." (SüS, 87).

Die Ereignisse setzen einen Reflexionsprozeß in Gang, der durch die revolutionäre Bewegung des Jahres 1848 zu einer ersten klaren Sicht des neuen Selbstverständnisses führt, dessen Ausdruck die *Schriften über sich selbst* sind. Das Wesentlichste hieran ist, daß der innerste Kern seines bisherigen dichterischen Schaffens, seine schwermütige Büßerexistenz, in Frage gestellt wird. Kierkegaard erlebt dies als Durchbruch zum wahren Glauben, zum Befreitsein vom quälenden Sündenbewußtsein im Gedanken der Vergebung. Er deutet die vertiefte Erziehung zum Christsein durch das Leiden der öffentlichen Verspottung als Durchbruch zur Möglichkeit einer Gesundung von seiner Schwermut, auf die er zuvor nicht zu hoffen wagte. Dies belegen einige Eintragungen in sein Tagebuch NB[4] aus dem Revolutionsjahr 1848. Die verborgene Innerlichkeit, wie sie Climacus dargestellt hat, erscheint nun als "Verrat" am Christentum (Pap VIII A 511/ Tb II, 200), und Kierkegaard selbst spürt die befreiende, aber auch erschreckende Lösung seiner Verschlossenheit.

"Mein ganzes Wesen ist verändert. Meine Verborgenheit und Verschlossenheit ist zerbrochen - ich muß sprechen. Großer Gott, gib Gnade!" (Pap VIII A 640/ Tb II, 224). "Und jetzt, jetzt, da ich auf vielerlei Art zum Äußersten gebracht bin (...), jetzt ist eine Hoffnung in meiner Seele erwacht, daß Gott jenes Grundelend meines Wesens doch könne heben wollen. Das heißt, jetzt bin ich angelangt beim Glauben im tiefsten Sinne. (...) Für Gott ist alles möglich, dieser Gedanke ist jetzt im tiefsten Sinne meine Losung, hat eine Bedeutung für mich gewonnen, die ich mir niemals gedacht habe." (Pap VIII A 650/ Tb II, 232). "Ach, sie konnte das Schweigen meiner Schwermut nicht brechen. (...) Daß ich Schriftsteller wurde ist wesentlich 'ihr', meiner Schwermut und meinem Geld zu verdanken. Jetzt soll ich mit Gottes Hilfe ich selbst werden; ich glaube jetzt daran, daß Christus mir helfen werde, über meine Schwermut zu siegen" (Pap VIII A 641/ Tb II, 224).

Wenn Kierkegaard hieran anfügt: "und dann werde ich Pfarrer", so zeigt dies, daß ihm die weitere Entwicklung, die ihn zum Kirchenstreit seiner letzten Lebensjahre führen wird, damals noch nicht deutlich war. Auch wird der Ansatz zur persönlichen Mitteilung wieder durch eine verstärkte Reflexion in den kommenden Jahren niedergehalten werden, wie auch die Entstehungsgeschichte der *Schriften über sich selbst* zeigt. Festgehalten werden kann jedoch, daß Kierkegaard sich nicht nur tiefer der göttlichen Erziehung gewiß geworden ist, sondern diese auch über sein bisheriges Schaffen hinaus erwartet, in welcher Gestalt auch immer. Wie die Zukunft aussehen werde, könne er nicht sagen, aber es werde gewiß in allem darum gehen, daß er persönlich immer tiefer zum Christsein geführt werde, sei es nun durch weitere Schriftstellerei oder wie auch immer.

"Über das Zukünftige, ob ich noch einige Zeit fortfahre, eine längere oder kürzere, Schriftsteller zu sein und das so wie bisher, oder ob ich beginnen werde auf eine andre Weise Schriftsteller zu sein, oder ob ich eben jetzt aufhöre Schriftsteller zu sein: darüber weiß man nichts." (Pap X^5 B 211/ SüS, 150).

"'Vor Gott', religiös, nenne ich, wenn ich mit mir selbst rede, die gesamte Wirksamkeit als Schriftsteller meine eigene Erziehung und Entwicklung, nur nicht in dem Sinne, als ob ich nun vollkommen fertig wäre oder vollkommen fertig wäre insofern daß es einer Erziehung und Entwicklung nicht mehr bedürfte" (SüS, 10). "Nein, in dieser Hinsicht habe ich noch viel unerledigt, indessen ich vielleicht fertig bin als Schriftsteller" (Pap X^5 B 290/ SüS, 127).

4.5. Die letzte Konsequenz des "Ungleichartigen": Kierkegaards Angriff auf die "bestehende Christenheit"

"Wer 'nie zornig wird', der begegnet auch nie seinem Schicksal", wenn wir diese Worte des amerikanischen Psychologen Rollo May[739] auf Kierkegaards öffentliches Auftreten in seinem letzten Lebensjahr beziehen, so scheinen wir es hier mit einem Menschen zu tun zu haben, der sich zutiefst

---

[739] May (1983), 62.

seines Schicksals bewußt geworden ist und zu einer letzten Konsequenz seines ganzen Lebenswerkes gefunden hat. Unbestreitbar ist diese Selbstgewißheit eine Grundstimmung in Kierkegaards so heftig geführtem Angriff auf die verbürgerlichte Kirche seiner Zeit. Sein Zornesausbruch ist zugleich ein Nein zu den bestehenden Verhältnissen und ein Ja zu seinem Schicksal, das ihn zu dieser Aufgabe vorbereitete. Sein ganzes bisheriges Leben erscheint ihm rückblickend als "Vorbildung" (Au, 211), durch die ihn die "Lenkung" erzog zum entschiedensten "Aufmerksam-machen" auf das wahre Christentum.

Durch den öffentlichen Angriff auf die Kirche erfüllt sich sein neues Selbstverständnis, wie es sich seit 1848 herausgebildet und in den *Schriften über sich selbst* niedergeschlagen hatte. Doch ist dies keine geradlinige Entwicklung, denn Kierkegaard war sich, wie wir im letzten Kapitel gesehen haben, Anfang der 50er Jahre noch nicht bewußt, zu welcher künftigen Aufgabe er geführt werde. Ihm war nur klar, daß er selbst zum ernsthaften Christsein erzogen werden sollte und daß diese Erziehung ihn nicht in tiefere Verinnerlichung, sondern in ein äußeres Handeln und Leiden führen müßte. Die Ungewißheit über die Aufgabe hielt ihn jedoch jahrelang in Reflexion befangen und somit vom Handeln ab. Er hatte, wie er meinte, nun "das Höchste verstanden" (Pap X^4 A 545/ Tb V, 74), aber damit noch nicht das Höchste erreicht, denn: "das Höchste ist nicht, das Höchste verstehen, sondern es tun". Zwar hatte er schon lange gegen das bürgerliche Christentum geschrieben, der Zorn darüber war in seine *Erbaulichen Reden* seit 1847 eingedrungen und hatte auch das Pseudonym Anti-Climacus geprägt, aber in welcher Weise er seine persönliche Stellung bestimmen sollte, blieb ihm lange unklar. Zunächst dachte er daran, doch noch in einem kirchlichen Amt "extensiv" zu wirken, doch erkannte er immer mehr, daß seine eigentliche Aufgabe nur durch ein Ja zu seiner "Ungleichartigkeit" zu erreichen sei (vgl. Pap X^4 A 560/ Tb V, 83 ff.), und die Aufgabe war: "Katastrophisch wirken" (Pap XI^2 A 265/ Tb V, 359).

Auf dieses Selbstverständnis Kierkegaards soll im Folgenden der Blick gelenkt werden, mit besonderer Berücksichtigung seiner Sicht des Verhältnisses von Schicksal, Freiheit und göttlicher Lenkung. Es geht nicht um eine genaue Darstellung der Geschehnisse oder der Inhalte seines Angriffs[740], doch sollen einleitend die wichtigsten Momente kurz genannt werden.

Das Maß der Kirchenkritik ist für Kierkegaard das "Christentum des neuen Testamentes", das er als Leiden in der Nachfolge Jesu deutet. Das Leiden gehört für ihn so wesentlich zum christlichen Gottesverhältnis, daß er jegliches Glücks- und Sicherheitsstreben als unchristlich ansieht.[741] Damit ist für ihn offensichtlich, daß das staatlich gesicherte, verbürgerlichte Christentum der dänischen Kirche dem idealen Christentum nicht entspricht, obwohl es den Schein erweckt, Christentum zu sein. Die "bestehende Christenheit" ist für ihn ein "Sinnentrug" (Au, 33); den religiösen Zustand diagnostiziert er

---

[740] Zum Kirchenstreit vgl. Buss (1970); Cattepoel (1992), 257 ff.; Deuser (1974), 83 ff.; Hauschildt (1982), 227 ff.; Kirmmse (1977), 872-947; Nordentoft (1973), 160-260; Sløk (1980).

[741] "Zum Christsein (...) gehört: für die Lehre gelitten zu haben" (Au, 193); "Christ werden heißt, menschlich gesprochen, in diesem Leben unglücklich werden" (Au, 210).

mit den Worten: "das Christentum ist gar nicht da" (Au, 38), also könne es auch nicht reformiert, sondern nur als unwahrer Schein überführt werden. Diese Sicht hatte Kierkegaard schon Jahre vor dem Kirchenstreit vertreten, hoffte jedoch darauf, daß die Unwahrhaftigkeit des Zustandes vom Repräsentanten der dänischen Kirche, Bischof Mynster, eingestanden würde. Mit dieser "Einräumung" sah er die Möglichkeit gegeben, ein gegenüber dem Ideal abgeschwächtes Christsein zu leben, das im Vertrauen auf die Gnade Gottes die eigene Unfähigkeit eingesteht.[742] Kierkegaard wollte nichts anderes als "Redlichkeit" (Au, 48). Doch er wartete bis zum Tode von Bischof Mynster am 30.1.1854 vergeblich auf jenes Zugeständnis, so daß er danach fest entschlossen war, den Angriff auf "das Bestehende" in aller Heftigkeit und Direktheit zu führen (vgl. Pap XI[1] A 1/ Tb V, 170 f.). In den vorangegangenen Jahren seines schweigenden Wartens hatte er seine Tagebücher gefüllt mit Entwürfen des Angriffs sowie endlosen Reflexionen über seine eigene Stellung in diesem Streit. Den letzten Anstoß zum Angriff gab dann die Grabrede des Professors Martensen, der Mynster als einen "echten Wahrheitszeugen" bezeichnete und damit einen Begriff verwandte, der Kierkegaard in seiner Identifikation des wahren Christentums mit der leidenden Märtyrerkirche besonders wichtig geworden war und in diesem Sinne nicht auf Bischof Mynster paßte. Nachdem Kierkegaard noch einige Monate aus politischen wie kirchenpolitischen Gründen gewartet hatte - weil er von keiner Seite vereinnahmt werden wollte -, begann er im Dezember 1854 seinen überaus polemischen Angriff auf das bürgerliche Christentum, zunächst mit Artikeln in *Fædrelandet*, später durch seine Flugschrift "Der Augenblick", die er bis zu seinem Zusammenbruch und baldigen Tode im Herbst 1855 herausgab.

Die Direktheit und Eindeutigkeit seines Angriffs ist für Kierkegaard eine völlig neue Erfahrung öffentlichen Handelns, wie er es sich selbst im Corsarenstreit nicht zugestanden hatte. Immer blieb sein bisheriges Wirken von Rücksichtnahmen bestimmt und hinter Masken verborgen, doch nun bringt er sich selbst ins Spiel. Durch den unverstellten Einsatz seiner Person gewinnt

---

[742] Diesem Zweck diente das Vorwort sowie die Pseudonymität seiner *Einübung im Christentum*. Als er 1855 - mitten im Kirchenstreit - eine zweite Auflage unter seinem eigenen Namen herausgab, ließ er auch das Vorwort fallen. Er kommentierte diesen Schritt in einem Zeitungsartikel:
"Mein früherer Gedanke war folgender: Könnte das Bestehende verteidigt werden, so ist die einzig mögliche Art die: dichterisch (deshalb von einem Pseudonym) das Urteil über es anzubringen und dann in der zweiten Potenz 'die Gnade' anzuziehen, so daß Christentum hieße, nicht bloß 'aus Gnaden' Vergebung für das Vergangene zu finden, sondern auch aus Gnaden eine Art Ablaß von der eigentlichen Nachfolge Christi und der eigentlichen Anstrengung des Christseins. Auf die Weise käme doch Wahrheit in das Bestehende, es verteidigte sich, indem es sich selbst verurteilte, es erkennte die christliche Forderung an, machte betreffs seiner selbst ein Eingeständnis seines Abstandes, und zwar ohne ein Streben in Richtung auf Annäherung an die Forderung heißen zu können (...) Jetzt hingegen bin ich mit mir selbst ganz einig über ein Doppeltes: beide, daß das Bestehende, christlich, unhaltbar ist, daß jeder Tag, den es besteht, ein Verbrechen ist, und daß es nicht statthaft ist, auf jene Weise die Gnade anzuziehen." (Au, 72 f.).
Zur Forderung der "Einräumung" vgl. Deuser (1980), 227 ff.

er eine Selbstidentität, die den Kirchenkampf wahrhaft zum "Augenblick biographischer Verwirklichung"[743] werden läßt.

"Zum erstenmal in seinem Leben braucht Kierkegaard sich nicht mehr selbst entgegenzuarbeiten, wie er es in allen seinen Schriften getan hat. (...) Wohl wird Reflexion gebraucht; aber sie findet nicht mehr Ausdruck in dem Vorgetragenen, sondern nur noch in der Vorüberlegung. (...) Der Reflexionscharakter der Schriften, in deren Gebrochenheit sich die Zwiespältigkeit der Existenz widerspiegelt, ist aufgegeben zugunsten einer schriftstellerischen Tat, in der endlich Ganzheit erreicht ist, allerdings eine Ganzheit, die im höchsten Maße zerstörerisch wirken soll. Am Ende seines Lebens erringt Kierkegaard Vollmacht; doch es ist nicht die Vollmacht des zur Verkündigung Autorisierten, auch nicht die des Reformators, sondern die Vollmacht des Einspruch Erhebenden."[744]

Allerdings darf das Ausmaß an reflektierender Vorarbeit, das seine Tagebücher über Jahre hinweg füllte, nicht übersehen werden, wenn die Direktheit seines Angriffs herausgestellt wird. Seit Ende der pseudonymen Verfasserschaft kreisen seine Gedanken immer wieder um die Frage seiner Stellung gegenüber den öffentlichen Verhältnissen und der Berechtigung eines Angriffs. Die ihn Zeit seines Lebens aus persönlicher Betroffenheit interessierende Problematik der Ausnahmeexistenz gewinnt in diesen Jahren eine neue, politische Dimension. Aber die Legitimationsfrage bleibt für ihn immer eine religiöse, im persönlichen Ernst des einzelnen vor Gott zu verantwortende. Deshalb beschäftigte ihn der Fall des Pfarrers Adler, der eine private Christusoffenbarung erhalten haben wollte, so sehr, daß er in den Jahren 1846-48 ein Buch darüber verfaßte, in dem sich wichtige Gedanken zum Ausnahmesein finden. Ob Kierkegaard sich selbst als zum Angriff berechtigte Ausnahme ansehen dürfe, bleibt die ihn bis zum Ende bewegende Hauptfrage. Auf keinen Fall will er als außerordentlicher Christ, als der bevollmächtigte Wahrheitszeuge erscheinen, sondern nur als ein redlicher Mensch, der sich des eigenen Abstands von der Idealität des Christentums bewußt ist und gerade deshalb den öffentlichen Schein im Namen der Wahrheit zu kritisieren vermag (vgl. Au, 210 f.). Ausdrücklich nennt er sich keinen Christen (vgl. Au, 328 ff.). Er bleibt auch in seinem Eintreten für das wahre Christentum "nur ein Dichter" (Au, 43), der aber zugleich "ein ausgeprägtes Polizeitalent" besitzt, um Licht in ein "christliches Kriminalverbrechen" zu bringen (Au, 42 f.). Die eigene Distanz zum christlichen Ideal ist die Bedingung, von der aus er seine Aufgabe beschreibt. Es liegt nicht an ihm, das wahre Christentum einzuführen, aber seine Kritik vermag, "Platz zu schaffen, damit Gott erscheinen kann":

"Meine Aufgabe ist, Platz zu schaffen - und Polizei bin ich, wenn man so will. Aber in dieser Welt ist es so, daß die Polizei mit Macht kommt und die anderen festnimmt - die höhere Polizei kommt, leidend, und verlangt vielmehr, festgenommen zu werden." (Pap XI^2 A 250/ Tb V, 357).

---

[743] Deuser (1985a), 101.
[744] Buss (1970), 93.

Opfer zu sein, dies ist - wie schon im Corsarenstreit - die Haltung, in der Kierkegaard seinen Angriff kulminieren sieht. Im Opfersein konzentriert sich ihm die geschichtliche Bedeutung des Gottesgehorsams, falls es um den Widerstand gegen eine bestehende Ordnung geht. In diesem Sinne war der Begriff des Opfers schon beim frühen Kierkegaard, im *Begriff der Ironie*, das Kennzeichen der geschichtswirksamen ungleichzeitigen Individuen.[745] Die Perspektive eines tragischen Geschichtsverständnisses prägt auch noch den Kierkegaard des Kirchenstreites, jedoch spricht er nicht mehr von einer Tragik des Geschichtsprozesses, weil er die außerordentliche Aufgabe auf das persönliche Gottesverhältnis gründet. Das Geopfertwerden bleibt aber das Kennzeichen des Ungleichzeitigen. Darin allein vermag Kierkegaard sich der Legitimität seines Handelns zu vergewissern, weil er als Leidender den ethischen Anspruch des Allgemeinen als solchen wahrt und nicht in einem äußerlichen Sinne über die Verhältnisse siegen will. Sich von politischen Reformbewegungen (auch innerhalb der Kirche) zu unterscheiden, ist ihm wichtige Voraussetzung seiner Kritik. 1851 wandte er sich in einem Artikel gegen das Mißverständnis eines Dr. Rudelbach, der ihn für seinen Kampf gegen die Staatskirche vereinnahmen wollte (KAC, 45 ff.).[746] Auch wenn er im Kirchenstreit die Aufgabe der Verinnerlichung, die er gegen Rudelbachs politischen Kampf geltend machte, zugunsten der Anklage der bestehenden Verhältnisse zurückgestellt hat, so will er dennoch nicht im politischen Sinne wirken: "ich bin fest entschlossen, mich mit keinem Menschen einzulassen, von dem ich erfahre, daß er dem Pfarrer bürgerlich auch nur die mindeste Schererei macht" (Au, 84). Er verspricht sich daher von seinem Handeln keinerlei direkten Erfolg, im Gegenteil sei es gerade seine "Ohnmacht" die von Gottes "Allmacht" gebraucht würde (Au, 328). Der Angriff zielt darauf ab, von den realen Ordnungskräften gerichtet zu werden[747], und im Geopfertwerden für die Wahrheit sieht er seine eigentliche Macht, die die Mißstände durch deren eigenes Handeln offenbar macht.

"Unter Qualen, wie sie selten ein Mensch erlebt hat, unter Geistesanstrengung, die wohl einem Andern innerhalb von 8 Tagen den Verstand rauben würden, bin ich dann freilich auch: Macht" (Au, 85).[748]

Die zweideutige Haltung des angreifenden Opfers entspringt aus Kierkegaards ambivalentem Verhältnis zur Kategorie des Bestehenden.[749] Durch die

---

[745] Vgl. BI, 264; dazu s.o. III.1.2.2.

[746] Er nennt sich dort "ein Existential-Korrektiv des Bestehenden in Richtung auf Verinnerlichung in 'dem Einzelnen'" (KAC, 50). Es ist bedeutsam, daß er während des Kirchenstreits den Begriff des Korrektivs nicht mehr auf sich anwendet (vgl. Buss (1970), 117 ff.). Nach Kodalle (1988), 191, hat Kierkegaard bewußt das Korrektiv zum Normativ erhoben, was er selbst zuvor als schuldhafte Haltung bezeichnet hatte (vgl. Pap X^4 A 596/ Tb V, 94).

[747] Kierkegaard will bewußt eine gerichtliche Verurteilung in Kauf nehmen, doch schließlich erkennt er, daß gar kein Interesse besteht, ihn zur Rechenschaft zu ziehen, worin er nur ein weiteres Zeichen für die Gleichgültigkeit der entsittlichten Gesellschaft sehen kann (vgl. Pap XI^2 A 265/ Tb V, 359 f.).

[748] Im *Buch über Adler* spricht Kierkegaard von der "leidenden Überlegenheit", die aus der "Einheit von Demut und Erhabenheit" erwächst (BüA, 182). "Der Berufene ist zugleich der sich Opfernde" (BüA, 39).

faktischen Verhältnisse vermittelt sich für Kierkegaard der ethische Anspruch einer allgemeinen Ordnung, den er auch angesichts unethischer Verhältnisse nicht aufgeben will. Daher bildet auch im Kirchenstreit der Konservativismus Kierkegaards immer noch den Hintergrund seiner Kritik und hindert ihn, auf äußere Veränderungen der Strukturen zu drängen. Nur in Relation zur Idee einer verbindlichen Allgemeinheit kann es für ihn eine legitime Ausnahmeexistenz als kritische Instanz geben, die aber nur durch ein persönliches Gottesverhältnis begründet werden kann. Damit überträgt er einen Grundgedanken seiner pseudonymen Ausnahmediskussion auf die kirchenpolitische Situation. Im *Buch über Adler* bestimmt er ausführlich die "dialektischen Verhältnisse" zwischen dem Allgemeinen, dem Einzelnen und dem besonderen Einzelnen, dem "Außerordentlichen" (vgl. BüA, 161 ff.). Die meisten Menschen hätten nur die Aufgabe, so heißt es dort, das Bestehende, das Allgemeine, in ihrem Leben auszudrücken, indem sie sich an dessen Ordnungen ethisch orientierten. Gegenüber diesen normalen Menschen könnten besondere Einzelne in eigener Verantwortung aus dem fraglosen Rahmen herausfallen, wenn sie über die Grundlagen des Bestehenden reflektierten. Für den reflektierenden Einzelnen sieht er dann zwei Möglichkeiten: entweder er bejaht aufgrund der Reflexion die Verhältnisse oder er will das Bestehende verändern, "indem er für dieses *einen neuen Ausgangspunkt bringt, einen neuen Ausgangspunkt in Bezug auf die Grundvoraussetzung des Bestehenden*, wenn er durch unmittelbare Einordnung unter Gott sich umschaffend zum Bestehenden verhalten muß: so ist er der Außerordentliche, das will heißen, so muß dieser Platz ihm angewiesen werden, ob er nun berechtigt ist oder nicht; er muß hier siegen und hier sein Urteil finden; das Allgemeine soll ihn gerade ausschließen" (BüA, 168 f.).

Die Rolle eines Außerordentlichen zu übernehmen, ist also nur möglich, wenn der Anspruch des Allgemeinen als solcher aufrecht erhalten bleibt, unabhängig von der Legitimität der Kritik. Denn indem das Allgemeine den Außerordentlichen von sich weist, ist er in seiner Funktion bestätigt. Aus dieser gundlegenden Dialektik resultiert die Verbindung von Kritiker- und Opferhaltung beim späten Kierkegaard. Die Notwendigkeit einer legitimen Allgemeinheit müsse auch für den revolutionären Einzelnen immer noch der Bezugsrahmen seiner Kritik sein, der Außerordentliche solle, wie es im *Buch über Adler* heißt, "das Bestehende lieben und deshalb bereit sein, sich selbst zu opfern" (BüA, 39).

"Das Bestehende ist nämlich als Bestehendes im unmittelbaren Sinne das Berechtigte und das Stärkste; er ist nicht der Einzelne, der im unmittelbaren Sinne der Überlegene sein soll, sondern der *besondere* Einzelne, dessen Überlegenheit im Leiden der Selbstaufopferung besteht." (BüA, 172 f.).

Kierkegaards Rede von der unmittelbaren Berechtigung des Bestehenden darf nicht mit einer totalen Affirmation der faktischen Verhältnisse verwechselt werden, sonst würde ja die Funktion des Außerordentlichen völlig unverständlich. Die Unmittelbarkeit der Berechtigung deutet vielmehr darauf hin, daß sie nicht im Sinne einer ethischen Legitimiertheit zu verstehen ist.

---

[749] Vgl. dazu Deuser (1980), 220 ff.

Dies ergibt sich auch aus einer Tagebucheintragung Kierkegaards, wo er die *ideelle* Verteidigung des Bestehenden (gegenüber der Masse) von einem *unmittelbaren* Einverständnis mit den Verhältnissen unterschieden wissen will (vgl. Pap X^4 A 377/ Tb V, 36 f.). Ideel ist das Bestehende berechtigt als Repräsentation der Allgemeinheit des Ethischen, doch die faktischen Verhältnisse können unethisch sein und damit ideel unberechtigt. Ihre unmittelbare Berechtigung ist daher zu begreifen als Ausdruck der natürlichen Kraft gesellschaftlicher Machtverhältnisse. Die Macht des Bestehenden wird von Kierkegaard allerdings immer noch gegenüber dem revolutionären Anspruch insofern verteidigt, als sie formal die Basis für die Realisation der gesellschaftlich vermittelten ethischen Allgemeinheit ist, auch wenn die faktische Realisation dem zuwiderläuft. Aber als bloße Macht des Faktischen hat das Bestehende keinerlei ethisch-ideelle Legitimität, so daß es auch für den konservativen Kierkegaard die Notwendigkeit revolutionärer Veränderungen gibt. Sogar in dem Artikel gegen Dr. Rudelbach, in welchem er seine Aufgabe der Verinnerlichung entschieden von aller politischen Kirchenkritik abgrenzen will, gesteht Kierkegaard ein: "es gibt Umstände, wo ein Bestehendes von solcher Beschaffenheit sein kann, daß der Christ sich nicht darein schicken darf, nicht sagen darf, das Christentum sei eben diese Gleichgültigkeit gegenüber dem Äußeren" (KAC, 51). Genau diese Situation sieht er nach dem Tode Bischof Mynsters gegeben: "daß das Bestehende, christlich, unhaltbar ist, daß jeder Tag, den es besteht, christlich ein Verbrechen ist" (Au, 73).

Doch woran wird ersichtlich, daß das Bestehende derart unhaltbar geworden ist, daß es in außerordentlicher Weise kritisiert werden muß, und woher nimmt der Außerordentliche, der allein zu dieser Kritik fähig ist, die Gewißheit seiner Aufgabe? Um diese Fragen kreisen die Reflexionen Kierkegaards, und sie führen uns direkt in die Problematik seines Schicksalsverständnisses. Die strenge Reflexion, der sich Kierkegaard unterwirft, ist als solche schon eine erste Antwort auf die Legitimationsfrage, denn die Reflexion ist für ihn in der gegenwärtigen Zeit die unabdingbare Voraussetzung einer legitimen Ausnahmeexistenz. Nur durch Reflexion auf die Legitimationsgründe der bestehenden Verhältnisse könne ein Mensch in einer auf Verständigkeit ausgerichteten Zeit eine außerordentliche Stellung einnehmen. Auch seiner eigenen Legitimität könne er sich nur reflexiv versichern, da nichts mehr, auch das Gottesverhältnis nicht, eine unmittelbare Gültigkeit habe. Dies stellt er insbesondere gegenüber Pfarrer Adler heraus, der sich auf eine unmittelbare Offenbarung berief.

"Ein wahrer Außerordentlicher muß die Voraussetzungen seiner Zeit stets zu Diensten haben; insofern müßte er in unserer Zeit über das die Zeit Kennzeichnende: Reflexion und Verständigkeit, vollkommen verfügen. (...) Unsere Zeit ist reflektierend; es läßt sich nicht denken, daß die göttliche Lenkung selber darauf nicht aufmerksam sei." (BüA, 33).

Indem der Außerordentliche derart an die eigene Reflexion verwiesen ist, um sich seiner Legitimität zu vergewissern, zeigt sich das Aporetische seiner Situation, denn als Außerordentlicher ist ihm nach Kierkegaard die Legitimität der bestehenden Sittlichkeit und ihrer Gründe verloren gegangen.[750] Zwar kann er seiner Kritik ein ideales Maß zugrundelegen, doch seine eigene Stellung und Legitimation ist ihm dadurch nicht erschlossen. Die Aporie wird deutlich in der zirkelhaften Bestimmung des rechten Augenblicks, die Kierkegaard in der letzten Ausgabe seiner Flugschrift, die er wegen des Zusammenbruchs nicht mehr herausgeben konnte, vorlegt: "Der Augenblick ist, wenn der Mann da ist, der rechte Mann, der Mann des Augenblicks" (Au, 326). Ausdrücklich betont Kierkegaard, daß es für diesen Augenblick keinen entscheidenden äußeren Anhaltspunkt gebe, so daß er mit "Klugheit" zu ermitteln wäre, denn "dem Mann des Augenblicks gehorchen dann die Umstände":

"Denn der Augenblick ist gerade das, was nicht in den Umständen liegt, er ist das Neue, der Einschlag der Ewigkeit - aber im gleichen Augenblick gewinnt er in solchem Ausmaß Macht über die Umstände, daß es täuschend so aussieht (darauf berechnet, die weltliche Klugheit und Mittelmäßigkeit zum Narren zu halten), als ob sich der Augenblick aus den Umständen ergebe." (Au, 327).

Die Kategorie, mit der Kierkegaard diesen Zirkel des Selbstverhältnisses durchbrechen will, ist das Gottesverhältnis. Nur durch "unmittelbare Einordnung unter Gott" (BüA, 168) kann der Einzelne sich außerhalb der bestehenden Verhältnisse berechtigt zum eigenständigen Handeln wissen. Die Einsicht in den rechten Augenblick wird eine Frage der gnadenhaften Lenkung, mit der Gott den Einzelnen zu seiner Aufgabe führt: "Denn der Augenblick ist des Himmels Gabe (...) für den Glaubenden" (Au, 327). Andererseits steht auch das Gottesverhältnis unter den Bedingungen reflektierten Existierens, so daß es auch für den Glaubenden keine unmittelbare und objektive Gewißheit seiner Aufgabe geben kann. Wie schon gegenüber Adler so betont Kierkegaard auch noch in seinen späten Tagebüchern, daß es für einen reflektierten Menschen keine unmittelbare, reflexionslose Gottesbeziehung geben könne: "Ein Mensch hat nur ein mittelbares Verhältnis zu Gott, und muß unter Verantwortung vor Gott seinen Verstand gebrauchen, hat auch eine Verantwortung, falls er ihn nicht gebraucht (Pap X^5 A 89/ Tb V, 150). In der Reflexion wird das Gottesverhältnis "zu etwas Dialektischem", deshalb sei das Handeln im Gehorsam gegenüber Gott ein *doppeltes Wagnis*, während ein reflexionslos Glaubender nur in einfachem Sinne zu wagen habe:

"Wer unmittelbar das besondere Verhältnis zu Gott hat, hat also nur die Gefahr, die verbunden sein kann mit der Befolgung des ihm unmittelbar von

---

[750] "Indem sich die Ausnahmeexistenz der Logizität einer rationalen Rechtfertigung ihres Anliegens im Sinne der abwägend analytischen Vernunft, die das Bestehende stützt, entzieht, setzt sie sich selbst ins 'Unrecht'. Sie kann *argumentativ* die anderen von ihrer Wahrheit gar nicht überzeugen. Erst der Lebensweise ihres Ernstmachens, inklusive Leidens- und Todesbereitschaft, entspricht - *eventuell* - ein neues Paradigma des Verstehens: Der Anstoß des Wahrheitszeugen wird akzeptiert, das Allgemeine/Bestehende neu qualifiziert." (Kodalle (1988), 190). Deuser (1985a), 104, spricht von einer "pragmatische(n) Situationsbestimmung", die sich in Kierkegaards Reflexionen über den Kirchenstreit ausdrücke: "Die Bindung einer Begriffsbildung an die ihr entsprechende Handlung in einer bestimmten Situation - das ist das entscheidende Ergebnis von Kierkegaards theologisch motivierter Zeitkritik".

Gott Befohlenen. In der Reflexion gibt es eine wesentliche Gefahr mehr, die Möglichkeit, das Wagnis versäumt zu haben, und die Möglichkeit, verkehrt gewagt zu haben." (Pap XI^2 A 273/ Tb V, 362).

Der reflektierte Gehorsam gegenüber Gott entspricht in seiner Dialektik der Bestimmung des negativen Gottesverhältnisses, wie es Frater Taciturnus und Johannes Climacus formuliert haben.[751] Nur im Wagnis der eigenen Entscheidung kann die Ungewißheit der Reflexion ent-schieden werden. Die Reflexion macht aber nicht nur das Dialektische des Gottesverhältnisses aus, sie beinhaltet auch dessen Freiheitscharakter. Daher betont Kierkegaard die *Freiwilligkeit* der christlichen Nachfolge. "Das Freiwillige ist doch eigentlich der Knoten am Christlichen, der Halt geben kann." (Pap XI^1 A 327/ Tb V, 238). Im *Buch über Adler* stellt er die Selbstbestimmung als konstitutiven Aspekt christlicher Berufung heraus, der sie von heidnischer Religiosität unterscheide: "Erregung, Wahnsinn, das Dämonische können wohl durch den Überfall des Plötzlichen einen Menschen auf furchtbar-plötzliche Weise unfrei unter ihre Macht bringen; aber man kann nicht annehmen, daß Gott einen Menschen derart gewaltsam wider die Natur mißbrauchen wolle." (BüA, 35 f. Anm.).

Freiwilligkeit ist auch die Kategorie, mit der Kierkegaard sein eigenes Leben zu begreifen versucht. Dabei geht es immer um eine freiwillige Entscheidung zum Leiden, zum Geopfertwerden, denn dies kennzeichnet für ihn die religiöse Ausnahmeexistenz.

"Jeder, der sich damit befaßt, mich und mein Leben zu verstehen, erklärt mich sofort eine Stufe zurück, merkt nicht, daß alle meine Lebenskämpfe eine Stufe höher liegen als die der Menschen sonst, daß sie freiwillig von mir selbst hervorgebracht sind durch religiöses Handeln wider Klugheit, durch religiöses Entgegenarbeiten gegen mich selbst." (Pap XI^1 A 277/ Tb V, 234).

Kierkegaards Reflexionen über sein Lebensschicksal und seine gegenwärtige Aufgabe werden also getragen von der vorgängigen Bestimmung der freiwilligen Selbstaufopferung des Außerordentlichen. Sie ist das Maß, nach der Kierkegaard sein ganzes Leben als konsequente Vorbereitung auf sein spätes öffentliches Handeln beurteilt. Hierbei entdeckt er zum einen eine "Ungleichartigkeit" mit anderen, die von Jugend auf "die entsetzlichste, nachhaltigste Qual" für ihn war: "nicht wie andere zu sein, keinen einzigen Tag zu leben, ohne schmerzlich daran erinnert zu werden, daß man nicht wie andere ist" (Au, 332 f.). Zum anderen lernte er, dieses Schicksal als seine Aufgabe zu sehen und somit als freiwilliges Leiden zu übernehmen. Seine Ungleichartigkeit wurde dadurch zum "Gottesverhältnis" (Pap X^5 A 89/ Tb V, 148), in seiner schicksalhaften Ausgesondertheit liegt für ihn der persönliche Schlüssel zum Christ-Werden, denn daß "das Christentum etwas Ungleichartiges, Grundverschiedenes, Irrationales für die Welt und das unmittelbare Menschsein ist, ist unbedingt das Entscheidende" (Tb V, 147). Die Fähigkeit, freiwillig zu leiden, ist daher auch der Kern seiner Reflexion über seine gegenwärtige Aufgabe, denn dadurch erhält er eine außerordentliche Stellung: "Ich war einer Mitwelt überlegen wie selten ein Mensch. *Freiwillig*

---

[751] Dazu s.o. III.2.4.2.2. u. III.2.5.2.3.

setzte ich mich der Mißhandlung aus" (Pap XI[1] A 277/ Tb V, 234). Und diese "leidende Überlegenheit" (BüA, 182) ist genau das, woran es jeder Zeit mangele: "In jeder Generation ist ein Mensch eine Seltenheit, der so viel Macht über sich hat, daß er *wollen* kann, was ihm nicht behagt" (Au, 169). Daher sieht Kierkegaard sich berufen, durch seine Ungleichartigkeit zu wirken.

Allerdings ist diese Einsicht in die Konsequenz seines Lebensschicksals bis zum letzten Augenblick von einer unaufhebbaren Ambivalenz geprägt, weil sie nur durch die Reflexion, nicht durch ein unmittelbares Gottesverhältnis zu gewinnen ist. Ausdrücklich hebt Kierkegaard hervor, daß er die Erziehung durch die Lenkung nur in der Deutung seines bisherigen Lebens begreifen, daraus aber keine eindeutige Gewißheit über seine zukünftige Aufgabe erlangen könne[752]. Daher sucht er in seinen Reflexionen nach einem äußeren Anhaltspunkt, der ihm als Hinweis auf den göttlichen Willen dienen soll, und dies ist seine finanzielle Situation: "rücklings, vom Vergangenen, d.h. wenn ich zurückschaue, kann ich sehen, eine Lenkung ist mir gefolgt, aber vorwärts, nein, nein, nicht von der nächsten Minute darf ich sagen, mir werde das Außerordentliche vergönnt - ich habe kein unmittelbares Verhältnis zu Gott. Hingegen habe ich mich vor Gott darin verstanden, solange mir das Auskommen gesichert war, abzuwarten, um zu sehen, was Gottes wohlgefälliger Wille mit mir sei." (Pap X[5] A 89/ Tb V, 150).

Nirgends zeigt sich das Problematische von Kierkegaards Schicksalsverständnis deutlicher als an der Bedeutung, die er seiner finanziellen Lage beimißt. Weil er sich zur Klärung seiner außerordentlichen Aufgabe nicht mehr an die Kriterien der Allgemeinheit halten kann, ihm andererseits aber der Wille Gottes nicht unmittelbar zugänglich ist, will er die Zweideutigkeit des Reflektierens lösen, indem er sich an äußerliche Zufälligkeiten seiner Lebensumstände hält. Dabei unterschlägt er, daß seine finanzielle Situation wesentlich von seiner eigenen Entscheidung abhängt, nämlich ob er nach dem Verbrauch des ererbten Vermögens sich zu einer Erwerbstätigkeit (eventuell in einem kirchlichen Amt) entschließt oder nicht. Immer wieder schiebt er diese Entscheidung hinaus und versucht sogar, sie von dem Verhalten anderer abhängig zu machen. So wartet er zeitweise darauf, ob Bischof Mynster ihm nicht einen Platz im Predigerseminar anbieten würde, und seine Verbitterung über das Ausbleiben dieses Angebots (vgl. Pap X[4] A 377/ Tb V, 38) wirft ein zweifelhaftes Licht auf sein ohnehin sehr ambivalentes Verhältnis zu Mynster sowie seinen späteren Angriff auf das beamtete Pfarrertum. Indem

---

[752] Diese retrospektive Haltung ist ein formaler Grundzug des Kierkegaardschen Selbstverständnisses. Nicht nur die *Schriften über sich selbst* sind von ihr durchdrungen (vgl. Cappelørn (1975)), sie findet sich als Prinzip schon in seiner frühen Andersen-Kritik formuliert, wo er den Begriff der "Lebensanschauung" als "Transsubstantiation der Erfahrung" bezeichnet (ES, 63). Das Finden einer Lebensanschauung wird dort als ein augenblickshaftes Geschehen angesehen, das "ein sonderbares Licht über das Leben hinbreitet" (ES, 64), ohne daß man dabei eine vollständige Klarheit über sich gewinnen könnte (dazu s.o. III.1.1.). Mit seiner Betonung der Lebenskonsequenz bleibt der späte Kierkegaard diesen seinen frühen Gedanken treu, einschließlich der Verbindung von retrospektiver Lebensdeutung und bleibender Ungewißheit des eigenen Schicksals.

Kierkegaard in seinen Reflexionen den Freiheitsaspekt seiner finanziellen Situation verdrängt, um einen äußerlichen Anhaltspunkt für das Wirken Gottes haben zu können, nimmt sein Gottesverhältnis Züge des heidnischen Schicksalsglaubens an. Genauer noch kann man seine Haltung mit der im *Begriff Angst* analysierten genialen Schicksalsabhängigkeit vergleichen. In der Tat spielt der Begriff des Genies eine bedeutende Rolle im Selbstverständnis des späten Kierkegaard[753], ohne daß er sich dabei der Nähe seiner eigenen Einstellung zu der von Vigilius dargestellten Suche des Genies nach äußeren Schicksalszeichen bewußt geworden wäre. Entgegen seiner Betonung der Freiwilligkeit soll nicht eine freie Entscheidung, sondern deren bewußte Aussetzung über sein öffentliches Wirken entscheiden. So wird für ihn das rapide Schwinden seines Vermögens zum Zeichen, daß nun der Augenblick gekommen sei, zu handeln. Denn unter den Bedingungen eines ordentlichen Berufslebens, zu dem ihn seine wirtschaftliche Lage zwingen würde, könnte er nicht mehr die Funktion des außerordentlichen Kritikers übernehmen. Daher drängt ihn die wirtschaftliche Not zur Eile, und hierin erblickt er das Wirken der göttlichen Lenkung, die somit zur "Rechenmeisterin" verkommt:

"Gerade in diesem Augenblick deshalb, da ich gesteigert mein Leben verstand - gerade da wurde die wirtschaftliche Sorge angebracht, und die Lenkung sagte: komm nun, kleiner Freund, nun kann es Ernst werden." (Pap X^4 A 647/ Tb V, 112). "Was mich peinigt, ist doch eigentlich das Wirtschaftliche. (...) Solange ich noch einen Pfennig besitze, kann ich mich nicht entschließen, etwas für das Wirtschaftliche zu tun, mir scheint, das heiße, mit Gott und der Idee brechen; heißt das Christentum, sich selbst hassen, absterben, so ist es doch zu albern, etwas zu tun, ehe das Äußerste erreicht ist. Inzwischen wird dann die Lebenslust Jahr für Jahr weniger - die Lenkung ist eine große Rechenmeisterin." (Pap XI^2 A 34/ Tb V, 295).

Bei dieser Haltung einer völligen Ergebenheit in die äußeren Umstände seines Lebens als Ausdruck des Glaubens an die göttliche Lenkung ist es nicht verwunderlich, daß sich die *Freiwilligkeit*, mit der Kierkegaard seine Aufgabe übernehmen will, zuletzt als *blinder Gehorsam* zeigt (vgl. Au, 84). Im Grunde scheint ihm nichts so sehr zu widerstreben, wie der Angriff auf

---

[753] Vgl. bes. Pap XI^1 A 460/ Tb V, 251 f.; Mit der Kategorie des Genies will Kierkgaard sich an dieser Stelle distanzieren vom außerordentlichen Christen, doch liegt der Unterschied in der Schwäche des Genies, der Aufgabe nicht gerecht werden zu können, nicht darin, daß es keine außerordentliche Aufgabe hätte. Vielmehr versteht er, wie schon im *Begriff Angst* am Beispiel Napoleons (vgl. BA^R, 108 f.; dazu s.o. II.4.7.4.), das Genie als eine katastrophisch wirkende geschichtliche Größe. So greift er im *Augenblick* eine frühe Tagebucheintragung auf: "Genies sind wie Gewitter: sie ziehen gegen den Wind, erschrecken die Menschen, reinigen die Luft." (Au, 202; vgl. Pap II A 535). Das Kämpfen gegen Widerstände wird ihm sogar zum Kennzeichen des Genies gegenüber dem "Talent" (vgl. Pap XI^1 A 120/ Tb V, 187), deshalb komme ihm auch eine geschichtliche Bedeutung zu: "das Genie bringt das Neue". Allerdings verbindet sich durch die Betonung des Widerstandes die Bestimmung des Genialen mit der des Opfers: für die Idee zu leiden gehöre zur genialen Existenz (vgl. Pap XI^1 A 460/ Tb V, 252). Im Unterschied zum leidenden Christen ist das Leiden des Genies aber zu einem Teil durch seine Unfähigkeit bestimmt, der Aufgabe gerecht zu werden, daher ist es vom "Melancholischen" unabtrennbar: "Solcher Art ist das Geniale: eine Außerordentlichkeit und dann keine Kräfte, um sie zu tragen."

das Bestehende. "Ehe ein Mensch sich dergestalt brauchen läßt wie ich hier, muß die Lenkung ihn entsetzlich zwingen, das ist auch mit mir der Fall." (Au, 44.) Von der Schicksalsangst ist diese Haltung Kierkegaards zwar unterschieden durch das persönliche Gottesverhältnis, jedoch verlagert er die Zweideutigkeit seiner Schicksalsbejahung in Gott, der für ihn in seiner paradoxen Einheit von Allmacht und Liebe zum "Todfeind" wird (Au, 175), der das "Absterben" fordert, um geliebt zu werden. Die ganze Zwiespältigkeit seines blinden Gehorsams gegenüber dem paradox liebenden Gott zeigt sich in dem Bild vom "wohl abgerichteten Jagdhund", mit dem er sich vergleicht in einer seiner letzten Tagebucheintragungen (vgl. Pap XI^2 A 423/ Tb V, 376 f.).

Eine masochistische Lebensverneinung als Realisation christlichen Ernstes wird derart zur Konsequenz seines Lebensschicksals, das ihn dazu erzog, sich selbst, "menschlich gesprochen, unglücklich zu machen, mein Leben beschwerlich, mühevoll, verbittert" (Pap XI^1 A 277/ Tb V, 233). Er hat - vermutlich im Übermaß - jene "Dosis Lebensüberdruß" (Au, 307; vgl. Pap XI^2 A 439/ Tb V, 377 f.), die man seiner Meinung nach für das ewige Leben braucht. Das Ja zu seinem eigenen Schicksal, zu seiner leidvollen Ungleichartigkeit, das ihn "froh und dankbar" (Au, 85) zum Opfer werden läßt, ist so von einer unaufhebbaren Zweideutigkeit, wie sie wohl kein anderer besser als Kierkegaard selbst formulieren könnte:

"Ja, o Gott, wofern Du nicht Allmacht wärest, die allmächtig zwingen könnte, und wofern Du nicht Liebe wärest, die unwiderstehlich anrühren kann: Auf keine andere Bedingung hin, um keinen anderen Preis könnte es mir eine Sekunde einfallen, das Leben zu wählen, das meines ist" (Au, 85).

III.5. Die unvermeidliche Inkonsequenz des Schicksals

Das Engagement des späten Kierkegaard zeigte sich als Konsequenz einer Lebenshaltung, die einen Bogen zu seinem frühen Denken schließen läßt. Angelpunkt dieser Klammer ist auch thematisch dasjenige, was sie als Haltung begründet: die *Konsequenz*. Hatte Kierkegaard in seiner frühen Andersen-Kritik die Notwendigkeit einer Lebensanschauung gegenüber der "lyrischen Selbstvergessenheit" hervorgehoben, so greift er dieses Argument in seiner Auseinandersetzung mit dem *Corsaren* wieder auf und begreift zunehmend sein eigenes Leben als konsequent im "Dienst einer Idee" stehend, bis hin zum entschiedenen Handeln seines letzten Lebensjahres. Ihm geht es darum, zu zeigen, "daß es sich lohne, dafür zu leben: daß man folgerichtig ist bis zum äußersten" (Pap VII B 56, 244/ KAC, 138), und seine Einstellung konzentriert sich in dem Satz: "die Folgerichtigkeit ist doch die Seligkeit" (Pap VII A 109/ Tb II, 56). Die Konsequenz erweist sich somit vom späten Selbstverständnis Kierkegaards her als ein Schlüsselbegriff zur Deutung seines Gesamtwerks.[754]

---

[754] Vgl. Malantschuk (1968), 103 ff. 158 ff.

Dies soll nun der Blickwinkel sein, unter dem abschließend noch einmal die Fäden der Schicksalsthematik zusammengezogen werden. In der Lebenskonsequenz verwirklicht sich für Kierkegaard seine Vorstellung von konkreter Freiheit, sie steht durch ihre innere Gerichtetheit der ästhetischen Verflüchtigung des Freiheitssubjekts gegenüber. So heißt es in der *Krankheit zum Tode*: "Eine jede Existenz, die unter der Bestimmung Geist ist, mag sie dies gleich lediglich auf eigne Hand und Verantwortung hin sein, hat wesentlich Folgerichtigkeit in sich und Folgerichtigkeit in einem Höheren, zumindest in einer Idee. Solch ein Mensch aber scheut wiederum unendlich eine jede Folgewidrigkeit, weil er eine unendliche Vorstellung von dem hat, was daraus folgen könnte, daß er nämlich herausgerissen werden könnte aus der Ganzheit, in der er sein Leben hat." (KzT, 107). Als Gestalt geistiger Freiheit bildet die Konsequenz einen Gegenbegriff zur Schicksalsabhängigkeit, welche somit als Inkonsequenz zu begreifen wäre. Diese Deutung des Schicksals legt Vigilius Haufniensis selbst nahe, da er an einer Stelle des *Begriff Angst* sagt, daß "die Konsequenz des Schicksals gerade Inkonsequenz ist" (BA^R, 110).

Die Inkonsequenz des Schicksals liegt in seiner Zufälligkeit, in der sich die vermeintliche Notwendigkeit des Lebensweges als Schein erweist. Die Bestimmung des Schicksals als zweideutige Einheit von Zufall und Notwendigkeit war ein zentraler Gedanke der Schicksalsanalyse im *Begriff Angst*.[755] In der psychologischen Deutung des Vigilius ergab sie sich als Folge eines veräußerlichten Selbstverhältnisses (der Sinnlichkeit des unmittelbaren Geistes). Die in der Veräußerlichung gegebene Abhängigkeitserfahrung wird im Schicksalsglauben übersteigert zum Ausdruck einer grundlegenden Abhängigkeit von einer das Leben - scheinbar notwendig - bestimmenden Macht. Mit der religiös-kulturellen Ausgestaltung dieser Abhängigkeitserfahrung (Orakelkult) sucht der "heidnische" Mensch die innere Unbestimmtheit zu überwinden und gerät doch gerade dadurch immer tiefer in die Selbstentfremdung, indem er sein Leben den zufälligen Äußerlichkeiten anvertraut. Der Zufall - und nicht die gesuchte vermeintliche Sicherheit einer notwendigen Ordnung - regiert das ästhetische, sinnliche Leben. Die Inkonsequenz des zufälligen Schicksals entspricht der inneren Ungefestigtheit des Menschen, dem Fehlen einer freien Entscheidung. Der Ästhetiker A bringt dies mit den Worten zum Ausdruck: "Mit der Willkürlichkeit in einem selbst steht die Zufälligkeit außerhalb von einem in Entsprechung." (EO I, 320 f.).

In diesem Sinne wird die Zufälligkeit nicht nur im Begriff Angst, sondern im Gesamtwerk Kierkegaards als eine Bestimmung des Schicksals angesehen, die es von der ethischen Entschiedenheit des freien Menschen unterscheidet. Die Äußerlichkeit des Schicksalsverhältnisses steht bei Kierkegaard grundsätzlich der Innerlichkeit der Freiheit gegenüber, und nur im Erlangen einer konsequenten Haltung gegenüber den vielfältigen Lebensumständen und -deutungen kann die Inkonsequenz dieser Äußerlichkeit überwunden werden. Der Schicksalsglaube ist Ausdruck einer Lebensdeutung vor dem Hintergrund der prägenden Abhängigkeitserfahrung. Vigilius sieht in ihm den Versuch,

---

[755] S.o. II.4.2.

zur ungeistigen Äußerlichkeit "in ein geistiges Verhältnis" zu kommen. Diese Haltung wird von Kierkegaard in den Schriften des Ästhetikers A exemplarisch durchgeführt und durch den Psychologen Vigilius Haufniensis ausführlich analysiert. Seine Schicksalsanalyse im *Begriff Angst* unterscheidet sich durch den psychologischen Blick auf die Angst vor dem Schicksal als Gestalt einer Angst vor der Freiheit von der Bestimmung der schicksalhaften Zufälligkeit in den übrigen Werken. Doch damit tritt sie nicht in Gegensatz zu ihnen, sie führt vielmehr die Bestimmung der Äußerlichkeit des Schicksals, die sie mit ihnen teilt, zu einer größeren Tiefe. Erst durch diese Analyse gewinnen die vielfältigen Aussagen zur Schicksalsabhängigkeit in den Werken Kierkegaards ihre psychologisch-anthropologische Begründung. Die Inkonsequenz des Schicksals ist in dieser Perspektive nicht mehr bloßer Ausdruck für die Zufälligkeit, sondern wird aus der Angst vor dem Verlust der äußeren Sicherheit hergeleitet, die jeden inneren Freiheitsprozeß begleitet.

Der Hauptgedanke in Vigilius' psychologischer Kritik des Schicksalsglaubens besteht darin, sie als Projektion der inneren Unsicherheit auf das gesamte Weltverhältnis zu verstehen, so daß alle Lebenseindrücke zur ängstigenden Erfahrung einer unerklärlichen Vor-Bestimmtheit werden. Die Unsicherheit des unmittelbaren, d.h. sich nicht frei zu sich selbst und seiner Umwelt verhaltenden Menschen (des Heiden) bezeichnet Vigilius als "Angst". Sie ist ein ambivalentes Verhältnis zur Unbestimmtheit des eigenen Lebens, die sich aus der Möglichkeit der Freiheit ergibt, weil diese als Nicht-Festgelegtheit aus allen vorgegebenen Sicherheiten des natürlichen Lebensflusses herausreißt. Solange diese Möglichkeit nur als entfremdende Unsicherheit, d.h. als Angst erfahren wird, bleibt die Selbst- und Weltwahrnehmung von deren Ambivalenz geprägt. Die "Zweideutigkeit" ist die psychologische Grundkategorie des Vigilius, sie ist die Kehrseite der Offenheit als Bedingung der Möglichkeit des freien Selbstvollzugs. Das Leben des derart sich selbst fremd gegenüberstehenden unmittelbaren Menschen ist zweideutig, weil er im Ahnen der Möglichkeiten seines Lebens keine eindeutige Richtung, keine Sicherheit mehr zu finden vermag. Daraus resultieren die psychischen Kompensationsversuche zur Überdeckung der Unsicherheit, die "Projektionen" der Angst, mit denen eine neue Lebenssicherheit gefunden werden soll, die sich aber im Hinblick auf die verfehlte Selbstbestimmung nur als "Nichts" erweisen. Das ganze Leben unter der Macht eines unabänderlichen Schicksals zu sehen, ist eine solche Angstprojektion, die aufgrund der bleibenden Zweideutigkeit der zufälligen Lebensumstände den Menschen in seiner Angst vor der Unsicherheit gefangen hält, anstatt ihn zu sich selbst zu befreien. Dies ist die psychologische Kritik des Schicksalsglaubens, wie sie im *Begriff Angst* durchgeführt wird. Die Zweideutigkeit einer zufälligen Notwendigkeit ist die aus der Angst geborene Projektion einer Lebenskonsequenz, die aber nicht in sich selbst, sondern in den äußeren Bedingungen gesucht und damit in deren inkonsequenten Zufälligkeiten immer wieder verloren wird.

Grundvollzug des *ethischen* Lebens ist daher der Wille zur Lebenskonsequenz, der von Kierkegaard und seinen Pseudonymen mit unterschiedlichen Begriffen bezeichnet wird: so etwa als "Lebensanschauung" beim frühen

Kierkegaard, als "Wahl der Wahl" beim Gerichtsrat Wilhelm, als "unbedingtes Interesse an der eigenen Existenz" bei Johannes Climacus, als "Geduld" und "Entschluß" in den *Erbaulichen Reden*, als positives Selbstverhältnis der "Durchsichtigkeit" bei Anti-Climacus. Der Gegensatz von unmittelbarer Äußerlichkeit und freier Innerlichkeit bildet so einen Kerngedanken in der Verhältnisbestimmung von Schicksal und Freiheit im Gesamtwerk Kierkegaards. Dagegen ergeben sich die Unterschiede der vielschichtigen Perspektiven, insbesondere der Pseudonyme, aus der Frage nach dem Verhältnis der inneren Konsequenz zu den faktischen Bedingungen, den vorgegebenen äußeren Umständen. Wie die Freiheit der Lebenshaltung wieder in ein Verhältnis zur Zufälligkeit des eigenen Lebens kommen kann, ist die entscheidende - und die Pseudonyme unterscheidende - Frage, zu deren Beantwortung Kierkegaard in vielfältigen Variationen die Möglichkeit einer religiösen Lebenshaltung darzustellen sucht, in der die äußere Zufälligkeit durch die persönliche Gottesbeziehung als Freiheitsmöglichkeit begreifbar und lebbar werden soll. Die zufällige Wirklichkeit ist der jedem einzelnen von Gott zugeschaffene Lebensraum. An die Stelle einer äußerlichen Abhängigkeit tritt die freie Abhängigkeit des Gott-Gläubigen. Durch den Gedanken der persönlichen Vorsehung sieht Kierkegaard die Möglichkeit einer konkreten Freiheit begründet, die sich nicht in abstrakter Selbstbestimmung den Lebensumständen zu entziehen, sondern sie zu gestalten und in ihnen zu leben versucht. Die religiöse Fundierung der konkreten Freiheit soll hierbei sowohl den Rückfall in äußerliche Schicksalsabhängigkeit als auch die Hybris einer absoluten Selbstmächtigkeit autonomer Freiheit abwehren. Die Lebenskonsequenz kann nur gelingen, wenn man sich eingesteht, daß einem das eigene Leben nicht völlig in die Hand gegeben ist, sondern von bleibenden Abhängigkeiten und Undurchsichtigkeiten geprägt bleibt.

Die Integrität und Kontinuität der eigenen Existenz ist der Sinn der Lebenskonsequenz, den sie von sich aus jedoch nicht zu erreichen vermag, da das Leben immer schon von den Inkonsequenzen des Schicksals geprägt wurde. So kann die Integrität nur unter Annahme einer bleibenden Unverfügbarkeit und Zufälligkeit angestrebt werden. Wenn die Konsequenz den faktisch-zufälligen Inkonsequenzen völlig zu entfliehen versucht, entledigt sie sich immer mehr des Lebensgehaltes, dem sie doch Kontinuität verleihen will. Die Inkonsequenzen und fragmentarischen Sprünge des Lebens zu bejahen, ohne dabei in den willkürlichen Ästhetizismus eines "lebenden Aphorismas" (vgl. EO I, 234) zu verfallen, ist nach Kierkegaard nur möglich durch den Glauben an eine nicht völlig frei konstruierbare Sinnganzheit, die er durch die "Vorsehung" gegeben sieht. Nur im Vertrauen auf eine letztlich unverfügbare Integrität fügt sich das Puzzlespiel des "fragmentarischen Streben(s)" (EO I, 162) zu einer Geschichte zusammen.

Das "Geschichtliche" der persönlichen Entwicklung bezeichnete schon der frühe Kierkegaard als uns Menschen zugängliche Seite der "Vorsehung", in der die "Einheit des Metaphysischen und des Zufälligen" gründe (vgl. Pap III A 1/ Tb I, 228 f.). Das "Metaphysische" steht hierbei für die transzendente Sinnhaftigkeit in aller Zufälligkeit, für "das ewige Band des Daseins (…), ohne welches das Erscheinungshafte in lose Stücke zerfiele". Im Glauben an diese Sinneinheit bildet sich für den jungen Kierkegaard die gefestigte Lebensanschauung, in jenem "Augenblick", "in dem sich ein sonderbares Licht über das Leben hinbreitet, ohne daß man deshalb auch nur im entferntesten alle möglichen Einzelheiten verstanden haben müßte, zu deren fortschreitendem Verständnis man indes den Schlüssel besitzt" (ES, 64). Der Sinn des Lebens kann sich derart nur im Rückblick auf die schon geschehene Geschichte erschließen, jedoch mit einem Blick, der geleitet ist vom Bewußtsein noch offener Lebensperspektiven, auf die sich die Konsequenz der Lebensgestaltung richten kann. Das Zutrauen zur Ungewißheit dieser Offenheit gewinnt der Mensch im Glauben an die Vorsehung.[756] Mit seiner Betonung der Lebenskonsequenz bleibt der späte Kierkegaard somit seinen frühen Gedanken treu, einschließlich der Verbindung von retrospektiver Lebensdeutung und bleibender Ungewißheit des eigenen Schicksals.

Da die Ungewißheit ebenso wie die unaufhebbare Zufälligkeit der Lebensumstände bleibendes Korrelat der konsequenten Entschiedenheit ist und die Diskontinuität letztlich nur durch den Glauben an die Vorsehung ihrer widerständigen Sinnlosigkeit entrissen werden kann, führt der Gedanke der Lebenskonsequenz bei Kierkegaard die Aspekte des Leidens und des Gehorsams mit sich, wie sich besonders deutlich in seinem eigenen späten Wirken zeigte. Die konkreten Umstände sind nicht von sich aus kommensurabel mit der eindeutigen Richtung der konsequenten Lebenshaltung, so daß sie für den Konsequenten als Widerstände erscheinen, die sein Handeln notwendig zu einem Leiden werden lassen. Derart bezeichnet Kierkegaard die Folgerichtigkeit als "das Hemmnis" (Pap VII A 106/ Tb II, 53), welches ihn der unmittelbaren, den wechselnden Impulsen und Neigungen offenen Lebensentfaltung entfremdet. Die ethische Entschiedenheit verwirklicht sich in einem Herrschaftsverhältnis, das nicht nur im Widerstand gegen die äußeren Umstände, sondern in erster Linie gegen sich selbst, gegen die eigenen Glückserwartungen und Harmonievorstellungen besteht.

Damit diese autonome Selbstbeherrschung nicht zur Haltung des Trotzes wird, in der man nach Anti-Climacus versucht, "verzweifelt man selbst sein zu wollen" (KzT, 67), bedarf es der Rückbindung an die mir unverfügbare Faktizität als Voraussetzung souveräner Selbstgestaltung. Dies ist für Kierkegaard nur möglich durch den Glauben an einen meine Wirklichkeit mir persönlich zuweisenden Gott, da sonst der ebenso verzweifelte Umschlag in den Fatalismus unausweichlich wäre. So bestimmt auch Anti-Climacus die Fehlhaltung des Trotzes vor allem als Leugnung eines grundlegenden Abhängigkeitsverhältnisses, indem der Trotzige "das Selbst losreißt von jeder Beziehung zu einer Macht, die es gesetzt hat" (KzT, 68). Das Verhältnis zur setzenden Macht beinhaltet das Ja zur Wirklichkeit, in die hinein der Mensch sich gesetzt erfährt. Nur von ihr aus, als der realen Basis des Selbstverhältnisses, kann die Konsequenz einer Lebensentscheidung versucht werden, auch wenn diese sich in der Gegensetzung zu den faktischen Verhältnissen zu bewähren hat. Der "Gehorsam", durch den sich für Kierkegaard das Verhältnis zur eigenen Wirklichkeit als Gottesverhältnis darstellt, ist somit in

---

[756] Vgl. Buss (1970), 49.

zweifacher Hinsicht Korrelat der Lebenskonsequenz. Zum einen verbürgt es, daß die Konsequenz nicht in der Willkürlichkeit abstrakter Subjektivität gründet und somit letztlich zu ironisch-nihilistischer Haltlosigkeit zu entarten droht, zum anderen, daß der Bezugsrahmen der Selbstverwirklichung die zufällige Faktizität der Lebensumstände bleibt, die allerdings durch den Vorsehungsglauben ihre Zufälligkeit letztlich verliert. Das Gottesverhältnis führt so in die Kreisbewegung der Synthese von Unendlichkeit und Endlichkeit, von Möglichkeit und Notwendigkeit, Freiheit und Faktizität, indem es zur idealen Selbstausrichtung ermutigt und zugleich immer wieder auf die faktischen Bedingungen konkreten Selbstseins hinweist. Gerade in der religiös fundierten Lebenskonsequenz wird derart die Ausrichtung auf die zufällig-inkonsequente Wirklichkeit zum Ausdruck des Gottesverhältnisses. Da sich dadurch der Glaube selbst immer wieder aus den endlichen Bedingungen herausreflektieren muß und niemals in abstrakter Gewißheit besessen werden kann, bleibt gerade die religiöse Lebenskonsequenz von jener Ambivalenz gekennzeichnet, wie wir sie beim späten Kierkegaard feststellen konnten. Zwischen der untergründigen Schicksalsabhängigkeit der scheinbaren Selbstmächtigkeit - exemplarisch vorgeführt an der genialen Existenz[757] -, die aus der Angst vor der Ungewißheit der selbstverantworteten Zukunft sich an die zufälligen Sicherheiten der Umstände zu halten sucht, und der gehorsamen Bindung an den aus den Umständen (und gegen sie) aufscheinenden Auftrag Gottes liegt eine Grenze, die selbst nur wieder in einem Glaubensakt wahrnehmbar ist.

So bleibt auch das Leben des christlich in Gott gegründeten Menschen von jener grundlegenden Tragik behaftet, die sich zwischen der idealen Ausrichtung der Konsequenz und der Inkonsequenz der Lebensumstände notwendig vollzieht. Das Leiden an dieser Tragik der Unverfügbarkeit ist für Kierkegaard von seinen frühen Schriften bis hin zum späten Wirken bleibendes Kennzeichen entschiedenen Lebens, nur daß sich die Ebene des tragischen Konfliktes mit fortschreitender existentiell-religiöser Vertiefung verschoben hat. Im *Begriff der Ironie* sprach Kierkegaard noch von der tragischen Geschichtlichkeit, die sich an den unzeitgemäßen Individuen offenbare.[758] Durch den übergreifenden und vom einzelnen in seiner Entscheidung nicht einholbaren Geschichtsprozeß, in welchem auch die eigene Zukunft sich der Verfügung letztlich entzieht, werden jene Menschen, die sich dem Neuen zuwenden und somit durch ihr eigenes Leben den Geschichtsprozeß vorantreiben, zum Opfer zwischen den Ansprüchen des Bestehenden und den Ahnungen der zukünftigen Möglichkeiten. Dieser Konflikt prägt auch noch den Angriff des späten Kierkegaard gegen die bestehenden Verhältnisse, nur daß nicht mehr der anonyme, schicksalhafte Geschichtsprozeß, sondern der Gottesgehorsam zum Grund des leidenden Handelns wird. Wie wir gesehen haben, verlagert Kierkegaard die Tragik in sein Gottesbild, das geprägt ist von der paradoxen Einheit einer zwingenden Allmacht und einer freilassenden Liebe. Die glaubende Antwort auf dieses Paradox ist der freiwillige

---

[757] S.o. II.4.7.
[758] S.o. III.1.2.2.

Gehorsams als selbst paradoxe Ausdrucksform intensiver Freiheit. Die Frage nach der Legitimation einer tragischen Dimension des christlichen Glaubens ist bei Kierkegaard durch die Reflexionen der Pseudonyme über das Verhältnis von tragischer und religiöser Leidenschaft vorbereitet worden. Insbesondere Climacus' Begriff des Leidens als "wesentliche(r) Ausdruck des existentiellen Pathos" (UN II, 138), mit welchem der Zwiespalt zwischen ethischer Entschiedenheit und Uneinholbarkeit der ständig werdenden Existenz zur Grundbefindlichkeit der Selbstverwirklichung erklärt wird[759], bildet den Reflexionshintergrund für das gläubige Ja zur leidenden Konsequenz des Gottesgehorsams. Der Glaube kann die Unausweichlichkeit dieser Tragik nicht aufheben, und doch befreit er aus den Fesselungen des tragischen Selbst- und Weltverständnisses, weil er das Ja zur Wirklichkeit nicht als resignativen Akt, sondern als Vertrauen auf die unendlichen Möglichkeiten Gottes lebbar macht. Durch den Vorsehungsglauben ist die Tragik der Lebenswirklichkeit mit der Verheißung zukünftiger, eschatologischer Identität verbunden. In diesem Spannungsbogen entwickelt sich aus dem Vertrauen die Möglichkeit der Freiheit, auch angesichts der Angst sowohl vor den Bindungen der Faktizität als auch vor der Haltlosigkeit der Zukunft. Nur in dieser gehorsamen Freiheit kann sich nach Kierkegaard die Konsequenz in der Inkonsequenz des Lebens vollziehen, ohne an der eigenen Tragik zu zerbrechen.

Freiwilligkeit und Gehorsam sind derart für den späten Kierkegaard die beiden korrelierenden Aspekte der Lebenskonsequenz, die sie sowohl von der abstrakten Wirklichkeitsverleugnung des Trotzes als auch vom blinden Fatalismus unterscheidet. Diese Haltung findet in seinen Werken an mehreren Stellen seinen Ausdruck in der Formel: Der wahre *Autodidakt* ist zugleich *Theodidakt* (vgl. BA[R], 179). Von der Schicksalsthematik her gesehen bedeutet dieses Konzept, daß nur in der Offenheit für die Vorsehung Gottes jene innere Freiheit zur Selbstwerdung erlangt werden kann, die von der Schicksalsabhängigkeit befreit und zur konsequenten Gestaltung des eigenen, in Zufälle verstrickten Lebens befähigt.

Die Betonung des leidenden Gehorsams - insbesondere im Spätwerk Kierkegaards - läßt allerdings die Lebenskonsequenz als eine rigoristische Haltung erscheinen, die sich nur im Widerstand gegen die äußeren Umstände, nicht aber in spielerischer Freiheit verwirklichen läßt. Es ist zu fragen, ob hiermit nicht jene ästhetische Freiheitsidee der Lebenspoesie in der religiösen Fundierung der Selbstidentität unerfüllt bleibt. Muß nicht der spielerische Umgang mit den zufälligen Lebensumständen auch ein Kennzeichen religiös begründeter Freiheit des Geistes sein, wenn diese wirklich zur Integrität des eigenen Selbst führen soll? Kierkegaards Rede von der "neuen Unmittelbarkeit"[760] des Glaubenden legt den Gedanken nahe, daß sich in der religiösen auch die ästhetische Freiheit erfüllen läßt, wenn auch nicht im Sinne unmittelbar ästhetischer Glücksvorstellungen.

---

[759] S.o. III.2.5.2.4.
[760] Vgl. Pap X[6] B 78/ Tb V, 387; Pap VIII A 649/ Tb II, 230; StLW, 513 f.

Für die Frage nach der bleibenden ästhetischen Dimension konkreter Freiheit ist es bedeutsam, daß Kierkegaard den Selbstwerdungsprozeß häufig in ästhetischen Kategorien zu beschreiben versucht, insbesondere in der seinem eigenen Leben so gemäßen Metaphorik dichterischen Schaffens. In dieser "skripturalen Interpretation der Existenz"[761] findet seine kritische Anlehnung an die romantische Idee der Lebenspoesie ihren Ausdruck. So formuliert er die Selbstwerdung als die ästhetische Aufgabe, sein Leben in ein "künstlerisches Ganzes zu verwandeln" (Pap V B 53, 28/ BA, 253), ein "existierendes Kunstwerk" zu werden (UN II, 4).[762] Doch entgegen der romantischen Freiheit poetischer Selbsterschaffung verwirklicht sich nach Kierkegaard die wahre Lebenspoesie nur in Einheit mit dem Lebensernst, der die realen Schwierigkeiten und Begrenzheiten nicht flieht, sondern als sein poetisches Material akzeptiert. Dazu bedarf es, um sich nicht im Mannigfaltigen des ästhetischen Scheins zu verlieren, einer "Lebensanschauung", einer idealen Ausrichtung in ethischer Konsequenz. Die Ausbildung dieser inneren Freiheit ist das Autodidaktische, mit dem sich der Lebenspoet über die Zufälligkeiten des Lebens, die Schicksalsumstände erhebt, ohne sie zu leugnen. Da er, entgegen dem frühromantischen Idealbild, nicht als völlig autonomer Dichter erscheint, ist der angemessene Ausdruck für diese konsequente Haltung: ein "verantwortlicher Redakteur" (EO II, 277) seines eigenen Lebens zu werden. Hierin unterscheidet sich die Haltung des Ethikers vom "Schicksalspielen" (EO II, 13) des Ästhetikers. Mit dem "Schicksalspielen" kritisiert der Gerichtsrat, wie schon Kierkegaard in seiner Magisterarbeit, jene reflektierte Ironie der Frühromantik, die die Potenzierung des Subjekts zum Dichter des eigenen Lebens zur ästhetischen Idealvorstellung macht. Er sieht hierin ein Mißverständnis der Absolutheit des Subjekts, das nicht die faktische Bedingtheit anerkennen will, das statt zu wählen, sich selbst erschaffen will (vgl. EO II, 12). Der Ästhetiker verbleibt in der vermeintlichen Autonomie ironisch-reflektierter Distanz zu den Lebensumständen und verfällt ihnen gerade deshalb immer wieder. Beim Versuch, Schicksal zu spielen, wird er selbst zum Spielball des Schicksals; sein Traum, "Fangball zu spielen mit dem ganzen Dasein" (EO I, 313), kann sich nicht erfüllen, solange er nur Selbstgeworfenes zu fangen versucht.[763]

---

[761] Kinter (1991), 32.
[762] "Existieren ist eine Kunst. Der subjektive Denker ist ästhetisch genug, damit sein Leben ästhetischen Inhalt bekommt, ethisch genug, um es zu regulieren, und dialektisch genug, um es denkend zu beherrschen." (UN II, 55).
[763] Wie eine Antwort auf die Lebenshaltung des Ästhetikers klingen folgende Zeilen aus einem Gedicht Rilkes:
"Solang du Selbstgeworfnes fängst, ist alles
Geschicklichkeit und läßlicher Gewinn -;
erst wenn du plötzlich Fänger wirst des Balles,
den eine ewige Mit-Spielerin/ dir zuwarf, deiner Mitte, in genau
gekonntem Schwung, in einem jener Bögen
aus Gottes großem Brücken-Bau:
erst dann ist Fangen-Können ein Vermögen, -
nicht deines, einer Welt (...)".

Die ironische Freiheit ist eine von Kierkegaard vielfach reflektierte Lebenshaltung - von der Magisterarbeit bis hin zu den pseudonymen Gestalten Frater Taciturnus und Johannes Climacus. Nur in einem pathetischen Sich-Einlassen auf die Vorgegebenheiten des eigenen Lebens wird die innere Freiheit des Autodidakten zur *konkreten* Lebenspoesie. Taciturnus und Climacus reflektieren beide die Möglichkeit solch pathetischen Lebenseinsatzes, dem sie selbst sich freilich entziehen. Das Pathos des unbedingten Interesses an der eigenen, immer schon vorgeprägten und im ständigen Fluß des Werdens sich befindenden Existenz begründet die tragisch-religiöse Tiefendimension, in der der Mensch in bleibender Ungewißheit zum Wagnis seiner selbst den Mut erlangt. Diesen Mut - entgegen der Angst vor der Freiheit und der Flucht in die Schicksalsgläubigkeit - gilt es nach Kierkegaard in einem vorgängigen Vertrauen darauf zu empfangen, daß das eigene Leben immer schon von der absoluten Freiheit Gottes gewollt ist. Darin liegt das Theodidaktische des ethischen Lebenskünstlers. In diesem Vertrauen kann er das Ja zur konkreten Zufälligkeit wagen. Die religiöse Umformulierung romantischer Lebenspoesie lautet somit: "sich zugleich als dichtend und gedichtet" (EO II, 146) zu erfahren. Der Lebenskünstler im wahren, ethisch konsequenten Sinne ist gerade nicht mehr der Schicksalspielende, sondern der sich dem Geheimnis des Unverfügbaren Anvertrauende, der in diesem Geheimnis die neue Fülle seiner Möglichkeiten zu entdecken und zu leben vermag. In diesem Sinne bestimmt Kierkegaard die Schicksalserfahrung als ästhetischen Vorschein jener religiösen Abhängigkeitserfahrung, die uns die Geheimnishaftigkeit des Lebens bewahrt, die mit dem autonomen Versuch, "seines eigenen Schicksals Herr" (Pap VIII A 525/ Tb II, 203) sein zu wollen, verloren zu gehen droht. Zwar besteht der erste Schritt zur Selbstwerdung in der Befreiung von der äußerlichen Abhängigkeit, doch kann dies nach Kierkegaard nur geschehen, indem sich die Freiheit zugleich eine bleibende Abhängigkeit eingesteht und Gott als eigentliche Macht ihres Lebens anerkennt. Die in der Schicksalserfahrung sich erschließende "*Unvermeidlichkeit des Unverfügbaren*"[764] muß akzeptiert werden, damit in der eigenen Zufälligkeit der Spielraum der Freiheit gesehen werden kann, und Gottes Vorsehung ist für Kierkegaard der Grund für das gelingende Zusammenspiel von Konsequenz und Zufälligkeit. Allein die Haltung der Dankbarkeit bewahrt die Lebenskonsequenz vor jener hybriden Selbstsicherheit, die nach Kierkegaard nur zurück in die Schicksalsabhängigkeit führt, weil sich die letzte Unverfügbarkeit des Lebens nicht verleugnen läßt.

---

[764] Marquard (1981), 67.

LITERATURVERZEICHNIS

A. Werke Kierkegaards

Samlede Værker, 3. udgave, udg. af A.B. Drachmann o.a., København 1962-64.

Papirer, udg. af P.A. Heiberg o.a., 2., forøgede udgave ved N. Thulstrup, København 1968 ff.

Gesammelte Werke, übers. v. E. Hirsch u.a., Gütersloh 1979 ff.

Die Tagebücher, übers. v. H. Gerdes, 5 Bde, Düsseldorf/Köln 1962 ff.

Der Begriff Angst, übers. v. H. Rochol, Hamburg 1984.

Zur Zitationsweise:

Der Begriff Angst wird zumeist nach der Übersetzung v. H. Rochol zitiert mit der Sigel: **BA^R**.

Die Werke (bzw. Abteilungen) der Hirsch-Ausgabe werden mit folgenden Sigeln zitiert:

EO:	*Entweder/Oder* (1./2. Abteilung).
ER (1843):	*Zwei Erbauliche Reden 1843* (3. Abteilung).
FuZ:	*Furcht und Zittern* (4. Abteilung).
W:	*Die Wiederholung* (5. Abteilung)
ER (1843)^W:	*Drei Erbauliche Reden 1843* (6. Abteilung).
ER (1843/44):	*Erbauliche Reden 1844/45* (7./8./9. Abteilung).
PhB:	*Philosophische Brocken oder ein Bröckchen Philosophie* (10. Abteilung).
BA:	*Der Begriff Angst* (11. Abteilung).
ER (1844/45):	*Erbauliche Reden 1844/45* (13./14. Abteilung).
StLW:	*Stadien auf des Lebens Weg* (15. Abteilung).
UN:	*Abschließende unwissenschaftliche Nachschrift zu den Philosophischen Brocken* (16. Abteilung).
LA:	*Eine literarische Anzeige* (17. Abteilung).
ER (1847):	*Erbauliche Reden in verschiedenem Geist 1847* (18. Abteilung).
LT:	*Der Liebe Tun* (19. Abteilung).
CR (1848):	*Christliche Reden 1848* (20. Abteilung).

KS:	*Kleine Schriften 1848/49* (21./22./23. Abteilung).
KzT:	*Die Krankheit zumTode* (24. Abteilung).
EC:	*Einübung im Christentum* (26. Abteilung).
ES:	*Erstlingsschriften* (30. Abteilung).
BI:	*Über den Begriff der Ironie mit ständiger Rücksicht auf Sokrates*(31. Abteilung).
KAC:	*Kleine Aufsätze 1842-51. Der Corsarenstreit* (32. Abteilung).
SüS:	*Die Schriften über sich selbst* (33. Abteilung).
Au:	*Der Augenblick* (34. Abteilung).
BüA:	*Das Buch über Adler* (36. Abteilung).

Die *Papirer* werden zitiert mit der Sigel **Pap** unter Angabe der Band- u. Archivnummer, bei längeren Einträgen zusätzlich mit Seitenzahl; falls vorhanden wird die entsprechende Stelle in der deutschen Tagebuchausgabe mit der Sigel **Tb** unter Angabe von Band- und Seitenzahl (oder eine Belegstelle in den *Gesammelten Werken*) angefügt, z.B.: (Pap VIII A 525/ Tb II, 203).

B. Bibliographien, Hilfsmittel, Reihen

Bibliotheca Kierkegaardiana, ed. by N. a. M.M. Thulsstrup, Copenhagen 1978 ff.

Himmelstrup, Jens: Søren Kierkegaard: International Bibliografi, København 1962.

Jørgensen, Aage: Søren Kierkegaard-litteratur 1961-1970. En foreløbig bibliografi, Aarhus 1971.

Jørgensen, Aage: Søren Kierkegaard-litteratur 1971-1980. En bibliografi, Aarhus 1983.

Kierkegaardiana. Udg. af Søren Kierkegaard Selskabet, København 1955-1980 ved N. Thulstrup, 1982 ff. ved H. Hultberg/ N.J. Cappelørn/ P. Lübcke.

Lapointe, François: Søren Kierkegaard and his critics. An International Bibliography of Criticism. Westport (Connecticut)/ London 1980.

McKinnon, Alastair: The Kierkegaard-Indices, 4 Bde, Leiden 1970 ff.

C. Sonstige Literatur

Adorno, Theodor W.: Kierkegaard. Konstruktion des Ästhetischen, Frankfurt/M. 1974.

Anderson, Raymond E.: Kierkegaards Theorie der Mitteilung, in: Theunissen/Greve (1979), 437-460.

Angehrn, Emil: Freiheit und System bei Hegel, Berlin/New York 1977.

Anz, Wilhelm: Kierkegaard und der Deutsche Idealismus, Tübingen 1956.

Anz, Wilhelm: Selbstbewußtsein und Selbst. Zur Idealismuskritik Kierkegaards, in: Text und Kontext 7 (1980), 47-61.

Anz, Wilhelm: Schleiermacher und Kierkegaard. Übereinstimmung und Differenz, in: Text und Kontext 22 (1986), 140-162.

Behler, Ernst: Klassische Ironie Romantische Ironie Tragische Ironie. Zum Ursprung dieser Begriffe, Darmstadt 1972.

Behler, Ernst: Studien zur Romantik und zur idealistischen Philosophie, Paderborn/München/Wien/Zürich 1988.

Bejerholm, Lars: "Meddelelsens Dialektik". Studier i Søren Kierkegaards teorier om språk, kommunikation och pseudonymitet. With a summary in English, Copenhagen 1962.

Best, Steven/ Kellner, Douglas: Modernity, Mass Society, and the Media: Reflections on the Corsair Affair, in: Perkins (1990), 23-61.

Blaß, Josef Leonhard: Die Krise der Freiheit im Denken Sören Kierkegaards. Untersuchungen zur Konstitution der Subjektivität, Ratingen 1968.

Bormann, Claus von: Kierkegaard und Lessing, in: Text und Kontext 7 (1980), 9-46.

Buss, Hinrich: Kierkegaards Angriff auf die bestehende Christenheit, Hamburg 1970.

Cattepoel, Jan: Dämonie und Gesellschaft. Søren Kierkegaard als Sozialkritiker und Kommunikationstheoretiker, Freiburg/München 1991.

Cappelørn, Niels Jørgen: Kierkegaards eigener "Gesichtspunkt": "Vorwärts zu leben, aber rückwärts zu verstehen", in: Neue Zeitschrift für Systematische Theologie und Religionsphilosophie 17 (1975), 61-75.

Deiss, Erika: Entweder-Oder? oder: Kierkegaards Rache. Einladung an die Verächter des Ästhetischen sich fortzubilden oder fortzumachen, Diss. Heidelberg 1984.

Deuser, Hermann: Sören Kierkegaard. Die paradoxe Dialektik des politischen Christen, München 1974.

Deuser, Hermann: Dialektische Theologie. Studien zu Adornos Metaphysik und zum Spätwerk Kierkegaards, München 1980.

Deuser, Hermann: Kierkegaard. Die Philosophie des religiösen Schriftstellers, Darmstadt 1985. (a).

Deuser, Hermann: Die Frage nach dem Glück in Kierkegaards Stadienlehre (Ästhetik, Ethik, Religion), in: P. Engelhardt (Hg.): Glück und geglücktes Leben, Mainz 1985. (b).

Deuser, Hermann: "In Kraft des Absurden". Die Verborgenheit des Glaubens bei Sören Kierkegaard, in: A. Halder (Hg.): Auf der Suche nach dem verborgenen Gott: zur theologischen Relevanz neuzeitlichen Denkens, Düsseldorf 1987.

Diem, Hermann: Die Existenzdialektik von Sören Kierkegaard, Zollikon/Zürich 1950.

Dietz, Walter R.: Sören Kierkegaard. Existenz und Freiheit, Frankfurt/M. 1993.

Disse, Jörg: Kierkegaards Phänomenologie der Freiheitserfahrung, Freiburg/München 1991.

Drewermann, Eugen: Strukturen des Bösen. Die jahwistische Urgeschichte in exegetischer, psychoanalytischer und philosophischer Sicht. Teil III: Die jahwistische Urgeschichte in philosophischer Sicht, München/Paderborn/Wien 1978.

Drüe, Hermann: Psychologie aus dem Begriff. Hegels Persönlichkeitstheorie, Berlin/New York 1976.

Duncan, Elmer H.: Kierkegaards teleologische Suspension des Ethischen. Eine Studie über Ausnahmefälle, in: Theunissen/Greve (1979), 262-279.

Eisenstein, Michael: Selbstverwirklichung und Existenz - ethische Perspektiven pastoralpsychologischer Beratung unter besonderer Berücksichtigung S. Kierkegaards, St. Ottilien 1986.

Fabro, Cornelio: Kierkegaards Kritik am Idealismus: Die metaphysische Begründung der Wahlfreiheit, in: J. de Vries/ W. Brugger (Hg.), Der Mensch vor dem Anspruch der Wahrheit und Freiheit, Festgabe für J.B. Lotz, Frankfurt/M. 1973, 151-180.

Fahrenbach, Helmut: Die gegenwärtige Kierkegaard-Auslegung in der deutschsprachigen Literatur von 1948-1962, in: Phil. Rundschau Beiheft 3 (1962).

Fahrenbach, Helmut: Kierkegaards existenzdialektische Ethik, Frankfurt/M. 1968.

Fahrenbach, Helmut: Kierkegaards ethische Existenzanalyse (als "Korrektiv" der Kantisch-idealistischen Moralphilosophie), in: Theunissen/Greve (1979), 216-240.

Fetscher, Iring: Hegels Lehre vom Menschen, Stuttgart 1970.

Fichte, Johann Gottlieb: Gesamtausgabe der Bayrischen Akademie der Wissenschaften, hg. v. R. Lauth u.a., Stuttgart-Bad Cannstatt 1962 ff.

Figal, Günter: Schellings und Kierkegaards Freiheitsbegriff, in: Text und Kontext 7 (1980), 112-127.

Figal, Günter: Die Freiheit der Verzweiflung und die Freiheit im Glauben. Zu Kierkegaards Konzeption des Selbstseins in der "Krankheit zum Tode", in: Kierkegaardiana XIII (1984), 11-23.

Fonk, Peter: Zwischen Sünde und Erlösung. Entstehung und Entwicklung einer christlichen Anthropologie bei Søren Kierkegaard, Kevelaer 1990.

Garelick, Herbert: Gegenvernunft und Übervernunft in Kierkegaards Paradox, in: Theunissen/Greve (1979), 369-384.

Giesz, Ludwig: "Schwindel der Freiheit", in: Studium Generale XVI (1961), 509-520.

Glenn, John D., Jr.: Kierkegaard on the Unity of Comedy and Tragedy, in: Tulane Studies in Philosophy 19 (1970), 41-53.

Grøn, Arne: Das Transzendenzproblem bei Kierkegaard und beim späten Schelling, in: Text und Kontext 7 (1980), 128-148.

Greve, Wilfried: Kierkegaards maieutische Ethik, Frankfurt/M. 1990.

Guarda, Victor: Die Wiederholung. Analysen zur Grundstruktur menschlicher Existenz im Verständnis Sören Kierkegaards, Königsstein/Ts. 1980.

Guardini, Romano: Freiheit Gnade Schicksal, München 1948.

Guardini, Romano: Der Ausgangspunkt der Denkbewegung Sören Kierkegaards, in: Schrey (1971), 52-80.

Hauschildt, Friedrich: Die Ethik Søren Kierkegaards, Gütersloh 1982.

Hegel, Georg Wilhelm Friedrich: Werke in 20 Bänden, hg. v. E. Moldenhauer/ K.M. Michel (Suhrkamp Werkausgabe), Frankfurt/M. 1986.

Heimbüchel, Bernd: Verzweiflung als Grundphänomen der menschlichen Existenz. Kierkegaards Analyse der existierenden Subjektivität, Frankfurt/Berlin/New York 1983.

Heinel, Norbert: Der Begriff der Wiederholung bei Sören Kierkegaard, Phil. Diss. Wien 1975.

Hennigfeld, Jochem: Die Wesensbestimmung des Menschen in Kierkegaards "Der Begriff Angst"., in: Philosophisches Jahrbuch 94 (1987), 269-284.

Henrich, Dieter: Hegel im Kontext, Frankfurt/M. 1967.

Henrich, Dieter (Hg.): Hegels philosophische Psychologie. Hegel-Tage Santa Margherita 1973 (Hegel Studien/ Beiheft 19), Bonn 1979.

Hirsch, Emanuel: Kierkegaard-Studien, Gütersloh 1930 ff.

Hofe, Gerhard vom: Die Romantikkritik Sören Kierkegaards, Frankfurt/M. 1972.

Holl, Jann: Kierkegaards Konzeption des Selbst. Eine Untersuchung über die Voraussetzungen und Formen seines Denkens, Meisenheim 1972.

Holl, Jann: Historische und systematische Untersuchungen zum Bedingungsverhältnis von Freiheit und Verantwortlichkeit, Meisenheim 1980.

Holler, Clyde Charles, III: Kierkegaard's Concept of Tragedy in the Context of his pseudonymous Works, Phil. Diss. Boston 1981.

Holm, Kjeld/ Jacobsen, Malthe/ Troelsen, Barne: Søren Kierkegaard og romantikerne, København 1974.

Hopland, Karstein: Virkelighet og Bevissthet. En studie i Søren Kierkegaards Antropologi, Diss. Bergen 1981.

Hügli, Anton: Die Erkenntnis der Subjektivität und die Objektivität des Erkennens bei Søren Kierkegaard, Zürich 1973.

Hügli, Anton: Kierkegaard und der Kommunismus, in: Theunissen/Greve (1979), 511-538.

Janke, Wolfgang: Historische Dialektik, Berlin/New York 1977.

Jansen, Nerina: The Individual versus the Public: A Key to Kierkegaard's Views of the Daily Press, in: Perkins (1990), 1-21.

Janßen, Hans-Gerd: Gott-Freiheit-Leid. Das Theodizeeproblem in der Philosophie der Neuzeit, Darmstadt 1989.

Johansen, Karsten Friis: Kierkegaard on 'The Tragic', in: Danish Yearbook of Philosophy 13 (1976), 105-146.

Kant, Immanuel: Werke in zehn Bänden, hg. v. W. Weischedel, Darmstadt 1975.

Kim, Madeleine: Der Einzelne und das Allgemeine. Zur Selbstverwirklichung des Menschen bei Sören Kierkegaard, Wien/München 1980.

Kinter, Achim: Rezeption und Existenz. Untersuchungen zu Sören Kierkegaards "Entweder-Oder", Frankfurt/Bern/New York/Paris 1991.

Kirmmse, Bruce Herbert: Kierkegaard's Politics. The Social Thought of Søren Kierkegaard in its Historical Context, Diss. Berkeley 1977.

Kloeden, Wolfdietrich von: Søren Kierkegaard und J.G. Fichte, in: Bibliotheca Kierkegaardiana 4 (1979), 114-143.

Kloeden, Wolfdietrich von: Sokrates, in: Bibliotheca Kierkegaardiana 14 (1985), 104-181.

Koch, Traugott: Die Angst und das Selbst- und Gottesverhältnis. Überlegungen im Anschluß an Kierkegaards "Der Begriff Angst", in: Vernunft des Glaubens. Festschrift für W. Pannenberg, Göttingen 1988, 176-195.

Kodalle, Klaus-M.: Hegels Geschichtsphilosophie - erörtert aus der Perspektive Kierkegaards, in: Neue Zeitschrift für Systematische Theologie und Religionsphilosophie 24 (1982), 277-294.

Kodalle, Klaus-M.: Die Eroberung des Nutzlosen. Kritik des Wunschdenkens und der Zweckrationalität im Anschluß an Kierkegaard, Paderborn/München/Wien/Zürich 1988.

Konrad, Joachim: Schicksal und Gott. Untersuchungen zur Philosophie und Theologie der Schicksalserfahrung, Gütersloh 1947.

Kranz, M.: Artikel "Schicksal", in: Historisches Wörterbuch der Philosophie, Bd. 8, Darmstadt 1992, 1275-1289.

Kraus, Hildegard: Verzweiflung und Selbstsein, in: Kierkegaardiana XIII (1984), 38-49.

Kühnhold, Christa: Der Begriff des Sprunges und der Weg des Sprachdenkens. Eine Einführung in Kierkegaard, Berlin/New York 1975.

Larsen, K. Olesen: Zur Frage des Paradoxbegriffs in "Philosophische Brocken" und "Abschließende Unwissenschaftliche Nachschrift", in: Orbis Litterarum 10 (1955), 130-147.

Lessing, Gotthold Ephraim: Werke, hg. v. K. Wölfel, Frankfurt/M. 1967.

Leuze, Reinhard: Die außerchristlichen Religionen bei Hegel, Göttingen 1975.

Liessmann, Konrad P.: Ästhetik der Verführung. Kierkegaards Konstruktion der Erotik aus dem Geiste der Kunst, Frankfurt/M. 1991.

Löwith, Karl: Die Ausführung von Hegels Lehre vom subjektiven Geist durch Karl Rosenkranz, in: Henrich (1979), 227-234.

Löwith, Karl: Von Hegel zu Nietzsche, Sämtliche Schriften Bd. 4, Stuttgart 1988.

Lübcke, Poul: Kierkegaards Zeitverständnis in seinem Verhältnis zu Hegel, in: Text und Kontext 7 (1980), 84-111.

Lübcke, Poul: Modalität und Zeit bei Kierkegaard und Heidegger, in: Text und Kontext 15 (1983), 114-134.

Lübcke, Poul: Selvets ontologi hos Kierkegaard, in: Kierkegaardiana XIII (1984), 50-62.

Lukács, Georg: Die Zerstörung der Vernunft, Werke Band 9, Neuwied/Berlin 1962.

Lønning, Per: Kierkegaard's "Paradox", in: Orbis Litterarum 10 (1955), 156-165.

Marquard, Odo: Abschied vom Prinzipiellen, Stuttgart 1981.

Marquard, Odo: Apologie des Zufälligen, Stuttgart 1986.

Martensen, Hans: Grundrids til Moralphilosophiens System. Udgivet til Brug ved academiske Forelæsninger, Kjøbenhavn 1841 (deutsch: Kiel 1845).

Malantschuk, Gregor: Dialektik og Eksistens hos Søren Kierkegaard, København 1968.

Malantschuk, Gregor: Frihedens Problem i Kierkegaards Begrebet Angest. Mit einer deutschen Zusammenfassung, København 1971.

Malantschuk, Gregor: Fra Individ til den Enkelte. Problemer omkring Friheden og det etiske hos Søren Kierkegaard, København 1978.

Malantschuk, Gregor: Frihed og Eksistens. Studier i Søren Kierkegaards tænknig, Udg. af N.J. Cappelørn og P. Müller, København 1980. (a).

Malantschuk, Gregor: Søren Kierkegaard's "Frygt og Bæven". Indledning og Gennemgang, København 1980. (b).

May, Rollo: Freiheit und Schicksal. Anatomie eines Widerspruchs, übers. v. Th.M. Höpfner, Stuttgart 1983.

Marcuse, Ludwig: Sören Kierkegaard und die Überwindung des romantischen Menschen, in: Die Dioskuren II (1923), 194-237.

McCarthy, Vincent A.: The phenomenology of moods in Kierkegaard, The Hague/Boston, 1978.

McCarthy, Vincent A.: Schelling and Kierkegaard on Freedom and Fall, in: Perkins (1985), 89-109.

McKinnon, Alastair: The Conquest of Fate in Kierkegaard, in: Cirpho Review (Montreal) I (1973), 47-58.

Mesnard, Pierre: La catégorie du Tragique est-elle absente de l'oeuvre et de la pensée de Kierkegaard?, in: Orbis litterarum 10 (1955), 178-190.

Müller, Hans-Peter: Welt als 'Wiederholung'. Sören Kierkegaards Novelle als Beitrag zur Hiob-Interpretation, in: Werden und Wirken des Alten Testamentes. Festschrift für Claus Westermann, Göttingen/Neukirchen-Vluyn 1980, 355-372.

Mullen, John D.: The german romantic Background of Kierkegaard's Psychology, in: Southern Journal of Philosophy XVI (1978), 649-660.

Nietzsche, Friedrich: Werke, hg. v. K. Schlechta, München [6]1969.

Nordentoft, Kresten: Kierkegaards Psykologi. With a summary in English, København 1972.

Nordentoft, Kresten: "Hvad siger Brand-Majoren?". Kierkegaards opgør med sin samtid, København 1973.

Nordentoft, Kresten: Søren Kierkegaard. Bidrag til kritikken af den borgerlige selvoptagethed, København 1977.

Ostenfeld, Ib: Om Angst-Begrebet i Søren Kierkegaard: Begrebet Angst. En psykologisk Detailstudie, København 1933.

Ostenfeld, Ib: Søren Kierkegaard's Psychology, transl. by A. McKinnon, Waterloo (Ontario) 1978.

Paulsen, Anna: Kierkegaard in seinem Verhältnis zur deutschen Romantik. Einfluß und Überwindung, in: Kierkegaardiana III (1959), 38-47.

Paulsen, Anna: Das Verhältnis des Erbaulichen zum Christlichen, in: Kierkegaardiana VI (1966), 97-106.

Pedersen, Jørgen: Conception of Freedom. Principal Perspectives, in: Bibliotheca Kierkegaardiana 16 (1988), 26-62.

Perkins, Robert L. (Ed.): Kierkegaard's "Fear and Trembling": Critical Appraisals, Alabama 1981.

Perkins, Robert L. (Ed.): International Kierkegaard Commentary: The Concept of Anxiety, Macon (Georgia) 1985.

Perkins, Robert L. (Ed.): International Kierkegaard Commentary: The Corsar Affair, Macon (Georgia) 1990.

Pieper, Annemarie: Geschichte und Ewigkeit bei Sören Kierkegaard. Das Leitproblem der pseudonymen Schriften, Meisenheim 1968.

Pieper, Annemarie: Die Bedeutung des Begriffs "Existenzkategorie" im Denken Kierkegaards, in: Zeitschrift f. phil. Forschung 25 (1971), 187-201.

Pieper, Annemarie: Die Wahl der Freiheit als die Freiheit der Wahl. Überlegungen zu Sören Kierkegaards Modell der ethischen Wahl im Anschluß an Hermann Krings' Freihheitsbegriff, in: H.M. Baumgartner (Hg.), Prinzip Freiheit. Eine Auseinandersetzung um Chancen und Grenzen transzendentalphilosophischen Denkens. Zum 65. Geburtstag v. H. Krings, Freiburg/München 1979, 75-96.

Pleines, Jürgen Eckardt: Studien zur Ethik, Hildesheim/Zürich/New York 1992.

Pöggeler, Otto: Hegels Idee einer Phänomenologie des Geistes, Freiburg/München 1973.

Pojman, Louis Paul: The Dialectic of Freedom in the Thought of Søren Kierkegaard, Diss. New York 1972.

Reimer, Louis: Die Wiederholung als Problem der Erlösung bei Kierkegaard, in: Theunissen/Greve (1979), 302-346.

Ricoeur, Paul: Philosophieren nach Kierkegaard, in: Theunissen/Greve (1979), 579-596.

Ringleben, Joachim: Hegels Theorie der Sünde. Die subjektivitäts-logische Konstruktion eines theologischen Begriffs, Berlin/New York 1976.

Ringleben, Joachim: Aneignung. Die spekulative Theologie Søren Kierkegaards, Berlin/New York 1983.

Ritter, Joachim: Artikel "Genie, III.", in: Historisches Wörterbuch der Philosophie, Bd. 3, Basel 1974, 285-309.

Rochol, Hans: Einleitung und Kommentar zu "Der Begriff Angst", übers. v. H. Rochol, Hamburg 1984.

Rosenkranz, Karl: Psychologie oder die Wissenschaft vom subjektiven Geist, Königsberg 1837 (zitiert nach der 2. Aufl. Königsberg 1843).

Ruhnau, J.: Artikel "Fatum", in: Historisches Wörterbuch der Philosophie, Bd. 2, Basel 1972, 915 f.

Sander, Volkmar (Hg.): Tragik und Tragödie, Darmstadt 1971.

Schäfer, Klaus: Hermeneutische Ontologie in den Climacus-Schriften Sören Kierkegaards, München 1968.

Scheier, Claus-Arthur: Kierkegaards Ärgernis. Die Logik der Faktizität in den "Philosophischen Bissen", Freiburg/München 1983.

Schelling, Friedrich Wilhelm Joseph: Sämtliche Werke, hg. v. K.F.A. Schelling, Stuttgart/Augsburg 1856 ff.

Schleiermacher, Daniel Friedrich Ernst: Kritische Gesamtausgabe, hg. v. H.J. Birkner u.a., Berlin/New York 1980 ff.

Schmidinger, Heinrich: Das Problem des Interesses und die Philosophie Sören Kierkegaards, Freiburg/München 1983.

Schmidt, Jochen: Die Geschichte des Genie-Gedankens in der deutschen Literatur, Philosophie und Politik 1750-1945, 2 Bände, Darmstadt 1985.

Schneider, Theodor/ Ullrich, Lothar (Hg.): Vorsehung und Handeln Gottes, Freiburg/Basel/Wien 1988.

Scholtz, Gunter: Sprung. Zur Geschichte eines philosophischen Begriffes, in: Archiv für Begriffsgeschichte 11 (1967), 206-237.

Schrey, Heinz-Horst (Hg.): Sören Kierkegaard, Darmstadt 1971.

Schröer, Hennig: Die Denkform der Paradoxalität als theologisches Problem. Eine Untersuchung zu Kierkegaard und der neueren Theologie als Beitrag zur theologischen Logik, Göttingen 1960.

Schröer, Hennig: Wie verstand Kierkegaard Schleiermacher?, in: Internationaler Schleiermacher-Kongreß Berlin 1984, hg. v. K.V. Selge, Band 1.2, Berlin/New York 1985, 1147-1155.

Schulte, Christoph: Radikal böse. Die Karriere des Bösen von Kant bis zu Nietzsche, München 1988.

Schultzky, Gerolf: Die Wahrnehmung des Menschen bei Søren Kierkegaard, Göttingen 1977.

Schulz, Walter: Sören Kierkegaard. Existenz und System, in: Schrey (1971), 297-323.

Schulz, Walter: Die Dialektik von Geist und Leib bei Kierkegaard. Bemerkungen zum *Begriff Angst*, in: Theunissen/Greve (1979), 347-366.

Sløk, Johannes: Forsynstanken, Hjørring 1947.

Sløk, Johannes: Die Anthropologie Søren Kierkegaards, Kopenhagen 1954.

Sløk, Johannes: Kierkegaard. Humanismens tænker, København 1978.

Sløk, Johannes: Die griechische Philosophie als Bezugsrahmen für Constantin Constantius und Johannes de silentio, in: Theunissen/Greve (1979), 280-301.

Sløk, Johannes: Da Kierkegaard tav. Fra forfatterskab til kirkestormen, København 1980.

Sløk, Johannes: Christentum mit Leidenschaft. Ein Wegweiser zur Gedankenwelt Søren Kierkegaards, München 1990.

Stakemeier, Eduard: Über Schicksal und Vorsehung, Luzern 1949.

Struve, Wolfgang: Kierkegaard und Schelling, in: Orbis litterarum 10 (1955), 252-258.

Suhr, Ingrid: Das Problem des Leidens bei Sören Kierkegaard, Diss. München 1985.

Szondi, Peter: Zu Hegels Bestimmung des Tragischen, in: Sander (1971), 420-428.

Taylor, Mark C.: Kierkegaard's Pseudonymous Authorship. A Study of the Time and the Self, Princeton 1975.

Text und Kontext Sonderreihe Bd. 7 (hg. v. H. Anz, P. Kemper, F. Schmöe): Kierkegaard und die deutsche Philosophie seiner Zeit, Kopenhagen/München 1980.

Text und Kontext Sonderreihe Bd. 15 (hg. v. H. Anz, P. Lübcke, F. Schmöe): Die Rezeption Søren Kierkegaards in der deutschen und dänischen Philosophie und Theologie, Kopenhagen/München 1983.

Text und Kontext Sonderreihe Bd. 22 (hg. v. H. Hultberg, K.F. Johansen, Th. Jørgensen, F. Schmöe): Schleiermacher - im besonderen Hinblick auf seine Wirkungsgeschichte in Dänemark, Kopenhagen/München 1986.

Theunissen, Michael: Der Begriff Ernst bei Sören Kierkegaard. Freiburg/München 1958.

Theunissen, Michael: Die Dialektik der Offenbarung. Zur Auseinandersetzung Schellings und Kierkegaards mit der Religionsphilosophie Hegels, in: Philosophisches Jahrbuch 72 (1964/65), 134-160.

Theunissen, Michael: Das Kierkegaardbild in der neueren Forschung und Deutung (1947-1957), in: Schrey (1971), 324-384.

Theunissen, Michael: Das Menschenbild in der *Krankheit zum Tode*, in: Theunissen/Greve (1979), 496-510.

Theunissen, Michael: Das Selbst auf dem Grund der Verzweiflung. Kierkegaards negativistische Methode, Frankfurt/M. 1991.

Theunissen, Michael: Der Begriff Verzweiflung. Korrekturen an Kierkegaard, Frankfurt/M. 1993.

Theunissen, Michael/ Greve, Wilfried (Hg.): Materialien zur Philosophie Søren Kierkegaards, Frankfurt/M. 1979.

Thomas, J. Heywood: Paradox, in: Bibliotheca Kierkegaardiana 3 (1980), 192-219.

Thulstrup, Niels: Ziele und Methoden der neuesten Kierkegaard-Forschung mit besonderer Berücksichtigung der skandinavischen, in: Orbis Litterarum 10 (1955), 303-318.

Thulstrup, Niels: Kierkegaards Verhältnis zu Hegel. Forschungsgeschichte, Stuttgart 1969.

Thulstrup, Niels: Kierkegaards Verhältnis zu Hegel und zum spekulativen Idealismus 1835-1846. Historisch-analytische Untersuchung, Stuttgart 1972.

Thulstrup, Niels: Kierkegaard's Approach to Existence versus Hegelian Speculation, in: Bibliotheca Kierkegaardiana 4 (1979), 98-113.

Thulstrup, Niels: Commentary on Kierkegaard's Concluding Unscientific Postscript, with an new Introduction, transl. by R.J. Widenmann, Princeton/New Jersey 1984.

Tschunggall, Peter: Das Abraham-Opfer als Glaubensparadox. Bibeltheologischer Befund - Literarische Rezeption - Kierkegaards Deutung, Frankfurt/Bern/New York/Paris 1990.

Valls, Alvaro: Der Begriff "Geschichte" in den Schriften Søren Kierkegaards, Phil. Diss. Heidelberg 1980.

Vetter, Helmuth: Stadien der Existenz. Eine Untersuchung zum Existenzbegriff Sören Kierkegaards, Wien 1979. (a).

Vetter, Helmuth: Alter Mensch und neuer Mensch. Vom Gesichtspunkt einer Interpretation des Gesamtwerkes von Sören Kierkegaard, in: Zeitschrift f. kath. Theologie 101 (1979), 175-187. (b).

Walker, Jeremy: The Paradox in Fear and Trembling, in: Kierkegaardiana X (1977), 133-151.

Wandschneider, Dieter.: Artikel "Notwendigkeit, III. Neuzeit", in: Historisches Wörterbuch der Philosophie, Bd. 6, Basel 1984, 971-981.

Weber, Kurt-Heinz: Ästhetik und Zeitlichkeit. Versuch über Kierkegaard, Diss. Tübingen 1976.

Weimer, Ludwig: Wodurch kam das Sprechen von Vorsehung und Handeln Gottes in die Krise? Analyse und Deutung des Problemstandes seit der Aufklärung, in: Schneider/Ullrich (1988), 17-71.

Weisshaupt, Kurt: Die Zeitlichkeit der Wahrheit. Eine Untersuchung zum Wahrheitsbegriff Sören Kierkegaards, Freiburg/München 1973.

Widmann, Peter: Zur Rezeption von Schleiermachers Grundlegung der Dogmatik in der skandinavischen Theologie, H.L. Martensen - F.C. Krarup - A. Nygren, in: Text und Kontext 22 (1986), 163-189.

Wilde, Frank-Eberhard: Kierkegaards Verständnis der Existenz, Copenhagen 1969.

Wilde, Frank-Eberhard: Die Entwicklung des dialektischen Denkens bei Kierkegaard, in: Bibliotheca Kierkegaardiana 4 (1979), 7-51.

Personenregister

Adler, A.P.: 387-392.

Adorno, T.W.: 20, 202.

Aischylos: 266.

Andersen, H.C.: 201-207, 359, 393, 395.

Anderson, R.E.: 21, 324.

Angehrn, E.: 65, 114, 133.

Anz, W.: 90 f., 105, 168, 206.

Aristoteles: 60, 64, 116, 130, 225, 227, 229, 231, 265, 284, 290 f.

Augustinus: 76.

Behler, E.: 207.

Bejerholm, L.: 21.

Best, S.: 342, 345.

Blaß, J.L.: 49, 88, 91, 237, 240, 244, 263 f., 274 f.

Bloch, E.: 257.

Bormann, C. v.: 283 f.

Breidert, M.: 173.

Buschor, E.: 157.

Buss, H.: 171, 298, 378, 385, 387 f., 399.

Cappelørn, N.J.: 14, 375, 393.

Cattepoel, J.: 280, 348, 385.

Daub, C.: 114.

Deiss, E.: 220 ff., 225, 228, 232, 237.

Deuser, H.: 13 f., 16 f., 21 ff., 25, 29 f., 36, 38 ff., 44, 46, 48, 51, 57, 78, 80, 82, 84, 98, 103, 106, 124, 127, 299, 319, 324 ff., 328, 340 ff., 349 ff., 353, 385 ff., 389, 391.

Diem, H.: 18.

Dietz, W.R.: 13, 18, 42, 47, 49, 51, 56, 76 f., 80, 88, 92, 94, 96, 101, 125, 155, 173 f., 178, 182, 207, 255, 257, 293, 361.

Disse, J.: 16, 18, 20, 41 f., 50 f., 55 f., 78 ff., 91, 94, 96, 111 f., 124, 165, 174, 177, 181 f., 237-240, 275, 368.

Donnelly, J.: 267.

Drewermann, E.: 67, 88, 96, 99 ff.

Drüe, H.: 37, 59.

Duncan, E.H.: 267.

Eisenstein, M.: 49, 53, 56, 89 f., 171, 267, 361.

Engels, F.: 345.

Euripides: 266.

Evans, C.S.: 267.

Fabro, C.: 56, 80, 174.

Fahrenbach, H.: 14, 16 f., 19, 30, 48 f., 56, 89, 103, 237, 239 f.

Fetscher, I.: 59, 61.

Fichte, J.G.: 39, 84, 137, 169, 172, 190, 206, 208 f., 213.

Figal, G.: 49, 56 f., 85, 94, 105, 361.

Fonk, P.: 29, 35, 43 f., 59, 68, 105.

Freud, S.: 99 f.

Garelick, H.: 299.

Gerdes, H.: 108.

Giesz, L.: 88.

Glenn, J.D.: 237, 282, 292.

Goethe, J.W.: 112, 206, 214.

Goldschmidt, M.: 353.

Greve, W.: 14, 19 f., 28 ff., 33 f., 42, 49, 114, 124, 153, 159, 183, 216 f., 219, 222, 237, 239 ff., 243 ff., 248 ff., 252, 254, 258-261, 265-269, 271 f., 275, 277, 293 f., 303, 305, 375.

Grøn, A.: 85, 105.

Guarda, V.: 42, 67, 105, 111, 124, 195, 250, 252.

Guardini, R.: 123, 361.

Gyllembourg, T.: 342.

Hamann, J.G.: 115.

Hauschildt, F.: 19, 48, 179, 237, 275, 293, 342 ff., 361, 385.

Hegel, G.W.F.: 16, 18, 26, 30, 37, 41, 46 f., 59-69, 84, 113 f., 116-122, 130 f., 132-145, 149, 151, 156, 166 f., 186, 201 ff., 208 ff., 212 f., 218, 225-229, 231, 239, 245, 251, 261, 265 f., 272, 284, 356, 371 f.

Heiberg, J.L.: 251.

Heimbüchel, B.: 49, 91, 361 f., 371.

Heine, H.: 202.

Hennigfeld, J.: 46, 49, 53, 78, 85, 91.

Henrich, D.: 134 f., 137.

Hirsch, E.: 24, 75, 114, 121, 132, 168, 170, 172, 197, 202 f., 205, 212, 254, 271, 294, 342, 361, 374 f.

Hofe, G. v.: 110, 201-204, 206 f., 222.

Hölderlin, F.: 13.

Holl, J.: 47, 49 ff., 55 f., 58, 89 f., 96, 123.

Holler, C.C.: 111, 157, 161, 217 f., 225, 228, 236, 266, 271, 293.

Holm, K.: 201.

Hong, H.V./E.H.: 354.

Hopland, K.: 31, 36, 49, 53, 55, 65, 78 f., 90, 96, 99, 103 f., 109, 222, 240.

Hügli, A.: 80, 89, 104, 222, 304, 340, 344 f., 348.

Jacobi, F.H.: 167.

Jacobsen, M.: 201.

Janke, W.: 18, 42, 49, 56, 105, 342, 345, 361, 372.

Jansen, N.: 348, 355.

Johansen, K.F.: 120, 225, 228, 236, 266, 268, 271, 291, 296.

Kant, I.: 17, 48, 64, 83 f., 92 f., 137, 186, 372.

Kellner, D.: 342, 345.

Kim, M.:, 17, 30, 40, 42, 49, 92.

Kinter, A.: 218, 247, 402.

Kirmmse, B.H.: 340, 342, 385.

Kloeden, W. v.: 84, 115, 186, 208, 210, 296.

Koch, T.: 40, 48, 73, 88, 92, 94, 181 f.

Kodalle, K.-M.: 39, 80, 83, 89, 94, 101, 105, 172-175, 299, 308, 319, 340, 344, 388, 391.

Kraus, H.: 56, 102, 361.

Kühnhold, C.: 38, 62.

Larsen, K.O.: 299.

Leibniz, G.W.: 80, 84, 130.

Lessing, G.E.: 271, 283 f.

Leuze, R.: 114, 116, 118.

Liesmann, K.P.: 122.

Lønning, P.: 299.

Löwith, K.: 37, 344.

Lübcke, P.: 17, 49, 51, 56, 80, 127.

Lukács, G.: 201.

Luther, M: 76, 82.

Malantschuk, G.: 18, 29-32, 35 f., 38, 40, 44 ff., 58, 66, 72 f., 78, 80, 88, 90, 94, 96, 98, 101 ff., 106, 108 f., 114 f., 121, 158, 162, 166, 173, 183, 186, 197 f., 202, 207, 260 f., 263, 267, 269-272, 293, 395.

Marcuse, L.: 123.

Marquard, O.: 403.

Martensen, H.L.: 114, 167 f., 386.

Marx, K.: 344 f.

May, R.: 384.

McCarthy, V.A.: 31, 46, 57, 67, 73, 85, 91, 124, 190, 202, 207, 220.

McKinnon, A.: 29, 163, 377 f.

Mesnard, P.: 225, 236.

Møller, P.M.: 30, 115, 228.

Møller, P.L.: 353 f., 356.

Mozart, W.A.: 122, 222.

Mullen, J.D.: 201.

Müller, H.-P.: 250, 254 f.

Mynster, J.P.: 386, 390, 393.

Napoleon: 186, 188, 394.

Nietzsche, F.: 122, 342.

Nordentoft, K.: 29 ff., 36, 38, 40, 45, 47 f., 50 f., 58, 66 f., 70 ff., 78 f., 87 f., 91, 94, 96, 98-101, 106, 108, 111, 121 f., 125 f., 153 f., 159, 162, 167, 173, 179, 181 ff., 188, 222, 225, 234, 330, 334 f., 337, 340, 345, 351, 385.

Ostenfeld, I.: 72.

Paulsen, A.: 201, 324, 328.

Perkins, R.L.: 260, 267, 340, 353 f.

Petrarca: 357.

Pieper, A.: 17, 35, 38 f., 44, 51, 68, 83, 85, 92, 96, 103, 105, 242, 293, 298 f.

Platon: 25, 137, 186, 274, 296, 298, 305 f.

Pleines, J.E.: 92, 101, 240.

Pöggeler, O.: 225.

Pojman, L.P.: 38, 80, 82, 88, 92, 94, 148, 159, 168, 170, 174.

Rank, O.: 101.

Reimer, L.: 105, 195, 250.

Ricoeur, P.: 17, 55.

Rilke, R.M.: 402.

Ringleben, J.: 33, 51, 61 f., 67, 135, 241, 296, 308, 324, 327 ff.

Ritter, J.: 186.

Rochol, H.: 24, 59, 64, 69, 73, 103, 180, 185, 189.

Rosenkranz, K.: 37, 59 ff., 66, 69, 72, 96, 114.

Rötscher, H.: 186.
Rudelbach, A.P.: 388, 390.
Ruhnau, J.: 144.
Sartre, J.-P.: 99.
Schäfer, K.: 17, 30 ff., 35 f., 38, 41 f., 44, 46, 49, 51, 55, 72, 84, 93 f., 104 ff., 130, 165 ff., 174, 195, 220, 238, 250 f., 257 f., 293, 297, 303 f.
Scheier, C.-A.: 293, 298 f.
Schelling, F.W.J.: 84 ff., 91-94, 130, 186.
Schlegel, F.: 110, 207.
Schleiermacher, F.: 168 f., 174.
Schmidinger, H.: 30, 49, 51, 299, 305.
Schmidt, J.: 186, 190.
Scholtz, G.: 38.
Schröer, H.: 168, 299.
Schulte, C.: 67.
Schultzky, G.: 14, 17 ff., 29, 31, 33, 36, 324, 326.
Schulz, W.: 18, 36, 42, 49 f., 53, 67, 74, 88, 95 f., 100.
Shakespeare, W.: 214, 226, 269.
Sibbern, F.C.: 30, 72, 206, 228.
Sløk, J.: 49 ff., 64, 96, 106, 127, 167, 220, 238, 250 f., 256, 385.
Sokrates: 23, 25, 107, 115 f., 118 f., 151, 186, 207-213, 225, 271, 282, 296, 298, 305, 359.

Sophokles: 156 f., 226, 232.
Spinoza, B.: 130, 165 ff., 171.
Struve, W.: 85.
Suhr, I.: 312.
Sulzer: 186.
Szondi, P.: 225.
Taylor, M.C.: 49, 51, 53, 70, 121, 222, 298.
Thales: 352.
Theunissen, M.: 14, 33, 42, 47, 49 f., 56, 68, 88 f., 91, 101, 105, 127 f., 207 ff., 252, 280, 282, 326, 361, 363, 365, 368, 370, 373.
Thomas, J.H.: 299.
Thulstrup, N.: 14, 18, 180, 201, 208, 293.
Troelsen, B.: 201.
Tschunggall, P.: 260, 265.
Valls, A.: 29, 38, 51, 68, 96, 103, 126, 175, 242, 284.
Vetter, H.: 20, 25, 29, 31, 33, 35, 47, 49, 68, 96, 115, 120, 124, 303, 324, 326, 328, 340 ff.
Walker, J.: 265.
Wandschneider, D.: 134.
Weber, K.-H.: 20, 112, 201, 225.
Weimer, L.: 169.
Weisshaupt, K.: 51.
Wilde, F.-E.: 16, 18, 30, 32, 304.

Dieses Buch untersucht die Bedeutung des Schicksalsbegriffs in der Philosophie Søren Kierkegaards. In dessen grundlegendem Werk zu Freiheitsthematik – *Der Begriff Angst* – wird das Schicksalsverhältnis als eine Gestalt der Angst vor der Freiheit analysiert, die sich auf der Stufe einer ästhetisch-sinnlichen Lebensanschauung entwickelt. Als Paradigmen dienen Kierkegaard der antike Schicksalsglaube sowie der Zusammenhang von Genialität und Schicksal. Zugleich wird das Schicksal als Antizipation jener religiös fundierten Freiheitserfahrung dargestellt, mit der Kierkegaard die „Unvermeidlichkeit des Unverfügbaren" (O. Marquard) gegen das modernautonome Freiheitsbewußtsein zu betonen versucht.

Die im *Begriff Angst* analysierten Aspekte des Schicksalsglaubens — die Sinnlichkeit heidnischer Religiösität, die Begriffe Zufall und Notwendigkeit, der Orakelkult, die tragische Schulderfahrung, die religiöse Aufhebung der angstbestimmten Schicksalsabhängigkeit im christlichen Vorsehungsglauben — werden von M. Bösch systematisch im Kontext der Kierkegaardschen Freiheitsphilosophie dargestellt. Daran schließt sich ein ausführlicher Blick auf die Vielfalt der Schicksalsthematik im Gesamtwerk Kierkegaards an, einschließlich der Bedeutung des Schicksalsbegriffs für das Selbstverständnis Kierkegaards. Hierbei kommen auch verwandte Themen – wie die Kritik der frühromantischen Ironie und Lebenspoesie, die Problematik der Ausnahmeexistenz, der Begriff des Tragischen – zur Sprache.

Der Autor: Michael Bösch, geb. 1958 in Iserlohn, studierte Theologie und Philosophie in Paderborn und Freiburg. Er promovierte 1993 mit der hier vorgelegten Arbeit zum Dr. theol. Zur Zeit wissenschaftlicher Mitarbeiter bei der Theologischen Fakultät Paderborn.

ISBN 3-506-70197-5